D1146333

LIZ

# C. David Heymann

# LIZ

*Document*

FRANCE LOISIRS
123, boulevard de Grenelle, Paris

Titre original : *Liz*
Traduit par Thierry Arson
Claire Beauvillard
Alexis Champon
Sylvaine Charlet
Christophe Claro
Jacques Guiod
Jacques Martinache
Charles Tatum
Caroline Vié

Une édition du Club France Loisirs, Paris,
réalisée avec l'autorisation des Presses de la Cité

© C. David Heymann, 1995
Edition originale : Lyle Stuart
© Presses de la Cité, 1995, pour la traduction française
ISBN : 2-7242-9253-7

A Kent Bruce Cunow
(1945-1989)
Tout simplement mon meilleur ami

Elle a des jambes trop courtes par rapport au torse, et une tête trop massive pour l'ensemble de la silhouette. Mais son visage, avec ces yeux couleur lilas, est un véritable rêve de prisonnier, le fantasme de toute secrétaire : elle est irréelle, inaccessible, et malgré tout timide, d'une vulnérabilité profondément humaine, avec des éclairs de doute traversant constamment ces yeux couleur lilas.

Truman CAPOTE

– Veux-tu bien entrer dans mon salon? dit l'Araignée à la Mouche.

« C'est le plus joli petit salon que tu aies jamais vu ; pour y accéder, il te suffit d'emprunter l'escalier en colimaçon.

« Et là, je te montrerai plein de choses extrêmement curieuses.

– Oh non, non, répondit la petite Mouche. Inutile d'insister. Car quiconque grimpe ton escalier est sûr de n'en jamais redescendre.

Mary HOWITT
*L'Araignée et la Mouche*

# Avertissement de l'auteur
## concernant les notes situées en fin d'ouvrage

Chaque fois que cela a été possible, l'auteur a préféré inclure certaines notes ou références dans le corps du texte. Les notes regroupées en fin d'ouvrage sont des informations supplémentaires qui, même si elles ne donnent pas toutes les sources de manière exhaustive, peuvent cependant donner une idée au lecteur de la méthodologie qui a présidé à la rédaction de cet ouvrage. On y trouvera également certains commentaires, digressions ou renseignements qui ne pourront qu'intéresser le lecteur.

# 1

Elizabeth Taylor promenait son regard sur les faïences blanches qui recouvraient les murs intérieurs de la résidence principale du centre de désintoxication Betty-Ford destiné aux toxicomanes et aux alcooliques. Construit sur plus de six hectares au fond d'une vallée désertique cernée par des montagnes déchiquetées, l'institut de Rancho Mirage, en Californie, avait été créé en 1981, comme une extension du Centre médical Eisenhower, par Leonard Firestone, ancien ambassadeur des États-Unis en Belgique et alcoolique en voie de guérison, en association avec la femme de l'ancien président Gerald Ford, Betty, qui elle-même avait connu des problèmes liés à l'alcool et aux médicaments [1]. Elizabeth Taylor, qui depuis de nombreuses années souffrait des mêmes maux, s'était volontairement présentée le 5 décembre 1983 pour une cure de désintoxication.

Elle avait pris cette décision alors qu'elle se trouvait, à cinquante et un ans, clouée au lit au St John Hospital de Santa Monica, Californie, vraisemblablement à cause d'une occlusion intestinale. Ses enfants, son frère, sa belle-sœur et son meilleur ami, l'acteur Roddy McDowall, lui rendirent visite fréquemment, instaurant un rituel très vite baptisé du nom d'« intervention familiale ».

« Ils me témoignaient leur amour mais en même temps m'expliquaient à quel point mon comportement les avait secoués. Ils craignaient pour ma vie », déclara plus tard l'actrice dans *Elizabeth dit tout*, une méditation autobiographique sur la perte de poids et la conscience de soi. « J'écoutais dans le plus parfait silence, poursuit-elle. Je me souviens avoir été profondément choquée. Je ne pouvais croire à ce que j'étais devenue. Finalement, ils me dirent qu'ils avaient réservé une chambre à l'institut Betty-Ford et qu'ils voulaient absolument que je m'y rende. »

Et c'est ce qu'elle fit. Dès son arrivée, il lui fallut se plier à un programme d'une rigueur et d'une austérité toutes monacales. On lui assigna une petite chambre à deux lits, avec deux tables et deux lampes de forte intensité, deux chaises, deux placards et une compagne de chambre. Rien ne lui plut.

« En arrivant à l'institut, Elizabeth escomptait un traitement de faveur, déclara Barnaby Conrad, professeur de littérature anglaise à l'Université de Californie, Santa Barbara, et un des patients du centre Betty-Ford. Quand elle apprit qu'elle devait partager sa chambre avec une autre femme, elle s'écria : " Mais je n'ai jamais, de ma vie, partagé ma chambre avec une autre femme, et ce n'est pas maintenant que je vais commencer. " Mais les autorités du centre surent très vite la faire rentrer dans le rang. Ils l'ont fait dormir pendant une nuit ou deux dans une " chambrée " – avec non pas une mais trois autres femmes. Puis ils lui concédèrent enfin celle où elle n'avait plus qu'une seule compagne. »

La mentalité « camp d'entraînement » qui régnait au centre Betty-Ford n'épargna pas Taylor. Les patients ne devaient sous aucun prétexte quitter l'hôpital sans être dûment chaperonnés par un infirmier. Durant toute la première semaine, l'usage du téléphone était interdit. Par la suite, les patients étaient autorisés à s'en servir chaque soir dix minutes maximum. Pendant les cinq premiers jours du traitement, toute visite était exclue ; ensuite, les patients ne pouvaient recevoir que pendant quatre heures le dimanche. Ils devaient obligatoirement se présenter aux repas, aux conférences données en soirée (le centre possédait un programme très complet de lutte contre l'alcoolisme et la toxicomanie), ainsi qu'aux séances de thérapie de groupe où chaque participant était tenu de confesser publiquement ses erreurs – ainsi que les torts causés à des tiers tandis qu'il se trouvait « sous influence ». C'est donc avec quelque raison qu'Elizabeth décrivit, au début, sa réaction à un tel ascétisme comme étant de l'ordre « du dégoût et de l'épouvante ».

« Ils n'avaient encore jamais eu de célébrité [2], déclarera-t-elle par la suite à un journaliste de *Vanity Fair*. Les conseillers m'ont avoué plus tard qu'ils ne savaient pas trop quoi faire de moi, s'ils devaient me traiter comme une patiente ordinaire ou s'ils devaient m'isoler et s'occuper de moi d'une manière spéciale. Ils décidèrent finalement de me mettre dans le lot général, ce qui en fait était la seule solution. » (Au moment où Elizabeth Taylor séjourna au centre, c'est-à-dire en 1983, celui-ci accueillait quarante-cinq patients répartis dans trois ensembles résidentiels de verre et de béton. Les patients d'un même ensemble ne devaient pas communiquer avec ceux d'un autre.)

Par conséquent, la journée d'Elizabeth commençait à six heures du matin par une promenade méditative pour se terminer quinze heures plus tard par une réunion des Alcooliques anonymes. Autre exigence du Centre, et pas des plus faciles à exécuter : chaque patient devait faire non seulement le ménage dans sa chambre mais également nettoyer les sanitaires, les pièces communes et les abords immédiats de l'institut. Privée de la kyrielle de domestiques qui avaient toujours fait partie intégrante de sa vie de star, Elizabeth, pour la première fois, se vit contrainte de tout faire elle-même : le coup de balai dans sa chambre, sa lessive, vider sa poubelle, nettoyer, briquer, astiquer les lavabos et les salons de l'hôpital.

Au début, Elizabeth et ses compagnons acceptèrent leur sort avec résignation et tristesse. Mais bien avant la fin de leur séjour, généralement d'une durée de cinq semaines, ils commencèrent à émettre des plaintes sur à peu près tout, comme par exemple le fait que leur aile ne recevait qu'un seul exemplaire du journal quotidien, lequel, après être passé de main en main, arrivait tellement défraîchi dans la chambre des derniers lecteurs que les articles en étaient devenus illisibles. Les patients rechignaient également à remplir les innombrables formulaires. Au « Camp Betty », ils n'avaient fait à peu près que cela au cours de la première semaine. Mais les épreuves ne s'arrêtaient pas là. On les avait fouillés à leur arrivée. C'est ainsi qu'un tube de dentifrice avait été confisqué parce qu'il contenait une base d'alcool. Même interdiction concernant l'aspirine, le personnel du Betty-Ford considérant cette médication comme une drogue « altérant le mental ».

Habituée à obtenir en permanence tout ce qu'elle voulait, Elizabeth manqua tomber à la renverse en prenant connaissance de la liste interminable de tous les interdits de rigueur : pas de télévision, sauf durant les week-ends ; interdiction de fumer à l'intérieur des bâtiments ; pas de lunettes de soleil ou de lentilles teintées, les patients étant censés se parler en se regardant droit dans les yeux ; pas de repas tant qu'on n'avait pas assuré à tour de rôle le service. Bien qu'ennemie jurée de tout enrégimentement, Elizabeth s'accommoda assez bien des trois réunions et des deux séances de Jeu de la Vérité quotidiennes où les participants racontaient des détails souvent embarrassants de leur vie intime. En revanche, elle aimait moins les fêtes d'adieu où chacun devait prononcer un petit discours exprimant son opinion sur la personne qui quittait l'institut après la cure. La plupart du temps, seuls des compliments fusaient car chaque patient avait conscience que le même cérémonial l'attendait en fin de séjour.

Un autre rituel assez bien toléré par Elizabeth était la

« séance de chant » au cours de laquelle des patients devaient se serrer les uns contre les autres en se tenant par la main et entonner d'une voix vibrante d'émotion des chants dont les paroles disaient ceci : « Fini la drogue et les cuites, fini les cuites et la drogue... » Dans le journal que le Centre demandait à ses patients de tenir quotidiennement, Elizabeth décrivit ces exercices comme des sortes de prières collectives qui l'ont aidée à se maintenir dans sa résolution, du moins sur le moment.

On lit dans le journal[3] tenu par Elizabeth à propos de sa première semaine de désintoxication qu'elle vécut la chose comme une « formidable retraite ». Et d'ajouter : « Ici, personne n'attend rien de personne sinon partager et aider. C'est probablement la première fois depuis que j'ai eu neuf ans que personne ne cherche à m'exploiter. Bon, à présent, les mauvaises nouvelles. Je me sens horriblement mal. Je traverse une période de manque. J'ai le cœur comme gonflé et il tambourine dans ma poitrine. Je peux sentir le sang affluer dans toutes les parties de mon corps. Je pourrais presque le voir tel un flot rouge recouvrant mes épaules et mon cou douloureux, puis rugissant dans mes oreilles pour aboutir à ma tête si lourde. Mes paupières battent. Oh mon Dieu, je me sens tellement, tellement lasse. »

Il fallut attendre la deuxième semaine pour qu'elle parvienne à accepter – vis-à-vis d'elle-même comme des autres patients présents – ce qu'elle était devenue : « Je m'appelle Elizabeth Taylor. Je suis alcoolique et toxicomane. »

Plus tard, elle avouera que cette confession, exprimée lors d'une séance de thérapie de groupe, représenta pour elle « la réplique la plus difficile qu'elle eût jamais à dire » et elle gratifia alors le groupe de cette explication supplémentaire : « Pendant trente-cinq ans, je n'ai jamais pu m'endormir sans avaler au moins deux somnifères. Je suis une véritable insomniaque. De plus j'ai toujours pris beaucoup d'analgésiques. J'ai subi dix-neuf opérations importantes et les médicaments sont devenus pour moi comme une béquille. Qui plus est, j'en prenais aussi quand je ne souffrais pas. Avant de sortir faire la fête, j'en ingurgitais avec deux verres d'alcool. C'était une façon de surmonter ma timidité. Il fallait que j'oublie, que je m'échappe. »

Mais le *mea culpa* d'Elizabeth Taylor passait plus de choses sous silence qu'il n'en révélait. Ses problèmes d'alcool et de toxicomanie étaient profondément enracinés dans un passé complexe, fourmillant de rêves brisés et de désillusions, d'hommes et de mariages successifs, et d'une carrière à l'écran qui depuis longtemps avait perdu de sa magie. Comme l'écrivait Daphne Davis, une critique new-yorkaise, Elizabeth était devenue « la relique de son propre passé, un monument historique, un dinosaure en quelque sorte ». « Aucun producteur de Hollywood ayant en tête un projet sérieux ne saurait faire appel à elle », déclara William H. Stadiem, le scénariste d'un des derniers échecs retentissants de Taylor, le malheureux *Toscanini* tourné en 1988 mais jamais distribué aux États-Unis.

La vérité sur la dépendance d'Elizabeth Taylor à l'alcool et aux médicaments en tous genres n'éclata au grand jour qu'en 1990, lors d'une enquête de deux ans menée par John K. Van de Kemp, procureur général de l'État de Californie, qui s'était mis à examiner de près les prescriptions pharmaceutiques de trois des médecins personnels de Taylor. Cette enquête établit notamment qu'au cours des dix années passées on avait ainsi prescrit à l'actrice des milliers de médicaments à base d'opium, des hypnotiques, des analgésiques, des tranquillisants, des antidépresseurs et des stimulants sous forme de poudre, de pilules ou d'injection – « suffisamment », insista un des agents du bureau d'enquête, « pour entretenir toute une armée ».

La quantité et la diversité [4] de ces médicaments dépassaient largement ce qui est considéré comme tolérable pour la santé de l'individu.

Dans le détail, l'histoire médicale d'Elizabeth Taylor était assez effrayante. Certains prétendirent qu'en fait elle distribuait comme des petits pains ces myriades de médicaments soit à ses amis, soit aux homosexuels de Los Angeles qui étaient atteints du sida. Au cours de son enquête, le bureau du procureur général découvrit qu'en l'espace de dix-sept jours situés autour d'une grande manifestation en l'honneur de l'anniversaire de son ami Michael Jackson, Elizabeth Taylor se vit prescrire pas moins de six cents cachets. En moins d'un an (1981), elle bénéficia de plus de trois cents ordonnances médicales – pratiquement une par jour – prescrivant le plus souvent chacune un minimum de trente pilules médicamenteuses.

Les trois praticiens impliqués dans cette affaire [5] étaient d'éminents spécialistes, jouissant d'une solide réputation auprès de leurs confrères. Il s'agissait du docteur William Skinner, directeur du service de toxicomanie du Santa Monica Hospital ; du docteur Michael Gottlieb, célèbre immunologue à qui l'on attribue souvent la découverte du premier cas de sida aux États-Unis ; et le docteur Michael Roth, le médecin personnel d'Elizabeth depuis plus de dix ans et dont le cabinet californien ne désemplissait pas de célébrités.

Selon le procureur général, le docteur William Skinner avait d'abord fourni ordonnance sur ordonnance puis il avait insisté auprès de l'actrice pour que celle-ci s'inscrive au centre Betty-Ford pour mettre un terme à la dépendance qu'il avait lui-même contribué à développer. Pour augmenter les effets des médicaments qu'il lui prescrivait, Skinner recommandait en effet à sa patiente des injections composées, méthode considérée comme dangereuse par certains praticiens. Des personnes travaillant pour l'actrice étaient souvent chargées de lui faire ces piqûres.

Les rapports médicaux révèlent, toujours selon cette enquête, que même après la décision du St John Hospital d'envoyer Elizabeth au centre Betty-Ford, on n'en continua pas moins à lui administrer une quantité phénoménale de médicaments.

Le médecin qui prescrivit ces médicaments était, selon le rapport d'enquête, le docteur Michael Roth.

Elizabeth Taylor fut la première célébrité à franchir le seuil du centre Betty-Ford mais elle fut bientôt suivie par le chanteur de country Johnny Cash et l'acteur Peter Lawford. Lawford et Elizabeth avaient en quelque sorte grandi ensemble comme enfants vedettes de la MGM. Lawford arriva au centre le 12 décembre, une semaine après Elizabeth.

Patricia Seaton, la nièce du producteur hollywoodien George Seaton (*Miracle sur la 34ᵉ Rue*) et la dernière épouse de Lawford, avait regardé les informations à la télévision en compagnie de son mari le lendemain de l'admission d'Elizabeth Taylor au centre Betty-Ford. Cette nouvelle fut pour elle comme une révélation. « Je décidai sur-le-champ, raconte-t-elle, que si cet endroit pouvait aider quelqu'un comme Elizabeth, il pouvait également aider Peter, dont l'état d'intoxication était beaucoup plus grave que son état à elle.

« Nous quittâmes Los Angeles pour nous rendre à Palm Springs, en Californie, c'est-à-dire l'aéroport le plus proche du centre. Peter but une vingtaine de mignonnettes dans l'avion. A l'atterrissage, Peter était déjà complètement parti et quand le car tout blanc avec l'inscription " BETTY FORD CENTER " apparut sur la piste, Peter a cru que le véhicule appartenait à la Première Dame des États-Unis. " On va lui rendre visite ? demanda-t-il. J'ai toujours aimé cette Betty. "

« J'imagine que tous les patients qui entrent dans ce centre de désintoxication éprouvent un choc similaire – dans le genre " Eh bien nous y voilà. Je crois que j'ai touché le fond. " La première réaction consiste invariablement à manifester de la colère et du ressentiment. " Regardez ce qu'ils m'ont fait. Ils m'ont largué ici comme un lapin en plein désert pour que je crève de soif au milieu des cactus et des coyotes. "

« Je suis persuadée qu'Elizabeth a éprouvé les mêmes sentiments que Peter. Ce sont deux malades absolument terribles. A peine rentrée à Los Angeles, j'ai appris que Peter avait déjà fait une tentative de fugue pour essayer de trouver dans le désert un débit de boissons.

« Pendant qu'il séjournait au centre Betty-Ford, il s'était arrangé avec un dealer qui lui fournissait tout ce qu'il demandait. Ce type louait un hélicoptère et se posait ainsi à proximité du centre. Peter n'avait plus qu'à s'éclipser discrètement, retrouver son contact derrière les murs du centre dans le désert, se faire quelques lignes de cocaïne et retourner sans se faire remarquer dans sa chambre. Il payait avec sa carte American Express. »

Au tout début, Lawford eut l'occasion de voir Elizabeth Taylor lors d'un exercice de groupe qui avait lieu dehors, autour de la piscine. Il fut immédiatement intercepté par deux infirmiers bien musclés qui l'informèrent des restrictions concernant d'éventuelles fraternisations entre patients de résidences différentes.

« Mais je connais cette fille depuis toujours », protesta Lawford.

Nullement impressionnés, les gros bras lui firent réintégrer ses quartiers.

Lawford et Taylor partageaient une commune aversion pour toutes les corvées qu'on leur demandait d'exécuter. « La seule activité que Peter acceptait de faire était de passer l'aspirateur, se souvient Patricia Seaton. Il ne s'était jamais livré à ce genre de travail auparavant, et le fait de s'y consacrer l'amusait. Il aurait bien fait ça pendant des heures, même après qu'il avait quitté l'hôpital et qu'il était rentré à la maison. Mais durant tout son séjour au Betty-Ford, il se refusa à toute autre corvée. Quand il apprit qu'Elizabeth refusait de faire les exercices de piscine demandés à tous les patients, lui aussi commença à rechigner. " Si elle ne les fait pas, alors moi non plus, déclara Lawford à son instructeur. Ce n'est qu'une actrice de Hollywood, alors que moi je suis l'ancien beau-frère du président John F. Kennedy. " » (Lawford épousa en effet Patricia Kennedy dont il divorça en 1966.)

« Chaque fois que je rendais visite à Peter au Betty-Ford, raconte Patricia Seaton, il me remettait une liste de commissions – ou bien il me la lisait au téléphone avant que je n'arrive. Il disait par exemple : " Liz voudrait que tu passes au magasin Rexall de Palm Springs. Elle a besoin de fond de teint et d'un eye-liner vert olive foncé de chez Max Factor et de deux cartouches de Salem. – Un eye-liner vert olive foncé, tu es sûr? dis-je. Ce n'est pas sa couleur. C'est trop foncé pour elle. "

« Aussitôt arrivée près du magasin, j'appelai Elizabeth depuis une cabine téléphonique et elle me confirma la couleur. En fait, elle adore avoir l'air d'une vamp. Elle a un goût exécrable.

« Victor Luna, l'avocat mexicain qu'elle fréquentait à ce moment-là, lui rendait visite exactement le même jour où je venais moi-même pour voir Peter. Aussi, Victor et moi, nous devînmes vite de bons amis. C'était un vrai gentleman. Jamais je ne l'ai entendu dire une parole désagréable à propos d'Elizabeth, bien qu'il fût en droit de s'étonner de ce maquillage intempestif. Je pense qu'il avait le sentiment, même s'il ne l'a jamais avoué ouvertement, que, malgré les conseillers, les médecins et les psychiatres, personne ne pouvait véritablement guérir au centre. Ce n'est pas en quelques semaines de thérapie de groupe et de discipline qu'on peut effacer les ravages de toute une vie d'excès. »

Plusieurs semaines après l'admission au Centre Betty-Ford de ces patients de marque qu'étaient Elizabeth Taylor et Peter Lawford, Patricia Seaton aida un de ses amis, le journaliste britannique Tony Brenna, à s'introduire à l'intérieur du centre. Brenna voulait écrire un article sur les deux vedettes pour le *National Enquirer*.

« L'*Enquirer* offrit quelque chose comme 4 000 dollars à Peter Lawford pour qu'il me fasse pénétrer dans les lieux, se souvient Brenna. Peter déclara à qui voulait l'entendre, Elizabeth y compris, que nous étions cousins. Il avait besoin de cet argent, mais il voulait aussi dissiper les rumeurs de la presse selon lesquelles une idylle était née entre lui et Elizabeth au centre Betty-Ford.

« Peter se fichait pas mal des rumeurs en général, mais il savait que celle-là en particulier pouvait embarrasser Elizabeth à cause des liens qui l'unissaient alors à Victor Luna.

« En fait notre objectif premier était d'amener Elizabeth Taylor à parler. Aussi Peter s'arrangea-t-il pour me la présenter. Nous avions posté nos photographes un peu à l'écart dans le désert, à environ sept cents mètres de là, munis de télé-objectifs puissants. Moi, je devais converser avec Taylor. Il nous fallait des preuves de cette conversation au cas où elle aurait nié par la suite. A la vérité, je l'ai trouvée très accommodante. Nous nous étions rencontrés une fois déjà au moment de son second mariage avec Richard Burton et à cette occasion nous avions eu une prise de bec. Heureusement, elle n'avait gardé aucun souvenir de notre rencontre.

« Tout ce qu'Elizabeth avait à faire au Centre, c'était de renoncer à jouer les stars, les célébrités et elle détestait cela souverainement. Au Betty-Ford, Elizabeth devait exécuter ses tâches quotidiennes, comme tout le monde, y compris se livrer à des vaisselles monumentales dans des éviers gras et sales. Elle se plia à toutes les contraintes du programme, du moins un certain temps, puis les choses cessèrent de l'intéresser et elle baissa les bras. Si elle avait persévéré, elle aurait très bien pu parvenir à se libérer du premier coup de son alcoolisme et de sa toxicomanie. »

Amy Porter, libraire à Spokane, Washington, rendit visite à sa sœur au Betty-Ford à l'époque où Elizabeth s'y trouvait. Elle estima que l'actrice était « une grande vedette encore magnifique mais lentement sur le déclin ».

« Ma sœur avait un sérieux problème de drogue et avait sa chambre à quelques numéros de celle d'Elizabeth Taylor, au bout du couloir, précise Porter. Le problème avec Elizabeth, c'était ses apparentes sautes d'humeur. On ne pouvait jamais prévoir ce qui allait se passer. Parfois le matin, si j'en crois ma sœur, elle disait bonjour à tout le monde avec un large sourire éclatant et en bavardant de la manière la plus amicale ; et puis l'après-midi, si vous la croisiez, elle ne vous connaissait plus. On ne savait jamais à quelle Elizabeth Taylor on allait avoir affaire, la personne démonstrative et amicale ou bien la princesse glacée.

« De plus, Elizabeth n'était pas vraiment à son avantage à ce moment-là. Bien sûr, elle arborait toujours ce regard violet si lumineux, mais en dehors de cela, elle était plutôt rondouillarde et fatiguée. Cette vision d'une star trop enveloppée qui prend de l'âge me rappela cette fameuse plaisanterie de Joan Rivers : " Elizabeth Taylor aura été la seule femme d'Amérique à qui toutes les autres femmes rêvaient de ressembler, et à présent c'est le cas. " »

Le séjour d'Elizabeth Taylor au centre Betty-Ford s'acheva de manière aussi abrupte et informelle qu'il avait commencé. Ses médecins souhaitaient qu'elle y demeurât une semaine supplémentaire, surtout le docteur William Skinner qui sentait bien que sa cliente avait besoin d'un peu plus de cinq semaines pour parvenir à une véritable désintoxication.

Selon le journaliste George Carpozi Jr., « Liz commença à insulter le docteur Skinner. Elle lui dit qu'elle le tenait pour responsable du fait qu'elle était devenue une toxicomane à cause de toutes les pilules qu'il lui avait fait avaler. Elle ajouta qu'elle n'avait pas l'intention de rester au centre une seconde de plus une fois les cinq semaines écoulées. »

Roger Hall, qui suivit personnellement Elizabeth durant son séjour au Betty-Ford, raconte que, quelques mois après son départ du centre, elle donna une luxueuse soirée dans sa propriété de Bel-Air en Californie où elle convia tous ses amis et connaissances du Betty-Ford. Elle leur offrit de tout sauf de l'alcool.

« Au début, elle prit sa guérison très au sérieux, raconte Wall. Elle suivit un régime draconien et perdit 12 kilos. Elle subit aussi quelques petites interventions de chirurgie plastique. Elle tint quelques réunions des Alcooliques anonymes chez elle et en suivit régulièrement d'autres ailleurs. Puis, tout à coup, il s'est passé quelque chose. »

Vers la fin 1984, c'est-à-dire moins d'un an plus tard, Elizabeth Taylor se remit non seulement à boire mais à nouveau à se gaver de médicaments en tout genre. Dans les rapports d'enquête du procureur général de Californie, on note que, dès octobre 1984, Elizabeth était retournée consulter le docteur Skinner qui lui prescrivit de grandes quantités de barbituriques, souvent à raison de seize capsules ou cachets par jour.

« J'ignore pourquoi elle a rechuté, dira Patricia Seaton. Je pense que cela est dû davantage au fait qu'elle n'était pas heureuse, qu'elle se sentait très seule et qu'elle devait endurer des douleurs épouvantables suite à ses nombreuses opérations, plutôt qu'à un manque de volonté de sa part.

« D'une manière générale, c'était une période difficile pour Elizabeth, et ceux qui la connaissaient bien se sentaient impuissants devant sa détresse aussi bien physique qu'émotionnelle. Ses médecins devaient probablement éprouver le même désarroi. Une fois mis de côté sa condition de star mondiale, lorsqu'Elizabeth Taylor venait vous trouver et vous disait qu'elle souffrait, vous faisiez tout ce que vous pouviez pour la soulager. »

# 2

Elizabeth Taylor a toujours possédé un don exceptionnel pour la survie et un flair unique pour le spectaculaire. Dans son autobiographie, *Elizabeth Taylor : An Informal Memoir* [1], l'actrice donne une brève version 1963 de ses années de formation – elle annonce d'un ton presque amusé que son « premier souvenir est celui d'une douleur ». Le souvenir en question remonte à la période où sa famille habitait Heathwood, la maison de son enfance à Hampstead dans les environs de Londres, et où, le 27 février 1932, à deux heures du matin, sous les directives du docteur Charles Huggenheim, la petite Elizabeth Rosemond Taylor fit son entrée dans ce monde. Dans cette maison de son Angleterre natale, écrit-elle, alors que, bébé, elle marchait à quatre pattes en explorant tous les recoins, elle eut l'idée de mettre sa main sur une prise électrique. Elle eut un doigt très vilainement esquinté dans l'aventure. Ce souvenir douloureux est immédiatement suivi d'un autre – sa première rencontre avec la mort à propos de laquelle elle dit ceci, toujours dans son autobiographie : « Je me souviens aussi – et je devais être toute petite – de la tristesse que j'ai ressentie devant le cadavre d'un petit oiseau à peine sorti de l'œuf. Il était là, à quelques pas, avec sa peau toute rose et pas l'ombre d'un duvet. »

Ces sombres observations font alors place à la déclaration grave d'une Elizabeth convaincue : « J'ai eu l'enfance la plus idyllique de toute l'Angleterre. »

En fait, les choses se présentèrent assez mal dès le départ pour la famille Taylor. Sara, la mère d'Elizabeth, écrira en 1954 pour le *Ladies Home Journal* [2] un article relatant les premiers moments de la naissance de ce beau bébé de plus de quatre kilos et les impressions de sa maman :

« Quand je reçus dans les bras le précieux fardeau, mon

cœur s'arrêta presque de battre. A l'intérieur du châle en cachemire se trouvait *le plus trognon* des petits bébés qu'il m'ait été donné de voir! Une petite fille avec de longs cheveux noirs. Ses oreilles étaient recouvertes d'un épais duvet sombre qui s'étendait de chaque côté de la tête; elle avait un petit nez retroussé en forme de bouton et son visage tout fermé semblait ne jamais pouvoir se déplier et s'ouvrir. »

L'apparence inhabituelle du bébé avait étonné les médecins et quelque peu alarmé sa mère. En plus d'autres problèmes, la petite Elizabeth a surtout passé sa première année d'existence à gargouiller et à crachouiller. « On aurait dit que la dentition lui faisait défaut », écrit Sara, convaincue que celle-ci n'apparaîtrait jamais chez sa fille.

En rapportant les circonstances de la naissance d'Elizabeth, Sara Taylor fait remarquer que non seulement son bébé avait étrange allure pour un nouveau-né mais qu'en plus, pendant des jours, la petite Liz refusa d'ouvrir les yeux. Lorsque le médecin tenta à plusieurs reprises de les lui ouvrir, les globes oculaires roulèrent en arrière au fond des orbites, ne laissant plus apparaître que le blanc. « Je lui chatouillais les joues pour la forcer à ouvrir les yeux », écrit encore Sara. Mais rien n'y faisait. Finalement, déclare-t-elle, dix jours après la naissance, Elizabeth ouvrit ses merveilleux yeux et prit contact avec le monde.

Thelma Cazalet-Keir, la marraine de l'enfant et une des premières femmes à siéger au Parlement britannique, démentit catégoriquement la version de Sara, désormais célèbre, de la première apparition des yeux sublimes de la petite Elizabeth. « Sara a toujours eu une imagination débridée, déclara Thelma. Il se trouve que j'ai rendu visite à la famille Taylor le lendemain de la naissance d'Elizabeth et je peux vous garantir que les yeux de la petite n'étaient pas seulement grands ouverts mais qu'ils étaient aussi bleus qu'un ciel d'été.

« Sara, dans sa jeunesse, était montée sur les planches et elle a toujours aimé la théâtralité, s'ingéniant à inventer d'autres existences pour tous les membres de sa famille, surtout en ce qui concernait Elizabeth, à travers laquelle elle réalisa beaucoup de ses rêves lorsque celle-ci devint une star à Hollywood. »

Sara Viola Warmbrodt était née le 21 août 1896. C'était une petite femme brune, très mince, au joli visage et aux manières engageantes, que ses amis décrivaient comme « quelqu'un de très ambitieux, d'agressif, mordant, et même teigneux ». Elle quitta la petite ville ouvrière d'Arkansas City, au Kansas, où elle vit le jour, lorsque l'on proposa à son père, un ingénieur formé en Allemagne, de diriger une blanchisserie à Cherokee, dans l'Oklahoma. C'est dans cette petite communauté du Middle West qu'elle rencontra un garçon originaire de Springfield, Illinois, du nom de Francis Taylor, dont le père (un presbytérien d'ascendance anglo-écossaise) tenait le magasin local. Au début, le père de Sara vit d'un mauvais œil cette amitié entre les deux jeunes gens parce que, si Francis était intelligent et ambitieux, il avait seize mois de moins que sa fille (il était né le 18 décembre 1897) et se trouvait donc dans la classe en dessous.

Nona Smith[3], une camarade de classe de Francis à Cherokee, se souvient de lui comme d'un garçon « très beau [...] toutes les filles le trouvaient merveilleux, mais il ne semblait pas le remarquer. Nous étions tous des gamins mais pour moi ce fut le premier véritable *garçon* qui me fit de l'effet. J'aurais voulu le manger comme on mange un esquimau sur son bâtonnet ».

Smith nota que lorsque Francis atteignit l'âge de dix-neuf ans « son oncle fortuné arriva de la côte Est pour l'emmener avec lui à New York où il était négociant en œuvres d'art ». L'oncle en question, S. Howard Young, avait épousé la tante de Francis, Mabel Rosemond (d'où le deuxième prénom d'Elizabeth) à Saint Louis où, de simple photographe local, il était devenu directeur de galeries aussi bien à New York qu'à Londres. Sans enfant lui-même, Young considérait Francis un peu comme son propre fils. Il souhaitait que le jeune homme vînt travailler avec lui et il était prêt à lui confier ses affaires sur Londres. Francis passa quatre années à s'instruire dans cette branche avant de revenir pour un temps très court à Cherokee et à Arkansas City.

Entre-temps, Nona Smith s'était mariée mais elle n'avait pas oublié Francis. Elle alla le retrouver dans un coin de la boutique à Arkansas City. « Francis revenait d'Europe et de New York, commenta-t-elle. Il faisait très grande école, très vieux continent. Nous nous sommes tout de suite reconnus, nous nous sommes regardés, mais vous savez ce que c'est, après une longue absence – vous n'avez rien à vous dire, l'autre vous est devenu comme étranger. Peu de temps après, Francis quitta définitivement le Middle West pour rejoindre son oncle et s'occuper d'œuvres d'art. Enfin, le fait est qu'il était toujours... un très beau garçon. »

Dans le même temps, Sara avait elle-même quitté la région et entamé sa propre carrière. Encouragée par sa mère, qui se prénommait Elizabeth et qui jouait du violon et du piano, lui inspirant ainsi ses futures ambitions artistiques (hommage lui fut rendu en attribuant son prénom à sa petite-fille), Sara décida de tenter sa chance comme comédienne. Elle adopta alors le pseudonyme Sara Sothern et fit ses débuts au sein de la compagnie d'Edward Everett Horton à Los Angeles en interprétant le rôle de Mary Margaret, la pauvre petite infirme miraculeusement guérie à l'acte final de *The Fool*, un drame en quatre actes de Channing Pollock. La troupe donna des représentations à New York en octobre 1922 et fit salle comble à Broadway. Deux années plus tard, une tournée amena cette production jusqu'à Londres. Sara faisait partie du voyage. Même si Sara Sothern put se féliciter au fil des années d'avoir tenu ce joli rôle, celui-ci était tout de même mineur et le nom de la jeune actrice n'apparaissait pas toujours à l'affiche. Certes, la pièce était un succès aussi bien sur le plan financier que critique, mais Sara n'avait pas été suffisamment remarquée pour que cela la propulsât vers une carrière de prestige et de longue durée.

De plus, elle avait raté bien autre chose. Pendant que la pièce se donnait encore à Los Angeles, on lui avait proposé de faire des essais pour la MGM. Ces essais ne firent que confirmer son talent dans *The Fool* mais rien de plus. Aussi, au début de l'année 1925, lorsqu'elle revint à New York, elle se demanda ce qui allait bien advenir d'elle. On lui proposa un petit rôle dans *The Little Spitfire*, une production de Broadway qui s'arrêta presque aussitôt. C'est ainsi qu'ayant atteint la trentaine elle perdit tout espoir réel de mener une carrière théâtrale digne de ce nom. C'est défaite et déprimée qu'un soir elle entra, en compagnie d'une amie, dans la boîte de nuit El Morocco. C'est là qu'elle tomba sur son vieux copain Francis Taylor qui buvait un verre avec son oncle Howard. Moins d'un an plus tard, ils étaient mariés.

« Francis Taylor plut à Sara pour deux raisons essentielles, nota Thelma Cazalet-Keir. La première est qu'il était extrêmement élégant – grand, mince, avec des lunettes. Il était brun et avait de superbes yeux bleu clair. Il portait un magnifique costume trois pièces fait sur mesure en Angleterre. Il avait l'allure du parfait gentleman britannique et assumait bien ce rôle – il était courtois, sophistiqué et sûr de lui, le type même du professeur d'Oxford.

« Et deuxièmement, il y avait l'oncle Howard qui, même s'il était souvent insupportablement odieux, se révélait parfois extrêmement grand seigneur. Il fourmillait de projets et comptait ouvrir un grand nombre de nouvelles galeries d'art en investissant sur certains artistes mondialement connus. Il possédait des appartements un peu partout aux États-Unis (à New York, à Westport dans le Connecticut, à Star Island en Floride, et dans le quartier résidentiel de Minocqua dans l'État du Wisconsin) et de toute évidence il avait beaucoup de relations. Un de ses intimes (à l'époque) était Dwight David Eisenhower. Sara avait beaucoup d'intuition concernant ce genre de détail ! »

Howard Young donna sa bénédiction à une éventuelle union entre les deux jeunes gens à condition que Sara renonce à sa propre carrière d'actrice. Son cadeau de mariage fut une lune de miel en Europe pour les nouveaux mariés ainsi qu'un poste d'acheteur exclusif en Europe pour Francis. Au cours des trois années qui suivirent, le couple Taylor visita tous les hauts lieux artistiques de la vieille Europe, n'omettant aucune galerie, aucun musée ou collection privée, que ce soit à Londres, Paris, Berlin, Vienne ou Budapest.

Kurt Stempler, critique d'art et collectionneur allemand spécialisé dans l'expressionnisme, rencontra le couple à Berlin. « J'ai tout de suite été frappé par le fait qu'ils n'allaient pas bien ensemble, déclara Stempler. Même s'ils avaient un passé comparable, leurs tempéraments étaient à l'opposé l'un de l'autre. Sara était bruyante, effrontée et arriviste tandis que Francis était un garçon calme et réservé. Mais, dans le même temps, ils formaient un beau couple qui exprimait assez joliment le charme naïf qu'on attribue aux Américains.

« Leurs différences en disaient plus long que leurs similitudes. Nos relations amicales me permirent de comprendre à un certain moment qu'ils avaient en fait des problèmes d'ordre sexuel. Un soir, alors que je dînais avec Francis, celui-ci m'avoua qu'il avait des tendances homosexuelles et qu'il lui arrivait d'avoir des aventures dans ce sens. Il utilisa même le mot " façade " pour évoquer son mariage. Francis admit qu'il aimait beaucoup Sara, qu'il l'aimait même d'amour, mais que physiquement les choses étaient incompatibles.

« " Nous ne sommes mariés que depuis quelques années et je dois dire que nous n'avons eu de rapports sexuels qu'une fois tous les deux ou trois mois ", reconnut-il. Francis avouera avoir eu des relations intimes avec trois ou quatre partenaires masculins depuis son mariage. Lui et moi avons eu une liaison de courte durée, après quoi nous avons gardé des relations amicales. Plus tard j'eus l'occasion de rendre visite aux Taylor à Londres et je fus très étonné d'apprendre que non seulement Sara était enceinte mais que le couple avait décidé de fonder une famille. »

Malgré une foule de problèmes, Francis prouva qu'il savait se tenir à ses décisions. Il fit de très bonnes affaires en Europe ; il sut acquérir des œuvres de renom qui, malgré cela, ne valaient pas des fortunes, et les expédia en Amérique chez l'oncle Howard qui les revendit à un prix exorbitant à sa clientèle. En 1929, Howard Young demanda à son neveu de prendre la direction de sa galerie londonienne, située 35 Old Bond Street, en plein cœur du quartier des marchands d'art.

Avec l'argent que lui avait avancé son oncle, Francis acheta Heathwood, « la maison de leurs rêves » (comme Sara la décrira dans une lettre à son père), un spacieux cottage de brique rouge construit en 1926 au 8 de Wildwood Road, à Hampstead, tout près de Londres. Perchée sur le haut d'une colline, agrémentée devant de massifs de rosiers et derrière de plates-bandes de tulipes, de violettes et de gueules-de-loup, la maison faisait face à Hampstead Heath, un immense parc boisé de six mille mètres carrés doté de prairies, de terrains de jeux et de sentiers de randonnée. Heathwood offrait un décor de conte de fées idéal pour accueillir une petite famille qui était en train de se constituer.

A l'intérieur il y avait six chambres, trois salles de bains, une grande salle à manger, un salon, une immense cuisine et des pièces pour loger toute une armée de domestiques. Cette demeure devint « la Maison d'Elizabeth Taylor ». Le frère d'Elizabeth, qui avait hérité du physique avantageux de son père et qui portait le nom de son riche grand-oncle, était né environ deux ans avant sa sœur. Sa venue au monde, fin 1929, fut moins traumatique pour Sara que celle d'Elizabeth. Apparemment, il semblerait qu'après les fatigues de ce premier accouchement, un des médecins de Sara l'ait mise en garde contre les dangers d'une nouvelle grossesse. Mais elle voulait une fille et sut persuader son époux de tenter la chance une seconde fois. Avec l'arrivée d'Elizabeth, tous les vœux de Sara étaient comblés.

En tant qu'enfant née de parents américains résidant en Angleterre au moment de sa naissance, Elizabeth put jouir aussitôt des avantages de la double nationalité, d'autant plus appropriée qu'elle reçut dès son plus jeune âge une éducation qui était une solide combinaison des deux cultures. Ernest Lowy, marchand d'art viennois et ami de la famille vivant aussi à Londres dans les années 1935, considérait Francis Taylor comme « un anglophile alors que, malgré tous ses efforts, Sara continuait de représenter la parfaite Américaine. Disons en gros qu'elle était d'une ambition féroce et qu'elle jouait des coudes pour se faire une place dans la haute société britannique. Elle affectait même l'accent anglais pour avoir l'air plus distingué.

« En dépit du fait qu'ils avaient deux beaux enfants, leur union ne me fit pas particulièrement l'effet d'être heureuse. Ils se disputaient souvent. Francis Taylor s'était mis à boire. Il buvait trop d'ailleurs et c'est cela essentiellement qui créait des tensions au sein du couple.

« Quant à la petite Elizabeth, elle n'était pas très en avance pour son âge. A quinze mois, elle ne marchait pas encore. C'est à ce moment-là que ses parents l'emmenèrent en Floride pour que Howard Young la voie. Finalement, l'enfant a commencé à gambader et ce fut comme une bouffée d'air frais qui souffla sur la maison des Taylor. Aussitôt, la petite parut prendre son indépendance. Elle passait son temps à se sauver toute seule pour aller se cacher à l'autre bout du jardin. Je me souviens d'elle lorsqu'elle avait deux ans – elle avait une tête large et un petit corps tout grassouillet. Elle possédait déjà ces yeux d'un bleu-violet profond entourés d'une frange longue et épaisse de cils noirs comme je n'en avais encore jamais vu. Ses boucles brunes lui tombaient sur le nez et cela la faisait paraître plus âgée qu'elle n'était. Même toute petite, il est remarquable que son visage ait toujours paru plus vieux.

« Sur le plan physique, Elizabeth n'avait qu'un seul problème majeur. Elle souffrait d'hypertrichose [développement excessif du système pileux et des cheveux provoqué par un dérèglement glandulaire]. Ses bras, ses épaules et son dos étaient recouverts d'une épaisse toison foncée. On aurait dit un petit singe. Même si les médecins avaient tenté de rassurer sa mère en lui affirmant qu'avec le temps les choses s'arrangeraient, ce handicap a ennuyé Elizabeth pendant des années. »

Lady Diana Cooper, doyenne de la bonne société britannique, rencontra Francis et Sara Taylor au cours de diverses soirées londoniennes et, comme tout le monde, « sentit bien la tension qui existait entre eux. Sara Taylor espérait se mêler exclusivement à la haute société du pays alors que Francis avait une préférence pour les artistes locaux, les gens de la bohème tels que Laura Knight ou Augustus John. Ce fut d'ailleurs Francis Taylor qui fit connaître Augustus John au public américain.

« On raconte cette histoire : Francis était venu rendre visite à Augustus John dans son atelier de Chelsea lorsqu'il aperçut dans un coin toute une série de portraits et de paysages que l'artiste avait mis au rebut. Francis les examina de près, les trouva à son goût et demanda s'il pouvait se porter acquéreur.

« – Ce n'est pas à vendre, répondit le peintre. C'est mauvais.

« – Alors je peux les emporter ? s'enquit Taylor.

« – Oh oui, et avec ma bénédiction! répliqua l'artiste.

« Francis Taylor récupéra les toiles et les envoya à Howard Young qui leur trouva immédiatement un marché aux États-

Unis. Par la suite, Francis Taylor et Howard Young devinrent les agents exclusifs d'Augustus John *. »

Les beaux-arts servirent aussi de lien entre Francis Taylor et Victor Cazalet [4], le frère de Thelma Cazalet-Keir. Comme sa sœur avant lui, Victor siégea quelque temps au Parlement comme représentant du Parti Conservateur. Parmi ses parents et amis, sa petite taille – à peine un mètre soixante – lui valut le surnom de « Teenie » (le petit, le gamin). Pour ses vues politiques assez discutables, il reçut des sobriquets nettement moins affectueux.

Si l'on en croit le biographe de Cazalet, Robert Rhodes James, Victor fit l'effet, à ceux qui ne le connaissaient pas, d'être un esprit buté, superficiel, prétentieux, jobard et pédant. James écrit : « Il [Cazalet] émettait beaucoup de jugements de but en blanc ; certains étaient erronés ; mais la plupart exprimaient une grande naïveté. »

En 1935, il eut cette opinion à l'emporte-pièce concernant le dictateur italien Benito Mussolini : « J'ai été très impressionné par Mussolini. Cet homme semble tenir entre ses mains l'avenir de l'Europe, si ce n'est du monde. » En 1937, Cazalet se rendit en Espagne pour manifester son soutien au dictateur Francisco Franco qui, selon lui, « était plus fait pour unifier l'Espagne et garantir son indépendance que les dix derniers gouvernements confondus ». Cette même année, convié à visiter un camp de concentration près de Munich en Allemagne, il déclara que « ce n'était pas très intéressant – et ce n'était pas si misérable et inconfortable que cela et les prisonniers avaient l'air assez satisfaits ». Mais Cazalet n'était pas, à cette époque, le seul représentant de sa classe sociale à se fourvoyer à ce point. Tandis que Mussolini, Franco et Hitler tiraient des plans qui allaient aboutir à la mort de millions de gens, les membres de la classe dirigeante britannique des années 1930 se battaient les flancs pour apporter leur soutien à ces dictateurs européens – jusqu'au jour où il leur apparut évident qu'eux-mêmes étaient menacés.

Victor Cazalet et Francis Taylor s'entendaient tellement bien que Victor commença à accompagner la famille Taylor dans tous ses déplacements en Angleterre. Fortuné, sans femme ni enfant, il arrivait souvent à Victor d'offrir à ses amis de riches présents comme cette Buick rouge rutilante dernier cri dont il fit cadeau à Francis en 1935. Pour Elizabeth, il joua en quelque sorte le rôle d'un parrain dévoué. Quand la petite eut cinq ans, il lui donna Betty, une femelle poney New Forest, qui lui valut

---

* Par une pure coïncidence, ce même Augustus John avait possédé Heathwood juste avant le couple Taylor et il y avait laissé accrochées aux murs quelques-unes de ses toiles lorsqu'il la revendit.

sa première chute et cela le premier jour où elle la monta. Par la suite, elle prit des cours d'équitation sous la férule de Peter Cazalet, le frère de Victor, qui entraînait les chevaux de course de la famille royale.

L'influence qu'avait Victor sur Sara Taylor était d'ordre spirituel. Fervent adepte du Scientisme chrétien, il lui enseigna patiemment les principes de la foi et l'emmena souvent aux réunions hebdomadaires qu'il était chargé d'organiser et dans lesquelles il apparaissait un peu comme un prêcheur laïque. Comme beaucoup de nouveaux convertis, Sara eut à cœur de faire des dons, extrêmement généreux, aux chefs de ces groupes.

Un exemple de l'influence qu'exerçait Victor comme guide spirituel peut être perçu à travers son comportement envers la petite Elizabeth alors assez chétive. Des abcès à répétition dans le conduit des deux oreilles devaient être régulièrement drainés, procédure douloureuse qui obligeait l'enfant à dormir dans la position assise de peur que les appareils ne pèsent trop lourd sur sa petite tête si elle avait été couchée. Sara Taylor passa des semaines entières au chevet d'Elizabeth. Elle se souvient d'ailleurs qu'Elizabeth l'avait suppliée d'aller se reposer un peu et qu'elle avait prononcé ces mots : « Maman, je t'en prie, appelle Victor et demande-lui de te remplacer auprès de moi. » Cazalet parcourut cette nuit-là cent trente kilomètres par un épais brouillard afin de rejoindre la maison des Taylor.

Sara écrivit plus tard : « Victor vint s'asseoir sur le lit et prit Elizabeth dans ses bras en lui parlant de Dieu. Ses grands yeux sombres cherchèrent le visage de Victor; elle buvait ses paroles et hochait la tête en signe d'acquiescement. Une atmosphère de grande paix emplit alors toute la chambre. Je posai ma tête sur le bord du lit et m'endormis pour la première fois depuis trois semaines. Quand je me réveillai, Elizabeth avait elle-même sombré dans un profond sommeil. Sa fièvre était tombée. »

Même si l'anecdote a certainement été quelque peu embellie par la vive imagination de Sara, on remarque combien les Taylor étaient devenus dépendants de Victor Cazalet et de son entourage. En effet, Cazalet avait d'innombrables relations dans la meilleure société britannique et donnait souvent des réceptions où les Taylor pouvaient rencontrer des gens aussi célèbres que Winston Churchill, Sir Anthony Eden et le compatriote Henry « Chips » Channon III.

« On croisait à ces réceptions tous les gens un peu en vue, se souvient Diana Cooper, ce qui ne veut pas dire pour autant que Teenie suscitât grandement l'admiration. Il connaissait des gens intéressants, voilà tout, et il aimait recevoir. Victor était un dandy, un homme féru de clubs londoniens. Mais il pouvait avoir la dent dure et se montrer extrêmement jaloux si quelqu'un de sa génération réussissait mieux que lui. Et dans le même temps, il était capable de s'apitoyer sur toutes sortes d'âmes en perdition qu'il traînait partout avec lui pour les présenter à tout le monde. C'est ce même sentiment qui le conduisit à jouer les guides auprès de Francis et Sara Taylor qui, sans lui, se seraient retrouvés complètement perdus dans le dédale de ces mondanités à la sauce anglaise. »

Thelma Cazalet-Keir se souvient très bien des « vibrants sentiments » de son frère Victor pour la petite Elizabeth Taylor. « Tout enfant, Elizabeth disposait parmi ses jouets de tout un assortiment de lettres en bois pour commencer à apprendre l'alphabet – elle passa des heures et des heures avec Victor à épeler chaque lettre et à former des mots. Et puis il lui faisait souvent la lecture. Son livre préféré était *Le Jardin secret* de Hodgson Burnett qu'elle lui demanda de lire et relire au moins cent fois.

« Même dès son plus jeune âge, Elizabeth allait toujours au bout de ce qu'elle avait entrepris. Elle monta son cheval de bois avec une fougue telle qu'il finit par rendre l'âme. Elle ne faisait jamais un seul dessin, mais une douzaine ou rien. Têtue et persévérante, ne cédant pas d'un pouce quand elle voulait quelque chose, Elizabeth devint très rapidement une enfant passionnée, motivée, intelligente et s'exprimant à la perfection. »

Les affinités que Victor Cazalet cultivait avec la jeune Elizabeth bénéficièrent à toute la maisonnée. Quelques mois après l'otite de l'enfant, Victor l'emmena assister dans les rues de Londres à la parade qui ponctuait les cérémonies du vingt-cinquième anniversaire d'accession au trône du roi George V. Il s'arrangea ensuite pour faire visiter aux Taylor le 11 Downing Street, puis la résidence officielle de Neville Chamberlain, alors Chancelier de l'Échiquier. Ce fut aussi « Tatie Mollie », autrement dit Maud Cazalet, la mère de Victor, qui demanda à Elizabeth de porter de sa part un présent au palais de Buckingham à l'occasion du soixante-neuvième anniversaire de la reine Mary. C'est elle aussi qui veilla à ce que les Taylor, y compris la petite Elizabeth, assistent aux manifestations d'Ascot, l'événement hippique majeur en Angleterre où le chapeau haut de forme et la queue-de-pie étaient de rigueur pour les messieurs tandis que les dames revêtaient leurs robes les plus élégantes. A cette occasion, Elizabeth et sa mère portaient des robes en dentelles bleues assorties, créées spécialement par Mainbocher, le couturier américain.

« Elizabeth adorait les mondanités tout autant que sa mère,

se souvient Thelma Cazalet-Keir. Sincèrement, cela n'était pas une idée de sa mère. C'est Elizabeth elle-même qui, à l'âge de quatre ans, insista pour prendre des leçons de danse au cours Vacani qui occupait les trois derniers étages d'un immeuble sur Brompton Road près des magasins Harrods. Elizabeth voulait suivre ces cours de danse parce qu'elle avait entendu dire que les deux princesses royales – Elizabeth et Margaret Rose, les futures reine Elizabeth et princesse Margaret – y étaient inscrites. »

Betty Vacani avait fondé cette école avec sa mère Pauline. Elle se souvient de la petite Elizabeth de quatre ans ainsi que de la jeune élève qui bientôt devait faire une carrière de star. Elizabeth aussi se rappelle cette période et s'est souvent exprimée sur ses premières expériences à l'école de danse Vacani. Miss Vacani n'est pas d'accord sur la nature de ces souvenirs : « Ou bien Elizabeth a une mauvaise mémoire, ou bien la MGM et sa mère se sont entendues pour donner une fausse image de mon école. A les écouter, on pourrait croire qu'Elizabeth a suivi les mêmes classes que la famille royale. En fait, j'ai enseigné à deux générations parmi les membres de la famille royale, dont les princesses Elizabeth et Margaret, mais personne n'a pris de cours chez moi à l'école même ; c'est plutôt l'école qui envoyait des professeurs sur place. Elizabeth suivait des classes en même temps que dix ou douze autres élèves. Les enfants prenaient un abonnement pour dix leçons, à raison d'une livre par cours.

« Elizabeth n'eut donc aucun contact avec la famille royale, du moins pas au sein de l'école Vacani, pas plus qu'elle ne travailla le ballet dans le cadre de mon école. Le ballet n'était pas une discipline que les élèves de quatre ans pouvaient aborder. Les classes enfantines, qui avaient lieu une fois par semaine, consistaient en exercices, une barre des plus élémentaires, un peu de claquettes, de la polka et diverses figures de danse de salon comme la valse. »

Olivia Raye-Williams, codirectrice de l'école, raconte que, tandis que Pauline était au clavier pour accompagner les leçons de danse, sa sœur Marguerite indiquait les pas : « Marguerite Vacani, ou Madame Vacani, comme l'appelaient les élèves, effectuait alors une figure extrêmement impressionnante avec sa longue jupe et son chapeau à large bord. Puis perchée sur un haut tabouret face à sa classe, elle la menait à la baguette avec une rigueur qui glaçait de terreur les gamins. Elle n'avait aucune patience avec cette marmaille peu faite pour exprimer la sublimité de la danse dans son accomplissement le plus élevé. Même si Elizabeth Taylor prétendit souvent par la suite qu'elle avait toujours voulu devenir ballerine,

Madame Vacani avait clairement donné son avis à sa mère : la petite Elizabeth n'était pas douée et poursuivre dans ce sens était une perte de temps et d'argent. »

En 1963, Elizabeth Taylor raconta qu'elle avait participé en 1936 à un gala de charité à l'hippodrome de Londres où les élèves de l'école Vacani avaient été conviés à se produire[5]. Dans la loge d'honneur se trouvait la duchesse d'York (la future reine, aujourd'hui la reine mère), « qui était accompagnée de ses deux filles, Elizabeth et Margaret Rose ». Elle ajouta : « Ce fut pour moi une impression extraordinaire de me retrouver sur cette scène – la solitude, l'immensité, la sensation de l'espace infini, les lumières, la musique – et puis les applaudissements qui vous ramènent à la réalité, les crépitements que vous recevez en pleine face. » Il est assez étrange de noter que ce fut sa seule apparition sur une scène jusqu'à ce récital de poésie de 1964 qu'elle donna à New York avec Richard Burton.

« Elizabeth avait son lot de difficultés, se souvient Olivia Raye-Williams. C'était sa gouvernante, Gladys Culverson, qui l'amenait au cours mais là, la petite restait à l'écart, la tête enfouie dans les plis de l'uniforme de sa nounou. Elle était timide mais ce qu'elle désirait le plus au monde, c'était participer.

« Pour Noël, elle persuada sa mère de confectionner des costumes de ballet pour elle et une petite camarade de cours. Cela semblait énormément la motiver. Malheureusement, elle n'avait ni les aptitudes ni la constitution d'une ballerine. »

Jane Lynch, autre élève des cours Vacani habitant à Hampstead non loin de la famille Taylor, insista sur le fait qu'Elizabeth « a toujours eu un sens exacerbé de la compétition, dans quelque domaine que ce soit. Une des raisons en était peut-être sa petite taille. Elle n'était pas minuscule, mais elle est toujours apparue plus petite que les autres filles de son âge. Il lui fallait donc perpétuellement prouver quelque chose. Et parce que ses parents étaient des Américains vivant en Grande-Bretagne, Elizabeth avait aussi peut-être le sentiment qu'il lui fallait un peu forcer les portes.

« Elle voulait tout essayer. Par exemple, son frère Howard venait de recevoir des gants de boxe pour ses sept ans. Elizabeth en réclama aussitôt une paire pour elle afin de les essayer avec son frère. Elle se mit alors à lancer des directs dans tous les sens avec toute la force dont elle était capable. Si elle ratait son but, elle devenait enragée. C'est ainsi qu'une fois elle mit en sang le nez de son frère. »

En 1936, Victor Cazalet acheta une immense propriété près de Cranbrooke, dans le Kent, composée d'un manoir portant le nom de Great Swifts, de plusieurs cottages pour les amis et d'une maison de garde-chasse qui tombait en ruine. Cazalet offrit cette maison aux Taylor pour qu'ils en fassent un lieu de villégiature.

Francis Taylor accepta ce dernier cadeau de Cazalet et se mit à l'ouvrage, repeignant, restaurant et retapant les quatre petites pièces de la maisonnette. Il planta aussi des ormes, des tilleuls et des arbres fruitiers, créa un jardin avec des massifs de fleurs et sema du gazon pour remplacer l'herbe rare et desséchée qui occupait le terrain. Il fréquenta les salles des ventes du coin, en quête de meubles anciens. Il fit ainsi l'acquisition de lits en cuivre et d'une longue table de capitainerie autour de laquelle vingt personnes pouvaient s'asseoir. Il installa également la plomberie et l'électricité (alors inexistantes dans ce corps de bâtiment), transforma une cheminée en barbecue et une vieille cave à charbon en cagibi lambrissé au fond duquel il construisit un bar avec de vieux tonneaux de bière en guise de tabourets. En référence à la demeure nettement plus prestigieuse de Victor Cazalet, Great Swifts *, Sara Taylor donna à cette petite maison le nom de Little Swallows **.

Charles R. Stephens, journaliste et critique d'art anglais, se rendit à Great Swifts peu de temps après que Francis Taylor eut terminé d'installer Little Swallows. « La conversation roulait essentiellement sur la récente abdication du prince de Galles, devenu le roi Édouard VIII, pour cause d'épousailles avec l'omniprésente Wallis Warfield Simpson. En Angleterre, et dans le reste du monde, c'était LA nouvelle par excellence des années 1936-1937. Mais ce qui me frappa le plus à ce moment-là, ce fut l'apparente intimité qui liait Victor Cazalet à Francis Taylor. Si l'un démarrait une phrase, il était rare que l'autre ne l'achevât pas. Bien d'autres signes pouvaient être révélateurs de cette amitié. En fait il devint clair pour moi qu'ils étaient amants.

« Une autre fois, j'ai croisé Victor Cazalet et Francis Taylor – ils paraissaient inséparables – à un festival Mozart à Covent Garden. De toute évidence, ils n'essayaient même pas de cacher leur affection mutuelle. D'autres personnes ont bien dû également s'en apercevoir mais à cette époque-là, et dans ces milieux-là, il était de bon ton d'ignorer de telles relations et de n'en point parler. En tout cas, c'était éclairant – sinon pourquoi Victor Cazalet aurait-il offert au père d'Elizabeth une maison sur ses terres? Cet arrangement facilitait leurs rencontres et fournissait toutes les excuses. »

Autre témoin direct de l'« arrangement » Cazalet-Taylor:

* Les Grands Martinets. *(N.d.T.)*
** Les Petites Hirondelles. *(N.d.T.)*

Allen T. Klots, jeune éditeur américain sorti de Yale et qui visitait l'Angleterre. « J'ai passé plusieurs week-ends comme hôte à Great Swifts, se souvient Klots. Les allées et venues dans cette maison sont demeurées inoubliables. Victor et Francis étaient toujours l'un après l'autre et ils passaient de longues heures ensemble, bien tranquillement, dans la chambre de Victor, n'émergeant de temps à autre que pour se ruer à l'office et se ravitailler en whisky ou en gin. J'ignore totalement comment Sara prenait la chose, si du moins elle comprenait ce qui se passait. Il lui arrivait souvent d'arriver chez Victor à l'improviste, accompagnée de ses deux enfants. Il semblerait qu'elle aussi ait eu un faible pour Cazalet.

« Je me souviens très bien d'une fois où elle déclara à Sir Anthony Eden, également un familier de Great Swifts, que, selon elle, Victor ferait un parfait Premier ministre de Grande-Bretagne. Le lendemain matin, Sir Anthony, sans doute encore sous le choc, voulut monter Betty, la petite jument d'Elizabeth, mais il se retrouva aussitôt le nez dans une large flaque boueuse.

« Au cours des semaines qui suivirent, j'accompagnai Victor et Francis lors d'un voyage à Paris où nous devions rejoindre Howard Young. Young, avec le manque d'éducation et la lourdeur qui le caractérisaient, faisait de constantes allusions en public à l'homosexualité de son neveu. Il avertit même Francis que s'il continuait à s'afficher ainsi avec Victor Cazalet, sa galerie londonienne risquait de péricliter.

« Francis ne tint guère compte de cette mise en garde. Ce n'était pas la discrétion qui étouffait Francis et Victor lorsqu'ils étaient ensemble dans les endroits parisiens à la mode tels que le Monseigneur, l'Éléphant Blanc ou le Shéhérazade – ils buvaient, chantaient, se tenaient par la main, se passaient des petits mots, se murmuraient des choses à l'oreille, échangeaient des gloussements, des regards langoureux et des plaisanteries qui ne faisaient rire qu'eux. Les deux hommes avaient autant de mal l'un que l'autre à tenir l'alcool et quand ils avaient un petit coup dans le nez, ils étaient capables de n'importe quoi. Victor Cazalet m'avait étonné par ce caractère extraverti qu'il possédait, ivre ou à jeun d'ailleurs, alors que Francis avait besoin d'un stimulant comme l'alcool pour sortir de sa coquille. »

Le photographe mondain new-yorkais Jerome Zerbe débarqua chez les Taylor à l'occasion d'un voyage d'agrément à Londres en 1937. Il raconte : « Je suis arrivé chez eux, dans leur maison de Hampstead, et je me suis tout de suite retrouvé dans un magnifique salon tout lambrissé en bois de chêne à siroter du thé au cassis avec Sara Taylor et ses deux jeunes enfants. Elle me pria d'excuser Francis qui était en retard, retenu par un rendez-vous impromptu avec des clients dans la galerie de son oncle. Nous restâmes assis là à bavarder de choses et d'autres pendant au moins une heure. Puis Francis rentra en titubant, visiblement ivre mort et de mauvaise humeur. Comme beaucoup de gens policés, Francis semblait être un autre homme lorsqu'il avait trop bu.

« L'incident auquel j'ai assisté semblerait corroborer cette opinion. A un moment donné, la gouvernante des enfants pénétra dans le salon et informa le père que ni Howard ni Elizabeth n'avaient rangé leur chambre cet après-midi. Les vêtements et les jouets traînaient partout sur le plancher ou sur les meubles.

« Avec la voix et sur le ton d'un militaire en campagne, Francis Taylor ordonna à Elizabeth de filer illico presto dans sa chambre. Il faut croire que la gamine n'obtempéra pas assez vite à son goût car, sans crier gare, il l'attrapa par le bras et lui assena sur la joue une gifle magistrale. Il s'en prit ensuite à son frère qu'il traîna hors de la pièce par le bras et qu'il enferma dans le placard à balais logé sous l'escalier. Il l'y laissa pendant plusieurs heures. C'était un exemple type de brutalité parentale. »

A cinq ans et demi, Elizabeth fut inscrite à la Byron House, à la fois jardin d'enfants et école préparatoire de la commune de Highgate, établissement aujourd'hui fermé. La Byron House se situait à environ vingt minutes en voiture de Heathwood. Howard fréquenta la même institution. Le chauffeur que la famille Taylor employait à mi-temps, un Gallois du nom de Culver, était chargé d'emmener chaque matin dans la Buick les enfants à l'école et d'aller les chercher en fin de journée.

Deborah Zygot, une ancienne camarade de classe d'Elizabeth du temps de la Byron House, trouvait qu'elle ressemblait à « une petite porcelaine avec des traits parfaits et une peau d'albâtre. C'était la plus petite du jardin d'enfants, mais de loin la plus éveillée. Son sujet favori était la nature. Elle aimait les animaux et s'occupait de toute une ménagerie chez elle – chiens, chats, hamsters, lapins, souris blanches, cochons d'Inde. L'école proprement dite semblait moins l'intéresser. Byron House était un endroit chic, très fermé, snob et strict. L'uniforme de rigueur pour les filles consistait en un costume de coton vert fougère et en de longues chaussettes assorties. Elizabeth détestait cet uniforme, ou plutôt l'idée de devoir ressembler à toutes ses petites camarades.

« Son frère Howard éprouvait les mêmes sentiments à l'égard de l'uniforme qui, pour les garçons, exigeait le blazer bordeaux, droit et à une seule rangée de boutons, avec le pantalon (ou le short, selon la saison) de flanelle grise. À ce moment-là, Howard et Elizabeth étaient assez rebelles. Howard s'adonnait souvent à quelques bons échanges de coups de poing avec ses petits camarades. Il fit un œil au beurre noir à un des écoliers parce que cet imbécile avait osé piquer un livre appartenant à Elizabeth et ne voulait pas le lui rendre. Il passa les deux jours suivants dans le bureau du principal mais Elizabeth finit par récupérer son livre – et eut droit aux excuses du jeune indélicat. »

A la fin de l'hiver 1937, les Taylor apprirent que la mère de Sara avait eu une attaque de paralysie. Ils se rendirent à Arkansas City où les parents de Sara étaient revenus vivre, et y passèrent trois mois pour aider l'aïeule souffrante. Elizabeth et Howard fréquentèrent alors l'école élémentaire locale. John Taylor, le frère aîné de Francis, qualifia cette période de « sombre » : « Elizabeth et Howard étaient en butte à des taquineries permanentes de la part de leurs camarades de classe qui n'avaient pas l'habitude des manières et de l'accent britanniques. D'autre part, Francis et Sara ne tarissaient pas d'éloges sur les vertus de la vie à l'anglaise. Ils étaient convaincus que les Américains n'étaient que des païens et que le président Franklin D. Roosevelt représentait le plus grand désastre qui pouvait s'abattre sur le pays. »

Toute la famille retourna en Angleterre juste à temps pour assister au couronnement du roi George VI et de son épouse, la reine Elizabeth (mère de l'actuelle). Pendant toute une semaine, des réceptions prestigieuses et des festivités furent données ici et là avec, comme bouquet final, le Bal de la Reine au palais de Buckingham. Bien qu'ils aient été invités à une soirée à l'ambassade américaine, alors située à Grosvenor Square, Francis et Sara ne purent faire valoir leurs relations pourtant intimes avec les Cazalet pour se voir conviés à l'apothéose, à savoir la fête de Buckingham.

« Sara Taylor en fut très humiliée, estimant qu'il ne s'agissait pas seulement d'un refus mais d'un affront personnel, déclara Thelma Cazalet-Keir qui tenta par tous les moyens, mais sans succès, de leur obtenir un carton d'invitation. Sara commença à considérer d'un autre œil les Anglais. Elle n'était d'ailleurs pas la seule à ruminer son amertume. Après tout, toute personne cherchant à grimper dans l'échelle sociale briguait ce type d'invitation. Il faut dire aussi que le *Times* donnait dans sa rubrique mondaine la liste complète des deux mille cinq cents invités du Bal de la Reine, mortifiant d'autant plus les gens qui n'y figuraient pas. »

Au moment même où Sara changeait d'attitude envers la

Grande-Bretagne et son « insidieux système de classes », comme elle disait, l'Angleterre commençait à trembler devant la montée des nazis, craintes qui ne feraient que s'amplifier dans les années à venir avec des distributions de masques à gaz, la mise en place de tranchées autour de Hyde Park et l'installation de sirènes d'alarme modernisées couvrant toute la capitale. L'ambassade américaine à Londres avait de son côté commencé à avertir par circulaire tous ses ressortissants vivant en Angleterre de l'imminence de la guerre : il leur était recommandé de faire leurs valises et de quitter au plus vite le pays pour retourner aux États-Unis. Francis Taylor ne reçut pas de circulaire mais un appel téléphonique directement du bureau de Joseph P. Kennedy, ambassadeur américain à la Cour de Saint James. Kennedy évoqua la situation politique et l'urgence qu'il y avait pour Taylor à expédier sa femme et ses enfants en Amérique, à fermer sa galerie et à embarquer sur le premier bateau.

Francis loua les services du transporteur international Pitt & Scott pour emballer et envoyer aux États-Unis par avion et par bateau les innombrables toiles entreposées à la galerie. La destination finale des œuvres d'art était le vieux Château Élysée Hotel à Hollywood, où Howard Young venait d'ouvrir sa dernière galerie. Francis avait déjà accepté de s'occuper de cette nouvelle acquisition, décision prise en partie à cause de la récente installation par son beau-père d'un élevage de poulets dans les environs de Pasadena, également en Californie.

Le 3 avril 1939, quelques semaines à peine avant que Hitler n'envahisse la Tchécoslovaquie, Sara Taylor, ses deux enfants et leur gouvernante Gladys prenaient le train à la gare de Victoria pour se rendre à Southampton où tout le monde embarqua à bord du *Manhattan*. Avec à son bord de nombreux juifs allemands et autrichiens fuyant la tourmente nazie, le paquebot traversa l'Atlantique en huit jours.

Au milieu de la traversée, un incident mineur se produisit, qui peut bien avoir tout de même joué un rôle déterminant dans la décision que prit plus tard Elizabeth Taylor de devenir actrice. Parmi les distractions quotidiennes proposées à la clientèle à bord du navire, un film produit à Hollywood et récemment sorti, *Petite Princesse*, avec Shirley Temple en vedette, fut projeté. Elizabeth, alors âgée de sept ans, regarda ce film en compagnie de sa mère et de son frère. Elle était déjà allée plusieurs fois au cinéma à Londres et savait parfaitement se tenir, bien calée au fond de son siège, ne bougeant plus un seul muscle et le regard rivé sur l'écran. Elle déclarera plus tard qu'elle avait été complètement subjuguée par la force, la puissance de l'image de cette petite fille aux cheveux bouclés tandis que les rais de lumière fragmentée et scintillante provenant du projecteur venaient s'écraser sur l'immense surface blanche de l'écran. Lorsqu'à la fin du film la salle s'éclaira de nouveau, Elizabeth se tourna vers sa mère pour lui faire part de sa totale admiration pour la petite Shirley Temple. Puis, dans un murmure à peine audible, comme si elle se parlait à elle-même, elle affirma que, désormais, elle aussi avait envie de jouer la comédie. « Je ne veux pas devenir une star de cinéma, dit-elle, je veux devenir une actrice. »

# 3

Comme plus d'un historien l'a fait remarquer, l'engagement progressif de l'Amérique dans l'effort de guerre européen durant la Seconde Guerre mondiale a eu des effets évidents sur les schémas sociaux au sein de l'élite de Hollywood. Les grandes premières, les réceptions privées et les soirées de gala offertes par les studios, en d'autres temps censées promouvoir les dernières productions, étaient désormais données sous prétexte de récolter des fonds et faire de bons placements. A Hollywood, les restaurants et les boîtes de nuit à la mode – Trocadero, Mocambo, Ciro, Romanoff, Players – ne désemplissaient pas. Même dans les boutiques luxueuses de Rodeo Drive, à Beverly Hills, les ventes avaient grimpé. Une des raisons de cet essor économique soudain était l'arrivée massive à Los Angeles d'un nouveau contingent, aux nationalités les plus diverses, de conquérants du Nouveau Monde : des arrivistes, des âmes en mal de publicité, de riches héritières, des mondains, des souverains détrônés et de vieux aristocrates démodés aux allures très ordinaires réduits à des vacances forcées et permanentes en Amérique à cause de la guerre qui avait éclaté dans la vieille Europe.

Cette nouvelle vague d'aventuriers avait donné un second souffle à la vie sociale hollywoodienne qui commençait à sombrer dans l'ennui. On ressortit les tenues de soirée et les fourrures des penderies, même si le plus souvent le climat californien ne s'y prêtait guère, les bijoux quittèrent enfin les coffres-forts. William Randolph Hearst donna le coup d'envoi à ce nouvel ordre social. Ses fêtes à San Simeon, sa délirante propriété, ou dans la villa de bord de mer de Marion Davies à Santa Monica, étaient tout simplement grandioses. Des tentes étaient dressées sur les pelouses et jardins. Les piscines étaient recouvertes d'un plancher et devenaient des pistes de danse.

On faisait venir des orchestres depuis La Havane et New York. Des feux d'artifice éclataient en permanence dans le ciel nocturne. Ces soirées réunissaient généralement des milliers d'invités.

Beaucoup voulurent imiter Hearst. Darryl F. Zanuck donna une fête grandiose sur sa plage pour Dolly O'Brien, l'héritière des mines d'argent; Louis B. Mayer offrit de son côté une réception éblouissante en l'honneur du comte de Warwick; Samuel et Frances Goldwyn organisèrent une garden-party gigantesque pour l'homme d'État britannique Leslie Hore-Belisha; King et Elizabeth Vidor eurent l'idée d'un bal costumé dans le « style Romanov » pour recevoir la grande-duchesse Marie de Russie; Elsa Maxwell prépara un somptueux dîner pour Richard Gulley, un Anglais bon vivant qui avait le mérite d'être le cousin de Sir Anthony Eden. Elsa partageait une maison à Beverly Hills avec Evelyn Walsh McLean, la propriétaire de l'énorme diamant connu sous le nom de Hope. Durant la soirée, Elsa se retrouva à court de vaisselle. Au lieu d'annuler, elle opta pour l'improvisation. Elle distribua à ses invités des assiettes en carton ainsi que des crayons en offrant un prix à celui qui aurait décoré son assiette de la manière la plus originale. Le premier prix consistait à pouvoir dîner dans le seul service en porcelaine qui fût alors disponible. Les autres convives devaient se contenter de donner leurs coups de fourchette dans une assiette en carton décorée de leur propre main. Le grand gagnant fut Francis Taylor qui se trouvait là avec sa femme Sara.

Les Taylor s'élevèrent dans l'échelle sociale hollywoodienne avec beaucoup plus de facilité qu'à Londres. Sara et ses deux enfants étaient arrivés chez le père de celle-ci à Pasadena le 1er mai 1939. C'est cet été-là que Sara apprit à conduire et acheta une limousine Chevrolet d'occasion. Au début du mois de septembre, elle inscrivit les deux petits à l'école Willard, une institution privée des environs. Francis Taylor, après avoir passé ses derniers mois en Angleterre en compagnie de Victor Cazalet, rejoignit le reste de sa famille au mois de décembre en Californie. Peu de temps après, il déménagea la galerie de Château Élysée pour l'installer dans un lieu plus huppé, le Beverly Hills Hotel, où il loua un espace au rez-de-chaussée du bâtiment central afin d'accéder facilement à la piscine. Parmi ses premiers clients, on compte pas mal de stars déjà célèbres comme Howard Duff, Vincent Price, James Mason, Alan Ladd et Greta Garbo.

Autre habituée de la galerie, et pas des moindres, la commère de Hollywood, Hedda Hopper. La raison initiale qui poussa la journaliste à entrer pour la première fois dans la galerie de Francis était la longue amitié qui la liait à Thelma Cazalet-Keir. Thelma, qui hébergeait Hedda lorsque celle-ci se rendait à Londres, lui écrivit pour lui demander s'il ne lui serait pas possible de donner un petit coup de pouce publicitaire à la galerie de son ami Taylor en en parlant dans ses célèbres articles. Non seulement Hedda rendit visite à la galerie et en parla dans son journal, mais elle acheta également un petit croquis d'Augustus John. Dans son article, elle fit aussi allusion à Sara Taylor, à sa trop brève carrière d'actrice et à « Elizabeth, sa merveilleuse petite fille de huit ans ». La chroniqueuse faisait incidemment remarquer à ses lecteurs que David O. Selznick, le producteur d'*Autant en emporte le vent*, n'avait pas encore distribué tous les rôles secondaires de son film. Selon Hopper, bien qu'Elizabeth n'ait encore jamais joué professionnellement la comédie, elle semblait convenir parfaitement pour le personnage de Bonnie Blue, la fille de Scarlett O'Hara et de Rhett Butler. Francis Taylor repoussa immédiatement l'idée car ses affaires marchaient très bien et il n'avait pas intérêt pour le moment à ce que sa fille poursuive une carrière de comédienne.

Le succès de la galerie était dû dans une large mesure à la faculté qu'avait Francis Taylor de dénicher de jeunes artistes prometteurs. Oscar De Mejo, talentueux surréaliste naïf, connut sa première exposition américaine dans les locaux de la galerie dirigée par Taylor.

« Je me souviens à quel point je me suis senti heureux lorsque Francis Taylor m'a dit qu'il voulait s'occuper d'un artiste relativement inconnu comme moi, raconte De Mejo. La vie artistique à Los Angeles commençait à peine à se développer mais il existait déjà d'autres artistes nettement plus en vogue et qui auraient mieux fait l'affaire. Mais Taylor semblait croire en mon travail et en ses talents de vendeur.

« Il est venu dans mon atelier situé dans le quartier Ouest de Los Angeles et c'est ensemble que nous décidâmes des toiles qu'il fallait exposer. Il y avait en tout une trentaine d'œuvres de grandes dimensions, plus une douzaine de dessins. Taylor s'arrangea pour que plusieurs critiques d'art cotés puissent venir à l'exposition ainsi que toute une faune appartenant au milieu du cinéma comme Robert Stack, Edward G. Robinson, Fred Astaire, Valentina Cortese – une actrice qui acheta mes deux premières toiles.

« Je garde un souvenir très précis de ce vernissage, non pas tant parce que telle ou telle toile a été vendue, mais parce que la petite Elizabeth Taylor était là. Elle servait les canapés avec sa mère. Elizabeth avait le visage le plus ravissant du monde, un vrai Botticelli. Elle portait une robe de coton bleue qui lui collait aux jambes. Elle dégageait un érotisme innocent et sans âge, souligné par le fait qu'elle appelait tout le monde par son nom, obligeant ainsi les gens à prendre conscience d'eux-mêmes. "Voulez-vous un autre canapé au caviar, Mr. De Mejo?"

« Elle avait un accent anglais prononcé et haché assez surprenant et elle parlait avec une petite voix haut perchée comme si elle manquait de souffle. J'eus le sentiment qu'elle idolâtrait son père car elle semblait toujours le chercher du regard, en quête d'approbation ou d'encouragement. Ses relations avec sa mère paraissaient en revanche se dérouler sur un plan plus équilibré. »

Un agent de presse, ami de Hedda Hopper, observa que « chaque fois qu'elle était sûre que personne ne la voyait, Elizabeth enfournait discrètement un petit four. A la fin du vernissage elle avait ainsi englouti un plateau entier d'amuse-gueules.

« Le vernissage de De Mejo, poursuit-il, n'était pas ma première occasion de me rendre à la galerie du Beverly Hills Hotel. J'y avais déjà accompagné Hedda Hopper pour une exposition du peintre Augustus John. Mais cette exposition fut le point de départ de la carrière cinématographique de la petite Elizabeth Taylor.

« En effet, parmi les invités, ce jour-là, se trouvait Andrea Berens, issue d'une vieille famille anglaise très riche et qui avait brièvement connu les Taylor du temps où ils vivaient à Londres. Lorsque la guerre éclata, Andrea se rendit en Amérique où elle rencontra et se fiança à Cheever Cowden, directeur et principal actionnaire des productions Universal à Hollywood.

« Andrea Berens avait des raisons d'apprécier le travail d'Augustus John. Quelques années plus tôt, elle avait posé devant lui pour un portrait et il semblerait qu'ils aient eu une aventure ensemble, ou du moins un flirt. Lors de l'exposition à la galerie du Beverly Hills Hotel, elle acheta pour 20 000 dollars des œuvres du peintre.

« "Sara, dit-elle au cours du vernissage, j'aimerais beaucoup que Cheever voie votre fille. Elizabeth est une enfant tellement belle qu'elle devrait faire du cinéma."

« Entre-temps, les Taylor avaient emménagé dans une villa de bord de mer à Pacific Palisades. Ils convièrent Andrea et Cheever à venir prendre le thé le dimanche suivant. Cheever Cowden partagea immédiatement l'enthousiasme de sa fiancée pour le charme de la petite Elizabeth. Il demanda alors à Sara si l'enfant avait déjà pris des cours d'art dramatique.

« "Pas exactement, répondit Sara, mais elle a été au cours

de danse Vacani, à Londres, avec les petites de la famille royale, et elle continue de travailler la danse [dans un cours privé de Pacific Palisades, la Town and Country School] à Hollywood. Elle y retrouve d'autres élèves parmi lesquelles Susan, la fille de John Gilbert; Judy et Barbara Goetz, les petites-filles de Louis B. Mayer; et Evan Considine dont le père, John Considine, est un des producteurs de la MGM. "

« Cheever Cowden écouta Sara avec la plus grande attention et, avant de s'en aller, il lui fit promettre d'amener Elizabeth aux studios Universal pour les lui faire visiter. Pour d'éventuels essais devant la caméra, on aviserait plus tard. »

D'autres personnalités de Hollywood avaient également remarqué combien la petite Elizabeth était séduisante, notamment Carmen Considine, la femme du producteur John Considine. Carmen demanda un jour à Sara si sa fille savait chanter car cela intéresserait beaucoup la MGM. La Metro venait en effet de laisser filer une de ses petites stars chantantes, Deanna Durbin, que lui avait soufflée Universal pour en faire une des valeurs sûres de son box-office. Certes, à la Metro, ils avaient encore Judy Garland sous contrat mais ils cherchaient une remplaçante à Deanna.

A l'idée que sa fille pourrait signer avec un des plus prestigieux studios de Hollywood comme la Metro Goldwyn Mayer, Sara fut comme transportée. Elle-même, par le passé, avait subi et raté ces épouvantables essais dans les mêmes fameux studios. Quant à Elizabeth, elle ne recevait que des compliments enthousiastes sur sa resplendissante beauté partout où elle allait et, autant qu'il était possible de s'en rendre compte, la petite possédait une voix charmante même si elle n'avait pas été travaillée. Les gens qui étaient invités dans la résidence des Taylor avaient souvent droit à une petite sérénade : « Elizabeth, chante, ma chérie, allez, chante-nous quelque chose », demandait Sara d'une voix enjôleuse. Et Elizabeth s'exécutait même si les notes n'étaient pas toujours très justes.

Carmen Considine, qui n'avait jamais eu l'occasion d'assister à l'un de ces mini-récitals impromptus, insista auprès de son mari pour qu'il entende la petite au cours d'« une audition informelle » dans son bureau de la MGM. Cela prit du temps, mais John Considine finit par accepter. Elizabeth arriva avec sa mère exactement au même moment que Benny Thau, le nouveau chef de production de la Metro, qui tenta de calmer les nerfs de la petite fille en lui glissant dans la main un chewing-gum.

Helen Rosen, appelée souvent à la MGM en tant que pianiste-répétitrice, s'installa au clavier pour accompagner Elizabeth. D'une voix aigrelette et pleurnicharde, Elizabeth entama les premières mesures du « Beau Danube bleu » sous les regards effarés et les crises de rire étouffées de l'assistance.

« C'était pathétique, se souvient Helen Rosen. La petite ne savait vraiment pas chanter. Considine déclara que si les attraits physiques de la petite étaient indéniables, sur le plan vocal elle n'avait rien de comparable avec Deanna Durbin – ce qui revenait à dire que toute idée de contrat était totalement prématurée. »

Un peu découragée mais ne s'avouant pas pour autant battue, Sara Taylor emmena sa fille chez Hedda Hopper à Beverly Hills et lui raconta tout du fiasco qu'elles venaient de subir à la MGM[1] en insistant sur le fait qu'Elizabeth pourrait certainement chanter très bien. Hedda eut donc droit, elle aussi, aux balbutiements d'Elizabeth sur la célèbre valse viennoise. Cette fois encore, elle chanta faux comme il n'était pas tolérable et sans la moindre conviction. Dans son autobiographie publiée des années plus tard, Hopper racontera l'anecdote en ces termes : « D'une voix chevrotante, à peine audible tellement elle avait le trac, la charmante petite créature aux immenses [...] yeux se mit à pioupiouter sa chanson. Je ne suis pas près d'oublier une épreuve pareille. »

Convaincue cette fois que son ambitieuse petite fille n'avait aucun avenir dans le chant, Sara se tourna à nouveau vers Andrea Berens qui accepta d'organiser pour Elizabeth un bout d'essai aux studios Universal. Cette fois-ci, on ne demanda pas à l'enfant de pousser la chansonnette mais, malgré cela, les responsables ne manifestèrent pas plus d'intérêt ni d'empressement qu'avant. Le responsable du casting Dan Kelly rédigea un rapport pour Cheever Cowden qui disait notamment : « Cette gamine n'a vraiment rien. » Même ses yeux magnifiques l'avaient laissé de glace : « Elle a les yeux de quelqu'un de vieux ; elle n'a pas le visage d'une enfant[2]. »

Pourtant, Elizabeth signa son premier contrat avec Universal, preuve que la petite amie du grand patron faisait parfois la loi. Andrea Berens insista aussi auprès de Cheever Cowden, qui détenait les cordons de la bourse, pour qu'Elizabeth reçût un salaire. C'est ainsi que le 18 septembre 1941, le studio offrit à Elizabeth un contrat stipulant qu'elle était sous option renouvelable à raison de 100 dollars la semaine. Hedda Hopper, dans ses colonnes, se fit immédiatement l'écho de ce premier contrat et ajouta que, « avec l'hérédité qu'elle avait, elle ne pouvait que connaître un succès foudroyant ».

Mais tout ce que le studio Universal avait à lui proposer en tant que débutante était un petit rôle de quelques jours dans un film intitulé *Man or Mouse* et que l'on rebaptisa un peu plus tard *There's One Born Every Minute*. En dehors des grimaces et singeries d'une famille de crétins, le film était censé montrer au public comment une troupe de théâtreux réussit à faire de Carl « Alfalfa » Switzer – un traîne-savate plein de taches de rousseur et le cheveu hirsute qu'on avait vu dans la série *Our Gang* – une star du show-business *.

Dans le film, Elizabeth avait quelques répliques avec Carl même si, au final, on dut la doubler, et encore avec difficulté tant son articulation était pauvre. Ni les gens d'Universal, ni les critiques, ni même le public qui eut l'occasion de visionner ce film ne furent très réceptifs à la présence d'Elizabeth à l'écran ou même au film tout court. Même Elizabeth garda une mauvaise impression de cette première expérience. Des années plus tard, dans l'émission télévisée de David Frost, elle décrira son rôle dans *There's One Born Every Minute* comme celui d' « une gamine insupportable qui passe son temps à lancer des élastiques sur les postérieurs avantageux des grosses dames ».

Moins de six mois après la signature du contrat chez Universal, les clauses furent révisées par Edward Muhl, le chef de production. Muhl avait rencontré l'agent d'Elizabeth, Myron Selznick (le frère de David) et Cheever Cowden. Muhl n'était pas d'accord avec Selznick quant à l'avenir d'Elizabeth : « Elle ne sait pas chanter [3], elle ne sait pas danser, elle ne sait pas jouer. Et qui plus est, sa mère est une des femmes les plus insupportables que j'aie eu le déplaisir de rencontrer. »

Universal rompit donc le contrat d'Elizabeth la veille de ses dix ans. Selon Jane Hodges Crest, une voisine de la jeune actrice, son amie Elizabeth « en fut très chagrinée pendant plusieurs jours, refusant de manger et même de sortir de chez elle pour aller jouer ». Par cette décision, le studio Universal venait de se rendre à lui-même le plus mauvais service. Comme l'avenir le démontrera, il venait de commettre la bévue la plus formidable et la plus chère de toute l'histoire du cinéma.

Peu de temps après qu'Elizabeth eut atteint l'âge de dix ans, sa famille déménagea de nouveau pour s'installer cette fois au 307 North Elm Drive à Beverly Hills. Cette maison basse de style espagnol avait des murs recouverts de stuc rose, une toiture en tuile et un énorme olivier au beau milieu du jardin. Francis avait choisi cette propriété parce qu'elle était proche du Beverly Hills Hotel. Charles Whalens, un voisin qui travaillait dans les assurances, remarqua que « Francis Taylor était bien le seul individu vivant à Beverly Hills qui se rendait à son

---

* Carl Switzer a été tué d'une balle lors d'une rixe dans un bar en 1959, allongeant ainsi la liste des partenaires d'Elizabeth à avoir rencontré une fin tragique et prématurée.

travail à pied. Tout le monde utilisait la voiture même pour faire cent mètres ».

Elizabeth et Howard Taylor se mirent donc à fréquenter la Hawthorne School, qui se trouvait à proximité. Judith Craven, qui a connu l'actrice toute petite, se souvient de Howard comme d' « un élève moyen qui ne travaillait pas beaucoup » et d'Elizabeth comme d' « une enfant étrange avec des yeux immenses ; elle était un peu boulotte mais son visage digne d'Hélène de Troie compensait. Anne Westmore, dont la famille avait créé une marque de cosmétiques célèbre à Hollywood, était sa meilleure amie et sa voisine la plus proche. Dès qu'elles étaient rentrées de l'école, elles attrapaient les patins à roulettes et dévalaient ensemble la rue comme des bolides en donnant des sueurs froides aux automobilistes qui venaient en sens inverse.

« Elizabeth était un garçon manqué, même si elle adorait mettre les robes de sa mère et utiliser son maquillage. Un jour où les Taylor recevaient, Elizabeth et Anne Westmore firent leur apparition tels des mannequins pour un défilé de couture. Elizabeth avait emprunté à sa mère une robe du soir noire et des talons aiguilles en velours marron ; elle s'était fait une sorte de chignon retenu par des épingles sur le haut de la tête. Anne avait décroché des placards maternels une robe de cocktail imprimée. Puis les deux fillettes allèrent changer de tenue pour se ruer dans le jardin et grimper sur les branches du gros olivier. Anne jouait le rôle de Tarzan et Elizabeth celui de Jane, et les deux fillettes se balancèrent de branche en branche.

« Parfois, le dimanche, les Taylor emmenaient avec eux Anne Westmore et une autre petite copine d'Elizabeth pour aller rendre visite au grand-père de Pasadena. Nous passions de bons moments à jouer aux " gangsters " ou aux " espionnes " – le scénario était toujours sinistre – et nous nous courions après dans les granges. Un jeu qui plaisait moins à Liz était celui de la " boutique de fleurs " parce qu'il fallait auparavant cueillir un maximum de fleurs dans la cour du grand-père et installer l'étalage de la marchande en se servant du plateau d'une charrette.

« Elizabeth préférait invariablement jouer les chefs et compter les points. Elle était autoritaire et égocentrique, comme sa mère. Une autre petite copine des environs, Carole Jean Phillips, avait toujours chez elle dans la cuisine une grande jatte remplie d'olives vertes. Nous y faisions souvent des descentes, puis enfilions nos patins à roulettes et disparaissions en nous goinfrant de poignées entières d'olives que nous avions chapardées.

« Nous nous attardions souvent aussi dans une vieille boutique de poupées de Beverly Hills où nous restions fascinées devant une poupée " adulte " dont les cheveux étaient lavables. Un Noël, Mrs. Taylor nous offrit à toutes le même modèle de poupée mais en miniature et avec les mêmes vrais cheveux.

« Jusqu'au jour où elle devint une vedette prodige, son enfance ne différa pas véritablement de celle des autres petites filles de son âge. Nous avions organisé un système d'échange vestimentaire et Elizabeth aimait l'idée de porter des vieilles fripes. Une de mes amies de Fresno, en Californie, Janice Cole Young, me donnait tous les vêtements dans lesquels elle ne pouvait plus entrer. Comme Elizabeth avait le plus petit gabarit de nous toutes, elle était la dernière à pouvoir les essayer, mais ce n'étaient plus alors que des loques. Mais cela ne la gênait pas de porter des vêtements pleins de trous. Elle adorait l'idée de jouer différents personnages, comme celui d'Annie la Petite Orpheline. Plus tard, avec le succès, elle nous a laissées tomber comme des vieilles chaussettes. Bien sûr, il faut reconnaître qu'elle n'avait peut-être plus vraiment le temps d'entretenir des amitiés ordinaires. »

Barbara Jackson, une autre petite camarade de cette époque, mais nettement moins intime, et dont les oncle et tante, Dalzell et Ruth Hatfield, possédaient la Hatfield Gallery, la galerie d'art la plus prestigieuse de Los Angeles en 1940, située dans les locaux de l'Ambassador Hotel, se souvient :

« La première fois que j'ai rencontré Elizabeth, c'était au mariage de mon oncle Ernest Pumphrey qui dirigeait la galerie Hatfield. Elizabeth était venue avec ses parents ; elle ne fit que répéter qu'elle voulait faire du cinéma. J'avais alors neuf ans et elle devait avoir un an de plus que moi. Les studios Universal venaient de la laisser tomber mais elle avait apparemment surmonté cette première déception et envisageait d'autres possibilités.

« Howard, le frère d'Elizabeth, était là aussi. Extérieurement aussi irrésistible que sa sœur, Howard était tout de même plus réservé. En comparaison, Elizabeth paraissait hystérique – elle n'arrêtait pas de jacasser sauf quand son frère l'appelait " Lizzie the Lizard * ". Elle allait alors fulminer toute seule dans un coin. Ce surnom employé par Howard allait lui faire détester ce diminutif de " Liz ". De fait, ses amis intimes l'ont toujours appelée Elizabeth.

« Je revis Elizabeth quelques années plus tard lors d'un récital donné par Frank Sinatra au Hollywood Bowl. Toutes les filles et jeunes femmes, Elizabeth y compris, hurlaient et trépignaient. Elles faisaient toutes un tel tapage qu'on n'entendait

* Lizie le Lézard. (N.d.T.)

49

même plus la voix de Sinatra et cela m'a beaucoup gênée car j'étais venue pour l'entendre. J'ai trouvé que ces fans avaient des comportements de cinglées et j'ai surtout été étonnée de constater qu'Elizabeth se tenait aussi mal que le reste de la meute.

« L'ironie, je crois, est qu'elle eut alors une popularité comparable à celle de Sinatra et que, comme lui, elle attirait une foule d'admirateurs et d'inconditionnels. Après son apparition dans *Le Grand National*, toutes les jeunes filles d'Amérique se mirent à rêver de devenir Elizabeth Taylor. »

L'avènement d'Elizabeth Taylor comme vraie petite star, après son échec chez Universal, est dû à l'intervention d'un homme, Samuel Marx, un grand type dégingandé, monteur et producteur au sein de la MGM, et qui avait commencé à travailler dans ce studio comme le protégé du légendaire et génial Irving G. Thalberg.

« En tant que producteur chez MGM, dira Marx, je fus amené à travailler sur le film *La Fidèle Lassie*, ce classique où il est question d'une amitié entre un enfant et un chien, et où nous avions trouvé un colley qui jouait et sentait les situations bien mieux que nombre d'acteurs avec lesquels j'avais travaillé. Même si l'action se situait principalement en Angleterre et en Écosse, le film devait se tourner en extérieurs dans les environs de Washington, là où il y avait beaucoup de coins montagneux et de lacs, et le long de la côte de Monterey en Californie. Nous nous assurâmes de la participation de l'acteur Roddy McDowall, jeune recrue britannique de quatorze ans, pour le rôle principal, et, comme partenaire, d'une jeune actrice du nom de Maria Flynn qui avait déjà tourné dans *Intermezzo*. Les financiers du Studio avaient décidé de filmer en Technicolor, bien qu'à cette époque cela donnât une image assez dure – au niveau des contrastes pour les rouges, les jaunes et les verts. Le travail en laboratoire était aussi plus important et plus long. Il fallait attendre plus d'une semaine pour visionner les rushes d'une journée de travail.

« Quand les premiers rushes arrivèrent enfin, Fred M. Wilcox, le réalisateur du film, et moi-même les visionnâmes. Et c'est avec horreur que nous découvrîmes que Maria Flynn dépassait d'une bonne tête Roddy McDowall. J'ignore pour quelle raison nous ne les avions jamais mis côte à côte et ce n'est qu'en regardant les premières images du tournage que nous nous sommes rendu compte de la terrible erreur que nous avions commise.

« Je sus immédiatement que la petite Maria Flynn allait devoir quitter le film. C'était une gamine de neuf-dix ans, plutôt mignonne. Elle avait aussi du talent comme actrice. Ce fut donc pour moi un véritable crève-cœur que de devoir lui annoncer qu'il nous fallait la remplacer pour une simple question de taille. J'aurais mille fois préféré expliquer à Roddy que c'était lui qui était trop petit. Malheureusement il était devenu difficile de se passer de lui car non seulement il venait de remporter un fabuleux succès dans *Mon Amie Flicka*, où il était cette fois question d'une belle amitié entre une jument et un petit garçon, mais en plus il nous avait été " prêté " par la Twentieth Century-Fox. Son débauchage nous avait d'ailleurs coûté une petite fortune que nous n'aurions certainement pas récupérée si Roddy avait dû être remplacé.

« Je fis venir Maria Flynn dans mon bureau et lui annonçai les choses très simplement. Elle ne se mit pas à pleurer. En revanche, moi, j'ai bien failli. Craignant qu'elle ne pique une crise, j'avais demandé à l'infirmière de la MGM d'être présente. Cette précaution n'était pas nécessaire.

« Après ce rendez-vous pénible, j'appelai Louis B. Mayer et Pandro Berman, un autre producteur de la MGM, pour leur dire que nous avions besoin d'une autre petite fille pour reprendre le rôle. Pandro suggéra de choisir parmi les six ou sept jeunes gamines anglaises qu'on avait vues dans *Madame Miniver*.

« C'est alors que je me suis souvenu de quelqu'un que je connaissais et qui s'appelait Francis Taylor. Nous appartenions à la même unité de défense civile chargée de surveiller l'espace aérien, notamment contre d'éventuels raids ou invasions de la Californie du Sud par les Japonais. Pour tuer le temps pendant nos patrouilles, nous bavardions. Nos propos tournaient principalement autour du travail et de la vie de famille. Pendant des mois, la femme de Francis le harcela pour qu'il me parle d'Elizabeth. Francis avait tenu bon mais il finit par me vanter la beauté de sa fille et raconter l'attitude du studio Universal. Taylor m'expliqua dans le détail comment cette histoire avait donné d'affreuses angoisses à sa femme sur l'avenir cinématographique d'Elizabeth.

« J'ignorais que la MGM avait déjà fait venir la petite. Si je l'avais su, jamais je n'aurais téléphoné à Francis Taylor. Mais comme j'aimais beaucoup Francis, je lui passai un coup de fil.

« – C'est une chance à saisir pour votre fille, lui annonçai-je. Nous recherchons une jeune fille pour un rôle où il faut l'accent anglais. Pouvez-vous l'amener tout de suite ?

« Il parut très déçu.

« – Elizabeth et sa mère sont chez le grand-père à Pasadena, dit-il.

« – Ah zut, quel dommage ! répondis-je. Parce que le directeur du casting va nous envoyer une demi-douzaine de filles de

*Madame Miniver* et il faut que je prenne ma décision aujourd'hui.

« – Bon, je les appelle immédiatement, me promit-il. Je vais essayer d'amener Elizabeth dans votre bureau le plus tôt possible.

« Au cours des heures qui suivirent, les jeunes actrices attendues se présentèrent devant moi. J'allais arrêter mon choix lorsque ma secrétaire frappa à la porte et m'annonça que Mrs. Taylor et sa fille Elizabeth attendaient dans le hall. Je la priai de les faire entrer. Quelques instants après, il y eut comme une apparition sur le seuil de mon bureau. L'enfant, vêtue de velours bleu et d'un ravissant chapeau blanc assorti, était à vous couper le souffle. J'ai tout de suite su qu'elle était faite pour tenir le rôle de Priscilla, la fille du richissime duc qui achète Lassie aux pauvres Carracloughs dont le fils est interprété par Roddy McDowall. A la fin du film, le garçon et le chien sont de nouveau réunis.

« J'appelai aussitôt Fred Wilcox pour l'auditionner dans une scène ou deux, le chien Lassie étant remplacé momentanément par une serpillière. Elizabeth improvisait assez bien et surtout elle resplendissait tellement que nous décidâmes d'effectuer des bouts d'essai. Je l'emmenai ensuite jusqu'au bureau du casting et nous établîmes un contrat. »

Le premier contrat d'Elizabeth avec la MGM, daté du 15 octobre 1942, lui garantissait un salaire de 100 dollars par semaine et ce pour une période de trois mois, c'est-à-dire jusqu'à la fin prévue du tournage du film *La Fidèle Lassie*. Le chien qui tenait le rôle de Lassie touchait quant à lui 250 dollars par semaine pour le même laps de temps ; le dresseur exigea le même cachet qu'Elizabeth.

« Et c'est ainsi que je devins celui qui avait " découvert " Elizabeth Taylor, commente Marx. Mon seul regret dans cette histoire est de ne jamais avoir plus entendu parler de Maria Flynn. J'ai bien peur que la découverte d'Elizabeth ait coïncidé avec la fin de la carrière de Maria. »

En racontant ses premières impressions sur Elizabeth Taylor lors d'un documentaire télévisé sur l'actrice, Roddy McDowall déclara : « J'étais complètement suffoqué. Je n'en revenais pas... On aurait dit une adulte en miniature avec ce visage absolument exquis. C'était l'enfant la plus extraordinaire que j'aie jamais vue. Son teint était époustouflant. Et ses yeux si surprenants que le directeur de la photo a demandé à la mère d'Elizabeth de lui enlever son mascara. Elizabeth a répondu alors : " Mais je n'en ai pas. " »

Sam Marx se souvient que « Sara Taylor restait sur le plateau chaque fois que sa fille avait une scène à tourner. Elle lui donnait des indications en faisant des signes de la main – un doigt sur ses lèvres signifiait qu'elle voulait que sa fille dise telle ou telle réplique sur un ton plus doux ; un poing fermé l'encourageait à donner plus d'intensité émotionnelle ; un doigt contre le front était censé provoquer un froncement de sourcils.

« Quant au film, il aurait pu devenir affreusement larmoyant, mais il fonctionna bien, notamment parce qu'il contenait des thèmes universels et qu'il bénéficiait d'excellents seconds rôles tels que Donald Crisp, Elsa Lanchester et Dame May Whitty. Il fit un tabac au box-office. »

Le seul incident désagréable au cours de ce tournage survint le dernier jour lorsqu'un cheval écrasa le pied d'Elizabeth, brisant un os du métatarse. C'était le premier accident, la première blessure d'une longue série dont l'actrice allait être victime durant les années à venir.

Une tragédie allait se produire quelques mois après la fin du tournage de *La Fidèle Lassie*. Victor Cazalet fut tué à l'âge de quarante-six ans, le 4 juillet 1943, lors du crash à Gibraltar du bombardier *Liberator* à bord duquel il se trouvait en compagnie du général Wladyslaw Sikorski, Premier ministre de Pologne et commandant en chef des Forces Libres polonaises. L'avion, qui arrivait du Moyen-Orient, faisait route vers l'Angleterre après avoir fait escale à Gibraltar pour se ravitailler en carburant.

La mort de Victor Cazalet anéantit Francis Taylor. Au début de l'année, Cazalet était venu à New York pour une mission de guerre à la demande du gouvernement britannique ; puis il s'était rendu à Los Angeles pour donner une série de conférences sur l'évolution de la guerre à l'étranger. Il logea, bien sûr, chez les Taylor.

La triste nouvelle survint juste au moment où la carrière d'Elizabeth semblait prendre son envol. A la lumière des résultats de *La Fidèle Lassie*, la MGM se décida à proposer à Elizabeth le traditionnel contrat de sept ans [4] en fixant le salaire d'abord à ce qu'il était chez Universal, c'est-à-dire 100 dollars par semaine, mais avec des augmentations à intervalles réguliers pour atteindre finalement 750 dollars par semaine au cours de la septième année *.

Le seul ennui majeur avec les contrats des grandes compagnies était que, s'ils garantissaient un minimum de quarante semaines de travail par an, une clause permettait quand même une fois l'an de tout réviser unilatéralement avec possibilité pour l'employeur de casser et le contrat et la carrière de

---

* Durant la Seconde Guerre mondiale, les mineurs engagés par les grands studios de Hollywood comme la MGM devaient, de par la loi, placer au moins dix pour cent de leurs gains bruts dans des obligations. La famille d'Elizabeth décida d'investir jusqu'à vingt-cinq pour cent de ses gains, lui assurant ainsi un beau petit pécule dans lequel puiser plus tard.

l'acteur, et ce sans raison valable. Le contrat d'Elizabeth accordait également une indemnité de 100 dollars par semaine à sa mère pour ses services de chaperon et de répétitrice.

Après avoir signé avec la MGM (qui se vantait d'avoir sous sa coupe, selon les mots de Howard Dietz, son chef de publicité sur New York, « plus de vedettes qu'il n'y a d'étoiles dans le ciel »), Elizabeth eut l'occasion d'apparaître dans des manifestations pour lesquelles elle recevait de jolies compensations. En bonne opportuniste, la mère d'Elizabeth se débrouilla aussi pour que sa fille figurât dans des magazines et dans la presse en général pour des publicités comme le savon Lux, le shampooing-crème Luster, la crème Woodbury ou les chocolats Whitman's Sampler.

Si ses débuts à la Metro furent prometteurs, ses deux films suivants se révélèrent des échecs décevants. La MGM « loua » alors la petite fille de onze ans à la Twentieth Century-Fox pour la somme de 150 dollars par semaine (Elizabeth touchant toujours ses 100 dollars, la MGM faisait un profit de 50 dollars nets par semaine); elle apparut ainsi aux côtés d'Orson Welles et Joan Fontaine dans *Jane Eyre*. Elizabeth avait hérité du rôle d'Helen, l'amie hypersensible de Jane, le personnage central (joué par Peggy Ann Garner); de plus, cette Helen meurt assez vite dans le film, d'une pneumonie. Ce rôle était si modeste et elle avait si peu de répliques que c'est à peine si elle fut mentionnée dans les génériques. Au milieu des années 1960, Elizabeth Taylor eut l'idée de réunir ses enfants pour regarder en famille ce film qui allait être diffusé sur une chaîne anglaise. Au fur et à mesure que le film se déroulait et qu'elle ne se voyait pas sur le petit écran, Elizabeth comprit que son personnage avait été entre-temps complètement coupé au montage!

Il semblerait que seul Orson Welles ait alors remarqué le travail de la jeune actrice. Lors d'une interview vers la fin de sa carrière, Welles [5] confie ses premières impressions concernant la jeune Elizabeth Taylor : « Lorsque j'ai lu *Lolita* de Vladimir Nabokov, je dois dire que le fait d'avoir été en contact avec Elizabeth Taylor à ce moment-là m'a beaucoup aidé à comprendre le personnage. Je n'avais en effet jamais rencontré quelqu'un comme elle auparavant. Elle était incroyable. »

Welles croisa à nouveau Elizabeth à la cantine de la MGM alors qu'elle venait d'avoir quinze ans. « Contrairement à bien d'autres à Hollywood, je n'ai jamais été attiré par les nymphettes, déclare-t-il. Je les considère comme zone interdite. Mais Elizabeth avait quelque chose qui transcendait toute notion d'âge. Je n'oublierai jamais la façon dont elle traversa l'aile du réfectoire en tenant son plateau. J'en pinçai pour cette jeune personne et me sentis, pour la première fois de ma vie, l'âme d'un vieux cochon. »

Avant même que *Jane Eyre* soit distribué dans les salles au début de l'année 1944, Elizabeth retourna en Angleterre pour interpréter une autre charmante petite Anglaise pleine de naïveté et qui flirte avec Roddy McDowall dans *Les Blanches Falaises de Douvres*, une chronique mélodramatique étalée sur les deux guerres mondiales, dans laquelle une jeune Américaine de passage en Angleterre rencontre et épouse un aristocrate. Devenue veuve, cette femme décide de rester dans son pays d'adoption. Irene Dunne jouait le personnage de la femme et Roddy McDowall celui de son fils. Au montage final, on réduisit les interventions d'Elizabeth à une seule séquence. Une fois de plus, sa prestation était insignifiante. Irene Dunne se souvient que « le film avait été tourné dans la campagne anglaise et Elizabeth et Roddy n'étaient jamais sur le plateau, préférant aller gambader dans les bois. Ils cueillaient des brassées de fleurs sauvages qu'ils m'apportaient ensuite dans ma loge.

« Cela remonte à des années, mais je me souviens d'un aspect bizarre d'Elizabeth Taylor enfant. On aurait dit qu'elle voyait à travers vous. Elle faisait partie de ces enfants pleins de mystère qui peuvent déstabiliser et mettre très mal à l'aise une personne adulte. »

Clarence Brown, le réalisateur des *Blanches Falaises de Douvres*, précisa que « la MGM avait acheté les droits de ce film – inspiré du poème épique d'Alice Duer Miller – à l'acteur Ronald Colman qui les avait lui-même achetés pour pousser sa propre carrière.

« En dehors de cela, je garde peu de souvenirs de cette période, et encore moins d'Elizabeth Taylor, qui jouait le rôle d'une petite provinciale qui n'a pas froid aux yeux et qui en pince pour le personnage interprété par Roddy McDowall. La séquence où on la voit est charmante, du moins ce qu'il en reste. Dans la réalité, elle semblait avoir davantage un béguin pour Peter Lawford qui faisait également partie de la distribution.

« Je me rappelle une carte que m'avait envoyée Elizabeth pour la Saint-Valentin. Vous tiriez un petit fil et un petit cœur apparaissait avec ces mots : " Spécialement pour vous. " Une autre fois, elle m'envoya une carte d'anniversaire qu'elle avait elle-même confectionnée et qui contenait un petit poème composé en mon honneur. J'ai très vite compris quelles étaient les raisons de toutes ces attentions. Elle désirait tenir la vedette dans mon prochain film et elle se livrait à ces entreprises de séduction pour parvenir à ses fins. Le film en question avait pour titre *Le Grand National*. »

# 4

En 1939, la Metro Goldwyn Mayer avait acquis les droits du *Grand National*, le roman d'Enid Bagnold publié en 1935, sans grande conviction quant à une éventuelle adaptation à l'écran. Sam Marx confirmera le fait que « la MGM achetait souvent les droits des ouvrages à succès – des romans la plupart du temps – sans réel projet, l'important étant d'empêcher les studios concurrents de sortir des films à partir de ces œuvres ».

Clarence Brown, le réalisateur pressenti pour diriger *Le Grand National*, se souvient de la première fois où Elizabeth Taylor vint lui parler du projet : « Elle venait juste de signer à la MGM lorsqu'elle apprit qu'on avait acheté le livre. Elle comprit très vite qu'il n'en sortirait rien, mais dans le même temps elle découvrit que je m'intéressais au sujet. Un après-midi, alors que je descendais une allée du studio de Culver City, Elizabeth et sa mère me tombèrent dessus. C'était très peu de temps avant qu'elle ne tourne dans *Les Blanches Falaises de Douvres*, aussi ignorais-je qui pouvaient bien être exactement ces deux personnes.

« En fait d' " allée ", dois-je préciser, il faudrait plutôt parler de véritable avenue qui séparait en deux parties l'ensemble des bâtiments de la MGM et qui était un peu comme l'artère charriant le sang et la vie de tout le Studio – avec les constantes allées et venues des acteurs, des figurants se rendant à l'essayage ou sur les plateaux.

« Et au beau milieu de cette esplanade grouillant de monde, la mère et la fille – deux petites bonnes femmes doublées de terribles femelles – me sautèrent dessus pour parler – mais de quoi ? – du *Grand National*.

« – C'est mon livre de chevet, affirma Elizabeth.

« – Elle serait parfaite dans le rôle de la jeune Velvet Brown, ajouta sa mère. »

Elizabeth et Sara Taylor ne lâchèrent pas Clarence Brown d'une semelle tandis qu'il longeait les immenses bâtiments de la MGM avec leurs enfilades de décors « naturels », dont une place de village agrémentée de boutiques et flanquée d'une réplique de petite église ; un quartier sombre du New York des années 1920 ; des taudis de grande cité ; des jungles tropicales regorgeant de rivières, de mares et de cascades tombant de rochers haut perchés. « Tandis que nous marchions, se rappelle Brown, Sara et Elizabeth n'arrêtaient pas de faire des commentaires sur mon prochain film.

« Ce qui m'impressionna le plus chez Elizabeth, ce fut son absolue conviction que ce film allait se faire et qu'il servirait de tremplin à sa carrière. »

Clarence Brown écouta attentivement Elizabeth et l'informa que si *Le Grand National* devait un jour se faire, ce serait essentiellement parce que Pandro S. Berman, producteur extrêmement sollicité de la MGM, aurait été intéressé par le projet et aurait tout mis en œuvre pour que les choses aboutissent.

En apprenant quel rôle jouait Berman dans cette affaire, Elizabeth et sa mère demandèrent immédiatement un rendez-vous au producteur. Lorsqu'elles le rencontrèrent, le Studio avait déjà décidé de mettre le projet en chantier. Bill Grady, directeur de casting, était chargé de la distribution des rôles en collaboration avec Lucille Ryman Carroll, découvreuse de talents extrêmement douée qui travaillait pour la Metro.

« Elizabeth Taylor et sa mère prirent rendez-vous avec Pandro Berman, Bill Grady et moi-même, racontera Lucille Carroll. En dépit de la présence et de l'insistance de sa mère, j'ai senti qu'Elizabeth prenait un vif intérêt, elle aussi, à programmer sa carrière. Ce qui ne veut pas dire que sa mère n'était pas un formidable catalyseur. En fait, Sara Taylor commençait à encourager de la même façon son fils Howard pour qu'il se lance lui aussi dans le cinéma. Elle s'arrangea pour lui obtenir un bout d'essai et faillit tomber à la renverse lorsqu'elle apprit qu'il s'était présenté à la MGM le crâne complètement rasé. Inutile de dire qu'il ne fut pas retenu. »

Howard Taylor fit une très brève apparition dans *Le Grand National* sous les traits d'un jeune écolier ; pendant des années on le vit ainsi subrepticement dans d'autres films où sa sœur tenait l'affiche. Un autre petit rôle fut confié à Virginia McDowall, la sœur de Roddy.

« En ce qui concerne Elizabeth, poursuit-elle, je ne crois pas avoir jamais vu une fille aussi magnifique de toute mon existence. Elle était petite et avait une voix haut perchée, une caractéristique qu'elle tenait évidemment de sa mère Sara Taylor qui criait plutôt qu'elle ne parlait. Mais les réticences à lui confier le rôle de Velvet Brown n'étaient pas dues à sa voix ou à sa taille. Howard Strickling, le chef de publicité de la MGM, inventa une histoire pour la presse selon laquelle la jeune actrice n'était pas assez grande ; Pandro Berman lui aurait annoncé qu'il lui fallait encore grandir de dix bons centimètres pour devenir crédible dans le rôle. C'était en fait plus une question de silhouette que de taille. »

Lucille Carroll se préparait à sillonner tout le pays en quête du personnage idéal lorsque Elizabeth Taylor fit irruption dans son bureau en se présentant elle-même comme celle que l'on cherchait pour le rôle de Velvet. Bill Grady avait déjà auditionné plusieurs centaines de jeunes espoirs de nationalité canadienne, mais sans grand succès. Même la jeune Katharine Hepburn avait été envisagée à un moment donné pour tenir le rôle.

« Je me souviens des mots exacts qu'elle m'a alors sortis, se souvient Lucille. Elle est entrée dans le bureau, m'a regardée et m'a déclaré que nous n'avions plus besoin de faire des recherches.

« " C'est moi qui vais jouer Velvet ", me lança-t-elle.

« Au moins, cette fille savait ce qu'elle voulait, il faut lui reconnaître cela. Mais je dus lui expliquer, en prenant toutes les précautions possibles, que Velvet Brown était une adolescente qui était déjà formée et qui avait des rondeurs. Or, à onze ans, Elizabeth était encore plate.

« " Ne vous inquiétez pas, répondit-elle avec un air de défi. Vous l'aurez, votre poitrine. " Là-dessus, elle pivota sur elle-même et quitta le bureau, talonnée par sa mère.

« Trois mois plus tard, Elizabeth revint, portant une jupe et un tricot rouge moulant. " Regardez, dit-elle en exhibant ses formes récemment acquises. Je suis Velvet. " Pandro Berman et moi-même en sommes restés bouche bée. En l'espace d'un trimestre, Elizabeth s'était complètement transformée, passant du soutien-gorge de communiante au balconnet jeune fille. »

Elizabeth Taylor essaya par ailleurs de développer encore davantage ses rondeurs naissantes non seulement en usant de crèmes « pour raffermir », d'un effet probablement plus psychologique que physiologique, mais également en suivant à la lettre les exercices préconisés par la célèbre Liz Whitney, mariée alors à l'industriel et grand sportif Jock Whitney.

« Je devins pour cette enfant de onze ans une sorte de " bonne tante ", raconta Liz Whitney. On nous appelait " la Grande Liz " et " la Petite Liz ". Jock et moi possédions un ranch à Mandeville Canyon et Elizabeth y venait souvent pour prendre des leçons d'équitation et faire des balades. Elle n'avait qu'un désir, celui d'interpréter Velvet Brown dans *Le Grand National*, aussi cherchait-elle à parfaire son style de monte. Toute gamine, elle avait déjà un peu pratiqué à Londres mais elle n'avait jamais suivi d'entraînement sérieux. Son assiette manquait d'élégance et elle ne savait pas sauter les obstacles. A vrai dire, elle paraissait davantage préoccupée par le développement de sa poitrine que par les chevaux et c'est pour cette raison qu'elle passait son temps à s'enduire de pommades de toutes sortes et à suivre des régimes censés l'aider à développer ses avantages naturels. Ses petits déjeuners étaient pantagruéliques – des œufs, des galettes de froment, des grillades – et elle les prenait dans un petit restaurant du coin qui s'appelait Tibbs. Elle espérait ainsi que le poids qu'elle prendrait augmenterait ses proportions féminines. Finalement, je lui ai prêté un manuel d'exercices pour développer la poitrine, que j'avais retrouvé dans mon grenier. Il sembla l'inspirer. Elle s'attela notamment à un exercice très pénible où il fallait se servir d'une sorte de rouleau.

« – J'ai l'air trop grosse, courte en pattes et mal fagotée, se plaignit-elle, et ma voix est soit trop grave, soit trop aiguë. (Plus que tout, elle aurait voulu avoir de longues jambes.) Je voudrais tant être grande et mince!

« – Pourquoi? lui demandai-je.

« – Parce que je ne suis pas assez grande.

« – Je croyais que tu voulais des rondeurs.

« – Si je ne peux pas devenir grande et mince, dit-elle alors, je veux avoir une jolie poitrine. »

Et en effet, le buste d'Elizabeth Taylor commença à prendre des proportions à la mesure de son souhait; progresser en équitation lui demandait nettement plus d'efforts. Liz Whitney n'était pas son unique professeur; Egon Merz, instructeur au Riviera Country Club, lui donna aussi quelques leçons. Agé aujourd'hui de plus de quatre-vingts ans, Merz, qui dirige toujours son propre manège, se souvient : « Elle était intimidée par les chevaux. Sa mère, toujours aussi agressive et insupportable, essayait de me persuader que sa fille avait tout pour faire une cavalière de première classe. Moi, j'estimais au contraire qu'elle manquait de confiance et d'assurance sur le dos d'un cheval. En dépit de tout ce que les journaux auront pu raconter, les dons équestres d'Elizabeth Taylor étaient assez limités; elle avait du mal à tenir en selle dès que ça bougeait un peu trop.

« Il y avait souvent des prises de bec entre Elizabeth et sa mère. A un moment, Sara craignit que sa fille ne s'esquinte les mains avec les rênes lorsqu'elle montait à cheval au point que cela aurait pu mettre en péril ses leçons de piano. Ces craintes agacèrent Elizabeth qui lui lança : " Oh, maman, comment devenir Velvet Brown si je dois aussi me soucier de jouer du piano ? "

« Une autre fois, Sara s'inquiéta de ce que sa fille, à onze ans, ne prêtait pas encore attention aux garçons. Il faut dire que la petite les terrorisait. Sara disait en substance : " Elizabeth est une actrice et les garçons *ordinaires* ne seront pas attirés par elle au fur et à mesure qu'elle grandira. Les seuls garçons qu'elle rencontre pour le moment sont les copains de son frère et vous imaginez ce que cela peut donner. S'attacher à la petite sœur de son ami !... Non, ça ne va pas. "

« Je n'ai jamais croisé le père d'Elizabeth. C'était toujours sa mère qui l'amenait et qui revenait la chercher après les cours. Des amis de la famille Taylor m'ont dit qu'à la maison c'était la mère qui portait la culotte.

« Question équitation, Sara avait choisi le Riviera Country Club pour sa fille parce que les dames portaient des chapeaux et des gants blancs lors des courses organisées les dimanches. L'atmosphère empestait l'argent et les mondanités. Les Taylor étaient d'origine modeste mais Sara aspirait à côtoyer la bonne société. Elle voulait en faire partie, être quelqu'un et elle estimait qu'il était plus profitable pour Elizabeth de fréquenter tout de suite le beau monde.

« Au Club, le bras droit du directeur était un ancien boxeur professionnel du nom de Snowy Baker. Ce brave type d'aspect massif se serait mis à quatre pattes, une corde passée entre les dents en guise de rênes, avec une serviette sur le dos pour faire une selle ; il adorait partir à cheval avec Elizabeth. Elle aurait pu le cravacher, il se serait laissé faire. »

Ann Straus, attachée de presse à la MGM, trouvait qu'Elizabeth était « une enfant très complexe – extrêmement brillante, mais vous ne saviez jamais quelles pensées pouvaient tout à coup lui traverser l'esprit. Malgré tout, personne à la MGM n'ignorait ses prétentions à emporter le rôle de Velvet. Elle s'en était ouverte à tout le monde, depuis le concierge jusqu'à L. B. Mayer lui-même. Elle se vantait ouvertement de faire de fabuleux progrès en équitation, affirmant même qu'on avait aménagé spécialement pour elle au Riviera Club un terrain pour qu'elle travaille le saut d'obstacles. Elle disait s'y rendre chaque matin, et adorer cela.

« Si elle n'était pas encore devenue une adolescente épanouie, raconte encore Straus, elle n'en était pas moins éminemment photogénique. Elle fréquentait toujours la Hawthorne School à cette époque-là – elle n'avait pas encore intégré la fameuse Petite École rouge de la MGM. Ma petite-nièce fréquentait le même établissement, tout comme les fils de deux amies à moi; ces deux garçons étaient littéralement fous d'Elizabeth. Ils la raccompagnaient chez elle tous les après-midi. L'un des deux était tellement timide qu'il donnait vingt-cinq cents à l'autre pour aller tirer la sonnette de sa demeure; ils allaient alors se cacher et épier de loin. C'est un rituel enfantin que l'on connaît bien. »

Le réalisateur d'origine viennoise Fred Zinnemann s'occupait de courts métrages à la MGM lorsqu'il fut décidé en haut lieu d'adapter *Le Grand National*. « Quand je ne réalisais pas de courts métrages, raconta Zinnemann [1], on me chargeait souvent d'effectuer les bouts d'essai pour le bureau de casting. Et il se trouve que c'est moi qui fis passer les essais à Elizabeth Taylor, postulante pour le rôle de Velvet Brown. »

Dès que Clarence Brown et Pandro Berman visionnèrent les résultats, ils se rendirent compte qu'Elizabeth avait acquis des formes et était devenue exactement le personnage dont ils avaient besoin pour ce film. « Quelque chose de magique était passé entre Elizabeth et la caméra, déclara Brown. George Cukor a dit un jour que c'est la caméra elle-même qui choisit la star. On ne peut jamais savoir à l'avance qui la caméra aimera. Dans *Le Grand National*, la caméra tomba amoureuse d'Elizabeth Taylor et cet amour ne se démentit jamais au cours des décennies à venir. »

En dehors de la présence d'Elizabeth Taylor et de cette valeur montante qu'était Mickey Rooney, le point fort du film était le scénario lui-même. Bien qu'impitoyablement daté pour le goût du jour, ce drame poignant ne pouvait qu'emballer le public des années 1940. Située en Angleterre, dans le Sussex, l'histoire était celle d'une fille de boucher (Taylor) qui, dans une loterie, gagne un cheval appelé Pi (pour Pirate). Elle s'entend alors avec un ancien jockey que la chance a quitté (Rooney) pour qu'il entraîne Pi en vue du Grand National, course des plus prestigieuses d'Angleterre. Déguisée en garçon, les cheveux coupés court, Elizabeth mène sa monture à la victoire mais elle est disqualifiée lorsqu'on découvre qu'elle est une fille. Elle n'en éprouve pas moins une grande fierté car Pi est devenu un vrai champion.

Le film ainsi que la remarquable interprétation d'Elizabeth Taylor furent unanimement salués par la critique. Dans le *New York Times*, Bosley Crowther écrivit ce qui suit:

« Mr. Brown a su tirer le meilleur de certains de ses acteurs, notamment la petite Elizabeth Taylor. [...] Elle a un visage très expressif malgré sa jeunesse, une voix douce et mélodieuse, une grâce et une fraîcheur qui transparaissent tout au long du film. »

Bien des années plus tard, Elizabeth reconnaîtra elle-même que son interprétation dans ce film aura été une des deux meilleures de sa carrière, l'autre étant son personnage dans *Qui a peur de Virginia Woolf?* « Bien sûr, dans *Le Grand National*, affirmera-t-elle, je jouais mon propre personnage. Il n'était pas question de composer autre chose. Dans la vie réelle, j'étais cette Velvet Brown. »

Critique au journal *Nation*, l'écrivain James Agee se présentera comme un de ses premiers et rares détracteurs : « Je ne dirais pas qu'elle possède d'étranges dons d'actrice. Il faudrait plutôt parler d'agitation dans tous les sens, ce qu'on lui demande peut-être, avec cependant une certaine grâce naturelle et un sourire de somnambule typique de ce genre de féminité, mais le tout sans beaucoup, ou même pas du tout, de véritable intuition, inspiration ou ressort artistique. »

Autre critique, dispensée cette fois par l'actrice Anne Revere qui obtint un Oscar pour son interprétation du rôle de la mère d'Elizabeth dans le film : « Si elle collait bien au personnage, commenta Revere, Elizabeth Taylor n'en était pas devenue pour autant une actrice. A certains moments, elle me faisait l'effet d'un jouet mécanique au sourire perpétuellement béat qui traversait les séquences du film sans la moindre émotion. »

Chez Elizabeth, ce qui manquait au niveau du talent proprement dit était largement compensé par l'énergie qu'elle déployait et cette volonté farouche d'apprendre et de réussir. « Elle pigeait au quart de tour, racontera Angela Lansbury à l'écrivain Chris Andersen. Je jouais le rôle de sa sœur aînée dans *Le Grand National* et alors que nous ne nous fréquentions pas en dehors du plateau, elle venait tout de même me rendre visite dans ma loge rien que pour voir comment j'appliquais mon maquillage. Elle avait eu l'air déçu en découvrant que je ne faisais pas appel à un maquilleur professionnel.

« " Comme cela, je garde la main pour me maquiller au théâtre, lui fis-je remarquer. Il faut apprendre à se débrouiller seul, sinon on devient l'esclave des autres. "

« Elle fit la moue mais quelques années plus tard j'appris qu'elle aussi avait commencé à se maquiller elle-même sur les films. Cela m'a fait plaisir de penser que j'avais pu avoir quelque influence positive sur elle. »

Mickey Rooney s'imposa aussi auprès d'elle comme un mentor mais d'une autre espèce. Clarence Brown les surprit un jour tous les deux en pleine discussion passionnée sur l'art dramatique et le jeu de l'acteur.

« Mickey était en train de lui indiquer comment l'écouter lorsque c'était à lui de dire ses répliques devant la caméra.

« " Tu écoutes pour de vrai, lui dit-il, et puis tu réagis à ce que tu viens d'entendre. Cela t'aidera à sortir ta réplique davantage dans le sentiment juste. " »

Rooney, qui venait d'avoir vingt-trois ans au moment où le tournage démarrait, découvrit que travailler avec Elizabeth Taylor pouvait être une expérience éprouvante. « La MGM avait tellement fait monter la sauce à propos de ce film, confirma-t-il, que la réalité et la fiction finirent par complètement se mélanger. Par exemple, le cheval qu'Elizabeth montait dans le film, King Charles, petit-fils de Man O'War, était censé être sauvage et indomptable ; seule Velvet Brown pouvait le mater. Or Elizabeth et sa mère – et la MGM – firent croire à toute la presse que tel était bien le cas dans la réalité, c'est-à-dire sur le plateau. En fait, King Charles était doté du caractère le plus doux et le plus charmant qui soit !

« Une autre légende a également couru concernant une chute supposée qu'aurait faite Elizabeth en montant King Charles pendant le tournage du film. Cette fausse rumeur devint en fait par la suite une excuse idéale : Taylor y recourait chaque fois qu'elle voulait se dérober à des obligations et filait en clinique. " Mon dos, mon pauvre dos me fait si mal ", gémissait-elle en rappelant à qui voulait l'entendre que l'origine de ces douleurs insupportables remontait à ce jour maudit où, sur le tournage du *Grand National*, elle avait raté un obstacle et fait un vol plané. La MGM a même fourni à la presse un reportage filmé sur l'accident pour bien montrer comment les choses s'étaient déroulées.

« Rien de tout cela n'était vrai. Lorsqu'il fallait tourner les scènes d'obstacles, Elizabeth restait en dehors du champ de la caméra et Billy Cartlidge, un cascadeur qui avait des cheveux longs et qui, de loin, pouvait camper la silhouette d'Elizabeth, prenait sa place et assurait les scènes. Et ce fut lui qui, de fait, se cassa la figure et eut le dos esquinté *. »

Une dernière anecdote concernant ce film fut racontée par Pandro Berman en 1972 lors d'un débat organisé par l'American Film Institute [2] : « Lorsque nous eûmes achevé le tournage, déclara Berman, Elizabeth vint me trouver pour me confier à quel point elle était folle de King Charles. Elle avait en quelque sorte grandi près de lui. Elle me dit alors : " Je donnerais n'importe quoi au monde pour qu'il soit à moi. " J'allai

---

* Malgré cette belle sincérité, Mickey Rooney manque de signaler certains autres détails. Pendant des années il prétendit que c'était lui qui avait coupé les cheveux d'Elizabeth avant la scène de la course hippique. Bob Salvatore, un ancien directeur des cosmétiques Max Factor, m'a affirmé au cours d'une interview que sa maison avait créé spécialement une perruque courte pour Elizabeth dans cette scène et que Rooney s'était contenté de la mettre en place et rien de plus.

voir Louis B. Mayer et lui dis : " Offrez-lui le cheval. " Et c'est ce qu'il fit. Je n'avais jamais vu une gosse aussi heureuse. A présent, fondu au noir : nous voici quinze années plus tard. Nous étions en train de tourner à New York *La Vénus au vison*. Elizabeth avait été la plus délicieuse, la plus douce, la plus angélique des petites filles, mais à présent elle était devenue une dame au regard terrible que moi, en tant que producteur, j'avais contrainte à remplir jusqu'au bout son contrat avec la MGM en la faisant apparaître dans *La vénus au vison* avant de la laisser signer pour *Cléopâtre* avec un million de dollars à la clé.

« Un jour, elle m'aperçut dans un restaurant de Manhattan. Elle se précipita vers moi et, penchée au-dessus de mon assiette, ses yeux me fusillant littéralement, elle me sortit : " C'est bien vous le type qui m'a refilé King Charles après *Le Grand National*? ". Je répondis : " Oui, je crains en effet que ce soit moi. " D'une voix railleuse, elle martela ces mots : " Espèce de fils de pute, sais-tu que c'est toujours moi qui les allonge pour payer la bouffe à ce satané canasson? " »

# 5

Le succès immédiat et triomphal du *Grand National* changea à jamais la vie d'Elizabeth Taylor. Elle fut régulièrement invitée au vaste château San Simeon de William Randolph Hearst, où elle assista non seulement à une projection du *Grand National* mais aussi aux premières d'autres films de Hollywood que le magnat de la presse organisait pour le plaisir de ses hôtes. Elle participa en outre aux réceptions de Thansgiving et de Noël données par Louis B. Mayer[1] dans sa villa de Santa Monica, ainsi qu'à son anniversaire, fêté chaque année sur le plus grand plateau des studios.

Aux yeux d'Ava Gardner, ces anniversaires étaient « d'insupportables séances d'autocélébration. Petit et gras, affublé d'une tête de blaireau, Mayer donnait des instructions formelles pour que nous chantions tous " Joyeux anniversaire " quand on dévoilait le gâteau. Puis il prononçait son sempiternel discours, s'adressant à ses invités en ces termes : " Vous devez me considérer comme un père. Si vous avez un problème, aussi anodin vous semble-t-il, venez me trouver, car vous êtes tous mes enfants. "

« Dieu protège ceux qui étaient assez bêtes pour prendre le vieux au mot ! C'est pourtant ce que fit Sara Taylor quand elle apprit qu'Elizabeth tournerait dans un film épouvantable intitulé *Sally in Her Alley*. Comme c'était à prévoir, Mayer admonesta la mère de Liz pour avoir eu l'audace de mettre en doute son jugement. " Ne venez pas m'apprendre à faire un film, fulmina-t-il. Je vous ai tirées du ruisseau, votre fille et vous ! "

« Elizabeth, qui assistait à l'entretien, se leva d'un bond et s'insurgea : " Je vous interdis de parler à ma mère sur ce ton. Allez au diable, vous et vos fichus studios. " Elle sortit du bureau en courant, descendit la rue principale de la Metro jusqu'à la grille d'entrée. Sara resta avec Mayer pour arranger les choses.

« Elizabeth se jura de ne plus mettre les pieds dans le bureau du producteur, et comme nous le savons tous, elle ne tourna jamais *Sally in Her Alley*. Ce fut Mayer qui prit la décision. Mayer, c'était Big Brother. Il faisait la loi. Ou on lui obéissait, ou il vous jetait aux chiens.

« Ce que les gens ne savaient pas, c'est que Sara Taylor était entichée de Louis B. Mayer. Elizabeth, elle, ne l'ignorait sans doute pas, parce que sa mère n'arrêtait pas de parler de lui. Je crois que c'est pour ça que Liz le détestait tant. Elle le surnommait *Rumpelstilzchen* *, le traitait de " sale petit bonhomme ". Cela n'empêchait pas Sara d'être folle de lui, et elle aurait sans doute divorcé de son mari pour vivre avec Meyer. »

John Taylor, l'oncle de la jeune comédienne, décrit les conséquences du succès précoce d'Elizabeth sur sa famille. « Ses parents avaient souvent parlé de retourner vivre en Angleterre avec les enfants après la guerre. Ce choix ne semblait plus possible, même si Liz et sa mère se rendirent effectivement à Londres en 1946. Ils firent la traversée à bord du *Queen Mary*, et l'un des autres passagers, Cary Grant, les invita à dîner avec lui. Sara en parlait encore six mois après.

« Autre facteur décisif dans la poursuite de la carrière d'Elizabeth, la situation économique. L'enfant était devenue la principale source de revenus de la famille. Si ce fait ne plaisait pas nécessairement à son père, il comptait pour sa mère, qui s'était habituée à un train de vie plus luxueux que celui des premiers temps en Californie. En outre, Sara avait tendance à mépriser Francis à cause de sa dépendance financière à l'égard de Howard Young. La situation de Francis était devenue un fréquent objet de discorde entre les parents d'Elizabeth, et ils se séparèrent officiellement plus d'une fois au fil des ans.

« Peu après le tournage du *Grand National*, Francis et Howard, le frère d'Elizabeth, vivaient dans le bungalow 3 du Beverly Hills Hotel, tandis que l'adolescente et sa mère continuaient à habiter Beverly Hills. L'incompatibilité fondamentale entre Francis et Sara affecta peut-être plus Howard que sa sœur, qui pouvait se réfugier dans le cinéma. Howard avait des résultats scolaires si mauvais que plusieurs de ses professeurs en conclurent qu'il avait des difficultés à apprendre. Il finit par devenir un élève moyen, doué de talents artistiques.

« Pour être franc, poursuit l'oncle de Liz, le sort de ma nièce me désolait. Non seulement sa carrière d'enfant divisait ses

---

* Personnage d'un conte des frères Grimm, petit et colérique. (*N.d.T.*)

66

parents mais elle lui imposait de nombreux sacrifices sur le plan personnel. Elle menait une vie insensée. Si elle fit partie des comédiens de Hollywood qui furent invités à la Maison Blanche en 1946 par le président Harry S. Truman et sa femme Bess, elle ne vit son premier match de base-ball qu'en 1986. Elle ne participa à aucune fête de fin d'année de collège. Elle ne fut pas une adolescente ordinaire, se livrant aux mêmes activités que son frère ou la fille des voisins. Bien qu'elle fût une enfant brillante, l'enseignement qu'elle reçut à la Petite École rouge de la MGM ne la prépara pas à Radcliffe *. »

D'un autre côté, les premiers succès d'Elizabeth lui permirent d'être acceptée et reconnue à la MGM, ce qu'elle avait vainement recherché jusque-là. Jean Porter [2], actrice des studios et future épouse du metteur en scène Edward Dmytryk, se souvient qu'après le tournage du *Grand National*, Elizabeth déjeunait à la table la plus prestigieuse du réfectoire pour les acteurs-enfants. Mickey Rooney, Judy Garland, Darryl Hickman, Jane Powell, Dickie Moore, entre autres, se rassemblaient autour d'elle pour le repas de midi. « C'était la plus ravissante petite créature que j'avais jamais vue, commente Jean Porter. Je restais là à contempler cette fillette rayonnante en train de manger **. »

Presque tous ceux qui croisaient son chemin partageaient cet avis : Elizabeth Taylor exceptionnellement belle, la version anglo-américaine et adolescente de Greta Garbo. À l'âge de douze ans, il s'agissait moins d'un attrait sexuel ou viscéral que d'une beauté lumineuse, qui la distinguait des autres filles de sa génération. Sara elle-même incitait sa fille à se voir comme un être extraordinaire en la couvrant de compliments. La comédienne Terry Moore, de trois ans l'aînée de Liz, se rappelle que Sara « vantait la beauté d'Elizabeth. Elle posait, à moi et à d'autres, cette question purement rhétorique : " Avez-vous jamais vu un plus beau visage, de plus beaux cheveux, de plus belles dents ? " Les flatteries constantes de Sara gonflaient l'ego de Liz au point qu'elle en devint présomptueuse. " Les gens qui me disent que je suis belle m'ennuient ", disait-elle.

« Son seul défaut, autant que je me souvienne, c'étaient ses pieds, qui étaient trop larges. Sinon, c'est vrai, elle incarnait la perfection. »

* Université réputée. *(N.d.T.)*
** Enfant, Elizabeth qui, selon l'expression de Robert Stack, était devenue « dingue des autres vedettes », emportait souvent un album d'autographes avec elle quand elle mangeait au réfectoire. La seule qui, selon elle, refusa de signer son album fut Katharine Hepburn, qui rejette aujourd'hui cette accusation. « Je n'aurais jamais été assez bête pour refuser un autographe à Elizabeth Taylor. Pourquoi l'aurais-je fait ? C'est une très bonne comédienne – une fille charmante. »

William Ludwig[3], principal scénariste de la série « Andy Hardy », évoque ce souvenir : « Un jour... la petite Elizabeth Taylor, la plus jolie gosse qu'on ait jamais vue, est entrée au réfectoire. Tout le monde s'est arrêté de manger, a tourné la tête pour la regarder. Quelqu'un à [notre] table a murmuré : « " Pff, elle croit sûrement qu'elle peut faire du cinéma. " Et nous avons tous éclaté de rire. C'était l'être le plus ravissant qui soit au monde. »

Pour Liz comme pour les autres enfants des studios, la vie quotidienne était soumise à des règles strictes. Laura Barringer, l'un de ses professeurs à la Petite École rouge de la MGM, où Elizabeth entra après *Le Grand National*, souligne que « grandir dans une maison matriarcale freina son développement, d'autant qu'on lui imposait aussi un patriarcat artificiel, à savoir le Studio.

« La MGM prit la place d'un père en retrait, qui s'éloigna partiellement d'elle quand elle s'engagea dans une carrière cinématographique. La prédominance des studios se faisait sentir dans presque tous les aspects de sa vie. Du matin au soir, un responsable quelconque lui disait ce qu'elle devait faire ou ne pas faire. Elle passa sa préadolescence et son adolescence entre les quatre murs de la MGM, travaillant sur le plateau chaque après-midi, fréquentant l'école chaque matin, ou vice versa, selon son plan de tournage. Le soir, elle devait apprendre son texte pour les scènes du lendemain. Toute introduction de normalité dans son programme hebdomadaire – récréations, contacts avec d'autres enfants – était forcément limitée. L'enfance d'Elizabeth Taylor prit quasiment fin avec son apparition dans *Le Grand National*. »

La Petite École rouge était un bungalow de deux pièces aux murs blancs (en réalité seul son toit était en tuiles rouges) qui avait autrefois abrité la salle à manger des cadres supérieurs, et était située à l'extérieur de l'enceinte du Studio, près de Thalberg Building. Des élèves de tous âges et de tous niveaux y suivaient simultanément un enseignement où l'accent était mis sur l'anglais et les mathématiques. (« Ma matière la plus faible », se plaignait Elizabeth, parlant des maths.)

L'actrice, qui regretta plus tard cette absence d'une véritable éducation dans les règles, passait une grande partie de son temps à rêvasser dans les toilettes des filles – « le seul endroit où l'on trouvait un peu d'intimité à la Metro », railla-t-elle. Jugeant les cours ennuyeux, elle se distrayait en cachant des miroirs de poche entre les pages de ses cahiers. Selon Laura Barringer, « elle passait des heures à contempler son image. Quand je lui demandai un jour quelle actrice de Hollywood elle préférait, elle répondit sans hésiter : " Vivien Leigh. C'est de loin la plus belle femme qui soit au monde. " »

Mary MacDonald, directrice de la Petite École rouge de la Metro de 1932 à 1967, voyait en elle « la fille la plus séduisante de la classe. Je ne la rangerais pas dans la même catégorie intellectuelle qu'Einstein, mais elle était loin d'être idiote. Je m'étonne de ce qu'elle est devenue. Elle a mal géré ses relations personnelles, en particulier avec les hommes.

« Par ailleurs, c'était selon toute apparence une enfant sensible et affectueuse. A la mort du poisson de l'école, Elizabeth lui a fait des funérailles solennelles dans la cour de récréation ; avec des bâtons, elle fabriqua une croix qu'elle plaça sur la petite tombe.

« Elle était svelte, toujours en mouvement. Nous avions autour de l'école une clôture haute d'un mètre vingt, presque la taille d'Elizabeth. Un jour, à la récréation, elle jouait avec Darryl Hickman, qui envoya une balle de l'autre côté de la clôture. Au lieu de passer par la porte pour aller la rechercher, Elizabeth sauta par-dessus la clôture comme une gazelle. Un bond à la fois gracieux et acrobatique, dont elle dut être surprise elle aussi. »

L'actrice Jane Powell, qui fut sa voisine de classe pendant des années, se souvient d'Elizabeth en « robe tyrolienne, avec des tas de jupons, toujours fermés par des épingles de sûreté. Elizabeth venait à l'école avec des épingles partout. Visiblement, sa mère n'avait pas de temps à consacrer à des activités aussi prosaïques que la couture. Notre directrice, Miss Mac-Donald, gardait une boîte d'épingles sur son bureau rien que pour Elizabeth.

« Paradoxalement, si Liz demandait une paire de chaussures ou un pull, sa mère lui en achetait par douzaines, de tous les styles et de toutes les couleurs. Cela bien que la MGM nous encourageât à emprunter robes et chaussures au Studio, en particulier pour une première ou une réception. Il suffisait de prendre contact avec la chef costumière, Helen Rose, qui s'occupait de tout. »

La comédienne Kathryn Grayson, elle aussi élève de la Petite École rouge, se rappelle que « non seulement Elizabeth empruntait des toilettes mais elle les gardait. Elle demandait à Benny Thau ou à Eddie Mannix, directeur général du Studio, si elle devait les rendre ou si elle pouvait les ajouter à sa garderobe personnelle. Elle a ainsi conservé une robe que j'avais portée dans un de mes premiers films.

« La MGM nous chouchoutait. Par exemple, si vous deviez prendre l'avion, elle réservait le billet, la chambre d'hôtel, et prenait des dispositions pour le trajet jusqu'à l'aéroport. Si vous aviez besoin d'une escorte, elle vous en fournissait une. Si vous donniez une réception, elle louait l'orchestre, prenait contact avec les traiteurs et dressait même la liste des invités.

« En d'autres termes, le Studio organisait votre vie quoti-dienne. La MGM était un monde très actif, avec une kyrielle de comédiens sous contrat, les plus grosses stars de Hollywood. Les jeunes vedettes prenaient des cours d'art dramatique avec Lillian Burns Sydney, de diction avec Gertrude Fogler, de chant avec Arthur Rosenstein, d'escrime, de danse – tous les cours imaginables.

« Pour moi, Elizabeth Taylor était plutôt une enfant gâtée, une adolescente peu sûre d'elle. Elle ne sympathisait pas beau-coup avec les autres jeunes comédiennes de la Metro, à l'exception de Judy Garland, qui connaissait certains pro-blèmes – alcool, drogue – qu'Elizabeth aurait plus tard.

« Comme Judy Garland, Liz avait une personnalité rebelle. Toutes deux se révoltaient contre le système de contrôle mis en place par la MGM. Le Studio n'admettait aucune conduite indigne d'une demoiselle bien élevée : pas d'alcool, pas de cigarettes, pas de décolleté profond – telles étaient les règles d'or de Papa Mayer pour le comportement en public de ses comédiennes. Pour les faire respecter, il n'hésitait pas à retirer lui-même un verre ou une cigarette de la bouche ou de la main d'une actrice. »

La Metro envisagea un grand nombre de scénarios pour le film suivant d'Elizabeth Taylor après *Le Grand National*, et finit par opter pour une autre histoire d'animaux, cette fois l'amour d'une adolescente pour un colley nommé Bill. *Le Courage de Lassie* (1946), au titre mal choisi, ne faisait pas référence au nom de la vedette canine qui avait partagé l'affiche avec elle dans un précédent film, et la confusion qui s'ensuivit n'arrangea pas les choses au box-office.

Bien que Liz fît preuve d'une facilité prodigieuse pour apprendre son texte – elle s'est souvent vantée de posséder une mémoire photographique – la comédienne ne tint pas dans ce film les promesses du *Grand National*. Entre autres défauts, elle déclama son texte au lieu de se contenter de le dire. En outre, son accent passait souvent de l'anglais à l'amé-ricain, et vice versa, un travers qui la poursuivit tout au long de sa carrière.

Pendant le tournage du *Courage de Lassie*, Elizabeth trouva un écureuil sur le plateau. Elle adopta le petit animal, le bap-tisa Nibbles – Grignote – et acheta ensuite une douzaine d'autres écureuils qu'elle ajouta à sa ménagerie déjà foison-nante de grenouilles, escargots, chiens, chats, souris et che-vaux. Les autres pensionnaires de son zoo comprenaient des peluches gigantesques, des animaux miniatures en porcelaine, ainsi qu'un précieux assortiment d'animaux porte-bonheur en or et en argent qu'elle portait ostensiblement accrochés à un bracelet d'or. Côté argent de poche, Elizabeth n'eut droit qu'à 25 cents par semaine – c'était l'idée que son père se faisait d'une éducation stricte – jusqu'à ce qu'elle ait quinze ans, et que cette allocation soit portée à la somme fabuleuse de cinq dollars.

« Liz the Whiz », Liz le Prodige, comme aimait l'appeler son frère, baptisait tous ses écureuils Nibbles. Elle les emmenait partout, y compris chez Hedda Hopper, où l'une de ces petites bêtes eut la témérité de grimper le long du bras de la journaliste et de s'accrocher à sa robe. Autres souvenirs que Hedda garde de cet après-midi : Elizabeth donnait de la glace au chocolat à manger à ses animaux en racontant sa récente visite au Stork Club de New York, et sa mésaventure au Beach Club de Santa Monica, où Richard, le fils de Darryl Zanuck, l'avait ligotée avec une corde, farce qu'elle n'oublia et ne pardonna jamais. L'adolescente parla aussi de son aversion pour la Petite École rouge de la MGM, dont elle trouvait le personnel enseignant ennuyeux et sans imagination.

Alexander Walker, l'un des plus récents biographes d'Elizabeth Taylor, révèle un jeu auquel elle jouait enfant. Elle lâchait sa douzaine d'écureuils sur la pelouse de la maison de Beverly Hills pour voir ceux qui s'échapperaient et ceux qui resteraient près d'elle. Après une séance de ce qu'elle appelait le « Jeu de l'Amour [4] », elle rachetait aussitôt d'autres animaux pour remplacer ceux qui s'étaient enfuis.

En 1946, Liz écrivit *Nibbles and Me*, livre de soixante-dix-sept pages sur l'un de ses écureuils préférés, avec un texte, des dessins (censés être de la main de l'actrice en herbe) et une dédicace : « A maman, à papa et à Howard, qui aiment Nibbles presque autant que moi. » Le livre fut publié cette même année par Duell, Sloan et Pearce, maison d'édition new-yorkaise spécialisée dans les livres pour enfants. Plusieurs critiques accusèrent l'auteur de s'être fait aider par le personnel artistique et rédactionnel de la MGM, allégation que ni l'éditeur ni la comédienne ne démentirent jamais.

C'est aussi en 1946 que Debbie Reynolds rejoignit les rangs de la MGM et se lia avec Liz. « Nous avions d'interminables conversations d'adolescentes, futiles, légères, désinvoltes, Elizabeth et moi, écrit Debbie en 1988 dans son autobiographie. Elle était drôle, extravertie, pas du tout vaniteuse. Elle voulait savoir ce que c'était qu'aller voir un match de basket, ou un film dans un cinéma *drive-in* avec un garçon – des choses simples qui ne lui arrivaient jamais. »

Daria Hood, jeune et jolie starlette de la MGM et camarade de classe d'Elizabeth, trouvait charmante l'inclination de son amie pour les solutions hollywoodiennes aux problèmes complexes de la vie, vision simpliste ayant peu de rapport avec la réalité. Si Daria racontait à Liz une histoire qui se terminait mal, celle-ci l'interrompait invariablement pour protester : « Oh! non, pas comme ça. Je veux que ça finisse bien. »

Il était souvent question à la Metro de changer le nom d'Elizabeth en Virginia et d'éclaircir ses cheveux, si noirs que, sur l'écran, ils avaient des reflets bleus. Le Studio voulait aussi modifier le dessin de sa bouche en la maquillant et lui épiler les sourcils. Enfin, il aurait souhaité faire disparaître le grain de beauté de sa joue gauche, particularité qui devint l'un des traits distinctifs d'Elizabeth Taylor. Le père de Liz refusa ces transformations et exigea que le Studio prenne sa fille telle qu'elle était ou pas du tout.

L'actrice Anne Francis, qui avait deux ans de plus qu'Elizabeth, signa un contrat avec la MGM en 1946-47 et entra à la Petite École rouge « avec les autres captifs, notamment Jane Powell, Dean, Guy Stockwell, Natalie Wood, Claude Jarman Jr. et, naturellement, Elizabeth Taylor.

« Liz avait l'étoffe d'une star. Pas une once de maladresse adolescente chez cette remarquable jeune fille. A l'époque, très impressionnée par l'allure gitane de Jennifer Jones dans *Duel au soleil*, elle portait des blouses paysannes, de longues jupes très serrées à la taille, accentuant sa magnifique féminité, qu'elle affichait à la consternation des dirigeants du Studio. Ils redoutaient que ce laisser-aller ne débouche sur une liaison dangereuse. Selon moi, Elizabeth était ravie de leurs craintes embarrassées.

« En réalité, elle était romantique. Je me souviens qu'un matin elle était arrivée haletante, les yeux brillants, et nous avait narré sa sortie de la veille avec l'acteur Marshall Thompson. Captivés, nous l'avions entendue raconter qu'il lui avait tenu la main, très doucement, qu'il l'avait regardée dans les yeux et lui avait chanté " A Small Café, Mam'selle " – ou bien était-ce " Golden Earrings * " ? En tout cas, un des succès de Frankie Lane à l'époque, et Elizabeth portait précisément de grandes boucles d'oreilles en or pour ressembler à Jennifer Jones. »

A cet âge sensible, Liz avait bien entendu pris conscience du charme d'hommes plus âgés qui, de leur côté, n'avaient pas manqué de remarquer que la jeune fille de quinze ans était devenue une femme épanouie. Elle reconnut plus tard qu'elle se sentait frustrée d'avoir un esprit d'enfant dans un corps d'adulte. La nuit, elle restait éveillée, s'exerçant à l'art du

---

* Boucles d'oreilles en or. *(N.d.T.)*

« flirt poussé » en enlaçant et en embrassant son oreiller à taie de satin.

Elle eut son premier rendez-vous sérieux avec Marshall Thompson, âgé de dix-neuf ans, mince, élancé, jeune acteur de genre qui jouait de la guitare et aimait donner la sérénade à ses petites amies, au nombre desquelles il compta bientôt Elizabeth Taylor.

La mère de l'actrice joua un rôle de conseillère dans cette première sortie avec Thompson puisqu'elle demanda à la mère du comédien de chaperonner les deux jeunes gens avec elle pour la première de *Jody et le faon*, suivie d'une réception au Romanoff.

Marshall finit par prendre lui-même les choses en main en accompagnant Elizabeth à un bal de Noël où, « sous le gui », selon ses termes, il posa un baiser brûlant sur les lèvres fraîches de la jeune fille.

« Ce qui m'a surpris, raconte Thompson des années plus tard, c'est qu'aux funérailles du père de Liz, en 1968, je me suis retrouvé mêlé à une sorte de prise de bec avec Richard Burton, qui était alors son mari, à propos de ce premier baiser fatidique.

« J'avais vu Liz et Dick dans le cortège, et quand je me suis porté à leur hauteur, il a levé les yeux pour me saluer et a ajouté : " Oh, je sais – vous êtes le type qui a donné à Liz son premier baiser de cinéma... "

« Elizabeth a alors rectifié : " Non, chéri. Marshall m'a donné mon premier *vrai* baiser. "

« Burton s'est rembruni. " C'est encore pire ", a-t-il grommelé, apparemment offensé.

« Elizabeth avait visiblement beaucoup changé. Quand je sortais avec elle, elle était timide, calme. Comme elle avait joué un rôle vedette dans *Le Grand National*, elle avait déjà des admirateurs. Moi je n'étais qu'un acteur de genre, et les gens ne me reconnaissaient pas souvent.

« Les dirigeants de la MGM estimaient que malgré les quatre ans que j'avais de plus qu'elle, je n'étais pas assez mûr pour lui donner la réplique. Elle avait un corps de femme faite, et le Studio envisageait plutôt de la faire jouer avec des vedettes viriles comme Robert Taylor et Clark Gable.

« Il n'y avait rien de sérieux entre nous. Nous étions en fait surtout amis, avec quelques baisers et caresses pour faire bonne mesure. Nous dînions ensemble au Trocadero, nous allions danser au Coconut Grove. Le dimanche midi, nous passions souvent prendre un brunch chez Roddy McDowall. Il y avait toujours plein de monde, et la mère de Roddy faisait les meilleurs épinards à la crème du monde. Un jour, *Photoplay*, un des principaux magazines de cinéma de Hollywood, organisa une réception en l'honneur de Liz, à laquelle je fus invité. La revue consacra à la soirée un article de sept pages avec de nombreuses photos montrant Liz dans une robe du soir rose et argent [5], une orchidée au corsage. »

« Les garçons étaient séduisants, disait le texte, les filles AFR – à faire rêver. » Il y avait un orchestre, et l'article, intitulé « La première boum d'Elizabeth Taylor », fournit à la Metro une publicité surabondante et positive, à cette énorme gaffe près : la robe de la comédienne avait un décolleté profond révélant beaucoup trop sa poitrine. Après avoir vu les photos, la mère de Liz entra en trombe dans le bureau d'Ann Straus et reprocha cette bourde à la publiciste. Réponse d'Ann à Mrs. Taylor : « Qu'est-ce que j'ai à voir là-dedans? Ce n'est pas moi qui ai habillé cette gosse, c'est vous. »

L. B. Mayer devint livide quand il prit connaissance de l'article de *Photoplay* et il fit connaître son sentiment. Une note [6] à Howard Strickling retrouvée dans les archives de la MGM portait cette accusation : « Elle a l'air d'une petite grue. On ne pourrait pas faire quelque chose pour changer sa tenue pour les prochaines photos? »

La réaction de Mayer était un peu jésuite. June Petersen, productrice de Hollywood, trouvait son attitude à l'égard des femmes au mieux condescendante. « Ce n'était pas exactement un coureur, mais il s'intéressait aux dames et poursuivait de ses assiduités les jeunes starlettes dont il espérait obtenir les faveurs. Il avait apparemment fait creuser sous les fondations du Studio une longue galerie qui lui permettait d'accéder directement à certaines loges.

« A la MGM, un grand nombre de loges étaient installées sur des plateaux très hauts de plafond. Parfois, les loges elles-mêmes n'avaient pas de plafond, et le producteur suivit un jour une starlette dans une de ces loges.

« Une chose en entraînant une autre, Mayer ne tarda pas à baisser son pantalon, et la fille, à genoux, prodiguait ses services au nabab quand celui-ci entendit un bruit, leva les yeux, et découvrit un décorateur perché dans les poutrelles, avec un sac en papier contenant son déjeuner. De là-haut, l'homme avait une vue magnifique sur ce qui se passait en dessous.

« Personnage trop honorable pour être surpris dans une position aussi compromettante, Mayer se reboutonna et, feignant l'innocence, lança à la starlette : " Mademoiselle, vous devriez avoir honte! " »

Elizabeth Taylor reçut son premier vrai baiser des lèvres de Marshall Thompson quelques semaines seulement avant son premier baiser à l'écran. C'était dans un film intitulé *Cynthia*, tiré de *The Rich Full Life*, pièce de Vina Delmar sur une adolescente maladive dont la fragilité physique est aggravée par l'attitude surprotectrice de ses parents. La jeune fille se libère finalement de l'emprise parentale, trouve un petit ami et assiste au bal de fin d'année du lycée, prouvant ainsi qu'elle est capable de mener une vie normale.

James Lydon, qui jouait le petit ami, a l'impression que ce baiser « remonte à un siècle. Le service publicité en fit un peu trop sur ce prétendu événement dans la carrière de l'actrice : c'était en fait plus une poignée de main qu'un baiser. Dans ce film, Elizabeth Taylor interprète une chanson, mais sa voix était à l'époque fluette et aiguë ».

Si George Murphy, comédien et futur sénateur, qui jouait le père de la jeune fille dans *Cynthia*, qualifie Liz de « merveilleuse petite », Mary Astor, sa mère à l'écran, la décrit dans ses mémoires comme une fille « froide et plus qu'un peu hautaine. Il y avait dans ces yeux violets une expression calculatrice, comme si elle savait exactement ce qu'elle voulait et demeurait convaincue de l'obtenir ».

Dans une interview postérieure, Astor développe ce jugement : « J'avais l'impression qu'Elizabeth avait déjà commencé à prendre des sédatifs – légers, cependant – pour calmer ses nerfs. Tendue, fragile, elle se plaignait fréquemment et était plus souvent absente du plateau pour raison de santé que n'importe quel autre acteur du film. Peut-être prenait-elle son rôle trop au sérieux ; peut-être se préparait-elle au mode de vie mélodramatique qu'elle mènerait plus tard. »

Une des raisons de ce comportement troublé de Liz réside probablement dans les rapports de plus en plus hostiles qu'entretenaient ses parents. Selon Jackie Park, longtemps maîtresse et confidente de Jack Warner, Francis Taylor venait d'entamer une liaison – qui serait longue et tendre – avec un homme : Adrian, créateur de costumes à la MGM, alors marié à l'actrice Janet Gaynor.

Doris Lilly, jeune journaliste du groupe Hearst, autrefois correspondante à Hollywood, devint l'amie et la cliente d'Adrian. « Adrian dessinait des tailleurs de coupe masculine pour des femmes telles que Greta Garbo, Jean Harlow et Marlene Dietrich. Il commença à créer des modèles aussi pour moi et eut bientôt une longue liste de clientes personnelles.

« Je le rencontrai un jour à New York et il m'invita dans un bar " gay " très à la mode de Madison Avenue, le Cerutti, où il me parla de sa liaison avec Francis Taylor. Apparemment, ils désiraient tous deux quitter leurs femmes respectives pour vivre ensemble mais Francis craignait que le scandale, inévitable, ne brise la carrière de sa fille. »

Pour corser l'intrigue, Sara Taylor vivait de son côté une histoire d'amour avec le célèbre metteur en scène hollywoodien d'origine hongroise, Michael Curtiz, dont elle avait fait la connaissance quand il dirigeait sa fille dans la version 1947 des frères Warner de *Mon père et nous*. (Bien que terminé avant, le film sortit un mois après *Cynthia*. Pour prêter Elizabeth Taylor à la Warner, MGM reçut un minimum de 3 500 dollars par semaine pendant plus de quatre mois, cinq fois le salaire de Liz.)

Irene Dunne, vedette de *Mon père et nous*, trouva Elizabeth « extrêmement agitée pendant le tournage du film. Accablée par une sinusite récurrente, elle se rendait constamment chez le médecin du plateau. Comme tout le monde semblait savoir que Sara avait une liaison avec Curtiz, il est difficile d'imaginer que Liz n'était pas au courant elle aussi ».

James Lydon, qui faisait également partie de la distribution, parle en termes plus francs de ce film, et en particulier de son metteur en scène. « Curtiz était un Hongrois plein de talent mais extrêmement irascible. Haut de plus de deux mètres, chauve comme une boule de billard, il ressemblait à l' " Ange suédois ", un catcheur célèbre. C'était un homme puissant et laid qui massacrait la langue anglaise. Quand il essayait d'expliquer une scène à Elizabeth, il ne parvenait pas à se faire comprendre et piquait de violentes colères.

« Il détestait perdre du temps et ne voulait jamais nous accorder de pause pour déjeuner. Lui-même ne mangeait pas, et en revenant du réfectoire, on le trouvait en train de faire les cent pas sur le plateau en marmonnant : " Acteurs minables... tu te goinfrer... tu bâilles pendant deux heures. Valoir rien pour moi. Je déjeune pas – pourquoi vous déjeuner ? " Tout le monde pouvait l'entendre.

« Un jour, il me surprit appuyé contre une échelle après le repas, et me décocha un coup de pied au derrière si fort qu'il faillit me briser le coccyx.

« Quand Elizabeth et moi tournâmes notre scène – elle ne comportait pas de baiser, celle-là –, il se mit en colère contre elle pour une raison quelconque et vociféra. Elle fondit en larmes, courut sans un mot se réfugier dans sa loge. Curtiz s'élança derrière elle, et arpenta le couloir devant sa porte en braillant : " Elizabeth, pleure pas, bon Dieu ! Ça me fend le cœur. Pleure pas. " »

Sa tentative d'excuse ne fit qu'accentuer le désarroi de la jeune fille.

Il appartient à chacun de décider si les larmes d'Elizabeth

étaient dues aux propos caustiques du metteur en scène ou à ses attentions pour la mère de l'adolescente. Une photo de Curtiz et de Sara bras dessus bras dessous sur la plage commença à apparaître dans les revues de cinéma, avec des articles faisant allusion à la séparation imminente du couple Taylor.

Le magazine français *Télé-Loisirs* rapporte que Liz était tellement traumatisée par la situation qu'elle accepta, après le tournage de *Mon père et nous*, de consulter un psychiatre recommandé par la MGM.

James Lydon émet cependant cette hypothèse : « La vraie tragédie de la vie d'Elizabeth n'avait rien à voir avec la vie sexuelle de ses parents. Le vrai problème, c'est qu'elle devait continuer à faire du cinéma. Elle gagnait beaucoup trop d'argent pour pouvoir arrêter. Elle était devenue le gagne-pain de toute la famille. Ses parents dépendaient d'elle, et elle n'avait rien d'autre que le cinéma pour entretenir ses espoirs et ses rêves. »

# 6

Le 15 juillet 1947, Elizabeth Taylor participa à une émission de radio animée par Louella Parsons. Interrogée sur les rumeurs selon lesquelles Marshall Thompson aurait été le premier homme à l'embrasser en dehors des plateaux, elle répondit : « Si un jeune homme essayait de m'embrasser, je lui donnerais sûrement une gifle. » L'instant d'après, elle rectifia le tir en admettant qu'elle avait envie de « faire des choses folles, idiotes avec des *hommes* de dix-neuf ou vingt ans. Les garçons de mon âge m'ennuient ». Déclaration qui n'avait guère de sens puisque Marshall Thompson avait quatre ans de plus qu'elle. Elizabeth laissait sans doute entendre qu'il était pour elle plus qu'un ami mais moins qu'un amant potentiel.

Ann Cole, une des amies d'enfance de Liz, fille de Fred Cole, créateur d'une ligne de maillots de bain, évoque cette période de leur jeune existence : « Elizabeth avait deux grands amours – Vic Damone, le chanteur, et Peter Lawford, acteur de la MGM d'origine anglaise.

« Elle passait les disques de Damone jour et nuit, essayait d'apprendre par son attaché de presse où le chanteur et sa dernière conquête sortaient tel ou tel soir. Généralement, nous remontions sa trace jusqu'au Ciro ou au Mocambo juste pour l'entrevoir.

« A l'époque, Elizabeth avait commencé à soigner davantage son apparence, à acheter ses toilettes dans la boutique chic Amelia Gray de Rodeo Drive. Elle avait presque atteint sa taille adulte et pouvait s'enorgueillir d'un tour de poitrine que même Lana Turner, "reine des sweaters", trouvait impressionnant [1]. Son défaut le plus visible, c'était ses jambes : elles étaient molles, en particulier en dessous du genou. Et quand elle allait à la plage avec Peter Lawford, il ne lui prêtait quasiment pas attention, préférant les jeunes starlettes blondes au corps ferme et aux jambes parfaites.

« Sara elle-même ne pouvait aider sa fille avec Peter. A la demande de Liz, elle téléphona au comédien pour tenter de le convaincre de sortir avec sa fille. " Nous sommes amis, Mrs. Taylor, juste amis, répondit-il avec insistance. Pour être franc, elle n'est pas mon type. " »

Pour affermir ses jambes – que Lawford, en privé, surnommait cruellement ses « jambons » – elle se lança dans un régime draconien de privations et d'exercice. Liz avait un goût immodéré pour les milk-shakes à la menthe et adorait se rendre chez Will Wright, glacier réputé de Hollywood, pour déguster des sundaes au chocolat chaud. Afin de perdre ses kilos en trop, elle renonça temporairement aux sucreries et se mit à avaler des pichets entiers de thé glacé à la menthe. Si son tour de taille passa de cinquante-cinq à quarante-six centimètres, ses jambes restèrent malheureusement aussi fortes.

« Ses parents avaient acheté une villa sur la plage de Malibu, dit Ann Cole, et Elizabeth s'efforça de perdre encore du poids en nageant chaque jour. Un matin, elle poussa l'exercice jusqu'à l'épuisement et faillit se noyer. Son frère dut plonger pour la secourir. »

Fin 1947, pendant le tournage d'*Ainsi sont les femmes*, comédie musicale assez quelconque de la MGM, Jane Powell entendit les lamentations d'Elizabeth au sujet de Peter Lawford. « J'avais le premier rôle féminin dans ce film mais je partageais quand même ma loge avec Elizabeth. Elle se plaignait amèrement que les hommes qui lui plaisaient ne s'intéressaient jamais à elle, et vice versa. Elle parlait de Peter Lawford, naturellement. " Ma chérie, c'est vrai pour tout le monde ", la raisonnai-je. Mais elle demeurait inconsolable. Elle n'acceptait pas d'être rejetée. »

Le sort voulut que la Metro décide de faire jouer Lawford dans le film suivant de Liz, *La Belle Imprudente*, comédie romantique médiocre sur une artiste de music-hall ruinée (Greer Garson), qui retourne auprès de l'époux (Walter Pidgeon) qu'elle a quitté des années plus tôt parce que sa fille (jouée par Elizabeth Taylor) va se marier et lui a demandé d'assister à la cérémonie.

Le 27 février 1948, Liz fêta son seizième anniversaire [2] pendant le tournage du film, et l'équipe lui offrit un énorme gâteau au chocolat, une paire de boucles d'oreilles en jade et un collier d'argent *. En gage de *son* admiration, la MGM lui fit présent d'une petite décapotable Ford avec double pot

---

* Les parents d'Elizabeth organisèrent aussi une fête pour les seize ans de leur fille. Terry Moore, qui y participa, se rappelle que Peter Lawford y avait été invité comme cavalier de Liz. « Il arriva avec des heures de retard, raconte Moore. Et quand il fut enfin là, Elizabeth était ivre morte. Elle avait bu trop de champagne. »

d'échappement (modèle alors très en vogue chez les jeunes de Hollywood). Elizabeth, qui n'avait pas encore son permis, garda la voiture au parking du Studio. « Vous voulez entendre mon échappement ? » demandait-elle aux autres vedettes. Pour obtenir un rugissement d'avion à réaction, elle écrasait l'accélérateur en laissant le frein à main. Un jour, elle percuta [3] la Thunderbird rouge de John Wayne, qui commenta l'incident par cet euphémisme : « Elizabeth devrait prendre des cours de conduite dans une auto-école. »

Ce fut finalement sa mère qui lui apprit à conduire. Quelques mois après son anniversaire, ses parents lui achetèrent une deuxième voiture, une Cadillac bleu clair décapotable 1948, dont elle-même leur fit cadeau plus tard pour leur anniversaire.

John Wayne, d'ordinaire peu loquace, raconte que dans son adolescence Elizabeth était souvent malade, que sa mère et sa nounou promue gouvernante, Gladys Culverson, se relayaient à son chevet pour réciter « Gentle Presence », une prière du Scientisme chrétien passant pour avoir des vertus curatives.

Une amie d'enfance de Liz lui rendit visite un jour qu'elle avait les oreillons. Malgré sa maladie [4], la comédienne revint sur son amour pour Peter Lawford, jurant de conquérir son bien-aimé dès qu'elle serait rétablie.

« Peter est le raffinement incarné [5], s'extasia-t-elle. C'est le genre d'homme qu'on n'hésite pas une seconde à présenter à ses parents. »

Selon Lillian Burns Sydney, professeur d'art dramatique à la MGM [6], « tous les acteurs, tous les techniciens de *La Belle Imprudente* savaient qu'Elizabeth était amoureuse de Peter. Dans la scène où il l'embrasse, au lieu du texte qu'elle était censée dire – " Oh ! Richie, qu'est-ce que nous allons faire ? " – elle murmura, le regard chaviré : " Oh ! Richie, qu'est-ce que je vais faire ? " Toute l'équipe était hilare.

« Dans les couloirs du Studio, le bruit courait que quiconque se permettait de jeter les yeux sur la jeune Miss Taylor encourait un bannissement définitif. Elizabeth était considérée comme l'un des biens les plus précieux de la compagnie. C'est pour ça que Peter Lawford se gardait bien de l'approcher. Il ne voulait pas d'ennuis. »

« En fait, Liz voulait être aimée de tout le monde, précise Lucille Lyman Carroll. A cause de sa beauté, tous les hommes la regardaient, et elle prenait leur curiosité pour de l'émotion. C'était aussi celle qui, sur le plan amoureux, se sentait le plus en rivalité avec les autres jeunes vedettes de la Metro. Après que Jane Powell eut annoncé ses fiançailles avec Geary Steffen Jr. (son premier mari), Liz se rua dans mon bureau. " Il faut que tu la fasses revenir sur sa décision ", pleurnicha-t-elle. " Pourquoi ? " demandai-je. " Parce que je suis numéro un, répondit-elle, et que je dois me marier avant les autres. " »

Contrairement à l'image hollywoodienne beaucoup plus dure qu'Elizabeth donne d'elle maintenant (« Je ne me rappelle aucune époque de ma vie où je n'étais pas célèbre », dira-t-elle beaucoup plus tard), il y avait alors en elle une candeur enfantine très attachante.

Elle passa une partie des vacances d'été de son adolescence à Cedar Gates, la propriété de Howard Young, au bord du lac de Minocqua, dans les forêts du nord du Wisconsin, où Young chassait, pêchait et recevait fréquemment des invités. Un voisin, Tom Hollatz, décrit l'endroit comme « un vaste pavillon de chasse avec une grande cheminée en pierre ». Dans ce cadre rustique, la jeune fille en fleur s'émerveillait des cris étranges des plongeons *, des rayons de soleil embrasant l'eau cristalline du lac, des lumières chatoyantes du Nord, des canards sauvages, des nuits fraîches et des feux de bois crépitants.

Véritable Huckleberry Finn en jean délavé, Elizabeth apprit d'Ed Behrend, guide forestier et garde à temps partiel du pavillon de Young, les rudiments de la pêche à la perche. Quand elle n'était pas en train d'appâter ou de jeter sa ligne, on la trouvait à l'épicerie-bazar proche. D'après son propriétaire, Leslie Rusch, « elle lisait tous les illustrés en sirotant un Coca au comptoir, puis elle les remettait en place et partait. Elle n'en achetait jamais un seul. D'autres fois, elle arrivait de bonne heure, vers huit heures et demie, jouait sur la machine à sous – elle réussissait souvent à gagner. Elle ne semblait pas avoir beaucoup de jeunes copains dans le coin. Généralement, elle venait seule, ou accompagnée de Howard Young. »

Le grand-oncle d'Elizabeth, membre hautement respecté de la communauté, perdit une partie de cette estime après avoir confié sa femme alcoolique, Mabel Rosemund, à une clinique privée de Westport, Connecticut, où il possédait aussi une propriété. Jim Schwartzberg, ancien gérant du Country Club de Minocqua, dont Howard Young était membre, fait de lui ce portrait : « Une sorte de bulldog têtu et bougon » à qui il arrivait de « faire des choses bizarres, comme garer sa voiture au milieu de la rue et défier le chef de la police locale de lui mettre une amende ».

Au début de l'été 1947, Young « avait auprès de lui une nouvelle compagne nommée Rose Straekley. Il la présentait comme son infirmière et l'emmenait dans tous ses voyages. C'était une rousse attirante, bien que trop maquillée, portant

* Oiseaux palmipèdes. *(N.d.T.)*

généralement des robes noires coûteuses. Elle m'a raconté un jour que Young l'enfermait à clef dans une pièce et la laissait rarement sortir. Je ne sais pas s'il y avait du vrai là-dedans. Elle avait bu quelques cocktails quand elle m'a fait ces confidences. »

Mabel, la grand-tante d'Elizabeth, n'était pas la seule absente dans le pavillon de chasse de Howard Young. Sara n'y faisait que de rares apparitions. Pour la remplacer, Francis se faisait accompagner par Adrian, son tendre et talentueux amant. On ignore ce que sa fille pensait de cet arrangement.

Elizabeth Taylor connut sa première idylle de jeunesse avec un diplômé de West Point (promotion 1947), un joueur de football américain très populaire nommé Glenn Davis [7]. « J'ai fait sa connaissance par Hubie Kerns, un coureur vedette de l'USC [University of Southern California], qui m'emmena dîner un soir chez les Taylor.

« Kerns avait été médaille de bronze du 400 mètres aux jeux Olympiques de 1948. Il fit aussi de la figuration dans *The Spirit of West Point*, un film sur l'équipe de football de l'armée. Sa femme, Dorismae, travaillait à la MGM, à la fois comme doublure et au service publicitaire. Elle était responsable de la publicité pour Elizabeth, alors âgée de seize ans.

« La presse a beaucoup exagéré mes relations avec elle. En réalité, nous ne sommes sortis ensemble que six ou sept fois. Je lui ai fait cadeau d'une balle miniature en or, et de mon maillot, qu'elle a porté à diverses occasions. C'était très puéril, quelques bécots, quelques baisers – rien de sérieux.

« Je l'ai emmenée une fois à Los Angeles assister à un match militaire ; plus tard, j'ai été invité par les Taylor à leur villa de Malibu et j'ai joué au foot avec son frère Howard et plusieurs de ses copains. Son père, manifestement alcoolique, restait à l'écart ; c'était sa mère qui faisait la conversation et se chargeait de tout.

« Elizabeth et moi nous sommes surtout vus pendant le tournage des *Quatre Filles du Dr March*. Au bout de quelques semaines, elle annonça aux journalistes que nous étions " sur le point de nous fiancer ". Ce n'était pas du tout vrai. Nous n'avons jamais été fiancés, ni " sur le point " de l'être. Nous étions deux gosses essayant de s'amuser : parties de cartes, devinettes, barbecues. Un soir, nous sommes sortis avec l'actrice Janet Leigh et son petit ami, Arthur Loew Jr., dont la famille possédait un réseau de salles de cinéma très lucratif ainsi qu'un paquet d'actions de la MGM. »

Malgré les efforts de Davis pour minimiser l'importance de leur idylle, Elizabeth semble l'avoir prise très au sérieux.

Quand elle apprit que Glenn devait partir pour la Corée, elle supplia Howard Young d'intervenir. Celui-ci téléphona à son ami Dwight D. Eisenhower, qu'il invitait souvent chez lui, mais le futur président répondit qu'un cadet de West Point était d'abord un soldat et ensuite seulement un joueur de football.

Davis embarqua pour la Corée tandis qu'Elizabeth, affublée d'une perruque blonde, continuait à jouer le rôle d'Amy March dans l'adaptation cinématographique du roman de Louisa May Alcott, *Les Quatre Filles du Dr March*.

Janet Leigh, qui figure elle aussi au générique, observe que « Mervyn LeRoy fit un remarquable travail de mise en scène. Il comprit les problèmes qu'implique un tournage avec quatre jeunes filles – elles gloussent beaucoup, elles sont intarissables sur leurs aventures sentimentales. Elizabeth aimait tant parler de Glenn Davis qu'elle lisait même à voix haute des extraits de ses lettres d'amour. Croyant aux fins heureuses, elle plaçait de tels espoirs dans cette amourette qu'elle la magnifiait. »

June Allyson, qui jouait le rôle vedette de Jo March, était alors mariée à Dick Powell et attendait son premier enfant. Après la journée de tournage, toutes les filles, Elizabeth comprise, se rassemblaient dans sa loge.

« Liz voulait savoir si le mariage me rendait heureuse, se rappelle Allyson. Le mariage était son sujet de conversation favori. Poussée par son désir d'échapper à l'influence de ses parents, elle soutenait que Glenn Davis et elle avaient l'intention de se marier dès qu'il serait rentré de Corée.

« Je me souviens qu'un jour nous bavardions dans ma loge, et elle m'a regardée. " June, je donnerais n'importe quoi pour te ressembler ", a-t-elle déclaré. Vous vous rendez compte ? La plus belle jeune femme du monde, me dire une chose pareille ? »

Mary Astor, qui incarnait la mère des quatre filles, porte un jugement beaucoup plus critique sur sa jeune consœur : « Dans une scène du film, il y a une tempête de neige. A l'époque, on utilisait des flocons d'avoine pour imiter la neige, et le Studio distribuait des gouttes aux comédiens pour insensibiliser leurs yeux afin qu'ils ne cillent pas au contact d'un flocon d'avoine. Elizabeth tempêta elle aussi, comparant quasiment son sort à celui d'Oliver Twist.

« De plus, elle passait son temps à bavarder au téléphone avec son petit ami, envoyé en Corée, gaspillant ainsi le temps et l'argent de la compagnie. Je n'avais jamais vu une jeune comédienne se conduire de façon aussi impudente. Personne n'osait lui faire un reproche alors qu'elle retardait le plan de tournage. »

Selon Hubie Kerns, « Elizabeth était amoureuse de Glenn

Davis. Quand il est parti pour la Corée, elle a cherché à s'occuper en faisant de la peinture, de la sculpture – un buste d'elle-même qu'elle a appelé *Mona Lizzie*. Elle s'est aussi acheté un chien, Butch, un faux caniche nain qui finit par ressembler à un doberman.

« Elizabeth avait le sens de l'humour. Un jour que j'étais venu la voir dans sa villa de Malibu, elle m'emmena dans une maison voisine, où on avait construit une sorte de poulailler dans le jardin. Elle me poussa à l'intérieur, et je me retrouvai tout à coup devant un guépard. Liz avait disparu mais je l'entendais rire quelque part derrière moi. Le guépard se mit à grogner, j'étais malade de peur. Elizabeth réapparut, caressa l'animal, qui était en fait apprivoisé. Il appartenait à un metteur en scène de la MGM. C'était le genre de blague qu'Elizabeth adorait faire.

« Outre Glenn Davis, je lui présentai plusieurs autres copains, dont George Murphy, quart arrière de l'USC, qu'elle invita plus tard à une réception donnée par ses parents dans leur maison de Beverly Hills. Je proposai de lui faire connaître Bill Bayliss, qui faisait lui aussi partie de l'équipe d'athlétisme. " Oh! il me plaît, dit-elle. Il est beau. Il est comment dans la vie ? " Nous sommes donc sortis tous les quatre – ma femme, Elizabeth, Bill et moi – pour prendre le brunch du dimanche et nous rendre à Laguna Beach.

« Après le repas, Bill et moi sommes allés ensemble aux toilettes. Il semblait mal à l'aise. " Elle est belle, fit-il, mais je ne sais pas quoi lui dire. Elle ne rit pas de mes plaisanteries. "

« A la plage, il se comporta comme un débile et n'ouvrit quasiment pas la bouche de l'après-midi. Le lendemain matin, Elizabeth me téléphona pour me dire : " Ne me colle plus jamais avec un abruti pareil ! "

« Je lui présentai un autre ami, Tommy Breen, dont le père exerçait les fonctions de chef censeur à Hollywood. Tommy avait une jambe de bois pour remplacer celle qu'il avait perdue à Iwo Jima, pendant la guerre.

« Un week-end, nous étions toute une bande – dont Elizabeth et Tommy – dans un chalet surplombant le lac Arrowhead, non loin de San Bernardino. La maison comprenait deux chambres et un séjour. Deux des couples occupaient les chambres; Dorismae et moi dormions dans des sacs de couchage, dans le séjour, avec Tommy et Elizabeth.

« J'avais totalement oublié l'infirmité de Tommy quand vint l'heure de se coucher. Il défit sa jambe de bois – moment assez embarrassant – et dit : " Même s'il fait un froid de canard, je vous interdis de la mettre dans le feu. "

« Liz hurla de rire. Elle et Tommy sympathisèrent. Son infirmité ne semblait pas la gêner, mais leurs relations restèrent platoniques. »

Au nombre des autres chevaliers servants qu'eut la comédienne pendant que Glenn Davis était en Corée, citons Ralph Kiner, aujourd'hui commentateur de matches de base-ball, et ancienne vedette des Pirates de Pittsburgh.

« A l'époque, Bing Crosby était propriétaire de l'équipe, dit Kiner. La saison était terminée, et je vivais alors en Californie. Bing me téléphone, me demande si j'aimerais sortir avec Elizabeth Taylor. "Qui dirait non ?" répondis-je.

« J'arrive à une maison qui me paraît plutôt modeste. Comme nous devions assister à la première d'*Un homme de fer*, je portais un smoking. Liz étant en retard, je passai une demi-heure à bavarder avec ses parents.

« Son père me fit l'impression d'un type aimable mais sa mère se conduisait de façon abrupte, presque grossière. Elle traitait son mari comme un intrus. Elizabeth finit par descendre en robe du soir et se révéla charmante, pas du tout gâtée par son succès.

« Après la première, réception au Romanoff. Hedda Hopper interrogea Elizabeth à mon sujet, et comme les Steelers de Pittsburg étaient à Los Angeles ce week-end pour affronter les Rams, Liz me présenta à tort comme un joueur de football. Je ne pris pas la peine de corriger son erreur. »

De quinze à vingt ans, Elizabeth Taylor fut incontestablement une sorte d'anomalie à Hollywood, un poisson hors de l'eau. Pendant une grande partie de sa vie, elle avait été couvée par une mère prudente, attentive, et jalousement gardée par un père alcoolique, homosexuel, dont les revenus dépendaient en grande partie du succès de sa fille.

Le producteur hollywoodien Joe Naar se rappelle une réception donnée chez les Loew pour l'anniversaire d'Arthur Jr. La liste des invités comprenait des célébrités comme Dean Martin, Jerry Lewis, Peter Lawford, Gene Kelly et Sammy Davis Jr. « En gros, toute la bande avec les épouses – trente à quarante personnes – mais *sans* Frank Sinatra, qui était en voyage.

« Drapée des pieds à la tête dans une robe de chiffon jaune, ressemblant à une délicieuse tarte meringuée au citron, Elizabeth Taylor franchit soudain la porte. Elle avait l'air d'une fille de seize ans qui va bientôt en avoir trente. Pendant presque toute la soirée, elle est restée assise dans un coin, avec un sourire mélancolique, sans dire un mot, et sans que personne lui adresse la parole. Les hommes n'osaient pas lui parler parce qu'ils ne savaient pas comment l'aborder, et parce que la présence de leur femme ou de leur maîtresse les en empêchait.

« J'essayai de lui faire la conversation mais le problème, c'est qu'à l'époque Elizabeth n'avait pas grand-chose à dire. Si elle n'avait été aussi ravissante, elle aurait fait partie de ces gens que personne ne remarque.

« Après le dîner, les hommes restèrent dans la salle à manger tandis que les femmes passaient au salon. Elizabeth demeura avec les hommes parce que le héros de la fête, Arthur Loew Jr., le lui avait demandé.

« Les jeunes gens, qui avaient un peu bu, entreprirent de la taquiner. Ils voulaient lui faire dire le mot " baise " mais elle s'y refusait. Répète après moi, Elizabeth, sollicitait l'un : " rapports sexuels ". Et elle répétait : " rapports sexuels ". Maintenant, réclamait un autre, dis " copulation ". Et elle articulait : " copulation ". " Faire l'amour ", et Liz d'ânonner : " faire l'amour ". Elle récita toute une liste de synonymes et d'euphémismes mais personne ne put l'inciter à prononcer le mot " baise ". Elle tint tête au groupe et, d'une certaine façon, cela m'étonna parce qu'elle était très jeune. »

Étonné, Howard Hughes dut l'être aussi pendant ses brefs contacts avec Elizabeth. Âgé de quarante-quatre ans, nanti d'un compte en banque de plus de cent cinquante millions de dollars, et d'une réputation méritée de coureur de jupons, Hughes poursuivit la jeune fille de ses assiduités avec autant d'insistance qu'il le fit pour Lana Turner, Ava Gardner, Ginger Rogers, Yvonne De Carlo et autres grandes vedettes féminines. Après avoir acheté plusieurs tableaux coûteux à la galerie d'art de Francis Taylor, il convia le couple à passer une semaine avec lui à Reno. « Et amenez donc votre fille », précisa-t-il dans son invitation.

Selon Earl Wilson, alors titulaire de la rubrique Spectacles au *New York Post*, « Elizabeth ne supportait pas Hughes. Il invita toute la famille dans un de ses hôtels et donna une série de dîners en l'honneur des Taylor. Un soir, n'adressant pas même la parole à la jeune fille, il passa des heures à parler d'argent à ses parents, promettant de leur donner un million de dollars, et d'acheter à Liz son propre studio de cinéma si elle acceptait de l'épouser. Le fait qu'Elizabeth s'estimât plus ou moins fiancée à Glenn Davis ne le gênait absolument pas. »

Le lendemain, le milliardaire décida de prouver ses bonnes intentions en bourrant une mallette de pierres précieuses : diamants, rubis, émeraudes. Il s'approcha par-derrière d'Elizabeth, allongée en bikini dans une chaise-longue, au bord de la piscine de l'hôtel, et vida l'inestimable contenu de la mallette sur son ventre nu. « Habillez-vous, s'écria-t-il, nous allons nous marier. »

Elle ne voulut plus entendre parler de lui. Le lendemain,

quand il envoya un de ses collaborateurs, Johnny Meyers, à l'actrice pour lui présenter des excuses, elle explosa : « Dites à ce fou de me laisser tranquille. Il m'assomme à tout le temps parler d'argent. Il me fait penser à L. B. Mayer. »

Meyers transmit le message à son patron. Homme difficile à décourager, Hughes renouvela son offre d'un million de dollars au père de Liz. Si Francis Taylor répondit au nabab que sa fille « n'était pas à vendre », il confia par la suite à Adrian qu'il avait été douloureusement tenté d'accepter la proposition.

En octobre 1948, Elizabeth, sa mère et Melinda Anderson, préceptrice fournie par la Petite École rouge, prirent le bateau pour l'Angleterre où l'actrice devait tourner *Guet-apens*, un drame larmoyant sur une jeune femme mariée à un officier britannique qui est en fait un espion communiste.

Jouant la jeune épouse face au grand séducteur hollywoodien Robert Taylor, âgé de trente-huit ans, Elizabeth déclara dans une interview que c'était son « premier rôle adulte » et ajouta : « Être embrassée à l'écran par Robert Taylor signifie qu'on ne me prendra plus jamais pour une petite fille. »

Jane Ellen Wayne, la biographe de Robert Taylor, note que la scène où le couple s'enlace et s'embrasse fut tournée « dans la chambre à coucher, et Elizabeth ne portait qu'un déshabillé noir sur le plateau.

« J'ai fait beaucoup de recherches sur ce film. Selon les attachés de presse présents sur le plateau, Robert Taylor eut une érection pendant le tournage – mais oui –, ce qui gêna terriblement tout le monde. La nymphette extrêmement attirante qu'il avait connue dans *Le Grand National* se muait en femme fatale. Robert Taylor avait joué avec Greta Garbo, Lana Turner, Katharine Hepburn, Myrna Loy – les plus grandes. Il avait eu une liaison avec Ava Gardner, entre autres, et était marié à Barbara Stanwyck. Il avait côtoyé les femmes les plus ensorceleuses, et voilà qu'il avait une érection énorme en présence de la jeune Elizabeth Taylor, et il ne savait que faire. Pour remédier à la situation, il alla finalement trouver le cameraman. " Surtout ne me cadre pas en dessous de la ceinture ", lui demanda-t-il instamment.

« Après le baiser, la préceptrice d'Elizabeth s'avança sur le plateau pour rappeler à son élève : " Vous devez finir d'apprendre une leçon d'algèbre. " " Je viens de me faire embrasser par Robert Taylor, je n'ai pas envie de faire des maths ", répliqua Liz. La MGM monta ce baiser en épingle comme s'il s'agissait d'un événement comparable à un tremblement de terre. Au point que Robert Taylor finit par appeler les studios de Londres et par beugler aux oreilles du responsable de la publicité : " Ça suffit comme ça. Arrêtez d'exploiter cette gosse. " »

Renee Helmer, doublure d'Elizabeth Taylor dans *Guet-apens* et beaucoup d'autres films qu'elle tourna en Europe, souligne que « Dore Schary venait de prendre la direction de la Metro. Il avait beaucoup plus de respect pour les acteurs que L. B. Mayer. Quand il fut avisé du tapage publicitaire fait autour de la scène, il ordonna qu'on y mette fin et qu'on interdise l'accès du plateau aux journalistes.

« Au début du tournage, Elizabeth m'apprit qu'elle était fiancée à Glenn Davis. Chaque soir avant d'aller se coucher, elle lui écrivait. Mais pendant les trois derniers mois de son séjour à Londres, elle se lia d'amitié avec l'acteur britannique Michael Wilding, qui tournait lui aussi un film à Londres pour la MGM avec Anna Neagle. Il venait déjeuner au réfectoire, s'asseyait souvent à la même table que Liz et sa mère. Chaque fois qu'il apparaissait, les yeux de la jeune fille s'illuminaient. Cela ne semblait pas la déranger qu'il ait vingt ans de plus qu'elle, qu'il soit séparé de sa femme, Kay Young, depuis des années, et qu'il sorte avec Marlene Dietrich. Je dois dire que Wilding semblait lui aussi sous le charme de sa jeune admiratrice. Il admirait son battant, son énergie. »

Après le tournage de *Guet-apens*, Elizabeth et sa mère rentrèrent aux États-Unis via Paris, où l'actrice dévalisa les boutiques de mode, puis Rome, où sa mère fit de même. Elles étaient accompagnées pour ce voyage par une attachée de presse des studios, Emily Torchia [8], qui relate un incident survenu à leur hôtel de la via Veneto, à Rome :

« Je me trouvais sur le balcon de notre suite et je regardais dehors quand j'entendis du remue-ménage. Je vis une bande d'étudiants italiens qui se battaient et criaient en bas dans la rue. Elizabeth me rejoignit sur le balcon, et bientôt la bagarre s'arrêta. L'un des jeunes gens prit une guitare et donna la sérénade à Liz. Au bout de quelques minutes, je la tirai en arrière. Quand elle retourna dans la suite, la bagarre reprit. »

Plus d'une centaine d'invités assistèrent à la fête donnée pour le dix-septième anniversaire d'Elizabeth, dans une autre retraite princière de Howard Young, à Star Island, non loin de Miami Beach, en Floride. C'est là que Liz fit la connaissance de William Pawley Jr., ambitieux homme d'affaires de vingt-huit ans, propriétaire d'une station de radio, dont le père, magnat du pétrole, avait été ambassadeur des États-Unis au Brésil. La famille avait de l'argent. Qui plus est, Bill mesurait 1,90 m, avait des cheveux d'un noir de jais et des yeux bleus brillants. Elizabeth ne parla quasiment à personne d'autre de toute la soirée.

Une semaine après l'anniversaire, Glenn Davis débarqua à

l'aéroport international de Miami avec une permission de quarante-cinq jours. Liz alla l'accueillir, l'embrassa avec fougue et répondit aux questions posées par une troupe de journalistes :
– C'est sérieux, avec Glenn Davis ?
– Tout à fait sérieux.
– Vous allez vous marier, tous les deux ?
– Si nous prenons cette décision, vous serez les premiers informés.

Elizabeth avait appris à se dérober et montrait moins de candeur. Deux semaines après le retour de Glenn, la comédienne et lui assistèrent ensemble à la cérémonie de remise des Oscars à Los Angeles. « Ce fut notre chant du cygne, révèle Davis. Je ne revis plus jamais Liz. Elle me renvoya mon maillot de West Point et la balle miniature en or que je lui avais offerts. Quand un reporter me demanda ce que je pensais de Bill Pawley Jr., je répondis : " Qui est-ce ? " Franchement, je n'en avais aucune idée. » Ce n'est que plus tard que Glenn Davis découvrit l'identité de son successeur et la traîtrise d'Elizabeth : elle était régulièrement sortie avec William Pawley Jr. pendant tout son séjour en Floride.

Après que Liz eut congédié Davis, Bill Pawley la rejoignit en Californie et lui fit présent d'une bague de fiançailles ornée d'un diamant de 3,5 carats valant 16 000 dollars. La mère d'Elizabeth, qui n'avait jamais été emballée par Glenn Davis, proclama que le nouveau soupirant de sa fille était « brillant, compréhensif, fort, posé... et très amusant ».

Le 5 juin 1949, Sara Taylor annonça officiellement les fiançailles. A la fin de l'été, elles furent mystérieusement rompues. Selon diverses sources du Studio et les Taylor eux-mêmes, l'idylle prit fin parce que Pawley exigeait que sa fiancée renonce à sa carrière pour devenir une femme d'intérieur. Elizabeth refusa.

« La véritable raison était tout autre, explique Jackie Park. Je sortais alors avec Claude Karin, riche associé de la famille Pawley, et, selon lui, les parents de Bill ne voulaient pas entendre parler d'Elizabeth Taylor. Ils désiraient que leur fils épouse une riche héritière, pas une actrice. Jouissant d'un poids politique considérable, ils estimaient que Liz n'avait pas sa place dans leur milieu. Ses robes trop courtes, ses parents cupides, ses liens avec la faune de Hollywood – pour toutes ces raisons, Elizabeth Taylor n'était pas assez bonne pour leur fils.

« La comédienne était bouleversée par le jugement que la famille Pawley portait sur elle. Les parents organisèrent une grande nouba à bord d'un yacht à Miami alors que Liz et Bill étaient encore ensemble, et on sentait qu'il y avait du tirage. Tous les membres de la haute société locale y assistèrent et virent Elizabeth dans une de ses robes du soir hollywoo-diennes. Ses seins jaillissaient quasiment du décolleté. Les Pawley souhaitaient une femme plus discrète et plus délicate pour Billy, et ils le contraignirent finalement à rompre. D'après ce que je sais, Elizabeth ne prit jamais la peine de renvoyer à Bill la bague de fiançailles – c'est du moins ce que prétendirent le *Hollywood Reporter* et d'autres magazines de l'époque *. »

* De toute évidence, Liz nourrissait déjà cette passion des bijoux dont la presse a tant parlé. Au printemps 1949, elle devint princesse du Jubilé du Diamant organisé par le Conseil de l'industrie diamantaire. Couronnée d'une tiare de diamants estimée à 22 000 dollars, elle demanda aussitôt : « Je peux la garder ? »

# 7

En 1949, avant d'apparaître dans *The Big Hangover*, comédie plate, souvent artificielle, dans laquelle elle donnait la réplique à Van Johnson, la jeune comédienne se rendit à New York pour se faire photographier pour le magazine *Life* par le maître portraitiste Philippe Halsman. Yvonne Halsman, la femme de celui-ci, assista à la séance dans le studio de leur appartement de l'Upper West Side de Manhattan.

« Elizabeth arriva seule, raconte-t-elle. Elle parut d'abord réticente puis s'anima, réagit à l'objectif en véritable actrice. Bien qu'elle incarnât le type de beauté généralement associé aux déesses, je fus frappée par l'aspect de ses bras : ils étaient couverts de ce que mon mari appelait " des cils sombres " – une profusion de poils noirs disgracieux.

« Sur un plan purement technique, Philippe lui indiqua que son visage donnait une image différente selon l'angle – un profil paraissait plus jeune, l'autre plus mûr. Il préférait son côté jeune mais elle aimait mieux son côté femme. »

Pour Elizabeth elle-même, cette séance de poses fut une révélation. « Je devins profondément consciente [1] de mon corps, écrit-elle dans son autobiographie de 1965. Quelles que soient les discussions que nous avions sur mon visage, [Halsman] ne cherchait pas à me donner des formes enfantines. " Vous avez de la poitrine, faites-la ressortir ! " me criait-il. Il constatait que j'avais un corps de femme et insistait pour que je m'en serve. En une seule journée, j'appris à être aguichante, à prendre des poses provocantes. Bref, j'acquis du sex-appeal, même si je savais que, quelque part en moi, l'enfant n'avait pas encore tout à fait grandi. Le résultat le plus important de cette séance, ce fut de me donner une confiance accrue en mon image sur un écran. »

Touchant épilogue, l'actrice révéla au photographe à la fin

de la séance qu'elle n'avait rien à faire, nul endroit où se rendre. « C'est très étrange [2], dit-elle. Tout le monde est persuadé que j'ai un rendez-vous chaque soir, et personne ne songe à m'inviter. Ce soir, je dois encore affronter la solitude. »

*The Big Hangover* ne lui fournit guère d'occasions de démontrer cette sensualité dont elle venait de prendre conscience. Fille du patron de Van Johnson dans le film, elle entreprend de le sauver d'un alcoolisme contracté alors qu'il était immobilisé dans la cave d'un monastère, après un accident survenu pendant la guerre.

Eve Abbot Johnson, alors mariée à Van, et l'une des hôtesses les plus appréciées de Hollywood, jugeait le film « si manifestement bête que je me demandais pourquoi quelqu'un avait pris la peine de le faire. Son seul intérêt fut de me mettre en contact avec Elizabeth Taylor, avec qui je me découvris beaucoup de points communs.

« Je partageais son dédain du "système", sa méfiance à l'égard des patrons des studios tels que L. B. Mayer. Pour moi, Mayer était le pire de la bande, un dictateur avec un sens moral de punaise.

« J'avais eu moi aussi des problèmes avec Mayer. A l'époque, j'étais l'heureuse épouse de Keenan Wynn, acteur de genre de la MGM, qui avait pour meilleur ami Van Johnson, comédien très populaire dont la cote au box-office était bien supérieure à celle de Keenan, mais dont les goûts sexuels faisaient l'objet de vilaines rumeurs. Mayer décida que si je n'épousais pas Van Johnson pour mettre un terme aux ragots sur sa bisexualité, il ne renouvellerait pas le contrat de Keenan. J'étais jeune, et assez stupide pour me laisser manipuler par Mayer. Je divorçai de Keenan, épousai Van Johnson, et rejoignis ainsi les rangs des petites victimes de L. B. »

Ned Wynn, le fils d'Eve Abbot Johnson et Keenan Wynn, rendit visite à Elizabeth à Malibu pendant le tournage de *The Big Hangover*. « Elle avait environ dix-sept ans et j'en avais huit, dit-il. Elle souriait, radieuse, tandis que nous jetions des pierres dans l'océan et que nous les regardions ricocher sur les vagues. Jamais il n'y avait eu sur terre une jeune fille de dix-sept ans aussi merveilleuse.

« Je n'ai jamais compris pourquoi l'on disait qu'elle avait des yeux violets. Ils étaient aubergine. Mais il faut dire qu'il n'y avait que les femmes et les homosexuels pour parler de la couleur de ses yeux. Les autres parlaient de ses seins. Seigneur Dieu, ces seins! Ils ont nourri mes fantasmes pendant des décennies. »

Si Elizabeth n'avait pas encore tenu un rôle vedette et adulte dans un film applaudi dans le monde entier, son salaire à la MGM avait grimpé à la somme respectable de 2 000 dollars par semaine – cependant que l'allocation hebdomadaire que lui donnait sa mère passait à 250 dollars. Mais la réticence de la Metro à reconnaître son talent et à lui donner des rôles à sa mesure la navrait.

Elle s'en plaignait à tout le monde, et notamment à son dernier soupirant en date, Arthur Loew Jr., qui se chargea de prendre contact avec George Stevens. Celui-ci venait de signer avec la Paramount pour mettre en scène et produire *Une place au soleil*[3], d'après le roman écrit par Theodore Reiser en 1925, *Une tragédie américaine*. Il accepta de rencontrer Elizabeth et, peu de temps après, lui proposa le rôle d'Angela Vickers, jeune fille gâtée de la haute société profondément attirée par un homme ambitieux issu d'un milieu social inférieur qui aspire à connaître le meilleur de la vie, et perd la tête quand il se frotte à l'argent et au grand monde. Son amour pour la belle et riche héritière est menacé par l'ouvrière boulotte et vulgaire qu'il a mise enceinte. Celle-ci (jouée par Shelley Winters) veut le mariage, mais son amant veut Angela Vickers.

Dans le roman, tiré d'un fait divers authentique, il emmène l'ouvrière faire de la barque sur un lac de montagne isolé. La barque se retourne et il gagne la rive à la nage, laissant sa compagne enceinte et non désirée se noyer. Finalement, il est arrêté, jugé pour meurtre, condamné et exécuté.

Le premier rôle masculin fut confié au talentueux Montgomery Clift, âgé de vingt-neuf ans. Dans un premier temps, Elizabeth fut intimidée par le beau comédien. « J'étais absolument terrifiée, reconnaît-elle, parce que Monty avait été formé par la Méthode, en vogue à New York *, et que devant lui je me sentais comme une sorte de marionnette hollywoodienne que l'on avait parée de jolies toilettes, et qui n'avait jamais vraiment tourné hormis avec des chevaux et des chiens... »

Le triangle garçon pauvre – fille riche – fille pauvre était détonant sur l'écran. Dans la réalité, les rapports entre les comédiens étaient également tendus. Shelley Winters et Elizabeth Taylor devinrent d'emblée des adversaires. Aux yeux de Winters, Liz était un « bébé de Hollywood » qui n'avait jamais appris à se débrouiller seule. Dorlotée et conditionnée par le Studio, elle avait à la fois peur et envie du monde réel.

En revanche, Liz et Monty nouèrent des relations si étroites et si affectueuses qu'elle crut être tombée amoureuse de lui. Il la surnomma « Bessie Mae » à cause de sa personnalité terre à terre. Elle répondit en lui écrivant des lettres d'amour torrides

* Celle de Lee Strasberg, inspirée des principes de Stanislavski, enseignée à l'Actors Studio.

dont – elle l'apprit plus tard – il fit cadeau à un de ses amants. Monty était en effet homosexuel mais Elizabeth se refusait à le reconnaître. Elle le poursuivait avec tant de passion que la veille du tournage de la scène finale, poignante, du film, les journaux trompetèrent : « CLIFT ET TAYLOR SE MARIENT. »

Les agents publicitaires du Studio, avec, semble-t-il, l'accord de George Stevens, avaient provoqué cette « fuite » pour attirer l'attention sur le film et pousser les deux vedettes vers une conclusion sentimentale. « Monty croira que c'est moi, sanglota Liz. Je n'oserai jamais le revoir. »

Mira Rostova, confidente et professeur personnel d'art dramatique de Montgomery Clift, avait accompagné l'acteur à Hollywood et observé le tournage ainsi que la naissance de relations amicales entre Monty et Elizabeth. « J'étais sur le plateau, raconte-t-elle. Cela ne plaisait peut-être pas beaucoup à Stevens mais il ne disait pas grand-chose. Il en disait encore moins aux acteurs, communiquant essentiellement par le langage corporel et l'expression du visage. Parfois, il leur faisait écouter tel ou tel disque sur un phonographe pour les mettre dans une certaine disposition d'esprit. Stevens avait une réputation d'homme redoutable, très sévère, et il lui arrivait de jouer ce rôle à fond.

« En définitive, Monty dirigeait plus Elizabeth que ne le faisait le metteur en scène. Les deux comédiens répétaient leurs scènes pendant des heures ; Monty prenait force notes sur le jeu de Liz puis les revoyait avec elle. Leur camaraderie n'aidait pas seulement l'actrice à jouer ; elle forgeait entre eux un lien durable.

« D'un autre côté, on a peut-être exagéré leur amitié. C'était surtout Elizabeth qui voulait instaurer entre eux des rapports romantiques. Le soir, après qu'il était allé se coucher, elle trouvait invariablement un prétexte pour se rendre dans sa chambre. Elle lui apportait une tasse de thé, prétendait avoir besoin de répéter la scène du lendemain. Elle prenait toujours l'initiative avec les hommes. »

Luigi Luraschi, vice-président de Paramount International, fit la connaissance d'Elizabeth sur le plateau d'*Une place au soleil* et se rappelle l'avoir vue répéter son texte avec Montgomery Clift. « On aurait presque dit des jumeaux : les cheveux noirs et les yeux bleus, l'incroyable beauté de leurs traits. Tous deux possédaient un magnétisme animal qui se reflétait sur l'écran pour se répandre dans les salles obscures.

« Je me souviens d'un jour où je suis allé au restaurant avec Elizabeth. Il pleuvait à verse et c'était elle qui conduisait – elle ne pouvait s'arrêter de parler de Montgomery Clift. J'ai eu la nette impression qu'elle était tombée amoureuse. »

William « Billy » LeMassena, comédien qui avait grandi avec Clift, rapporte que « Monty avait cette faculté de rendre n'importe qui – homme ou femme – amoureux de lui. J'ai constaté qu'Elizabeth Taylor, comme plus tard Marilyn Monroe, était en adoration devant lui. Il encourageait Liz, surtout, je suppose, parce qu'il avait un peu honte d'être homosexuel. Je ne dis pas qu'il n'éprouvait rien pour elle mais, de son point de vue, leurs relations étaient essentiellement platoniques ».

Au début, Elizabeth feignit d'ignorer les penchants sexuels de Monty. Elle déclara plus tard que pendant le tournage d'*Une place au soleil*, son partenaire ne cessa de jouer au mâle plein d'ardeur. Pourtant, au moment où elle s'était persuadée qu'il avait surmonté les inhibitions qui l'empêchaient de faire l'amour à une femme, il apparaissait avec « un jeune type qu'il avait manifestement dragué ».

Plus d'une fois, Elizabeth lui proposa le mariage et se vit opposer un refus. Dans une de ses lettres, elle lui écrivait : « Je t'aime! Je t'aime! Je ne peux pas vivre sans toi. » Comme ses autres missives, celle-ci finit aussi dans les mains d'un des petits amis de Monty.

Greathouse, un des camarades de Clift à l'Actors Studio de New York, s'était aperçu que « chaque fois qu'il buvait trop, il racontait des histoires de Liz. Pendant le tournage d'*Une place au soleil*, elle prenait trois bains par jour et il lui tenait compagnie dans la salle de bains. Le bain était censé lui calmer les nerfs. Un jour, Monty, qui était une vraie pharmacie ambulante, lui conseilla : " Prends des amphés. Ça te détendra après une dure journée de travail. Tu oublieras tes soucis. " Liz avala la pilule avec un scotch et s'en trouva toute ravigotée. En quelques semaines, elle devint dépendante de toute une série de médicaments.

« Comme je ne les ai jamais vus ensemble, je ne peux corroborer ce que disait Monty d'Elizabeth sur le plan sexuel. Je sais qu'il la trouvait attirante, tant physiquement que psychologiquement – et cela suffisait pour qu'il s'intéresse à quelqu'un. Il m'a raconté que pendant le tournage d'*Une place au soleil*, ils avaient essayé de faire l'amour mais n'y étaient pas parvenus. Monty, pour reprendre ses termes, ne s'était pas " montré à la hauteur ". Ils firent une nouvelle tentative quelques années plus tard, et je crois savoir que leurs efforts connurent cette fois plus de succès.

« J'avais entendu dire que le père d'Elizabeth était homosexuel, ce qui pourrait expliquer son intérêt pour les acteurs " gays " et l'attrait qu'ils exerçaient sur elle – Monty, Rock Hudson, James Dean et d'autres. Les goûts sexuels de son père éclairent peut-être aussi sa participation actuelle au mouvement AIDS, son désir de collecter des fonds pour la recherche et venir en aide aux malades du sida. »

Une scène d'*Une place au soleil* marqua profondément Elizabeth Taylor en cette période formatrice pour elle. La scène en question réunit Liz et Monty au lac Tahoe à la fin de l'automne, alors qu'il avait commencé à neiger. L'équipe avait débarrassé la neige d'une petite portion de plage et de la cime des arbres qui devaient apparaître sur le plan pour donner l'impression d'une chaude journée d'été où les amants étaient censés prendre le soleil et se baigner.

Selon Elizabeth, « le Tahoe est un lac glacial, et il faisait un temps épouvantable ce jour-là. Monty et moi nous tenions sur un radeau, au milieu du lac. George [Stevens], assis dans une barque, avec de grosses bottes et des gants, ne cessait de réclamer une nouvelle prise. Je l'aurais tué. »

D'après Robert LaGuardia[4], le biographe de Montgomery Clift, Stevens traitait la comédienne durement, restait sourd à ses plaintes et à ses prières, exigeait que Monty la fasse tomber une fois de plus dans l'eau glacée.

Sara Taylor finit par intervenir en déclarant que sa fille avait des règles douloureuses et n'en pouvait plus. Stevens réagit en donnant son dernier ordre de la journée : « Balance la poubelle à la flotte ! » Avec un regard d'excuse, Montgomery Clift précipita une fois de plus la comédienne dans l'eau glacée.

Dans une interview au magazine *Look*, George Stevens brosse un portrait succinct mais juste de l'actrice. « Elle a été maintenue dans un cocon par sa mère, par les studios, par le fait que c'est une enfant adorée à qui on donne tout ce qu'elle veut depuis l'âge de huit ans. La plupart des gens ne se rendent pas compte qu'un esprit de révolte couve en elle depuis longtemps. »

Cet « esprit de révolte » émergea partiellement, et douloureusement, à cause du traitement qu'Elizabeth subit en travaillant avec George Stevens, et d'un sentiment croissant de futilité à l'égard de la présence omnipotente de sa mère. Peu s'étonnèrent de voir l'actrice à nouveau fiancée en février 1950, au moment où elle recevait son diplôme de fin d'études secondaires.

L'heureux élu, Conrad Nicholson (Nicky) Hilton Jr., héritier de la chaîne d'hôtels de son père, avait posé les yeux sur Elizabeth pour la première fois à la réception donnée au Mocambo à l'occasion du mariage de Jane Powell. Le lendemain, il entrait précipitamment dans le bureau de son père, annonçait qu'il avait vu la veille la plus fabuleuse des créatures et qu'il devait absolument faire sa connaissance.

Nicky appela à la rescousse son ami Peter Lawford, qui arrangea un déjeuner discret pour le couple. Apparemment, Hilton Jr. fit une impression favorable à la jeune fille puisque Liz ne tarda pas à l'inviter à dîner chez elle avec ses parents. Malgré sa fortune considérable et son physique attrayant (plus d'un mètre quatre-vingt-dix, des épaules larges, une taille d'athlète *), le jeune playboy de vingt-trois ans était affligé d'une pléthore de problèmes personnels qui n'étaient pas du tout décelables au début. Instable, versatile, il se droguait à l'héroïne et avait un penchant incontrôlable pour l'alcool et le jeu.

Curt Strand, ancien directeur de la chaîne Hilton, témoigne du manque d'ambition de Nicky : « Cela rendait son père, Conrad Sr., furieux que Nicky ne s'intéressât absolument pas à l'entreprise familiale. Il était l'aîné de trois garçons, et c'est le second, Barron [5], qui succéda à Conrad Sr. Nick démontra très tôt son incapacité quand son père le fit entrer dans une école hôtelière de Lausanne, en Suisse. Il fut temporairement exclu au bout de six mois et ne retourna jamais là-bas.

« Plus proche de Nicky que de ses deux autres fils, Conrad Sr. était profondément affecté par l'apathie de ce garçon. Non seulement Nick ne participait pas à la direction de la chaîne mais il ne cessait d'être impliqué dans des scandales qui embarrassaient sa famille. Chaque fois que nous ouvrions un journal, nous tremblions d'y découvrir une nouvelle frasque de Nicky Hilton.

« Conrad Hilton Sr. lui-même ne laissait pas de m'étonner. Multimillionnaire texan rude et grossier, self-made man, Connie, comme on l'appelait, se tailla rapidement une réputation d'hôte exceptionnel. A vrai dire, je l'ai toujours trouvé meilleur dans le rôle d'invité.

« Si Connie avait le génie des affaires, il lui manquait la prestance d'un directeur de grand hôtel. Il avait eu la perspicacité de comprendre, quarante ans avant que les chaînes d'hôtels ne prennent de telles proportions, que l'octroi de franchises à l'étranger représentait l'avenir. Lui-même ne dirigeait pas ses hôtels. Son talent, c'était de savoir s'entourer de collaborateurs compétents, d'une équipe sachant gérer et faire des bénéfices. »

« L'homme aux 100 000 lits », comme le surnommaient les journaux, avait le même penchant que son fils Nicky pour les jolies femmes. Un temps marié à Zsa Zsa Gabor, Conrad Sr. eut

---

* L'actrice Terry Moore, qui devint la petite amie de Nicky Hilton après qu'il eut divorcé d'Elizabeth Taylor, confirme qu'il était particulièrement gâté par la nature. « Il avait le plus gros pénis que j'aie jamais vu – plus large qu'une cannette de bière, et beaucoup plus long. Faire l'amour avec lui, c'était comme forniquer avec un cheval. »

également des liaisons avec des reines de la vie mondaine telles que Kay Spreckles et Hope Hampton, Gladys Zender (une Péruvienne qui fut Miss Univers), les actrices Jeanne Crain, Ann Miller, Denise Marcel, et des dizaines d'autres femmes plus ou moins célèbres.

Zsa Zsa Gabor garde de son mariage avec Conrad Hilton un sentiment mêlé. « Il pouvait être absolument charmant mais savait aussi se montrer d'une incroyable cruauté. Catholique fervent, à ce qu'il prétendait, il n'était en fait qu'un pharisien autoritaire et brutal. Il fallait toujours qu'il parvienne à ses fins.

« Conrad réussit à gâter Nicky en lui donnant tout ce qu'il désirait. S'il voulait une voiture, son père lui en achetait une. S'il demandait un avion, il l'avait. Devant cette magnanimité du père, Nicky fit un complexe d'infériorité. Il se rendit compte qu'il n'arriverait jamais à dépasser son père, qu'il resterait toujours le deuxième, et il en tira la conclusion logique : pourquoi se battre si on n'a aucune chance de gagner?

« Nicky et moi étions à peu près du même âge. Je sais qu'il m'aimait bien – plus que ça, en fait : il était amoureux de moi. Un jour que j'avais embrassé son père en sa présence, il demanda : " Qu'est-ce qu'il faut faire pour obtenir un baiser ardent de Zsa Zsa? " Conrad lui flanqua une gifle qui l'expédia à l'autre bout de la pièce.

« Plus tard, alors que j'étais encore mariée à son père, j'ai eu une liaison avec Nicky. Elle s'est prolongée après mon divorce et mon remariage avec l'acteur George Sanders, après les fiançailles de Nicky avec Elizabeth Taylor. »

Francesca Hilton, l'unique enfant de Zsa Zsa, finit par se rendre compte que sa mère avait une liaison avec son beau-fils. « J'ai toujours adoré Nicky. Il est resté le seul membre de la famille qui aime s'amuser et qui ait du cœur. Nicky et maman s'attiraient réciproquement. Quand le couple de mes parents a commencé à s'éroder, Nicky et elle ont entamé une relation amoureuse durable. »

Carole Doheny, veuve de Larry Doheny et amie de Nicky Hilton, ancienne starlette de la MGM jouant sous le nom de Carole Wells, se souvient d'une « soirée chez Dean Martin à laquelle nous étions tous, avant que Nicky épouse Elizabeth. Liz n'y assistait pas, et Nicky m'avait entraînée dans un coin pour me poser des questions sur elle. " Elle a des yeux tristes, ai-je répondu. Impossible de savoir ce qui se cache derrière ce regard malheureux. "

« Nicky réfléchit un moment puis éclata soudain de rire et dit qu'il n'aurait jamais cru que la star qui avait connu l'ascension la plus rapide du monde était particulièrement malheureuse.

98

« Je connaissais assez Elizabeth pour partager son indignation devant ce que la MGM lui faisait subir. Le Studio continuait à avoir une attitude déplorable avec ses comédiens sous contrat, nous traitant plus en serfs qu'en professionnels. Il fallait satisfaire à la lettre ses moindres désirs : se faire photographier avec les cheveux relevés, sur les épaules, en maillot deux-pièces, etc. Elizabeth dit un jour qu'elle ne pouvait même pas aller seule aux toilettes. Elle ne pouvait cependant renoncer à jouer parce que c'était l'unique chose qu'elle savait faire.

« " Il fallait que je m'échappe et je n'avais que deux solutions, m'expliqua-t-elle un jour : aller à l'université ou me marier. J'ai choisi la seconde. J'avais dix-huit ans à peine. Je croyais vraiment que le mariage, c'était vivre dans un petit cottage entouré d'une clôture blanche et de roses rouges. "

« Personnellement, j'ai toujours vu en Nicky Hilton un personnage double, Abel et Caïn, un mélange de bien et de mal. Elizabeth Taylor et lui n'étaient pas très bien assortis. Il était devenu idiot à force d'être gâté, et elle avait un air de *prima donna* capricieuse. Il jalousait la célébrité de Liz, elle lui enviait sa fortune. L'argent de Nick angoissait tellement Elizabeth qu'elle se rongeait les ongles jusqu'à avoir la chair à vif, et qu'elle se mit à en porter de faux. »

Interrogée par Louella Parsons sur ses rapports avec Nicky Hilton, Elizabeth répondit : « Rien avant la bague au doigt. »

Une seule visite à Casa Encantada, la grande maison de quarante-sept pièces, à colonnades et grille de fer forgé, que Conrad Hilton possédait à Bel-Air, convainquit Sara Taylor que sa fille avait fait le bon choix avec Nicky, même si son père le dominait complètement.

Pour sa part, Elizabeth demeurait plus prudente. Dînant un soir au Chasen avec Nicky, elle découvrit son faible pour l'alcool et la métamorphose qui s'ensuivait. Avalant verre sur verre, le jeune homme timide et réservé se transforma en gamin irascible et agressif.

Il donna l'impression d'être plus à l'aise quelques semaines plus tard quand Elizabeth vint dîner seule à Casa Encantada. Après avoir flâné dans le jardin, elle retrouva Conrad Sr. dans la grande salle à manger. Le repas fut servi dans des plats d'or par des domestiques à la tenue irréprochable. Nicky et son père, assis à chaque bout d'une table d'acajou de huit mètres, encadraient Elizabeth. Personne ne disait mot. Le silence n'était troublé que par un rot occasionnel de Conrad Sr. Elizabeth, sidérée, regardait son futur beau-père tandis que Nicky continuait à manger comme s'il n'avait rien entendu.

Quand le repas fut presque terminé, le vieil homme se tourna vers son fils et déclara : « Ce qu'il te faut, Nicky, c'est une famille – une femme, des enfants. Barron en a fondé une. C'est la seule façon de réussir. »

Les domestiques débarrassèrent la table, apportèrent les liqueurs. Conrad Sr. se leva à demi de son siège, porta un toast à l'invitée puis lâcha un pet sonore qui résonna dans la pièce morne. Elizabeth roula des yeux ; Nicky alluma nonchalamment un havane et versa un autre verre à son père.

Nicky Hilton et Elizabeth Taylor se fiancèrent le 20 février 1950 pendant le tournage du *Père de la mariée*. Joan Bennett, la mère de Liz dans la comédie de Vincente Minnelli, la vit porter le lendemain une paire de boucles d'oreilles de diamants et d'émeraudes, ainsi qu'une bague assortie, deux merveilles provenant de chez George Headley, le joaillier de Beverly Hills.

« C'est le cadeau de fiançailles de Nicky », dit Elizabeth en faisant miroiter la bague étincelante à la lumière.

« Curieusement, remarqua Joan Bennett, elle n'avait pas l'air ravi, comme si elle savait déjà que la vie de couple qui l'attendait ne serait pas facile pour elle.

« Elle et Spencer Tracy, qui jouait le rôle de son père dans le film, s'enfermèrent pendant des heures dans la loge du comédien. Il me confia plus tard que Liz avait certaines appréhensions à l'égard de Nicky. Spencer lui tint des propos encourageants pour la convaincre que le jeune Hilton avait beaucoup de charme juvénile et ferait un excellent mari. Je ne suis pas sûre qu'il y croyait lui-même. Je pense plutôt qu'il les jugeait tous deux trop peu mûrs et expérimentés pour se présenter devant l'autel. »

L'acteur Tom Irish, qui tenait un petit rôle dans *Le Père de la mariée*, se souvient que Nicky Hilton se rendit plusieurs fois sur le plateau. « Il n'avait jamais l'air de s'intéresser à ce qui se passait. Elizabeth proposa même de le présenter à Spencer Tracy et à Joan Bennett. Il refusa.

« Liz possédait à l'époque une Cadillac décapotable qu'elle remplaçait chaque année par le nouveau modèle. " C'est mon seul moyen de m'échapper, expliquait-elle. Mais maintenant, j'ai aussi Nicky Hilton. "

« C'était un être exceptionnel. L'univers entier se prosternait devant elle depuis son enfance. Elle avait de bonnes raisons d'être gâtée. Elle vivait coupée des gens et devait s'inventer un monde imaginaire, " le monde selon Elizabeth Taylor ". »

Si Liz se retrouva sur le point d'épouser un homme en qui elle ne pouvait avoir totalement confiance, elle ne révélait pas toujours ses véritables sentiments. Doris Lilly la rencontra une semaine environ avant la cérémonie de mariage : « C'était dans une réception à Hollywood. J'accompagnais William

Randolph Hearst et sa femme. Elizabeth était venue seule. Elle n'avait pas encore atteint la célébrité qu'elle connaîtrait plus tard et semblait plus excitée de faire ma connaissance que je ne l'étais de faire la sienne.

« Ma première impression frôla l'étonnement. D'abord, elle était beaucoup plus petite que je ne l'avais imaginé. Elle avait ensuite une pilosité abondante. Ses sourcils se seraient rejoints si elle ne les avait épilés souvent, et ses joues étaient couvertes de duvet, comme une pêche. Elle avait des yeux magnifiques, bien entendu, et un joli petit nez. Les fortes poitrines n'étant pas à la mode à l'époque, elle s'efforçait d'aplatir ses seins tout en accentuant la minceur de sa taille.

« Elle épousait Nicky Hilton. Ils étaient comme le prince et la princesse de Galles, les représentants de l'aristocratie américaine – sauf que Nicky avait le sang moins bleu.

« Une de mes amies, Jessica Saunders, modèle de haute couture pour l'agence Ford, sortait avec lui avant Elizabeth et me racontait des histoires effroyables sur le tempérament violent de Nicky : il buvait trop, il la battait, il gardait un 38 chargé sur sa table de chevet et éteignait les lampes à coups de pistolet quand il était drogué.

« Liz et moi avons bavardé gentiment à cette sauterie. Elle semblait m'avoir prise en sympathie jusqu'au moment où je lui ai négligemment conseillé : " Elizabeth, vous ne devriez pas épouser Nicky Hilton. "

« Elle m'a regardée avec des yeux ronds : " Comment ça ? " Je lui ai expliqué qu'on m'avait confié qu'il devenait violent quand il avait bu. " Comment pouvez-vous dire une chose pareille ? s'insurgea-t-elle. Je n'ai jamais rien entendu de tel. " A ce moment, Hearst me prit par le bras et m'entraîna hors de la salle. Elizabeth Taylor ne m'adressa plus jamais la parole. »

On avait fixé la date du mariage pour qu'elle coïncide avec la sortie du *Père de la mariée*. Le film bénéficia donc d'un surcroît de publicité et de résultats meilleurs au box-office. Le mariage valut aussi à Elizabeth des articles plus personnels qu'elle ne l'eût normalement souhaité. Les médias rapportèrent par exemple qu'elle avait récemment créé avec de jeunes actrices célibataires de Hollywood un groupe appelé SLOB *, ou, comme les surnommait Liz, *Single, Lonely, Obliging Babes* – Filles Célibataires Solitaires et Obligeantes.

Carole Doheny trouvait « l'idée de ce groupe révoltante : cela laissait entendre qu'une fille jeune, intelligente et non mariée était forcément anormale. C'était une attaque contre l'indépendance des femmes et le féminisme. Elizabeth Taylor

---

* Personne médiocre, pauvre fille. *(N.d.T.)*

se définissait toujours par le dernier homme entré dans sa vie. Le problème, c'était que les comédiennes servaient de modèles à des millions de jeunes femmes dans le monde entier. »

« Quatre semaines environ avant le mariage, dit Ann Cole, Elizabeth et moi partîmes en voiture déjeuner au Palm Springs Racquet Club. Trois autocars bourrés de photographes de presse nous collèrent au train pendant tout le trajet, et Liz en était si vivement contrariée qu'elle aurait voulu que le mariage soit déjà derrière elle.

« Elle était restée très pure. Parfois, un homme lui racontait une histoire obscène qui provoquait en elle une réaction de gêne. En définitive, c'est son mariage avec Nicky Hilton qui l'initia à la vie. Elle n'aurait plus jamais la même opinion des hommes. »

Betty Sullivan Precht * fit la connaissance de Liz quand elles furent toutes deux demoiselles d'honneur au mariage de Jane Powell et Geary Steffen Jr. « Plus tard, Elizabeth me demanda d'être demoiselle d'honneur à son mariage avec Nicky Hilton, dit Betty. J'acceptai, même si je ne la connaissais pas très bien. Apparemment, elle n'avait pas beaucoup d'amies. Elle ne disposait pas d'assez de temps libre pour nouer des relations normales avec d'autres femmes de son âge. Toute son existence tournait autour du travail.

« Franchement, Nicky Hilton me fut antipathique dès notre première rencontre. Il présentait bien, je le reconnais, mais il buvait trop. Elizabeth avait tendance à idéaliser leurs relations parce qu'elle l'aimait. J'aurais voulu pouvoir en dire autant de Nicky. »

Cet amour de Liz pour Nicky se manifeste dans une lettre qu'elle écrivit à Olive Wakeman [6], proche collaboratrice de Conrad Sr. qu'elle avait rencontrée à plusieurs reprises. Elle y exprimait ses sentiments pour son fiancé et implorait Olive de lui donner des conseils pour que leur couple marche.

Olive répondit en lui envoyant un choix de livres de recettes – américaines, italiennes, françaises, espagnoles et allemandes (la cuisine préférée de Nicky) – avec un mot reprenant le vieux cliché : « On gagne le cœur d'un homme en passant par son ventre. » Ce à quoi elle ajouta : « Sans oublier son ego. Les hommes ont des ego bien plus fragiles que les femmes. »

---

* Le hasard avait voulu que Bob Precht, mari de Betty à partir de 1952, eût « gagné » un rendez-vous avec Elizabeth Taylor en décembre 1949, pendant sa première année à l'UCLA. Ce rendez-vous, opération publicitaire organisée par le studio Paramount en liaison avec le dernier film de Bob Hope, *Don Juan de l'Atlantique*, réunit finalement Bob et Betty. « Elizabeth m'avait demandé de voir un peu à quoi il ressemblait avant de le rencontrer, dit Betty. Elle voulait être sûre qu'il soit présentable pour les journaux. Elle est sortie avec lui mais c'est moi qui l'ai épousé. »

Elizabeth téléphona à Montgomery Clift pour lui demander : « Tu viendras me voir quand je serai mariée ? »

La réponse du comédien ne la ravit pas : « Bessie Mae, je ne crois pas que ce cher Nicky soit mon type. »

Elle n'eut plus aucun contact avec Monty pendant plusieurs mois. La condamnation de Clift renforça ses propres doutes mais elle *voulait* se marier. Non seulement pour s'échapper de chez elle mais pour accomplir un rite de passage à l'état de femme adulte, espérait-elle. (Elizabeth était encore vierge et n'avait pas l'intention de le rester éternellement.)

Plus tard, elle écrivit ces mots révélateurs : « J'ai eu une éducation stricte et tout à fait convenable. C'était absolument indispensable avec l'existence que je menais. L'ironie de la chose, c'est que la morale qu'on m'avait inculquée à la maison m'obligeait au mariage. Je ne pouvais pas prendre simplement un amant... Je crois que je ne me suis jamais laissé le temps de savoir si c'était de l'amour ou un engouement passager. Je préférais toujours croire que j'étais amoureuse... mais je n'avais pas de critère personnel pour en juger. »

Pour préparer ce « mariage des mariages », Elizabeth et sa mère passèrent trois jours au Marshall Field de Chicago à acheter des couverts en argent, de la porcelaine de Limoges, des verres en cristal de Suède, des draps italiens monogrammés bordés de dentelle. Ces articles et quantité d'autres furent mis sur le compte de Nicky Hilton.

La mère et la fille se rendirent ensuite à New York, où elles logèrent à titre gracieux au Waldorf-Astoria, palace appartenant à la chaîne Hilton. Le directeur de l'hôtel remit à Elizabeth un paquet de cent actions de Hilton, cadeau de mariage de son futur beau-père. Conrad Sr. ajouta pour faire bonne mesure une lune de miel de trois mois en Europe, tous frais payés.

La couturière new-yorkaise Ceil Chapman, que Sara Taylor connaissait, prépara le trousseau d'Elizabeth, comprenant des dizaines de déshabillés ajustés et l'habituel assortiment d'accessoires. Edith Head, qui avait dessiné les costumes d'*Une place au soleil*, créa des robes du soir sur la base des modèles portés dans le film. La robe de mariée, œuvre de Helen Rose, fut offerte par la MGM. Quinze petites-mains travaillèrent pendant deux mois pour coudre ce tourbillon de satin blanc brodé de perles beiges. La robe était assortie d'une tiare crème retenant dix mètres de voile. Aux pieds, Elizabeth porterait une simple paire de ballerines en satin.

Une semaine avant la cérémonie, les cadeaux, provenant essentiellement du monde du cinéma hollywoodien, commencèrent à affluer à la résidence des Taylor. Ceux que Liz préférait émanaient cependant de son entourage immédiat : un tableau de Franz Hals et un manteau de vison offerts par son père, une étole de vison blanc par sa mère, une bague de platine et diamant de 65 000 dollars par Howard Young.

Le 5 mai, les fiancés, les demoiselles et les garçons d'honneur répétèrent à l'église du Bon Pasteur de Beverly Hills. La Metro fournit une équipe de vigiles pour maintenir les curieux à l'écart. Pendant la répétition, Elizabeth fut prise d'un accès de fièvre et se plaignit d'avoir mal à la gorge. Un médecin lui fit une piqûre de pénicilline et envoya la future mariée se reposer chez elle.

Tôt le lendemain, la police de Los Angeles barra la rue des Taylor, ne laissant passer de temps à autre qu'un camion apportant un dernier chargement de cadeaux. Elizabeth reçut assez de verres en cristal et de couverts en argent pour équiper un hôtel Hilton.

Juste en face de la maison de Liz, chez les parents d'Anne Westmore, les demoiselles d'honneur passaient leurs robes jaune safran. Jane Powell, Betty Sullivan Precht, Marjorie Dillon (doublure d'Elizabeth au cinéma), Marilyn Hilton (la femme de Barron), Barbara Long Thompson (femme de Marshall Thompson), Mara Regan (future femme de Howard, le frère d'Elizabeth) et Anne elle-même se préparaient pour le grand événement.

A midi, un visiteur inattendu se présenta chez Liz en la personne de Bill Pawley Jr. Le visage grave, il était venu prévenir son ex-fiancée des crises de violence de Nicky Hilton et de sa conduite extravagante. Pendant un quart d'heure, il tint à Elizabeth des propos solennels puis partit aussi mystérieusement qu'il était venu.

Sidney Guilaroff, coiffeur en chef de la MGM, arriva ensuite, suivi de Susan Ryan, responsable des habilleuses du Studio, qui passa plusieurs heures à revêtir Elizabeth de sa robe de mariée. Liz et sa mère eurent une querelle de dernière minute quand la jeune femme refusa de porter des bas.

La MGM avait mis en scène une mariée de rêve. A 16 h 45, elle sortit de la maison, monta dans une limousine. Son père s'assit à côté d'elle et lui prit la main. Les demoiselles d'honneur suivirent dans une seconde limousine et le cortège démarra, précédé par une demi-douzaine de motards faisant hurler leur sirène.

Malgré la police et les gardes du Studio, les rues étaient noires de monde : hommes, femmes, enfants perchés dans les arbres, grimpés sur des voitures, juchés sur les toits des maisons le long du trajet. Dix mille curieux s'étaient massés devant l'église du Bon Pasteur. Quand la voiture de Liz arriva

– avec juste cinq minutes de retard – une immense clameur monta de la foule.

Il y eut un incident lorsque la comédienne voulut descendre. Le bas de la robe se prit dans la poignée de la portière et faillit se déchirer, tandis que le chauffeur s'efforçait de lui venir en aide. Elizabeth se rassit, et descendit cette fois sans problème.

Les bancs de l'église étaient occupés par plusieurs dizaines de cadres de la MGM, par les directeurs de presque tous les grands Hilton du monde entier. D'autres studios étaient représentés par leurs dirigeants. On avait réservé des places d'honneur à William Powell, Phil Harris (et sa femme, Alice Faye), Gene Kelly, Bing Crosby, Walter Pidgeon, Dick Powell (avec son épouse June Allyson), Red Skelton, Van Johnson – sans oublier Peter Lawford, Margaret O'Brien, Ginger Rogers, Fred Astaire, Ann Miller, Janet Leigh, Mickey Rooney, Spencer Tracy, Joan Bennett et, bien entendu, Roddy McDowall. La Metro avait envoyé un grand nombre des six cents invitations avec pour seul critère la publicité inhérente à un tel événement. Louis B. Mayer en personne essuya une larme avec un mouchoir de soie blanche quand Elizabeth, donnant le bras à son père, s'avança vers l'autel aux accents de la marche nuptiale de Wagner.

Geoff Miller, aujourd'hui directeur du magazine *Los Angeles*, fit partie des quatre enfants de chœur qui officièrent pendant la cérémonie. Il garde le souvenir d' « une des journées les plus chaudes de l'année... plus de 37 degrés. La messe fut solennelle et chargée de tout le décorum religieux de rigueur, malgré les photographes qui tournaient autour de l'autel.

« Nicky Hilton portait un brin de muguet au revers de sa jaquette et avait l'air d'un jeune garçon endimanché pour le catéchisme. A part ça, la cérémonie de vingt minutes, célébrée par Mgr Patrick J. Concannon, fut dans la pure tradition hollywoodienne.

« Quand les deux jeunes gens furent unis, Nicky demanda : " Monseigneur, puis-je maintenant embrasser la mariée ? " A l'époque, le baiser n'était pas permis, surtout dans une stricte cérémonie catholique. Mais l'évêque, emporté par la magnificence du moment, accéda au souhait du marié.

« Nick attira sa femme contre sa poitrine, pressa ses lèvres contre les siennes et la renversa en arrière. Ils restèrent enlacés jusqu'à ce que le prélat émette un toussotement, tel un metteur en scène criant " Coupez! ". Le couple se retourna, descendit l'allée centrale et s'arrêta sur le perron de l'église pour reprendre la scène censurée, Nicky soulevant cette fois la mariée dans ses bras. »

# 8

Après la cérémonie, Conrad Sr. donna une réception au Country Club de Bel Air en l'honneur de Nicky et Elizabeth Hilton. Il fallut près de six heures aux sept cents invités pour passer l'un après l'autre féliciter les mariés, engloutir une part du gâteau à la vanille de cinq étages et avaler une ou deux coupes de Dom Pérignon glacé.

Elizabeth revêtit ensuite l'ensemble qu'Edith Head avait dessiné pour le voyage – un tailleur de soie bleue avec escarpins et sac à main assortis, sur un chemisier brodé blanc sur blanc.

Après avoir serré son père dans ses bras, embrassé sa mère et son frère, la mariée, accompagnée de son époux radieux, se fraya un chemin sous une pluie de grains de riz et de confettis jusqu'à la Mercedes décapotable or et argent de Nicky. Ils étaient si impatients de partir qu'ils omirent de donner un pourboire au personnel du Country Club, de même qu'ils avaient quitté l'église du Bon Pasteur sans laisser le don habituel aux enfants de chœur.

Les jeunes mariés se rendirent d'abord à Carmel, passèrent la première partie de leur lune de miel au Country Club, dans une luxueuse villa de trois chambres donnant sur le Pacifique. Connu pour son golf, son casino et ses spectacles, ce club avait longtemps été pour Nicky un endroit qu'il fréquentait avec ses petites amies.

L'humoriste Art Buchwald s'y trouvait lorsque le couple y séjourna et s'étonna de voir « Nicky Hilton assis seul au bar le soir de ses noces alors que n'importe quel autre homme se serait hâté de se mettre au lit avec sa femme, surtout si celle-ci avait pour initiales E.T.

« Lorsque je le félicitai d'avoir épousé l'une des plus belles femmes du monde, il répondit en bredouillant : " Ça s'arrose. "

Manifestement, il avait passé la soirée à boire car il tenait à peine debout, voire assis.

« "Pourquoi n'allez-vous pas retrouver Elizabeth? lui conseillai-je. Elle doit se sentir seule sans vous. C'est votre nuit de noces, que diable!" »

« Je supposai que la jeune femme s'était couchée après avoir vainement attendu son mari pendant des heures. Hilton passa toute la nuit seul au bar à se noircir. Il n'avait pas bougé de son siège quand on ferma, à quatre heures du matin. Je le découvris collé au même tabouret le lendemain. Selon la rumeur, le mariage ne fut consommé que le troisième soir – encore fallut-il qu'Elizabeth le traîne quasiment au lit. J'avais l'impression qu'elle le trouvait très attirant sur le plan physique mais je ne suis pas du tout sûr que, de son côté, il la trouvait irrésistible. »

Elizabeth parla des heures au téléphone avec sa mère, se plaignant de Nicky et se demandant ce qu'elle pouvait faire pour améliorer la situation. Un matin, Nicky et Liz s'affrontèrent sur les neuf premiers trous du terrain de golf de Carmel. Au neuvième trou, une balle surgie de l'herbe haute frappa le jeune homme au front. Il passa le reste de la journée à presser un sac de glaçons sur sa bosse pour la faire dégonfler.

Ils étaient comme deux enfants gâtés qui ont trop de temps à tuer et pas assez d'intérêts communs. Elizabeth dévorait les magazines de cinéma; Nicky ne lisait jamais. Elle le rejoignit un soir au bar, but à se rendre malade. Pendant qu'elle passait le reste de la soirée à vomir dans la cuvette des toilettes, son mari traînait au bar, draguait d'autres femmes, notait leur numéro de téléphone pour plus tard.

Jack Holmes, reporter de *Variety*, réussit à s'introduire au club le lendemain après-midi et à coincer la comédienne au bord de la piscine extérieure. Qu'envisageait-elle de faire de sa carrière? l'interrogea-t-il. « Y renoncer, répondit-elle. Je préfère être une femme au foyer qu'une actrice. » Holmes nota la réponse mais eut peine à y croire. Lorsqu'il exprima ses doutes, Liz se contenta de sourire.

Dix jours après le début de sa lune de miel, Elizabeth retourna chez ses parents pour la Fête des Mères, avec Nicky dans son sillage. Les deux jeunes mariés firent ensuite une apparition en public à l'hôtel Palmer de Chicago. Une dizaine d'invités – dont Barron et Marilyn Hilton – étaient assis à une longue table de la salle à manger avec plusieurs amis de la famille Hilton. Garnett I. Sherman, entrepreneur de Chicago, qui dînait dans la même salle, observa la scène.

« Tous les regards étaient braqués sur Elizabeth. Comme ce devait être difficile pour elle, de traverser la vie en étant la cible de tous les voyeurs!

« Leur dîner se termina par un magnifique gâteau apporté sur un chariot roulant par trois ou quatre serveurs. C'était une réplique du *Queen Mary*, avec des hublots miniatures éclairés par de petites ampoules électriques. Les jeunes mariés avaient réservé leurs places à bord du transatlantique et rejoindraient bientôt New York pour s'embarquer. »

La veille de leur départ, ils dînèrent au Stork Club avec le père de Nicky et Martha Reed, membre de la haute société qui accompagnait souvent Conrad Sr. « Nicky avait tout du play-boy, fait-elle observer. Il avait eu trop de choses trop tôt et ne savait qu'en faire. C'était un méchant type, tout à fait irresponsable, et qui, au bout d'un moment, cessa d'être la prunelle des yeux de son père. Connie perdit peu à peu ses illusions sur Nick et se rapprocha de Barron, plus sérieux et travailleur.

« Elizabeth était séduisante mais sa beauté ne s'était pas encore épanouie. Par exemple, elle ne savait pas s'habiller. Quand elle ne portait pas les robes du Studio, c'était invariablement un désastre, une candidature sérieuse pour la " liste annuelle des personnalités les plus mal fagotées ".

« J'appris plus tard par Connie qu'une fois en Europe, Nick et Liz entamèrent une série de querelles et de scènes spectaculaires. A l'évidence, ils étaient incapables de s'entendre. Je les croisai par hasard à Paris, et Elizabeth me parut plutôt triste. »

A vrai dire, les disputes avaient commencé bien avant qu'ils n'embarquent pour l'Europe. Le 23 mai, ils montèrent à bord du *Queen Mary* nantis d'un vaste assortiment de malles et de valises. Nicky renouvela l'épisode de Carmel en passant sa première nuit à boire dans le grand salon, abandonnant Elizabeth à son sort. Pendant toute la traversée, on la vit souvent se promener seule sur le pont. Le duc et la duchesse de Windsor se trouvaient aussi à bord, et la comédienne passa la deuxième soirée en leur compagnie cependant que Nick réussissait à perdre plus de 100 000 dollars au casino du navire.

On ne sait si c'est l'énormité de la somme ou l'alcool qu'il avait ensuite ingurgité qui le rendit furieux. Quoi qu'il en soit, il retourna dans sa cabine complètement ivre, trouva sa femme non pas au lit mais prenant une douche pour se détendre après sa soirée avec les Windsor. Sans dire un mot, Nicky expédia soudain son poing dans le ventre de Liz, qui tomba à genoux, le souffle coupé. Nick arrêta la douche, puis s'effondra sur le lit.

Relatant l'incident au metteur en scène Larry Peerce, Elizabeth dira de Nicky Hilton : « Nous avions eu des fiançailles très collet monté, à la manière des années cinquante, où une femme ne couchait pas avec un homme avant le mariage. A une ou deux exceptions près, Nicky se montra capable, pendant cette période d'attente, de maîtriser ce qui se révéla être plus tard un tempérament violent. Lorsque je découvris son problème, il était trop tard pour faire quoi que ce soit. Nous étions mariés, et j'avais honte de reconnaître l'erreur terrible que j'avais commise. »

Prenant Paris pour premier port d'attache, les Hilton logèrent au George V, assistèrent à diverses soirées, notamment un dîner dansant donné par les compagnons de voyage d'Elizabeth, le duc et la duchesse de Windsor. Line Renaud, qui chanta ce soir-là pour le couple ducal, raconte : « J'étais au piano, dans le salon. Elizabeth était assise par terre en face de moi, et le duc, appuyé au piano, nous regardait toutes les deux. " D'ici, j'ai une vue merveilleuse sur deux paires d'yeux *bleu lavande* ", dit-il, ce qui se trouvait être le titre d'une de ses chansons préférées. »

Présente elle aussi ce soir-là, Elsa Maxwell invita Nicky et Elizabeth chez Maxim's, avec Maurice Chevalier, Orson Welles, le maharadjah de Kapurtala, un troupeau de barons, baronnes, ducs et duchesses, ainsi que Jimmy Donahue, turbulent cousin homosexuel de Barbara Hutton, héritière d'une chaîne de grands magasins. Le souvenir le plus saillant que Maxwell garde de la soirée ne pouvait qu'être le gros chewing-gum que Nicky tira de sa bouche avant le dîner, qu'il enveloppa méticuleusement dans une serviette en papier et glissa dans une poche de son pantalon. A la fin du repas, il se remit à le mastiquer.

La troisième invitation émana du marquis et de la marquise Henri et Emmita de la Falaise, qui résidaient au George V pendant qu'on redécorait leur appartement parisien. Le couple donna un déjeuner de vingt-quatre couverts dans le patio de l'hôtel à l'occasion du Grand Prix de Paris, course de chevaux disputée à Longchamp.

« Les Hilton nous rejoignirent et partagèrent ensuite notre loge à Longchamp, dit la marquise. Elizabeth s'était déjà taillé une assez belle réputation en France, mais les Français aiment jouer les blasés, et personne ne parut remarquer sa présence, ni pendant le repas, ni sur le champ de courses.

« Comme couple, ils n'avaient franchement rien de remarquable mis à part leur physique. Ils étaient réservés au point de paraître indolents. Je plaçai Elizabeth près du baron Alexis de Rede qui, bien qu'affable et disert, ne parvint pas à entraîner l'actrice dans une conversation. Elle répondait aux questions mais n'en posait aucune. Elle refusait de s'engager dans une discussion. Cette attitude semblait curieuse mais je l'attribuai au fait qu'elle se trouvait à l'étranger.

« Nicky Hilton, de son côté, ne prêtait aucune attention à sa femme, comme s'il ne se souciait absolument pas d'elle. La presse française avait publié quantité d'articles donnant une image idyllique de leur mariage mais, en réalité, ils ne paraissaient pas du tout amoureux. Cela avait toutes les apparences de ce que les Français appellent un " mariage de raison ". Un marché : la beauté et la célébrité d'Elizabeth contre la fortune de la famille Hilton.

« Quand je l'ai connue, c'était une jeune femme charmante, polie, bien élevée mais manquant de caractère. Elle n'avait pas encore développé sa personnalité. Les gens ne se seraient guère intéressés à elle si elle n'avait été aussi ravissante. Je l'ai revue une ou deux fois, des années plus tard, aux soirées données par les Rothschild. Elle était alors manifestement devenue une forte personnalité, un de ces monstres sacrés américains, comme Jackie Onassis et Katharine Hepburn. »

De Paris, le couple se rendit à Berlin pour l'inauguration du Hilton local, puis à Rome, où Nicky recommença à boire et à se montrer violent envers Elizabeth. Afin d'échapper à son mari, elle prit contact avec Mervyn LeRoy, venu à Rome pour mettre en scène *Quo Vadis* [1].

« Tu peux me cacher, Mervyn? Je ne veux pas qu'il puisse me retrouver.

« – Bien sûr, répondit LeRoy. Pas de meilleur endroit qu'une foule pour se cacher. Viens sur le plateau. »

A son arrivée, il l'envoya à la costumière. On la revêtit d'une toge, comme tous les figurants, et pendant quelques jours Elizabeth joua une martyre chrétienne dans une scène de foule au Colisée, soufflant le rôle à la starlette anglaise Claire Davids. « Ce rôle ne signifiait rien pour elle mais beaucoup pour moi, déclare Davids. J'étais enceinte, à l'époque, et j'expliquai à Elizabeth que, si je perdais le rôle, je n'aurais pas droit à la sécurité sociale. Elle balaya ainsi l'argument : " Oh! je suis sûre que Mervyn te casera quelque part. " Il ne me casa nulle part, et finalement, je perdis mes droits. J'en tins Elizabeth pour responsable, j'estimai qu'elle s'était conduite de manière égoïste, sans considération pour ce que je pouvais ressentir. »

La brève absence de Liz déclencha une nouvelle crise de violence chez Nicky. Ne voyant pas sa femme rentrer à la villa romaine qu'ils avaient louée, il entreprit de démolir le mobilier Renaissance, digne d'un musée, de toute une pièce, ce qui lui valut de recevoir une note salée des propriétaires.

Le couple de jeunes mariés se rendit ensuite dans le midi de la France, réserva la plus grande suite du Carlton, à Cannes. Ils y rencontrèrent Betty Sullivan Precht et ses parents, en vacances sur la Côte d'Azur.

« Leur couple avait déjà commencé à se défaire, témoigne Betty. Nicky se laissait aller à jouer et à boire, négligeant totalement sa femme. En conséquence, Elizabeth passa plus de temps avec ma famille à Cannes qu'avec son mari.

« Chaque fois que quelqu'un demandait un autographe à Liz, Nicky détalait, fou de rage, et on ne le revoyait plus de la journée. Il ne pouvait supporter qu'elle soit plus célèbre que lui. N'oubliez pas qu'il était l'héritier d'une immense fortune, et que sa famille avait beaucoup d'influence. Mais Hollywood conférait à Elizabeth une aura magique contre laquelle Nicky ne pouvait pas lutter.

« Trois amis que j'avais connus à l'université Princeton vinrent me voir à Cannes. Un après-midi, nous allâmes faire du ski nautique et nous proposâmes à Elizabeth et Nicky de nous accompagner. Il ne voulut rien entendre et nous abandonna pour aller picoler. Liz vint et s'amusa beaucoup. Le soir, Nicky la battit si violemment qu'elle dut appeler un médecin. »

La comédienne avoua plus tard à Larry Peerce qu'elle voulait désespérément quitter son mari. « Elle désirait rentrer aux États-Unis sans lui, confirme Peerce, mais à cette époque, les couples voyageaient avec un seul passeport. Elle prit contact avec un cadre de l'ambassade américaine à Nice mais il ne put lui délivrer de passeport individuel, et elle ne pouvait utiliser le passeport commun parce qu'il portait la photo de Nicky Hilton. Autrement dit, ils devaient quitter le pays ensemble. »

Après le départ de Betty Sullivan Precht et de sa famille, Elizabeth se retrouva seule à Cannes, mais fit quelques jours plus tard une nouvelle connaissance au Carlton. Sondra Ritter Voluck, jeune femme de l'âge de Liz, qui fréquentait Fieldston, école privée chic de New York, visitait elle aussi l'Europe avec ses parents.

« Elizabeth et moi passâmes deux semaines à nager, faire de la bicyclette et du shopping pendant que Nicky Hilton jouait, buvait et courait les femmes. Ils se disputaient sans arrêt, le plus souvent à cause des emplettes extravagantes de Liz. Elle achetait des quantités de vêtements et de bijoux, essentiellement par ennui, je pense, et par dégoût de son mari. Nicky ripostait par de terribles accès de colère, réprimandant et injuriant sa femme en public. Son seul geste élégant consista à lui offrir un caniche nommé Banco, qu'elle ramena plus tard aux États-Unis. »

Après trois mois à l'étranger, les Hilton rentrèrent par le *Queen Elizabeth*. Les Voluck, dont les vacances avaient pris fin également, se trouvaient aussi à bord. Sondra souligne que le « voyage de retour fut pour Elizabeth un épisode triste et terrifiant. Se conduisant plus outrageusement que jamais, Nicky la giflait au moindre prétexte.

« Un soir qu'il l'avait frappée, elle se réfugia dans ma cabine. Elle pleurait. "Tu peux passer la nuit ici", lui dis-je. Elle dormit près de moi et retourna à contrecœur auprès de Nicky le lendemain.

« Quand nous arrivâmes à New York, elle en avait assez. Nicky retourna seul en Californie et Liz resta avec ma famille dans notre appartement de Manhattan, 927, 5ᵉ Avenue. Je devins la coqueluche de ma classe à Fieldston, où toutes les filles espéraient être invitées chez moi pour faire la connaissance d'Elizabeth. Mes petits amis aussi en étaient gagas. Ils se disputaient l'honneur de l'accompagner chaque fois que nous sortions, pour qu'elle ne "soit pas seule".

« La célébrité de Liz ne tarda pas à nous poser un problème. Nous étions littéralement assaillis partout où nous allions. Sortir avec elle, au restaurant ou dans une boîte de nuit, devint une épreuve. Nous finîmes par nous réfugier au Country Club de mes parents, dans le Westchester, où Liz se sentait à l'abri des curieux et des importuns.

« Pendant les semaines qu'elle passa chez nous, nous devînmes très proches, elle et moi. Le soir, nous avions de longues conversations. Elle critiquait certaines de ses amies actrices, en particulier Jane Powell, à propos de qui elle me confiait : "Elle est si radine qu'elle fait ses robes elle-même."

« Finalement, la mère de Liz téléphona à la mienne et lui dit : "Je ne vous connais pas et j'aimerais savoir chez qui ma fille habite. Est-ce que cela vous dérangerait que j'envoie mon amie la couturière Ceil Chapman à votre appartement?" C'était une requête étrange, typique de la mère surprotectrice que Sara Taylor avait toujours été. Nous acceptâmes néanmoins. Ceil Chapman nous rendit visite et Mrs. Taylor se sentit rassurée.

« Elle envoya alors à ma mère une lettre la remerciant de s'être occupée d'Elizabeth pendant cette période difficile. "Vous ne savez pas ce que cela signifie pour moi... de savoir qu'elle était avec vous, que vous vous occupiez d'elle, que vous la conseilliez. Dieu est vraiment bon et veille sans cesse à nos besoins, et je Le remercie de vous avoir."

« La lettre résumait aussi la réaction de Sara devant le mariage raté de sa fille. "C'est encore un bébé, comme vous le savez. Tourner des films l'a fait paraître plus mûre, mais au fond, elle est restée une *petite fille*. Elle voulait connaître la vie dans tout ce qu'elle a d'amusant, d'épanouissant, et nous ne sommes pas parvenus à lui faire comprendre qu'il valait mieux attendre pour mieux se connaître, apprendre à accepter les défauts de l'autre... La seule chose qui nous inquiétait, c'était son refus d'attendre un peu pour mieux connaître Nicky et mûrir un peu plus avant de se marier, mais elle se *sentait* mûre, et tout ce que nous disions ne faisait que renforcer sa détermination. Ce mariage a été une expérience traumatisante pour elle après le cocon familial dans lequel elle avait vécu. "

« Outre cette lettre de Sara, mon père reçut aussi un mot de Nicky Hilton qui, comme Mrs. Taylor, nous exprimait sa gratitude. Il nous demandait de lui envoyer le montant de toutes les dépenses occasionnées par le séjour de Liz, y compris la pellicule achetée pour son appareil photo.

« Après plusieurs semaines de conversations téléphoniques avec son mari, Elizabeth accepta de retourner auprès de lui. Mon père l'accompagna à Chicago, et Nicky partit de Los Angeles en voiture pour la retrouver. Ils retournèrent ensemble sur la côte Ouest. »

Là-bas, ils s'installèrent dans une suite de cinq pièces (dont une cuisine) à l'hôtel Bel-Air. En septembre 1950, Elizabeth avait recommencé à tourner dans *Allons donc, papa!*, suite du *Père de la mariée* – gros succès financier – avec la même distribution. Selon Joan Bennett, qui jouait de nouveau la mère de Liz à l'écran, l'expression favorite de Spencer Tracy concernant cette suite était « " rasoir... rasoir... rasoir ". Nous pensions tous deux qu'une seule comédie familiale aurait suffi, et j'imagine qu'Elizabeth partageait notre sentiment ».

Taylor fait une brève apparition dans *Une vedette disparaît*, navet prétentieux dans lequel Dorothy McGuire et Fred Mac-Murray incarnent un couple d'agents publicitaires s'efforçant de relancer la carrière d'un cow-boy de cinéma. Elizabeth Taylor joue son propre rôle dans une scène qui se déroule dans une boîte de nuit. Elle y est présentée au *vrai* cow-boy (Howard Keel) engagé pour remplacer Callaway, cow-boy de cinéma dont le penchant pour les femmes et l'alcool a entraîné la disparition provisoire.

Au mois d'octobre, Elizabeth avait commencé à souffrir d'hypertension, conséquence d'une vie conjugale agitée, d'un excès de travail et de réceptions. « Nous ne faisons que travailler et sortir presque tous les soirs », écrit-elle à Betty Precht de Palm Springs où, explique-t-elle, le docteur l'a envoyée passer un long week-end de repos avec sa doublure Marjorie Dillon. Elle a besoin de se remettre physiquement et mentalement d'une tentative manquée de réconciliation avec Nicky.

Robert Quaint, proche collaborateur de Nicky Hilton, rend l'actrice principalement responsable de l'échec du couple :

« Il est vrai que Nicky buvait et que la boisson accentuait ses tendances maniaco-dépressives. Quand il était ivre, il tenait souvent des propos racistes sur les " youpins " et les " nègres ". Mais ce qui a détruit leur couple, en fin de compte, c'est la carrière d'Elizabeth. Nicky la supplia d'y renoncer, au moins temporairement. Elle refusa tout net. Non seulement elle refusa, mais toute son existence était réglée en fonction de son plan de tournage. Elle se levait à 5 heures du matin pour se rendre sur le plateau et ne rentrait pas avant 7 heures du soir. C'était " Miss Taylor par-ci, Miss Taylor par-là ". Nicky était une sorte de vedette lui aussi – riche, d'une beauté crâne, avec une forte personnalité. Dans leur empressement à satisfaire Elizabeth, les gens avaient tendance à négliger Nicky.

« De plus, Liz n'était pas très ordonnée. Dans leur suite du Bel-Air, où je m'étais rendu, elle laissait traîner ses vêtements partout. Elle ne connaissait rien non plus à la cuisine, elle aurait été incapable de faire un œuf dur. Ce manque d'attachement au foyer d'Elizabeth incitait Nicky à chercher des dérivatifs. Il ne pouvait arrêter de boire, de prendre de l'héroïne. »

Le 1er décembre 1950, Nicky et Elizabeth se séparèrent officiellement. Elle avait déjà commencé à tourner *Love is Better Than Ever*, comédie insipide sur une école de danse, mise en scène par Stanley Donen, alors âgé de vingt-sept ans, et qui avait commencé sa carrière comme danseur à Broadway avant de partir pour Hollywood. Bien qu'encore marié quand il fit la connaissance de Liz, il la poursuivit aussitôt de ses assiduités. Il était juif, ce qui préoccupait la mère de la comédienne. « Sara Taylor ne m'a jamais vraiment questionné sur ma religion », déclare Donen. En revanche, elle fit des reproches au metteur en scène en présence d'Elizabeth.

L'actrice avait quitté la suite du Bel Air pour retourner chez ses parents, où elle avait fait porter la multitude de cadeaux de mariage que Nicky et elle avaient reçus. Pendant ce bref retour, elle ne cessa de se disputer avec sa mère, le plus souvent au sujet de Stanley Donen ou de Nicky Hilton.

Pour ajouter à son désarroi devant le naufrage de son couple, Liz prenait chaque jour connaissance par les journaux des dernières conquêtes féminines de son mari. Hilton sortait avec quelques-unes des plus ravissantes comédiennes de Hollywood : Natalie Wood, Mamie Van Doren, Terry Moore, Betsy von Furstenberg, et la nouvelle venue britannique Joan Collins, qui annonça allègrement que Nicky n'était pas simplement un « athlète du sexe » mais qu'entre son frère Barron, son père et lui-même, les Hilton « avaient un bon mètre de bite ».

Quand la vie sous le toit parental devint insupportable, Elizabeth s'enfuit. Pendant des semaines, elle campa comme une bohémienne chez une succession d'amies à qui elle téléphonait tard le soir pour demander en pleurant l'hospitalité. Elle vécut ainsi chez Marjorie Dillon, chez la couturière Helen Rose, chez son agent Jules Goldstone et sa femme.

La séparation l'avait beaucoup éprouvée. Incapable de manger, elle était pâle, maigre, tremblante. Elle fondait en larmes sur le plateau de *Love is Better Than Ever*, ce qui retardait le plan de tournage *.

Elizabeth était l'hôte des Goldstone quand elle décida de mettre fin à son mariage. Entre-temps, Hilton était revenu à de meilleurs sentiments et tentait fébrilement d'échafauder une réconciliation. Quand il sut enfin quel ami hébergeait Elizabeth, il lui envoya deux douzaines de roses par jour, la bombarda de coups de téléphone. Ayant pris sa décision, Liz estima qu'elle devait déclarer en face à Nicky qu'elle voulait le divorce. Dès qu'il se présenta chez les Goldstone, elle se retira avec lui dans le salon pendant près d'une heure. Puis Nicky haussa le ton, se mit à hurler des injures. Goldstone se précipita dans la pièce et le somma de partir.

Peu de temps après, Elizabeth Taylor passa une semaine à l'hôpital Cedars-Sinai de Los Angeles pour se remettre de ce que le Studio appelait « une grave infection virale ». Ses proches savaient qu'elle souffrait en fait de dépression nerveuse et d'hypertension.

Après sa sortie de l'hôpital, elle se rendit brièvement à New York pour voir Montgomery Clift. Elle descendit au Plaza[2], aux frais, croyait-elle, de la direction, puisque l'hôtel appartenait à l'époque à Conrad Hilton. Au moment de son départ, on lui remit une note de 2 500 dollars en l'informant qu'elle n'était plus « considérée comme un membre de la famille ».

Furieuse, elle téléphona à Clift, lui demanda de venir l'aider à faire ses bagages. Le comédien accourut dans l'heure, accompagné de Roddy McDowall. Ils commandèrent un pichet de martini et entreprirent de mettre à sac la suite d'Elizabeth, accrochant les tableaux à l'envers, vidant les oreillers dans les toilettes, faisant de la charpie avec les draps et les rideaux, se battant en duel avec les chrysanthèmes géants envoyés par un admirateur, ce qui laissa sur le tapis des centaines de pétales jaunes et de tiges cassées. En guise de coup de grâce, Monty bourra les valises de Liz avec des serviettes monogrammées de l'hôtel – pour lesquelles la direction du Plaza lui envoya plus tard une facture.

Elle retourna à Los Angeles et, le 30 janvier 1951, à l'âge de dix-neuf ans, elle se présenta devant le tribunal présidé par le juge Thurmond Clarke pour obtenir le divorce. Son avocat, William Berger, l'appela à la barre des témoins et, pendant

* Le film ne sortit pas avant 1952. Larry Parks, qui partageait la vedette avec Elizabeth, avait été convoqué à Washington pour témoigner devant la Commission sur les Activités anti-américaines, et avait reconnu avoir été membre du Parti communiste. Cet aveu lui coûta sa carrière et convainquit les dirigeants de la MGM de retarder la date de sortie du film.

vingt minutes, elle présenta une chronologie détaillée des brutalités auxquelles elle avait été soumise en moins de neuf mois de mariage. Elle parla de « désastre », de « cauchemar », et dénonça les soûleries, les violences de Nicky Hilton comme la cause principale de son malheur. Elle demanda le divorce pour cruauté mentale, ne réclama pas de pension alimentaire mais garda les actions de la chaîne Hilton, les bijoux, les cadeaux de mariage et autres présents faits par Nicky pendant leur brève union. En valeur actuelle, elle empocha plus de 500 000 dollars pour sa peine.

Après le jugement, Nicky fit une déclaration laconique : « Je n'ai jamais vu une femme plus belle de toute ma vie. Mais, Dieu, ce qu'elle peut être difficile ! »

Tandis qu'Elizabeth s'acheminait vers d'autres mariages et des succès cinématographiques plus grands encore, Nicky Hilton demeura une silhouette pâlotte du paysage hollywoodien. En 1959, il épousa Patricia (« Trish ») Blake McClintock, jeune fille de la bonne société qui ressemblait plus qu'un peu à sa première femme. Il tenta de se ranger et eut deux fils.

« Nick continuait à avoir des problèmes, commente Trish. Il prenait un somnifère qu'il mélangeait avec de l'alcool. Déprimé, il ne sortait pas de la maison pendant des jours, refusait de quitter son lit. »

Patricia Schmidlapp, la mère de Trish, fait observer que son gendre avait un caractère « tranché. C'était pour cela qu'il s'attirait des ennuis. Il ne savait pas faire de compromis. Si quelque chose clochait, c'était tout de suite la catastrophe. Et quand il ne pouvait faire face au problème, il buvait.

« Quant à Elizabeth Taylor, Nicky n'éprouva jamais rien pour elle. Elle se vengea en refusant de signer la demande d'annulation [3], geste qui aurait permis à Nicky de se remarier à l'église. C'est la seule chose qu'il sollicita d'elle après leur divorce mais elle refusa de la lui accorder. »

Nicky Hilton mourut d'une crise cardiaque le 5 février 1969 à l'âge de quarante-deux ans. Il était alors séparé de sa seconde épouse. Elizabeth Taylor ne fit aucun commentaire public.

# 9

Annonçant son palmarès pour 1951, le magazine *Lampoon* de l'université de Harvard désigna Elizabeth Taylor comme « l'une des plus mauvaises comédiennes-*enfants* de l'année, l'actrice qui s'est livrée au plus piètre numéro de ces dix dernières années (dans *Guet-apens*), la plus détestable ingénue », avec mention spéciale pour « s'être si vaillamment obstinée dans sa carrière malgré un manque total de talent ». Le périodique faisait de Liz la première lauréate de son Roscoe (approximativement, Oscar à l'envers), trophée créé pour distinguer « une totale inaptitude au métier d'acteur ». Taylor accepta la « récompense » de bonne grâce quand quinze étudiants de Harvard la lui remirent à l'aéroport Logan de Boston, où elle s'apprêtait à embarquer à bord d'un avion pour New York. Elle s'en débarrassa ensuite dans les toilettes de l'appareil.

À New York, elle logea chez Montgomery Clift, dans un hôtel particulier qu'il avait récemment acquis et rénové, à Manhattan. Ils passèrent leurs soirées à fréquenter les pubs de la ville, comme le Gregory, dans le quartier de Lexington Avenue et de la 54e Rue. Penny Arum, comédienne amie de Monty, se souvient de cet endroit « sombre, enfumé, exigu, avec un juke-box tonitruant, des tables et des chaises en bois. C'était un repaire d'homos et de prolos. Liz n'aimait pas beaucoup ce troquet, trop miteux pour ses goûts raffinés ». L'acteur Kevin McCarthy, et le photographe Blaine Walter, âgé de dix-neuf ans, y traînaient aussi. Monty emmena également Liz au Camillo, son restaurant italien favori, une gargote. « Il fréquentait aussi les endroits chics – le Colony, le Pavillon, Voisin – mais il préférait les cadres minables, surtout parce qu'il savait que cela ennuyait Elizabeth. Il avait un côté taquin, parfois. »

« Liz but énormément dans les jours qui suivirent son divorce. Elle devint dépendante de Monty qui, malheureusement, l'encourageait dans cette voie. Autres points communs, tous deux avaient une mère envahissante, et un père fuyant, en retrait. Elizabeth gardait l'espoir d'épouser Clift et abordait le sujet à la moindre occasion. Il la décourageait en changeant de conversation. »

Bien que leur mariage fût hautement improbable, il est clair que Monty et Elizabeth vécurent une liaison tendre quoique brève. Marge Stengel, la secrétaire particulière du comédien, les trouvait souvent au lit le matin « tels une paire de chatons siamois endormis ». Ils partageaient une intimité qui transcendait – mais semblait aussi inclure – la sexualité.

Pendant son séjour à New York, Elizabeth dansa avec Merv Griffin, fit du patinage sur glace avec Roddy McDowall. Frank Farrell, un journaliste, sortit avec elle plusieurs fois. De retour à Los Angeles, elle fut de nouveau hébergée par son agent, Jules Goldstone, pendant qu'elle cherchait un appartement. Elle en trouva un au 10 600 Wilshire Boulevard, un trois pièces qu'elle partagea avec Peggy Rutledge, secrétaire et accompagnatrice discrète qui préparait le petit déjeuner, et quelquefois le dîner, pour Liz. Elle rangeait aussi derrière elle, tâche qu'une amie de la comédienne qualifia de « travail à temps complet ». Dans le même immeuble de stuc rose entouré de palmiers vivaient Janet Leigh et Tony Curtis, récemment mariés, et souvent présents aux dîners auxquels Elizabeth invitait tour à tour Arthur Loew Jr. ou Stanley Donen, selon son humeur. Loew aimait les blagues, la rigolade ininterrompue, tandis que Donen avait un caractère sérieux, réfléchi.

Liz sortait aussi de temps à autre avec Leo Guild, cadre publicitaire de la Warner. « Nous avions été présentés l'un à l'autre par Mortimer Hall, propriétaire d'une station de radio et président de la chaîne de télévision WPIX, raconte Guild. Le *New York Post* avait appartenu aux parents de Mort, qui était marié à l'époque à l'actrice Ruth Roman. Nous allâmes tous les quatre au Ciro un soir. Légère et souple, Elizabeth adorait danser. Et nous avons dansé, dansé, sans presque parler. Entre deux tours de piste, elle me déclara quand même qu'elle aimait beaucoup danser, et comme je ne trouvais rien d'autre à répondre, je lui dis qu'elle était d'une grande beauté. Je me rendis aussitôt compte que je m'y prenais mal avec elle et qu'elle s'éloignait de moi de plus en plus.

« A l'époque, Mort et Ruth se disputaient constamment – ils étaient sur le point de divorcer – et quand nous fûmes de retour à la table, le climat n'était plus à la danse. Les musiciens rangèrent leurs instruments, partirent. Les Hall raccompagnèrent Elizabeth chez elle, et notre rendez-vous se termina par un rapide bécot sur les lèvres.

« Le lendemain, je refusai d'accepter mon échec. J'envoyai à Liz un bouquet de violettes accompagné d'un petit poème que j'avais composé pour comparer la couleur des fleurs à celle de ses yeux. Elle me répondit par un gentil mot de remerciement, qui m'incita à lui offrir d'autres violettes : pendant des semaines, je lui envoyai un bouquet chaque jour. Le jeu dut rapidement la lasser car je n'entendis plus jamais parler d'elle. »

Malgré les objections de sa mère, Elizabeth continuait à sortir avec Stanley Donen. Le divorce d'avec Nicky Hilton provoqua chez elle une colite et un nouveau séjour à l'hôpital, avec soins vingt-quatre heures sur vingt-quatre. Pour la presse, la MGM parla de « forte grippe ». Plusieurs dirigeants du Studio, dont Benny Thau, exprimèrent toutefois en privé leur inquiétude au sujet de la santé de la comédienne. « Je la connais depuis des années, et jamais je ne l'ai vue aussi abattue », fit observer Thau [1] dans une note interne.

Comme d'habitude, Elizabeth se remit rapidement. Selon Janet Leigh, « une nouvelle forme de relations venait de s'établir au moment où Liz sortit de l'hôpital. Nous prîmes l'habitude de nous retrouver pour le brunch du dimanche matin. Nous nous étions baptisés le "Fox and Lox Club". On comptait parmi les habitués Naomi et Dick Carroll (chemisiers de Beverly Hills), Tony Curtis et moi-même, le producteur Stanley Roberts, l'écrivain Stewart Stern, Stanley Donen et Elizabeth Taylor. D'autres rejoignirent nos rangs par la suite.

« Chacun à son tour recevait chez lui et préparait le brunch. Quand ce fut celui de Liz, elle prépara des tartines grillées – du moins elle essaya. Elle réussit à mettre le feu à sa cuisine et il fallut appeler les pompiers. Finalement, nous nous retrouvâmes au *delicatessen* du coin. »

Stewart Stern [2] avait été frappé par l'humour et le langage grossier de l'actrice – ele avait adopté au moins un des traits de caractère de Nicky Hilton. « Elle connaissait des *limericks* * érotiques fabuleux, dont un si osé que je ne peux citer que le début et la fin. Ça commence par "Quand j'avais à peine dix-sept ans..." et ça se termine par "la moitié de mon foutu bras !" Remplissez les cases vides.

« C'était quelque chose, je vous le dis, d'entendre ces vers licencieux dans la plus jolie bouche de la planète, et de voir briller ces grands yeux violets ! »

* Poèmes en cinq vers, toujours comiques, et absurdes du point de vue des rimes. (*N.d.T.*)

En juin 1951, Liz alla à Londres jouer dans la version MGM d'*Ivanhoé*, avec Robert Taylor dans le rôle-titre, Joan Fontaine et George Sanders. On lui avait proposé d'incarner Rebecca, la juive, mais elle avait protesté, déclarant que c'était le rôle de Rowena, l'héroïne, qu'elle voulait. Joan Fontaine avait mis le grappin sur le personnage, et Elizabeth n'eut d'autre choix qu'accepter ce qu'on lui offrait.

Liz obtint cependant une concession du Studio. Elle demanda que Peggy Rutledge remplace sa mère sur la feuille des salaires de la Metro et l'accompagne à Londres. Les altercations avec Sara au sujet de Stanley Donen avaient fini par monter Elizabeth contre ses parents.

Escortée de Rutledge, elle prit donc l'avion pour Londres. Elle venait à peine de débarquer lorsque Lord et Lady Mountbatten l'invitèrent à un bal. Le lendemain, Elizabeth et Peggy se rendirent en voiture à la maison de Wildwood Road où l'actrice était née. Elle avait été transformée en crèche, et Liz passa un moment à jouer avec les bambins. Avant de quitter Londres, elle visita la maison à deux autres reprises.

Quant à Stanley Donen, Elizabeth en vint peu à peu à prendre conscience de l'impossibilité d'une liaison à distance. Les lettres, les coups de téléphone entre Londres et Los Angeles s'espacèrent puis cessèrent complètement. Installée dans la capitale anglaise, Liz reporta son intérêt sur un vieil ami – Michael Wilding.

Après le *Sturm und Drang* de son mariage avec le versatile Nicky Hilton, l'homme plus mûr, plus stable, plus urbain qu'était Wilding dut lui apporter une sorte de soulagement. Wilding partageait cependant un des traits de caractère de Nicky. Tous deux souffraient de sautes d'humeur incontrôlables et passaient de l'euphorie à la dépression sans aucune raison. Ce genre de tempérament attirait naturellement Elizabeth, qui avait elle aussi un caractère changeant.

Zsa Zsa Gabor, mariée à George Sanders après son divorce d'avec Conrad Hilton Sr., entendit de la bouche de George de nombreuses anecdotes sur le comportement de Liz pendant le tournage d'*Ivanhoé*. « Bien qu'il ne jouât pas dans le film, raconte Zsa Zsa, Michael, amoureux fou de Liz, ne perdait pas une occasion de traîner autour du plateau. Des années plus tard, il fit ce commentaire : " La vraie tragédie de Liz, c'est qu'il n'est pas un seul homme au monde qu'elle ne puisse avoir en claquant des doigts. "

« Quoi qu'il en soit, poursuit Zsa Zsa, on avait logé les vedettes du film au Savoy de Londres. Après une dure journée de travail, les hommes se retrouvaient autour d'une table de poker. Wilding compris. Elizabeth sortit un soir de sa chambre en déshabillé transparent et leur lança : " Alors, les gars, qui passe la nuit avec moi ? " C'était une plaisanterie, bien sûr, mais... »

Si Richard Thorpe, le metteur en scène, jugeait le travail de Liz Taylor « intelligent et précis », le producteur Pandro Berman semblait beaucoup moins impressionné. Après avoir vu une série de rushes, Berman se plaignit à Thorpe de ce que l'actrice était « quasiment inaudible, et quand on l'entend, on le regrette. Elle a encore cette voix aiguë, pleurnicharde ».

Berman exigea qu'Elizabeth double complètement son rôle. Dans une tentative pour gagner la faveur du producteur, Liz lui fit cadeau d'un petit cœur en or gravé. Peine perdue : Berman confia la comédienne à Lillian Burns Sydney, professeur d'art dramatique que Thorpe détestait, et qui força une Elizabeth récalcitrante à réciter son texte jusqu'à ce que sa diction soit parfaite.

Parallèlement, la vedette et son agent, Jules Goldstone, avaient un différend avec le service contrats de la MGM. Goldstone désirait que Liz fonde sa propre compagnie de production, ce qui lui permettrait, soulignait-il, d'acquérir les droits de scénarios plus intéressants. En outre, elle aurait son mot à dire dans la production. Enfin, non seulement elle toucherait de plus gros cachets mais elle pourrait aussi réclamer un pourcentage des recettes.

Goldstone et Taylor étaient sur le point de former leur compagnie et de lancer une série de projets de films indépendants quand Elizabeth téléphona un soir de Londres à son agent : « Jules, j'ai réfléchi. Toi et la Metro, vous êtes les seuls liens qui me rattachent au passé. J'ai besoin du sentiment de sécurité que cette relation m'apporte depuis que je suis enfant. Malgré les monceaux de dollars et autres avantages que je tirerais d'une compagnie indépendante, je pense que je dois rester avec la MGM. »

Michael Wilding, auprès de qui elle recherchait de plus en plus un soutien moral, approuva la décision de Liz. Elle signa avec la MGM un nouveau contrat de sept ans qu'elle devait regretter par la suite. Selon les clauses de ce contrat, elle toucherait 5 500 dollars par semaine, ce qui faisait d'elle l'une des stars adultes les mieux payées et les plus jeunes de l'extraordinaire vivier de la Metro.

Elizabeth avait bouclé le tournage d'*Ivanhoé* le 14 septembre 1951, mais elle passa trois semaines de plus à Londres avec Michael Wilding. Deux fois plus âgé qu'elle, il aurait aisément pu passer pour son père, bien qu'il montrât un côté léger, joueur, une timidité juvénile qui le faisait paraître beaucoup plus jeune que ses trente-huit ans. Sa démarche pleine de vivacité, ses yeux bleus brillants, sa taille (un mètre quatre-vingts) et sa minceur contribuaient à lui donner une allure de jeune homme.

Elizabeth et lui firent la tournée de rigueur. En plus de leurs bars habituels, on les vit au Mirabelle, à l'Ivy et au Caprice – trois des plus prestigieuses boîtes de nuit londoniennes. Wilding la faisait rire en lui racontant les mésaventures de son père, officier des services de renseignements de l'armée du tsar avant la révolution.

Tout en officialisant son divorce avec Kay Young, Wilding continuait à avoir une liaison avec Marlene Dietrich et plusieurs autres actrices, notamment Margaret Leighton. Elizabeth, que rien n'arrêtait dans la conquête d'un nouvel amour, lui demanda un jour : « Tu m'épouserais si j'étais plus âgée, dis ? » Elle déclara à un reporter d'Associated Press qu'elle avait l'intention de se remarier mais n'avait pas encore choisi la date ni la personne. Dans une tentative pour soutirer à Wilding une demande en mariage, elle sortit deux fois avec l'acteur américain Tab Hunter, venu lui aussi en Angleterre pour tourner son prochain film, *Saturday Island*. Wilding ne fut pas du tout impressionné.

Les deux hommes accompagnèrent Elizabeth à l'aéroport quand elle prit l'avion pour New York, le 6 octobre. Elle serra brièvement Hunter contre elle mais elle embrassa deux fois Wilding sur les lèvres avant le départ. « Adieu, Mr. l'Hésitant, dit-elle. Oublions que nous nous sommes jamais rencontrés. »

Les amis de Wilding savaient pourtant qu'il s'était attaché à Elizabeth et qu'il avait l'intention de la suivre en Amérique. Herbert Wilcox, ancien producteur et homme de théâtre anglais, tenta de l'en dissuader en arguant que son humour raffiné, sa sensibilité britannique ne « passeraient » jamais à Hollywood. Il en voulait pour exemple David Niven, dont l'humour anglais n'avait pas réussi à conquérir l'imaginaire cinématographique américain.

Wilding se convainquit que la célébrité d'Elizabeth Taylor servirait de tremplin à la sienne, limitée à la Grande-Bretagne et à quelques pays voisins. En outre, il prenait plaisir à la compagnie de Liz et admirait sa volonté, qualité qui lui rappelait Marlene Dietrich. Il désirait aussi fonder une famille, et à cet égard, Elizabeth semblait la candidate idéale.

Le 8 octobre, un jour après son retour aux États-Unis, Elizabeth refit une apparition à la Maison-Blanche où, membre d'un groupe représentatif de l'industrie cinématographique, elle fut invitée à prendre le thé par Harry Truman dans le cadre du Jubilé d'Or du Cinéma américain. Michael Wilding apprit l'événement par la presse britannique et envoya à l'actrice le télégramme suivant : « Bien joué, chérie. Harry devrait te nommer vice-présidente, ou tout au moins secrétaire d'État. »

Début décembre, muni d'un jugement de divorce longtemps attendu, Wilding arriva en Californie, au domicile d'un compatriote lui aussi acteur, Stewart Granger, dont il avait été le garçon d'honneur lorsque celui-ci avait épousé la comédienne britannique Jean Simmons, l'année précédente au Texas. Granger était toujours sous contrat avec la MGM alors que Simmons avait récemment signé avec la Fox.

Peu après son arrivée, Wilding eut des nouvelles de Taylor. Elle avait remarqué chez Cartier, dans Rodeo Drive, une bague ornée d'un saphir [3] et lui demandait d'aller avec elle chercher le bijou. Quasiment ruiné après son divorce, Wilding craignit de devoir aussi régler la facture. Il accompagna néanmoins Elizabeth à la boutique, et poussa probablement un soupir de soulagement en la voyant payer. Quand il proposa de lui passer la bague au doigt, elle hésita, tendit l'annulaire de sa main gauche et dit : « Je crois que c'est sa place, Michael. Au doigt de la bague de fiançailles. »

Ces fiançailles, Liz ne perdit pas de temps à les rendre publiques. Le 1er février 1952, elle convoqua une conférence de presse pour annoncer ses projets. « Voilà, j'ai sauté le pas, dit-elle aux journalistes. Je veux vivre avec Michael, être sa femme. Il aime rester à la maison, fumer sa pipe, lire, peindre. Et c'est ce que j'ai l'intention de faire aussi – à part fumer la pipe. »

« Liz la Voluptueuse épouse la star britannique Michael Wilding », titra le lendemain le *New York Daily News*. Les médias avaient donné à Elizabeth une série de surnoms – la charmante, la lascive, la svelte – mettant l'accent sur sa beauté physique et sa sensualité. Elle venait à peine d'avoir vingt ans et s'apprêtait à contracter un deuxième mariage tout aussi médiatique que le premier. Outre son renom de comédienne, elle s'était affirmée, peut-être sans le vouloir, comme la réponse brune aux blondes incarnations de la lascivité qu'étaient les bombes sexuelles Marilyn Monroe et Jayne Mansfield. Image qui présentait peut-être des inconvénients. Immédiatement après l'annonce de ses fiançailles, Liz reçut une série de coups de téléphone anonymes au contenu explicite.

A l'autre bout du fil, une voix masculine menaçait [4], dans un murmure rauque, de faire exploser l'appartement de la vedette si elle ne lui accordait pas un rendez-vous. Jack Owens, agent du FBI chargé de l'affaire, demanda à l'actrice « d'encourager l'homme à parler pour qu'on puisse retrouver l'origine de l'appel ».

– Et comment je fais ? répliqua Elizabeth. Je discute d'explosifs avec lui ?

– Improvisez, répondit Owens. Vous êtes actrice. Persuadez-le que vous êtes passionnément amoureuse de lui.

Elizabeth joua apparemment son rôle avec un talent digne d'un Oscar. L'inconnu se révéla être un garçon d'ascenseur au chômage âgé de vingt-neuf ans, interné dans un hôpital psychiatrique quelques années plus tôt pour avoir menacé pareillement Kathryn Grayson. On le renvoya dans le même établissement.

Elizabeth avait été soumise [5] à une expérience similaire et tout aussi éprouvante quelque temps plus tôt. En novembre 1949, elle avait reçu trois lettres (portant toutes le cachet d'une poste de Brooklyn, New York) au contenu obscène et au ton menaçant. Elles avaient été transmises au bureau du FBI à Los Angeles. Quelques mois plus tard, le coupable avait été arrêté alors qu'il escaladait le mur de derrière du jardin de la maison de Francis et Sara Taylor à Beverly Hills. Citoyen britannique, l'homme avait été condamné à six mois de prison et finalement expulsé vers l'Angleterre. Mais l'affaire ne s'arrête pas là.

L'été 1951, après avoir terminé le tournage d'*Ivanhoé*, Elizabeth reçut une autre lettre de son correspondant anonyme. Sachant qu'elle était en Angleterre, il lui écrivait :

Chère Miss Taylor,
Vous ne vous souvenez probablement pas de moi. Je suis celui que vous avez fait jeter en prison pour six mois et expulser des États-Unis. Je pense que vous avez une dette envers moi, et je compte bien me faire rembourser.

Cette fois, c'était Scotland Yard qui s'était occupé de l'affaire, et les policiers anglais avaient appréhendé eux aussi le coupable. Terrorisée après ce nouvel incident, Elizabeth quitta discrètement l'appartement qu'elle partageait avec Peggy Rutledge et rejoignit Michael Wilding, qui vivait encore avec ses amis Stewart Granger et Jean Simmons.

Évoquant cette période, Granger, dont l'hostilité envers Liz Taylor était corrosive, et souvent hors de proportion, soulignait que « Liz était plus brillante que Jean. En fait, elle est très intelligente, mais d'une manière dont je ne raffole pas. Le problème, c'est qu'elle veut être constamment au centre de l'attention. Elle passe deux heures chaque jour à se maquiller, à se préparer, à choisir la robe et les bijoux qu'elle va porter.

« Seigneur, ça n'arrêtait jamais avec elle : elle cherchait la publicité, elle cherchait à être le point de mire. C'est une habitude qu'elle a prise au début de sa carrière et qu'elle n'a jamais perdue. Elle prétend détester Hollywood mais elle est un pur produit de cette ville. Comme Mae West et Bob Hope, elle s'est battue pour être sous les projecteurs, pour avoir son nom en lettres de néon. Elle était toujours en retard, quelles que soient les circonstances, quel que soit l'événement. Elle ne pensait qu'à elle, et elle traitait Michael de façon honteuse. C'était terrible. Dès le début, elle l'a traité comme s'il comptait pour rien.

« Je me rappelle un soir où Howard Hughes était venu à la maison prendre un cocktail. Il aimait les femmes plantureuses, et toute la soirée, il avait lorgné dans les décolletés de Jean et d'Elizabeth. Il y avait de quoi lorgner puisque toutes deux avaient de fortes poitrines. Il avait demandé Liz en mariage quelques années plus tôt, et Jean avait été sous contrat avec sa compagnie cinématographique. Pour plaisanter, je lui demandai : " Howard, laquelle tu préfères ? Choisis. " Il crut que je parlais sérieusement. Elizabeth ne pouvait le supporter mais ça ne l'empêchait pas de jouer avec lui. Plus flirteuse que Jean, elle prenait plaisir à le taquiner et à l'aguicher, jusqu'à ce qu'elle se lasse elle-même de son petit jeu.

« Après que Michael et Elizabeth eurent emménagé chez nous – pour vivre dans le péché, en quelque sorte – elle lui fit rencontrer Hedda Hopper. Elle pensait peut-être qu'en étant cité dans la rubrique de Hopper, Michael se verrait offrir de meilleurs rôles aux États-Unis. Hedda, qui avait sa propre idée sur Michael, écrivit tout crûment dans sa rubrique – et plus tard dans un livre – qu'il était homosexuel. Elle n'avait pas recueilli la moindre preuve, le moindre témoignage pour étayer son accusation provocatrice, mais cela ne la gênait pas le moins du monde.

« Après la rencontre, ils rentrèrent à la maison, et Michael nous narra l'incident. Ils étaient assis dans le séjour de Hedda quand celle-ci demanda à Liz – et cela se passait juste après l'annonce de leurs fiançailles : " Vous savez que Mike Wilding est homosexuel, Elizabeth ? " Et Mike, assis dans un fauteuil, demeurait muet, bien sûr, tandis que Hedda continuait à débiter ses ragots sur lui. Qu'est-ce qu'il pouvait faire ?

« Elizabeth reste là sans rien dire. Elle ne défend pas Mike... Tandis qu'il me raconte l'histoire, elle susurre d'une voix mielleuse, " Oh ! Mikey, ne te tracasse pas pour ça. " Je l'entends encore. J'ai éclaté : " Mais qu'est-ce que tu dis, pauvre idiote ? Pourquoi tu n'as pas protesté ? " Elle me regarde fixement avec ses grands yeux violets inexpressifs et cette expression abrutie que je lui ai vue cent fois dans ses films.

« Furieux, j'ai décroché le téléphone, j'ai appelé Hedda Hopper. J'ai dit à cette foutue garce ce que je pensais d'elle. Elle ne me l'a jamais pardonné. Et je me suis retrouvé mêlé à l'histoire de Wilding : comme nous avions partagé une chambre pendant les premiers jours des raids aériens sur Londres, elle en a naturellement déduit que nous étions amants.

« Des années plus tard, Michael lui a fait un procès en diffamation et a réclamé trois millions de dollars de dommages et intérêts. Moi aussi, je l'ai poursuivie mais je manquais d'argent pour aller jusqu'au bout. Et je m'y étais pris trop tard – il y avait prescription, quelque chose comme ça. Michael a touché un peu d'argent, et le scandale n'a pas arrangé la réputation de Hopper. En fin de compte, l'affaire s'est terminée à l'avantage de Mike mais elle avait fait des dégâts. Après son installation à Hollywood, sa carrière était quasiment au point mort. C'était dû en partie au fait qu'il souffrait d'épilepsie. Les médicaments qu'il prenait pour éviter les crises le faisaient bredouiller. Personne ne le comprenait quand il parlait, et tout le monde croyait que c'était à cause de son accent anglais, alors que ça n'avait en fait rien à voir. »

Pendant qu'Elizabeth et Wilding vivaient ensemble à Los Angeles, Marlene Dietrich rencontra Herbert Wilcox, l'ami de Michael, à New York, déjeuna avec lui et lui demanda : « Qu'est-ce qu'elle a de plus que moi, Taylor[6]? » « La jeunesse », répondit-il aussi gentiment que possible. Marlene devint écarlate. Parlant de Liz comme de cette « poule anglaise », elle expliqua plus tard à sa fille, Maria Rivas : « Ça doit être à cause de ses seins énormes – Mike doit aimer les voir pendouiller au-dessus de son visage. » Ce ne serait pas la dernière fois que Liz lui prendrait un amant. Mike Todd, le prochain mari d'Elizabeth, laissa tomber Dietrich (et d'autres) pour elle. « Encore cette terrible femme, se lamenta Marlene. Elle a ruiné la vie de Michael Wilding, et elle s'en prend maintenant à Todd. »

Dietrich rejoignit les rangs des nombreux détracteurs de Liz Taylor. « Elle se fait facilement des ennemis parce qu'elle veut toujours être au centre de l'attention », expliquait Ava Gardner. Irene Mayer Selznick, fille de L. B. Mayer et sœur aînée d'Eddie Geotz (avec qui Taylor resta toujours en bons termes), invita Wilding et Elizabeth à une soirée.

« Je ne l'admirais pas comme actrice, dit-elle. Elle m'a plu dans *Le Grand National*, *La Vénus au vison* et *Qui a peur de Virginia Woolf?* Mais c'est à peu près tout. Vous remarquerez que, dans ces trois films, elle joue un personnage qui lui ressemble.

« Quand je les ai rencontrés pour la première fois, Wilding et elle, j'ai senti que leurs relations ne dureraient pas. Il avait

126

l'air trop doux, trop posé pour elle. Son attirance pour Michael ne s'expliquait qu'en réaction à l'insouciance de Nicky Hilton. Dans les réceptions, Michael restait toujours à proximité d'elle, comme pour la protéger, ou alors elle le suivait comme un petit chien. Je me rappelle les avoir vus dans un gala à Hollywood. Liz s'accrochait littéralement aux basques de Michael – c'était tout juste si elle ne l'accompagnait pas aux toilettes. Humphrey Bogart la prit à part et lui expliqua qu'elle se ridiculisait en le suivant comme ça. " Tu dois être plus indépendante, lui dit-il. Tu es une des plus grandes stars de cette ville et tu ne t'en rends même pas compte. "

« Par la suite, je ne l'ai revue que rarement, une fois à New York chez l'éditeur Bennett Cerf après la mort de Michael Todd. Elle m'a toujours paru banale, quelconque, d'une certaine façon – une personne qui recherche l'attention des autres et la publicité par-dessus tout. Elle ne me faisait pas l'impression d'être quelqu'un d'intéressant. Elle avait de petites mains dodues, et portait toujours un vernis à ongles vulgaire – rouge vif ou violet. On aurait dit que ses ongles étaient enfoncés dans sa chair. »

Doris Lilly se retrouva assise près d'Elizabeth et de Wilding à l'El Morocco de New York. Ils en étaient encore au stade des fiançailles. « Ils occupaient une table de coin, et j'étais assise à une table voisine, en face d'eux, se souvient Doris. Je ne pouvais pas m'empêcher de les observer. Ils se tenaient par la main, pressaient leurs jambes l'une contre l'autre, enlaçaient leurs pieds sous la table. Le serveur apporta une bouteille de champagne et ils ne prononcèrent pas un mot pendant tout le temps qu'ils restèrent là. Au lieu de parler, ils échangeaient des petits mots. Wilding griffonnait quelque chose sur un morceau de papier et le passait à Elizabeth. Elle écrivait quelque chose en réponse et lui rendait le papier. Ils ont continué pendant des heures, sans que l'un ou l'autre donne des signes de fatigue ou d'ennui.

« Je crois que Liz était un être totalement sensuel. Je pense qu'elle se faisait de la vie une idée terriblement romanesque, comme le reflétaient notamment sa conception de l'amour et son désir de faire les choses d'une manière différente. »

# 10

Elizabeth Taylor et Michael Wilding étant tous deux sujets britanniques, ils décidèrent de se marier dans leur pays natal. Le 17 février 1952, ils prirent un avion de la compagnie British Airways à destination de Londres et descendirent à la suite nuptiale de l'hôtel Berkeley. A son arrivée, Liz s'aperçut qu'elle avait oublié d'emporter les documents relatifs à son divorce d'avec Nicky Hilton. Son avocat dut les lui faire télégraphier à Londres.

Le soir des noces, le couple et une poignée d'amis se réunirent pour un petit dîner intime dans la suite de l'hôtel. Au menu : homard grillé, canard rôti et saumon poché. Puis, au cours d'une cérémonie civile d'un quart d'heure au bureau de l'état civil de Caxton Hall, à Londres, le 21 février, Elizabeth épousa son deuxième mari, Michael Wilding. Herbert Wilcox et sa femme, Anna Neagle, avaient accepté d'être les témoins. Elizabeth portait un ensemble de laine gris à col roulé et poignets en organdi blanc, dessiné pour l'occasion par Helen Rose.

Cinq mille fans au bord de l'hystérie s'étaient rassemblés devant Caxton Hall. Alors que le couple sortait bras dessus bras dessous, suivi par une meute trépidante de photographes, quelqu'un jaillit de la foule et arracha le chapeau de la mariée. Deux policiers se précipitèrent et soulevèrent Elizabeth à bras-le-corps au-dessus de la foule jusqu'à la limousine qui devait conduire les nouveaux mariés à la réception prévue au Claridge. « Je suis heureuse d'être encore en vie », déclara Liz.

Soucieuse d'être perçue comme un modèle de pudeur anglaise, Elizabeth fit des manières quand les photographes lui demandèrent, puis la supplièrent d'embrasser le marié. « Je suis trop timide », avança-t-elle. La presse dut se contenter d'une brève accolade. Une deuxième réception, plus intime, eut lieu dans l'appartement de Mike Wilding, au 2 Bruton Street, à Mayfair. Le couple se retira enfin dans sa suite du Berkeley et dîna à minuit d'une soupe de pois cassés et d'une mousse au chocolat, le tout arrosé de champagne. Quatre ans plus tard, jour pour jour, ils célébraient leur anniversaire de mariage en commandant exactement le même repas au restaurant Romanoff, à Hollywood.

Ils passèrent une lune de miel de huit jours dans un chalet situé dans les Alpes avant de retourner au domicile de Bruton Street, Mike étant attendu sur le tournage d'un film intitulé *L'Affaire Manderson*. Elizabeth s'installa dans son rôle de femme au foyer et, pendant quelques semaines, au moins, parut se satisfaire de ses lectures et de sa correspondance avec sa famille et ses amis. Elle accorda une longue interview à David Lewin, du *Daily Express* de Londres. « Je ne mets jamais ma carrière en premier », déclara-t-elle, en ajoutant que Michael et elle désiraient des enfants.

La première réaction de Lewin en voyant Elizabeth fut dans l'ensemble négative : « D'une volonté de fer, elle a tendance à trop dramatiser. Mike Wilding, que je connais depuis plusieurs années, paraît plus mesuré. Étant donné les critères prédominants de Hollywood de nos jours, j'imagine mal Wilding durer plus longtemps que Nicky Hilton. »

A la mi-mars, le couple Wilding débarqua à Los Angeles en quête d'une maison. Ils élirent momentanément domicile à Beverly Hills, chez les parents d'Elizabeth, qui étaient allés rejoindre Howard Young en vacances à Westport, dans le Connecticut. Michael Wilding devait faire face en permanence aux considérables arriérés d'impôts qu'il avait accumulés au fil des ans en Angleterre. Désireuse de l'aider, la MGM proposa à Wilding un contrat de trois ans de 3 000 dollars par semaine (sur une base de quarante semaines par an) avec reconduction possible sur deux ans à 5 000 dollars la semaine. Le Studio consentit également au couple un prêt de 50 000 dollars, remboursable sur trois ans, afin qu'ils puissent acquérir leur nouvelle maison. Le prêt n'aurait pas pu venir à un moment plus propice : en avril 1952, Elizabeth annonça que Mike et elle attendaient un bébé.

Après avoir visité un nombre incalculable de maisons dans la région, les Wilding jetèrent leur dévolu sur un moderne trois pièces au 1771 Summitridge Drive, à Beverly Hills, situé sur un promontoire dominant presque tout Hollywood. Ils demandèrent à ce que la façade soit peinte en jaune et blanc et l'intérieur (y compris la chambre d'enfant) en gris et bleu pervenche.

Ils emménagèrent en juin, le même mois où Elizabeth

commença le tournage de *La Fille qui avait tout*. Réalisé par Richard Thorpe et produit par Armand Deutsch, le film était un remake de la version de 1931, *A Free Soul*, qui avait fait de Clark Gable une star. C'était l'histoire de l'enfant gâtée d'un avocat (rôle que devait tenir Elizabeth Taylor) qui tombe amoureuse d'un gangster beau parleur (en l'occurrence, Fernando Lamas).

Les souvenirs d'Armand Deutsch sur cette époque sont révélateurs de ses propres réserves concernant le film : « En tant que producteurs à la Metro, nous avions pour mission d'éplucher les volumineuses archives du Studio pour voir si nous pouvions dénicher quelque chose susceptible de donner lieu à un remake. Sous l'influence de Dore Schary, la MGM du début des années 50 avait établi un quota de production minimum d'une quarantaine de films par an – de là la nécessité de temps à autre de recourir à d'anciennes versions.

« Nous détestions tous l'idée d'exhumer de vieux scénarios poussiéreux et des bouts d'essais de film, mais il était vital de proposer des produits financièrement rentables. On comptait sur moi pour explorer le fonds, lequel avait été examiné et passé au crible un nombre incalculable de fois, et en extraire la perle rare qu'on pourrait transformer en machin lucratif.

« Les recherches furent ardues et fastidieuses, mais le film collait avec le calendrier de la MGM. Art Cohn, qui devint un des très bons amis de Mike Todd et qui périt d'ailleurs avec lui dans ce terrible accident d'avion, avait écrit un scénario acceptable mais pas très emballant de *La Fille qui avait tout*. Je le confiai à Benny Thau, qui, d'un hochement de tête, accepta de le lire.

« Quelques semaines plus tard, il me téléphonait pour me dire : " Nous allons envoyer le script à Elizabeth Taylor. " Je répondis : " Tu l'envoies à Elizabeth Taylor ? Tu as perdu la tête ? C'est un des plus précieux atouts du Studio. " Disons-le, ce film-là était à la limite du lugubre. Je pensais qu'ils feraient appel à quelqu'un comme Gloria DeHaven. Quand Thau me confirma qu'ils envoyaient le manuscrit à Liz Taylor, je protestai de nouveau. " Benny, pour l'amour de Dieu, c'est n'importe quoi. Elizabeth est une grande star, et *La Fille qui avait tout* lui fera perdre son temps et gâcher son talent. "

« Thau me dit : " Bon, visiblement Elizabeth est enceinte, et nous voulons qu'elle tourne encore un film tant qu'elle est en état de travailler. "

« " Benny, lui fis-je observer. C'est complètement criminel. Je vais lui dire de ne pas faire ce film. – Fais ça, Armand, me répondit Thau, et nous te mettrons au placard ou nous te virerons si rapidement que tu n'auras pas le temps de dire ouf. Ce n'est pas elle qui te paie, c'est nous. Tu es de notre côté. Tu travailles pour nous. – Benny, tu as absolument raison. Je travaille pour vous. Je ne dirai rien, mais j'espère qu'elle refusera. Ce n'est vraiment pas malin de gâcher Elizabeth Taylor comme ça. " Et Thau de répondre : " Nous ne te demandons pas ton opinion. De toute façon ton boulot ne consiste pas à nous donner des conseils. "

« Je ne peux pas dire [1] qu'il se soit montré désagréable au cours de cet échange – juste ferme. Le Studio avait pris une décision, et ils s'y tenaient. A ma grande supéfaction, Elizabeth accepta de tourner le film. Elle ne voulait pas être mise tout de suite sur la touche, ce que le Studio faisait automatiquement chaque fois qu'une actrice tombait enceinte. Liz n'avait pas pu être excitée à l'idée de jouer ce rôle... Les critiques descendirent le film, et le public ne lui fit aucun accueil particulier.

« Des années plus tard, je rencontrai Liz lors d'une grande fête à New York et lui dis : " Elizabeth, serait-ce trop te demander que de saluer le producteur de ton film le plus mauvais, La Fille qui avait tout ? " Elle me reconnut et éclata de rire. " Ce n'était pas mon plus mauvais film, me dit-elle. La Metro m'a forcée à tourner pas mal de ce genre de navets. " Je lui dis que moi-même j'avais aspiré à tourner des films meilleurs, et soudain elle devint sérieuse et me dit : " J'avais besoin de ce fric. Je venais d'épouser Michael Wilding et on était complètement fauchés. " »

Le 1er août 1952, Elizabeth Taylor, qui venait d'achever le tournage de La Fille qui avait tout, fut mise provisoirement au « chômage » par le Studio et perçut un salaire réduit jusqu'à la naissance de son premier enfant. Au cours de sa grossesse, son mari s'amusa à peindre des visages déformés sur le ventre distendu de Liz. Dans les fêtes, la star choquait souvent ses invités en relevant son chemisier de femme enceinte pour leur révéler la dernière œuvre artistique de Michael.

Le bébé était attendu pour le 16 janvier, mais le 6, après un examen de routine, le médecin de Liz, le docteur Anberg, lui fit passer une radiographie et découvrit que le cordon ombilical avait changé de position et menaçait désormais de s'enrouler autour du cou du bébé. Le médecin informa Elizabeth qu'une césarienne devait être pratiquée immédiatement. L'opération eut lieu peu avant minuit à l'hôpital Santa Monica. A sa naissance, Michael Howard Wilding pesait 4 kilos ; il avait des cheveux noirs et drus et des yeux bleu foncé. « Heureusement, railla le père de l'enfant, que notre fils ressemble à sa mère. »

A la mi-mars, Elizabeth Taylor avait retrouvé son salaire

d'origine et accepté de remplacer Vivien Leigh dans *La Piste des éléphants*[2]. Le producteur du film, Irving Asher, avait pensé au départ faire appel à Liz pour son adaptation du roman de Robert Standish, une histoire d'adultère dans une plantation de thé à Ceylan. Quand Elizabeth se retrouva enceinte, Asher décida que *La Piste des éléphants* serait une vitrine prometteuse pour les talents de Laurence Olivier et de sa femme d'alors, Vivien Leigh. Olivier était toujours pris par *L'Opéra des gueux*, qu'on tournait à Londres, mais son épouse accepta la proposition d'Asher et prit immédiatement l'avion pour Ceylan où devaient se tourner les extérieurs. Le temps que l'équipe de tournage et les acteurs retournent aux studios de la Paramount à Hollywood, Leigh souffrait de ce que ses médecins décrivirent comme une « dépression nerveuse ».

Asher décida de revenir à son premier choix. Elizabeth Taylor et Vivien Leigh avaient plus ou moins le même physique : de loin, leur taille et leur carrure étaient semblables. Ce qui signifiait qu'une bonne partie des plans tournés à prix d'or à Ceylan pouvaient être sauvés. Taylor n'avait plus qu'à tourner quelques gros plans et des parties de dialogues.

Mais même la beauté d'Elizabeth Taylor ne pouvait compenser le scénario faible et décousu du film. Pas plus que le jeu d'Elizabeth et de ses partenaires Peter Finch et Dana Andrews[3] (Finch jouait son mari à l'écran ; Dana son amant) n'aurait pu parvenir à animer ce mélodrame statique. Qui plus est, des problèmes de production intervinrent à l'arrivée d'Elizabeth. Alors que celle-ci posait pour une série de photos destinées à la promotion du film, un minuscule éclat métallique, provenant d'une machine à vent suspendue, la blessa gravement à la cornée de l'œil gauche. Peu après l'opération au cours de laquelle l'éclat fut extrait, le jeune Michael frappa accidentellement Liz au même œil ; il s'en suivit une nouvelle opération, qui cloua Elizabeth sur un lit d'hôpital pendant quinze jours, les yeux bandés, plongée dans l'obscurité absolue. Michael Wilding resta à son chevet et lui lut des poèmes jusqu'à la fin de son séjour.

Le nouveau film dans lequel tourna Elizabeth, *Rhapsodie* – encore un drame romantique fastidieux –, se révéla également frustrant. Liz interprétait le rôle de Louise Durant, une jeune fille riche et belle partagée entre son amour pour un violoniste fantasque (joué par Vittorio Gassman) et un jeune pianiste ardent (John Ericson). Un critique du *New York Herald Tribune* écrivit : « Le film n'est pas sans une certaine beauté, et Miss Taylor resplendit sous tous les angles face à la caméra... mais les ressorts dramatiques sont faibles, en dépit des répliques élevées et des belles poses dignes de mannequins. »

En raison de problèmes survenus au montage, la sortie de *La Piste des éléphants* fut repoussée, et *Rhapsodie* sortit en salle le premier. Les cinéphiles débattent encore pour savoir lequel des deux films est le plus ringard. Mais il est fort probable qu'Elizabeth Taylor ne se soit pas attardée longtemps sur les qualités éventuelles de ces films. Son impatience, son empressement même, à apparaître dans des productions aussi fades ont fort bien pu être dictés par la seule nécessité financière. Son mari avait été sollicité quantité de fois pour des rôles de troisième zone par la MGM, et quand il refusa de signer pour *Latin Lover*, au côté de Ricardo Montalban, il fut « suspendu ».

À sa déception vinrent s'ajouter bientôt de nouveaux déboires, tels que la perte progressive et rapide de ses cheveux. Il prit l'habitude de porter en public une casquette de marin ou un postiche, parfois les deux, tout en se lamentant sur son sort. « Je fais le double de l'âge d'Elizabeth, se plaignit-il à son ami Stewart Granger. Et je me sens quatre fois plus vieux qu'elle. » Une autre de ses doléances concernait l'attachement insolite de sa femme pour une vaste ménagerie d'animaux familiers. Wilding se plaignait qu'elle passait « presque autant de temps avec les chiens et les chats qu'avec moi. Un de nos deux chats siamois dort même dans notre lit la nuit ».

Si leurs relations commençaient à se dégrader, leur situation financière, elle, était devenue critique. Elizabeth retirait des sommes d'argent de plus en plus importantes, se montant à un total de 47 000 dollars [4], ce qui représentait 15 % des économies que ses parents avaient investies pour elle en bons d'épargne. L'argent coulait à flots. À la veille d'un séjour en Europe, lors d'une escale à New York, Elizabeth se vit dérober dans sa suite d'hôtel pour plus de 17 000 dollars de bijoux assurés en partie seulement. Elle commanda immédiatement des répliques chez Bulgari, sur la 5e Avenue. Pour se rendre au célèbre restaurant Lindy, elle porta une de ses nouvelles acquisitions, un collier avec double rang de perles, et elle reprit trois fois du fameux flan au fromage blanc, la spécialité de l'endroit. Le couple assista à une petite fête donnée en leur honneur par Merv Griffin, à laquelle prirent part Montgomery Clift, Roddy McDowall, Jane Powell et Eddie Fisher, que Liz devait épouser plus tard.

Les Wilding partirent ensuite pour l'Europe. À Copenhague, Elizabeth attrapa la grippe et souffrit d'une péricardite – une inflammation du muscle cardiaque. Elle alla se rétablir dans le nord de la Zélande, où elle bénéficia du concours domestique de son mari. Mike Wilding passa son temps à lui préparer du bouillon au poulet, allant jusqu'à la nourrir à la cuiller la nuit.

Quand son état s'améliora, les Wilding se rendirent à Madrid, où Elizabeth refusa d'assister à une corrida jusqu'au bout sous prétexte qu'elle trouvait le spectacle trop sanglant. Elle posa pour *Vogue* sur l'île de Capri et commença pour la première fois à reprocher à Michael sa consommation excessive d'alcool. Comme il le confessa plus tard dans son autobiographie : « Je n'avais rien d'autre à faire. »

Le prochain film pour lequel Taylor signa la conduisit, sans Wilding, aux studios de la MGM à Londres. En endossant le rôle très costumé de Lady Patricia dans l'épique *Beau Brummel*, Liz personnifia le faire-valoir idéal – une beauté ravissante dont la seule raison d'être est d'offrir une assise romantique à la vedette-titre, Stewart Granger.

« Je me souviens de notre premier jour de tournage, raconte Granger. J'étais sur le plateau, et voilà qu'arrive Elizabeth Taylor. Elle était splendide à sa façon voluptueuse – des gros seins, un gros cul, de grands yeux violets, et une petite bouche en bouton de rose. Je lorgnai ses seins et m'écriai : "Whoooa !" Toute l'équipe éclata de rire.

« Au cours du tournage, j'appris une chose sur Liz. Elle avait cette attitude je-m'en-foutiste que je trouvais plutôt attachante. Nous avions un réalisateur autrichien très pontifiant [5] – naturalisé américain, bien sûr – du nom de Curtis Bernhardt. Ni Elizabeth ni moi, ni quiconque d'ailleurs, ne faisait très attention à lui. Elizabeth montrait son dédain en lui bâillant au nez chaque fois qu'il lui donnait des instructions détaillées pour jouer telle ou telle scène. Elle semblait lasse de tout ce cirque, dans la mesure où, comme nous tous, elle avait été contrainte par la Metro d'accepter ce rôle. »

Oswald Morris, le chef de la photographie pour *Le Beau Brummel*, confirme les dires de Granger : « Elizabeth Taylor était à l'époque une jeune fille on ne peut plus gâtée. Pendant des années, elle avait croulé sous une avalanche de compliments concernant sa beauté – et la vérité est qu'elle avait des traits extrêmement attirants. Mais ça lui était monté à la tête. Il devint difficile de travailler avec elle. Elle roulait des yeux ou les laissait errer sur le tournage chaque fois que Curtis Bernhardt lui donnait des instructions. Elle comprit que s'il s'instaurait une épreuve de forces entre le réalisateur et elle, ce serait à lui de s'en aller. Bernhardt n'avait jamais été sous contrat avec la Metro ; il travaillait en indépendant. Mais Sam Zimbalist, le producteur, avait toujours été sous contrat avec la MGM, lui. Elizabeth savait que le producteur et elle pouvaient obliger le réalisateur à faire tout ce qu'elle voulait.

« Je ne prétends pas qu'Elizabeth méprisait intentionnellement Bernhardt, mais chaque fois qu'il essayait de la diriger,

elle se mettait dans tous ses états. A la fin, Curtis lui disait :
" Entendu, Elizabeth, faisons comme vous le sentez. " Le résultat, c'est qu'il y eut deux versions pour presque chaque scène
où apparaissait Elizabeth – la sienne et celle de Bernhardt.
Finalement, Zimbalist dut choisir entre les deux versions. »

Le produit fini, tout comme la performance de Taylor, fut
médiocre. Des années plus tard, alors qu'elle était mariée à
Richard Burton, Liz apprit que *Le Beau Brummel* devait passer
en dernière partie de soirée à la télévision. Cinq minutes après
le début du film, elle eut un geste de la main agacé et demanda
à Burton d'éteindre le poste.

Le film suivant que tourna Liz, *La dernière fois que j'ai vu
Paris,* se révéla légèrement moins médiocre, même si l'actrice
parut l'apprécier davantage. Dans une interview donnée en
1964 au *New York Times,* elle déclara :

« C'est à l'occasion d'un film en réalité plutôt médiocre, *La
dernière fois que j'ai vu Paris,* que je compris pour la première
fois que je voulais être actrice et non me contenter de
m'ennuyer en jouant la comédie. [Mon personnage] se caractérisait par une perpétuelle instabilité, et ne se réduisait pas à
quelques répliques désinvoltes. »

Le film, adapté d'une nouvelle de Francis Scott Fitzgerald
(*Retour à Babylone*), évoquait vaguement la vie de l'écrivain,
joué par Van Johnson, et de sa femme Zelda, interprétée par
Elizabeth Taylor. Réalisé par Richard Brooks, il marqua aussi
les débuts d'actrice d'Eva Gabor.

« Je n'oublierai jamais ma première scène avec Elizabeth,
écrivit Gabor. Elle portait une robe extraordinaire en mousseline de soie rouge. Elle s'était fait couper les cheveux plus
court que d'habitude, et elle paraissait jeune et belle. Van
Johnson et moi nous rendîmes sur le plateau dans la même
voiture. J'avais sur moi ce manteau jaune que je devais porter
dans ma scène avec Elizabeth. Il se trouve qu'il pleuvait ce
jour-là. Le temps que nous descendions du véhicule et arrivions sur le plateau, mes cheveux et mon manteau étaient
trempés. Il n'y a qu'à moi que ça pouvait arriver : ressembler à
un pauvre lièvre mouillé pour ma première scène avec la fille
la plus ravissante du monde. »

Dorsimae Kerns, qui s'occupait de la promotion, se rappelle
que la coupe de cheveux d'Elizabeth était plus courte qu'à
l'accoutumée. « J'avais les cheveux courts à l'époque, et Elizabeth voulait que je lui coupe les siens à l'identique. Au début je
refusai. C'est alors qu'elle s'empara d'une paire de ciseaux et
se coupa la moitié des cheveux sans plus attendre. Je dus finir
l'ouvrage. L. B. Mayer entra dans une rage folle parce que le
film n'était qu'à moitié tourné, et le réalisateur dut inventer

une scène où on lui coupait les cheveux pour justifier ce changement. »

Le tournage de *La dernière fois que j'ai vu Paris* prit fin au début du mois de mai 1954. Quelques jours plus tard, Taylor annonça ce que les huiles de la Metro savaient déjà : elle était enceinte. Au lieu de la « mise à pied » traditionnelle, elle accepta de prolonger son contrat avec la MGM d'une année.

La décision de Liz de reconduire ainsi son contrat devait avoir plus tard de terribles conséquences, mais à ce moment-là cela paraissait une tactique plutôt sage. Les Wilding étaient désormais en mesure de se mettre en quête d'une demeure assez grande. Ils trouvèrent ce qu'ils cherchaient au 1315 Beverly Estate Drive, la dernière demeure sur une route sinueuse dans Benedict Canyon. L'actrice Kathryn Grayson, elle-même en quête d'un logement à l'époque, avait visité la maison peu de temps avant que les Wilding n'en fassent l'acquisition :

« Mon frère construisait des maisons, et il connaissait un architecte, George McLean, qui avait tracé les plans de ce que mon frère considérait comme " une résidence ultramoderne et spectaculaire ", avec piscine et panoramas idylliques. Elle avait essentiellement des parois en verre. Le salon était doté d'un long mur recouvert d'écorce de bois naturel sur lequel poussaient des touffes de fougère et des orchidées. Les cheminées étaient monumentales, le bar en marbre, les portes coulissantes commandées par un système automatique ; il y avait un interphone, des variateurs de lumière, un écran de cinéma escamotable et des rideaux dont l'ouverture et la fermeture étaient automatisées. Il y avait également un système haute fidélité avec enceintes dans chaque coin. La chambre à coucher principale possédait des salles de bains distinctes et personnalisées. Un jardin semi-tropical ceignait la maison et la piscine. Les plafonds étaient bas, ce qui n'ajoutait aucun charme. Bref, le résultat était plutôt grotesque : c'était du dernier kitsch hollywoodien, un palais insipide pour stars de cinéma. On en demandait 150 000 dollars. J'informai mon frère que non seulement j'étais incapable de vivre dans une telle monstruosité, mais également de me la payer.

« George McLean était un proche ami de la mère d'Elizabeth Taylor, aussi fit-il visiter l'endroit aux Wilding. Michael Wilding, avec son éducation anglo-saxonne raffinée, trouva le bâtiment aussi repoussant que moi. Mais Elizabeth, qui semblait avoir le dernier mot dans son couple, l'adora. Il lui fallait cette maison. Elle prit rendez-vous avec Benny Thau à la MGM et le persuada de lui donner une avance sur son contrat. L'ancienne demeure des Wilding fut mise en vente, et ils purent acheter immédiatement celle-ci. »

Le couple était encore en train de s'installer dans ses nouveaux quartiers quand, le jour des vingt-trois ans d'Elizabeth, le 27 février 1955, Liz donna naissance à leur deuxième enfant, Christopher Edward Wilding. Comme son frère, Christopher naquit par césarienne à l'hôpital Santa Monica. Il avait des yeux bleus et des cheveux blonds qui devinrent vite châtains.

Les visiteurs qui se rendirent chez les Wilding peu de temps après la naissance du bébé furent frappés par l'ambiance désinvolte qui y régnait. Joan Bennett passa là-bas un après-midi et se rappelle un déjeuner servi dans « de la porcelaine dépareillée et ébréchée. Une nurse anglaise essayait vainement de coucher les deux enfants d'Elizabeth, mais ils n'arrêtaient pas de brailler. La maison avait l'odeur d'une tanière, toutes les pièces sentaient le chien et le chat. Ils déféquaient manifestement où et chaque fois que ça leur convenait. Un canard était libre d'aller où il voulait et se rendait régulièrement dans un salon vert foncé pour se soulager. Les chats avaient détérioré la plupart des meubles avec leurs griffes et déchiré tous les draps et couvertures de la maison.

« Michael Wilding et moi passâmes la majeure partie de l'après-midi assis devant la piscine. Elizabeth, censée se reposer à l'étage, aboyait de temps à autre des ordres à l'intention de son mari via l'interphone : " Michael, apporte-moi un gin-tonic ! Michael, les gosses pleurent ! Va les voir, s'il te plaît ! Apporte-moi ceci, apporte-moi cela ! " Cela dura des heures. Michael obéissait, bondissait de sa chaise chaque fois qu'elle l'appelait. A la fin, je n'en pus plus. " Pourquoi est-ce que tu ne l'envoies pas balader ? " dis-je. Il m'adressa un sourire penaud et me répondit d'un ton pathétique : " J'aimerais bien. Oui, j'aimerais bien. " »

La cible principale d'Elizabeth – en dehors de son mari – était devenue Peggy Rutledge, qui lui servait de bonne. Ses tâches consistaient aussi bien à nettoyer derrière les animaux qu'à déloger les insectes et crapauds de la piscine. Elle s'occupait également de la garde-robe de sa maîtresse, veillant à ce que les deux cents robes d'Elizabeth, ses cent paires de chaussures et sa douzaine de manteaux de fourrure soient constamment entretenus et prêts à servir. Quand la nurse était en congé, c'est elle qui s'occupait des enfants.

Il était clair pour Rutledge – ainsi que pour d'autres familiers de la famille – que le mariage Wilding se dégradait progressivement. Chaque fois qu'ils donnaient une fête, ils arrivaient bras dessus bras dessous, accueillaient les invités, puis passaient le restant de la soirée chacun de son côté. Tandis qu'Elizabeth s'occupait de ses amis (principalement des hommes) à un bout de la maison, Wilding faisait de son mieux pour être accaparé à l'autre bout. Taylor avait fini par trouver les manières étriquées de Wilding assez ennuyeuses.

De son côté, il avait commencé à reprocher à Elizabeth ses incessants retards et son laisser-aller domestique. Par exemple, il se plaignait que des cafards hantent la cuisine et l'office la nuit. En outre, rapporta Wilding à Stewart Granger, « Elizabeth n'est jamais où elle est censée être à telle heure précise. Elle passe deux heures à s'habiller et se maquiller et une autre heure à s'occuper de sa coiffure. Ce n'est pas qu'elle se mette en retard délibérément, seulement elle rêvasse trop. Elle vit dans un temps qui lui est propre. Elle s'installe dans le salon d'un aéroport et sirote des Bloody Mary tout en s'attendant à ce que l'avion s'adapte à son rythme. Elle n'a pas nécessairement une sensibilité de star de cinéma; elle est plutôt une version moderne d'Alice au pays des merveilles. »

Après la naissance de Christopher, Elizabeth entama un régime radical pour perdre les 17 kilos qu'elle avait pris durant sa grossesse. Elle devint tellement maniaque par rapport à la nourriture que pendant plusieurs semaines elle renonça aux aliments solides, se limitant à l'eau glacée et aux jus de fruit. La raison principale de ce brusque revirement, à part sa santé et sa beauté, était son désir de pouvoir donner la réplique à Rock Hudson et James Dean dans *Géant*, une production épique que George Stevens avait mise sur pied pour la Warner Brothers.

Adapté d'un roman informe d'Edna Ferber (qui avait été secrètement embauchée pour aider à réécrire le scénario), le film offrait à Elizabeth un rôle en or en la personne de Leslie Benedict, une jeune femme originaire du Kentucky qui se marie et émigre au Texas, sur la propriété d'un magnat du pétrole, où elle fondera une famille. Le rôle, qui s'étend sur trente années de la vie d'une femme, avait été au départ promis à Grace Kelly. Mais cette dernière ayant décidé d'épouser le prince Rainier de Monaco et d'abandonner sa carrière, le rôle demeurait vacant. Audrey Hepburn, autre candidate d'envergure, fut jugée « trop sophistiquée ». « Je veux quelqu'un qui ait du cran [6] », écrivit George Stevens, le réalisateur et producteur, à son associé Henry Ginsberg. Celui-ci recommanda Marlene Dietrich. « Trop teutonne », rétorqua Stevens.

Rock Hudson, qui devait incarner Bick Benedict, le mari d'Elizabeth dans le film, joua un rôle non négligeable dans l'attribution du rôle de Leslie. Invité à déjeuner par George Stevens, il se vit poser la question suivante :

« – Que penseriez-vous d'Elizabeth Taylor pour jouer ce personnage?

« – Ça me paraît une bonne idée, répondit Hudson. Je n'y vois aucune objection. »

La MGM reçut 175 000 dollars de la Warner Brothers pour le débauchage de Taylor. L'aval personnel de Hudson compta beaucoup pour Elizabeth. Elle décida de devenir son amie.

Lors du tournage en extérieur qui eut lieu à Marfa, au Texas, une petite ville de 3 600 âmes frappée par la sécheresse, Rock Hudson et Elizabeth Taylor devinrent plus que de simples amis. En dépit des tendances homosexuelles dominantes de Rock, Phyllis Gates [7], la secrétaire particulière de Hudson et son épouse (un mariage arrangé par les manitous du Studio pour couper court aux rumeurs sur l'homosexualité de Hudson), fut persuadée que Rock et Elizabeth avaient une liaison. Bien que leur mariage fût de courte durée, Gates rendit plusieurs fois visite à Rock sur le tournage de *Géant*.

Dans ses mémoires, *My Husband, Rock Hudson*, Gates commente ainsi la nature amoureuse de la relation entre Hudson et Taylor et révèle la source principale de ses informations :

> Avant mon départ de Hollywood, quelqu'un m'avait laissé entendre que Rock et Elizabeth avaient une liaison. Le mari d'Elizabeth, Michael Wilding, était resté en Californie, et Liz se retrouvait très loin de lui en compagnie de deux hommes extrêmement séduisants et volontaires. Elle semblait intriguée par le charme capricieux de James Dean, mais son attitude distante écartait toute idylle. Et Rock? Il accordait beaucoup d'attention à Elizabeth. Ils se comportaient l'un envers l'autre presque comme des gamins, se parlant dans une langue puérile et se faisant des farces comme de pousser l'autre dans l'eau... Ça ne m'étonnerait pas que Rock ait tout fait pour gagner les faveurs d'Elizabeth, et cela afin d'asseoir sa position prédominante dans le tournage de *Géant*.

Le fait de posséder des logements voisins rendit plus facile la possibilité de rapports sexuels entre les deux acteurs. La plupart des membres de l'équipe avaient été logés en ville. Marfa [8] possédait un hôtel de vingt-cinq chambres, deux petits motels, trois cafés, trois brasseries, une épicerie, un vendeur de voitures d'occasion et un vieux cinéma, le Palace, qui avait fermé ses portes depuis deux ans, et que George Stevens avait réquisitionné pour visionner les rushes au quotidien. Les vedettes – Rock Hudson, James Dean et Elizabeth Taylor – eurent droit à des villas modernes mais modestes, avec cuisine aménagée. Une des trouvailles les plus inventives de Rock et de Liz fut ce que cette dernière baptisa le « martini au chocolat » (de la vodka avec de la liqueur de cacao). Les deux amis se soûlaient souvent ensemble, et une fois Elizabeth dut s'éclipser entre deux prises pour aller vomir dans la cuvette des W.-C.

Au bout de quelques jours, le bruit d'une supposée idylle entre Taylor et Hudson parvint jusqu'aux oreilles de Hollywood. Michael Wilding, alors chez lui avec la nurse et ses deux fils, réagit aussitôt à la rumeur. Joseph C. Hamilton, un jeune employé à la réception de l'hôtel de Marfa, était de permanence un soir quand un homme grand et élégant, avec chapeau melon et costume droit noir, entra en coup de vent par la porte principale et se dirigea d'un pas vif vers le comptoir en marbre. Il n'avait aucun bagage, mais portait sous chaque bras un caniche.

– Je suis Michael Wilding, annonça-t-il. Je viens juste d'arriver par avion militaire depuis la base aérienne d'El Paso.

Hamilton observa cet Anglais sans rien dire.

– Je suis Michael Wilding, répéta l'homme. Je suis le mari d'Elizabeth Taylor et j'aimerais beaucoup la voir. Savez-vous où je puis la trouver?

– Oh, bien sûr, monsieur, balbutia le réceptionniste. Je crois qu'elle est en train de dîner avec Mr. Hudson dans la salle à manger de l'hôtel.

Hamilton lui montra le chemin, et Wilding traversa un salon jusqu'à une salle bondée d'acteurs et de membres de l'équipe de tournage. Dix minutes plus tard, Wilding en ressortit, toujours avec ses deux caniches sous le bras, et franchit les portes de l'hôtel sans rien ajouter.

« Peu après le départ de Wilding, raconte Hamilton, Chill Wills et Monte Hale, deux des acteurs, entrèrent dans le hall principal et s'assirent sur un canapé près de la réception. Hale commença à jouer de la guitare, en chantant doucement des airs et des ballades traditionnels. Chill, avec son accent traînant du Sud, fit remarquer : " Ben, j'crois que tout n'est pas parfait au paradis. " Monte Hall ricana juste comme Liz Taylor et Rock Hudson, qui la dépassait de beaucoup, sortaient de la salle de restaurant en riant de bon cœur. Je compris alors que Taylor et Wilding ne tarderaient pas à divorcer. »

Michael Wilding rentra à Hollywood et se retrouva immédiatement mêlé à un de ces scandales dont il avait le secret. Seul et déprimé, il se rendit à une revue musicale un soir, et quand le spectacle s'acheva à 4 heures du matin, il invita deux des effeuilleuses chez lui. Les enfants et la gouvernante passaient la semaine à Beverly Hills en compagnie de Francis et Sara Taylor. Wilding et les jeunes femmes firent la fête jusqu'à l'aube, puis Mike leur donna à chacune 250 dollars et les renvoya dans leurs pénates. Toutes deux se firent plus du double de cette somme en vendant leur histoire au journal *Confidential*. La réponse d'Elizabeth à l'article ne tarda pas : « Que ce soit la vérité ou non, on ne peut pas laisser un tel article briser notre mariage. » Puis elle téléphona à son mari et, d'après Alexander Walker [9], elle lui dit : « Je n'y peux rien, mais il se trouve que je tombe chaque fois un peu amoureuse du rôle-titre. Et je crois que ça continuera. »

La peine qu'éprouvait Wilding aurait difficilement pu être atténuée par l'explication de sa femme. La presse, pour sa part, avait échafaudé une idylle encore plus invraisemblable entre Elizabeth Taylor et l'autre rôle-titre, James Dean, dont la composition de jeune homme ombrageux dans *A l'est d'Eden* lui avait valu des admirateurs fervents. La gloire et le talent contribuaient à faire de lui la star de la nouvelle génération d'acteurs dont l'ascension était la plus rapide. Comme Rock Hudson, Dean avait de forts penchants homosexuels, mais il lui arrivait de temps à autre de se sentir attiré par des femmes et d'avoir avec elles des liaisons.

Jeffrey Tanby, une relation de Dean et un habitué du plateau de *Géant*, se souvient que Rock et Jimmy « n'étaient pas exactement dans les meilleurs termes. A en croire Jimmy, Rock essayait de le draguer, et quand il résista, Hudson prit mal la chose et lui demanda de partir. C'est alors que Hudson se lia d'amitié avec Elizabeth Taylor. Rock ne tarissait pas de critiques sur Dean. Il se plaignait en permanence à George Stevens que Dean avait bénéficié des meilleures répliques et des meilleurs gros plans. Stevens détestait Jimmy, le considérant comme irresponsable et irrespectueux, mais il reconnaissait ses indéniables qualités d'acteur. Dans le rôle de Jeff Rink, le pauvre fermier ruiné qui tombe sur un gisement de pétrole, Jimmy ne pouvait qu'éclipser Hudson. Et c'est exactement ce qu'il a fait. »

Bien qu'Elizabeth Taylor s'indignât elle aussi des efforts éhontés de Dean pour s'arroger la vedette et de son mépris des réactions des autres acteurs, un lien très fort devait bientôt se développer entre eux. Jimmy faisait preuve non seulement d'une insouciance effrayante mais également d'un sens de l'humour peu orthodoxe et parfois grossier. Un jour où l'équipe technique, quelques spectateurs et certains acteurs assistaient au tournage d'une scène, Dean s'arrêta net tout en criant « Coupez! » puis il entreprit de défaire sa braguette et d'uriner au vu et au su de tous. Elizabeth trouvait ce genre de forfanterie amusante, plutôt qu'insultante.

C'est en juin 1955, alors que le tournage n'était toujours pas achevé, qu'Elizabeth et Jimmy se rapprochèrent. Carroll Baker, qui jouait la fille d'Elizabeth dans le film, témoigne dans son autobiographie, *Baby Doll* : « Elizabeth disparaissait mystérieusement avec Jimmy chaque soir, et aucun d'entre nous ne savait où ils pouvaient aller. Ils débarquaient ensemble pour le dîner. Elle s'asseyait au deuxième balcon de la salle à côté de lui pendant qu'on projetait les rushes et ils s'éclipsaient pour apparemment la majeure partie de la nuit. »

Des années plus tard, le 11 mars 1993, quand Elizabeth reçut de l'American Film Institute un prix pour l'ensemble de sa carrière, elle informa un public de mille cinq cents personnes rassemblé à l'hôtel Beverly Hills qu'elle avait « aimé » James Dean – sans préciser s'il fallait l'entendre au sens physique ou platonique. Mais dans son autobiographie, elle qualifie leurs rapports d'amicaux : « Il existait entre nous une amitié extraordinaire. Nous restions parfois ensemble jusqu'à trois heures du matin, et il me parlait de son passé, de sa mère, de ses amours, et le lendemain il me regardait d'un air absent comme s'il en avait trop dit ou trop révélé sur lui-même. Après de telles confidences, il fallait parfois attendre deux jours avant que nous ayons de nouveau des rapports amicaux. Il avait extrêmement peur de se livrer. »

L'autre point commun entre Taylor et Dean était leurs démêlés avec le réalisateur. Un jour, George Stevens reprocha en public à Elizabeth d'être trop séduisante. « Tant que vous vous en tiendrez au vernis, vous ne serez jamais une actrice », lui dit-il. Pour compliquer la situation, Dean prenait régulièrement de la drogue, de la marijuana et du haschisch, tandis qu'Elizabeth rencontrait toute une série d'ennuis de santé, allant d'une infection à la jambe à un épuisement consécutif à la chaleur, occasionnant des retards répétés dans le programme du tournage. Stevens soupçonnait les maux d'Elizabeth d'être soit imaginaires soit inventés.

Avant la fin du tournage, Elizabeth offrit à Dean un chaton ; il l'appela Marcus, d'après un oncle à lui qui vivait à Fairmount, dans l'Indiana. Taylor déclara plus tard : « Je pense qu'il aimait ce chaton plus que toute autre chose ou quiconque au monde. »

Puis ce fut le drame. Le 30 septembre 1955, plusieurs jours après avoir tourné sa dernière scène de *Géant*, James Dean se tua dans un accident de voiture alors qu'il se rendait à une course automobile à Salinas, en Californie, au volant de sa toute nouvelle Porsche 550 Spyder. Il venait juste d'avoir vingt-quatre ans.

Elizabeth Taylor, Rock Hudson, Carroll Baker, George Stevens et quelques autres personnes étaient en train de visionner les rushes à la Warner Brothers de Burbank quand le téléphone se mit à sonner. Stevens décrocha et écouta. Quand finalement il parla, ce fut pour dire : « Non... Oh mon Dieu ! Vous êtes sûr ? Quand ? » Il raccrocha et fit arrêter la projection et allumer les lumières. Il se tourna vers les personnes présentes, la mine défaite, et annonça : « On vient juste de m'informer que Jimmy Dean s'est tué. » Tout le monde retint sa respiration et le silence s'abattit sur la salle.

Le plateau resta désert tout le restant de la journée. Taylor croisa Stevens sur le parking du studio. « Cela devait arriver, lui déclara-t-il. Il conduisait comme un fou. Il avait visiblement envie de mourir. »

L'actrice de vingt-trois ans haussa les sourcils en regardant avec stupéfaction le réalisateur et rétorqua : « Va te faire foutre, George », puis elle tourna les talons et se dirigea vers sa voiture.

Le lendemain de la mort de Dean, un samedi, Stevens décida de reprendre le tournage. Elizabeth Taylor rechigna. James P. Knox, un des cascadeurs de *Géant*, se souvient que « Stevens se montrait particulièrement dur avec Elizabeth. Elle était on ne peut plus troublée et ne toucha pas à son déjeuner. Une fois sur le plateau – on tournait les intérieurs – elle craqua et s'effondra en larmes. Elle ne pouvait plus s'arrêter de pleurer. Elle devint presque hystérique. Stevens piqua une colère et l'obligea à achever la scène. »

Elizabeth obtempéra mais fut au bord de la rupture pendant trois jours [10]. Elle fut ensuite hospitalisée (du 1er au 10 octobre 1955) à St John pour toutes sortes de maux : infection urinaire, occlusion intestinale, congestion pulmonaire, douleurs à la jambe, migraines. Stevens demeura convaincu que la cause première des problèmes de santé d'Elizabeth était due à la mort de James Dean, et que ce qui s'ensuivait était purement psychosomatique. Il essaya d'achever le film en recourant à une doublure mais, ne parvenant pas aux résultats escomptés, il dut repousser la fin du tournage de deux nouvelles semaines.

Lester Persky, un des producteurs du film tourné en 1968 par Taylor, *Boom*, se rappelle une conversation qu'il eut un jour avec Richard Gulley, lequel s'occupait des rapports avec la presse pour *Géant* : « Gulley me confirma que George Stevens était devenu à moitié fou furieux à force de travailler avec Liz. Au stade où elle en était de sa carrière, elle était une vraie terreur : gâtée, difficile, complètement introvertie. Nul doute que la mort de James Dean l'avait sincèrement affecté – elle avait eu à son égard une attitude par bien des côtés maternelle. Mais il ne s'agit là que d'un des nombreux événements que Liz utilisa au cours du tournage à son seul avantage. »

Elizabeth Taylor s'était mise à appeler la MGM « le poumon d'acier [11] – un endroit où on ne vous laisse pas respirer ». Le Studio avait mis au point la partition et le scénario d'une version musicale fastidieuse de *Cendrillon*, qu'il avait rebaptisée *The Glass Slipper* (« La Pantoufle de verre ») [12]. En collants blancs et chaussons de danse, Michael Wilding jouait le Prince Charmant. Il enchaîna avec une apparition dans *Duel d'espions*, un drame militaire situé à l'époque de la révolution américaine. En janvier 1956, la MGM décida de ne pas reconduire le contrat de Wilding. A l'âge de quarante-deux ans, l'ancienne idole britannique du public féminin avait acquis la réputation d'être un colossal ringard.

Le jour où la Metro signifia à Wilding la non-reconduction de son contrat, sa femme se trouvait à New York avec leurs deux fils. Ils habitaient dans l'appartement de Montgomery Clift. Les paquets de couches et les biberons envahissaient les pièces. Liz s'angoissait à l'idée d'un nouveau divorce et pleurait, comme autrefois, dans les bras de Monty. La nuit, il lui massait le dos pendant des heures et lui donnait à boire du lait chaud pour calmer ses nerfs à vif.

Bill LeMassena, l'ami de Monty, déclara que Clift « était devenu un proche de Mike Wilding. Il admirait son charme britannique désinvolte et sa douceur. Elizabeth, quant à elle, redoutait d'avoir à supporter Wilding à la fois financièrement et psychologiquement. Elle dit à Monty : " Je rêve d'un homme vraiment fort qui s'occupe de moi, m'achète plein de bijoux et paie mes factures. " »

En février 1956, Columbia Pictures offrit à Wilding un rôle de second plan aux côtés de Victor Mature et Anita Ekberg dans *Zarak Khan*, un film d'aventures qui devait se tourner en Espagne et au Maroc. Elizabeth crut que le film pourrait aider son mari à retrouver sa confiance en soi. Elle l'encouragea à accepter le rôle et se proposa de l'accompagner sur les lieux du tournage.

A peine étaient-ils arrivés au Maroc qu'elle commença à se plaindre. Elle trouvait les conditions de vie insupportables, la chaleur implacable, la nourriture abominable. Wilding avait également des raisons de se plaindre, et Liz en était la cause première. Il l'accusa de dilapider une véritable fortune en pierres semi-précieuses et en caftans de soie, toutes choses qu'elle ne portait jamais. Au lieu de ça, fit-il remarquer, elle revêtait des pulls moulants et des jupes courtes et ne portait pas de bas, donnant ainsi l'impression de n'être qu'une « fille qui en veut », notamment dans un pays où les femmes avaient l'habitude de se voiler des pieds à la tête.

Elizabeth ne voyait dans les critiques de Wilding qu'un

paternalisme indécrottable. « Arrête de me traiter comme ta fille et commence un peu à voir en moi ta femme », lui lança-t-elle. Mais sa pique ne fut pas entendue, et l'incompréhension grandissante qui régnait au sein du couple donna lieu à de nombreuses querelles en public.

En milieu de tournage, le gros de l'équipe avait quitté le site de départ, une auberge dans le village montagnard de Xavien, pour le plus vaste et plus confortable Dersa Hotel, situé à une soixantaine de kilomètres de la ville de Tétouan. Les Wilding occupaient la suite 106. Le beau et musclé Victor Mature avait une chambre située à deux portes de la leur. Un après-midi, Wilding rentra tôt du plateau, pénétra dans sa suite et trouva Mature au lit avec Elizabeth. Wilding passa le reste du tournage seul à l'auberge de Xavien, pendant que Liz vivait ouvertement sa liaison, renonçant ainsi définitivement à son vœu souvent répété de ne jamais tromper son mari.

Le film achevé, Wilding rentra à Londres ; Elizabeth se rendit aux États-Unis pour retrouver ses enfants. Stewart Granger, également à Londres, et qui tournait pour la MGM *La Croisée des destins*, rencontra Wilding :

« Michael faisait peine à voir.

« – Que se passe-t-il, bon sang ? lui demandai-je.

« – Elizabeth a eu une liaison au Maroc avec Victor Mature, me dit-il. Tout le monde est au courant. J'ai dû tourner une scène avec lui, et il n'y a pas fait une seule allusion, aucune excuse, rien. Il aurait pu dire : Merde, je suis désolé pour ce qui est arrivé. Mais il n'a rien dit du tout.

« Bon, d'accord. Je connaissais Victor Mature, c'était une grosse baraque et un poltron, je savais également qu'il était à l'époque à Londres, où il tournait un nouveau film.

« Je suis allé le voir.

« – Salut, Stewart, me dit-il en me tendant sa grosse patte d'ours.

« Il était taillé comme un roc, mais à l'intérieur, c'était rien que du mou.

« – Je suis très embêté pour Michael Wilding, lui dis-je.

« – Oh, bredouilla-t-il. Pourquoi ?

« – Eh bien, à cause de ton histoire avec Liz. Tu l'as humilié. Michael n'est pas comme moi. Tu vois, moi, je t'aurais fracturé ta putain de mâchoire. Mike est un type sensible, mais j'ai peur qu'il ne songe tout simplement à te tuer. Il est un peu...

« L'autre grand nigaud m'interrompit :

« – Quoi ? Qu'est-ce que tu racontes ?

« – Ouais, je suis inquiet. Je me dis, pourquoi est-ce qu'il irait en prison pour avoir assassiné une merde dans ton genre ? Ce que tu devrais faire, c'est aller lui présenter des excuses à genoux. Ouais, de sacrées excuses.

« – Oh, mais bien sûr, Stewart, bien sûr.

« – Très bien, dis-je, parce que sinon il va finir par exploser.

« Puis je suis sorti et j'ai pensé : Tout ça est de la belle connerie. Je ferais mieux de m'occuper de mes oignons.

« Environ une semaine plus tard, je croise Michael. Je remarque qu'il avait l'air d'aller mieux.

« – Comment ça va ? je lui demande.

« – Bien, m'assure-t-il.

« – Que s'est-il passé ?

« – Victor Mature m'a présenté des excuses.

« – Génial ! Ça c'est super, Michael.

« – Oui. Le plus extraordinaire dans tout ça, c'est que pendant qu'il s'excusait, il pliait légèrement les genoux.

« – Comme s'il allait s'agenouiller ?

« – Exactement. Comme s'il voulait implorer mon pardon.

« Je ne pus m'empêcher d'éclater d'un rire tonitruant. »

Mike Wilding alla rejoindre sa femme en Californie, pour découvrir qu'entre-temps elle avait pris comme amant Frank Sinatra [13]. L'idylle, si on peut appeler la chose ainsi, s'acheva presque avant d'avoir commencé. Selon feu Jilly Rizzo, un des confidents les plus intimes de Sinatra, « Frank et Liz ne se sont retrouvés que deux ou trois fois. Il l'a laissée tomber à l'instant où elle lui a parlé mariage, et elle a visiblement abordé le sujet très vite. Elle voulait être la prochaine Mrs. Frank Sinatra. »

Sans révéler ses sources ni avancer de dates, la biographe de stars, Kitty Kelley, fait cette incroyable affirmation dans sa biographie de Frank Sinatra sortie en 1986, *His Way* : le chanteur aurait mis Elizabeth enceinte et, au lieu de l'épouser, il lui aurait payé son avortement.

« Cette histoire est de la pure invention, dit Rizzo. Frank n'a jamais mis Liz enceinte ni financé un avortement. » Redoutant des poursuites après la révélation infondée de Kitty Kelley, l'éditeur Simon & Schuster supprima ce ragot de sa biographie d'Elizabeth Taylor parue en 1981 (*The Last Star*). Kelley l'inséra plus tard dans sa biographie de Sinatra parue chez Bantam, qui laissa faire. Faisant allusion à cette fiction d'un avortement, Elizabeth Taylor dira à la journaliste Liz Smith que Kitty Kelley « n'est pas... une [biographe] mais une affabulatrice ».

Même après la fin de l'épisode Sinatra, Elizabeth continua de torturer Wilding en passant en permanence des disques de Frank Sinatra sur leur chaîne hi-fi. Quand Wilding lui reprocha « d'être d'une indiscrétion insupportable », elle répliqua : « Pourquoi ne me donnes-tu pas une fessée, Michael ? C'est ce que mon père ferait. »

Mais Wilding ne fit rien. Elizabeth réagit en se lançant dans une nouvelle liaison, cette fois-ci avec un directeur de la photo et scénariste irlandais, Kevin McClory, qui avait récemment travaillé comme réalisateur adjoint et chef cameraman pour le dernier film produit par Mike Todd, *Le Tour du monde en 80 jours*.

Avec ses cheveux noirs et ses yeux bleus, McClory était un personnage plein de panache. Héros de l'armée au cours de la Seconde Guerre mondiale, il se lia d'amitié avec John Huston après la cessation des hostilités et rejoignit sa troupe quelques années plus tard. Il signa ensuite un contrat avec Mike Todd, qui, selon McClory, sous-payait grandement ses employés. McClory avait également de fréquentes disputes avec Todd sur la meilleure façon de produire un film. Les deux hommes étaient dotés de fortes personnalités.

En faisant le bilan de sa liaison avec Elizabeth Taylor, McClory devait dire à Mike Todd Jr., le fils du producteur, qui rédigeait alors une biographie de son père, parue en 1983 sous le titre *A Valuable Property*, qu'ils s'étaient vus « assez souvent, et très, très discrètement. Les seules personnes qui étaient vraiment au courant étaient Shirley MacLaine et Steve Parker, le mari de Shirley, parce que nous avions l'habitude d'aller chez eux à Malibu... Nous avions projeté de nous marier. »

Quand Mike Todd eut vent de leur liaison, il convoqua McClory et lui dit : « Je ne pense pas qu'il soit convenable que tu sortes avec une femme mariée. » En quelques semaines, Todd, lui aussi, s'était amouraché d'Elizabeth Taylor.

# 11

« J'aimerais faire la connaissance d'Elizabeth Taylor, dit un jour Mike Todd à Kevin McClory. Pourquoi ne viens-tu pas un jour avec elle ? » McClory soupçonna son patron de vouloir se servir du renom d'Elizabeth pour l'aider à promouvoir *Le Tour du monde en 80 jours*, et il n'avait pas tort. Todd, l'ancien bonimenteur de foire et démarcheur (né Avrom Hirsh Goldenbogen, en 1907, dans une famille d'immigrants sans le sou de Minneapolis), s'était fait une spécialité de dénicher des célébrités pour l'aider à « promouvoir » ses entreprises, en l'occurrence une production qu'il estimait être « le film du siècle ». (McClory apprit plus tard que Todd avait en fait déjà essayé de convaincre la MGM de laisser Elizabeth apparaître dans *Le Tour du monde en 80 jours*. Pour tout salaire, il proposait de lui acheter une nouvelle Cadillac. Le Studio, qui exigeait de l'argent, refusa.)

McClory accepta de faire les présentations, mais précisa que Taylor travaillait en ce moment sur un nouveau film, *L'Arbre de vie*, qu'il décrivit comme « une version yankee d'*Autant en emporte le vent* ». Tandis que Todd mâchouillait un de ses vingt cigares cubains quotidiens, McClory lui expliqua que Liz et Montgomery Clift allaient se rendre au Kentucky dans quelques semaines pour tourner en extérieur. « J'inviterai Elizabeth avant son départ », promit-il.

McClory passait toujours des week-ends romantiques avec Taylor dans leur maison d'emprunt sur la plage de Malibu. Ils parlèrent librement de l'éventualité d'un mariage et ne cachèrent pas leur liaison en dépit de ce que put dire McClory. On les vit ensemble à la première de *Moby Dick* et à presque toutes les fêtes « branchées » de Hollywood.

« C'est un cabotin », disait Taylor de son chevalier servant, signifiant par là que Kevin pouvait être aussi franc en matière sexuelle et aussi libidineux qu'elle.

Michael Wilding s'efforça de fermer les yeux sur la dernière et bruyante aventure extraconjugale de Liz. Il se confia surtout à Montgomery Clift, qui avait loué un appartement à Dawn Ridge Road, dans les hauteurs de Hollywood, à vingt minutes de la demeure de Benedict Canyon. Une fois Elizabeth endormie, Wilding se rendait chez Clift et lui racontait sa version ; Elizabeth exposait la sienne à Monty à la faveur des scènes d'intérieur de *L'Arbre de vie* qu'ils tournaient aux studios de la MGM.

Les week-ends, en l'absence d'Elizabeth, Clift jouait les mères de substitution auprès des deux jeunes garçons, les nourrissant, leur donnant le bain, les changeant et les amusant. Il passait ses heures perdues à tenter de consoler un Mike Wilding le plus souvent en état d'ébriété, et qui s'était mis en outre à prendre des antidépresseurs qui le rendaient dépendant.

Quand il ne jouait pas les baby-sitters ni les conciliateurs du ménage Wilding, Monty devait affronter son propre déluge de problèmes. Sa meilleure prestation cinématographique à ce jour, *Tant qu'il y aura des hommes*, n'avait guère contribué à renforcer sa confiance en lui. Il demeurait l'esclave des maux jumeaux qu'étaient pour lui la drogue et l'alcool, en dépit d'une interminable série de séances avec des psychiatres et des psychanalystes.

Le 12 mai 1956, Elizabeth et Michael Wilding invitèrent Monty à une petite réception chez eux. Les autres invités ce soir-là étaient Rock Hudson, Phyllis Gates [1] et Kevin McCarthy. Clift avait passé l'après-midi chez lui à se reposer et à boire. Peu désireux de se retrouver davantage impliqué dans les problèmes domestiques d'Elizabeth, il lui déclara qu'il ignorait s'il pourrait venir. Taylor, aussi têtue que sa mère, ne cessa de le rappeler au cours de la journée, le suppliant de venir. Elle obligea son mari à faire de même. « Nous avons besoin de toi, dit Wilding à Monty. Tu sers d'interprète à deux personnes qui ne parlent plus le même langage. » Au dernier moment, s'étant remonté avec une poignée de comprimés d'anxiolytiques, Clift accepta de venir.

Il passa une bonne partie de la soirée à discuter de *L'Arbre de vie* avec Elizabeth. Les autres invités allaient et venaient, parlant de tout et de rien. On passait des disques de Frank Sinatra et, après le souper, Mike Wilding ressentit des contractions dans le bas du dos et dut s'étendre sur le canapé. Monty se sentit également mal et s'allongea par terre.

Kevin McCarthy, qui était venu à Hollywood pour terminer

un bout d'essai pour une série télévisée, décrit ainsi le reste de la soirée : « J'avais loué une voiture, une Chevrolet marron et blanc à quatre portes, et je me rendis seul à Beverly Estates Drive.

« J'avais fini mon travail et réservé une place pour New York dans un vol qui partait très tôt le lendemain matin. Je ne comptais pas m'attarder. J'étais également au régime sec et ne bus rien. Monty ne but pas énormément non plus ce soir-là. Il avait récemment contracté une dysenterie amibienne à Mexico, et je savais qu'il se soignait en conséquence – et prenait sans doute d'autres médicaments en sus. Son docteur, un spécialiste des maladies tropicales, se trouvait à La Nouvelle-Orléans et l'avait traité pour sa dysenterie. Dans l'ensemble, il paraissait relativement en forme, même si personne n'était vraiment au courant dans la mesure où il ne se confiait guère. Plus tard, j'appris qu'il avait passé son après-midi à boire.

« La première fois que je l'avais rencontré à New York, il mélangeait sans complexe sa vodka avec toutes sortes de médicaments. Vous alliez chez lui et tombiez sur une flopée de flacons sans étiquette. Il devint un habitué de la pharmacie du coin. Les employés le laissaient errer derrière le comptoir et prendre les médicaments qu'il voulait. Ces choses-là arrivent quand vous êtes une star ; tout le monde s'arrange pour regarder dans l'autre direction.

« Quoi qu'il en soit, je l'avais déjà vu dans un plus mauvais état. Quand je décidai de prendre congé, Monty se releva et annonça : " Je m'en vais également. " Nous sommes sortis sur le parking. Monty me fit part de son inquiétude au sujet d'Edward Dmytryk, le réalisateur de *L'Arbre de vie*. Une des façons qu'avait Monty de se couler dans un personnage consistait à inventer en permanence certains gestes, un mouvement bizarre du corps ou une expression du visage qui donnait de la crédibilité au personnage qu'il incarnait. Mais alors qu'il tournait *L'Arbre de vie*, il découvrit que Dmytryk coupait systématiquement ses trouvailles. L'attitude du réalisateur le préoccupait et le troublait tout à la fois.

« Comme nous montions dans nos véhicules respectifs, je lui demandai quelle direction il allait prendre. Il me dit qu'il voulait rentrer chez lui, et je lui mentionnai un raccourci. Je connaissais parfaitement bien les routes du canyon à cette époque. Je lui dis de me suivre, que je lui indiquerais le chemin à suivre. C'était une route dangereuse avec de nombreux virages en épingle à cheveux. Je commençais à avoir peur – Monty avait toujours été un casse-cou et je craignais qu'il ne m'emboutisse le pare-chocs arrière quand je ralentirais à un tournant. Aussi j'accélérai. Je ne cessais de le guetter dans mon rétroviseur. A un moment, je jetai un coup d'œil et ne vis qu'un nuage de poussière et ses phares qui éclairaient toute la route.

« Je m'arrêtai, fis marche arrière et descendis de voiture. Il n'y avait aucune maison habitée dans la région : elles étaient toutes en construction. Pas plus qu'il n'y avait d'éclairage le long de la route. Après l'avoir cherchée un temps, je repérai finalement la voiture de Monty. Elle avait dévalé une colline et s'était encastrée contre un arbre. Je descendis la colline. Le moteur de la voiture tournait toujours, mais je savais comment couper les gaz sous le capot. Je ne vis Monty nulle part.

« Je retournai au pas de course à mon véhicule et manœuvrai de façon à ce que mes phares illuminent sa Chevrolet. Je retournai ensuite sur les lieux de l'accident. C'est alors que j'aperçus sa silhouette inconsciente derrière le tableau de bord. Son visage – tout ensanglanté et défoncé – avait visiblement été broyé par le volant. Je n'arrivais pas à l'atteindre. Les portières de la voiture s'étaient bloquées sous le choc.

« Je ne savais pas quoi faire. Il n'y avait aucun téléphone public. Aussi je revins sur mes pas et repartis pour la maison des Wilding. Je sonnai à la porte, et ce fut Michael qui m'ouvrit.

« " Monty vient d'avoir un terrible accident! m'écriai-je. Il faut une ambulance et un médecin. "

« Entre-temps, Liz était apparue sur le seuil. Elle avait tout entendu et se dépêcha d'appeler une ambulance et le docteur Rex Kennamer, le médecin qui suivait Monty sur la côte Ouest, bien connu à Hollywood comme le " docteur des stars ". Wilding voulait que sa femme reste à la maison, mais Liz insista pour venir et monta dans ma voiture, tandis que Rock et Phyllis partaient avec Mike.

« Elizabeth et moi arrivâmes les premiers. Elle bondit hors du véhicule et alla rejoindre Monty. A force de volonté, elle parvint à entrebâiller une des portières arrière. Se faufilant à l'intérieur, elle escalada le dossier du siège du passager avant et se retrouva à côté de lui. Berçant son visage fracassé contre elle, elle ôta son écharpe rose et s'en servit pour étancher le flot de sang. Encore en vie mais incapable de respirer convenablement, Monty lui désigna sa gorge. Son nez était cassé en deux ou trois endroits et ses deux dents de devant du haut s'étaient détachées et lui obstruaient la trachée. Sachant d'instinct ce qu'il convenait de faire, Liz passa deux doigts entre ses lèvres ensanglantées et retira les dents. (Monty fit plus tard monter une de ces dents sur une monture en argent, et il l'offrit à Elizabeth en gage de reconnaissance. Elle la portait parfois au bout d'une chaîne.)

« Elle se comportait en mère, lui tenant la main, caressant ses cheveux et lui chuchotant doucement à l'oreille. Puis la presse est arrivée. Telle une meute de loups affamés, des reporters ont dévalé la pente et les ont mitraillés avec leurs appareils photo.

« Liz les a vus arriver. " Virez-moi vos saloperies d'appareils de là ! " s'est-elle écriée, en dissimulant le visage de Monty avec son écharpe et ses mains. Comme les photographes refusaient de se laisser fléchir, Liz a piqué une nouvelle colère : " Barrez-vous d'ici ou je m'arrangerai pour qu'aucun de vous ne travaille jamais plus à Hollywood ! " Sous la menace, ils se retirèrent tous. »

Une demi-heure s'était écoulée depuis l'arrivée d'Elizabeth sur les lieux de l'accident, et l'ambulance n'était toujours pas là. Perdu dans un labyrinthe de petites routes, le chauffeur de l'ambulance fonçait dans la nuit, le hurlement de sa sirène se répercutant contre les flancs désolés des collines. Plus familier de la région, le docteur Rex Kennamer eut moins de mal à les rejoindre, et fut là le premier.

« Ça avait tout l'air d'un très grave accident, se rappelle-t-il. La voiture avait été complètement emboutie. Monty souffrait d'un sérieux traumatisme crânien. Il était à peine conscient à mon arrivée. Comme je l'observais à travers la vitre brisée de la portière, quelque chose de tout à fait étonnant se produisit. Monty revint non seulement à lui mais retrouva également son humour. Il ouvrit les yeux et me reconnut. " Docteur, fit-il dans un souffle, j'aimerais vous présenter Elizabeth Taylor. Elizabeth, voici le docteur Kennamer. "

« Nous ne nous étions jamais rencontrés, mais à la suite de cet accident nous sommes devenus assez proches. Je devais être le médecin personnel d'Elizabeth Taylor dans les années à venir.

« Puis l'ambulance est arrivée. Les brancardiers ont réussi à dégager Monty de l'épave et à l'attacher sur une civière avant de le remonter en haut de la colline. Phyllis Gates était montée à l'avant, tandis qu'Elizabeth avait pris place à l'arrière, tenant la main de Monty tout le temps que dura le trajet jusqu'à l'hôpital. »

Taylor attendit pendant qu'une équipe de chirurgiens pratiquaient une longue opération destinée à redonner visage humain à Clift. D'après les bulletins médicaux, l'acteur souffrait d'une fracture de la mâchoire et de la cavité nasale, sans compter une coupure à la lèvre, de nombreuses contusions, dents cassées, tympans perforés, quatre côtes fracturées et de profondes lacérations faciales.

Phyllis Gates écrivit par la suite : « Elizabeth [tint le coup]

Elizabeth Rosemond Taylor, déjà d'une beauté frappante à l'âge
de deux ans et demi, avec sa mère, Sara Taylor, et son frère Howard, à Londres.
*(The Kobal Collection)*

Elizabeth, au milieu de ses poupées : son goût prononcé pour les collections
existait déjà. *(The Kobal Collection)*

Aux côtés de Mickey Rooney dans *Le Grand National*, Elizabeth fit tout de suite sensation en 1944. *(The Ronald Grant Archive)*

Elizabeth toucha 100 dollars par semaine pour son deuxième film, *La Fidèle Lassie*. La MGM engagea le colley pour la somme de 250 dollars par semaine. *(UPI/Bettmann)*

Les cours à la Petite Ecole rouge de la MGM, le déjeuner dans le réfectoire : une adolescence on ne peut plus ordinaire pour Janet Leigh, June Allyson et Elizabeth Taylor, ici habillées pour leur rôle dans *Les Quatre Filles du Dr March*. *(UPI/Bettmann)*

*Ci-dessus, à gauche :* Elizabeth, enjouée et encore innocente. *(UPI/Bettmann)*

*Ci-dessus, à droite :* Comment la MGM fabriquait ses stars : Elizabeth posa pour de nombreuses photos publicitaires dans ce style aguicheur. L'acteur Peter Lawford aimait son visage mais pas ses jambes.
*(The Bettmann Archive)*

Elizabeth et son premier
mari, héritier d'une chaîne
d'hôtels, après leur mariage
en 1950, l'un des plus
spectaculaires de l'histoire
d'Hollywood. Leur union
devait être violente,
malheureuse
et de courte durée.
*(The Kobal Collection)*

Elizabeth et son deuxième
mari, la vedette britannique
Michael Wilding, à Londres,
en février 1952.
*(Range/Bettmann/UPI)*

Wilding et Elizabeth
avec leur premier enfant,
Michael Howard Jr., en 1953.
*(The Ronald Grant Archive)*

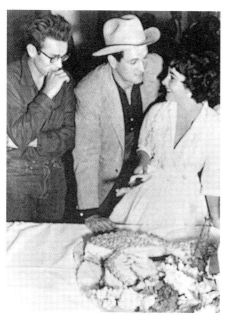

Liz, James Dean et
Rock Hudson lors d'une fête
pour le lancement
du tournage de *Géant*.
*(Range/Bettmann/UPI)*

*Géant* : un classique.
*(The Ronald Grant Archive)*

Elizabeth
et Montgomery Clift
avaient déjà noué d'étroits
liens d'amitié à l'époque
où ils jouèrent tous deux
dans *L'Arbre de vie*.
*(The Ronald Grant Archive)*

La lune de miel à Acapulco
d'Elizabeth avec son
troisième époux, l'imprésario
Mike Todd, parut être
le début d'un mariage
que rien ne saurait briser.
(Range/Bettmann/UPI)

Elizabeth et Mike Todd
en 1958.
(Hulton Deutsch)

Elizabeth et Rock Hudson
laissant leurs empreintes
de pieds et de mains
au Chinese Theatre,
à Hollywood.
*(The Kobal Collection)*

En réponse aux articles
faisant état de disputes
sur le plateau
de *Soudain l'été dernier*,
Katharine Hepburn,
Montgomery Clift,
le réalisateur
Joseph L. Mankiewicz
et Elizabeth Taylor mettent
en scène une querelle
imaginaire.
*(Range/Bettmann/UPI)*

La célèbre photo de Liz en maillot de bain, pour la promotion
de *Soudain l'été dernier. (The Kobal Collection)*

jusqu'à ce qu'on conduise Monty dans la salle d'opération. Puis elle devint hystérique, et je dus la réconforter du mieux que je pus. »

Elle se mit dans tous ses états quelques jours plus tard quand la chanteuse de charme Libby Holman débarqua de New York. Libby et elle s'étaient longtemps disputé l'amitié et les faveurs de Monty et se méfiaient l'une de l'autre.

Betsy Wolfe, infirmière au Cedars Sinai Hospital de Los Angeles, se rappelle que les deux femmes commencèrent à se quereller dès qu'elles se retrouvèrent dans la chambre d'hôpital de Monty.

« Mais qu'est-ce qu'elle fout là ? demanda Holman en désignant du menton Taylor. – Dégage, rétorqua Taylor. »

Selon Betsy Wolfe, « les deux femmes en vinrent presque aux mains pendant que le pauvre Monty, son visage emmailloté de pansements, gisait impuissant dans son lit ».

Holman reprocha à Elizabeth l'accident de Monty, arguant que l'actrice n'aurait jamais dû laisser Clift conduire seul cette nuit-là, si l'on en croit Patricia Bosworth, la biographe de Monty. Holman trouvait qu'Elizabeth était « sensuelle et stupide – une vraie génisse en chaleur. Personne ne peut savoir où sa dépravation la conduira ».

Conscient du comportement fantasque et des problèmes liés aux médicaments de Clift, le chef de production de la MGM, Dore Schary, avait assuré l'acteur pour 250 000 dollars, une somme de loin supérieure aux montants établis d'ordinaire, pour couvrir son rôle dans *L'Arbre de vie*. Un retard dans le tournage de neuf semaines – qui laissa tout juste à Monty le temps de se remettre de ses blessures – coûta au studio deux fois cette somme.

Ce fut également à cette époque que le mariage Wilding-Taylor capota définitivement, permettant ainsi à Mike Todd de faire la connaissance d'Elizabeth.

Bien que Todd l'eût déjà aperçue dans plusieurs soirées à Hollywood, ils ne s'étaient jamais parlé. Désormais, avec l'interruption du tournage de *L'Arbre de vie* et la fin prochaine de celui du *Tour du monde*, une rencontre se révélait possible. Elle eut lieu le 30 juin 1956, environ six semaines après l'accident de Montgomery Clift. Mike Todd avait affrété une vedette de 35 mètres pour une croisière d'un week-end au large de Santa Barbara et avait demandé à quelques amis de se joindre à lui, au nombre desquels l'agent hollywoodien Kurt Frings et son épouse Ketti, ainsi que Kevin McClory, qui avait tenu sa promesse d'emmener avec lui Michael Wilding et Elizabeth Taylor. A bord se trouvait également la fiancée de Todd à l'époque, Evelyn Keyes, une actrice surtout connue pour son rôle de sœur cadette de Scarlett O'Hara dans *Autant en emporte le vent*. Keyes, une blonde menue aux grands yeux bleus, avait déjà été mariée trois fois, à Barton Bainbridge et aux réalisateurs King Vidor et John Huston.

« J'ai eu la chance de connaître quelques personnes intéressantes dans ma vie, mais Mike Todd était quelqu'un d'à part, raconte Keyes. Il était doté d'une formidable énergie et d'une grande vivacité. C'était une dynamo, en perpétuel fonctionnement. Il lui fallait seulement quatre heures de sommeil par nuit, et il pouvait dormir n'importe où – dans une voiture, un avion, à son bureau. Il ôtait ses chaussures, fermait les yeux et s'endormait immédiatement. Qui plus est, il bénéficiait d'une santé excellente. Je ne l'ai jamais vu malade, ne serait-ce qu'un jour. Telle une turbine, il allait sans cesse de l'avant. On ne pouvait qu'admirer un tel homme – son pouvoir rejaillissait sur vous. Il vous entraînait irrésistiblement et vous ne pouviez que succomber.

« Comme la plupart des fonceurs, Mike Todd était doté d'énormément de charme. Il n'avait jamais eu de réelle éducation mais il possédait plus de bon sens et de cran que tous les hommes que j'ai connus – ce qui explique en partie son succès à la fois à Broadway et comme producteur de films. C'était un fanatique du travail. Il ne se reposait jamais. S'il prenait un congé, son esprit ne cessait de se porter sur ses projets en cours. »

Une fois en mer avec Elizabeth Taylor, Todd mit au point un ingénieux stratagème. Kurt Frings, qui devait devenir un jour un des agents d'Elizabeth, décrivit cette croisière de deux jours comme « une campagne orchestrée par Todd pour conquérir Miss Taylor. Il mena à bien sa mission en prenant le parti de l'ignorer totalement et de se consacrer uniquement à Evelyn Keyes. Elizabeth, qui avait le monde entier à ses pieds, dut être intriguée par cette attitude. Todd posait à peine les yeux sur elle, mais cela faisait partie de son plan. »

Todd se montra plus attentif lors d'entrevues ultérieures avec Taylor, mais jamais au point qu'elle se sente courtisée. Petit et musclé, avec des yeux très enfoncés et un menton proéminent, Todd n'avait jamais compté sur son physique mais plutôt sur son énergie et son charisme pour séduire les femmes. Un soir, peu de temps après la croisière en bateau, il donna un cocktail dans sa maison de Beverly Hills. Elizabeth et lui s'assirent dos à dos sur une causeuse et engagèrent des conversations distinctes. Chaque fois que leurs dos et leurs épaules se touchaient, Liz ressentait un léger courant d'énergie sexuelle passer entre eux. « J'étais attirée par lui, mais pas conquise », admettra-t-elle un jour auprès de son fils.

154

A la mi-juillet, Todd donna une nouvelle soirée – un barbecue devant la piscine –, invitant une fois de plus les Wilding. Bien qu'Elizabeth n'ait pas au départ trouvé Todd « exagérément séduisant », elle se prit peu à peu de sympathie pour lui. Après le barbecue, Wilding et elle rentrèrent chez eux [2]. Dans la voiture, Elizabeth déclara sans ambage que Todd lui rappelait un des protagonistes des *Mille et Une Nuits*. « J'admire les hommes qui obtiennent tout ce qu'ils veulent tant qu'ils y mettent du cœur », ajouta-t-elle.

Le lendemain après-midi [3], Wilding passa voir Stewart Granger pour discuter des événements des jours précédents. Il avait espéré recevoir quelques conseils sensés sur son mariage de la part de son confrère. Ils étaient en pleine conversation quand le téléphone sonna. Granger décrocha. « C'est pour toi, dit-il en tendant le combiné à Wilding. C'est Elizabeth. »

Elizabeth Taylor s'adressa à son mari d'une voix morne et professionnelle. Elle lui déclara qu'elle avait quelque chose à lui lire, quelque chose qu'elle préférait qu'il apprenne par elle plutôt que par la presse. Elle lui lut alors l'annonce officielle de leur séparation, ensuite de quoi Wilding lui répondit : « Merci, mais j'aurais préféré l'apprendre par les journaux. Comme ça j'aurais pu croire qu'il s'agissait d'autres personnes. »

« Cet appel ne fit qu'enfoncer davantage Michael dans la dépression, nota Granger. Il avait renoncé à sa carrière et à son pays, et voilà que Liz le laissait tomber comme une vieille chaussette. Il comprit ensuite qu'il allait perdre ses deux fils – à cette époque, il ne pouvait se payer le luxe d'une bataille juridique. C'est elle qui avait l'argent. Par conséquent, elle contrôlait les conditions de la séparation et du divorce. Il s'ensuivit qu'il ne vit que fort peu ses gosses au cours des années à venir.

« Il se mit un peu à écrire après leur séparation et devint finalement agent. Il travailla même à l'occasion pour Elizabeth – elle pensait ainsi l'aider. Après leur divorce, il se remaria deux fois, d'abord avec Susan Nell, l'ex-femme d'un producteur laitier, puis avec une de ses anciennes passions, l'actrice Margaret Leighton, avec laquelle il parut relativement satisfait mais pas exagérément heureux. Non, Liz l'avait émasculé. C'était une vraie castratrice.

« Il était quelqu'un d'adorable. Liz ne l'avait jamais compris. Dans une récente interview, évoquant ses innombrables mariages, elle déclarait : " Malheureusement, Michael était un faible. " Ce n'était pas un faible, pauvre andouille, c'était un gentleman.

« Il fallait vraiment être une brute épaisse comme Michael Todd pour qu'elle voie en vous un vrai homme – quelle connerie! Je lui en veux parce que Wilding était un type adorable, et qu'il a vécu un enfer à cause d'elle. »

Le 19 juillet, un porte-parole de la MGM rendit publique l'annonce de leur séparation devant la presse. Mike Wilding avait déjà fait ses bagages et s'était installé dans un petit hôtel miteux de West Hollywood, avec un bar au rez-de-chaussée où il passait la plupart de son temps.

La veille de son départ pour le Kentucky – où elle devait reprendre le tournage de *L'Arbre de vie* –, Elizabeth reçut un coup de fil de Mike Todd. Il avait quelque chose d'urgent à lui dire et demandait à la voir au plus vite.

Ils se donnèrent rendez-vous l'après-midi à la MGM. Todd la trouva, ainsi que le raconte Elizabeth [4],

> assise [dans le bureau de Benny Thau], les pieds sur la table. Il entra, me prit par le bras et, sans rien dire, m'entraîna hors du bureau, me fit monter dans un ascenseur, toujours sans rien dire, en continuant de me broyer le bras, et me conduisit dans un bureau désert. Il me jeta quasiment sur le canapé, s'assit en face de moi sur une chaise et se lança dans un numéro qui dura environ une demi-heure sans interruption, me disant qu'il m'aimait et qu'il n'y avait aucun doute là-dessus, que nous allions nous marier. Je le regardais comme j'imagine un lapin regarde une mangouste. Toutes sortes de choses me traversèrent l'esprit. Je me dis : Bon, voilà qu'il est devenu complètement fou. Il faut que je m'en aille loin de ce type!

Ne sachant quoi dire, Elizabeth se mit à parler de sa relation du moment avec Kevin McClory, en précisant bien que Kevin et elle étaient « follement épris » l'un de l'autre et avaient projeté de se marier.

En entendant ces mots [5], se rappelle Liz, Mike devint « complètement fou furieux ». Il s'écria : « Vous ne me reverrez jamais! » Il se leva et quitta la pièce, claquant la porte derrière lui. Restée seule, Taylor s'effondra en larmes. Le rejet de Todd lui fit l'effet d'un coup de poing. Elle se dit qu'elle venait de perdre un ami potentiel.

Kevin McClory se rendit chez Liz ce soir-là et l'écouta patiemment lui relater l'impétueuse proposition en mariage de Mike Todd. Kevin la trouva inhabituellement ébranlée. « J'ai perdu un ami, ne cessait-elle de répéter. J'ai perdu un ami [6]. »

« Tu venais juste de faire sa connaissance, lui dit McClory. Ce n'est pas un ami. Tu ne le connais pas vraiment. C'est juste quelqu'un pour qui je travaille. Il n'est rien d'autre... Tu n'as pas perdu un ami. »

McClory trouvait que Liz dramatisait sans réelle nécessité. Il l'enjoignit « d'oublier Todd ». Lui, Kevin, l'aimait, et ils allaient se marier dès que son divorce serait officiel.

A peine Elizabeth eut-elle débarqué à Danville, dans le Kentucky, pour reprendre son rôle de Susanna Drake (une beauté un peu dérangée de La Nouvelle-Orléans), qu'elle reçut un télégramme de Mike Todd. Il disait simplement ceci : « Je vous aime » et était accompagné de deux cadeaux, un bracelet en émeraude de chez Cartier et un magnifique bouquet de fleurs exotiques. Todd, comprit-elle très vite, était aussi épris d'elle qu'elle de lui.

« La cour que me faisait Mike était semblable à une tornade qui vous tombe dessus », confessa Liz.

Elle vous soulevait et vous emportait très loin. Je tournais en extérieur au Kentucky, et il réussissait à savoir où je me trouvais à presque chaque minute de la journée. Il [appelait] à toute heure, et la nuit nous avions de longues conversations. Puis je recevais des cadeaux, d'énormes bouquets de fleurs. J'adore les cadeaux. J'aime les surprises agréables – nous avons tous notre lot de surprises désagréables. Mais avec Mike les surprises agréables se succédaient les unes aux autres. Sa tendresse, sa considération, sa grande sensibilité – ce fut ça la vraie surprise... Il débordait d'énergie et de vitalité tout en étant un parfait gentleman.

Le degré de sensibilité et l'aptitude à se comporter en gentleman de Todd dépendaient sans doute largement de la personne concernée. La première Mrs. Todd, ex-Bertha Freshman, la mère de Mike Jr., était morte en 1947 à la suite d'une blessure qui s'était infectée et qu'elle s'était faite en pourchassant son mari dans la maison avec un couteau à viande. Selon Earl Wilson, leur mariage, qui dura presque vingt ans, abonda en scènes violentes, mais pas plus que le second mariage de Todd avec l'actrice Joan Blondell, lequel ne dura que trois ans. Wilson prétendit que Todd avait emprunté trois millions de dollars à Blondell et ne l'avait jamais remboursée, acculant ainsi l'actrice à la faillite.

« Todd et Blondell étaient descendus au Waldorf-Astoria lors d'un séjour à New York, raconte Wilson. C'est là que je les retrouvai pour une interview. Au cours de l'entretien, ils s'engagèrent dans une terrible dispute. Sans prévenir, Mike l'attrapa par le cou et la traîna jusqu'à une fenêtre ouverte. Il commença à la pousser par la fenêtre, située au seizième étage. Il la laissa pendre dans le vide en la tenant par les chevilles une bonne minute ou deux avant de la hisser de nouveau dans la pièce. Puis il se tourna vers moi et me dit : " Écrivez un seul mot là-dessus et je vous briserai tous les os du corps. " J'avais toutes les raisons de le croire. »

Bien qu'elle éprouvât de l'admiration pour Todd, Evelyn Keyes avait elle aussi des raisons de se plaindre et finit par porter sur lui un regard très critique :

« Quand Elizabeth Taylor arriva sur le plateau, Mike essaya de m'écarter. Il ne me dit rien. Il me demanda simplement de partir pour Mexico avec Kevin McClory afin d'aller repérer de nouveaux extérieurs pour *Le Tour du monde en 80 jours*. De cette façon il parvint à nous évincer tous deux du film. De Mexico, il m'envoya en Amérique du Sud. Pendant ce temps, il faisait la cour à Elizabeth.

« Quand je compris ce qui se tramait, je fus déçue – non pas parce qu'il me laissait tomber, mais parce qu'il s'était montré malhonnête. Il aurait pu être plus prévenant.

« Je pense que cette dérobade venait du fait qu'il ne voulait pas me faire de la peine. A long terme, sa lâcheté me fut d'autant plus pénible. Il se comportait comme un salaud en dépit du fait que j'avais investi mes propres économies dans le tournage du *Tour du monde*, en contrepartie desquelles il devait me verser cinq pour cent. Bien que le film remportât un énorme succès, personne ne voulut acquitter la dette de Mike à mon égard après sa mort. Je dus faire un procès, que je gagnai.

« Mike recourut à une autre ruse. Pour fêter nos fiançailles il m'offrit un énorme diamant monté en bague. Puis il me demanda de lui rendre le bijou parce qu'il ne m'allait pas très bien et devait être ajusté. Je ne revis jamais la bague une fois qu'il se fut mis avec Elizabeth. Il avait manqué de tact dans cette histoire, mais rien de tout cela n'avait de rapport avec Elizabeth Taylor. Si ce n'avait pas été elle, ç'aurait été une autre. Il n'était plus le même homme. Il était devenu quelqu'un d'autre à l'époque de sa rencontre avec Liz. Il avait toujours recherché ardemment la passion, mais désormais c'était devenu une véritable nécessité.

« Les gens me demandent parfois si je pense que Mike Todd ou Richard Burton ont été les grands amours d'Elizabeth. La plupart d'entre nous savent très bien que le grand amour d'Elizabeth Taylor n'est autre que sa propre personne. »

Kevin McClory – prestement abandonné par Elizabeth dès que Todd se mit à la voir – serait sans doute du même avis qu'Evelyn Keyes. Embarqué dans la course folle de Hollywood, McClory s'aperçut que dans la vie amoureuse des vedettes de cinéma la notion d'idylle l'emportait bien souvent sur celle de mariage. A la mecque du cinéma, personne ne restait longtemps marié. Il y avait des exceptions, comme Gregory et Veronique Peck, mais ce genre de couple était fort rare.

Elizabeth Taylor adorait les liaisons orageuses, de même que Mike Todd aimait l'aventure. Ses incessants coups de fil à Liz sur le plateau de *L'Arbre de vie* l'intriguaient. En attendant, Elizabeth s'efforçait de son mieux de remonter le moral à Clift. La dépendance de ce dernier aux drogues et à l'alcool prenait un tour critique. « Quand il n'était pas saoul ou sous l'influence de la drogue et des médicaments, il pouvait être une personne et un acteur merveilleux, déclara le réalisateur Edward Dmytryk. Mais chaque fois qu'il s'adonnait à l'alcool ou aux médicaments, il avait tendance à devenir incontrôlable. »

Un soir, la police locale arrêta l'acteur pour « outrage public à la pudeur ». Monty avait ôté ses vêtements et s'était promené nu dans les rues de Danville. Une perquisition dans sa chambre d'hôtel révéla plus de deux cent cinquante flacons de drogues et médicaments divers. « Il a énormément souffert physiquement après l'accident, expliqua Dmytryk. Sa mâchoire avait été recousue en trois endroits et était devenue une source constante d'énervement. Il ne pouvait pas manger proprement ; il perdit du poids et cela continua pendant tout le tournage du film. Son malaise croissant entraîna un regain de consommation de drogues et d'alcool ; ses yeux et son visage étaient tout bouffis. Le même phénomène se produisit avec Richard Burton, le futur mari d'Elizabeth Taylor. On pouvait toujours savoir rien qu'en regardant les yeux de Burton s'il venait de se cuiter.

« Quant à Elizabeth Taylor, elle aidait Monty à ne pas dérailler. Parfois, quand il était drogué ou saoul, il oubliait son texte ; nous nous en remettions alors à Dore Schary. Schary allait parler à Clift. Dore avait compris que Liz était le seul membre de l'équipe qui pouvait contrôler convenablement Monty, et il l'implorait de garder un œil sur Clift. »

Eva Marie Saint, qui jouait un second rôle dans le film, sentit qu' « Elizabeth et Monty étaient très très proches. Clift ne parlait pratiquement à personne d'autre sur le plateau. Il me fit l'impression d'être extrêmement timide. A cette époque, je devenais moi-même encore plus timide face à ce genre d'attitude. Je me souviens que Monty m'avait invitée à déjeuner un jour ; le repas fut pénible parce qu'aucun de nous ne savait quoi dire. Nous fûmes également soulagés quand le serveur apporta les plats et que nous pûmes nous contenter de manger.

« Un peu plus tard dans la même journée, nous avions à jouer une scène d'amour. Une fois plongés dans notre texte et libres d'exprimer les sentiments des personnages, tout se passait impeccablement. Quand nous essayions de communiquer en dehors du plateau, c'était l'échec. Nous ne déjeunâmes jamais plus ensemble. »

Le fait d'avoir à veiller en permanence sur Montgomery Clift finit par saper le moral d'Elizabeth Taylor. Comme le tournage touchait à sa fin, toute l'équipe quitta le Kentucky pour se rendre à Natchez, dans le Mississippi, afin d'y tourner plusieurs scènes cruciales. Gwin Tate, un ami d'Elizabeth originaire de Natchez, se rappelle deux étranges événements qui eurent lieu dans sa ville :

« Une de mes amies, la veuve d'un juge de Natchez, alla à l'aéroport pour accueillir Elizabeth à sa descente d'avion. Des centaines de spectateurs étaient venus voir la princesse des salles obscures. Mon amie m'apprit qu'Elizabeth avait apparemment tellement bu pendant le vol qu'on avait dû la porter carrément du long courrier jusque dans une limousine qui attendait non loin. Elle ne posa jamais le pied sur la piste.

« Les gens discutaient encore de l'épisode de l'aéroport quand une seconde histoire commença à circuler. Elizabeth s'était de nouveau enivrée et avait été vue nu-pieds en train de courir avec Montgomery Clift, lui-même fin saoul, dans le centre de Natchez. » On rapporta qu'ils avaient fini leur virée en sautant dans une fontaine publique.

Un autre récit troubla la communauté. Après que l'équipe fut rentrée à Danville, Elizabeth fut l'objet de poursuites judiciaires pour des dommages qu'elle avait causés dans son logement de Natchez. Les conséquences de ses soirées avaient déclenché l'ire du propriétaire. Le procès-verbal signalait que « de l'alcool [a été] répandu partout dans la maison. Les murs sont recouverts de gras. Son maquillage a souillé les dessus-de-lit ; des empreintes de ses mains [apparaissent] sur les rideaux de douche ; idem sur les appuis des fenêtres. Le pied du lit [est] cassé. » La réparation exigée se montait à 800 dollars. Liz accepta de payer la moitié de cette somme.

Une fois à Danville, Elizabeth découvrit deux nouveaux cadeaux envoyés par Mike Todd : un bouquet de deux cents roses et une bague ornée d'une perle noire d'une valeur de 30 000 dollars, avec un petit mot l'assurant qu'elle recevrait bientôt une bague de fiançailles *. Deux jours plus tard, Todd arriva dans un bimoteur privé et emmena Liz à Chicago pour

---

* En dépit de l'attachement croissant de Taylor pour Todd, elle éprouvait une grande attirance sexuelle pour Lee Marvin, qui avait joué un petit rôle dans *L'Arbre de vie*. Selon Terry Moore, un bon ami de Lee, Elizabeth aborda un jour l'acteur sur le plateau en lui disant : « J'espère que vous ne me trouvez pas trop directe, mais j'aimerais coucher avec vous. » Marvin la remercia pour son offre mais la déclina immédiatement.

déjeuner et lui faire visiter la ville qu'il avait connue jeune homme avant que sa famille ne déménage pour Minneapolis.

Lors de ce bref séjour dans la « cité venteuse », Todd dépensa des milliers de dollars en cadeaux. Liz gloussait de plaisir à chaque nouvel achat. Elle piqua un fou rire quand, à cause de ses cheveux de jais, il l'appela « Lizzie Schwarzkopf » (Lizzie Tête-Noire) devant les journalistes et lui administra une claque irrévérencieuse sur son postérieur bien rembourré.

Edward Dmytryk remarqua que le nom de Mike Todd revenait de plus en plus dans la conversation de Taylor. « Elle était visiblement tombée amoureuse de lui », se souvient le réalisateur. Montgomery Clift fut le seul membre du cercle d'amis intimes de Liz à exprimer des réserves quant à Todd. Monty tenta de la convaincre que le producteur l'utilisait à des fins publicitaires, de même qu'il avait utilisé d'autres actrices avant elle. Il accusa Liz de souffrir du « complexe du père » – les hommes qu'elle prenait comme amants avaient en général vingt ans de plus qu'elle. Le franc-parler de Monty l'offusqua et il s'ensuivit un certain froid entre eux. Une fois mariée à Todd, Elizabeth ne devait plus guère voir Monty (de même qu'elle l'avait peu fréquenté quand elle était mariée avec Nicky Hilton).

Début octobre, Todd passa un week-end à Atlantic City avec Liz. Une semaine plus tard, ils descendirent à l'hôtel Pierre à New York. Mike lui glissa au doigt une bague de fiançailles avec un diamant de 29,4 carats, naguère portée par Evelyn Keyes, comme on l'a vu. Une conférence de presse improvisée dans le hall de l'hôtel fut l'occasion de certaines déclarations mémorables, comme celle de Todd affirmant que la babiole, qui mesurait deux centimètres et demi de diamètre, avait coûté « plus de 200 000 dollars ». Quand il l'avait offerte pour la première fois à Evelyn Keyes, la même bague avait été estimée par une compagnie d'assurances à « environ 50 000 dollars ».

Bien que les reporters aient campé quasiment devant le Pierre, on ne les autorisa guère à interviewer les nouveaux fiancés. Mike et Liz ne quittaient que rarement leur suite. Ils commandaient à manger et à boire, se faisant servir à toute heure des magnums de champagne. Ils s'éclipsèrent un après-midi pour aller se promener dans Central Park, visitèrent le zoo et le Metropolitan Museum of Art, mais, quand des attroupements commencèrent à se former, ils rentrèrent vite à leur hôtel. Leur première « apparition en public » sérieuse eut lieu à la mi-octobre, quand Elizabeth accompagna Todd à la première à New York du *Tour du monde en 80 jours*, qui remporta l'Oscar du meilleur film de l'année.

Les projets d'avenir d'Elizabeth paraissaient assez clairs. Elle refit le même genre d'annonce qu'elle avait déjà faite deux fois par le passé, se contentant de changer le nom du futur époux : « Être Mrs. Michael Todd m'importe nettement plus qu'être actrice. »

Le 14 novembre, Elizabeth demanda le divorce d'avec Michael Wilding devant la Cour supérieure de Santa Monica, renonçant à une pension alimentaire mais exigeant 250 livres sterling par mois pour subvenir à l'éducation de ses deux enfants. Elle demanda également – et se vit accorder – la garde des enfants.

Pour éviter les feux nourris de la presse, Michael Wilding prit des vacances bien méritées dans son Angleterre natale. Quand la nouvelle du mariage imminent de Liz et Todd fut connue, un journaliste britannique alla dénicher Wilding dans une petite auberge près de Londres. Refusant de faire tout commentaire au début, l'acteur anglais fit cette déclaration laconique, la dernière pique qu'il devait destiner à Elizabeth : « Tous mes vœux à ces deux-là. J'espère qu'Elizabeth trouvera en Todd une certaine paix et un certain bonheur qu'elle n'a jamais trouvés avec moi. Ce devrait être possible : les deux font la paire. »

# 12

Michael Todd était beaucoup plus qu'un producteur de films et de pièces de théâtre. Il avait été forain, promoteur, expert en relations publiques, inventeur. Il avait gagné des millions de dollars et perdu une fortune aussi rapidement qu'il l'avait acquise. Qu'il fût solvable ou pas, Todd s'était habitué à un style de vie qui excédait ses moyens, finançant ses innombrables projets par le crédit, les prêts bancaires et les billets à ordre. Qui plus est, il avait été un homme à femmes et comptait nombre d'admiratrices. Ses conquêtes comprenaient Marlene Dietrich, Gypsy Rose Lee et Marilyn Monroe, qu'il avait persuadée de parader à demi nue sur un éléphant dans Madison Square Garden pour promouvoir le cirque des Ringling Brothers – les propriétaires du cirque furent tellement choqués par le stratagème qu'ils menacèrent d'engager des poursuites. La carrière de Todd avait donc été pimentée de toutes sortes d'embarras judiciaires et financiers. En escroc consommé, il avait survécu (et même prospéré), en permanence sur le fil du rasoir. Comme Elizabeth Taylor le déclara un jour : « Rien n'effraie Mike, même pas la peur. »

Todd avait vu le jour dans une famille juive orthodoxe [1], si pauvre qu'elle avait été contrainte à certaines époques de faire les poubelles pour se procurer de la nourriture. Adolescent, Todd fit le vœu d'être un jour riche et célèbre ; il s'efforcerait également de s'associer à chaque fois que ça serait possible avec des personnalités de la même trempe que lui.

Au début du mois de novembre 1956, Lord Beaverbrook, l'industriel et magnat de la presse britannique, demanda à Mike Todd et Elizabeth Taylor de le rejoindre dans la maison qu'il venait d'acquérir aux Bahamas. Todd accepta avec empressement. Beaverbrook possédait le genre de références que le producteur admirait. Pour sa crémaillère, Mike et Liz lui offrirent un magnétophone. Todd y ajouta une cassette, que Beaverbrook se passa seul le soir dans sa chambre. Il s'agissait d'un enregistrement de Todd et de Liz en train de faire l'amour [2], trente minutes de gémissements et de grognements ardents. Le lendemain matin, Beaverbrook se plaignit auprès de sa secrétaire particulière, Josephine Rosenberg, que le couple ait prémédité cet enregistrement. « Ils l'ont fait pour me mettre dans tous mes états. » (A l'insu d'Elizabeth, Todd fit toute une série d'enregistrements similaires qu'il offrit en souvenir à des amis ou des partenaires en affaires.)

Todd et Taylor retournèrent à Miami à bord du yacht de Lord Beaverbrook. En chemin, ils essuyèrent une tempête et une mer agitée. Elizabeth glissa un matin sur le pont et tomba sur le dos. Au début incapable du moindre mouvement, elle dut être transportée dans sa cabine et allongée sur son lit. Ce fut cette chute malencontreuse – et non la prétendue chute lors du tournage du *Grand National* – qui fut à l'origine de ses problèmes de dos à répétition.

Taylor dut quitter ensuite son hôpital de Miami pour être transférée à bord d'un avion privé et conduite au Harkness Pavilion, à l'hôpital Columbia-Presbyterian de New York. Les examens révélèrent qu'Elizabeth s'était rompu deux disques intervertébraux et abîmé un troisième ; les trois devaient être remplacés par des disques fournis par la banque osseuse de l'hôpital. L'intervention chirurgicale, complexe, se révéla en partie un succès. Elizabeth souffrit néanmoins beaucoup et dut garder le lit plusieurs semaines. On devait modifier sa position toutes les vingt minutes pour assurer à son corps une bonne circulation sanguine.

Todd fit tout son possible pour distraire Elizabeth. Il lui fit livrer des repas des meilleurs restaurants de New York [3]. Il transforma sa chambre d'hôpital aseptisée en un musée miniature, achetant un Pissarro, un Renoir et un Monet [4] à Howard Young *, parent d'Elizabeth. Trait typique de Todd, ce dernier négligea de payer à Young les peintures, et le marchand d'art dut menacer d'engager des poursuites à son encontre. Todd offrit également à Liz une Rolls-Royce Silver Cloud personnalisée [5], achetée à Londres pour environ 100 000 dollars.

Peu après sa sortie du Harkness Pavilion, Elizabeth s'envola pour Los Angeles, faisant une brève escale à Reno, où Todd la rejoignit. Le réalisateur-scénariste Philipp Dunne, qui avait rencontré Elizabeth alors qu'elle était mariée à Michael Wilding, aperçut Todd et Taylor qui jouaient au casino Harrah.

---

* Ces tableaux vinrent s'ajouter à la collection particulière d'Elizabeth Taylor, aujourd'hui l'un des ensembles de toiles impressionnistes les plus importants des États-Unis.

« Ils étaient tous deux installés à la roulette, raconte Dunne, et Todd dépensait ses jetons de mille dollars comme si c'était de la simple ferraille. Elizabeth Taylor était de loin la femme la plus belle de l'endroit et son mari l'exhibait comme une pièce de collection.

« Je ne peux pas dire que la conversation de Taylor m'ait jamais impressionné. Elle ne faisait preuve d'aucun esprit particulièrement pétillant ni d'une intelligence dévastatrice. Mais elle ne donnait pas non plus le sentiment d'être fausse ou de seconde zone. En fin de compte, si l'on excepte son apparence, elle paraissait plutôt ordinaire. »

De retour en Californie [6], Liz et ses deux fils libérèrent leur maison de Benedict Canyon pour aller s'installer chez Todd. Elle mit en vente l'ancienne résidence achetée avec Wilding. L'actrice Ingrid Bergman et sa jeune fille, Pia Lindstrom, prirent rendez-vous avec Taylor pour la visiter.

« Elizabeth nous fit le grand jeu mais se comporta étrangement, écrivit Pia. " Voici le salon ", commença Liz. Nous y pénétrâmes et notre hôte disparut. Elle était déjà passée à la pièce suivante. " Et voici la chambre à coucher principale ", annonça-t-elle alors. Le temps que nous la rejoignions, elle était ailleurs. " Mais où donc est-elle passée ? " s'interrogea ma mère. Nous ne fûmes jamais toutes les trois ensemble dans la même pièce au même moment. Cela devint une véritable partie de cache-cache. J'eus l'impression qu'Elizabeth se sentait intimidée par ma mère, laquelle avait acquis depuis longtemps une solide réputation d'actrice.

« Avant que nous ne prenions congé, ma mère discuta avec Liz du récent accident qu'elle avait eu à bord d'un bateau et de l'opération qui avait suivi. Je n'arrivais pas à comprendre comment elle s'y prenait pour avoir un accident grave chaque fois qu'elle allait quelque part. Tout ça me semblait du délire pur Hollywood. Inutile de dire que ma mère n'acheta pas la maison. »

Un autre couple parent-enfant, Michael Anderson (réalisateur du *Tour du monde en 80 jours*) et son fils David, dîna avec Mike et Liz au Chasen : « Nous nous étions réunis, confirme David Anderson, pour discuter de la dernière idée de film de Todd, *Don Quichotte*, pour laquelle il restait à écrire un scénario. Todd se laissa aller à sa loquacité coutumière, relatant les hauts faits de sa jeunesse quand il s'installait à l'arrière d'un camion avec une mitraillette et transportait du whisky pour passer la frontière canadienne et se rendre à Chicago durant la Prohibition. Il raconta des douzaines d'anecdotes le mettant en valeur, puis y alla de quelques-uns de ses proverbes favoris, du style : Quiconque dira que c'est impossible est un menteur.

« Mike Todd était aussi narcissique et exigeant qu'Elizabeth, peut-être plus, même. C'était un tyran, obsédé par l'idée de tout contrôler, qui pensait que les femmes adoraient être maltraitées. Il avait un tempérament versatile. J'ai entendu dire qu'il avait battu Elizabeth, allant une fois jusqu'à la mettre KO. »

Tout Hollywood ne parla bientôt plus que des querelles du couple Taylor-Todd. Eddie Fisher, ami et protégé de Todd, se souvient d'un dîner que son épouse d'alors, Debbie Reynolds, et lui donnèrent pour Mike et Liz. Ils venaient de finir de manger et se trouvaient dans le salon quand Mike et Liz commencèrent à avoir des mots. « Tout d'un coup, raconte Fisher, Mike se pencha vers Elizabeth et lui assena un coup violent, l'envoyant au tapis. Il lui avait bel et bien expédié son poing dans la figure ! Elizabeth se mit à hurler et à lui taper dessus en retour, et les deux se lancèrent dans une terrible bagarre. Mike la traîna par les cheveux à travers la salle à manger jusque dans l'entrée, pendant qu'elle lui donnait des coups de pied, le griffait. Debbie, alarmée, leur courut après. Elle sauta sur le dos de Mike et essaya de lui faire lâcher prise. Soudain, Mike et Liz s'en prirent à elle :

« – Eh, ça suffit, lâche-nous un peu ! lui cria Mike.

« – Oh, Debbie, ajouta Elizabeth en se relevant, les cheveux ébouriffés et la robe froissée. Ne joue pas les scouts. Franchement, Debbie, tu es vieux jeu.

« Ce que Debbie ne comprit pas, c'est que non seulement Mike et Elizabeth avaient une relation mouvementée, mais qu'ils considéraient également ce genre de bagarre comme un prélude à des ébats plus langoureux. »

Selon Debbie Reynolds, qui relate également l'incident dans son autobiographie, « Mike Todd était le genre de type capable de dire n'importe quoi – mais ce qui s'appelle vraiment n'importe quoi. Il pouvait très bien s'adresser en public à Elizabeth et déclarer : " J'aimerais te sauter dès que j'aurai fini mon assiette. " »

Devant la presse, Mike Todd, de son propre aveu « un critique sévère », décrivit sa future épouse comme une personne qui « possède un peu de cet esprit aventureux qui est le mien. Je l'ai souvent vue se servir elle-même du champagne au petit déjeuner ».

Plus Todd la tournait en ridicule publiquement, plus elle lui semblait toute dévouée. Étant donné la nature de ses aventures précédentes, on peut avancer cette hypothèse : Elizabeth Taylor vivait une relation masochiste avec Mike Todd. Todd tenait le rôle du dominateur. Leurs rapports inversaient le modèle qu'avait connu Elizabeth avec Wilding. Aux côtés de ce dernier, c'était elle qui avait joué les dominatrices.

L'habileté de Todd à manipuler Taylor était fortement liée à sa capacité à anticiper le prochain revirement de son caractère instable. « Elle est comme une enfant, confia-t-il à des intimes, une enfant magnifique qui n'a jamais été heureuse – pas au cours de ses deux malheureux mariages – et qui a connu toutes sortes de problèmes de santé. Je compte lui apporter le bonheur coûte que coûte. »

Mike tenait là l'occasion de réaliser ses vieux fantasmes : une sombre et ravissante princesse solitaire tombe dans les bras d'un brillant et puissant prince. Comme le dit Todd : « La distribution était parfaite. Le minutage aussi. »

Le mariage de Todd et Taylor fut célébré le 2 février 1957 à Acapulco, au Mexique, deux jours seulement après le divorce d'Elizabeth et Michael Wilding. Étant tombée enceinte de Todd deux mois plus tôt, Elizabeth avait souhaité un rapide divorce au Mexique. Todd avait dû faire appel au sens de la dignité de Wilding pour convaincre ce dernier. Après tout, à quoi cela ressemblerait-il pour Elizabeth de donner naissance à leur enfant alors qu'elle était mariée à un autre ? L'effet sur sa carrière serait catastrophique. Pour aider Wilding à prendre sa décision, si l'on en croit Stewart Granger, Todd lui proposa 200 000 dollars [7] et Elizabeth accepta de lui céder la totalité du produit de la vente de leur maison de Benedict Canyon.

Deux cent mille dollars intéressaient plus l'infortuné Michael Wilding que la perspective douteuse de ressusciter un mariage raté. Wilding s'envola pour Acapulco pour faciliter le divorce et quitta Mexico le soir précédant le mariage. La liste des invités de dernière minute comprenait les parents d'Elizabeth, le fils de Mike Todd [8] et son frère aîné (un chauffeur de taxi de Los Angeles), Eddie Fisher et Debbie Reynolds (qui, respectivement, furent garçon et demoiselle d'honneur), Helen Rose (qui dessina une robe de cocktail bleu foncé pour la mariée) et Cantinflas (le comique de cinéma mexicain qui avait joué le rôle du valet de David Niven dans *Le Tour du monde en 80 jours*).

Hedda Hopper, dans un article paru le jour du mariage, émit des réserves. Miss Taylor, écrivit-elle en substance, devrait faire le point sur sa vie avant de s'embarquer dans un autre mariage – son troisième en cinq ans – qui pourrait se terminer une fois de plus de façon malheureuse. Ses innombrables admirateurs, continuait la journaliste, sont inquiets pour sa santé mentale et son bien-être.

Pour toute réponse, Elizabeth déclara : « Peu m'importe ce que les gens pensent de moi tant que j'ai mes enfants, mon nouveau mari et mes amis. Je ne peux pas me préoccuper de cinquante millions d'inconnus. Je n'adhère pas aux fadaises style " Vous le devez à votre public ". De quoi suis-je redevable envers mon public ? De ma vie ? Non. Je lui suis redevable exactement de ce qu'il voit à l'écran, et si ça ne lui plaît pas, il n'est pas obligé de payer pour venir me voir jouer la comédie. »

Eu égard au penchant de Todd pour les « productions extravagantes », la cérémonie de mariage fut relativement simple, quoique non dénuée de charmes particuliers. Elle eut lieu dans la maison à flanc de coteau de l'ex-président mexicain Miguel Alemán, où les formalités civiles furent prononcées en espagnol par le maire d'Acapulco et suivies d'une réception en plein air. Éclairée par des douzaines de lampes à pétrole, une tribu indienne du cru exécuta des danses pendant que les invités buvaient du champagne et se gavaient de caviar, d'énormes crevettes, de queues de homard et de cochon rôti à la broche. Un groupe de musiciens itinérants en costume mexicain traditionnel joua et chanta. Un feu d'artifice, cadeau de Cantinflas, offrit un final époustouflant : un mélange de fusées rouges, jaunes et orange dessina les initiales MT (Mike Todd) et ETT (Elizabeth Taylor Todd) dans le ciel.

Quand les fusées s'éteignirent et retombèrent au sol en sifflant, Elizabeth parut soudain terrorisée. « Mike... Mike... ne me quitte pas », sanglota-t-elle. Todd courut la prendre dans ses bras. Plusieurs années après la mort de Todd, Liz expliqua ainsi sa détresse : la vue des initiales se décomposant avait déclenché chez elle une « fugitive prémonition de tragédie [9] ».

Peu de temps avant leur mariage, Elizabeth avait exprimé le désir de se convertir au judaïsme, la religion de Todd. « C'est la mère juive originelle », avait dit d'elle son mari. Une conversion, avec toute la publicité (pas nécessairement positive) que cela impliquait, ne parut guère souhaitable à Todd. « Laisse tomber, lui dit-il. Tu es assez juive pour moi comme ça. » Liz acquiesça, mais quand elle épousa par la suite Eddie Fisher, elle se convertit – en souvenir de Mike Todd.

Avant de partir en voyage de noces, Todd offrit à Elizabeth une pléthore de cadeaux, allant d'une paire de boucles d'oreilles en rubis et diamants d'une valeur de 350 000 dollars avec le bracelet assorti à une salle de cinéma dans le centre de Chicago, ce qui augmenta considérablement ses revenus annuels.

Le lendemain de la cérémonie, Todd loua la troupe des Ballets africains au grand complet à une boîte de nuit d'Acapulco afin qu'ils viennent donner un spectacle dans la villa mise à leur disposition.

Deux jours après le mariage, Hedda Hopper brossa de nouveau un portrait des mariés dans un autre article, exhortant cette fois-ci Todd à « ne pas gâter Liz. Elle est bien assez impossible comme ça ». Mais Todd avait déjà compris que le plus court chemin menant au cœur d'Elizabeth – pour reprendre les termes d'Eddie Fisher – « passait par sa vanité ». Il continua à la gâter en privé tout en la traitant publiquement avec dédain et grossièreté.

Ernesto Baer, un homme d'affaires new-yorkais, se trouvait en face de Todd lors d'un déjeuner que donnait à Manhattan l'un des plus généreux protecteurs de Todd. « Les Todd venaient de se marier, se souvient Baer, et étaient visiblement très amoureux, à tel point qu'à un moment du repas Todd se pencha vers Liz et glissa tout simplement sa main dans son décolleté. Elle ne cilla même pas tandis qu'il se mettait à lui caresser un sein, puis l'autre. »

L'appétit de vivre et la fougue de Todd se mirent bientôt à déteindre sur Elizabeth. Il l'emmena au magasin Pratesi, à Beverly Hills, où elle investit des milliers de dollars dans des draps et des serviettes faits sur mesure. Selon Brian Sullivan, le directeur, elle commanda une literie assortie à sa lingerie, dont les nuances et la texture variaient avec chaque nouveau mari. Todd, quant à lui, préférait Elizabeth en fine soie noire.

L'agitation perpétuelle de Mike amena Elizabeth à conclure qu'elle avait épousé « une roulette de casino ». D'autres personnes partageaient cette opinion. Henry Wodbridge, l'ancien vice-président de l'American Optics Company à Rochester, dans l'État de New York, fit la connaissance de Todd en 1955 quand le producteur visita son entreprise pour discuter d'une technique cinématographique d'écran large pour laquelle il sollicitait leur aide.

« Todd formula sa requête plutôt bizarrement, se souvient Woodbridge. Il me dit : « Je veux que le procédé Cinérama sorte d'un seul orifice, d'un seul projecteur. Les systèmes actuels d'écrans larges sont bien trop chers et complexes. Ils vont mettre les studios sur la paille. »

« Au début, nous hésitâmes à travailler avec lui parce qu'il avait un passif assez inquiétant. Une enquête révéla qu'il avait été mêlé à différentes poursuites judiciaires suite à des faillites. Mais son enthousiasme et son assurance nous convainquirent d'appuyer le projet, qui fut connu sous le nom de Todd A-O, anticipant sur les nombreux systèmes grand écran en usage aujourd'hui. Nous fûmes encouragés à nous associer avec lui par le fait qu'il avait apporté un chèque de 100 000 dollars, qu'il sortit aussitôt de son portefeuille et nous tendit. « Voici ma première contribution », déclara-t-il. Il était difficile de résister à pareille munificence.

« Je devins président de la Todd A-O et fus amené en conséquence à fréquenter beaucoup Mike Todd, qui par bien des côtés me fit l'effet d'être un homme extraordinaire. Que vous l'aimiez ou non sur le plan personnel, vous ne pouviez qu'être impressionné par son imagination et son audace. D'un autre côté, il y avait chez lui quelque chose d'anormal et de profondément grossier. Il conduisait une épouvantable Cadillac décapotable blanche avec un intérieur en cuir noir, portait des bagues en or et de voyantes chemises hawaïennes. Inversement, il connaissait les meilleurs tailleurs et couturiers d'Europe, les plus grands restaurants de France, les hôtels les plus luxueux du monde. Sa personnalité offrait de nombreuses facettes, de nombreuses nuances.

« Elizabeth et lui étaient en permanence entourés par des gens comme Eddie Fisher et Sidney Guilaroff, le fameux coiffeur de la MGM, qui devint le confident d'Elizabeth Taylor. Il y avait aussi Howard Taylor (le frère de Liz) et son épouse, Mara Regan Taylor, qui dépendaient tous deux financièrement de Liz. Dick Hanley, à une époque l'un des assistants de Louis B. Mayer, travaillait à présent pour Mike Todd; après la mort de Mike, Dick demeura l'assistant particulier d'Elizabeth. Liz et lui se distrayaient en permanence en se racontant des histoires désobligeantes sur Mayer, pour lequel ils partageaient la même aversion. Todd avait également à son service Midori Tsuji, une jeune et séduisante Japonaise qui avait passé plusieurs années dans un camp d'internement américain au cours de la Seconde Guerre mondiale.

« Au cours des mois où je fréquentai Mike Todd, je ne rencontrai Elizabeth qu'une fois. La rencontre eut lieu au Westbury Hotel, où j'avais l'habitude de descendre quand je passais voir Todd à New York. Leur appartement du 715 Park Avenue se trouvait à proximité.

« Todd débarqua un matin à mon hôtel à l'heure du petit déjeuner pour me parler. Sa femme l'accompagnait. Elle n'était pas maquillée et avait l'air de sortir du lit. Je n'avais jamais compris auparavant tout ce tintouin que les gens faisaient sur sa beauté. Mais sans être étincelante ce matin-là, elle parvenait à être splendide. Je ne pouvais détacher mon regard d'elle. Je compris en quoi elle constituait pour Todd un atout commercial inestimable.

« Épouser Elizabeth Taylor ne pouvait que profiter à l'entreprise Todd. N'oubliez pas que Liz était nettement plus connue du grand public que Mike.

« Je ne l'ai jamais réellement connue, mais d'après tout ce que j'ai pu lire et entendre à son sujet elle avait la réputation de quelqu'un qui aime faire l'amour. J'avais l'intuition que

170

Mike l'excitait particulièrement. Je suis convaincu qu'ils étaient fortement attirés l'un par l'autre. »

Juste avant de partir en voyage de noces en Europe et d'entamer une tournée publicitaire pour *Le Tour du monde en 80 jours*, les Todd firent un saut chez Bill Paley à Long Island. Paley, fondateur et président de CBS, avait auparavant investi de nombreux capitaux dans *Le Tour du monde*, permettant ainsi à Todd de mener à bien le tournage du film. Paley et lui nouèrent par la suite d'étroites relations de travail, se rendant fréquemment visite.

Jeanne Murray se trouvait ce jour-là chez Paley. Elle connaissait Todd du temps où elle était mariée avec Alfred Gwynn Vanderbilt. « Mike paraissait prêt à tout pour s'enrichir, dit-elle. Il courait après les femmes, l'argent, la reconnaissance, tout ce qui pouvait accroître son capital et son statut social.

« Je passais le week-end chez Bill. Je revois encore Elizabeth en train de jouer au backgammon à une table dans un coin de la pièce. C'était juste avant l'heure du repas, et ils étaient en pleine partie quand Bill remarqua à son doigt le diamant de vingt-neuf carats que Todd lui avait offert. C'était la plus grosse pierre précieuse qu'on ait jamais vue, et Bill ne put résister à l'envie de dire quelque chose du style : " C'est gros et vulgaire. " Ce qu'il fit, mais sur le ton de la plaisanterie pour ne pas la vexer. Elizabeth renversa la tête en arrière et partit d'un immense éclat de rire. »

Vers la fin mars 1957, la MGM annonça qu'Elizabeth Taylor attendait un troisième enfant. L'heureux événement était prévu pour la fin de l'année. Pendant ce temps, Todd et elle passaient leur lune de miel à l'étranger, et assistaient au Festival de Cannes pour la première du *Tour du monde en 80 jours*. Todd continua de ridiculiser Elizabeth en public, dans le but avoué de l'embarrasser. « Allez viens, la grosse – bouge ton gros cul ! » lança-t-il comme ils descendaient de la limousine devant le Palais des Expositions à Cannes.

Ils se rendirent ensuite à Barcelone et passèrent une journée sur la plage, entourés d'une foule de curieux. José María Bayona, un journaliste espagnol très populaire, les interviewa. « Je me souviens d'avoir trouvé Elizabeth très séduisante, dit-il, bien qu'elle ne payât pas de mine dans son maillot de bain. Mike Todd, un personnage profondément déplaisant, était petit, râblé, avec des traits ordinaires. Il n'avait pas l'air particulièrement gentil avec Elizabeth, mais elle paraissait prendre du plaisir à se faire torturer. Je suppose que la plupart des autres hommes avaient tendance à lui lécher les bottes. »

Puis ils firent un saut à Madrid pour assister à la première du

*Tour du monde*. Rose Estoria, directrice d'un grand magasin, qui assista à la projection, était assise juste un rang derrière les Todd :

« Je fus étonnée de voir à quel point Liz paraissait menue, mais il faut dire qu'elle avait encore la ligne à l'époque. Elle portait – et je me rappelle encore l'impression qu'elle fit sur moi presque trente-cinq ans après – une robe rose très simple qui laissait ses épaules dénudées et mettait en relief ses yeux d'un violet électrique et sa double rangée de cils.

« Mike Todd se montrait très protecteur avec elle. Comme Liz, il était de petite taille, ne la dépassant que de quelques centimètres. Il émanait de lui une grande énergie mais il n'avait pas l'allure d'un homme élégant ou séduisant. Je trouvai quelque peu étonnant qu'ils soient ensemble. »

Le couple se rendit ensuite à Athènes, puis revint sur la Côte d'Azur, et finalement à Paris, où il avait réservé la suite nuptiale du Ritz, place Vendôme. Comme pour tous les pays qu'ils visitaient, Todd s'était arrangé pour que leur venue coïncidât avec la première de son film à gros budget.

A peine arrivé, il prit rendez-vous chez le fameux coiffeur Alexandre de Paris. « Je coupe rarement les cheveux des hommes, raconte Alexandre, mais Todd se montra insistant. Je supposai qu'il voulait tester mes talents avant sa femme. Dans un français maladroit, il me demanda de lui couper les cheveux. Je m'attaquai à la tâche et au bout d'une demi-heure il ne lui restait que deux centimètres et demi de cheveux sur la tête. Je les lui montrai dans un miroir et une larme coula le long de sa joue. Il ne dit rien pendant un moment, puis annonça qu'il devait se rendre chez Cartier pour retirer un diadème qu'Elizabeth porterait à la première du film. Il s'en alla avec sa nouvelle coupe rase et quelques heures après me téléphona depuis le Ritz.

« – Alexandre, vous devez venir immédiatement vous occuper de la coiffure d'Elizabeth, me dit-il, et nous aider pour le diadème.

« Il m'envoya une voiture, et quelques minutes plus tard je me retrouvai face à une déesse absolue. Je lui coupai les cheveux, qui étaient plus épais et bouclés que ce à quoi je m'étais attendu. Il s'établit entre elle et moi une compréhension immédiate, et j'appris bientôt que Liz était le genre de personne qui ferait n'importe quoi pour aider un ami.

« Bien qu'encore plutôt jeune, elle avait l'étoffe d'une grande dame. Il émanait d'elle une aura qui grandissait d'année en année. Le Tout-Paris voulait recevoir Elizabeth. Pendant quelques années, elle avait été l'amie des Rothschild, en particulier de Marie-Hélène, qui l'avait présentée à la haute société parisienne. Et parce que Marie-Hélène de Rothschild régnait officieusement sur cette élite, Elizabeth et Mike purent s'introduire plus avant dans les milieux mondains français. Todd raffolait des classes supérieures, quelle que fût leur nationalité.

« De toutes les actrices hollywoodiennes, seule Elizabeth Taylor connut une telle grandeur à Paris. Deux autres stars – Rita Hayworth et Grace Kelly – reçurent un accueil similaire, essentiellement parce que l'une devint la princesse Ali Khan, et l'autre la princesse Grace de Monaco. Elizabeth Taylor faisait figure d'anomalie et devint l'unique exception à l'insularité du groupe.

« Elizabeth Taylor était une grande star, une très grande star, et le rôle qu'elle personnifiait (et personnifie) le mieux est celui de *prima donna* – elle-même : Elizabeth Taylor. Elle joue une brillante Elizabeth Taylor, à l'écran comme ailleurs – c'est son unique et plus grand rôle. »

Parmi les couturiers qu'Elizabeth fréquenta lors de son escale à Paris figuraient Balenciaga, Yves Saint Laurent, Givenchy et Marc Bohan de chez Christian Dior, lequel devint son favori et travailla pour elle des années durant.

« Elizabeth n'avait pas le physique idéal d'un mannequin, se souvient Bohan, mais elle possédait un visage fabuleux et des yeux bouleversants. Elle était vive, séduisante. Elle vint chez Dior la première fois avec Mike Todd afin d'acheter une robe pour la première parisienne du *Tour du monde en 80 jours*. Nous la confiâmes à notre meilleure habilleuse, Simone Noir, et nous confectionnâmes une robe sophistiquée en mousseline de soie rubis, qu'elle porta avec des boucles d'oreilles en rubis et un diadème assorti. Liz préférait les nuances et les pastels violets parce qu'ils faisaient mieux ressortir la couleur de ses yeux. De même elle préférait les robes décolletées et courtes, avec de fines ceintures à la taille. Elle savait l'effet qu'elle voulait créer.

« Je me rendais souvent à Londres ou à Rome pour un essayage, ou alors nous envoyions Simone Noir et une essayeuse du nom de Monique, qui avait une grande affinité avec Elizabeth. Nous allions dans sa suite ou, quand elle était à Paris, Elizabeth me retrouvait dans mon bureau chez Dior, avenue Montaigne. A la différence de nombreux autres clients fortunés, Liz ne cherchait que rarement à nous en imposer. Bien au contraire, elle se montrait courtoise, polie, facile. Elle n'insistait jamais, par exemple, pour que nous lui réservions un modèle particulier. D'un autre côté, elle refusait d'assister aux défilés de Dior, préférant traiter avec nous en privé.

« S'il fallait citer son principal défaut, ce serait son instinct de possession. Elle adorait recevoir des cadeaux. Au fil des ans, elle acheta une centaine de tenues de chez Dior, mais chaque fois qu'elle achetait quelque chose, elle s'attendait à un cadeau. Quand elle entrait dans mon bureau, elle examinait toujours les accessoires et déclarait raffoler de telle ceinture, tel foulard ou chapeau. Je lui offrais alors un de ces articles, et elle se mettait à rayonner comme une gamine qui vient de recevoir une nouvelle poupée. " Je raffole des cadeaux ! " s'exclamait-elle chaque fois que je lui en faisais un. Une entente tacite s'instaura, et chaque fois qu'elle achetait une tenue chez Dior, elle repartait avec des accessoires qu'on lui cédait gracieusement. »

Les goûts d'Elizabeth en matière vestimentaire ne faisaient pas l'unanimité. Hebe Dorsey, une journaliste de mode qui vivait à Londres, trouvait qu'Elizabeth Taylor « était horrible à voir en Christian Dior. Elle ressemblait à une call-girl essayant de se faire passer pour une princesse. Rien ne semblait lui aller vraiment ». Diana Vreeland, l'arbitre de l'élégance américaine, estimait pour sa part que Taylor était « l'actrice la plus mal habillée depuis Mae West, dont la carrière s'est édifiée autour de pulls moulants et de chemises de nuit transparentes. Et manquait de goût – on en a ou on n'en a pas. »

James Galanos, un styliste de mode installé à Los Angeles dont Elizabeth devait porter les créations un peu plus tard, décrivit ainsi le « goût » d'Elizabeth pour la mode : « Elizabeth a toujours paru étrange avec ses bijoux et le genre de tenue qu'elle se choisissait. Mais, soyons honnête, elle n'a pas le physique mannequin. Elle compense ses défauts en exagérant ses atouts. Je l'ai vue à l'écran belle et mince. Son embonpoint est un problème et l'a été depuis son mariage avec Mike Todd. »

Art Buchwald, qui en 1958 était devenu critique dans l'édition européenne du *Herald Tribune* et copropriétaire d'un restaurant chinois à Paris (le Chinatown), vit Todd et Taylor lors de leur séjour à Paris.

« Avant leur arrivée ici, raconte Buchwald, ils avaient loué une villa, la Fiorentina, à Saint-Jean-Cap-Ferrat, dans le sud de la France. J'y ai passé quelques jours à me baigner, manger et me prélasser en leur compagnie. Elizabeth et moi nous étions toujours entendus à ravir parce que je n'attendais rien d'elle et ne l'attaquais jamais dans mes articles.

« Nous nous promenions souvent tous les deux dans le coin ; tout le monde la reconnaissait. Les gens devenaient comme fous en la croisant dans la rue. Je n'ai jamais vu de public aussi excité. Même Jacqueline Kennedy Onassis n'attirait pas autant l'attention.

« Mike Todd loua un soir le restaurant chinois que je possédais à Paris pour une réception, après la première du *Tour du monde en 80 jours*. Nous avions prévu environ une centaine d'invités, mais il en invita trois fois plus. Le chaos qui en résulta fit fuir notre cuisinier, qui affirma ne pas pouvoir cuisiner dans de telles conditions. Aussi Todd décida-t-il qu'un buffet libre et cinquante pizzas feraient l'affaire. La pizzeria du coin fut aussitôt réquisitionnée.

« En fin de soirée, Todd vint me voir pour me demander de me rendre dans le salon de son hôtel le lendemain afin de me régler les dépenses occasionnées. Elizabeth me susurra néanmoins à l'oreille qu'ils partaient à sept heures du matin. J'arrivai dans le salon du Ritz à sept heures moins le quart. Todd parut surpris de me voir, mais garda la tête haute. Il me griffonna un chèque de 1 500 dollars et me le tendit pendant qu'Elizabeth m'adressait un clin d'œil complice. »

Leur dernière escale avant de rentrer aux États-Unis fut Londres, où Todd comptait fêter la première anglaise de son film à Battersea Gardens, un parc d'attractions au bord de la Tamise. Il y fit venir deux mille invités, dont la moitié étaient des membres de l'aristocratie britannique, en ferry et bus à deux étages. Quand il se mit à pleuvoir, Mike distribua deux mille imperméables en plastique noir qu'il avait achetés en cas d'intempérie.

Elizabeth portait une création de chez Dior et pour 500 000 dollars de bijoux. Visiblement enceinte, elle haussa les épaules quand la duchesse de Kent lui demanda si elle voulait un garçon ou une fille. Ayant entendu la question, le mari de Liz intervint :

« Une fille [10], affirma-t-il. Le monde n'est pas encore prêt pour un autre Mike Todd [11]. »

# 13

Le jour où les Todd avaient prévu de quitter Londres pour les États-Unis, Elizabeth arriva avec deux heures de retard à l'aéroport de Heathrow. Leur avion était parti depuis long-temps, et Mike Todd lui fit une scène. Elizabeth et lui se dispu-tèrent si bruyamment et ardemment que la sécurité de l'aéro-port dut intervenir. Des photos du couple en train de se quereller parurent dans les journaux et magazines de toute l'Europe et des États-Unis. Mike Todd affréta finalement un avion privé pour les conduire à leur dernière étape, outre-Atlantique.

A New York, ils s'installèrent dans leur appartement de Park Avenue et attendirent la naissance de leur enfant. Margaret Lambkin, une amie anglaise d'Elizabeth, présenta cette der-nière à un styliste d'origine espagnole, Miguel Ferreras, dont l'atelier était situé sur la 5$^e$ Avenue, au 785, près du Sherry-Netherland Hotel. Elizabeth commanda à Ferreras une garde-robe de femme enceinte.

« Je me souviens de la première fois où j'ai vu Elizabeth Tay-lor, raconte le couturier. Elle se tenait devant une grande baie vitrée qui donnait sur la 5$^e$ Avenue. Elle avait un visage éton-nant, d'une beauté exquise – et ces yeux! Je la trouvai très cha-leureuse, inhabituellement courtoise, la geisha consommée, terme qui décrit amplement son tempérament et sa véritable nature sociale. Elle était, est et sera toujours une geisha dont la passion première est de plaire aux hommes – et partant à elle-même.

« Elle se servait de son regard pour séduire les hommes ; ses yeux avaient une vie propre. Elle parlait avec les yeux, communiquait à travers eux, les utilisait, si nécessaire, comme arme. En dehors de ça, Elizabeth paraissait n'avoir rien d'inté-ressant à transmettre ou à dire. Elle était incapable de se

176

concentrer plus d'une seconde sur quoi que ce soit. Sa personnalité était éclipsée par l'évidente beauté de son visage.

« Peut-être en raison de sa petite taille, Liz donnait l'impression de déborder; elle avait une poitrine gigantesque, un derrière énorme, et des jambes informes et bosselées. Son précédent galant, Kevin McClory, avait vanté ses talents au lit. Il soutenait qu'elle manipulait son pénis avec une dextérité fantastique. Elle était " absolument pornographique ", à en croire McClory. Elle raffolait du sexe pour le sexe, sans excès toutefois.

« Quant à la garde-robe de femme enceinte que je lui dessinai, la facture s'en éleva à 38 000 dollars. Cela allait du déshabillé très simple à la robe de soirée. Mon seul problème avec Elizabeth – et je suis persuadé de n'être point le seul à m'en plaindre – était son légendaire manque de ponctualité, son incapacité absolue à être où que ce soit à l'heure. Je lui disais : " Retrouvons-nous à 11 heures demain matin pour un essayage ", et elle arrivait à quatre heures et demie de l'après-midi, sans un mot d'explication ou d'excuse. Elle tenait pour acquis le fait que vous saviez qu'elle n'allait pas arriver à l'heure fixée. Eu égard à son statut de personnalité américaine la plus célèbre et la plus sollicitée, vous deviez vous montrer indulgent. Après tout, elle a contribué à ma carrière. En devenant ma cliente, elle a accru ma réputation. »

Le penchant d'Elizabeth Taylor pour la publicité tapageuse jouait parfois en sa défaveur. Miguel Ferreras se souvient d'un épisode particulier : « Nous préparions un cahier spécial pour *Vogue* de la garde-robe de femme enceinte que j'avais dessinée pour Elizabeth. Elle s'était parée d'un ensemble de bijoux rares avant d'arriver à la séance de photos. Elle portait même le fameux diadème que Mike Todd lui avait offert. Pour des questions d'assurance, la tiare devait être apportée à l'atelier par deux gardes de la sécurité en armes, qui devaient rester présents jusqu'à la fin de la séance. Finalement, les photographies ne parurent jamais dans *Vogue*. Les responsables de la publication prétendirent qu'Elizabeth avait déjà obtenu trop de publicité, et qu'ils n'avaient pas l'intention d'en rajouter. Imaginez quel prix auraient aujourd'hui ces photographies de Liz enceinte, dans ces vêtements dessinés spécialement? »

Par contraste avec Taylor, Todd fit à Ferreras l'effet d'une personne « nettement plus vulgaire. Chaque fois que je me rendais à son bureau, je le trouvais en short, pieds nus sur le bureau, un cigare aux lèvres, et quatre ou cinq fils de téléphone entortillés autour de son torse trapu. Il menait simultanément plusieurs conversations téléphoniques, bavardant dans le même temps avec divers employés : secrétaires particulières, préposés au courrier, comptables. L'endroit ressemblait à un cirque doté de plusieurs pistes, avec Todd dans le rôle de Monsieur Loyal. Elizabeth était en grande partie livrée à elle-même. En dehors des moments où ils faisaient l'amour, j'avais l'impression qu'elle s'était totalement lassée de lui. »

Le 6 août 1957, Elizabeth (« Liza ») Frances Todd naquit par césarienne au Harkness Pavilion de New York. Pesant 2,4 kilos, la fille de Mike et Elizabeth Todd était née légèrement avant terme mais n'était pas aussi prématurée que le personnel des relations publiques de la MGM le laissèrent croire aux admirateurs de la star. Que Taylor ait été mise enceinte par Todd avant son divorce d'avec Wilding devint un ragot très répandu.

Moins d'un mois après la naissance de Liza, les Todd emménagèrent dans une grande maison au 1330 Schuyler Drive, à Beverly Hills. Le 17 octobre 1957, ils se rendirent à New York pour donner un gala de premier anniversaire pour *Le Tour du monde en 80 jours* à Madison Square Garden devant dix-huit mille spectateurs payants. L'entrée était de 15 dollars par personne. En outre, la chaîne CBS-TV versa à Todd 250 000 dollars pour les droits de diffusion de cette folie. Les invitations et les annonces publicitaires présentaient l'événement comme « une petite fête sympa entre potes », comprenant des célébrités à la douzaine, des numéros de cirque du monde entier, et des spectacles exécutés par les troupes des comédies musicales de Broadway. L'imprésario promettait également aux personnes présentes champagne, café, pizzas, hot-dogs, rouleaux, le tout gratis, et des centaines de lots – allant de la simple cravate au Cessna et au Chris-Craft. En échange de spots publicitaires offerts à des annonceurs, Todd se procura la plupart – sinon tous – des lots gratuitement, s'assurant ainsi que la fête apporterait un profit confortable.

Mais les résultats ne furent pas tout à fait conformes aux espérances de Todd. Earl Wilson, qui était présent au Madison, rapporte que les serveurs « vendaient le champagne 10 dollars la bouteille, au lieu de le distribuer gratuitement. Les invités, la plupart en smoking et robes de soirée, se lancèrent dans une terrible mêlée pour glaner les restants de nourriture qui étaient confisqués et consommés par les gardes de la sécurité. Au lieu de stars et de célébrités, la fête attira des centaines de pique-assiettes et de parasites. Elizabeth essaya de couper une part du gigantesque gâteau fourré en l'honneur du film de Todd. La pièce montée de 1,80 m de haut avait été teinte en bleu afin de mieux passer à la télévision, mais elle se révéla immangeable. Longtemps avant que la soirée ne touche à sa triste et fastidieuse apogée, Mike fit sortir Liz du Madison Square Garden par une porte latérale. »

« Vous partez déjà? leur demanda Wilson, en les voyant s'éclipser. – C'est la déprime totale, se lamenta Mike. Je préfère être chez nous avec notre gamine. »

Les Todd retournèrent bientôt à Los Angeles où ils furent accueillis à leur descente d'avion par Jack Smith, le critique cinématographique du *Los Angeles Times*.

« Une semaine s'était écoulée depuis le fiasco du Madison Square Garden, raconte Smith. Mon photographe et moi arrivâmes à l'aéroport juste après que Mike et Liz furent descendus d'avion. Pas mal de journalistes grouillaient dans les parages, mais aucune trace de Mike et Liz. Le bruit courut qu'ils venaient de s'engouffrer dans une limousine de l'autre côté des grilles. Nous les prîmes en chasse. Ils étaient sur le point de démarrer quand je passai ma tête par une des vitres baissées de la voiture et déclarai à Mike Todd : " Si nous ne rapportons pas une photo de Liz et vous, nous sommes cuits. "

« Il comprit notre situation. " Allez, bébé, dit-il à Liz, sors de la voiture. Ces types veulent te tirer le portrait. " Elle parut hésitante et contrariée. Elle se moquait éperdument qu'on ait notre photo ou pas. Todd dut pratiquement la pousser hors du véhicule.

« " Je me fais vieille à monter et descendre de cette automobile, se plaignit-elle. – Laisse-les donc prendre leur photo ", répliqua Mike. Feignant un profond désintérêt, Elizabeth, vêtue d'une robe moulante et fendue, sortit finalement. Todd plaça un bras autour de ses épaules. " Allez, c'est parti, dit-il. Montre aux gars tes gambettes. " Elle lui obéit et tendit une jambe. Todd la dominait, et elle aimait ça. Il lui demanda ensuite de se tourner dans un sens, puis dans l'autre. Nous prîmes nos clichés. Elle répondit à quelques questions concernant sa carrière, bâilla, puis remonta dans la limousine. Elle paraissait excessivement lasse après tous ces mois passés à complaire à la presse, uniquement pour satisfaire Todd. »

Une fois en Californie, le couple assista à ce qui promettait d'être un dîner tranquille au Beachcombers, donné par l'auteur-compositeur Jule Styne. Étaient présents Eddie Fisher, Debbie Reynolds, Frank Sinatra et Lauren Bacall (dont le mari, Humphrey Bogart, était décédé récemment). Sinatra et Bacall sortaient ensemble, et cette dernière espérait l'épouser, bien que Frank fût loin de partager ce désir. A un certain moment dans la soirée, Sinatra et Bacall se mirent à échanger des insultes. Fisher et Reynolds, dont le mariage traversait une crise, se mirent également à se disputer. Mike Todd, se retrouvant dans le rôle inhabituel de conciliateur, essaya de ramener à la raison les deux couples. Sans se préoccuper d'Elizabeth, qui, se sentant délaissée, s'ennuyait, il se tourna soudain vers

Styne et s'exclama : « Ce dîner était une idée fabuleuse, Jule. On devrait en faire plus souvent. »

Le 1er novembre 1957, les Todd se rendirent de nouveau à New York pour mettre au point une autre série de projections internationales du *Tour du monde en 80 jours*. Leur dernier grand périple comprenait la France, la Suède, la Norvège, l'Union soviétique, l'Australie, Hong Kong, puis de nouveau la France. Le soir précédant leur départ, Elizabeth glissa sur une savonnette et se blessa au dos.

Wayne C. Brockman, responsable d'Air France à l'aéroport La Guardia de New York, dut porter une « Liz affaiblie et invalide » jusqu'à son siège. « Quand ce fut l'heure d'embarquer, nous la conduisîmes en fauteuil roulant jusqu'à la rampe de chargement. Je dus la porter le reste du trajet. Heureusement, je pus la porter car à l'époque elle n'était pas aussi lourde que plus tard. Todd et elle formaient un véritable couple. Il était très soucieux de son confort et de son bien-être. Ils avaient réservé la " chambre céleste ", une suite luxueuse de l'avion avec des couchettes et un salon.

« Une fois à bord de l'avion, Elizabeth demanda à l'hôtesse une cigarette de la marque Parliament. La jeune femme avait à peu près toutes les marques sauf celle-ci.

« " Pourquoi faut-il que ce soient des Parliament ? lui demanda Todd. – Parce que c'est ce que je veux ", insista Liz.

« Todd sortit un billet de 20 dollars de sa poche et envoya quelqu'un au terminal pour acheter une cartouche de Parliament. Apparemment satisfaite, Elizabeth se laissa aller contre le dossier de son siège et commença à se détendre. »

Les problèmes de dos d'Elizabeth s'étaient grandement arrangés en Europe, et elle semblait avoir complètement récupéré quand ils atterrirent en Union soviétique. Toutefois, Marina Tal, une des interprètes russes du couple, trouva l'actrice « aussi gâtée qu'impotente. Nous devions satisfaire le moindre de ses caprices. Une fois, elle m'envoya acheter des jouets pour ses enfants, qu'elle avait laissés avec la gouvernante aux États-Unis. Quand je lui demandai quel genre de jouets ses enfants aimaient, elle haussa les épaules et répondit : " N'importe quoi de cher fera l'affaire. Il n'y a pas de limite. "

« Elizabeth Taylor et Mike Todd étaient très mal fagotés. Elizabeth avait un rouge à lèvres cramoisi, un vernis à ongles assorti, et une couche excessive de fard à paupières. Elle portait un vison long et des bottes en cuir rouge. Elle se vexa parce que les Russes la regardaient plus comme une curiosité que comme une star de cinéma. Les seules " stars " authentiques en Union soviétique étaient nos premières danseuses de l'Opéra. Elizabeth Taylor avait des jambes courtes et un gros derrière, ce qui empêchait qu'on la confonde avec une danseuse classique. Les gens ne savaient pas trop quoi penser d'elle.

« Elle sortait en permanence des remarques grossières et blessantes. Elle critiquait la nourriture, les longues files d'attente devant les magasins, le temps. C'était l'hiver à Moscou, et l'air était encore très vif. Taylor ne cessait de répéter que sa visite en Union soviétique l'avait aidée à apprécier le style de vie qui était le sien aux États-Unis – une déclaration qui passerait très bien devant des amis, peut-être, mais pas devant un groupe de hauts dignitaires soviétiques.

« Les Todd passaient leur temps à s'embrasser en public. Compte tenu du climat répressif qui régnait alors en Russie, un tel comportement était considéré quasiment comme subversif. La presse soviétique se mit à critiquer sévèrement le couple. »

De retour en Europe, Mike et Liz retrouvèrent Eddie Fisher et Debbie Reynolds. « Nous passions ensemble des vacances dans le sud de la France, se souvient Eddie Fisher. Debbie et moi étions toujours aussi irréconciliables. Mike et Elizabeth formaient un couple douillet, de vrais tourtereaux. Leur intimité accentuait par contraste l'échec de notre union. Ceux qui plus tard me reprochèrent d'avoir épousé Elizabeth après la mort de Mike n'ont aucune idée du climat d'hostilité qui régnait entre Debbie et moi. Si jamais on avait fait un film à partir de nos relations, le titre en aurait été *Sur le fil du rasoir*.

« Après nos vacances en compagnie des Todd, je partis seul pour Israël, tandis que Debbie visitait l'Espagne avec " une " professeur de gymnastique qui se révéla porter une moustache. Ils se rendirent à des corridas. Je suppose que Debbie prit du plaisir à se mesurer aux taureaux, ou du moins à les regarder. »

A la mi-décembre 1957, les Todd étaient rentrés aux États-Unis pour la première new-yorkaise de *L'Arbre de vie*. Ils avaient abandonné leur appartement de Manhattan pour une vaste propriété à Westport, dans le Connecticut [1], non loin de la ferme récemment acquise par Paul Newman et Joanne Woodward.

Newman venait de signer avec la MGM pour jouer dans l'adaptation cinématographique de la pièce de théâtre de Tennessee Williams, *La Chatte sur un toit brûlant* [2], qui devait être réalisée par Richard Brooks. Elizabeth obtint le scénario, le lut et contacta à la fois Brooks et Lawrence Weingarten, le producteur du film. Le rôle qu'elle désirait, celui de Maggie la Chatte (l'épouse à l'écran de Newman), n'avait pas encore été attribué. Intrigué par l'intérêt de Liz et la perspective d'un box-office en or, Brooks et Weingarten s'entretinrent avec la MGM, puis offrirent à Liz le rôle. Quand la presse voulut savoir le motif qui poussait l'actrice à reprendre du service, elle fit cette réponse : « L'occasion de jouer dans un film adapté d'une œuvre d'un de nos meilleurs auteurs dramatiques vivants, Tennessee Williams, exclut d'emblée toute possibilité de refus. »

Le tournage devait commencer au début du mois de mars 1958. En attendant, les Todd profitaient de leur maison de Westport, se rendant régulièrement à New York pour assister à des fêtes ou faire des emplettes. Lors d'une de ces soirées, Elizabeth rencontra l'écrivain Truman Capote, dont le nom n'avait cessé de revenir dans ses dernières conversations avec Montgomery Clift. Elle invita Capote à passer un week-end dans le Connecticut.

« Je me souviens qu'il faisait particulièrement chaud pour la saison, raconte Capote. En arrivant chez eux, je trouvai Mike et Liz sur une grande pelouse en pente, entourés par une douzaine de chiots retriever à poil doré. C'était le genre de scène qu'on n'oublie pas. Tout était parfait. Ils se mirent tous les deux à se rouler dans l'herbe avec les chiens qui leur grimpaient dessus. Ils formaient manifestement un couple des plus heureux à cette époque.

« Je dois dire que j'admire Liz. C'est une des personnes les plus mal comprises et les plus sous-estimées de notre temps. A s'en tenir à sa seule réputation, on ne saurait avoir la moindre idée de la vraie personnalité de cette femme incroyable aux innombrables facettes. Elle a un sens de l'humour peu commun et elle est d'une franchise absolue ; elle aime faire le pitre ; elle est brillante, dévore des romans inconnus en dépit de la rumeur selon laquelle, adolescente, elle ne lisait que des illustrés ; et, ce qui est plus intéressant, elle n'a peur de rien. Elle risquera tout, et dans le même temps s'inquiétera pour le détail le plus trivial. Elle a un courage immense, mais la moindre vétille peut la désarçonner complètement.

« Il existe chez elle d'autres contradictions. Elle adore les enfants, se montre douce avec les animaux, mais adore jurer. Elle parla un jour d'un ponte de la MGM comme d'un " salepédéàbitemolled'enculédesamère ", un terme qu'on ne trouvera pas dans le dictionnaire.

« Il existe un mythe à Hollywood selon lequel Mike Todd lui aurait appris tout ce qu'elle connaît des affaires et du tournage d'un film. Je n'adhère pas à cette théorie. C'est plutôt Liz qui a appris à Mike à trouver des fonds et à faire monter les enchères. Lui n'a fait que transmettre son audace, alors qu'elle, en fait, possédait déjà le savoir-faire pragmatique.

Mike était un rêveur; Liz, elle, agissait. Au cours de leur trop bref mariage, elle lui prêta des dizaines de milliers de dollars. »

Dès le début, Todd s'opposa au désir de sa femme de jouer dans *La Chatte sur un toit brûlant*. Peu de temps avant son retour devant les caméras, il l'emmena à Londres pour assister à une nouvelle version de la pièce, avec Kim Stanley dans le rôle de Maggie la Chatte. Quand le rideau se baissa, il l'emmena en coulisse dans la loge de Miss Stanley.

Selon cette dernière, Todd loua son jeu, puis lui sortit ce qui revenait à une insulte à peine déguisée : « Vous devez m'aider à convaincre Elizabeth que Maggie la Chatte n'est pas un rôle pour elle. Elle ne doit pas accepter ce rôle. Personne ne pourra croire qu'on n'ait pas envie de coucher avec elle. »

Faisant allusion au rôle de Brick Pollitt, le mari dans le film de Maggie, Kim Stanley répondit : « Mais si vous êtes homo, ce qu'est le mari selon Williams, vous n'avez pas envie de coucher avec une femme, aussi belle soit-elle – c'est tout le nœud de l'intrigue. »

Rétrospectivement, Kim Stanley en déduisit que la véritable réserve de Todd émanait de son désir de garder Elizabeth à la maison. « Il voulait une femme d'intérieur, pas une actrice. »

Afin de détourner plus encore Taylor du rôle, Todd lui proposa de visiter le Château de l'Horizon, la luxueuse résidence d'Ali Khan à Cannes. Une fois là-bas, Todd choisit plusieurs tableaux pour Liz dans la vaste collection d'œuvres d'art du xixe siècle de l'Aga Khan, y compris un Degas et un Utrillo. Mais Taylor ne se laissa pas circonvenir aussi grossièrement. Elle n'avait aucune intention d'abandonner ce rôle.

Elle reprit le travail le 2 mars 1958. Ses partenaires considéraient son retour et son jeu selon divers points de vue. Burl Ives, Big Daddy dans le film, trouva Elizabeth « ravissante ».

« Je trouvais qu'elle se débrouillait à merveille dans *La Chatte*, déclara-t-il. Je venais de jouer dans une production de Broadway où Barbara Bel Geddes jouait Maggie. Barbara est excellente, mais Elizabeth jouait le rôle très bien, mieux peut-être, même. Elle a une qualité qu'on ne peut lui refuser ni aisément décrire. En la regardant, je me souvins immédiatement des paroles de ce fameux morceau de jazz : " Si t'as pas ce petit plus, alors t'as rien. " Eh bien, Elizabeth l'avait, ce petit plus. »

Dame Judith Anderson, qui jouait Big Mama, trouva qu'Elizabeth « avait tendance à " tirer au flanc " pendant les répétitions. Paul Newman s'inquiéta tellement devant son manque apparent d'enthousiasme qu'il en parla au réalisateur Richard Brooks. " Elle ne me donne rien à partir de quoi travailler, se plaignit Paul. – Ne t'en fais pas, répondit Brooks. Une fois que la caméra tourne, elle revient à la vie. " Et ce fut exactement ce qui se passa. A la minute où le tournage débuta, elle se métamorphosa.

« La seule faiblesse que je détectai dans son jeu concernait son incapacité à maintenir un véritable accent du Sud bien traînant. Alors que cette faiblesse aurait gâté le jeu de n'importe quel autre acteur, cela n'avait aucune importance dans son cas. Les gens se pressaient dans les salles de cinéma pour voir Elizabeth Taylor dans le rôle d'Elizabeth Taylor. Elle était si magnétique, si belle, que personne ne se préoccupait de savoir si elle savait jouer.

« J'ajoute néanmoins que certaines personnes de l'équipe jugèrent son jeu incompatible avec celui de Paul Newman [3]. En tant qu'acteurs, ils ne tiraient tout simplement pas le meilleur l'un de l'autre – ça ne marchait pas. Qui plus est, bien que je la trouve charmante, d'autres la considéraient comme une gamine horriblement gâtée. »

La critique la plus virulente du film émana de Tennessee Williams. Meade Roberts, un scénariste et confident de Williams, rendit visite à l'écrivain dans sa maison de Key West, au large de la Floride, peu de temps après que Williams eut visionné les premiers rushes de La Chatte sur un toit brûlant : « Tennessee sentit qu'Elizabeth jouait le rôle admirablement, mais le reste du casting était une erreur. Et les efforts de Richard Brooks se révélèrent consternants : il avait saboté la pièce en gommant dans le film toute suggestion d'homosexualité, détruisant par là même l'esprit, sinon la lettre, de l'œuvre de Williams. » L'écrivain fut si mécontent de la version cinématographique de La Chatte sur un toit brûlant qu'à la sortie du film en salle il apostrophait les gens dans les files d'attente en leur disant que ça ne valait pas la peine d'entrer. « Il mettait en garde des inconnus contre ce film, raconte Roberts, même si son contrat avec la MGM lui garantissait un pourcentage sur les recettes. »

Richard Brooks défendit sa réalisation et son scénario (coécrit avec James Poe), en arguant que le contexte de 1958 « nous interdisait d'exploiter le contenu homosexuel de la pièce originale ».

Et de faire ce commentaire sur Elizabeth Taylor : « Tout d'abord, c'est une beauté. Puis, c'est un mélange d'enfant et de garce. Troisièmement, elle veut aimer passionnément et être aimée. Elle a trouvé et perdu un grand amour en la personne de Mike Todd, qui est décédé brutalement dans un accident d'avion lors du tournage de La Chatte. Cette tragédie a failli anéantir tout espoir d'achever le film. »

184

Trois semaines après le début du tournage, Elizabeth contracta un fâcheux rhume de cerveau. A contrecœur, Richard Brooks accepta qu'elle prenne trois jours de repos, qu'elle passa au lit. Ironie du sort, cette maladie devait lui sauver la vie.

Elle déclara plus tard à des amis qu'elle aurait aimé être aux côtés de son mari la nuit où il mourut. Il avait récemment donné une petite fête d'anniversaire en son honneur dans leur maison de Beverly Hills, à laquelle assistèrent Eddie Fisher, David Niven et sa femme, Hjordis Niven, et Art Cohn, qui venait juste de terminer son livre *Les Neuf Vies de Mike Todd*. Todd passa une bonne partie de la soirée à analyser le rôle de son épouse dans *La Chatte*, et à exposer ses propres idées pour une éventuelle adaptation de *Don Quichotte* [4]. Puis il parla de la prochaine réunion du Friars Club International, qui devait rassembler douze cents invités au Waldorf-Astoria, à New York. Mike avait été élu l'Homme de l'année, et la récompense devait lui être décernée lors du banquet. Elizabeth et lui avaient prévu de prendre le *Liz* [5], un bimoteur à douze places de style Lockheed Lodestar, que Todd avait récemment loué pour une durée d'un an. Il avait fait remettre à neuf l'intérieur de l'avion, installant un boudoir dans les tons violets avec un immense lit pour sa femme et lui.

Le rhume de cerveau de Liz, qui se compliquait d'une forte fièvre et d'une infection des bronches, nécessita un changement de dernière minute. Outrepassant les objections de sa femme, Mike décida de faire le voyage sans elle. Il commença à joindre des amis pour savoir qui voulait l'accompagner à la place de Liz. Il joignit ainsi Kurt Frings, Kirk Douglas, Eddie Fisher, le comédien Joe E. Lewis, le réalisateur Joseph Mankiewicz – tous avaient d'autres engagements. Il se tourna finalement vers son vieux copain, Art Cohn, qui sauta sur l'occasion.

A 10 h 11 du soir, le 21 mars 1958, l'avion de Mike Todd décola de Burbank Airport, en Californie, à destination de New York. Todd appela sa femme peu de temps avant le départ et lui promit de l'appeler dès leur escale à Tulsa, Oklahoma, où ils devaient refaire le plein. D'importants orages et des vents forts ayant été annoncés, Elizabeth avait supplié toute la journée son mari de reporter ce voyage au lendemain matin.

« Ne t'inquiète pas, ma douce, lui répondit Todd. Je peux traverser n'importe quelle tempête. »

Le rapport sur l'accident d'avion établi par le Bureau civil de l'aéronautique (BCA), publié le 17 avril 1959, soit plus d'un an après l'accident, révéla qu'en raison du temps les deux pilotes, William S. Verner et Thomas Barclay, avaient demandé à un contrôleur aérien de Winslow, Arizona, l'autorisation de passer d'une altitude de 11 000 pieds à celle de 13 000 pieds. Le communiqué radio suivant émis par l'avion fut capté par la tour de contrôle de Zuni, au Nouveau-Mexique. Les pilotes, étant passés à 13 000 pieds, signalaient à présent un accroissement de la couche de givre mais également l'arrivée d'un intense front orageux. Cette transmission avec le sol fut la dernière.

Treize minutes plus tard, un employé du BCA de la tour de contrôle de l'aéroport Grants au Nouveau-Mexique vit un éclair lumineux traverser le ciel d'hiver. Il crut qu'il s'agissait là d'un éclair orageux. Mais le pilote d'un B-36 de l'Air Force qui volait dans les parages contacta la tour de contrôle et signala avoir vu un avion piquer dans la zone. L'heure inscrite était 2 h 40 du matin.

Selon le rapport du BCA, « la bielle directrice du moteur droit avait lâché en vol et l'hélice droite s'était retrouvée mise en drapeau. La perte complète du contrôle de l'avion s'ensuivit et l'appareil heurta alors le sol selon un angle abrupt ». Les lieux de l'accident étaient une petite vallée enneigée entre deux montagnes, à une altitude d'environ 7 200 pieds, et à une vingtaine de kilomètres au sud-ouest de Grants.

A l'aube, une équipe de recherche localisa les débris du *Liz* – un éparpillement de tôles en fusion qui étaient devenues le bûcher funéraire de Todd. Seuls deux objets furent retrouvés intacts – une copie de *Grandes religions du monde* (un livre qu'Art Cohn était en train de lire) et une serviette en tissu rouge avec l'inscription brodée or : *The Liz*. Il n'y eut aucun survivant.

La cause finale du désastre, toujours selon le BCA, fut « la perte de contrôle d'un appareil surchargé, suite à la rupture d'un moteur à une altitude qui se révéla critique pour une manœuvre avec un seul moteur. La perte de contrôle fut également aggravée par un important dépôt de givre ». Bien que Todd eût investi quelque 25 000 dollars dans le nouveau salon du *Liz*, il n'avait dépensé que 2 000 dollars dans l'amélioration du système antigivre de l'appareil. Le poids maximum autorisé au décollage pour le Lockheed de Todd, ainsi que l'attestent les documents aériens et diverses autres sources, s'élevait à 9 302 kilos; l'avion pesait 10 378 kilos au décollage. La tonne excédentaire avait fait toute la différence. Mike Todd avait quarante-neuf ans à sa mort [6].

# 14

Allongée dans son lit, la nuit où Mike Todd devait périr dans un accident d'avion, Elizabeth Taylor s'abandonnait à l'angoisse. Elle s'attendait à recevoir de son mari un appel téléphonique qui ne venait pas. Elle se mit donc à appeler ses amis, y compris son agent, Kurt Frings. « Je n'aurais jamais dû le laisser prendre l'avion sans moi, dit-elle. Après notre mariage, nous nous sommes imposé une règle d'or : " Là où tu vas, je vais avec toi. " J'aurais dû l'accompagner!

« – Arrêtez de vous tourmenter, lui répondit Kurt. Mike est capable de prendre soin de lui-même.

« – Je n'en suis pas si sûre », dit Elizabeth *.

Incapable de s'endormir, l'actrice passa le reste de la nuit à aller et venir entre sa chambre à coucher et celle de ses enfants. Au petit matin, il s'avéra que ses pires angoisses étaient justifiées.

Eva Guest, standardiste à la MGM, fut l'une des premières personnes à entendre parler de l'accident. « Je suis arrivée à la MGM un peu avant huit heures, raconte-t-elle. Quelques minutes plus tard, j'ai reçu un appel urgent pour le service de sécurité de la Metro, émanant d'un officier de liaison avec la police de Los Angeles. Le corps de Mike Todd était carbonisé au point qu'il était impossible de l'identifier. Le bureau du coroner du Nouveau-Mexique avait besoin de son dossier dentaire pour procéder à l'identification. »

La MGM prit contact avec Dick Hanley – il avait travaillé pour le Studio et avait été l'assistant de Mike Todd. En appre-

---

* Mike Todd, à l'instar d'Elizabeth, semble avoir pressenti l'imminence de sa propre mort. La veille du vol qui allait lui être fatal, il avait accordé à Bob Levin, du magazine *McCall's*, un long entretien dans lequel il s'adressait directement à Elizabeth. « Si je ne suis pas dans les parages, ne te dispute pas avec la nounou des enfants. » Le soir de son départ, il revint cinq fois vers le lit d'Elizabeth pour l'embrasser.

nant la nouvelle, Hanley téléphona à la résidence Todd et s'assura auprès de la gouvernante des enfants qu'Elizabeth n'était pas encore au courant. Puis il appela Rex Kennamer, le médecin personnel de l'actrice, et lui demanda de l'accompagner chez les Todd. Il appela aussi Sidney Guilaroff et Eddie Fisher. Guilaroff proposa de se rendre immédiatement chez Elizabeth. Fisher avait déjà pris l'avion pour New York, où il devait assister au banquet du Friars Club, mais Debbie Reynolds accepta de se charger des enfants d'Elizabeth.

Elle arriva la première, suivie de Guilaroff. On les avait fait asseoir dans le salon, lorsque Hanley et Kennamer firent leur apparition. Hanley monta les marches qui menaient à la chambre d'Elizabeth. Dès qu'elle le vit, Liz sortit précipitamment de son lit. Elle se mit à hurler : « Ce n'est pas vrai! Non, ce n'est pas vrai! » Hanley n'avait pas eu besoin de dire un mot. Son visage, silencieux et sinistre, était assez éloquent.

Debbie Reynolds évoque dans son autobiographie le « masque de terreur et d'angoisse » qui déformait les traits d'Elizabeth quand elle se rua au bas de l'escalier. En proie à l' « hystérie », elle lança, de quelque part au fond de sa gorge, un « hurlement perçant d'agonie ». « Vêtue d'une fine chemise de nuit blanche », Elizabeth traversa le salon en toute hâte, passa devant Sid et Debbie en hurlant le nom de Mike. Ses yeux violets étaient désespérément tristes, pensa Debbie : la lumière semblait les avoir brusquement désertés.

« J'ai eu un mouvement de recul quand elle est passée devant moi pour se précipiter vers la porte d'entrée. Rex et Dick Hanley ont couru à la porte, juste à temps pour l'arrêter. Elizabeth s'est écroulée dans leurs bras en sanglotant : " Pourquoi Mike? Pourquoi fallait-il que ça arrive? " Elizabeth gémissait, tandis que les deux hommes la reconduisaient à sa chambre. »

Une fois dans la chambre de Liz, Rex et Dick tentèrent de la calmer, sans succès. Kennamer fit à Elizabeth des piqûres de morphine et de phénobarbital. Mais les drogues agirent comme un stimulant. Incapable de se reposer, elle arpentait inlassablement la pièce, appelant sans cesse le nom de Mike, parlant sporadiquement de lui comme s'il vivait encore, comme s'il était simplement sorti acheter les journaux au magasin du coin. Puis elle fondait tout à coup en larmes, d'abord doucement, avant de laisser échapper de lourds sanglots. Hanley et Kennamer restèrent à ses côtés durant des heures.

Au rez-de-chaussée, d'autres personnes étaient arrivées, au nombre desquelles les stylistes hollywoodiennes Edith Head, Helen Rose et Irene Sharaff, toutes trois très proches d'Elizabeth. Irene Sharaff se souvient : « C'était devenu une maison de fous. La Metro avait dépêché trois ou quatre employés de son service de relations publiques pour répondre au téléphone et s'occuper de la presse. Des reporters, à quatre pattes, sortaient d'un peu partout. Un échotier du *Los Angeles Times* parvint à pénétrer dans la maison par une fenêtre de la cave. Il fut arrêté pour violation de domicile. Il y avait des photographes de presse et des badauds absolument partout – dans les arbres, sur les voitures, et jusque sur le toit de la maison. Les rues du quartier étaient encombrées de piétons qui étaient venus là dès qu'ils avaient appris le drame. Des pillards s'étaient introduits dans le garage où Todd gardait ses réserves d'alcool, et repartaient avec des caisses de whisky et de champagne. Elizabeth vit cela avec horreur depuis la fenêtre de sa chambre. Elle finit par ordonner à ses domestiques de transférer l'alcool du garage dans la maison. »

Eddie Fisher revint à Los Angeles par le premier vol. Il arriva chez Liz le soir même. Comme le rapporte Debbie Reynolds : « Il fut parfait avec elle. Il était le meilleur ami de Mike Todd. Il s'était mis peu à peu à se modeler sur Mike. Il était presque aussi accablé de douleur qu'Elizabeth. Mieux que personne d'autre, il pouvait mettre son chagrin en commun avec le sien. Il était son seul lien avec Mike. Je le savais, et j'étais heureuse que mon propre mari puisse la réconforter. »

Les jours suivants, le docteur Kennamer maintint Elizabeth sous sédatifs, au point que nombre de ses amis la trouvèrent parfois au bord de l'incohérence. Dérivant aux frontières du sommeil, elle rêvait de Mike et s'éveillait en hurlant. Le lendemain de la mort de Todd, Benny Thau fut introduit dans la chambre d'Elizabeth. « Notre mariage n'a duré que 413 jours, disait Liz en pleurant. Personne ne saura jamais combien je l'aimais. »

Les funérailles, organisées par la famille de Mike Todd, eurent lieu le 25 mars au Jewish Waldheim Cemetery de Forest Park, près de Chicago. Les restes de Todd devaient reposer au pied de la tombe de son père, dans la concession de la famille Goldenbogen. La veille de la cérémonie, Howard Hughes fit savoir à Elizabeth qu'il mettait à sa disposition, pour le voyage à Chicago, un Constellation de la TWA. Outre Elizabeth, le groupe qui s'envola ce soir-là comprenait son frère Howard, le docteur Rex Kennamer, Helen Rose, Sid Guilaroff, Eddie Fisher et l'agent de relations publiques de la MGM Bill Lyon. Le fils de Mike Todd, Michael Jr., et sa femme Sarah les retrouvèrent à l'aéroport de Chicago. Après une étreinte éplorée, Michael Jr. essaya de converser avec Elizabeth. Mais elle était toujours sous le choc, et fut tout juste capable de le dévisager.

Le groupe passa la nuit au Drake Hotel, et se mit en route le lendemain matin pour la cérémonie. Eddie Fisher décrira l'événement comme « une épreuve déchirante, une répétition de la scène qui s'était jouée autour de chez Elizabeth à Beverly Hills ». Des milliers d'admirateurs s'agglutinaient le long des trottoirs et des rues de Forest Park. Autour du cimetière, les voitures s'alignaient sur deux, parfois trois files. Une foule d'adolescents et de ménagères trottinait entre les tombes pour mieux apercevoir la veuve affligée.

« Nous sommes parvenus, je ne sais comment, à atteindre la tente qu'on avait déployée au-dessus de la tombe ouverte de Mike, raconte Fisher. Elizabeth a vu le cercueil de bronze [1]. Elle essayait de l'enlacer en répétant sans arrêt : " Je t'aime, Mike ! Je t'aime, Mike ! " Le service était conduit par le rabbin Abraham Rose de Chicago. Ses prières étaient continuellement interrompues par les cris des admirateurs, dehors. Tout ce qu'on pouvait entendre, c'était des litanies de " Liz ! Liz ! ".

« Quand nous avons quitté la tente, la foule s'est lancée en avant avec un rugissement. Quelqu'un a arraché le voile noir d'Elizabeth, d'autres essayaient de se saisir de son chapeau et de son manteau. Le sol était jonché de sachets de chips froissés et de bouteilles de Coca-Cola vides. La police nous a aidés à rejoindre notre limousine, mais nous avons été immédiatement pris d'assaut par la foule qui essayait de jeter un dernier coup d'œil au visage baigné de larmes d'Elizabeth. Ils entouraient la voiture, et se sont mis à cogner les vitres. » Durant la réception organisée l'après-midi au Hilton de Chicago, pour les amis et parents de Todd, Elizabeth retrouva un peu ses esprits. « Elle était incroyable, dit Fisher. Elle allait et venait tranquillement à travers la pièce, consolant tout le monde. Elle avait (et elle a toujours) un talent inquiétant pour se montrer " à la hauteur ". Ce n'est qu'après avoir embarqué dans le Constellation qui nous ramenait en Californie qu'elle a craqué à nouveau. » Les deux semaines suivantes furent difficiles pour Elizabeth. Au mieux, elle dormait par intermittences. Au pire, elle était en proie à une totale insomnie. Eddie Fisher passait des heures en sa compagnie. Il lui faisait la lecture de quelques-uns des milliers de télégrammes et de lettres qui arrivaient de toutes parts. Michael Todd Jr., qui était rentré à Hollywood avec eux, tenta lui aussi de l'aider à remonter la pente. Mais les attentions de Fisher avaient beaucoup plus d'importance pour Elizabeth. « La mort de Mike me rendait fou, mais ce fut encore pire pour Liz, insiste-t-il. J'ai essayé de lui remonter le moral, en lui racontant certaines anecdotes que Mike et moi avions pu partager. Je lui ai rapporté, par exemple, une remarque qu'il m'avait faite un peu avant sa mort. " Certains petits garçons, disait-il, veulent grandir pour devenir président des États-Unis. Moi, je voulais juste grandir pour épouser Elizabeth Taylor. C'est ce que j'ai fait. " »

La cérémonie des Oscars se tint trois jours après les obsèques de Mike Todd. Bien que sa prestation dans *L'Arbre de vie* lui eût valu une nomination pour l'Oscar de la meilleure actrice, Elizabeth ne manifestait aucun intérêt pour le palmarès. « Je me demande seulement ce que Mike aurait pensé, si je gagnais », dit-elle à Eddie Fisher. L'Oscar fut décerné à Joanne Woodward pour *Les Trois Visages d'Ève*. A l'issue de la cérémonie, Elizabeth lui fit parvenir un bouquet. Sur le carton, on pouvait lire : « Je suis si heureuse pour vous... [Signé :] Elizabeth Taylor Todd, et Mike, aussi. »

Eddie Fisher raconte qu'Elizabeth, quelques jours après la soirée des Oscars, reçut un appel de Nicky Hilton. « Il voulait voir Elizabeth. Maintenant que Mike n'était plus là, Hilton espérait pouvoir se réconcilier avec elle. Mais elle ne voulait pas avoir affaire à lui. Après ce coup de fil, elle a passé des heures à ressasser les horreurs de son mariage avorté avec Hilton. Puis elle s'est remise à parler de Mike. " Sans lui, disait-elle, j'ai l'impression d'être une demi-paire de ciseaux. "

Richard Brooks vint rendre visite à Elizabeth. La Metro, annonça-t-il, craignait qu'elle ne fût incapable de reprendre le travail sur *La Chatte sur un toit brûlant*. Lui-même affichait une confiance absolue en Liz. Le metteur en scène était convaincu que le fait de se remettre au travail aurait un effet thérapeutique. « Mais je savais aussi qu'achever le film serait une épreuve difficile, dit-il. Liz avait toujours été quelqu'un d'hypertendu. Elle restait placée sous la responsabilité du docteur Kennamer, et devait garder la chambre. J'ai dû me demander si elle aurait la force de finir le film. »

Brooks remit au service des assurances de la Metro un rapport plutôt pessimiste sur la poursuite de la production de *La Chatte sur un toit brûlant*. A la suite de quoi Benny Thau rendit à nouveau visite à Elizabeth, accompagné d'un autre cadre du Studio. Après leur départ, l'actrice exprima ainsi son opinion : « Mon Dieu! Mike n'a même pas eu le temps de refroidir, et tous ne s'inquiètent que de leur foutu film. »

Sid Guilaroff, qui rendait de fréquentes visites à Elizabeth, essaya d'y entraîner ses amis. Un après-midi, il demanda à Eva Marie Saint de l'accompagner. « Elizabeth allait très mal, après la mort de Mike Todd, raconte-t-elle. Elle voyait peu de gens, mais elle désirait que je vienne. J'étais enceinte, et mon mari s'est un peu inquiété : Liz traversait une période d'émotion intense, et il craignait que l'environnement ne soit pas très sain pour moi. Mais j'y suis quand même allée. J'ai retrouvé dans le salon un certain nombre d'invités. Ses enfants, qui avaient séjourné chez Eddie Fisher et Debbie Reynolds, étaient de retour. Christopher et Michael Wilding avaient respectivement trois et cinq ans, et Liza Todd était âgée de six mois. Le groupe au rez-de-chaussée avait l'air d'exercer une veille, en quelque sorte, consistant pour l'essentiel à méditer et évoquer des souvenirs. Sid Guilaroff est monté dans la chambre d'Elizabeth pour s'occuper de sa coiffure. Habillée pour l'occasion, elle avait promis de descendre voir ses invités. Je n'oublierai jamais ce qui s'est passé ensuite. C'est un des souvenirs les plus frappants, les plus tristes que j'aie gardés de Liz. Elle avait entamé la descente de l'escalier, au bras de Sid. Ses deux garçons se tenaient au pied des marches. Quand leur mère est apparue, ils se sont mis à chantonner, comme une litanie : " Mike Todd est mort... Mike Todd est mort... " Elizabeth a fait un mouvement, comme si elle s'accrochait à l'épaule de Sidney. Ils ont remonté les marches. Nous ne les avons pas revus ce jour-là. » Après cet incident, on expédia les enfants d'Elizabeth (y compris Liza) chez Arthur Loew Jr., à Bel-Air. Il avait proposé de s'en occuper jusqu'à ce qu'Elizabeth se sente mieux. Un peu après leur départ, il y eut un autre épisode bizarre. Elizabeth se trouvait chez elle avec une troupe d'invités, lorsque Greta Garbo en personne apparut au milieu du groupe. Sans un seul regard à gauche ou à droite, la grande star suédoise marcha directement vers Elizabeth, lui mit une main sur le bras, et lui murmura à l'oreille : « Soyez courageuse ! » Puis elle tourna les talons et s'en alla.

La rencontre avec Garbo encouragea Elizabeth, au point qu'elle décida de quitter la résidence Todd (peuplée selon elle de trop de souvenirs douloureux) pour installer ses quartiers dans une suite du Beverly Hills Hotel. Hedda Hopper lui rendit visite, pour découvrir qu'Elizabeth vivait comme quand elle était jeune fille, ses vêtements éparpillés sur les tables, les chaises et les sofas. Le gros anneau de diamants que Mike Todd lui avait offert était tombé sur l'appui de fenêtre de la salle de bains. Hedda le trouva et le rendit à Elizabeth, qui le glissa à son doigt d'un air absent.

Ce soir-là, Elizabeth et Hedda Hopper se rendirent à une soirée organisée par Arthur Loew Jr. chez Romanoff. C'était la première sortie mondaine de Liz depuis la mort de Mike Todd. « Nous sommes allées chez Romanoff dans sa Rolls, avec une heure et demie de retard, écrit Hedda Hopper. Tout le monde s'agglutinait autour d'elle comme si c'était une reine. Je suis bien certaine qu'elle croyait que c'était le cas. »

Le lendemain matin, Hedda alla avec Elizabeth rendre visite à Liza. Le bébé dormait dans un berceau, installé dans une chambre de la maison d'Arthur Loew « pas plus grande qu'un placard. La seule aération venait d'une lucarne qu'on ouvrait en tirant sur une chaîne. La pièce était étouffante.

« – Mon Dieu, Liz! s'écria Hedda. Elle n'a pas assez d'air, là-dedans!

« – Oh, elle va très bien, dit Elizabeth, actionnant l'interrupteur avant de réveiller le bébé. »

Hedda Hopper eut la certitude qu'elle avait perdu tout contact avec la réalité.

Elizabeth Taylor, ses enfants et ses proches (c'est-à-dire Dick Hanley, Michael Todd Jr. et l'assistante de Mike, Midori Tsuji) furent pendant une semaine les invités d'Arthur Loew Jr., dans son ranch en Arizona. Durant ce séjour, Michael Jr. constata qu'Arthur « montrait un peu plus que de l'affection » à l'égard d'Elizabeth. « A plusieurs reprises [2], sous prétexte d'aider Elizabeth à se détendre, Arthur lui massa les pieds. Elle ne fit aucun commentaire, mais j'eus le sentiment qu'Elizabeth interpréta cela comme de subtiles avances sexuelles, et l'idée de rester en Arizona devint inconfortable. » Le groupe retourna en Californie.

« Ce fut un recul, dit Michael Todd Jr. Elizabeth retomba dans un état proche de l'hystérie. Chaque nuit, elle m'appelait plusieurs fois. Quand j'arrivais dans sa chambre, je la trouvais en larmes, luttant contre l'idée de la mort [de mon père]. » Quelque temps plus tard, Michael Jr. estima qu'il était incapable de faire face à l'effondrement nerveux d'Elizabeth, et il décida de retourner sur la côte Est. Seul Eddie Fisher resta inébranlable dans son dévouement à la veuve de son meilleur ami.

Le jour où Elizabeth vint se plaindre d'une douloureuse infection de la gorge, le docteur Rex Kennamer convoqua un spécialiste. Après l'avoir examinée, celui-ci suggéra qu'on l'opère immédiatement des amygdales. « Ses médecins l'encourageaient sans arrêt à subir une opération ou une autre, dit Eddie Fisher. Ils la poussaient dans la salle d'opération, l'ouvraient, et la recousaient aussi vite. »

L'amygdalectomie fut effectuée au Cedars Sinai Hospital de Los Angeles. L'opération dura moins d'une heure.

Liz retourna au Beverly Hills Hotel et se remit au lit. Eddie Fisher, pour une fois, se montra autoritaire : il fit irruption dans la suite et lui reprocha vertement son incapacité à « prendre le dessus ». Mike Todd, lui dit-il, n'aurait jamais « toléré une telle attitude. Tu as un engagement à honorer : il faut achever *La Chatte sur un toit brûlant*. Tu dois finir ce film et cesser de te plaindre. »

Elizabeth passa encore quelques jours avec son frère

Howard et sa famille, dans leur maison sur la plage, à Santa Monica. Une nuit, elle dormit sur le sable, dans un sac de couchage, et découvrit à son réveil la lumière orange de l'aube. A cet instant précis, elle se fit le serment de reprendre le travail.

Un mois et trois jours après la mort de Todd, la limousine d'Elizabeth Taylor franchit les grilles de la MGM. Midori Tsuji, qui l'avait accompagnée jusqu'au Studio, partit à la recherche de Richard Brooks. Elle trouva le cinéaste en train de noircir des pages de scénario, et lui dit qu'Elizabeth voulait le voir.

« Je l'ai suivie jusqu'à la limousine, raconte Brooks. Les rideaux étaient tirés aux fenêtres, et j'ai ouvert la portière arrière. Elizabeth était là. Elle avait l'air pâle, hagard, le blanc de ses yeux lilas rougi par trop de larmes. J'ai pensé que, cette fois, elle venait m'annoncer qu'elle abandonnait le film. Mais elle m'a dit en souriant, presque timidement :

« – Richard, je veux reprendre le travail.

« – Parfait. Alors dépêchez-vous d'aller au maquillage. »

Burl Ives a plusieurs fois rendu visite à Elizabeth Taylor, pendant la période où elle se remettait de la mort de Mike Todd. « Quand elle en a été capable, dit-il, elle racontait des anecdotes à son sujet. Elle m'a dit, par exemple, que c'est Mike qui lui avait appris à remplir un chèque, et à dresser le bilan de ses comptes à la fin de chaque mois. J'étais surpris d'apprendre que quelqu'un d'aussi matérialiste qu'Elizabeth Taylor ne savait pas rédiger un chèque bancaire.

« De retour sur le plateau de *La Chatte sur un toit brûlant*, Elizabeth semblait prête à se lancer à nouveau dans son personnage. Son problème le plus visible, c'était une sérieuse perte de poids. Le maillot de satin blanc et la robe de soie qu'elle porte à plusieurs reprises dans le film devaient encore être utilisés. Elle n'avait pas l'air vraiment décharnée, mais il fallait qu'elle prenne un peu de poids. C'est pourquoi Richard Brooks et moi avons concocté un plan pour la pousser à se nourrir. Dans une scène du film, Big Daddy est accueilli par les siens, à sa sortie de l'hôpital, avec un dîner somptueux : jambon de Virginie au four, poulet frit à la sudiste, purée de pommes de terre au beurre fondu, épis de maïs, et des tas d'autres gâteries aussi appétissantes. La scène commençait, et Richard criait dans son mégaphone : " Mangez, Elizabeth ! Mangez la nourriture qui se trouve sur la table ! " Elle commençait à grignoter, puis il hurlait : " Coupez ! " Il trouvait ensuite une excuse pour tourner une autre prise. Cela a duré deux bonnes journées, durant lesquelles Elizabeth a eu le temps de dévorer l'équivalent d'une demi-douzaine de vrais repas. Plus important encore : cela lui avait rendu son appétit ! Elle a vite récupéré les quelques kilos qu'elle avait perdus. »

Quoique peu subtile et souvent inégale, la performance d'Elizabeth dans *La Chatte sur un toit brûlant* lui valut les applaudissements de la critique et une seconde nomination aux Oscars. Mais la fin du film[3] vit aussi le début d'un nouveau mélodrame dans sa vie privée : une histoire d'amour illégitime, sinon vraiment inattendue, avec Eddie Fisher.

Né à Philadelphie en 1928 (il avait donc quatre ans de plus que Liz), Fisher venait d'une famille presque aussi pauvre que celle de Mike Todd. Son père, d'origine juive russe, fabriquait et réparait des malles et des valises, et arrondissait ses modestes revenus en colportant des fruits et légumes dans une voiture à bras. C'est donc principalement pour vanter les marchandises paternelles que le jeune Eddie fit d'abord usage de sa voix.

Adolescent, Fisher fut « découvert » par le comédien Eddie Cantor à Grossinger, dans les monts Catskill. Puis il remporta le premier prix d'un concours de jeunes talents organisé par « Arthur Godfrey's Talent Scouts », une émission de radio très populaire au début des années cinquante. Poussé vers les sommets par son agent et ami Milton Blackstone, il devint très rapidement une idole de la télévision : la vedette de l'émission de NBC « Coke Time ». Il connut une série de succès qui lui valurent gloire et fortune, sans compter les faveurs de douzaines de starlettes hollywoodiennes aussi ambitieuses qu'empressées.

Il remarqua l'une d'entre elles, pour sa gentillesse et son innocence : Debbie Reynolds. « J'ai trouvé une fille vraiment bien – et à Hollywood, entre tous les endroits », dit-il dans son autobiographie. Il l'invita à la première de son nouveau spectacle au Coconut Grove, ils commencèrent à sortir ensemble, et Eddie découvrit avec étonnement qu'elle était vierge. Louella Parsons les surnomma bien vite « les chéris de l'Amérique ». Leur mariage eut lieu chez Grossinger, mais ils passèrent leur lune de miel à une convention des fabricants de Coca-Cola à Atlanta. Debbie, franche et soucieuse de sa santé, déclara un jour devant une assemblée des sponsors de Fisher : « Je ne bois pas de Coke. C'est mauvais pour les dents. » Au cours de leur mariage, elle devint de plus en plus avare de son propre argent. Eddie se plaignait de ce qu'elle mettait de côté ses gains personnels tout en se montrant prodigue de ceux de son mari. Durant la première grossesse de Debbie (leur fille Carie est née en 1956), ils tournèrent ensemble un film de série B, *Le Bébé de mademoiselle*. Et ils parlaient déjà de divorce lorsque Debbie annonça qu'elle était à nouveau enceinte. Todd, leur fils, naquit en février 1958, soit un mois avant la mort de son homonyme. Elizabeth Taylor incita pourtant Eddie à rompre avec Debbie. Il déclara que son mariage avait échoué, et il était clair qu'il avait besoin, pour y mettre fin, qu'on le cajole un peu. Fisher prétendit que son mariage pouvait être résumé par une peinture que Debbie avait fait faire. « Debbie est déguisée en clown, et c'est elle qui domine le tableau. J'apparais derrière elle, sous la forme d'une silhouette grise. C'est ainsi qu'elle concevait nos relations. »

Dans ses mémoires, Eddie Fisher dessinera à gros traits quelques-unes des différences entre les deux femmes : « Elizabeth portait des robes voyantes et des bijoux tape-à-l'œil, tandis que Debbie s'habillait pour ressembler à votre copine de lycée. Elizabeth avait toujours une cigarette aux lèvres et un verre à la main, tandis que Debbie faisait des sermons austères sur les dégâts que provoquaient le tabac et la boisson. Elle croyait que sa vertu lui donnait une supériorité sur Elizabeth : c'est pourquoi elle jouait au maximum son rôle de girl-scout. »

Eddie Fisher s'indigna du flot de racontars monstrueux qui se déversa lorsque se répandit la nouvelle de sa liaison avec Elizabeth. « La presse publia une série d'articles infamants, où l'on suggérait que nous avions fait l'amour dans l'avion qui nous emmenait aux obsèques de Mike Todd à Forest Park. Rien n'était plus éloigné de la vérité. » En fait, Hollywood n'avait pas connu de drame romanesque plus grivois que celui de Debbie Reynolds, Eddie Fisher et Elizabeth Taylor – depuis l'époque où Rossellini et Ingrid Bergman, pour pouvoir se marier, avaient dû divorcer chacun de son côté.

Elizabeth avait quitté le Beverly Hills Hotel pour retourner dans la résidence qu'elle avait occupée avec Todd, quand Eddie et elle comprirent la véritable nature de leurs relations. « Le point de non-retour arriva durant l'été 1958, dit Fisher. En juin, j'ai signé un engagement de six semaines au Tropicana Hotel de Las Vegas. Au crédit de Debbie, il faut avouer qu'elle avait invité Elizabeth à nous rejoindre : elle savait combien Mike nous manquait à tous les deux, et que nous avions besoin de nous consoler mutuellement. A la mi-août, ma femme me fit la surprise d'une soirée organisée chez Romanoff pour mon trentième anniversaire. Elizabeth n'est pas venue, ce qui m'a déçu. Mais elle m'a appelé au milieu de la soirée pour s'expliquer : " Oh, Eddie, je me sens mal, j'ai mes règles. " Je lui ai répondu que ce n'était qu'une gueule de bois. Elle a ri, et m'a demandé de venir la voir le lendemain. Ce que j'ai fait.

« Elle portait un costume de bain couleur chair. Elle était assise au bord de la piscine, les pieds dans l'eau, la petite

Liza juchée sur ses genoux. J'ai regardé Elizabeth. Elle m'a rendu mon regard. Nos yeux se sont unis comme dans une étreinte, et j'ai su que j'étais amoureux. Elle est entrée dans la maison, puis est revenue avec la pince à billets en or de Mike.

« – Mike aurait été heureux qu'elle t'appartienne, dit-elle doucement.

« Nous nous sommes arrangés pour nous revoir le lendemain. Nous avons roulé le long de la côte, jusqu'au-delà de Malibu. Dans la voiture, nous nous donnions la main.

« – Elizabeth, je veux t'épouser.

« – Quand ?

« – Je l'ignore, mais je *sais* que cela va arriver.

« Sur la plage, nous nous sommes embrassés, tandis que Liza jouait à côté de nous. Cela a scellé notre promesse. »

Elizabeth et Eddie furent dès lors inséparables. « Nous faisions de longues promenades en voiture, raconte-t-il. Nous mangions dans des restaurants discrets. Puis nous avons compris qu'il n'y avait rien d'extraordinaire à ce que nous soyons ensemble : Elizabeth était veuve de Mike Todd, qui avait été mon meilleur ami. Bientôt nous sommes allés dans des endroits comme La Scala et le Polo Lounge. Nous amenions souvent Debbie avec nous, et Elizabeth et moi nous tenions la main sous la table. Tout d'abord, personne ne sembla se rendre compte que nous étions amoureux – pas même Debbie. Je savais que nous ne pourrions cacher très longtemps nos sentiments, et je me méfiais un peu de ce que diraient les gens quand ils sauraient. »

Vers la fin du mois d'août, Elizabeth annonça son intention de prendre un congé prolongé en Europe, en compagnie de Midori Tsuji. Eddie Fisher, quant à lui, déclara qu'il avait des affaires à régler à New York. Ils s'organisèrent en fait pour passer une semaine ensemble à Manhattan. En mettant leur complot au point, ils commirent une seule erreur : ils y impliquèrent Hedda Hopper. L'échotière publia une première chronique, fondée sur ses entretiens avec Liz et Eddie, où elle exposait en détail leurs « alibis » respectifs. Quand elle découvrit que le couple s'était délibérément servi d'elle, elle jura de se venger. Ce qu'elle fit un peu plus tard, en révélant la vérité.

Eddie avait réservé une chambre à son nom au Essex House, sur Central Park South, tandis qu'Elizabeth prenait une suite au Plaza. « Je ne suis resté au Essex House que le temps de me doucher et me raser, dit Fisher. Puis je suis allé au Plaza, où j'ai passé la nuit avec Elizabeth. La première chose qu'elle a dite en me voyant, c'est : " Quand allons-nous faire l'amour ? " Avant cette nuit-là, on s'était contentés de s'embrasser et de se tenir la main. »

Du point de vue de Fisher, la perspective de passer la nuit avec Elizabeth Taylor avait valu le coup d'attendre. « Comment pourrais-je décrire Elizabeth ? dira-t-il des années plus tard. Elle est féminine des pieds à la tête... C'est la femme la plus voluptueuse que j'aie connue. » Il expliquera à son ami Ken McKnight comment Elizabeth « s'échauffait » au moment de faire l'amour. « Elle marchait à quatre pattes dans la chambre en ronronnant comme une chatte en chaleur, je la chevauchais par l'arrière... Et plus elle était excitée, plus elle ronronnait fort. » L'écrivain et historien du cinéma Jane Ellen Wayne, qui travailla aux relations publiques de NBC Television à l'époque où Eddie Fisher avait son émission avec Coca-Cola, dira que les prouesses sexuelles de Fisher furent peut-être « une des raisons majeures pour lesquelles Elizabeth l'a épousé. Eddie était sorti avec plusieurs filles de NBC, et avec quelques starlettes. Elles décrivaient son anatomie exceptionnelle, et racontaient qu'il était sans doute un des plus grands amants de l'histoire du show-business... Quelqu'un du niveau de Frank Sinatra et de Gary Cooper. Eddie Fisher était armé pour impressionner un amateur de sexe – et Elizabeth Taylor avait la réputation d'être une passionnée en ce domaine ».

Angela R. Sweeney, une répétitrice, sortira quelque temps avec Fisher, après son divorce d'avec Elizabeth Taylor. Elle mentionne non seulement son membre impressionnant, mais aussi « sa capacité à faire l'amour une douzaine de fois chaque nuit. C'était totalement irréel. Juste après avoir joui, il était à nouveau en érection. J'attribuais ses prouesses sexuelles à son goût des amphétamines. J'ai couché avec d'autres accrocs au speed. Tous manifestaient la même voracité sexuelle. Depuis des années, Eddie voyait un toubib de New York, Max Jacobson (celui-là même qui a inspiré le personnage du " Dr Feelgood "). Non seulement Jacobson lui administrait plusieurs piqûres d'amphétamines par semaine, mais c'est lui qui a appris à Eddie à faire lui-même ses injections ».

Mais la personnalité d'Elizabeth ne fut pas sans poser des problèmes à Fisher. Le chanteur a décrit son besoin psychologique et son désir de « bagarres sexuelles ». « Elizabeth aimait se battre. Je lui donnais mon épaule, je la taquinais, puis je lui tendais l'autre épaule et je la laissais me cogner. Ensuite je lui montais dessus, je la maintenais au sol, et elle éclatait de rire. Finalement, nous faisions l'amour. Mais elle voulait toujours se bagarrer, et contrairement à Mike Todd, je n'avais rien d'un boxeur. » « Elizabeth était dure, alors que j'étais plutôt un tendre. J'ai fait office de force d'équilibre dans sa vie. Mais je ne crois pas que Mike Todd aurait approuvé la nature de nos relations. »

Durant leur séjour à New York, Elizabeth et Eddie furent rien moins que discrets. Ils s'étaient momentanément éloignés de Hollywood pour être « moins visibles », mais ils semblaient presque jouir de la menace d'un scandale. Après leur première nuit au Plaza, ils firent une promenade matinale autour de Central Park, dans un cab hippomobile. Ils visitèrent aussi le zoo de Central Park, où Elizabeth et Mike Todd s'étaient arrêtés jadis, avant leur mariage.

Le soir, ils assistèrent à un cocktail organisé par Nicky Hilton. Celui-ci s'enivra et essaya sans succès d'entraîner Fisher dans une bagarre aux poings. Le couple partit dîner au Quo Vadis. Un journaliste les aperçut, et les interrogea sur leurs projets. Liz aboya : « Je n'ai rien à dire. »

Après dîner, ils décidèrent de poursuivre la soirée dans un night-club, et rallièrent le Blue Angel, où se produisaient Mike Nichols et Elaine May. Il n'y avait pas foule. En entrant, Elizabeth repéra à une table Eva Marie Saint et l'agent de la MGM Rick Ingersoll. « Liz est venue vers nous, et nous a invités à nous joindre à eux, dit Ingersoll. Nous avons assisté au spectacle tous ensemble. Un peu plus tard, on est venu nous prévenir qu'un groupe de journalistes attendait devant le club. Ma première réaction a été : " Et alors ? " J'étais loin d'imaginer qu'il y avait quelque chose entre Liz et Eddie. Je pensais qu'ils étaient seulement bons amis. J'ai proposé d'aller m'occuper de ces reporters.

« Je suis sorti pour leur parler. Ils m'ont tout de suite assailli de questions sur la rumeur d'une liaison entre Elizabeth et Eddie. Je leur ai promis qu'ils étaient bons copains, rien de plus, et je suis retourné à la table pour raconter ce qui s'était passé. Eddie a réagi avec un " Uh-oh ! ", et il s'est caché le visage dans les mains. J'ai compris tout à coup que les rumeurs étaient fondées. Eva Marie Saint était aussi choquée que moi, mais elle m'a dit le lendemain qu'elle était heureuse pour Elizabeth : " Elle a enfin retrouvé un peu de paix de l'esprit. " »

Cette nuit-là, dans leur suite du Plaza, Eddie et Liz abordèrent la question de leurs relations. « Nous étions d'accord : il fallait tout dire à Debbie, dit Fisher. Depuis deux jours, elle essayait de me joindre au Essex House. Comme il était trois heures du matin, j'ai décidé de l'appeler en Californie le lendemain. Elizabeth et moi étions au lit, lorsque le téléphone a sonné. C'était Debbie. Elle avait suivi ma trace jusqu'à la chambre d'hôtel d'Elizabeth. Je n'avais plus le choix : il fallait tout lui avouer. Je lui ai dit : " Nous sommes tous les deux ici, Elizabeth et moi, et nous nous aimons. " Nous étions certains que Debbie connaissait déjà les rumeurs qui circulaient à notre sujet. Mais il m'a semblé, pendant quelques instants, qu'elle était réellement bouleversée. Elle n'a pas émis un son. Puis elle a retrouvé son sang-froid : " Eh bien, nous ne pouvons pas en discuter au téléphone. Nous en parlerons à ton retour. " » Eddie et Elizabeth furent troublés par le calme apparent de Debbie. Mais leur confession les avait quelque peu libérés, et ils acceptèrent l'invitation de Jennie Grossinger (propriétaire et fondatrice de la station de vacances qui porte son nom) à passer le week-end du Labor Day dans les monts Catskill.

« A ce moment-là, le monde entier semblait connaître notre liaison, dit Eddie. J'ai déclaré à la presse que j'étais venu à Grossinger pour assister à l'inauguration de la nouvelle piscine. Elizabeth a avancé le même prétexte. Nous avons séjourné au Joy Cottage, le logement que Jennie Grossinger réservait à son usage personnel lorsqu'elle était à la station... Dans la chambre, précisément, que j'avais occupée des années plus tôt avec Debbie Reynolds. »

Milton Lerner, qui fut pendant trente ans maître d'hôtel à Grossinger, se souvient que le couple est resté trois jours et qu'« il commandait chaque matin un petit déjeuner au champagne dans la salle à manger principale. C'est Fisher qui faisait la conversation. Elizabeth ne voulait pas trop attirer l'attention et elle parlait peu. Elle était calme, silencieuse, et s'adressait presque exclusivement à Jennie Grossinger. Celle-ci, depuis toujours, était un peu une mère de remplacement pour Eddie Fisher. Après leur départ, elle m'a déclaré : " Je préférais Debbie Reynolds à Elizabeth. Debbie était beaucoup plus aimable avec le personnel. Je crois qu'Eddie a les yeux plus grands que le ventre. " »

Tania Grossinger passa elle aussi le week-end du Labor Day à la station. « Un après-midi, dit-elle, j'ai rencontré Eddie Fisher sur l'un des terrains de sports de l'hôtel. Il était seul, et ne semblait pas particulièrement content. " Vous n'avez pas l'air très heureux, pour quelqu'un qui est sur le point de se fiancer ", lui ai-je dit. " Non, vous avez raison, me répondit-il. C'était l'idée de Milton Blackstone, pas la mienne. " Il s'agissait de son agent, qui était aussi l'un des responsables des relations publiques de Grossinger. Je n'ai jamais su si Eddie déplorait la perspective d'épouser Elizabeth, ou le fait de l'avoir amenée à Grossinger.

« Elizabeth ne semblait pas très heureuse, elle non plus. Durant le week-end, elle s'est cogné le doigt de pied. Persuadée qu'il était fracturé, elle a insisté pour que le gendre de Jennie, le docteur David Etess, fasse la route de New York pour l'examiner. Elle a attendu des heures, sans cesser de se plaindre. Il est enfin arrivé. Il a jeté un coup d'œil à l'orteil, avant d'annoncer qu'il n'était pas du tout brisé. Elizabeth était la plus grande hypocondriaque du monde. »

Earl Wilson, du *New York Post*, était là pour couvrir l'inauguration de la nouvelle piscine. Il consacra finalement un article à Eddie Fisher et Elizabeth Taylor. « J'ai compris qu'ils avaient une liaison. J'ai dit à Milt Blackstone que l'enfer allait se déchaîner dès que cela serait rendu public. En dépit de son image, Debbie Reynolds était une dure, et elle ne se laisserait pas faire. De plus, je ne pensais pas qu'Elizabeth puisse jamais être vraiment amoureuse d'un type comme Eddie Fisher. Il était gentil, mais naïf. Et elle, c'était un dictateur. »

A l'issue de leur séjour sur la côte Est, Elizabeth et Eddie rentrèrent à Los Angeles par des vols séparés. Fisher rejoignit sa femme et ses deux enfants, tandis que Liz dut se réfugier chez Kurt Frings pour semer un groupe de journalistes. Seule Hedda Hopper, dans sa quête effrénée pour comprendre toute l'histoire, devina où elle se cachait. Elle parvint à lui parler au téléphone.

– Elizabeth, c'est Hedda [4]. Soyez franche avec moi, car de toute façon je finirai par tout savoir. Qu'est-ce qui se passe avec Eddie Fisher ? Vous allez l'épouser ?

– La dernière fois que je l'ai vu, rétorqua Liz, il était toujours marié à Debbie Reynolds.

– Bien sûr. Mais le bruit court qu'ils sont en train de rompre, et que vous n'y êtes pas étrangère.

– Foutaises, dit Elizabeth d'une voix vibrante de colère. Je ne passe pas mon temps à briser les mariages. D'ailleurs, on ne peut briser un mariage heureux. Et celui de Debbie et Eddie ne l'a jamais été.

– Vous êtes tout de même allés ensemble à Grossinger ?

– Bien sûr. Ce fut un moment divin.

– Et Arthur Loew Jr.? Il vous aime depuis toujours, et vos enfants sont chez lui.

– Je ne suis pas responsable de ses sentiments.

– Mais vous ne pouvez pas faire du mal à Debbie ainsi, sans vous en faire d'autant plus à vous-même... Elle aime Eddie.

– Mais lui ne l'aime pas. Il ne l'a jamais aimée.

– Que dirait Mike de tout cela ?

– Eh bien... dit calmement Elizabeth. Mike est mort, et je suis vivante. Que dois-je faire? Dormir seule?

Cette dernière phrase fut au centre du portrait d'Elizabeth Taylor que Hedda Hopper dressa dans son article. Celui-ci, publié le lendemain, provoqua un scandale. Elizabeth appela Hedda.

– Vous m'avez dépeinte comme une femme cruelle et sans cœur! cria-t-elle. Vous étiez la seule à Hollywood en qui j'avais confiance, et que je respectais.

– Je n'ai écrit que ce que vous m'avez dit. Tous ces mots, vous les avez prononcés.

– Mais je ne pensais pas que vous alliez les imprimer! gémit Elizabeth. Vous m'avez trahie!

# 15

Debbie Reynolds finira par avouer que son mari, en lui annonçant sa liaison avec Elizabeth Taylor, l'avait littéralement « terrassée ». Son esprit, dit-elle, était devenu « engourdi, vide. J'avais l'impression de flotter dans l'espace ». Elle réserva à Eddie l'essentiel de sa colère, et le décrivit comme quelqu'un de « dépendant ». « Je ne sais pas à quoi on pourrait le comparer... Il me fait penser à un ascenseur incapable de trouver le sol. Je pense qu'Eddie n'a jamais su qui il était vraiment. Peut-être la drogue l'avait-elle totalement démoli. »

Nombre de leurs amis partageaient les sentiments de Debbie. Ainsi Lillian Burns Sydney : « Le charme puéril d'Eddie, sa timidité et sa discrétion avaient peu (ou rien) à voir avec l'homme caché derrière le masque. Il n'avait ni talent ni personnalité. Ses goûts, en matière de femmes, allaient des putes aux *girls*. »

Lillian Burns Sydney accorde tout de même à Eddie le bénéfice de l'honnêteté, pour avoir admis publiquement que Debbie et lui n'avaient jamais vraiment constitué le « couple hollywoodien parfait ». Selon elle, leur mariage était « en panne sèche » depuis longtemps. Elle suggéra que Debbie avait dû saouler Eddie pour qu'il lui fasse un second enfant, car « elle ne voulait pas que Carrie reste enfant unique ».

En dépit de son amertume, Debbie tenta de sauver son mariage. Après le retour d'Eddie de New York, elle fit en sorte qu'ils consultent un conseiller matrimonial. Ils virent un psychologue attaché à l'UCLA, devant qui Eddie avoua une fois de plus son profond attachement à Elizabeth Taylor.

– Et vos enfants[1] ? demanda le psychologue.
– Oh, ils n'auront pas de problèmes, répliqua Eddie.

Les Fisher annoncèrent officiellement leur séparation. Eddie quitta leur résidence de Holmby Hills et prit une chambre à l'hôtel Bel-Air. Mais il restait la plupart du temps chez Elizabeth. Celle-ci, après avoir récupéré ses enfants chez Arthur Loew, avait loué une maison appartenant à l'actrice Linda Christian, sur Copa de Oro Road, à quelques minutes de l'hôtel de Fisher. Par crainte d'une offensive des médias (journaux, magazines spécialisés, radio ou télévision), Eddie et Liz retrouvèrent leur discrétion d'antan. Ils se montrèrent peu en public. Le dimanche matin, Eddie allait chez Nate & Al's Delicatessen, acheter de quoi faire un brunch de petits pains, de saumon fumé et de fromage à la crème, qu'ils accompagnaient généralement d'une ou deux bouteilles de champagne. Trente ans plus tard, Eddie avouera que tous deux s'adonnaient à diverses drogues : Liz aux analgésiques (à cause de ses douleurs chroniques au dos), Eddie aux amphétamines et à toutes les substances que le docteur Jacobson jugeait bon de lui injecter dans les veines.

« A plusieurs reprises, dit Ken McKnight, Fisher suggéra qu'Elizabeth consulte Jacobson. Il pensait que le docteur pourrait la soulager de ses douleurs au dos. Mais Elizabeth ne voulait pas en entendre parler. Avec ses pantalons informes et sa veste de travail tachée de sang, Jacobson ressemblait plus à un boucher casher, selon elle, qu'à un docteur en médecine. A l'inverse, Jacobson refusait d'avoir à faire à Elizabeth Taylor. Il avait l'habitude de récuser les patients qui avaient le moindre problème alcoolique, et il estimait qu'Elizabeth était accrochée à la gnôle depuis des années. »

Debbie Reynolds décida de reprendre l'offensive à sa manière. Un jour, elle sortit de chez elle et fit face aux journalistes rassemblés sur sa pelouse. Parfaite dans son personnage de girl-scout – sans maquillage, les cheveux en nattes, une rangée d'épingles à nourrice en évidence sur son corsage de dentelle blanche –, elle leur déclara qu'elle aimait toujours son mari. Elle avait essayé, en vain, d'organiser un entretien en tête à tête avec Elizabeth Taylor pour discuter de la question. Sa rivale, ajouta-t-elle, n'avait jamais pris la peine de lui répondre.

En termes de relations publiques, Debbie jouait gagnant. Aux yeux des médias, elle incarnait la jeune et parfaite épouse et mère, dénuée de vanité personnelle et totalement dévouée au bonheur de son compagnon. Au cours de cette affaire, Elizabeth Taylor était apparue comme une femme gâtée, matérialiste et insensible, une briseuse de ménages dont l'égoïsme et la lubricité semblaient sans limites. Cinéphiles et critiques de cinéma eurent vite fait de remarquer qu'un des thèmes secondaires de *La Chatte sur un toit brûlant* était la séduction lascive, par Maggie, du mari d'une autre femme – en l'occurrence, le meilleur ami de son époux. L'analogie entre la vie privée de Liz et son reflet fictionnel valut un succès monstre au film de Richard Brooks. Les associations religieuses et les ligues de vertu l'éreintèrent, le *New Yorker* la railla dans des caricatures scabreuses, et jusqu'à l'Académie qui lui refusa l'Oscar. Rien n'y fit. Il semble qu'elle profita tout de même de ce que la presse appelait « l'affaire Debbie-Eddie-Liz ». En novembre 1958, elle avait un contrat pour deux nouveaux films : *Deux sur la balançoire* (que d'ailleurs elle récusera plus tard) et *Soudain l'été dernier*. Chaque contrat lui permettait une avance de 500 000 dollars sur dix pour cent des recettes brutes. Elizabeth Taylor était désormais l'actrice la mieux payée et la plus demandée du monde. Earl Wilson remarqua que les « écarts de conduite » d'Elizabeth Taylor « lui ont valu plus de récompenses que de punitions. Il semble que la meilleure chose à faire, dans l'industrie du cinéma, c'était d'afficher une personnalité assez extravagante pour que le public soit obligé d'en accepter tous les excès. Vous vous en sortiez finalement avec les honneurs. Tout le monde disait : " Oh, Elizabeth Taylor exagère... " Puis on lui pardonnait tout. Debbie Reynolds, quant à elle, n'était pas tout à fait la " petite chérie " qu'elle voulait paraître. Pour le dire brutalement : elle avait plus de cran que tous les types que j'avais connus. Elle voulait qu'on la croie douce et timide, mais au fond elle était dure comme l'acier ».

Rick Ingersoll avait un autre regard sur la ténacité supposée de Debbie : « Elle était loin d'être aussi dure qu'Elizabeth Taylor. Franchement, elle avait l'air plutôt fragile. Elle reprochait à la MGM de prendre parti pour Elizabeth, durant leur conflit. Pour protéger ses intérêts, elle engagea une firme de relations publiques, et cessa de faire des confidences au service de presse du Studio. Son idée selon laquelle la MGM favorisait Elizabeth n'était pas dénuée de fondement. Il était évident que Taylor était un investissement beaucoup plus prometteur que Debbie. Et le souci de la MGM se mesurait en dollars, non en sentiments. »

Pour compliquer encore la situation, Elizabeth prit une décision qui allait ajouter son nom à une liste de vedettes du spectacle aussi prestigieuses que Marilyn Monroe, Sammy Davis Jr., Carroll Baker, Diana Dors et Polly Bergen. Ces personnalités, entre autres, s'étaient récemment converties au judaïsme. Elizabeth décida d'en faire autant.

Son émotion après la mort de Mike Todd n'avait alimenté qu'en partie sa décision de se convertir. Une autre motivation pourrait résulter de l'attitude de défi qu'elle avait toujours adoptée à l'égard de sa propre famille. Elle n'avait pas oublié la méchanceté que sa mère avait manifestée au metteur en scène juif Stanley Donen. Plus récemment, un autre conflit s'était déclaré durant un séjour d'Elizabeth et Eddie chez Howard Young, dans le Connecticut. Selon Fran Holland, une voisine de Young, l'oncle Howard détesta immédiatement Fisher. « Il ne comprenait pas pourquoi Elizabeth avait *si souvent* des liaisons avec des juifs. " Elle a commencé par épouser Mike Todd, disait-il. La voilà maintenant qui sort avec le meilleur ami de Todd. Qu'est-ce qu'elle peut bien trouver à ces juifs ? " »

Il ne fait aucun doute que l'attitude de Howard Young à l'égard de Fisher a accentué le désir d'Elizabeth de se révolter contre les conventions petites-bourgeoises de sa famille. Et quel est le meilleur moyen de se rebeller, sinon en revendiquant des actions publiquement et hautement non conformistes ? Eddie Fisher, pourtant, s'opposait en toute sincérité à la conversion d'Elizabeth. « Je n'en voyais pas la nécessité, dit-il, pas plus que Mike Todd jadis. Il n'en a résulté qu'un nouveau torrent de publicité indésirable, un flot d'accusations de ses ennemis affirmant que ce n'était qu'un stratagème, un jeu de plus pour la galerie, imaginé par une enfant gâtée. Pour ce qui était de notre mariage, ses convictions religieuses n'avaient pour moi aucune importance. N'oubliez pas que Debbie Reynolds n'était pas juive, et n'avait jamais essayé de le devenir. »

Le docteur Max Nussbaum, représentant du Temple d'Israël à Hollywood et ancien associé de Mike Todd, offrit ses services de conseiller spirituel à Elizabeth. Cet homme, qu'on surnommait « le rabbin des stars », encouragea Elizabeth et lui prescrivit une longue série de lectures sur la philosophie et le judaïsme : extraits de l'*Ancien Testament*, histoire du peuple juif, et même un roman à succès – *Exodus* de Leon Uris. « Le seul problème, remarqua Eddie Fisher, c'est qu'Elizabeth n'a jamais pris la peine de les lire elle-même. C'est moi qui lui en faisais la lecture. »

Cet aveu naïf de Fisher explique peut-être au moins une bourde de sa future femme. Dans un entretien accordé à Bill Davidson pour le magazine *Look*, Elizabeth déclara en effet qu'elle pouvait trouver « sécurité, dignité et espoir dans cette vieille religion qui survi[vai]t depuis quatre mille ans ». Le fait que le judaïsme se soit développé il y a plus de cinq mille sept cents ans semblait avoir totalement échappé à la plus récente de ses fidèles.

Une autre déclaration, plus concrète : « Je connais désormais tous les rites, et je fréquente un temple de la Réforme juive. J'ai l'impression d'avoir été juive... toute ma vie. » Elizabeth Taylor se convertit au judaïsme au Temple d'Israël le 27 mars 1959. Mais ce sera la seule fois, selon Eddie (sans compter leur mariage à la synagogue de Las Vegas), que l'actrice assistera à un vrai service dans un temple. Elle s'engagea tout de même à acheter pour cent mille dollars d'emprunts israéliens. L'histoire ne dit pas si elle a tenu parole.

Ruth Nussbaum elle-même, la veuve du rabbin Nussbaum, n'a pas vraiment compris les motifs de la conversion d'Elizabeth Taylor. « Cela n'avait d'importance ni pour Mike Todd ni pour Eddie Fisher. Eddie l'aurait épousée, même sans cela... ce que Mike, d'ailleurs, avait fait *effectivement*. J'en déduis qu'elle l'a fait plutôt pour des raisons sentimentales personnelles. Elizabeth semblait immature pour son âge. Et elle l'était, à plus d'un égard. »

Ann Straus, qui avait été l'une des premières envoyées du bureau de relations publiques de la MGM chez Elizabeth Taylor après la mort de Mike Todd, fut « étonnée et choquée » en apprenant son mariage avec Fisher. « Je connaissais Debbie Reynolds et Elizabeth Taylor depuis leurs débuts à la MGM, et j'ai été sonnée en voyant Elizabeth s'emparer du mari de Debbie, simplement parce qu'elle se sentait seule. Certes, Debbie se donnait l'air dur, mais elle a dû traverser une période très difficile. »

En se mariant pour la quatrième fois, Elizabeth Taylor apparaissait comme la tentatrice, la séductrice-type de sa génération. Un soir, alors qu'il dînait avec elle au Chasen, Eddie Fisher repéra Nicky Hilton et Mike Wilding, installés à d'autres tables. Il était bizarre – même pour Hollywood – de découvrir dans la même pièce, rien qu'en balayant l'endroit du regard, un trio de maris « à la mode de Liz Taylor ».

La présence d'Elizabeth au Chasen était une réponse à une dépêche publiée par un magazine, et affirmant que « la Veuve Todd » (comme l'appelait parfois la presse à sensation) dépérissait dans un hôpital psychiatrique. « Si je croyais tout ce que je lis à mon sujet dans la presse, dit-elle un jour à Zsa Zsa Gabor, j'aurais de bonnes raisons de me détester. »

Eddie Fisher avait quitté sa chambre d'hôtel pour louer un appartement sur Sunset Boulevard, mais il se trouvait toujours aussi souvent dans la maison en stuc de style espagnol qu'Elizabeth occupait à Bel-Air. Officiellement, ils vivaient toujours dans des logements séparés, dit-elle à son amie Dorismae Kerns du service publicité de la Metro, « par souci » de « tous les enfants impliqués – les miens et ceux d'Eddie ». Ce « souci » ne l'empêcha pas de sauter dans sa Rolls-Royce Silver

Cloud avec ses enfants et Eddie, et d'aller passer la journée à Disneyland. Une expédition qui fit écrire par *Photoplay* [2] que la relation d'Eddie et Liz « devrait se cantonner dans le silence et le chagrin, à l'écart des lieux de réjouissances publiques ». Le même magazine publia une photographie d'une camionnette de chez Magnin venant livrer chez Liz une pile de robes du soir. Elle devait en choisir une demi-douzaine pour son usage personnel, dans le confort et l'intimité de sa chambre à coucher. Van Cleef & Arpels, de Rodeo Drive, procédait un peu de la même manière, dépêchant un de ses vendeurs escorté par un garde, avec des casiers pleins d'échantillons de ses plus beaux bijoux. Elizabeth examinait la marchandise et faisait son choix. Quoique les journalistes n'aient pas cessé de les harceler, Liz renonça à se défendre dans la presse. Le séjour du couple à Los Angeles connut son point culminant un soir, dans une allée du bas de Hollywood Boulevard, dans une voiture décapotée. Ils n'auraient pu être plus visibles.

L'« affaire Liz » entraîna la fin de l'émission de télévision de Fisher, « Coke Time », et, par conséquent, une forte diminution de ses revenus. De plus, les frais d'avocat engagés pour son divorce, et l'arrangement salé qu'il s'attendait à devoir faire avec Debbie Reynolds, menaçaient de faire fondre l'essentiel de ses économies. Le 2 avril 1959, il entama au Tropicana, à Las Vegas, un nouvel engagement de six semaines qui lui valut quelques entrées d'argent fort bienvenues.

D'autres problèmes apparurent bientôt. Eddie et Liz reçurent du courrier anonyme (y compris des poupées vaudou percées d'aiguilles) et des menaces de mort (y compris des messages du Ku Klux Klan) en quantités telles que Fisher prit l'habitude de porter un revolver chargé. (« Mais je ne savais pas m'en servir », dira-t-il.) Lorsque Elizabeth fit son apparition au Tropicana, lors de la soirée d'ouverture de son tour de chant, elle fut accueillie par des douzaines de manifestants agitant des pancartes marquées de slogans : « Liz, quitte cette ville ! » ou « Liz, rentre chez toi ! » Elle resta, mais dut engager une équipe de gardes du corps pour se protéger, elle et ses enfants.

Elizabeth et sa progéniture s'installèrent au Hidden Well Ranch, à Pleasant Valley, à quelque huit kilomètres de Las Vegas. Là, elle accorda un entretien unique, déclarant notamment qu'elle comptait épouser Fisher pour « au moins un siècle ». Puis elle ajouta : « Mais Eddie doit d'abord divorcer. »

Le 12 mai 1959 au matin, après avoir prouvé qu'il était domicilié dans le Nevada et avoir éclairci ses rapports avec Debbie Reynolds, Fisher passa douze minutes devant le juge du Nevada David Zenoff pour se libérer de ses liens matrimoniaux. Il demanda que le divorce soit prononcé une fois pour toutes. Le juge Zenoff accéda à sa requête.

Le même jour, à midi, Elizabeth Taylor le rejoignit au bureau des licences de mariage, dans l'hôtel de ville de deux étages de Las Vegas. Eddie proposa en plaisantant de payer la licence avec des jetons de casino. L'employé ayant affirmé qu'il n'acceptait que de l'argent liquide, Liz attrapa son portefeuille et en arracha un billet de 10 dollars flambant neuf. Patricia Newcomb, attachée de presse auprès de l'agence de relations publiques de Los Angeles Rogers & Cowan, avait été chargée d'organiser la noce. Ses qualités de porte-parole de Marilyn Monroe et d'amie intime de la puissante famille Kennedy du Massachusetts lui donnaient toutes compétences pour ce travail.

C'est elle qui avait eu l'idée de célébrer le mariage le jour même du divorce d'Eddie, et de limiter autant que possible le nombre des invités. La cérémonie se déroula au tout nouveau temple Beth Shalom. Le rabbin Max Nussbaum officiait, assisté par le rabbin Bernard Cohen. Michael Todd Jr. était témoin et Mara Taylor, la belle-sœur d'Elizabeth, était demoiselle d'honneur. Les enfants de Liz assistaient à la cérémonie, ainsi que son frère et ses parents, les parents d'Eddie (récemment divorcés), Dick Hanley, Sid Guilaroff, Ketti et Kurt Frings, Milton Blackstone, Mr. et Mrs. Eddie Cantor, Philip et Gloria Luchenbill (des amis d'Eddie Fisher), le docteur Rex Kennamer, Benny Thau, ainsi que l'avocat d'Eddie et plusieurs de ses agents chez William Morris.

Eddie portait un *yarmulke* blanc et un costume trois pièces bleu. Elizabeth (dont le nom juif était Elisheba Rachel) arborait une robe de mousseline de soie verte créée par Jean Louis, avec un capuchon large, un haut col et des manches longues. Les fiancés se tenaient sous une *chuppah* ornée d'œillets et de gardénias. Ils récitèrent leurs vœux de mariage en hébreu et en anglais, avalèrent une gorgée de vin sacramentel, brisèrent leur verre et signèrent le contrat de mariage. Puis ils échangèrent un baiser. Elizabeth, enfin, se tourna vers ses invités, et déclara : « Je n'ai jamais été aussi heureuse de ma vie. Notre lune de miel va durer trente ou quarante ans. »

Bob Willoughby, qui avait été photographe de plateau sur *L'Arbre de vie*, fut le seul autorisé à prendre des clichés de la cérémonie et de la réception. « Quelques jours avant la noce, raconte-t-il, Pat Newcomb m'a appelé à New York. " Elizabeth Taylor veut que vous fassiez des photos de son mariage. " J'étais plutôt surpris, car je ne connaissais pas Elizabeth depuis longtemps. Nous avions dansé ensemble à la soirée des acteurs, à la fin du tournage de *L'Arbre de vie*, mais notre amitié n'allait pas plus loin. J'ai proposé de travailler pour rien, sauf un billet d'avion pour mon aller et retour. Pat Newcomb est venue me chercher en Rolls-Royce à l'aéroport, et m'a conduit au Beth Shalom (une synagogue toute neuve, au point qu'on n'en avait pas encore dessiné les jardins). A l'extérieur, il y avait des hordes de touristes, de journalistes, de photographes et de policiers. On m'a fait entrer par-derrière, et j'ai pris mes photos. Puis on m'a conduit au Hidden Well Ranch, où l'on avait dressé des tables pour un banquet – après quoi le couple a passé quelques minutes avec la presse. »

Parmi les journalistes présents, Elizabeth remarqua Vernon Scott[3] d'UPI qui leur avait consacré, quelques semaines plus tôt, un article défavorable. Comme d'habitude, elle était bien décidée à avoir le dernier mot. « Allez vous faire foutre, Vernon! » dit-elle en le fusillant du regard.

Plus tard dans la soirée, les jeunes mariés prirent l'avion pour New York, première étape de ce qu'ils croyaient être une lune de miel reposante en Europe. Au milieu des enfants (ceux d'Elizabeth), des animaux, des domestiques, des employés et des bagages, Eddie se trouva bientôt investi du double rôle de concierge et de bonne d'enfants. Une des tâches qui lui furent assignées par sa femme consistait à garder l'œil en permanence sur un ensemble de plus de soixante bagages de toutes sortes. Lorsqu'il entendit parler de ces corvées, Truman Capote le baptisa « Le Groom ». Et quand Richard Burton rencontrera Fisher sur le tournage de *Cléopâtre*, il l'appellera « Le Serveur », tandis que la presse le désignera comme « Mr. Elizabeth Taylor » (un sobriquet qui avait déjà servi, successivement, pour Nicky Hilton et Michael Wilding). Dans ses rapports avec Elizabeth, Eddie subit sa première déception : « Elle râlait à tout propos. J'essayais bien de la calmer, mais cela la rendait encore plus hargneuse. Elle essayait de m'aider à me battre contre la drogue, et elle était magnifique, bien entendu. Mais pour la rendre heureuse, il aurait fallu lui offrir un diamant chaque matin, avant le petit déjeuner *. »

Elizabeth acheta elle aussi des présents pour Eddie[4] : une montre Cartier avec l'inscription « Quand le temps se mit en marche... » et une horloge Piaget en platine où elle avait fait graver : « Tu n'as encore rien vu. » « Si l'on excepte la Rolls-Royce verte qu'elle m'a offerte pour mon anniversaire, Elizabeth aimait acheter les cadeaux par paires. Je me rappelle, par exemple, un jeu de boutons de manchettes en diamant et éme-

* Parmi les cadeaux les plus coûteux qu'Elizabeth Taylor a reçus d'Eddie Fisher, on trouve un bracelet de diamants d'une valeur de 270 000 dollars, un sac à main de soirée incrusté de diamants (150 000 dollars) et un collier d'émeraudes (500 000 dollars).

210

raude pour les soirées, et des anneaux en émeraude et or pour les réunions d'affaires. Elle ne regardait pas à la dépense. » Malgré la générosité d'Elizabeth, Eddie Fisher comprit très vite que leur mariage allait être difficile. Le moindre revers dans sa vie à elle (qu'il s'agisse de santé ou d'autre chose) provoquait une crise majeure. Une toux, un simple éternuement d'Elizabeth entraînaient une douzaine de consultations téléphoniques avec le docteur Rex Kennamer, qui débouchaient souvent sur une visite chez un autre spécialiste, aussi coûteux que chaleureusement recommandé. Fisher comprit que les affections de Liz n'étaient pas seulement psychosomatiques, qu'elles révélaient un besoin d'amour et d'attention. Et puis, il lui fallut admettre que sa carrière à lui n'aurait jamais, aux yeux de sa femme, qu'un intérêt secondaire.

Sam Spiegel, le producteur du prochain film de Liz *(Soudain l'été dernier)*, leur prêta son yacht de quarante mètres, *Orinoco*, pour une croisière de lune de miel en Méditerranée. Le bateau emmenait un équipage complet et une équipe de service constituée de femmes de chambre françaises et d'un cuistot belge. Mais ils furent contraints, à cause du mauvais temps, d'abréger le voyage. Le couple débarqua à Cannes et passa quelques jours sur la Côte d'Azur, invité par le prince Ali Khan, partant en excursion d'une journée pour visiter les yachts de Gianni Agnelli et d'Aristote Onassis. Puis ils s'envolèrent pour Londres, où Elizabeth devait commencer deux semaines plus tard à tourner *Soudain l'été dernier*.

Afin qu'ils jouissent du maximum de confort et d'intimité, Spiegel leur donna les clés d'une propriété de quinze pièces à deux pas du château de Windsor. L'endroit, pourtant protégé par de hauts murs surmontés de barbelés, ne leur sembla pas assez sûr, et l'on engagea une équipe de gardes de sécurité privés. Elizabeth se reposait, et accordait de temps en temps un entretien à la presse – mais exclusivement à des journalistes qu'elle connaissait et en qui elle avait confiance. Un reporter qui avait connu feu Mike Todd parvint à obtenir un rendez-vous et l'interrogea sur ses ambitions. « Être une bonne épouse et une bonne mère », lui dit-elle de ce ton sucré et impatient à la fois qu'elle réservait à de telles circonstances. Lorsque le journaliste lui fit remarquer qu'elle avait fait la même réponse à une question identique, au lendemain de son mariage avec Mike Todd, elle mit brutalement fin à l'entretien.

Une revue britannique, *Weekend*, publia un entretien apocryphe avec Elizabeth. Fisher et elle poursuivirent le magazine en dommages et intérêts, mais il publia des excuses, et fit don d'une certaine somme à des œuvres de charité, au nom d'Elizabeth Taylor.

Si Elizabeth s'était attendue à ce que l'aristocratie britannique l'invite à des soirées et des dîners, elle en fut pour ses frais. « Elizabeth ne pouvait l'admettre, remarqua Eddie Fisher, mais on nous snobait royalement. Personne, dans la haute société britannique, ne nous invitait, et personne ne nous rendait visite. »

Elizabeth, qui n'avait pas l'habitude d'essuyer d'aussi évidentes rebuffades, décida de quitter la propriété à la campagne pour s'installer à Londres, au Dorchester Hotel. « Le Dorch, dit Eddie Fisher, était le seul à posséder des suites assez vastes pour nous accueillir – les enfants, les animaux, les employés et le reste, y compris l'ego d'Elizabeth, que sa faible popularité auprès des Britanniques avait un peu réduit. »

Pour avoir joué au moins avec compétence la beauté voluptueuse de *La Chatte sur un toit brûlant*, Elizabeth Taylor semblait convenir parfaitement pour une nouvelle adaptation d'une œuvre de Tennessee Williams. Mais le problème, avec *Soudain l'été dernier*, était encore une fois la difficulté à transformer une pièce de Williams en un scénario exploitable. Sans oublier que Sam Spiegel devait prendre en compte les vies privées très complexes des collaborateurs du film.

*Soudain l'été dernier* fut mis en scène par Joseph L. Mankiewicz, sur un scénario de Gore Vidal (d'après « une histoire mauvaise et méchante [5] de Tenn »). Elizabeth Taylor incarne une jeune fille traumatisée depuis qu'elle a dû assister à la mort violente de son cousin, le poète Sebastien, sur une plage espagnole, des mains d'un groupe de cannibales lascifs. La mère de Sebastien (brillamment interprétée par Katharine Hepburn) tente désespérément de convaincre un jeune neurochirurgien (Montgomery Clift) que sa jolie nièce est mentalement dérangée et que la lobotomie est le seul remède à son mal. L'action progresse jusqu'à l'apogée du film, un long monologue qu'Elizabeth déclame presque par miracle sans surjouer (le personnage lui vaudra sa troisième nomination successive à l'Oscar), et où l'on apprend que Sebastien était homosexuel.

Le film recevra des critiques extrêmement diverses. *Variety* déclare que c'est « peut-être le film le plus bizarre jamais produit par une major company américaine ». L'article de Bosley Crowther, dans le *New York Times*, s'ouvre sur ces mots : « Mr. Williams et Gore Vidal ont abusé de procédés mélodramatiques verbaux qui ont peu d'effet à l'écran, et on est à peine sauvé de l'ennui par quelques scènes secondaires montrant les patients d'une clinique psychiatrique. » Le *New York Herald Tribune* parle de « force poétique », et *Film Daily* remarque que « l'étude inquiétante, pénétrante, par Tennessee

Williams, d'un groupe de personnages introvertis et de la manière dévorante dont ils se manipulent mutuellement, a été adaptée pour l'écran avec un flair saisissant ».

Le directeur de la photographie Jack Hildyard révélera quelques-uns des problèmes qui sont apparus durant la production du film. « Tout d'abord, lorsque Elizabeth Taylor est arrivée sur le plateau aux studios de Shepperton Studio, il s'est avéré qu'elle s'était un peu amollie aux entournures. Mankiewicz, qu'elle avait connu par l'intermédiaire de Mike Todd, lui a jeté un coup d'œil :

« – Vous n'avez pas l'intention de perdre du poids ?

« Elle lui a répondu qu'elle n'y avait pas vraiment réfléchi. Joe a soulevé un bras d'Elizabeth.

« – Je pense que vous devriez vous tonifier un peu, car ceci [en désignant le bras qu'il tenait levé] a plutôt l'air d'un sac de viande !

« Cruelle entrée en matière, mais le courant est finalement bien passé entre eux. En revanche, ni Joe ni Elizabeth n'ont pu s'entendre avec Katharine Hepburn, qui avait de graves problèmes personnels. Spencer Tracy était tombé malade à New York et n'avait pas pu venir la retrouver. En vraie professionnelle, elle était toujours à l'heure sur le plateau, tandis qu'Elizabeth Taylor était invariablement en retard. C'est-à-dire qu'elle nous faisait attendre, et *personne* ne devait faire attendre Katharine Hepburn. Celle-ci ignorait que Liz souffrait horriblement d'une dent de sagesse incluse, et qu'elle devait y appliquer des glaçons chaque matin pour résorber la tuméfaction. Mankiewicz a essayé de l'expliquer à Kate, qui n'a rien voulu entendre. Finalement, Liz a fait arracher sa dent, au moment précis où Kate, exaspérée, avait décidé de diriger des séquences du film. Joe s'est mis en colère, au point de menacer d'interrompre la production. " Nous reprendrons le tournage, Miss Hepburn, hurla-t-il, quand votre carte professionnelle de la Directors Guild, que j'ai commandée à Hollywood, nous sera parvenue. " Folle furieuse, Kate est allée s'enfermer dans sa loge et n'est pas réapparue de la journée. »

« A la fin du tournage, Mankiewicz et Katharine Hepburn étaient devenus des ennemis mortels. Tout le monde sait ce qui s'est passé le dernier jour. Elle demande à Joe :

« – Vous n'avez plus besoin de moi ?

« Le cinéaste secoue la tête.

« – Vous êtes bien sûr que vous n'avez pas besoin de moi pour une dernière prise, ou du doublage, ou des inserts ?

« – J'ai tout ce qu'il me faut, Kate, dit Joe. Et c'est parfait. Vous êtes parfaite.

« Mais elle insiste.

« – Vous êtes absolument certain que j'en ai fini avec ce film ?

« Joe fait une grimace, et acquiesce.

« – Absolument !

« – Alors je peux prendre congé... comme ceci.

« Elle lance la tête en arrière, et lui crache au visage. Elle n'a plus jamais travaillé avec Mankiewicz. »

Le metteur en scène a traversé les pires problèmes relationnels avec Katharine Hepburn, mais il a eu aussi plus que sa part d'ennuis professionnels avec sa vedette masculine. D'après Hildyard : « A la fin des années cinquante, la santé de Montgomery Clift s'était détériorée au point qu'il pouvait à peine se tenir sur le plateau, et encore moins jouer. Vaincu par les effets cumulés de la drogue et de l'alcool (il avait en permanence une bouteille sur lui, et il y buvait au goulot), il n'était plus que tics et tremblements. Et il était incapable de se souvenir de son texte. Je ne me rappelle pas une seule scène avec lui qu'il n'ait fallu tourner au moins une douzaine de fois. » Dans une de ses rares manifestations d'humour, Sam Spiegel dit un jour à Hildyard : « Plutôt que le rôle d'un médecin, on aurait peut-être dû donner à Monty celui d'un des malades mentaux. »

« Le moment est venu où Sam Spiegel a envisagé de faire remplacer Monty, raconte Hildyard. Le nom de Peter O'Toole a été mentionné. Mais Elizabeth Taylor a eu vent de tout cela, et elle est allée trouver Spiegel : " Il faudra me passer sur le corps. Si Monty part, je pars aussi. " Le pire, c'est qu'elle le pensait vraiment. Elle a fini par faire interdire le plateau à Spiegel. Voilà le vrai pouvoir. Même Joe Mankiewicz admirait la façon dont Liz avait marché sur les pieds de Spiegel. »

Plusieurs proches de Joseph Mankiewicz ont pensé que le cinéaste – un séducteur forcené * – avait plus que de la simple admiration pour Elizabeth Taylor. Christopher Mankiewicz, son fils aîné, prétend que son frère Tom (beaucoup plus proche de Joe) « avait l'impression qu'ils avaient eu une aventure après l'achèvement de Soudain l'été dernier ».

Jeanne Murray Vanderbilt, qui fut la compagne de Mankiewicz à Londres durant la production de ce film, estima qu'une telle liaison était hautement improbable. « Je me suis toujours doutée qu'Elizabeth et Eddie Fisher n'étaient pas très heureux, mais je n'ai jamais su que rien d'illégitime ne se soit passé entre Joe et Liz. Mais je n'étais pas toujours là, et tout est possible. Joe était un fils de pute, et je n'aurais rien laissé à sa

---

* Joan Crawford, Gene Tierney et Linda Darnell, notamment, furent les maîtresses de Joe Mankiewicz. Selon son fils, Chris Mankiewicz, il avait l'habitude de coucher avec les vedettes de ses films.

portée. C'était un bon cinéaste, mais complètement imbu de lui-même, extrêmement jaloux, se plaignant tout le temps et grommelant à tel ou tel propos. Pour sa défense, je dois dire que je ne l'ai jamais vu faire la moindre avance à Elizabeth. »

On tourna les scènes finales de *Soudain l'été dernier* à Begur, un petit village de pêcheurs de la Costa Brava. L'actrice Evelyn Keyes, qui avait épousé le chef d'orchestre et clarinettiste Artie Shaw, occupait une villa du voisinage, à flanc de colline. Un matin, elle tomba sur Fisher et Elizabeth, et les invita à dîner. « J'ai essayé d'être accueillante, raconte-t-elle. Je connaissais Fisher depuis l'époque où j'étais avec Mike Todd. Je n'avais pas été surprise par leur mariage. Elle avait besoin d'un homme à ses côtés, et Eddie s'était trouvé au bon endroit au bon moment.

« Il est arrivé d'abord, avec les enfants d'Elizabeth. A un moment, il a brisé accidentellement un panneau de porte en verre presque invisible : l'accident lui a valu des coupures sans importance et des bleus. Elizabeth est apparue quelques minutes plus tard, mais n'a pas manifesté le moindre intérêt pour la mésaventure d'Eddie.

« Une voiture de la production a reconduit les enfants à l'hôtel, tandis qu'Eddie et Liz sont restés souper. La soirée ne s'est pas bien passée. Ils ont commencé à se chamailler dès le début du repas, et à chaque plat leurs voix avaient monté d'un cran. A l'origine de leur désaccord, il y avait un article paru dans un journal français, et qui avançait que le début de leur liaison était *antérieur* à la mort de Mike Todd. Elizabeth voulait engager des poursuites. Eddie, qui avait déjà subi un procès similaire contre la presse britannique, trouvait l'idée mauvaise. " Il ne faut pas faire de vagues avec la presse, disait-il. Tout ce que l'on gagnera, c'est qu'ils diront à notre sujet des choses encore plus désagréables. " »

Plus tard, Evelyn Keyes dira que « l'hostilité sous-jacente à leur dispute avait l'odeur âcre du désenchantement. Je n'ai pas pu ne pas voir qu'Elizabeth portait l'alliance offerte par Eddie à la main gauche, et celle de Mike Todd à la main droite – elle me le fit remarquer après qu'Artie et Eddie furent passés dans le bureau. Elle me déclara que le seul moyen de rassembler la force psychologique dont elle avait eu besoin pour déclamer son long monologue, dans *Soudain l'été dernier*, avait été de penser à la mort de Mike. Et qu'après le tournage de la scène, elle n'avait pu s'arrêter de pleurer.

« Nous étions assises toutes les deux à la table du dîner, buvant du vin rouge espagnol, un verre après l'autre. Tout à coup, elle a soulevé son corsage et tourné son torse, me révélant une cicatrice qui courait au milieu de son dos sur près de

20 centimètres. " C'est là qu'ils ont effectué la ponction spinale. " Puis, aussi brusquement qu'un caméléon change de couleur, elle est revenue à Mike Todd. " Vous avez eu de la chance, Evelyn, me dit-elle avec tristesse. Vous l'avez connu pendant ses meilleures années. " »

Mary Jane Picard, une personnalité britannique qui était en vacances à Begur avec son mari, raconte quelle image ils avaient du couple : « Quand ils se trouvaient en public, Elizabeth était plutôt indifférente à l'égard de Fisher. Lui, par contre, semblait très amoureux d'elle. Il essayait sans cesse de toucher Elizabeth, de la tenir, de l'enlacer et de l'embrasser. Elle ne fuyait pas le contact, mais il est certain qu'elle ne l'encourageait pas. Elle était parfaitement froide avec lui. Je me hâte d'ajouter qu'elle semblait tout aussi insensible avec ses enfants, tandis que Fisher (qui n'était pourtant pas leur véritable père) avait l'air de s'intéresser beaucoup à eux. Il leur donnait la main, s'assurait que leurs vêtements étaient correctement boutonnés, et il jouait avec eux.

« Toutes sortes d'histoires circulaient à leur sujet. On m'a raconté qu'un jour, ils avaient été invités à dîner chez un aristocrate espagnol. Tous les autres convives étaient des nobles de la région. Elizabeth est arrivée avec une ou deux heures de retard, décorée comme un sapin de Noël, couverte de colliers, de bracelets, d'anneaux et de boucles d'oreilles... tout en diamants. Les nobles authentiques avaient choisi des bijoux beaucoup plus discrets. L'aristocratie européenne était un univers incompréhensible pour Elizabeth. Elle et son mari ont fait irruption comme une paire d'enseignes lumineuses clignotantes... Un couple d'Américains grossiers. Très vite, il fut évident qu'ils n'étaient pas à leur place, et ils sont partis très rapidement après le dîner. En Angleterre, des gens comme Noel Coward ou Cecil Beaton manifestent un total dédain pour Elizabeth Taylor. Ils la trouvent banale et vulgaire. »

Mary Jane Picard ajouta une conclusion à propos d'Eddie Fisher : « J'ai décelé dans son regard une certaine tristesse, comme s'il sentait que son mariage avec Elizabeth Taylor ne pouvait pas durer. J'ai appris plus tard qu'il était figurant dans *Soudain l'été dernier* : il joue un des vagabonds affamés qui mendient un morceau de pain à Elizabeth. Le rôle me semblait douloureusement approprié, vu la nature réelle de leurs relations. »

Avant la fin de son séjour en Espagne, Elizabeth Taylor se trouva entraînée dans ce qui restera sûrement dans les mémoires comme l'une des plus grandes idioties de l'histoire du cinéma. Grâce à un procédé technique (ou plutôt un

« truc », un gimmick) qu'il baptisa Smell-O-Vision, Michael Todd Jr. décida de suivre les traces de son père et de produire un film. *The Scent of Mystery/Holiday in Spain/*, c'est son titre, fut conçu pour lui apporter gloire et richesse. Pour doubler ses chances, il demanda à la veuve de son père de ne pas seulement y investir de l'argent, mais aussi d'y jouer (même s'il s'agissait d'une simple apparition); Elizabeth lui donna son accord, et le résultat fut risible...

Il s'agissait d'un film-poursuite avec Peter Lorre, réalisé sans talent, mal fichu, sur fond d'Espagne pittoresque. Il racontait l'histoire d'un Anglais en vacances qui découvre par hasard un complot visant à tuer une jeune touriste américaine. La fille disparaît, et sa piste est brouillée par des événements et des personnages insolites. Un dispositif complexe, mis en place dans certaines salles de cinéma des États-Unis, devait déclencher l'émission périodique, durant la projection, de certaines odeurs en relation avec ce qui se déroulait sur l'écran : parfum de l'héroïne, tabac, cirage, porto, brioche chaude, café, lavande et pastilles de menthe.

Dans un article publié par le *Saturday Review*, Hollis Alpert écrivit ceci : « Certaines odeurs viennent trop tôt, d'autres trop tard, d'autres pas du tout. L'ensemble sombre dans la confusion, surtout lorsque vous essayez de confronter les indices offerts à votre regard à ceux offerts à vos narines. » Le film connut un désastre commercial et suscita plusieurs procès, dont un qui opposa Elizabeth Taylor et Michael Todd Jr. à son distributeur.

Alors qu'elle venait de quitter l'Espagne pour Paris, Elizabeth Taylor reçut un appel de Walter Wanger, de Hollywood *. Quelques années plus tôt, ce producteur avait signé un accord préalable avec Buddy Adler, le président de la Twentieth Century-Fox, pour le financement d'un film à grand spectacle fondé sur la vie et les amours de Cléopâtre. Adler mourut un peu plus tard. Son successeur à la tête de la Fox était Spyros P. Skouras, un ancien directeur du Studio. Dès le départ, Wanger avait proposé le rôle-titre à Elizabeth Taylor. C'était pendant son mariage avec Mike Todd, et l'actrice avait manifesté peu d'intérêt pour le projet. Wanger la contacta à nouveau en novembre 1958, après la mort de Todd, pour le cas où elle aurait changé d'avis. Cette fois, elle se montra un peu plus enthousiaste. Elle y réfléchirait sérieusement, dit-elle, dès que

* Walter Wanger avait connu la gloire à son corps défendant, au début des années cinquante, lorsqu'il blessa d'un coup de revolver l'amant de sa seconde femme, l'actrice Joan Bennett. Il purgea une courte peine de prison, puis se réconcilia avec sa femme. Ils ont divorcé en 1962.

Wanger lui soumettrait un scénario. Elle ne voulait pas d'un remake naïf, à petit budget, de la version muette de *Cléopâtre* réalisée par la Fox en 1917, avec Theda Bara [6].

La conversation téléphonique du 1er septembre 1959 entre Walter Wanger et Elizabeth Taylor changera le cours de la vie privée de l'actrice. Elle aura aussi une influence décisive sur l'avenir financier de l'ensemble de l'industrie cinématographique.

– Je le fais pour un million de dollars, payé d'avance, sur dix pour cent des recettes brutes.

– Je dois vous rappeler, dit Wanger.

Il la rappela en effet moins d'une heure plus tard :

– Nous sommes d'accord.

Ce cachet record dépassait toutes les espérances d'Elizabeth Taylor. Dans un débordement de joie, Eddie et Liz allèrent arroser cela chez Maxim's. Mais leur exaltation fit long feu. Le lion de la MGM, qui avait surveillé attentivement l'élaboration de l'accord avec la Fox, s'apprêtait à montrer les dents.

D'après son contrat avec la Metro, Elizabeth lui devait encore un film, et la MGM n'avait pas l'intention de la libérer de cette obligation. Avant de signer avec Wanger pour jouer dans le *Cléopâtre* de la Fox, elle devait tourner un dernier film avec la compagnie qui la nourrissait depuis son enfance.

Pour ne rien arranger, la MGM décida de lui confier le rôle principal de *La Vénus au vison*, d'après un roman de John O'Hara qui s'inspirait lui-même de la saga fascinante de Starr Faithful, une célèbre call-girl des années quarante et cinquante. Dans le scénario de Charles Schnee et John Michael Hayes (comme dans le roman), le personnage avait été rebaptisé Gloria Wandrous. Afin de satisfaire aux règles strictes du « code de production » toujours en vigueur dans l'industrie du cinéma, on avait dû atténuer certains détails relatifs au personnage et à son histoire. Geoffrey M. Shurlock, au nom du code, finit par se déclarer satisfait des changements. Mais Elizabeth Taylor se montra sceptique. « Le personnage est quasiment une prostituée, gémissait-elle. C'est très désagréable. Je ne le ferai pour rien au monde. »

Ce qu'Elizabeth trouvait « très désagréable », en fait, c'était de devoir se contenter de 125 000 dollars pour *La Vénus au vison*, tout en risquant de compromettre le contrat d'un million de dollars promis par la Fox. Elle appela le chef de la production de la MGM, Sol C. Siegel, et lui demanda l'autorisation de tourner d'abord *Cléopâtre*. « La réponse est non, lui dit-il. En fait, si vous ne respectez pas le contrat qui est toujours en vigueur entre nous, nous n'aurons d'autre alternative que de vous placer " en quarantaine ". Dans ce cas, vous n'auriez pas le droit de tourner le moindre film avant deux ans. »

– Est-ce ainsi qu'on interrompt des relations vieilles de dix-huit ans ? demanda Elizabeth.

– Je ne sais pas si c'est bien ou mal, dit Siegel, mais c'est un fait : il y a belle lurette que les sentiments n'ont plus cours dans notre métier.

Le 9 septembre, Elizabeth Taylor ses enfants et Eddie Fisher rentrèrent à Los Angeles, et prirent deux pavillons au Beverly Hills Hotel. Un soir, ils invitèrent l'ancien mari de Liz, Michael Wilding, et sa femme Susan. Un autre jour, on leur amena pour dîner les deux enfants d'Eddie, Carrie et Todd. Ce fut une des rares fois, durant la période de son mariage avec Elizabeth Taylor, où Eddie fut en contact direct avec eux.

Dix jours après leur retour, les Fisher furent conviés – avec plus de quatre cents vedettes hollywoodiennes, dont Frank Sinatra, Marilyn Monroe, Cary Grant, Gregory Peck, Rita Hayworth, David Niven et Bod Hope – à un banquet organisé par la Twentieth Century-Fox en l'honneur de Nikita Khrouchtchev. A la fin du déjeuner, le Premier soviétique discuta avec Skouras des mérites comparés du communisme et du capitalisme. On dut maîtriser Richard Burton, présent lui aussi à la cérémonie ; il venait de quitter sa chaise pour hurler en direction de Khrouchtchev, afin de protester contre ce qu'il appellera les « propos malveillants » du premier secrétaire. Elizabeth Taylor, assise au fond de la salle, monta sur sa table pour mieux voir ce qui se passait. Elle vit Burton qui gesticulait, et chuchota à Eddie Fisher que l'acteur gallois « a[vait] l'air d'avoir l'écume aux lèvres ».

Quelque temps plus tard, Elizabeth rendit visite à Pandro Berman. Il avait produit quatre de ses films précédents à la MGM, dont *Le Grand National*, et il s'était porté volontaire pour produire *La Vénus au vison*.

« Ce qu'elle m'a dit ce jour-là dépasse l'imagination, déclarera Berman dans un entretien à la presse. Elle était furieuse.

« – Vous le regretterez ! Vous pouvez m'obliger à le faire, mais pas à jouer. Je ne viendrai pas sur le plateau ! Je serai en retard !

« – J'en prends le risque, lui ai-je dit.

« – Je vais vous en faire voir de toutes les couleurs !

« Je me suis fâché.

« – Écoutez. Des tas de gens bien vont travailler sur ce film. Si vous ne coopérez pas, vous allez leur empoisonner la vie, autant qu'à vous. Je crois que vous êtes trop professionnelle pour cela. Par ailleurs, ce rôle pourrait vous valoir un Oscar.

« Elle a éclaté de rire. Elle m'a dit qu'il s'agissait du plus mauvais scénario jamais écrit. En tout cas, elle a fini par signer le contrat. Elle a formulé quelques exigences que nous avons acceptées, pour le bien du projet. Elle voulait que le tournage ait lieu à New York, et non à Los Angeles, où l'on continuait à l'éreinter à cause de son mariage avec Eddie Fisher. Elle a exigé que ses costumes soient dessinés par Helen Rose et que Sidney Guilaroff s'occupe de sa coiffure. Enfin, il a fallu qu'on donne un rôle à Eddie Fisher. Ce fut celui de Steve Carpenter (prévu à l'origine pour David Janssen), un jeune compositeur et le meilleur ami de Gloria Wandrous. Ce personnage incarne en quelque sorte la conscience de Gloria. Fisher n'avait pas très envie de le jouer, mais il a accepté pour ne pas mécontenter Elizabeth. »

Le couple partit pour New York le 18 octobre 1959. Ils voyagèrent par le train en compagnie de Robert Wagner et de sa femme, Natalie Wood. Celle-ci, qui avait six ans de moins que Liz, allait partager avec Warren Beatty la vedette de *La Fièvre dans le sang*. Elle regardait un peu Elizabeth Taylor comme elle l'aurait fait d'une grande sœur. Pendant les trois jours que dura leur traversée de l'Amérique, les deux actrices bavardèrent amicalement. Elles comparèrent les difficultés qu'elles avaient connues durant leurs enfances respectives. Chacune était le produit d'une mère dominatrice et d'un père passif. Chacune s'était libérée du joug de l'autorité familiale en se mariant très jeune... Trop jeune, conclurent-elles.

A New York, Eddie et Elizabeth prirent une suite au Park Lane Hotel, accrochèrent à la porte le carton « Ne pas déranger », et passèrent trois jours entiers au lit. « Elizabeth s'est mise à prendre trois ou quatre bains par jour, raconte Eddie, pour soulager ses douleurs dorsales... Et aussi les migraines aiguës qui ne la quitteront quasiment pas durant le reste de notre mariage. Un de ses médecins avait diagnostiqué que ces maux de tête étaient psychosomatiques. Ils résultaient, selon lui, du sentiment de culpabilité qu'Elizabeth développait pour n'être pas morte dans l'accident d'avion avec Mike Todd.

« J'ai pris l'habitude de la rejoindre dans son bain. Elle aimait que je la dorlote, que je lui lave les cheveux et que je lui frotte le dos. Elle aimait aussi faire l'amour dans la baignoire. Cela soulageait ses douleurs, au moins momentanément. Nous ne nous étendions pas sur les comparaisons, mais Elizabeth me disait que j'étais son meilleur amant. Elle prétendait m'aimer plus qu'elle n'avait jamais aimé auparavant, plus encore que ses propres enfants. Je me suis vite rendu compte qu'elle avait tendance à exagérer l'aspect *romanesque* des choses. L'homme qu'elle aimait à un moment donné ne pouvait être que son plus grand amour, et le meilleur des amants. Dans les hôtels où nous séjournions, elle faisait interdire l'entrée de notre chambre au personnel, jusqu'à l'après-midi. " Eddie préfère baiser le matin ", disait-elle sans ciller. »

Eddie Fisher signa un engagement pour une série de prestations nocturnes à la salle Empire du Waldorf Astoria. Durant la journée, il voyait Monty Clift, qui l'aidait à préparer son personnage pour *La Vénus au vison*. « Je planais tout le temps, grâce aux amphétamines que m'administrait Max Jacobson, et Monty flottait dans une brume éthylique. Généralement, il perdait connaissance au milieu de nos séances de travail. »

Pendant ce temps, Elizabeth courait à travers la ville pour trouver un scénariste capable d'améliorer le script « glauque » de *La Vénus au vison*. Joe Mankiewicz le lut, lui dit : « C'est nul [7] », mais il refusa d'y travailler. Tennessee Williams lui fit la même réponse. Elle s'adressa ensuite à Paddy Chayefsky et Daniel Taradash, et leur demanda s'ils pouvaient au moins étoffer le rôle d'Eddie Fisher.

Un jour, Pandro Berman reçut un coup de fil d'Elizabeth. Pouvait-il passer à leur hôtel ? Quand il arriva, ils lui remirent une nouvelle version du scénario.

– Voici ce que nous *voudrions* faire [8], lui dit Elizabeth.

– Eh bien, pas moi, rétorqua Berman, en jetant le paquet dans une corbeille à papier.

Elizabeth se précipita vers lui, les ongles en avant, prête à lui arracher les yeux. Elle crachait et sifflait...

– Je ne le lirai pas, dit Berman. Les réécritures ne m'intéressent pas. J'ai mis un scénariste là-dessus, et il a fait du bon boulot. Nous tournerons le scénario que nous avons !

Un peu après le début du tournage, Elizabeth fut atteinte de ce que les médecins identifièrent comme une double pneumonie. « On l'avait tellement bourrée de sédatifs, raconte Fisher, qu'elle était quasiment froide dans l'ambulance qui la conduisait au Harkness Pavilion, à grand renfort de sirène et de gyrophare. Au moment où l'on approchait de l'entrée des urgences, elle a soudain repris conscience. Elle s'est assise sur le brancard, elle a tiré un poudrier de son sac à main, et s'est mise à se poudrer le visage. " Trouve-moi mon tube de rouge ", me dit-elle en me tendant le sac. Je le lui ai donné, et elle s'est remaquillé les lèvres avant qu'on l'emmène sur son lit à roulettes.

« Comme d'habitude, elle était convaincue d'être au seuil de la mort. Mais vu la nature de son mal, elle s'est rétablie étonnamment vite. Presque trop vite. Au point que j'ai douté du diagnostic. Tennessee Williams lui a rendu visite à l'hôpital, ainsi qu'un de mes amis, Lenny Gaines. Il connaissait mieux que quiconque les dessous de la vie new-yorkaise. Il a pris sur lui d'initier Liz, pour son personnage dans le film, au mode de vie des call-girls et des prostituées de la ville. »

Le tournage a repris dès sa sortie d'hôpital. Le metteur en

scène, Daniel Mann, a décrit cette production comme « une brève et douloureuse opération, surtout pour Elizabeth qui a voulu qu'il en soit ainsi, pour elle et pour tous les autres. Elle détestait presque tous ceux qui travaillaient avec elle sur le film. Même sa vieille camarade Helen Rose eut à souffrir. Liz ronchonnait constamment à propos de ses costumes. La MGM aussi, d'ailleurs. On m'envoya des câbles : "Trop de décolletés. Les censeurs ne marcheront pas. " J'avais placé un assistant sur une échelle : son seul boulot consistait à reluquer le haut de la robe de Liz Taylor pour s'assurer que la caméra n'enregistrait pas trop de nichon. J'ai fini par me fâcher, et j'ai envoyé un mémo à la MGM : "Elle est supposée être une putain... Pas une bonne sœur ! " Sur le plateau, presque tout le monde la méprisait, y compris son partenaire, Laurence Harvey, qui la surnommait « La Pute [9] » ou « Gros Cul ». Mais comme le film avançait, il apprit à la respecter. Il était le seul à la défendre. Mon opinion personnelle n'a pas changé. J'ai toujours trouvé totalement indécente la conduite de Liz Taylor. Le plan de travail prévoyait le début du tournage à huit heures du matin, par exemple, et elle arrivait à deux heures de l'après-midi. Pour aller aux Gold Medal Studios (dans le Bronx) et en revenir, nous utilisions des limousines Cadillac de la Carey Transportation Company. Elizabeth exigea qu'on mette une Rolls-Royce à sa disposition, sous prétexte que tous les barmen américains roulaient en Cadillac. Elle critiquait la taille et la couleur de sa loge, la température qui régnait sur le plateau, et jusqu'à la nourriture... Chaque jour, elle se faisait livrer ses repas par Lindy, du centre de Manhattan ».

Mann était particulièrement affligé par la façon dont Elizabeth Taylor traitait le producteur Pandro Berman. « Un soir, raconte-t-il, Pandro et moi sommes allés chez elle pour discuter des risques qu'elle faisait peser sur le film. Nous sommes arrivés au moment où Fisher et elle s'apprêtaient à souper dans leur suite d'hôtel. Il y avait de la dinde, de la purée de pommes de terre en sauce, des petits pains chauds et du vin... Un véritable festin sudiste. Nous sommes entrés, Elizabeth a jeté un coup d'œil à Berman et lui a dit : "Vous, tête de nœud, foutez-moi le camp d'ici ! " Puis elle m'a regardé avec un clin d'œil, tandis que Berman tournait les talons et quittait la pièce.

« Je la trouvais caustique, et gâtée par toutes ces années de succès. Nous avions commis une erreur en essayant de la dorloter. Le Studio avait montré qu'il était prêt à accepter presque n'importe quoi pour la calmer et ne pas compromettre le film. Je pense qu'elle traversait une époque très difficile. Elle semblait avoir l'esprit un peu dérangé, sans doute à cause des circonstances de la mort de Mike Todd, et du fait qu'elle avait tout de suite entamé une liaison avec Eddie Fisher. A son arrivée à New York, elle n'était pas très séduisante. Elle avait pris du poids, elle avait les yeux cernés. Sa beauté dans *La Vénus au vison*, elle la doit en grande partie à l'aide et au soutien qu'elle a reçus de toute l'équipe pendant le tournage. Ses costumes devaient être régulièrement retaillés. On utilisait des sous-vêtements et des corsets spéciaux, pour que son corps garde ses formes. Il n'avait plus la fermeté de la jeunesse, et elle avait l'air d'être devenue une matrone avant l'âge. Je me suis aussi rendu compte qu'elle ne voyait rien sans verres de contact. Elle était myope. »

En novembre 1959, Elizabeth signa finalement le contrat qu'elle espérait : *Cléopâtre* serait son prochain film. Mais son humeur ne s'améliora pas pour autant. Daniel Mann se souvient d'un épisode qui se déroula à la même époque, sur le plateau de *La Vénus au vison*. Comme à son habitude, Liz arriva avec plusieurs heures de retard, « suivie de son staff de secrétaires, d'agents, de coiffeurs et de laquais dont la seule mission consistait à porter dans sa loge sa ration quotidienne de vin ».

« J'en avais assez. Ce jour-là, j'ai suivi la procession jusqu'à la loge d'Elizabeth, et j'ai libéré plus de cinq mille ans de persécutions antijuives. Je lui ai dit le fond de ma pensée. Je lui ai rappelé qu'elle était supposée travailler en équipe. Que par respect pour ses collègues, elle se devait (et elle *nous* devait) de se conduire en professionnelle. Elle a eu l'air époustouflé par le fait que quelqu'un ait le culot de s'introduire dans sa loge pour lui tenir un tel langage, y compris une série de gros mots qu'elle-même trouvait choquants. Quelques jours plus tard, nous avons eu une nouvelle dispute. Je venais de préparer la mise en place d'une scène avec mon premier assistant, lorsque j'entendis Elizabeth jacasser sur le plateau, expliquant à qui voulait l'entendre comment *elle* tournerait la scène en question. J'ai bondi de derrière la caméra, et je lui ai fait comprendre clairement, une fois de plus, qu'elle était en train d'empiéter sur mon territoire. Je lui ai rappelé que mes instructions aux acteurs, et la manière de les communiquer, faisaient partie de mon boulot de metteur en scène. Je n'avais pas besoin de ses conseils sur la manière de tourner un film. »

Pour compliquer encore les relations de Mann avec la star, il fallait qu'il se dispute avec Eddie Fisher, dont le salaire (cent mille dollars pour une semaine de travail) lui paraissait exorbitant. « Il ne savait pas jouer, dit-il. Dans une scène, par exemple, il fallait qu'il regarde Gloria Wandrous d'un air dégoûté.

« – Qu'est-ce qui ne va pas, Eddie ?

« – Je ne peux pas, me dit-il. Je l'aime.

« J'ai essayé de lui expliquer que dans le film, ce n'était pas sa femme. Que c'était un personnage de fiction. Nous sommes allés dans la rue, et je lui ai montré une merde de chien, dans le caniveau.

« – Vous voyez ça? Je veux que vous regardiez Elizabeth comme si elle était ce paquet d'excréments.

« Ce conseil suscita une des rares pointes d'humour qu'Elizabeth Taylor laissa échapper durant ce tournage. Quand nous nous sommes revus, elle m'a lancé :

« – Vous ne pensez pas que la Méthode est un peu trop compliquée pour Eddie? »

Daniel Mann, que certains critiques considèrent comme un « pur produit de l'Actors Studio », essaya d'user du même stratagème avec Elizabeth. Alors qu'ils s'apprêtaient à tourner une scène de baignoire, il s'approcha d'elle et lui dit : « Imaginez que vous baisez le robinet! Vous aurez l'expression que je veux. » Elizabeth fit un geste obscène en direction du cinéaste, et quitta le plateau d'un pas lourd.

L'hostilité d'Elizabeth à l'égard de *La Vénus au vison* ne s'est pas calmée avec la fin du tournage. A l'issue d'une projection du premier montage, au studio, elle jeta sur l'écran le contenu de son verre, puis griffonna au rouge à lèvres, sur la porte du bureau du producteur, les mots « Pas à vendre! ». Il s'agissait d'une variante de la mémorable ouverture du film où Gloria Wandrous, après avoir passé la nuit avec son amant, trace le même message sur le miroir de sa salle de bains.

Le mécontentement de Mann fut à son paroxysme après l'incident qui se déroula lors de la soirée organisée par le Studio pour la fin du tournage. « Quand le film fut achevé, raconte-t-il, Eddie Fisher m'a annoncé qu'Elizabeth souhaitait offrir un cadeau à chacun des collaborateurs. Leur idée était d'acheter des chopes d'étain avec l'inscription : " De la part d'Elizabeth, Eddie et Daniel. " Bien entendu, j'ai accepté d'y contribuer. Ils n'avaient pas de chèques endossables à New York : j'ai donc avancé le coût total de l'opération. " Nous nous arrangerons plus tard ", m'a promis Eddie. Il est inutile de préciser que je n'ai plus jamais entendu parler d'eux. Je ne leur ai d'ailleurs jamais réclamé leur part. Je n'ai pas voulu leur faire ce plaisir. »

# 16

Durant leur séjour à New York, Eddie Fisher et Elizabeth Taylor avaient acheté, dans un magasin de Lexington Avenue, une petite guenon malicieuse et poilue : Matilda avait un regard affectueux et une voracité particulière pour le mobilier d'hôtel. Ses habitudes alimentaires se révélèrent définitivement compromettantes le jour où une femme de chambre la laissa involontairement s'échapper, et qu'un employé trouva Matilda en train de déchiqueter tranquillement un canapé rembourré, dans le hall de l'hôtel. Elizabeth fit cadeau du singe à son vieil ami Roddy McDowall, qui occupait avec l'acteur John Valva un appartement de dix pièces dans l'El Dorado (un grand bâtiment art déco situé au 300 Central Park West, dans l'Upper West Side).

« Pour autant que je m'en souvienne, dit Valva, Liz nous avait demandé de prendre l'animal en pension pour quelques mois. J'ai transformé une de nos salles de bains en un parc à l'usage de Matilda. A la fin du tournage de *La Vénus au vison*, Roddy a offert à Eddie et Elizabeth une soirée d'adieu. Elle a sauté sur l'occasion pour annoncer joyeusement qu'elle nous confiait la bête pour toujours. Après le dîner, elle et moi nous nous sommes attardés dans la salle à manger tandis que les autres invités prenaient café et digestif. Nous bavardions tranquillement, lorsqu'elle m'a soudain pris le bras. " Vous savez, me dit-elle, tout le monde pense que j'ai épousé Eddie à cause de sa relation à Mike Todd. Eh bien, ce n'est pas vrai. J'aimais vraiment Eddie. " »

En mars 1960, les Fisher retournèrent sur la côte Ouest. Ils se réinstallèrent au Beverly Hills Hotel, dans les pavillons mitoyens qu'ils avaient déjà occupés auparavant. Ils avaient pour voisins Yul et Doris Brynner. Comme Fisher, Yul Brynner avait été un client dévoué de Max Jacobson, mais il était parvenu à briser son accoutumance aux amphétamines, et il ne consultait plus le discutable médecin new-yorkais. Eddie Fisher, en revanche, était devenu de plus en plus dépendant des prescriptions de Max. Peu après son retour à Hollywood, Jacobson lui fit parvenir une commande substantielle de drogue, avec tout l'attirail nécessaire, livrée en mains propres par Ken McKnight.

« J'ai apporté une certaine quantité de produits injectables au pavillon que Fisher occupait au Beverly Hills Hotel, dit McKnight. C'est Elizabeth Taylor qui m'a ouvert la porte. Elle m'a expliqué qu'Eddie était absent pour la journée, et m'a invité à entrer boire un verre. Elle était nue sous son peignoir transparent. Son corps était impressionnant. Je suis resté figé dans l'allée, bouche bée, comme un crétin. Avec le recul, je crois que j'aurais dû accepter l'invitation à boire avec elle. Elle avait l'air d'avoir besoin de compagnie. Mais en l'occurrence, je me suis senti intimidé. Je me suis contenté de lui remettre le paquet et de tourner les talons. »

Si Ken McKnight était entré, il aurait découvert un spectacle pas vraiment différent de celui qu'avait vu l'employé du Park Lane Hotel, à New York. Dans *The Pink Palace*, où elle retrace l'histoire anecdotique du Beverly Hills Hotel, Sandra Lee Stuart raconte que les femmes de chambre responsables du pavillon d'Elizabeth Taylor trouvaient chaque jour « une véritable traînée d'habits (...) qui, de la porte d'entrée, traversait le salon jusque dans la chambre à coucher ». Dans la salle de bains, « les nombreux flacons de maquillage, les cotons-tiges et les brosses » étaient éparpillés un peu partout, « comme si un cyclone avait frappé le rayon produits de beauté d'un magasin Bloomingdale ». On trouvait parfois des traces de rouge à lèvres jusqu'au plafond, sans que personne n'ait jamais pu dire comment il était arrivé là. La table de la salle à manger était jonchée de douzaines de « bouteilles d'alcool à moitié vides et de tubes de vitamines, ainsi que des bracelets, boucles et bagues en diamants que Liz y avait jetés pêle-mêle ».

La ménagerie domestique de Liz, surtout ses chiens, posa de véritables problèmes. L'un d'eux, un colley mal éduqué, provoqua la panique le jour où il prit le pantalon d'un client de l'hôtel pour une bouche à incendie. Aucun de ses chiens n'avait appris la propreté. Il arrivait souvent qu'ils mouillent le lit où elle dormait avec Eddie. L'odeur devenait parfois insoutenable, au point qu'il fallait se débarrasser du matelas. Le coût du remplacement était porté sur la facture de Liz.

Deux mois après leur arrivée à Los Angeles, les Fisher décidèrent de prendre quelques vacances à la Jamaïque. Ils passèrent par Philadelphie pour rendre visite à la mère d'Eddie.

Elizabeth, comme cela lui arrivait souvent, trébucha sur le trottoir devant chez sa belle-mère, et se foula la cheville. Elle se mit aussitôt à boiter, en s'appuyant sur ce qui passait à sa portée. « Le temps passant, dit Eddie, je me suis demandé si elle ne prenait pas plaisir à jouer les invalides. C'était une façon de mesurer le dévouement des gens qui l'entouraient. »

Ils passèrent une semaine au tout nouveau Marrakech Hotel d'Ocho Rios, à la Jamaïque. Puis ils acceptèrent l'invitation d'Ernie Smatt, un riche homme d'affaires qui possédait une propriété extraordinaire face à la mer – et une maison qui avait fait l'objet d'un article dans *Playboy*. Pour les mettre à l'aise, Smatt leur donna la chambre principale, ce qui provoqua la mauvaise humeur de sa petite amie. Il lui déclara, non sans humour : « La chambre principale, c'est celle où dort le maître de maison. S'il s'installe dans la chambre d'amis, celle-ci devient automatiquement la chambre principale. »

« Nous sommes tombés amoureux de la Jamaïque, se souvient Eddie. Un agent immobilier nous a fait visiter une propriété en surplomb de Mammee Bay, et nous l'avons achetée. Nous avons financé l'opération avec le capital d'une association en partenariat que nous étions en train de constituer : MCL Films SA [1] (baptisée en hommage aux enfants d'Elizabeth, Michael, Christopher et Liza). Nous avons engagé un architecte pour dresser les plans d'une maison... Mais comme tant d'autres projets, celui-ci n'a jamais dépassé le stade de l'intention. »

Ils revinrent aux États-Unis pour assister à un bal donné au Cavalier Hotel, à Virginia Beach. L'orchestre était dirigé par Lester Lanin, qui connaissait Elizabeth depuis ses débuts à la MGM. « Nous avions une blague à répétition, Elizabeth et moi, raconte-t-il. A chaque fois que je la voyais, je disais : " Qu'est-ce qu'elle est laide ! " Cela la faisait rire, car elle en avait assez d'entendre le contraire. »

Eddie et Elizabeth mirent le cap sur New York. Le 20 juin 1960, ils se joignirent à une foule de cinq mille personnes, aux vieux Polo Grounds, pour le match de championnat de poids lourds qui devait opposer Floyd Patterson au Suédois Ingemar Johansson. Celui-ci, qui connaissait un peu Elizabeth Taylor, leur avait fourni des places devant le ring.

Tania Grossinger était là, elle aussi, pour assister au combat. Elle n'avait pas vu les Fisher depuis leur séjour à Grossinger, avant leur mariage. Dans son livre *Growing up at Grossinger's*, elle donne un récit piquant de la soirée : « Il s'est passé une chose complètement dingue. Je me trouvais à quelques rangs derrière Elizabeth Taylor et Eddie Fisher. Elle portait un chemisier très décolleté, qui laissait peu de place à l'imagination.

Soudain, un type a surgi on ne sait d'où. Il a littéralement sorti un sein du corsage d'Elizabeth, l'a bien montré pour que tout le monde le voie, en criant : " Mesdames et messieurs, je réclame votre attention... Ceci n'est-il pas un spectacle magnifique ? " Tout le monde a applaudi et Elizabeth, absolument pas déroutée, a majestueusement remis l'objet en place... »

Floyd Patterson (qui mit Johansson K.O. en cinq rounds) a entendu dire qu'après le combat, les gens « huaient et sifflaient » Elizabeth, alors qu'elle se préparait à partir. « Elle regarda la foule et, le poing fermé, elle fit ce mouvement du bras qui signifie : " Allez vous faire foutre ! " Elle ne l'a pas dit, mais elle a fait le geste. »

En août 1960, Eddie et Elizabeth profitèrent du voyage inaugural de « Leonardo da Vinci » pour traverser l'Atlantique. Ils arrivèrent à Rome juste à temps pour l'ouverture des jeux Olympiques. Suivie d'Eddie Fisher, du docteur Rex Kennamer, d'Art Buchwald et de Charles Poletti, ancien lieutenant-gouverneur de l'État de New York, Elizabeth arriva au stade en retard pour la cérémonie. Le public lui réserva le même accueil qu'aux Polo Grounds.

Art Buchwald assista à plusieurs épreuves olympiques avec Liz. Il note que « la foule la reconnut immédiatement et se lança en avant. Ils se mirent à pincer toute partie de son anatomie qui se trouvait à leur portée. Les quatre hommes de son escorte, moi-même y compris, formèrent une phalange autour d'elle pour repousser la multitude de mains baladeuses. Les choses sont devenues de plus en plus bizarres. Lors des demi-finales de water-polo, par exemple, c'était non seulement les spectateurs, mais les officiels et jusqu'aux athlètes qui essayaient de toucher la croupe et les seins d'Elizabeth ».

Au début de l'automne, Elizabeth était installée avec sa famille dans deux suites en penthouse du Dorchester Hotel à Londres. Aux studios de Pinewood, la préproduction de *Cléopâtre* était en route. Peter Finch devait jouer Jules César, et Stephen Boyd Marc-Antoine. On avait décidé de tourner le film en 70 mm et d'utiliser le procédé de couleur Todd A-O, ce qui garantissait à Elizabeth Taylor un salaire encore plus élevé que prévu. Le scénariste Dale Wasserman fut engagé pour améliorer et harmoniser un script qui avait déjà subi de multiples révisions. « Walter Wanger m'avait ordonné de n'écrire que pour Elizabeth Taylor, raconte-t-il. Je ne devais pas m'occuper des autres. " Elizabeth, c'est le film tout entier. " Je ne l'ai jamais rencontrée personnellement. Je me suis fait projeter certains de ses films pour me familiariser avec son style de jeu. Mais je n'ai pas cherché à la rencontrer, car je ne pense pas que les acteurs soient des gens très intéressants. D'une façon générale, je les considère comme des personnalités en quête d'identité. Je les trouve étonnamment creux. »

Les travaux préliminaires progressaient pas à pas, mais le froid et l'humidité londoniens allaient provoquer un sérieux contretemps. Le metteur en scène de *Cléopâtre*, Rouben Mamoulian, recevait d'innombrables plaintes de la part d'Elizabeth Taylor. Elle souffrait de ses habituelles migraines, de maux de dents, de tension oculaire, de spasmes dorsaux, de toux et de fièvres d'origine indéterminée. Chaque semaine, elle consultait en moyenne une demi-douzaine des plus grands médecins de Londres. Aucun d'eux ne put jamais établir un diagnostic précis.

« Les problèmes d'Elizabeth en 1960 étaient fondamentalement les mêmes que plus tard, en 1990, dit Eddie Fisher. Elle était accro à tout ce qui pouvait, sur le marché pharmaceutique, l'aider à dormir, ou à ne pas dormir, ou à soulager ses douleurs... Toutes sortes de cachets, et encore des cachets. »

Fisher avait ses propres problèmes. D'après Shelley Winters [2], qui séjournait elle aussi au Dorchester pour le tournage londonien de *Lolita*, il passait des heures au bar de l'hôtel, à boire sans interruption. « Il était vraiment dans un état de dépression et de désespoir, écrit-elle. Il avait l'air d'essayer de mesurer les conséquences, sur sa carrière et sur sa vie privée, de son divorce avec... Debbie Reynolds. »

Mais sans doute Fisher s'inquiétait-il moins de ses propres malheurs que de la présence continuelle de la co-vedette de *Cléopâtre*, Peter Finch. Chaque soir, avec la précision d'une horloge, Finch faisait irruption dans la suite des Fisher, pour apporter de Pinewood les nouvelles du jour. Peter et Elizabeth se noyaient dans le scotch et s'affrontaient dans d'interminables parties de poker. Un soir, Finch était si saoul qu'il perdit connaissance. Les gens de l'hôtel durent venir le chercher dans la chambre d'Elizabeth et le jeter dans la limousine qui l'attendait devant le Dorchester.

Shelley Winters * se rappelle avoir assisté un jour à un dîner de trente-cinq personnes, parmi lesquelles Elizabeth Taylor et Eddie Fisher, Albert Finney, Michael Caine, Sarah Miles, Stanley Kubrick, Françoise Sagan, Sean Connery et Peter Finch. Durant le repas, Finch et Elizabeth se serraient dans un coin pour bavarder tranquillement, tandis qu'Eddie Fisher broyait du noir et avalait une cruche entière de martini. « Ce soir-là, quand nous nous sommes tous retrouvés sur Abbey Road et

---

* Shelley Winters avait peu d'estime pour l'intelligence supposée d'Elizabeth Taylor, et faisait souvent des plaisanteries sur sa « stupidité ». Un exemple : « Un jour, je décide d'écrire une lettre. Je lui demande quel jour nous sommes. Elle jette un coup d'œil au journal, et me répond : " Je n'en sais rien. C'est le journal d'hier. " »

que nous avons rejoint nos voitures, j'ai eu l'impression qu'Eddie Fisher aurait bien aimé écraser Peter Finch avec sa Rolls-Royce. »

Fisher en eut assez de Londres et des retards interminables du tournage de *Cléopâtre*. Il décida de se lancer dans la production. Il laissa Elizabeth à Londres et prit l'avion pour Hollywood, où il rencontra Harold Mirisch d'United Artists. Les deux hommes discutèrent du montage d'un certain nombre de films avec Elizabeth. *Irma la Douce*, notamment, fut mentionné, dont le rôle principal sera finalement (et à bon escient) confié à Shirley MacLaine. Après quoi Eddie rencontra Jack Warner, de Warner Bros, à qui il proposa un contrat global portant sur quatre films – dont deux avec Elizabeth Taylor. Parmi les projets envisagés (et rejetés), il y avait un remake d'*Anna Karenine* et une biographie de la danseuse Isadora Duncan. Jack Warner confiera à sa maîtresse, Jackie Park, qu'Elizabeth Taylor possédait une immense valeur marchande, mais qu'elle manquait totalement de talent. « Le seul personnage qu'elle puisse interpréter, c'est elle-même, dit-il. Elle n'est jamais aussi bonne que lorsqu'il s'agit de sexe. »

Fisher retrouva Elizabeth à Londres. Pendant son absence [3], elle avait gardé la chambre, avec une petite fièvre. Elle avait passé ses journées à avaler des hamburgers, écoutant de la musique, essayant les robes que Christian Dior lui envoyait de Paris et jouant avec Peter Finch leurs longues parties de poker nocturnes. Elle n'était allée qu'à deux reprises sur le plateau de tournage, se plaignant à chaque fois de ses maux de dos et de ses migraines auprès du directeur de la photo Jack Hildyard. Joanna Casson, qui était responsable de ses perruques, suggéra qu'elle porte des chaussures basses plus confortables (pourquoi pas des tennis) pendant les répétitions, pour soulager un peu la tension sur sa colonne vertébrale. Elizabeth, obsédée par sa taille, n'en continua pas moins à porter des talons hauts.

Le soir du 13 novembre, elle fut prise d'une migraine si violente qu'on décida de faire venir Lord Evans, un des médecins de la reine Elizabeth. Alarmé par l'état de la patiente, il la fit transporter par ambulance privée à la très fermée London Clinic, où le docteur Carl Goldman procéda aux examens. Rex Kennamer, le médecin personnel d'Elizabeth, sauta dans un avion à Los Angeles. Quand il arriva à Londres, il était établi que l'actrice souffrait d'une méningite inflammatoire cérébro-spinale.

Elizabeth resta hospitalisée pendant une semaine. Puis elle partit à Palm Springs avec son mari, pour y subir une cure de sommeil. Le rôle d'Eddie Fisher dans la vie de sa femme n'avait pas changé. Il devait satisfaire tous ses caprices (y compris lui faire l'amour à toute heure du jour ou de la nuit). C'est lui qui répondait au téléphone, qui sortait ses chiens, qui supervisait les repas, qui appelait la voiture, qui parlait aux amis d'Elizabeth quand elle était trop occupée ou trop paresseuse pour les recevoir, qui organisait ses déplacements et s'occupait de ses enfants. « Le seul espoir que j'avais de reprendre ma carrière, dit-il, c'était d'abandonner Elizabeth. Mais elle n'aurait jamais pu s'en sortir sans moi. »

Après la crise de méningite de Liz Taylor, la Twentieth Century-Fox ferma momentanément le plateau en plein air de quatre hectares qu'elle avait fait construire à Pinewood pour *Cléopâtre*. Le projet lui avait déjà coûté 6 millions de dollars, et elle ne disposait pas du moindre morceau de pellicule qui justifiât ce titanesque investissement. Spyros Skouras mit cet échec sur le dos de Rouben Mamoulian. Selon Jack Hildyard, le réalisateur « commit l'erreur de demander son soutien à Elizabeth Taylor. Elle lui conseilla de démissionner. Si j'ai bien compris, elle promettait à Mamoulian de refuser de travailler tant qu'il ne serait pas réintégré. Il a donc démissionné. Puis elle a fait en sorte que la Fox engage Joseph Mankiewicz pour diriger ce que le monde du cinéma allait appeler *Cléopâtre II*. Quand Rouben m'a raconté toute l'histoire, j'ai démissionné à mon tour ».

Pour souhaiter la bienvenue à Joe Mankiewicz, Eddie et Elizabeth revinrent de Palm Springs. Ils assistèrent au dîner de Nouvel An organisé par Walter Wanger au Caprice, un night-club londonien célèbre pour sa cuisine française. Stephanie et Shelley Wanger, les filles du producteur, se trouvaient là. « Nous étions onze à table, dit Shelley. Elizabeth portait une robe-bustier lavande, envoyée par Christian Dior spécialement pour l'occasion. Ses seins étaient quasiment à l'air libre, et un garçon distrait par le spectacle a renversé du café sur le haut de sa robe. Elizabeth n'a rien dit, mais mon père a fait un tel raffut que la direction du club a dû accepter de la lui rembourser. »

Mankiewicz se mit au travail dès le lendemain, sur une toute nouvelle version du scénario de *Cléopâtre*. « Je voulais faire un grand film d'aventures, dit-il. Mon idée était de tourner deux films avec Elizabeth Taylor, distincts mais très voisins – deux films durant chacun trois heures et qui sortiraient simultanément dans les salles : *César et Cléopâtre* et *Antoine et Cléopâtre*. Je me sentais obligé de me charger moi-même de l'écriture des deux segments, car je n'étais nullement satisfait de ce qui existait. »

Avec cette promesse de la reprise en main du film par Mankiewicz, la Fox crut pouvoir annoncer que le tournage en intérieurs commencerait à Pinewood, au plus tard le 4 avril 1961. Les extérieurs seraient réalisés juste après, en Égypte et peut-être en Italie. Eddie Fisher avait des doutes. « Je ne voyais pas comment Mankiewicz pourrait récrire entièrement le scénario en trois mois. Je me demandais aussi comment Elizabeth, qui était plus que jamais l'esclave de ses analgésiques, serait capable de respecter un planning aussi exténuant. »

En février 1961 [4], Eddie et Liz embarquèrent dans l'Orient-Express, à Paris, pour Munich où se déroulait le traditionnel carnaval d'hiver. Deux jours après leur arrivée, ils eurent une dispute : « J'étais épuisé, dit Fisher, et j'avais besoin de repos. Elizabeth voulait se rendre dans un night-club. Je lui ai dit que j'en avais assez. J'ai hurlé que je partirais le lendemain matin.

« – Tu pars demain matin ? Eh bien, moi, je m'en vais tout de suite !

« Sur une impulsion, elle a saisi un flacon de Seconal, et elle a commencé à en avaler le contenu. J'ai essayé de mettre le flacon hors d'atteinte. Elle s'est précipitée vers la salle de bains, mais elle a glissé et elle est tombée. Il a fallu faire venir un médecin en toute hâte, et le payer pour qu'il la ranime dans la discrétion de notre chambre d'hôtel. Il fallait éviter l'embarras d'aller à l'hôpital et de devoir faire face à un personnel curieux, voire à la presse. » La santé d'Elizabeth continua de se détériorer. De retour à Londres, elle attrapa la grippe asiatique. Eddie Fisher dut ajouter, à l'entourage déjà pléthorique de sa femme, une infirmière à demeure. « Après l'histoire de Munich, j'ai compris qu'Elizabeth était capable de tout », dit-il.

Le 4 mars 1961, quelques minutes après minuit, l'infirmière nouvellement engagée découvrit que sa patiente était en train de suffoquer. Elle sauta sur le téléphone et demanda à l'opérateur du Dorchester d'appeler un médecin d'urgence. L'employé savait que quelque part dans l'hôtel, on donnait une soirée en l'honneur d'un jeune étudiant en médecine. Par chance, il se trouvait parmi les invités un spécialiste des poumons. En smoking, il se rua vers la chambre d'Elizabeth. Après l'avoir rapidement examinée, il la souleva par les talons et la secoua vigoureusement afin de déloger la congestion qui lui bloquait les poumons. En pure perte. Il lui mit deux doigts dans la gorge, pour provoquer un haut-le-cœur et la faire cracher. Puis il essaya de débloquer la congestion en lui martelant le thorax. Toujours sans résultat. Il se résigna enfin à lui enfoncer profondément, avec le pouce, les yeux dans les orbites. La terrible douleur obligea Elizabeth à reprendre enfin son souffle. L'ambulance arriva, et on la transporta derechef à la London Clinic.

A son arrivée à l'hôpital (suivie d'Eddie Fisher en larmes), Elizabeth Taylor était à demi consciente. On la mena immédiatement en salle d'opération, où une équipe de chirurgiens lui fit subir une trachéotomie. Cette opération assez classique consiste à ouvrir la trachée artère, puis à introduire dans l'incision un tube relié à une pompe électronique qui injecte de l'air dans les poumons en quantité déterminée. Selon les experts de l'hôpital, l'actrice (âgée de vingt-neuf ans) souffrait de pneumonie à staphylocoques aggravée d'une congestion pulmonaire. Grâce aux déclarations d'Eddie, on estima que sa syncope respiratoire avait été provoquée par l'abus de sédatifs et une importante consommation d'alcool.

Durant trois jours, la presse mondiale se focalisa sur la santé d'Elizabeth Taylor, au point que le public en vint à la conclusion que la star avait peu de chance de survivre. Plusieurs journaux imprimèrent en première page des faire-part de décès. D'autres publièrent des entretiens « exclusifs » avec les parents d'Elizabeth. Prévenus par Eddie Fisher, Francis et Sara Taylor avaient traversé l'Atlantique pour être aux côtés de leur fille « agonisante ».

Des mois plus tard, Elizabeth sera l'invitée d'honneur d'une soirée de bienfaisance au profit de l'hôpital Cedars of Lebanon[5] à Los Angeles. Elle prononcera un discours vibrant d'émotion, décrivant sa « guérison miraculeuse » et narrant par le détail sa bataille contre la mort : « (...) Et pourtant, même dans les ténèbres les plus terribles, je gardais en moi cette volonté insistante, cet entêtement à rester en vie, à revoir la lumière. Mais je ne pouvais bouger les bras ni les jambes, ni les yeux ni aucune partie de mon corps, ni émettre le moindre son. L'obscurité se faisait de plus en plus profonde... J'ai compris que, physiquement, je ne pouvais plus me battre seule pour rester en vie. Soudain il m'a semblé que j'étais habitée d'un millier de voix, au plus profond de moi-même, appelant désespérément à l'aide, poussant des cris qu'on ne pouvait normalement pas entendre... (...) » Ce radotage durera une bonne demi-heure. Elizabeth Taylor fera vibrer son speech de toute la gamme des intonations mélodramatiques qu'elle réservait à ses rôles cinématographiques. Ce que son public captivé ne saura jamais, c'est que, malgré les apparences, elle n'en a pas écrit une ligne. Joseph Mankiewicz lui a fait la faveur de rédiger son allocution, et Elizabeth se contentera de la réciter.

Pour Samuel Leve, un décorateur de théâtre qui avait travaillé avec Mike Todd, la pneumonie d'Elizabeth Taylor fut « à peine autre chose qu'une campagne de publicité ». « Il ne fait aucun doute qu'elle a été malade, mais elle n'a sûrement pas été mourante. J'en ai acquis la certitude grâce à mon ami Milton Blackstone, qui était l'agent d'Eddie Fisher. Le jour où Liz est entrée à la London Clinic, Blackstone est venu chez moi. Il avait sur lui une vingtaine d'ampoules d'un médicament qu'il allait expédier aux médecins d'Elizabeth, à Londres. (Le produit sera identifié dans la presse comme un puissant lysat antibactérien contre les staphylocoques, qu'on utilisait couramment dans les années soixante pour soigner les pneumonies.) "Elle est vraiment mourante?" lui demandai-je. "Elle se porte comme un charme, me dit-il. En fait, elle a l'air d'aller beaucoup mieux qu'Eddie Fisher." Quand j'ai revu Blackstone, il a eu un sourire narquois. "Le sérum miraculeux a fait son effet. Elizabeth Taylor est toujours en vie, et il est évident que sa performance à la London Clinic vaut bien un Oscar. Je vois d'ici la une des journaux : La Trachéotomie emballe l'Académie!" "Elizabeth Taylor est unique, lui dis-je, et elle en profite. S'il y en avait une autre de sa trempe, on ferait moins d'histoire à son sujet." »

Truman Capote émit des doutes, lui aussi, sur la gravité de la maladie d'Elizabeth. Il résidait au Dorchester Hotel à la même époque que les Fisher, et il avait été l'un des premiers à rendre visite à Elizabeth à la clinique. « C'était un événement médiatique de premier plan, dit-il. Les rues autour de l'hôpital étaient envahies par les journalistes de la presse écrite et les équipes de télévision, mais aussi par des milliers de touristes et d'admirateurs qui attendaient là, parfois en priant pour la guérison d'Elizabeth. Je m'attendais à la trouver dans un état désespéré. Mais quand je l'ai vue, j'ai compris qu'elle était loin d'être aussi malade qu'elle voulait le faire croire. Elle était pâle et un peu amaigrie, mais elle semblait en pleine forme. Elle m'a fait un grand salut. "Je suis si heureuse que vous soyez venu!" a-t-elle gazouillé. Elle était seule... Eddie Fisher n'était pas en vue. La trachéotomie était récente, mais on avait déjà ôté le tuyau à oxygène. Il y avait quelque chose qui ressemblait à un dollar en argent – comme une pièce métallique circulaire – purement et simplement fiché dans sa gorge. Je n'arrivais pas à comprendre comment cela pouvait tenir. Je m'étonnais de voir qu'elle ne saignait pas, que rien ne suintait... Je lui avais apporté quelques livres et un magnum de Dom Pérignon... Ce qui, en principe, était interdit. Après avoir vidé la bouteille, nous l'avons cachée sous le lit. Nous avons remis cela quand je suis revenu lui rendre visite *.

* Van Johnson et sa femme rendirent aussi visite à Liz Taylor à l'hôpital. Edie Johnson raconte : « Elizabeth fit apporter une bouteille de champagne, mais elle en but elle-même la plus grande partie. Je me demandais comment elle pouvait se procurer de l'alcool alors qu'elle prétendait se trouver " en danger de mort ". »

« Un soir, je suis sorti dîner avec Eddie Fisher, et le lendemain matin, Elizabeth m'a dit : " Vous ne me croirez pas, mon
cher : mon mari a cru que vous lui faisiez du gringue ! " Au
moment où elle disait cela, elle m'a fait une méchante blague.
Elle a arraché la " bonde " de sa gorge, et a projeté du champagne à travers la chambre. J'ai cru que j'allais défaillir. Je suis
sans doute passé par plusieurs nuances de vert, tout en me
réfugiant sous mon manteau. »

Un jour ou deux avant de quitter l'hôpital, Liz reçut la visite
de Walter Wanger. Elle lui dit qu'elle avait besoin d'une
longue période de repos avant de reprendre le travail sur *Cléopâtre*. Elle ajouta qu'elle devait trouver un endroit ensoleillé,
parce qu'elle n'avait pas l'intention d'affronter à nouveau le
climat froid et humide de l'Angleterre.

Elle quitta la London Clinic le 27 mars, et s'envola vers Hollywood le soir même avec ses parents, le docteur Rex Kennamer et Eddie Fisher. Un bouquet de fleurs à la main, vêtue
d'une robe noire sous un manteau de zibeline blanc, Elizabeth
reçut l'aide, pour embarquer dans l'avion de la TWA, de deux
gardes de la sécurité de l'aéroport. Un pansement carré
camouflait l'incision qu'on lui avait faite à la base du cou. Un
bandage sur sa jambe gauche, du genou à la cheville, cachait
les ecchymoses de la zone où l'on avait fixé les perfusions
intraveineuses. L'incapacité de travail d'Elizabeth aura coûté
près de deux millions de dollars à la compagnie d'assurances
de *Cléopâtre*, la Lloyd's de Londres.

La publicité amenée par son « moment de vérité » (c'est
ainsi qu'Eddie Fisher qualifiait son prétendu combat contre la
mort) eut au moins un avantage : elle permit à l'actrice de
regagner une bonne partie de la sympathie publique qu'elle
s'était aliénée en épousant Fisher. L'incident permit aussi
d'accepter très discrètement, le 17 avril 1961, l'Oscar pour son
rôle dans *La Vénus au vison*. Sa réaction ne sera rendue
publique que plus tard : « On m'a donné cet Oscar parce que
j'avais frôlé la mort à cause de ma pneumonie. J'ai pourtant
été très touchée, car c'était la preuve qu'on me considérait
comme une actrice, et non comme une star de l'écran. J'en ai
eu les yeux humides et la gorge serrée. Sauf que ce n'était pas
le bon film. J'avais déjà été nommée trois fois. Et les trois fois,
j'avais bien plus mérité l'Oscar. Je savais que c'était la sympathie, cette fois, qui me valait cette récompense, mais j'étais
tout de même fière de la recevoir. »

Le mot de la fin, à propos de cet Oscar, revient à Debbie Reynolds. « Eh bien, dira-t-elle à un journaliste, même moi j'ai
voté pour elle ! »

De retour en Californie, Elizabeth négocia un armistice difficile avec Hedda Hopper. Elle invita l'échotière, à qui elle reprochait toujours de l'avoir trahie, à un déjeuner chili et bière au Beverly Hills Hotel. Les Fisher eurent une vie mondaine plus développée qu'autrefois. Ils fréquentèrent certains des couples les plus illustres de Hollywood : Kirk et Ann Douglas, Desi Arnaz et Lucille Ball, Cary Grant et Dyan Cannon, Mel Ferrer et Audrey Hepburn, Dean et Jean Martin. Elizabeth et Eddie, accompagnés par les Martin et Marilyn Monroe, assistèrent un soir à un concert de Frank Sinatra au Sands Hotel à Las Vegas. Marilyn, qui avait une liaison avec Sinatra (en même temps qu'avec le président John F. Kennedy), se balança au rythme de la musique, et martela la scène de ses deux poings. « Marilyn était splendide, mais elle buvait, raconte Eddie Fisher. Elle était jalouse d'Elizabeth, dont le cachet d'un million pour *Cléopâtre* dépassait de dix fois les 100 000 dollars qu'elle recevait de la Fox pour *Something's Got to Give* *. Quand Liz est tombée malade, la Lloyd's a suggéré à la Fox de la remplacer par Marilyn pour diminuer le budget de *Cléopâtre*. Walter Wanger a répondu : " Pas de Liz, pas de Cléo ! " »

Durant son séjour à Las Vegas, Elizabeth accorda au magazine *Look* un entretien de fond. Le journaliste était accompagné d'un photographe débutant, Douglas Kirkland, mais Elizabeth refusa qu'on la photographie. Sur son cou, la cicatrice de la trachéotomie était encore trop visible. « Utilisez d'anciennes photos », conseilla-t-elle au reporter. Mais le photographe, qui venait d'être engagé par le magazine, était très déçu. « Je ne savais que faire, raconte-t-il. J'ai assisté à l'entretien. A la fin, je l'ai regardée dans les yeux, et je lui ai dit : " Elizabeth, est-ce que vous savez l'importance que ça aurait, pour moi, de vous photographier ? " Elle a eu l'air étonné par ma franchise, mais je crois qu'elle a apprécié cela. " Très bien, venez demain à huit heures et demie... " Quand je suis arrivé le lendemain soir, elle m'a déclaré : " *Je ne suis pas obligée de faire ça, vous savez !* " C'était bien vrai, mais elle l'a fait. Et cela m'a valu ma première couverture d'un grand magazine. Cette série de photos a lancé ma carrière. »

De retour à Los Angeles, Eddie et Liz donnèrent plusieurs soirées en l'honneur des ballets Moïsseïev, en tournée aux États-Unis. L'invitation informelle de visiter la Russie prit un tour officiel lorsque le Département d'État les autorisa à représenter les États-Unis au premier Festival du film de Moscou.

Le couple partit en URSS le 11 juillet 1961. A Moscou, ils logeaient à l'hôtel Sovietskaïa. Le 14 juillet, on organisa une réception, au Kremlin, pour les personnalités étrangères invi-

* Dernier film inachevé de Monroe, réalisé par George Cukor. (*N.d.T.*)

236

tées par le Festival. Avec une heure de retard, Elizabeth fit une entrée spectaculaire, vêtue d'une robe Dior originale – une robe de cocktail en mousseline blanche avec un col haut et une jupe en cloche. Elle explora l'endroit du regard, et eut la stupéfaction de découvrir Gina Lollobrigida dans un costume parfaitement identique au sien. De plus, les deux femmes avaient presque la même coiffure : une variante de la fameuse « coupe artichaut » d'Alexandre. (Ce dernier accompagnait Elizabeth Taylor à Moscou, tout comme Kurt et Ketti Frings et l'indispensable docteur Rex Kennamer.)

Marc Bohan, le styliste d'Elizabeth chez Christian Dior, supposa que Gina Lollobrigida « avait appris quelle robe Liz avait choisie et [que], pour des raisons publicitaires, elle s'en était fait faire une copie. En guise de compensation, la saison suivante, nous avons offert une robe à Liz Taylor. Elle a choisi un modèle brodé très coûteux ».

A Moscou, Elizabeth assista à diverses projections et événements mondains liés au Festival, visita le mausolée de Lénine, et se rendit à une réunion privée avec Nikita Khrouchtchev et Ekaterina Furtseva (ministre de la Culture et maîtresse supposée du premier secrétaire).

Eddie et Liz rentrèrent à Los Angeles. Elle dut subir, à l'hôpital Cedars of Lebanon, une opération de chirurgie esthétique destinée à faire disparaître toute trace de sa trachéotomie. Encore une fois, Eddie signa un engagement avec le Coconut Grove.

Donald Sanderson, un agent de voyages de Boston, assista à la première. « Il y avait de nombreuses personnalités du cinéma : John Wayne, Yul Brynner, Danny Thomas, Henry Fonda, et bien d'autres. Sinatra, Dean Martin, Sammy Davis Jr. et Joey Bishop, ce quatuor qu'on appelait le Clan, étaient là. Eddie Fisher avait l'air nerveux, au point d'oublier les paroles de deux ou trois chansons. Dean Martin s'est mis à hurler : " Allez, Eddie ! On la refait ensemble ! " Ce qui a déconcentré Fisher encore un peu plus. Finalement il a retrouvé les paroles, et il a dédié une chanson à Liz. " A ta place, hurla Martin, je ne serais pas ici en train de chanter ! Je serais chez moi, avec ma femme ! " Après quoi le Clan s'est déchaîné. Ils ont grimpé tous les quatre sur la scène, le verre à la main, et se sont mis à harceler Fisher, en le singeant et en se moquant de lui. Sammy Davis devait être complètement défoncé. Il a continué à répandre du whisky dans toutes les directions, et s'est mis à réellement injurier Eddie. Au bout d'une vingtaine de minutes, les quatre mousquetaires ont quitté la scène, et Eddie a pu achever son tour de chant. »

« Pour être franc, je n'ai pas vraiment pris au sérieux l'épisode du Coconut Grove, racontera-t-il. J'avais d'autres soucis en tête : le bien-être de ma femme, notamment. Je n'ai jamais cessé de m'inquiéter pour Elizabeth. A l'époque de sa trachéotomie, elle s'est remise aux cachets et à l'alcool. Un jour, alors qu'elle avait pris des deux, elle a perdu connaissance, comme ça, au milieu d'une phrase. Une autre fois, elle avait beaucoup trop bu, je l'ai rattrapée dans mes bras au moment où elle allait dégringoler une volée de marches. Puis je me suis senti un peu idiot d'en faire autant pour l'aider, alors qu'elle-même ne faisait rien pour cela. »

Il est possible que le comportement suicidaire d'Elizabeth soit venu, pour une bonne part, des frustrations croissantes de sa vie avec Eddie Fisher. Mais Truman Capote lui-même, qui trouvait Fisher « idiot et sinistre », en est venu à le plaindre. « Elizabeth, dit-il, montrait plus de compassion pour ses chats et ses chiens que pour Eddie Fisher. Elle le traitait comme un garçon de courses. »

Entre autres cruautés, Liz ne fit aucun effort pour cacher la liaison sporadique qu'elle entretenait avec un autre homme. Max Lerner [6], de trente ans son aîné, était journaliste politique et professeur de civilisation américaine à la Brandeis University. Diplômé de Yale, licencié en économie et en droit de la Robert Brookings Graduate School, il avait à son actif une douzaine de livres et venait de passer un an en Inde comme professeur détaché par la Fondation Ford à la School of International Studies. Il avait épousé deux fois de suite sa seconde femme, Edna, et il était le père de cinq enfants. Certes, ses références académiques dépassaient de loin celles de tous les hommes que Liz Taylor avait fréquentés. Mais il n'avait pas l'air, avec ses longs cheveux blancs et bouclés et son ventre arrondi (il affichait une certaine ressemblance avec Albert Einstein), du lauréat idéal pour recueillir l'affection de l'actrice.

Patricia Seaton, l'ex-femme de Peter Lawford, avait eu elle aussi une aventure avec Lerner. « J'ai connu Max quand il créchait à la résidence de *Playboy* à Los Angeles. Il y avait sa chambre, et il attirait les *bunnies* dans ses filets en leur promettant de leur lire de la poésie. C'est cette stratégie qu'il a adoptée avec moi. A mon grand étonnement, cela a marché ! Il était romanesque et assez séduisant, même s'il avait de plus gros nichons que la plupart des filles de la page centrale de *Playboy*. Il était vieux et ramolli. La plupart des filles qui logeaient à la résidence le considéraient comme un " vieux dégueulasse ". " Ce pauvre vieux Max ! " disaient-elles. Je le trouvais très mignon. Il s'installait en bas, dans le Salon méditerranéen, là où Hugh Hefner gardait ses flippers, et il s'efforçait de lever toutes ces "jeunes choses nubiles", comme il appelait les *bunnies* et les *playmates* qui logeaient là. Il y parvenait quelquefois. »

Il parvint à séduire Elizabeth Taylor. Ils s'étaient rencontrés à Londres, en 1959, durant le tournage de *Soudain l'été dernier*. Ce qui les avait rapprochés, c'était un article de Lerner sur la mort de Mike Todd, à l'époque où la plupart de la presse attaquait Elizabeth et Eddie à propos de leur mariage. De temps en temps, après la journée de tournage, Max et Liz se retrouvaient dans quelque pub enfumé. Elle lui parlait de son mariage récent, quoique déjà chancelant. « Je pensais que je pourrais garder vivante la mémoire de Mike, disait-elle... Mais je n'ai plus que son fantôme. »

Elizabeth appelait Lerner « mon petit professeur » et comparait leur étrange relation à celle qui unissait Sophia Loren à Carlo Ponti : la complémentarité parfaite du cérébral et de la beauté. Il la décrivit comme « une femme extraordinaire, passionnée, exaspérante et impossible ». Il avoua être tombé amoureux d'elle. Elle le taquinait en lui parlant de ses anciens amants et maris – sans compter son époux du moment, Eddie Fisher. « La nuit dernière, Eddie m'a fait l'amour quatre fois », se vantait-elle. Lerner envisagea de lui demander sa main, mais il changea d'avis. « J'ai fini par comprendre (...) qu'elle se serait servie de moi comme une belle femme peut se servir d'un vieil homme : comme une façade, en baisant tout ce qui se présente. »

Max Lerner et Elizabeth Taylor passèrent un week-end ensemble à Paris. Ils allèrent danser à l'Épi-Club, en compagnie de Françoise Sagan et du cinéaste italien Michelangelo Antonioni. Puis Max emmena Liz aux Deux Magots, le café que Sartre et les existentialistes firent entrer dans la légende. « La foule s'était agglutinée autour de nous, raconte Lerner, au point que les gendarmes ont dû venir à notre secours. »

Le « petit professeur » revit Elizabeth alors qu'elle se reposait au Beverly Hills Hotel, après sa trachéotomie. « En arrivant, j'ai trouvé une Elizabeth très pâle, dans sa chaise longue, enveloppée dans un châle. Elle buvait de la bière par bouteille de quatre litres, pour reprendre le poids qu'elle avait perdu durant sa maladie. Nous avons passé ensemble des heures innombrables, durant un ou deux mois. Je n'ai jamais su comment Eddie Fisher interprétait ma présence. Peut-être était-il soulagé : veiller sur Elizabeth constituait pour lui une occupation à temps plein. C'est à cette époque qu'elle a suggéré que nous travaillions ensemble à un livre : *Elizabeth Taylor : Between Life and Death*.

« – J'y mettrai mes souvenirs, tu pourras y mettre ta *pensée profonde*, me disait-elle.

« Le livre, s'il s'était fait, aurait dû être une réflexion personnelle, une plongée dans le cœur et dans l'âme d'Elizabeth Taylor. Mais en l'occurrence, nous en avons abandonné le projet. » En fouillant dans ses propres souvenirs, Max Lerner révéla un jour qu'il avait été aussi proche de Marilyn Monroe qu'il l'était de Liz Taylor. « A la mort de Marilyn, en 1962, j'ai rédigé un article où je comparais les deux actrices. J'avançais qu'Elizabeth était une légende, et Marilyn un mythe. Elizabeth m'a appelé dès qu'elle a lu l'article. Elle avait l'air perturbé. Elle voulait savoir "comment diable je pouvais considérer Marilyn Monroe comme un mythe, alors qu'elle devait se contenter de la catégorie des légendes ".

« – Marilyn est morte. C'est ce qui la rend mythique.

« – Je m'en fous complètement. De son vivant, elle ne m'arrivait pas à la cheville.

« J'ai réfléchi pendant quelques instants, avant de lui proposer une riposte.

« – Très bien. Je vais faire ton bonheur, Liz. Marilyn peut bien être la légende, et toi le mythe.

« – Ne t'en fais pas, répliqua-t-elle. Le mal est déjà fait. »

# 17

Milton Blackstone, l'agent d'Eddie Fisher, nourrissait une grande animosité à l'égard d'Elizabeth Taylor. « Chaque fois que cette femme raconte son expérience proche de la mort, ça me donne des haut-le-cœur », confia-t-il à son ami Sam Leve. « Pourquoi ne t'en vas-tu pas avant qu'il ne soit trop tard ? demanda-t-il par ailleurs à Fisher. Avec Elizabeth, tu as passé ta vie dans des chambres d'hôtel ou d'hôpital. Ça fait deux ans que vous êtes mariés et vous n'avez toujours pas de foyer digne de ce nom. »

« J'ai entendu ce que Milt avait à dire, mais je ne l'ai pas écouté, reconnut Fisher. De plus, je n'avais pas le temps d'analyser posément la situation. Entre deux séjours à l'hôpital d'Elizabeth, nous étions toujours en vadrouille. »

A la fin de l'été 1961, Elizabeth Taylor et Eddie Fisher étaient en route pour Rome, où devait reprendre le tournage de *Cléopâtre*. Walter Wanger avait choisi la capitale italienne pour son climat plutôt clément et son site historique. Avant d'y arriver, Liz et Eddie firent une croisière dans les îles grecques sur un yacht appartenant au fils de Spyros Skouras. Le bateau leur fut livré avec un capitaine et un équipage de vingt personnes. « Ce voyage a été pour nous une seconde lune de miel, se souvient Fisher avec des trémolos dans la voix, le plus beau moment que nous ayons passé ensemble.

« Nous prenions des bains de soleil sur le pont et je plongeais pour aller chercher des cailloux dont nous nous servions en guise de jetons quand, le soir, nous jouions au gin-rummy. Nous mangions des crevettes et des queues de homard, que nous arrosions de vins grecs délicieux. Plus tard, j'ai vu les choses telles qu'elles étaient : c'était le calme avant la tempête. »

C'est à Athènes qu'eut lieu le premier incident qui devait

laisser présager de la suite des événements. Bien que leur mariage fût déjà chancelant, Elizabeth décida d'adopter un autre enfant. Après avoir rendu visite à plusieurs orphelinats, l'actrice trouva un petit garçon qui lui plut tout particulièrement. Âgé d'un an, il était affectueux et ouvert. Quand les religieuses lui annoncèrent qu'elle pourrait l'emmener, elle fut aux anges. « Revenez demain pour remplir les papiers, lui conseillèrent-elles, et vous repartirez avec lui. »

Ce soir-là, Elizabeth décida de nommer son nouveau fils Alexander et, le lendemain matin, elle retourna à l'orphelinat avec Eddie. La mère supérieure les accueillit en leur posant quelques questions clés :

« – L'un de vous est-il divorcé ?

« – Oui, nous le sommes tous les deux, reconnut Fisher.

« – Et quelle est votre religion ?

« – Nous sommes juifs, répondit-il.

« Il sentit immédiatement que cela allait bloquer le processus d'adoption.

« – Je suis absolument navrée, dit la mère supérieure, mais il vous est impossible d'adopter cet enfant.

« – Je ne comprends pas, intervint Elizabeth Taylor. On nous a dit que nous pourrions l'avoir. On nous a dit qu'il était à nous. »

Elle se mit alors à pleurer, doucement d'abord puis avec une grande véhémence.

« J'ai bien essayé de la consoler, raconte Fisher, mais j'étais très partagé. Elle avait déjà trois enfants et n'avait jamais le temps d'être avec eux. Pourquoi en prendre un de plus ? me demandais-je. D'autre part, si tel était vraiment son désir, je n'avais nullement l'intention de le contrarier. »

Le 1er septembre 1961, Elizabeth, Eddie et leur suite étaient installés dans une villa de location, entourée de murs et comprenant quatorze pièces, un garage à quatre places, une piscine extérieure chauffée, des pelouses majestueuses et un jardin paysagé dans une pinède de 4 hectares, en bordure de la voie Appienne, à une dizaine de kilomètres de Rome et à un quart d'heure en voiture des studios de Cinecitta où le tournage de *Cléopâtre* allait bientôt commencer. On avait confié l'intendance de la Villa Papa, puisque tel était son nom, à Dick Hanley, qui dirigeait une équipe de dix personnes. Une douzaine d'animaux domestiques appartenant à Elizabeth vivaient également sur le domaine, y compris deux lapins, un couple de chatons persans (dont la principale activité consistait, la nuit, à attraper des rats dans la cuisine) et un saint-bernard nommé Rocky Marciano. Ce dernier était un cadeau d'Elizabeth à ses fils, Michael et Chris, qui étaient respectivement inscrits en classes primaires à l'American Day School de Rome. Liza, qui avait alors trois ans, restait à la maison avec sa gouvernante.

Mel Ferrer et Audrey Hepburn furent parmi les premiers à rendre visite aux Fisher à Rome. Ils déjeunèrent tous les quatre dans le jardin, au bord de la piscine. Au beau milieu du repas apparut un type immense, avec à la main une sorte de bâton lumineux comme en ont les agents de police, et qui se mit à battre les buissons alentour. Elizabeth rassura ses hôtes surpris : « Lucky », l'un des gardes du corps des Fisher, donnait juste des coups dans les haies pour éloigner les paparazzi.

Deux semaines plus tard, les Ferrer se rendirent de nouveau chez les Fisher. Audrey Hepburn venait de décrocher le rôle très convoité d'Eliza Doolittle dans la version filmée de *My Fair Lady*. Elle était absolument ravie et Elizabeth parut partager son enthousiasme. Mais le soir même, quand Liz et Eddie allèrent se coucher, celle-ci explosa brutalement :

« Je veux *My Fair Lady*. Obtiens-moi le rôle, Eddie. »

Fisher était perplexe.

« Elizabeth, dit-il. C'est Audrey qui l'a. Tu as bien vu qu'elle était enchantée. »

Elizabeth se contenta de répéter son ordre :

« Obtiens-moi *My Fair Lady*, Eddie ! – Tu sais bien que je ne peux pas, répondit-il. – Je veux *My Fair Lady* ! Je veux le rôle de Hilda *(sic)* Doolittle ! » fit Elizabeth d'un ton encore plus autoritaire.

« Je n'ai pas voulu discuter avec elle, se rappelle Fisher, et le lendemain matin, elle avait changé son fusil d'épaule. Maria Schell, autre actrice cliente de Kurt Frings (comme Audrey Hepburn), avait entendu parler du désir pressant qu'avait Elizabeth d'adopter un enfant. Séparée de son mari, le réalisateur allemand Horst Haechler, Maria, qui habitait près de Munich, avait pour voisine une infirmière qui travaillait dans un orphelinat. Maria nous envoya les photos de trois petits enfants, tous adoptables. Après les avoir examinées, Elizabeth choisit une petite fille de neuf mois avec d'épais cheveux bouclés et des yeux grands comme des soucoupes. Ses parents naturels l'avaient placée en vue de l'adoption, parce qu'ils avaient déjà trois enfants et qu'ils ne pouvaient pas se permettre d'en élever un quatrième. »

Le docteur Rex Kennamer, qui séjournait à Rome avec les Fisher, les accompagna à Munich *. « J'étais présent quand

* Étant donné les problèmes de santé d'Elizabeth Taylor, la Twentieth Century-Fox avait proposé à Kennamer une avance sur honoraires de 25 000 dollars et le remboursement de ses frais pour qu'il renonce provisoirement à ses consultations privées à Beverly Hills et s'occupe d'Elizabeth à Rome. Kennamer accepta l'offre.

l'orphelinat apporta le bébé chez Maria Schell, se souvient Kennamer. Il avait la peau couverte de pustules, semblait un peu sous-alimenté, mais Elizabeth l'aima aussitôt. Les Fisher l'appelèrent Maria en l'honneur de leur bienfaitrice. Le lendemain, un pédiatre du coin a examiné la petite et l'a déclarée en bonne santé. Tout ce dont elle avait besoin, selon lui, c'était de prendre un peu d'embonpoint. »

De toute évidence, le pédiatre allemand n'avait pas décelé ce dont s'aperçurent bientôt les médecins romains. La fille adoptive d'Elizabeth et d'Eddie présentait une tare congénitale grave, une malformation du bassin. A moins d'une opération chirurgicale, l'enfant risquait d'être handicapée à vie. L'intervention eut lieu en Angleterre. La petite fille, qui passa deux années d'enfer dans un plâtre lui enserrant tout le corps, se remit lentement, douloureusement, mais complètement.

En plus de la double démission du premier réalisateur et du directeur de la photographie de *Cléopâtre*, le déplacement de la production à Rome entraîna toute une série de changements. Parmi ces derniers, le plus important fut le remplacement des deux principaux interprètes masculins, Stephen Boyd et Peter Finch, qui avaient tous deux pris d'autres engagements auparavant. Tandis que Rex Harrison, dont Elizabeth souhaitait dès le début la présence, reprenait le rôle de César, Richard Burton quitta la troupe qui jouait *Camelot*, une pièce que l'on montait alors à Broadway, et signa un contrat pour le rôle d'Antoine, ce en dépit de la réticence de Spyros Skouras. Roddy McDowall, qui déserta aussi la scène de *Camelot*, accepta de tenir le rôle d'Octave. Pour complaire à McDowall, Joe Mankiewicz créa un petit rôle pour son compagnon en titre. Le réalisateur fit donc de John Valva un soldat romain nommé Valvus.

Si Elizabeth Taylor était aux anges d'avoir Roddy McDowall avec elle à Rome, elle était beaucoup moins enthousiaste à l'égard de Richard Burton. Né le 10 novembre 1925 à Pontrhydyfen au sud du pays de Galles, Richard Walter Jenkins Jr. était le douzième d'une famille de treize enfants, dont le père était un mineur qui travaillait autant qu'il buvait. Brillant et exubérant, Richard obtint une bourse pour faire des études à Oxford, grâce au parrainage de son maître d'école, Philip Burton, qui lui inspira son nom d'acteur *. Peu avant d'entrer à l'université, il fit ses débuts sur scène en 1943, à Liverpool,

---

* Philip Burton, professeur de théâtre dans une école primaire privée et grand connaisseur de Shakespeare, devint le père adoptif de Richard. Dans son adolescence, Richard vécut chez Philip, où il cultiva des goûts et un talent qu'il n'aurait jamais pu développer s'il était resté dans le milieu très pauvre qui était le sien à Pontrhydfen.

244

dans *Druid's Rest*. L'année suivante, il quitta Oxford pour suivre la troupe à Londres. De 1944 à 1947, il servit comme navigateur dans la Royal Air Force. Il revint sur scène en 1948 et, la même année, fit ses débuts au cinéma dans un film britannique, *The Last Days of Dolwyn*. C'est sur le plateau de ce film qu'il rencontra sa première femme, Sybil Williams, qui avait alors dix-huit ans.

C'était une jeune débutante, blonde et pleine d'entrain, qui, comme Richard, venait d'un village minier du pays de Galles. Ils se marièrent en 1951. Quand, plus tard, ils jouèrent tous deux à Stratford, elle obtint parfois de meilleures critiques que lui. « C'est alors, raconte son ami, le critique de théâtre et de cinéma David Lewin, qu'il lui a ordonné de " laisser tomber ". » Elle renonça à sa carrière, eut deux filles, Kate et Jessica, et resta auprès de Burton tout au long de ces années d'interminable soûlographie et de conquêtes féminines retentissantes.

Le coureur de jupons qu'était Burton devint également esclave de Claire Bloom, qui fut sa partenaire dans des films comme *Alexandre le Grand* et *Les Corps sauvages (Look Back in Anger)*. Elle devint le « grand amour de sa vie », jusqu'à ce qu'il rencontre Elizabeth Taylor. L'actrice Tammy Grimes affirme qu'elle a été amoureuse de lui « au moins une semaine ». Il n'en accordait pas davantage à la majorité de ses compagnes de bar. A vingt ans, Susan Strasberg, la fille de Lee Strasberg, directeur du célèbre Actors Studio de New York, joua avec Burton dans une pièce de Broadway. Comme d'habitude, l'acteur ne chercha pas à dissimuler ses incartades amoureuses, faisant l'amour à Susan dans sa loge avec une telle ardeur que les autres comédiens se plaignirent du niveau sonore au régisseur.

Zsa Zsa Gabor fut aussi l'une de ses conquêtes avant Elizabeth Taylor et, bien que Burton n'ait jamais eu de liaison avec sa sœur, Eva, ils se connaissaient bien. « Je lui trouvais un charme irrésistible, se souvient Eva avec enthousiasme. Il avait des marques de boutons sur le visage et sur le dos, une très vilaine peau, et ne mesurait pas plus de 1,67 m. Mais il avait un torse puissant, des traits taillés à coups de serpe, des yeux bleus qui vous hypnotisaient et une voix pleine d'autorité. Je suis l'une des rares femmes avec lesquelles il n'ait pas essayé de coucher. »

Ce fut avec Jean Simmons qu'il vécut l'une de ses escapades qui firent le plus de bruit. L'épisode se situe en 1952, lors de la première visite de Richard à Hollywood. Sa femme Sybil et lui-même habitaient au début chez James et Pamela Mason. « Puis je les ai invités chez nous, déclare Stewart Granger, retrouvant le fil des événements. Tous les quatre, nous avons évoqué le passé, quand Richard et ma femme Jean répétaient ensemble avant le tournage de *La Tunique*. J'étais sur le point de me rendre à la Jamaïque pour tourner un film, mais je devais d'abord passer par l'Angleterre pour faire sortir ma première femme, qui était alcoolique, de l'abominable sanatorium où on l'avait placée. J'ai donc demandé à Rich et à Sybil de veiller sur Jean en mon absence.

« A mon retour, toutes sortes de rumeurs couraient sur Rich et Jean. Dès que je l'ai vu, je lui ai dit : " Écoute, pourquoi t'envoies-tu la femme d'un de tes meilleurs amis, bon sang ? " A quoi il répondit par une vague excuse, prétendant qu'il était ivre. C'est dommage, car cela fut la fin d'une belle amitié. Soyons franc, Burton était odieux. C'était un acteur intelligent, mais un salopard de première. »

Avant que Stewart Granger parte pour l'Angleterre, Jean et lui donnèrent un cocktail-brunch un dimanche. Richard et Sybil y étaient présents, tout comme la très jeune Elizabeth, mariée à l'époque à Michael Wilding et enceinte de leur premier enfant. « Je regardais, j'observais, je surprenais les conversations, que je commentais en mon for intérieur, le plus souvent cyniquement », témoignera Liz, un peu plus tard. Assise sur un transat près de la piscine, le nez dans un livre, elle surveillait Burton du coin de l'œil, pendant qu'il faisait son numéro, citant des répliques de Shakespeare, récitant des vers de Dylan Thomas, faisant des imitations comiques de Laurence Olivier et de John Gielgud. Elizabeth reconnaît que Burton était assez « imbu de sa personne ». Quant à lui, il la trouvait « du genre Mona Lisa, belle mais très sombre ». A un ami qui lui demandait ce qu'il pensait d'elle, il répondit : « Brune. Brune. Brune. Brune. Elle doit se raser. »

Leurs chemins se croisèrent cinq ans plus tard dans un restaurant londonien [1]. Cette fois, Liz était en compagnie de son troisième mari, Mike Todd, et fit un signe de la main à Burton. Quelques mois plus tard, Richard rencontra les Todd à un réveillon de la Saint-Sylvestre donné par Tyrone Power dans son duplex de Manhattan. Devant une belle flambée, Liz, qui avait retiré ses chaussures, était blottie sur les genoux de son époux, tandis que Burton, égal à lui-même, chantait des chansons paillardes et draguait toutes les femmes en vue... à l'exception d'Elizabeth Taylor.

Leur dernière et très brève rencontre avant *Cléopâtre* eut lieu à Hollywood, lors du débat entre Nikita Khrouchtchev et Spyros Skouras et du cocktail qui suivit, auxquels Elizabeth assistait avec Eddie Fisher, son quatrième mari. Il est peu probable que Burton ait repéré Elizabeth dans la foule rassemblée là, bien qu'elle l'ait remarqué. « Depuis mon plus jeune âge, écrit-elle dans ses derniers mémoires, *Elizabeth dit tout*, j'ai toujours cru en mon destin et, s'il y a une vérité dans tout cela, Richard Burton m'était certainement destiné. »

Richard, Sybil Burton et leurs deux filles arrivèrent à Rome à la mi-septembre, en compagnie de Roddy McDowall et de John Valva. Le petit groupe s'installa dans une villa à deux kilomètres de la résidence des Taylor-Fisher. L'autre vedette du film, Rex Harrison, avait pris une suite à l'hôtel Excelsior avec Rachel Roberts, sa future femme, une actrice anglaise dont le film le plus connu était *Samedi soir, dimanche matin*.

Selon John Valva, Rex et Rachel étaient en permanence « au bord de la rupture ». Rex était très soupe-au-lait, et Rachel très émotive. Harrison se plaignait sans cesse du film. Ni Richard Burton ni lui-même ne s'attiraient autant de publicité qu'Elizabeth, et c'était là son principal sujet de mécontentement. « Ce n'est pas parce qu'Elizabeth a de plus gros nichons que moi, déclara-t-il un jour à Walter Wanger, qu'elle a le droit de se balader dans une limousine d'un kilomètre de long, alors que tu me relègues sur le siège arrière d'une Fiat minable. »

« Rex n'avait rien personnellement contre Elizabeth, observe John Valva, mais son immense pouvoir de star l'offensait. Il rendait Rachel Roberts responsable de ses problèmes et lui en fit voir de toutes les couleurs. Rachel, qui avait été amie avec Sybil Burton, cherchait refuge auprès d'elle quand Rex devenait violent. Ses nombreuses visites privèrent Richard de la compagnie de sa femme. Roddy McDowall était devenu le confident d'Elizabeth et passait aussi des heures loin de chez lui à l'écouter raconter sa vie avec Fisher.

« Burton finit par prendre des cours d'italien, joua avec la petite Jessica qui avait un an, participa aux goûters que Kate, âgée de quatre ans, donnait tous les après-midi dans le jardin pour sa collection de poupées. »

« L'événement le plus marquant des trois premiers mois que j'ai passés à Rome, affirma Richard Burton, fut un incendie provoqué un soir par un appareil électrique dans la villa qu'on nous avait louée. En cherchant la source du feu, un radiateur qui fonctionnait mal, j'ai enfoncé une porte et je me suis déchiré un muscle du dos. Quand la fumée s'est dissipée, nous sommes rentrés dans la maison et nous avons repris notre train-train. »

Le public put se repaître à loisir de l'existence quotidienne des Fisher-Taylor, quand un membre de leur personnel, qui avait pourtant toute leur confiance, accorda un long entretien au magazine *Photoplay*. Fred Oates, le majordome d'Elizabeth, y décrivit sa maîtresse comme une « impératrice autoritaire, une reine du Nil plus vraie que nature, qui traitait son mari comme s'il était son esclave, ne répondait jamais aux coups de fil de ses parents, invitait des amis à dîner puis refusait de se mettre à table avec eux ». Dans le même article, Oates dépeignait Eddie Fisher comme « un homme bon, généreux, discret, tolérant, pas égoïste et... soumis ».

Tout comme Elizabeth n'avait pu tolérer les bonnes manières et la passivité de son ancien mari Michael Wilding, la nature docile de son époux du moment soulevait son indignation et décuplait sa rage intérieure. Max Lerner ne prend pas de gants pour le dire : « Elizabeth Taylor dévorait les hommes comme Eddie Fisher au petit déjeuner et les recrachait au déjeuner. Elle ne pouvait supporter la faiblesse chez un homme. La vulnérabilité, oui ; l'insignifiance, non. »

L'attitude d'Elizabeth Taylor durant le tournage de *Cléopâtre* contribua grandement au fiasco du film tant sur le plan économique que critique. Plus de trente ans après sa sortie à grand renfort de publicité, il reste l'un des films les plus longs et de loin les plus coûteux jamais produits. Bien qu'il existe diverses estimations du coût final de *Cléopâtre*, le chiffre le plus souvent avancé approche les 42 millions de dollars, ce qui, au cours actuel, équivaut approximativement à 125 millions de dollars. Cela dit, en dépit de ses caprices et de ses incessantes tracasseries, Elizabeth n'est qu'en partie responsable de l'échec retentissant du film, d'autres personnes et d'autres problèmes étant en cause.

Le fait que la Twentieth Century-Fox ait exigé que le producteur et le réalisateur s'en tiennent à un temps de tournage qui, même dans le meilleur des cas, n'aurait pu être respecté y contribua fortement. Afin de satisfaire les patrons de la Fox et leur souci d'économie, Walter Wanger falsifia intentionnellement ses rapports de production hebdomadaires, faisant comme si l'on avait tourné davantage de séquences qu'en réalité.

Joe Mankiewicz, qui venait d'épouser son assistante de production, Rosemary Matthews, fut le premier à prendre conscience de la futilité de la tâche herculéenne qu'il s'était fixée. Alors qu'il espérait encore faire deux films au lieu d'une seule et interminable épopée (un projet que la Fox enterra ultérieurement), le réalisateur dirigeait le jour et écrivait la nuit. Il séjournait au Grand Hotel et prenait ses repas tout près, à la Taverna Flavia, un petit café qui devint le rendez-vous des acteurs et de l'équipe technique et, par conséquent, l'une des cantines les plus populaires de la ville. Il se faisait des injections d'amphétamines pour lutter contre le sommeil et portait des gants pour protéger ses mains couvertes d'eczéma. L'idée de faire appel à Mankiewicz pour diriger *Cléopâtre* et en rédiger le scénario se révéla finalement peu concluante. Dialoguiste hors pair, il fit en revanche preuve d'une médiocre capacité à concevoir la chorégraphie des scènes de foule à la Cecil B. DeMille. « Si vous voulez un manuel pour apprendre comment on ne doit *pas* faire un film, le voici ! » déclara Mankiewicz à propos de sa façon de procéder.

Christopher Mankiewicz [2], le fils du réalisateur, passa six mois à Rome pour travailler avec son père. « J'étais second assistant, un titre aussi vide de sens que le film lui-même, se souvient Chris. Je touchais un peu à tout et j'ai donc été le témoin du plus gros ratage de la carrière par ailleurs formidable de mon père : *Cléopâtre* fut son Waterloo. De cette expérience il ne tira qu'un bénéfice : non seulement la Fox lui versa un salaire faramineux, mais elle fit également l'acquisition d'une petite société de production qu'il venait de créer pour la somme d'un million et demi de dollars, ce qui fit de lui le réalisateur le mieux payé de son temps.

« J'avais notamment pour mission d'avoir Elizabeth Taylor à l'œil. J'allais la chercher tous les jours et je la conduisais à Cinecitta. Cette tâche ingrate me mit en contact avec Dick Hanley, son secrétaire particulier. C'était une " grande folle " aigre et atrabilaire, le plus minable des minables. Son travail consistait à ramasser et à examiner les petites culottes d'Elizabeth Taylor. Il appelait le matin de bonne heure et, d'une voix haut perchée, m'informait qu'" Elizabeth était indisposée ". Or son contrat stipulait qu'elle n'était pas obligée de se présenter sur le plateau quand elle avait ses règles. Au bout de quelque temps, ces coups de fil devinrent si fréquents que mon père accrocha un graphique au mur de son bureau pour suivre le cycle menstruel de madame Taylor. Il constata rapidement que Liz pouvait poser sa candidature au Livre Guinness des records. Elle avait ses règles presque toutes les semaines.

« A ma grande surprise, mon père n'a jamais fait de reproches à Elizabeth ni pour ses retards ni pour ses absences répétées. Lui qui, en temps normal, était un réalisateur très dur, une puissance dominatrice, il acceptait son comportement et l'attendait en fumant sa pipe au milieu d'un millier de figurants. De temps à autre, il préparait une autre scène et tentait de tourner sans elle. Mais, pour un jour donné, personne ne savait si on aurait besoin de lui ou non, et c'était bien là le problème d'une telle approche. Toute l'équipe devait rester sur le pied de guerre, ce qui augmenta inutilement le budget déjà surchargé.

« Il devint bientôt impossible de contrôler Elizabeth. Elle

tenait littéralement à la gorge tous ceux qui avaient un lien quelconque avec la production. En tant que producteur, Walter Wanger aurait pu prendre l'initiative de régler cette question, mais il se révéla lui aussi parfaitement inefficace. Vieux fat ridicule, il apparaissait sur le plateau à midi, lançait quelques blagues, puis disparaissait le reste de la journée. Habillé en dandy, il passait l'après-midi sur la Via Veneto à courir les minettes.

« Elizabeth s'adressa à Wanger pour me virer. La créatrice des costumes, Irene Sharaff, me dit un jour au déjeuner qu'il était extrêmement difficile d'habiller Elizabeth, laquelle avait une fâcheuse tendance à prendre de l'embonpoint à chaque repas. Elle avait dernièrement pris presque 8 kilos. Ses seins déjà volumineux ressemblaient à présent à deux icebergs, assez gros pour couler le *Titanic*.

« Lors d'une réception que donna Elizabeth dans sa villa quelques jours plus tard, je me suis avancé vers elle et j'ai lancé étourdiment : "Je ne comprends pas pourquoi Irene Sharaff m'a dit que vous étiez trop grosse, je vous trouve fabuleuse." Le lendemain matin, j'ai reçu un coup de fil de Walter Wanger. "Vous êtes viré, m'a-t-il annoncé. Elizabeth ne veut plus de vous." Il était peut-être peu judicieux d'avoir fait une telle remarque, mais je n'étais pas mal intentionné. Je n'ai pas compris la réaction d'Elizabeth. J'ai raconté cette histoire à mon père, qui est intervenu en ma faveur. Wanger m'a permis de rester et Irene Sharaff, à qui Elizabeth en avait manifestement fait voir de toutes les couleurs, ne m'a plus jamais adressé la parole. »

Les comptes rendus financiers émanant de Rome alarmèrent les dirigeants de la Twentieth Century-Fox à un point tel que Spyros Skouras vint en personne sur le plateau, suivi d'une petite armée de comptables et de conseillers. Skouras exigea de voir les premiers rushes de *Cléopâtre* et, pendant la projection, s'endormit et ronfla si bruyamment qu'il couvrit la bande-son.

Quand ils étudièrent de près les comptes de Walter Wanger, les comptables de la Fox y découvrirent une « grave contradiction », et la « mystérieuse disparition », selon une note interne, « de plus de quinze cents tasses en carton ». Quand Peter Levathes et Sid Rogell, deux des dirigeants de la Fox qui avaient accompagné Skouras, demandèrent des explications à Wanger, le producteur eut la plus grande peine à retenir son hilarité. Joe Mankiewicz, qui assistait à l'entretien entre Levathes, Rogell et Wanger, trouva cela également amusant. « Nous étions en face de deux grands manitous qui se lamentaient sur la disparition de quelques tasses en carton et qui ne trouvaient rien à redire aux autres irrégularités. Il manquait aussi quelque vingt mille lances et boucliers, un troupeau d'éléphants d'Afrique, une douzaine de tigres du Bengale, un yacht de soixante mètres et une demi-douzaine de véhicules appartenant au studio. »

Les pertes financières de la Twentieth Century-Fox atteignant des sommets sans précédent, le conseil d'administration remplaça Spyros Skouras par Darryl F. Zanuck, ancien ponte de la maison. L'une des premières initiatives de Zanuck fut de vendre à des sociétés immobilières de gros tronçons de propriétés et de terres contrôlées par la Fox, y compris une grande partie des terrains de Los Angeles affectés à l'activité cinématographique. Puis il réduisit de moitié les effectifs du Studio. Les employés qu'il ne put renvoyer pour motifs contractuels, il se contenta de les inscrire sur les feuilles de paie de *Cléopâtre*. Coiffeurs, décorateurs de plateau, secrétaires privées et autres employés reçurent bientôt des formulaires de l'administration fiscale pour des salaires qu'ils étaient censés avoir touchés alors qu'ils résidaient à Rome. La plupart de ces personnes n'avaient même jamais visité l'Italie et n'avaient pas non plus de lien avec la production du film.

« Zanuck renonça à remettre de l'ordre dans les dossiers de *Cléopâtre* et de *Something's Got To Give,* un film avec Marilyn Monroe, rapporte Joe Mankiewicz. Le dernier demeura inachevé et Zanuck se servit du premier comme d'une excuse pour expliquer le déclin final du Studio. »

Alors qu'Elizabeth Taylor continuait de donner la réplique à Rex Harrison, Eddie Fisher acquit les droits cinématographiques de *L'Affaire Gouffé,* roman de l'écrivain allemand Joachim Maas. L'action se situait dans le Paris du tournant du siècle et reposait sur l'histoire vraie d'une femme très séduisante et apparemment angélique qui avait commis une série de crimes odieux. Fisher envisageait de confier le rôle de la meurtrière à Elizabeth et espérait convaincre Chaplin de sortir de sa retraite pour jouer l'inspecteur de police vieillissant, qui poursuit et finit par identifier la criminelle. Après avoir échangé quelques lettres avec Chaplin, Eddie fut invité à rendre visite au génie du comique, alors âgé de soixante-douze ans, dans sa maison de Vevey, en Suisse.

Le premier assistant, Hank Moonjean, et les acteurs Joe Destefano et John Valva firent le voyage avec Fisher. « Nous sommes partis de Rome et nous sommes arrivés à Vevey le lendemain juste à l'heure du déjeuner, raconte John Valva. La maison de Chaplin ressemblait à la Maison-Blanche en miniature. Celui-ci nous dit qu'il aimait contempler la montagne, mais pas y vivre. Il y avait aussi quelques-uns de ses enfants et sa femme, Oona O'Neill, qui était deux fois plus jeune que lui et de nouveau enceinte. Chaplin, un type un peu bizarre, bondissait de sa chaise de temps à autre au cours du déjeuner, montait sur une petite plate-forme devant la cheminée et exécutait une étrange danse rituelle. Oona le regardait sans rien dire.

« Chaplin n'avait manifestement pas l'intention d'accepter la proposition d'Eddie. " Je suis à la retraite ", répétait-il. Après le déjeuner, Fisher alluma un énorme cigare, à l'instar de Mike Todd, puis il se cala dans son fauteuil et déclara : " Il n'y a pas un acteur comme vous en Amérique... Vous êtes le seul de votre espèce. Il n'y a que Jackie Gleason qui s'en approche un peu. " Chaplin regarda fixement Fisher et lui demanda : " Qui ça ? " Il n'avait jamais entendu parler de Jackie Gleason. " Désolé de vous décevoir, ajouta-t-il, mais je ne suis plus du tout ce qui se passe dans le show-business. Je connais quand même Elizabeth Taylor et cela m'intéresserait de la rencontrer. " Sur ce, il se leva et exécuta de nouveau son petit numéro de danse. »

De Vevey les quatre hommes se rendirent à Gstaad. Pour des raisons fiscales, on avait conseillé à Elizabeth et à Eddie d'élire résidence en Suisse. Puisqu'il s'agissait d'y acheter une maison, cette station de ski à la mode, avec ses stars et ses dignitaires, valait bien un autre endroit.

« Nous avons pris une chambre à l'hôtel Olden, se souvient Valva. Le propriétaire, Hedi Donizetti-Mullener, vieil habitant du village, connaissait un chalet à vendre. Situé au bord d'une piste de ski, ce dernier avait été construit par un millionnaire texan, un magnat du pétrole, pour sa femme qui était danseuse. Leur ménage n'avait pas tenu et la maison, le Chalet Ariel, était inoccupée.

« Le lendemain matin, nous sommes allés y jeter un coup d'œil. Il était parfait. Après avoir consulté Elizabeth par téléphone, Eddie l'acheta pour la somme de 285 000 dollars, argent qui appartenait apparemment à sa femme. Elle y investit ultérieurement quelque 100 000 dollars de plus pour le rénover et refaire la décoration.

« Pendant la semaine que nous avons passée sur la route, Eddie avait dû dépenser au moins 450 000 dollars, le prix du chalet inclus. Comme Mike Todd, il s'enorgueillissait d'être très dépensier, même si ce n'était pas toujours avec son propre argent. Cela ne l'effrayait pas de claquer 50 dollars pour quatre glaces au Palace Hotel, le cinq-étoiles de Gstaad. Il achetait du cognac, des cigares, des chocolats, des cadeaux pour Elizabeth et pour ses enfants. Il payait toutes nos additions. Le simple fait de nous inviter, de régler toutes les factures, lui donnait de l'importance à ses yeux. »

252

En retournant en Italie, le petit groupe s'arrêta d'abord à Genève pour y faire de nouvelles emplettes. A la bijouterie Vacheron-Constantin, Fisher fit l'acquisition d'un collier de diamants d'une valeur de 50 000 dollars pour Elizabeth. « J'aimerais être là quand tu lui donneras le collier, dit John Valva à Eddie quand ils arrivèrent à Rome. Il est splendide. Je voudrais voir sa tête. »

Valva conduisit Fisher à la villa. Il était présent quand Eddie le lui remit. Elizabeth l'examina et dit :

« – Combien l'as-tu payé, Eddie ?

« – Cinquante mille, répondit-il avec un sourire avantageux.

« – Eddie, il n'y a pas une seule belle pierre. Tu t'es fait avoir. »

Pour son anniversaire, Elizabeth offrit à son époux un coupé Rolls-Royce vert olive. C'était la seconde Rolls qu'elle lui achetait depuis le début de leur mariage. Fisher voulut lui rendre la pareille et, pour le Noël 1961, offrit à Liz une Maserati blanche. Elle fit un tour pour l'essayer, revint à la villa un quart d'heure plus tard et humilia Eddie une fois de plus en lui déclarant qu'elle « détestait » cette voiture. Finalement, celui-ci la vendit à Anthony Quinn.

A Noël, tous les comédiens de *Cléopâtre* réveillonnèrent au Bricktop, un club de jazz en sous-sol appartenant à une Noire sans âge de Harlem. Alors que la soirée tirait à sa fin, Richard Burton et Elizabeth Taylor dansèrent ensemble. A la fin de la danse, Burton raccompagna Elizabeth jusqu'à sa table, l'embrassa sur la joue et lui souhaita de bonnes fêtes.

Quelques jours plus tard, lors de leur première répétition face à face, Richard Burton était ivre. Il avait du mal à tenir sur ses jambes. Ses mains tremblaient, tandis qu'il essayait d'avaler une tasse de café chaud. Le voyant mal en point, Elizabeth l'aida à porter la tasse à ses lèvres. Elle prétendit plus tard que ce simple geste avait suffi à créer un lien entre eux. Liz prêta alors attention à Burton et lui trouva bon nombre des traits de caractère qu'elle avait naguère décelés en Mike Todd : la puissance, la force, l'intelligence et la vulnérabilité.

Il avait aussi tendance, ainsi qu'elle l'apprit bientôt, à se montrer extrêmement froid, surtout quand il était ivre. Il était alors si distant que même Sybil ne pouvait pas l'atteindre, elle qui le comprenait mieux que quiconque. En état d'ébriété, il devenait extraordinairement grossier, humiliant et cinglant avec son entourage.

« Un jour, il m'a griffé sans raison, raconte John Valva, et le lendemain, j'ai reçu une lettre d'excuse manuscrite dans laquelle il faisait allusion à " ses sautes d'humeur de Gallois ". Burton envoyait souvent de telles épîtres, accompagnées d'une fleur, généralement une rose.

« A mes yeux, Richard était une sorte de croisement entre un troubadour et un bandit des temps modernes. Les encoches à son fameux ceinturon correspondaient à ses nombreuses conquêtes féminines. Il tirait fierté et prenait du plaisir à narrer ses innombrables liaisons. Sybil était au courant, elle aussi. De temps en temps, elle lui reprochait en plaisantant de " briser le cœur d'une jeune actrice ". Je me rappelle qu'un jour où elle revenait de la plage, elle dit à son mari : " Il y en a deux là-bas, Rich, toutes les deux ton type. Tu ferais bien d'y aller avant qu'elles s'en aillent. " »

John Valva et Sybil organisèrent une fête pour un réveillon de Nouvel An dans la villa des Burton. Valva prépara le chili et les invités ingurgitèrent des litres d'alcool. Stewart Granger et Eli Wallach étaient tous deux conviés. Puis les joyeux noceurs se rendirent au Bricktop.

« C'est ce soir-là, se souvient Valva, que l'on s'est rendu compte qu'il se passait quelque chose, ou qu'il allait se passer quelque chose, entre Burton et Taylor. Ils se tenaient à l'écart, riaient et flirtaient, tandis qu'Eddie Fisher s'efforçait d'inciter Elizabeth à rentrer de bonne heure, ce qui la rendit très agressive à son égard et en public. »

Cela rappela à Stewart Granger la fin calamiteuse du mariage d'Elizabeth et de Michael Wilding. « Il s'est produit la même chose quand Mike Todd a commencé à évincer Michael Wilding, explique-t-il. Ce que je n'ai jamais compris, c'est pourquoi elle cherchait à émasculer l'ancien amant tout en faisant la transition avec le nouveau. »

Richard Burton eut l'occasion de concrétiser sa passion amoureuse pendant la troisième semaine de janvier 1962, après qu'Elizabeth et lui eurent commencé de tourner leurs premières scènes. Christopher Mankiewicz se rappelle un matin où Burton entra à grands pas sur le plateau et annonça aux quelques dizaines de comédiens et de techniciens qu'il avait « épinglé » Elizabeth Taylor la veille sur la banquette arrière de sa Cadillac. « L'emploi original du terme " épingler " m'avait amusé, raconte Chris. Je ne l'avais jamais entendu utiliser ainsi depuis mes premières années de lycée. »

Joe Mankiewicz eut vent lui aussi des vantardises de Burton et fit part de la nouvelle à Walter Wanger. Celui-ci se dit que la publicité qui s'ensuivrait contribuerait sans doute à assurer le succès de *Cléopâtre* au box-office.

Le réalisateur, quant à lui, s'imagina que leur relation présentait un tout autre avantage : « Je sentais que Burton, qui était un comédien professionnel, pourrait exercer une influence bénéfique sur Elizabeth. "Peut-être arriveras-tu à la convaincre, lui ai-je même dit, d'arriver à l'heure sur le plateau. " Il n'y parvint pas. Au contraire, elle devint encore plus imprévisible, plus intransigeante. Elle piquait des crises quand on ne faisait pas ce qu'elle voulait. Quand le réfrigérateur de sa loge ne contenait pas ses produits préférés, elle faisait des scènes infernales. La moindre anicroche la mettait dans un état frénétique. Un jour où elle s'était enfermée dans sa loge, j'ai envoyé Richard pour l'en faire sortir. Au bout d'une heure, toujours pas d'actrice en vue. Quand ils en émergèrent enfin, ils avaient tous les deux l'air très heureux. De toute évidence, ils ne s'étaient pas contentés de converser. »

La rumeur parvint aux oreilles d'Eddie Fisher, qui observa les manifestations étranges que déclenchaient ses rares apparitions à Cinecitta. Il attribua la plupart de ces commérages aux journalistes de la presse à scandale et aux spécialistes des relations publiques de la Twentieth Century-Fox qui s'en servaient pour attirer l'attention sur le film.

Avec le recul du temps, Fisher reconnut qu'il avait trop fait confiance à sa femme et pas assez à lui-même. « Le mari est toujours le dernier au courant, se plaignit-il. J'ai refoulé tout soupçon jusqu'au soir où Bob Abrams, un ami venu nous rendre visite à Rome, m'a appelé. Elizabeth et moi étions au lit en train de répéter son texte du lendemain. Le téléphone a sonné alors que nous venions d'éteindre la lumière.

« – Eddie, m'a dit Bob, il faut que tu saches une chose. On parle beaucoup d'Elizabeth et de Richard Burton.

« – Que dit-on?

« Bob m'a tout raconté. Quand j'ai raccroché, je suis resté étendu dans l'obscurité à côté d'Elizabeth.

« – C'est vrai que vous vous voyez, Richard Burton et toi? lui ai-je demandé.

« Elizabeth a hésité avant de répondre.

« – Oui, a-t-elle dit doucement. »

Fisher passa la nuit en ville chez Bob Abrams, dans un petit appartement. Au matin, il se rendit au Studio pour voir Joe Mankiewicz. Le réalisateur nia avoir eu connaissance d'une quelconque liaison entre Elizabeth Taylor et Richard Burton.

« Je n'ai pas eu le courage d'aborder ce sujet avec lui, reconnaît Mankiewicz. Le seul conseil que je lui ai donné, c'était de ne pas quitter la ville pour qu'on ne puisse pas l'accuser de déserter le domicile conjugal. »

Quand Fisher revint, Elizabeth lui fit un accueil épouvantable et prit un malin plaisir à le réprimander et à le tourmenter. « Elle semblait ravie de me taquiner, essayant d'attiser ma jalousie, écrit Fisher dans son autobiographie. Quand elle est rentrée un peu éméchée du Studio, elle m'a déclaré, juste pour voir ma réaction : " Devine ce que j'ai fait? J'ai eu un essayage avec Irene [Sharaff], et ensuite je suis allée boire un verre avec Richard. " »

Fisher, un peu ivre lui-même, « à force de siroter de la vodka en attendant qu'elle rentre à la maison », lui demanda : « Qu'as-tu fait d'autre, Elizabeth ? » Celle-ci n'ajouta rien. Ils dînèrent en silence. Fisher ne la prévint pas qu'il avait fait l'acquisition d'une arme par l'intermédiaire d'un ami. « L'ami en question m'avait conseillé de m'en servir contre Burton : " Aucun juge au monde ne t'inculpera, surtout en Italie. Au contraire, ils se lèveront pour t'applaudir. Le gentleman défendant son honneur. Ils feront de toi un héros national. " J'ai rangé le revolver dans la boîte à gants de ma voiture, et je me suis rendu compte que je ne m'en servirais jamais, même s'il m'arrivait de poser la main dessus.

« J'ai dit à Elizabeth que j'aimerais passer quelque temps dans notre nouvelle maison de Gstaad, ce qui lui permettrait de faire le point sur ses priorités. Elle ne voulait pas que je m'en aille. " Ne me laisse pas, Eddie, m'a-t-elle supplié. Il faut que tu restes pour m'aider à exorciser ce cancer. " » Fisher en déduisit qu'il avait encore une petite chance que sa femme considère Burton – avec son épouse et ses enfants – comme une maladie grave dont elle pensait se guérir. Fisher resta. « Il se raccrochait aux branches, dit John Valva. Il espérait que Burton retrouverait son sens de la famille ou qu'Elizabeth comprendrait son erreur.

« Cette seconde éventualité était d'autant moins crédible que Liz m'a calmement avoué à Rome qu'elle avait pris conscience qu'elle n'avait épousé Eddie Fisher que dans l'espoir de ressusciter le fantôme de Mike Todd. Ce qui était fort différent des propos qu'elle avait tenus à New York. Elle avait viré de bord pour s'adapter à la situation. »

Dès que la famille de Richard Burton – ses frères et sœurs – découvrit sa liaison avec Elizabeth, elle s'efforça de protéger Sybil, qui n'était toujours pas au courant de la dernière conquête de son mari. Dans le train qui les menait de Rome à Naples, Ifor Jenkins, le frère de Richard, révolté du comportement licencieux de ce dernier, lui expédia un coup de poing dans le nez.

David Jenkins, autre frère de Richard, confirme qu'Ifor avait toujours été « la force dominante de la famille et son guide. Notre père s'occupait peu de ses enfants et notre mère est morte relativement jeune. Ce sont donc Ifor et Cis, l'aînée, qui durent veiller sur les plus jeunes. Cis est devenue la seconde mère de Richard. Il s'installait chez elle chaque fois qu'il retournait au pays de Galles. Entre vingt et trente ans, avec ses cheveux noir corbeau et ses yeux bleu vif, elle ressemblait étrangement à Liz Taylor, ce qui explique peut-être l'immense attirance de Richard pour cette dernière ».

En plus d'une vie personnelle déjà compliquée, sa libido hyperactive continua de le faire dévier du droit chemin. Dale Wasserman, l'un des auteurs du scénario original de *Cléopâtre*, se rendit à Rome pour discuter d'un nouveau projet de film avec Richard. « Nous avons fait plusieurs fois des déjeuners arrosés de quatre martinis et nous finissions toujours par parler de femmes. A cette époque, il était de notoriété publique qu'il avait une liaison sérieuse avec Elizabeth Taylor. Quand il l'évoqua, il crut bon d'ajouter qu'il n'avait nullement l'intention de l'épouser. " Épouser cette fille, disait-il, jamais! " J'avais l'impression qu'il était sincère.

« J'avais aussi le sentiment qu'il préférait les femmes *en masse* *. Je ne veux pas insinuer par là qu'il couchait avec plus d'une femme à la fois, mais qu'il appréciait la diversité. Chaque fois que nous nous retrouvions pour déjeuner, il me demandait les noms des dernières starlettes de Hollywood. A quoi elles ressemblaient, quels studios les avaient engagées, etc. Quels étaient leurs goûts sexuels. Il notait leurs noms et leurs caractéristiques sur une serviette en papier qu'il glissait dans son portefeuille comme références pour l'avenir.

« Boire et séduire les femmes étaient les deux activités favorites de Burton, non que celles-ci fussent nécessairement compatibles. Il buvait souvent trop pour que le sexe reste une chose désirable ou tout simplement possible. Il aimait profiter pleinement de la vie, même s'il semblait plutôt paresseux. Il restait comédien parce que cela lui était facile, mais il avait d'abord éprouvé une certaine honte à embrasser cette carrière. Il aurait préféré être ministre, professeur d'université ou écrivain, pas nécessairement dans cet ordre. »

Incapable de choisir entre une épouse réservée et une Elizabeth Taylor extrêmement sociable, Richard Burton demanda à Pat Tunder, une ancienne petite amie, étudiante à l'université de Columbia alors âgée de vingt-cinq ans et dont il avait fait la connaissance lors de la représentation de *Camelot*, de venir à Rome, lui promettant un petit rôle dans *Cléopâtre* pour l'amadouer. Quand Elizabeth Taylor aperçut cette blonde aux longues jambes qui tournait autour du plateau en attendant Burton, elle lança un ultimatum à Walter Wanger : « Ou elle s'en va, ou ce sera moi. » Pat Tunder retourna aux États-Unis par le premier avion.

Le lendemain, les choses reprenaient leur cours normal – du moins ce que l'on entendait par leur cours normal sur le plateau de *Cléopâtre* –, quand arriva Phillip Dunne, le scéna-

* En français dans le texte. *(N.d.T.)*

riste. Dunne rejoignit Elizabeth Taylor et Burton à Cinecitta pour le déjeuner. « Je voulais convaincre Burton de jouer Michel-Ange dans *L'Extase et l'Agonie*, avec Spencer Tracy dans le rôle du pape. Ce déjeuner fut un échec, car Burton et Elizabeth Taylor avaient encore la gueule de bois après les excès de la veille et continuaient tous les deux à boire. Ils passèrent une grande partie du repas à s'injurier mutuellement. " Ce matin, tu étais épouvantable sur le plateau, ma vieille ", disait Burton. " Tu n'étais pas beaucoup mieux, mon vieux ", rétorquait-elle. Puis l'échange se fit de plus en plus provocateur. On aurait dit une scène de *Qui a peur de Virginia Woolf?* L'altercation dura tout le repas et jamais on n'aborda la question du rôle de Michel-Ange. Celui-ci échut finalement à Charlton Heston. »

D'après John Valva, Richard Burton oscillait tel un pendule entre Elizabeth Taylor et sa femme. « Je quitte Sybil et je pars avec Elizabeth », disait-il un jour. « Je ne peux pas quitter Sybil. Je ne verrai plus Elizabeth », affirmait-il le lendemain.

« Le plus cruel dans cette interminable partie de ping-pong, c'était que Sybil sentait ce qui se passait sans parvenir à l'admettre. Nous avons été quelques-uns, dont Roddy McDowall, Walter Wanger, Joe Mankiewicz et moi-même, à en conclure qu'il fallait lui parler avant qu'elle ne l'apprenne par la presse. Comme c'était lui qui la connaissait depuis le plus longtemps, Roddy proposa ses services. Quand il la mit au courant, elle le gifla. Tel est le destin des porteurs de mauvaises nouvelles. »

Un jour ou deux plus tard, Richard Burton, qui souffrait de l'une de ses « sautes d'humeur de Gallois », interrompit un dîner à la Villa Papa en donnant de grands coups sur la porte. Le majordome d'Elizabeth lui ouvrit. Sur le seuil, Burton débitait du Shakespeare. « Il avait manifestement ingurgité quelques verres de trop, se rappelle l'un des invités d'Elizabeth. Ce qui advint ensuite compte parmi les scènes les plus invraisemblables auxquelles il m'ait été donné d'assister.

« Burton entra dans la maison et exigea de voir Elizabeth. Elle arriva au moment où Eddie Fisher, qui se reposait dans une chambre au premier étage, en sortait pour voir ce qui pouvait bien causer un pareil vacarme. Il était en haut de l'escalier, vêtu d'un peignoir de bain bleu, avec aux pieds des mules en tissu éponge assorties. Sur le peignoir comme sur les mules étaient brodées les initiales de Fisher.

« – Qu'est-ce que vous faites là? s'enquit-il auprès de Burton.

« – Je suis amoureux de la fille là-bas, grogna l'acteur en désignant Elizabeth Taylor.

« – Mais vous en avez une : vous avez Sybil, répondit Fisher. Pourquoi voulez-vous détruire mon ménage ? Allez-vous-en. Rentrez chez vous.

« Bien décidé à faire preuve de virilité, Burton transforma cette confrontation en drame absolu.

« – Sybil et Elizabeth sont toutes les deux mes femmes, répliqua-t-il. Tu es à moi, n'est-ce pas ? fit-il en se tournant vers Elizabeth.

« Avant de répondre, celle-ci, terrifiée, regarda d'abord Fisher, puis Burton.

« – Oui, répondit-elle.

« Mais Burton ne s'arrêta pas là.

« – Si tu es à moi, poursuivit-il, viens ici et enfonce ta langue dans ma gorge.

« Et devant Fisher et une dizaine d'invités, Elizabeth Taylor s'avança vers lui et lui donna un long baiser enflammé. Fisher tourna les talons et regagna lentement sa chambre. »

La même personne relate que, le lendemain sur le plateau, « Elizabeth se conduisit comme un chiot, suivant Burton à la trace et faisant la belle pour lui, tandis qu'il l'ignorait complètement. En d'autres termes, il jouait d'elle comme un virtuose de son violon. Et il en jouait à la perfection ».

Au milieu du mois de février 1962 [3], le scandale fut à son comble. Eddie Fisher s'était déshonoré aux yeux de tous en téléphonant à Sybil Burton pour lui annoncer ce qu'elle savait déjà : « Votre mari et ma femme ont une liaison, semble-t-il. » Ce soir-là, et pour la première fois, Sybil fit des reproches à Richard. Fisher quitta Rome pour quelques jours. Alors qu'il appelait sa femme de Florence, Eddie fut sidéré d'entendre la voix de Burton au bout du fil : « Que faites-vous chez moi ? demanda Fisher. – A votre avis ? répliqua Burton. Je baise votre femme. »

Durant l'absence d'Eddie Fisher, John Valva avait passé un week-end dans la villa d'Elizabeth Taylor à essayer de veiller sur elle. « Elle était inconsolable, dit Valva. Sous l'empire de la culpabilité, Richard Burton avait encore fait volte-face, jouant le grand amour à Elizabeth avant de retourner auprès de Sybil. Liz et moi, nous étions en train de discuter de la situation sur le lit quand, sans un mot, elle s'est levée et s'est précipitée vers une baie vitrée qui donnait sur le jardin. La fenêtre était dissimulée par des tentures. Elizabeth s'est jetée sur l'armature centrale avant d'être rejetée en arrière, se contusionnant en plusieurs endroits.

« J'ai nettoyé ses plaies et l'ai mise au lit avant de m'endormir auprès d'elle. Quand je me suis réveillé au milieu de la nuit, je me suis aperçu qu'elle n'était plus là. Inquiet, j'ai fouillé la maison et je l'ai trouvée en bas, dans la cuisine. La première chose que j'ai remarquée, c'est le grand couteau qu'elle tenait à la main. Mais lorsque j'ai vu qu'elle se faisait simplement un sandwich au gruyère, j'ai été grandement soulagé.

« Quelques semaines plus tard, au cours d'un week-end où elle est partie avec Burton, elle a tenté de se suicider en avalant trente cachets de somnifère. Il a fallu la transporter à l'hôpital et lui faire un lavage d'estomac. La Twentieth Century-Fox s'efforça d'étouffer l'affaire en annonçant qu'Elizabeth Taylor souffrait d'un grave empoisonnement alimentaire. Pendant les deux jours où elle dut rester à l'hôpital, Eddie Fisher réapparut. Il avait l'air beaucoup plus mal en point qu'elle. »

L'une des dernières réceptions que Liz et Eddie donnèrent eut lieu dans la salle de bal du Grand Hotel, en l'honneur de Kirk Douglas. Richard Burton était assis à la gauche de Liz Taylor, Fisher à sa droite. Burton et elle étaient tellement amoureux l'un de l'autre qu'ils ne pouvaient pas s'empêcher de se toucher. Ils joignaient les mains et se faisaient du pied sous la table. Fisher ne put pas ne pas le remarquer.

Le 19 mars, Fisher rassembla ses affaires personnelles et retourna à New York, où il prit une chambre au Pierre Hotel. « Ses amis veillèrent à ce qu'il ne soit pas seul, rapporte Ken McKnight, qui resta à ses côtés. Le plus difficile, c'était d'éloigner les journalistes. Ils étaient partout, comme des fourmis à un pique-nique. Quant à Eddie, il n'arrêtait pas de porter Elizabeth aux nues, de vanter ses mérites d'amante, sa sensualité et sa beauté. " Tu ne peux pas souffler un peu? l'admonestai-je. Tu te tourmentes sans raison. Après tout, tu es ce type de Philadelphie qui a fini par épouser Elizabeth Taylor. C'est comme si tu avais gagné dix fois de suite à la loterie. " »

Au moment où Eddie Fisher partait pour les États-Unis, Sybil Burton s'envolait pour Londres avec ses deux filles. Dick et Liz étaient enfin seul à seule. « Le fond de l'affaire, dit Stephanie Wanger, fille de Walter, qui passait régulièrement le week-end sur le plateau, c'est qu'ils étaient profondément amoureux. C'était incontestable – et tout le monde le sentait. Ils formaient un vrai couple. Ils étaient en harmonie, et tout Rome semblait pris dans leur histoire d'amour. Ce fut ce que Camelot aurait dû être pour Jack et Jackie Kennedy. »

A l'approche de l'été, le monde entier était au courant de

leur liaison. Le photographe Bert Stern, que Walter Wanger avait engagé pour couvrir le tournage de *Cléopâtre*, avait été l'un des premiers à comprendre que Richard et Liz ne se contentaient pas de *jouer* Antoine et Cléopâtre.

« Au début, leur liaison semblait à certains trop extravagante, trop hollywoodienne pour être vraie, observe Stern. Je me souviens en avoir touché deux mots au rédacteur en chef de *Life*. " On a là une histoire d'amour ", lui dis-je. – Ce dont vous me parlez, c'est une simple liaison, me contredit-il. – Non, insistai-je. Il y a une véritable relation entre eux. – Ne soyez pas absurde, rétorqua-t-il.

« J'avais l'habitude de traîner avec Richard Burton et Liz Taylor et, franchement, ils ne se donnaient pas beaucoup de mal pour cacher leur passion. J'ai pris toute une série de photos célèbres d'eux en maillot de bain se bécotant sur le pont d'un bateau. Avec son bikini des plus succincts et son opulente poitrine, Elizabeth était très sensuelle, sans avoir le côté vulgaire d'une Jayne Mansfield. »

La publication des photos assez révélatrices de Stern suscita une vague de spéculations parmi le public, qui atteignit son apogée quand le Vatican dénonça Elizabeth Taylor comme « une femme de mauvaises mœurs ». Ce fut justement au moment où le pape stigmatisait l'actrice que le dramaturge Meade Roberts arriva à Rome, où il fut l'hôte de Richard Burton.

« Elizabeth se moquait comme d'une guigne de ce que racontait le Vatican, affirme Roberts. Ce n'était pas elle, mais Burton, qui refusait de s'engager totalement. Quels que fussent les sentiments de Richard pour Liz, il ne savait plus où il en était, d'autant moins qu'il se sentait coupable. Très impressionné tant par la notoriété que par l'argent, il comprenait aussi toute l'importance de la décision à laquelle il était confronté. Cette histoire l'avait presque rendu schizophrène et il ne savait que faire.

« Des deux, c'était Elizabeth la plus déterminée. C'était elle l'assaillant et Burton l'assiégé. De surcroît, la Twentieth Century-Fox la tenait pour personnellement responsable des pertes financières de la société. Au début on s'était réjoui en haut lieu du scandale, puis on s'était fait du souci. Elizabeth avait récemment reçu un coup de téléphone de Kurt Frings, que venait d'appeler Peter Levathes de la Fox. Ce dernier lui avait dicté une lettre à l'intention d'Elizabeth Taylor, mais avant de la lui envoyer, il préférait la lire à son agent.

« Cette lettre disait en substance : Suggérez à Elizabeth de renoncer à Richard Burton, sinon la Fox l'attaquera en justice pour violation de la clause morale de son contrat *. »

« Voici ce qu'elle répondit à Frings : " Vous pouvez dire à Mr. Levathes d'économiser un timbre. Si on glisse cette lettre sous ma porte, je m'en vais. Et si je m'en vais, je ne travaillerai plus jamais. Si je ne travaille plus, je ne vais pas mourir de faim. On me traduira en justice, mais Mr. Levathes perdra son empire et la Twentieth Century-Fox sera fichue. *Cléopâtre* est aux trois quarts terminé, il est donc trop tard pour me remplacer et, si je fiche le camp, la Fox pourra fermer. " Puis elle ajouta : " Que personne ne vienne me dire qui je dois aimer ou ne pas aimer, ni avec qui on doit me voir ou non. " »

Meade Roberts passa dix jours à Rome en compagnie de Burton et de Liz Taylor et repartit avec une brassée de souvenirs. « Elizabeth a acheté à Burton une réplique de la Rolls-Royce qu'elle avait offerte à Fisher, dit-il. Quant à Richard, il lui a donné une broche d'émeraudes de chez Bulgari d'une valeur de 67 000 dollars.

« Elle portait cette broche un jour où nous nous baladions en voiture dans Rome. Richard était au volant et Elizabeth à ses côtés. Je me trouvais sur la banquette arrière avec un comédien britannique nommé John Wood. C'était l'heure du déjeuner et la capote de la voiture était baissée. Les rues grouillaient d'ouvriers du bâtiment qui prenaient leur repas de midi. Comme nous passions devant eux, ils aperçurent Liz et Richard. Ils se mirent à lancer des obscénités à Liz et firent même des gestes assez suggestifs. Elizabeth s'est levée à l'avant de la voiture, presque comme une figure de proue, et s'est mise à gesticuler et à hurler : " Allez vous faire foutre ! " Elle rendait coup pour coup. »

Au début du mois de juin 1962, peu avant que les comédiens et l'équipe technique de *Cléopâtre* se déplacent sur l'île d'Ischia pour la grande scène de la barge, Dick et Liz décidèrent de partir ensemble en week-end. A présent que le tournage touchait à sa fin, ils avaient l'intention de réfléchir à leur avenir. L'acteur allemand Curt Jurgens, qui possédait une maison au bord de la plage près de Nice, la leur proposa pour leur escapade. Pour fuir la presse et les paparazzi, Elizabeth imagina un plan de voyage très élaboré. Burton partirait en voiture de nuit, tandis qu'elle prendrait le train.

---

* Quand le film fut terminé, la Fox poursuivit Elizabeth Taylor et Richard Burton pour violation de la clause morale de leurs contrats respectifs. Des techniciens et des comédiens en grand nombre vinrent déposer avant le procès.

Finalement, Elizabeth Taylor et Richard Burton gagnèrent ce procès et furent autorisés à conserver les gains qu'ils avaient tirés du film. Burton donna sa part ainsi que d'autres gains à Sybil Burton en règlement de leur divorce.

« Le plus étonnant, c'est qu'ils ont réussi, relate Meade Roberts. Personne n'a découvert leur retraite. Richard Burton en était presque déçu, lui qui espérait secrètement la présence des journalistes. " Sinon comment vais-je devenir une star hollywoodienne ? " me demanda-t-il. Il ne plaisantait pas. Le soir qui suivit leur arrivée à Nice, il accompagna Elizabeth au casino de Monte-Carlo. Le monde entier savait à présent où ils se trouvaient. »

# 18

Le 4 août 1962, Roddy McDowall et John Valva arrivèrent au Chalet Ariel, la nouvelle résidence d'Elizabeth Taylor à Gstaad. Ils venaient de fêter la fin tant attendue du tournage de *Cléopâtre* par une visite à Sybil Burton à Céligny, un village suisse situé à une centaine de kilomètres plus à l'est. Richard et Sybil, les deux habitants les plus célèbres du lieu, y avaient acquis une vieille maison alpine au milieu des années cinquante.

Chez Elizabeth, McDowall et Valva furent accueillis par un Richard Burton mal à l'aise. « Notre présence le troublait, dit Valva. Il était d'autant plus gêné que nous vivions tous ensemble à Rome avant qu'Elizabeth n'entre en scène. Le jour de notre arrivée à Gstaad, Burton est retourné chez Sybil. Son départ a bouleversé Elizabeth. Comme elle était très tendue, elle s'est mise à boire énormément. Cette tension était due à la perspective désagréable de perdre Richard, mais aussi à la situation dans son ensemble. Une fois de plus, elle s'était donné le rôle antipathique de " l'autre femme ". Or il se trouvait que, dans le cas présent, elle respectait sa rivale. Non seulement Elizabeth admirait Sybil Burton, mais elle s'inquiétait aussi sincèrement, car Debbie Reynolds avait déjà fait les frais de son mépris. »

Elizabeth parlait pendant des heures de Richard Burton avec McDowall et Valva. « Elle savait à quoi elle allait se heurter, dit Valva. La famille de Richard et ses amis les plus intimes le poussaient à rester avec Sybil. Philip Burton lui avait dit que, s'il quittait sa femme, il ne lui adresserait plus jamais la parole. Le dramaturge et acteur gallois Emlyn Williams, l'un des meilleurs amis de Dick, n'aimait ni Elizabeth Taylor ni tout ce qu'elle représentait. Il la qualifiait de " danseuse de revue survoltée ", oubliant qu'il avait rencontré sa propre femme dans une revue.

« Burton lui-même se montrait parfois désobligeant quand il parlait d'Elizabeth. Il faisait sans cesse des remarques critiques. Elle avait trop de poitrine (il la surnommait " Miss Nichons "), n'était pas jolie, jouait comme un pied, ne parlait pas l'anglais d'Oxford, avait des cicatrices sur le dos à la suite d'opérations chirurgicales, des jambes affreuses, etc. Il ne se privait pas de faire ce genre de commentaires devant elle, mais ces insultes avaient en fait des accents affectueux. L'aspect physique d'Elizabeth intimidait souvent, et le fait que Burton la débine ainsi l'excitait plutôt. Mike Todd avait eu recours à une tactique similaire. »

Seule avec Dick Hanley et ses enfants à Gstaad, Elizabeth tenta une fois de plus de se blinder contre les attaques qui paraissaient dans la presse. Les journaux et les magazines britanniques lui étaient particulièrement hostiles. Un quodidien populaire londonien, *Tempo* [1], traitait Liz de « vamp cupide qui détruit les familles et dévore les maris ». Le *Daily Mirror* la décrivit en des termes tout aussi flatteurs : « Cette femme n'est qu'une longue éruption d'agitation matrimoniale. » Aux Etats-Unis, le magazine *Life* publia un article et des photos des enfants de Liz en titrant cruellement : « S'il vous plaît... Qui est mon papa à présent ? »

Selon John Valva, « des sacs entiers de lettres haineuses arrivaient quotidiennement au chalet de Gstaad. De plus, Liz recevait des centaines de " lettres de reine d'un jour ", du genre " J'ai besoin de 10 000 dollars, mon mari est en train de mourir d'une tumeur au cerveau "; ou bien " Je vous en prie, envoyez-moi 50 000 dollars, j'ai huit enfants et je n'arrive pas à les nourrir. "

« Liz m'a raconté qu'une fois elle avait reçu une lettre d'une Londonienne qui n'avait pas d'argent pour payer les cours de danse de sa fille, bien que l'enfant ait prouvé son talent. Elizabeth fit des recherches, apprit que c'était vrai et envoya un gros chèque à la mère ».

Durant l'été 1962, les avocats d'Elizabeth Taylor prononcèrent la dissolution de MCL Films (Elizabeth Taylor paya un million de dollars à Eddie Fisher pour couvrir les parts qu'elle possédait dans cette société commune); à la place ses avocats créèrent la Taylor Productions Inc., une société dont le siège était aux Bermudes. A ce moment-là, Liz ouvrit un fonds de placement de plusieurs millions de dollars pour chacun de ses quatre enfants.

Pendant qu'Elizabeth attendait des nouvelles de Richard Burton dans son chalet, la Twentieth Century-Fox renvoyait Joe Mankiewicz et engageait Elmo Williams pour superviser le montage final et l'achèvement de *Cléopâtre*. Elizabeth Taylor prit aussitôt la défense de Mankiewicz. « Ce qui est arrivé à Mankiewicz, déclara-t-elle à *Newsweek*, est honteux, dégradant et particulièrement humiliant. »

Elmo Williams travailla seize heures d'affilée trois jours de suite dans le laboratoire new-yorkais de la Fox et coupa en tout trente-trois minutes de la version originale de *Cléopâtre*, de sorte que le film ne dure pas plus de quatre heures. « Joe Mankiewicz, avança Williams, avait travaillé si longtemps et avec tant d'ardeur sur ce projet, qu'il en avait perdu le sens des proportions. Il s'était persuadé qu'il avait fait un chef-d'œuvre. La première fois qu'il a vu ma version, il s'est mis dans tous ses états. Il avait fini par renoncer à sortir le film en deux épisodes séparés, mais il n'imaginait pas qu'on le réduirait.

« En plus de Joe Mankiewicz, j'avais des problèmes avec Elizabeth Taylor. Cela faisait des semaines que nous tentions de le convaincre de refaire des gros plans qui n'étaient pas bons. Nous souhaitions tous deux qu'elle revoie certains dialogues. Liz était réticente. Elle était très difficile à vivre à ce moment-là, sans doute parce que l'on m'avait demandé de remplacer Joe Mankiewicz et que ma présence ne lui plaisait pas. J'ai fini par lui dire : " Elizabeth, c'est votre prestation. C'est vous qui êtes à l'écran, pas moi. C'est vous qui n'êtes pas bien, pas moi. " Après mon petit laïus d'encouragement, elle a accepté de quitter Gstaad pour l'Angleterre et les studios de Pinewood afin de terminer ce travail. En trois occasions j'ai fait appel à une équipe ; et chaque fois, Elizabeth nous a posé un lapin.

« J'ai donc programmé un autre rendez-vous un dimanche, ce qui signifiait que l'équipe serait davantage payée qu'en semaine. Puis j'ai téléphoné à Liz : " Écoutez, le mois dernier, vous nous avez fait faux bond trois fois. J'ai convoqué l'équipe technique dimanche, de sorte qu'ils vont tous se faire un pactole. Ça coûte très cher à la société, et nous ne faisons qu'essayer d'améliorer votre prestation. – D'accord, m'a-t-elle répondu, j'y serai. " Elle arriva le lendemain avec un plateau supportant une bouteille de cognac et quelques verres. Les premiers mots qui sortirent de sa bouche furent ceux-ci : " Si j'ai bien compris, tout le monde est payé en heures supplémentaires. – Exact, ai-je reconnu. – Eh bien, je veux moi aussi toucher des heures supplémentaires ", fit-elle. Je savais que le Studio ne marcherait pas, dans la mesure où elle gagnait environ 10 000 dollars par semaine. Ils n'allaient pas doubler la somme simplement pour l'apaiser. Je lui ai dit que je devais contacter Darryl Zanuck pour obtenir son autorisation. " Oh, tant pis ! a-t-elle répondu. Allons-y et finissons-en. " Ce que nous avons fait. Quand tout fut terminé, elle s'est tournée vers moi et m'a lancé d'un ton piquant : " Eh bien, j'espère que vous êtes satisfait. "

« Je crains fort que mes souvenirs de Liz soient d'une sévérité injuste. Elle n'a jamais eu la vie d'un être humain normal. Dès l'enfance elle était star de cinéma. Jamais elle n'a eu la moindre notion, je pense, de ce qu'est un homme ou une femme ordinaire. Je doute qu'elle se soit rendu compte des problèmes que nous posait *Cléopâtre*. Elle était bien trop occupée à jouer son rôle de star capricieuse. »

« Liz a pris l'avion de Londres pour Gstaad, se souvient John Valva, et sa mère est venue la rejoindre. Peu après, elle a reçu des nouvelles de Burton. Il voulait la voir, manifestement pour lui parler d'un film où ils devaient jouer ensemble. Quand ils étaient à Ischia, le producteur Anatole de Grunwald et le scénariste Terence Rattigan, auteur de *Hôtel international*, un film dans la tradition de *Grand Hôtel*, qui traitait de l'existence troublée d'un groupe de voyageurs bloqués à l'aéroport d'Heathrow par le brouillard, les avaient contactés. Richard Burton et Elizabeth Taylor les avaient d'abord éconduits. A présent, cela semblait intéresser Burton. »

Elizabeth se rendit sur place avec sa mère, tandis que Richard faisait son apparition dans la Rolls-Royce verte que Liz lui avait offerte. Après que Sara Taylor eut regagné Gstaad dans la voiture de sa fille, les amoureux déjeunèrent dans la salle à manger de l'hôtel. Au début ils parlèrent peu. Puis Elizabeth se fit plus loquace et lui dit qu'elle avait beaucoup réfléchi et qu'elle en était arrivée à la conclusion que, s'ils ne pouvaient pas se marier, elle pourrait au moins être sa maîtresse. « En me rendant aussi aisément disponible, écrit-elle dans ses mémoires, je m'abaissais aux yeux de tous, et, comme on le verra [...], aussi à ceux de Richard. »

Burton qui, à sa manière, était aussi amoureux d'elle qu'elle de lui, revint avec elle à Gstaad. Maintenant qu'ils étaient assurés qu'il avait finalement décidé de rester avec Liz, Roddy McDowall et John Valva rejoignirent aussitôt Sybil à Céligny. Quelques jours plus tard, ils l'accompagnèrent, elle et ses enfants, dans une autre maison de famille des Burton, cette fois à Hampstead.

« Un après-midi, Sybil m'a demandé d'emmener la petite Kate au cinéma, raconte Valva. A la fin du film, alors que nous sortions de la salle, Kate m'a dit : " Papa ne va pas revenir à la maison, n'est-ce pas ? " Je ne savais pas quoi dire, et je n'ai donc pas répondu. Sybil a fait preuve d'une grande force en ces heures difficiles. Elle n'a jamais perdu son sang-froid, du moins pas devant les autres. Quelques semaines après notre retour à New York, Roddy et moi avons rencontré Mike

Nichols, qui venait de voir Sybil en Angleterre. " Comment est-elle ? " lui a demandé Roddy. " Pas mal, fit Nichols, si ce n'est qu'elle a deux entailles de lame de rasoir au poignet gauche. " »

Sybil ne parvenait apparemment pas à échapper à la saga Taylor-Burton. Tous les journaux, tous les magazines publiaient articles et photos de ce qu'ils saluaient comme « l'histoire d'amour du siècle », plus intéressante encore pour la presse que le mariage du roi Edouard VIII et de Wallis Simpson. Seules les noces d'Aristote Onassis et de Jacqueline Kennedy en 1968 devaient passionner le public à ce point. *Time* évoqua l'aventure entre Dick et Liz dans un article paru en août 1962 : « S'il doit un jour l'épouser, l'étudiant d'Oxford sera alors le cinquième mari de la femme de Bath *. Si elle le perd, elle perdra aussi sa réputation de femme fatale, de mangeuse d'hommes, de Cléopâtre du xxe siècle. »

Elizabeth n'avait pas l'intention de le lâcher. Ils avaient tous deux signé un contrat pour *Hôtel international* et, au cours de la première semaine de décembre 1962, ils descendirent au Dorchester à Londres pour commencer les répétitions. Quand ils ne travaillaient pas, ils jouaient. Richard lui fit visiter la ville dans laquelle elle était née, comme quelqu'un qui la connaissait « de l'intérieur ». Ils assistèrent à des matchs de rugby et, le soir, firent la tournée de ses pubs préférés. Elle l'emmena chez un bijoutier hors de prix et se fit offrir quelques babioles pour un montant de 150 000 dollars, dont un collier d'or et de rubis.

Il rendit deux fois visite à Sybil et à ses filles à Hampstead. Chaque fois, il revenait ivre et en larmes au Dorchester. A la suite de la seconde visite, Elizabeth insista pour qu'il appelle Sybil et lui annonce son intention de divorcer. Son ami, l'acteur gallois Stanley Baker, approuvait cette décision. Mais un autre de ses complices, l'acteur Robert Hardy, n'était pas encore de cet avis. « Ne me détestez pas [2] », lui dit Elizabeth, quand elle lui fut présentée.

Les autres copains de Burton éprouvaient des sentiments partagés à l'égard d'Elizabeth. « Sobre, elle peut être ennuyeuse, écrivit d'elle le journaliste gallois John Morgan [3]. L'ennui de sa conversation est évident. Elle parle surtout de ses enfants. Mais quand elle a quelques verres dans le nez, elle devient extrêmement vivante et séductrice. Sexuellement attirante ? Je dirais que oui. »

* La femme de Bath (the Wife of Bath) est un personnage des *Contes de Canterbury* de Chaucer, une femme pleine de vie et d'entrain, aimant le plaisir et les hommes. *(N.d.T.)*

Tout d'abord, la famille de Richard continua d'opposer une vive résistance au désir de « son fils préféré » de remplacer Sybil par Elizabeth. Voici ce qu'en pensait son frère David Jenkins : « Divorcer de Sybil semblait quasi inconcevable. Galloise, elle avait les mêmes origines que nous et faisait partie du clan. Elle était des nôtres. Nous considérions Elizabeth comme une intruse, une étrangère. Puis, lors d'une pause au cours du tournage de *Hôtel international*, Richard eut la bonne idée d'emmener Liz avec lui au pays de Galles. Sans faire trop d'histoires, elle nous a tous conquis. Ce qui permit à Richard de la présenter non comme sa maîtresse, mais comme sa future femme. »

Graham Jenkins, qui ressemblait physiquement à Richard et lui servit même de doublure dans *Hôtel international*, compara la brève halte de Liz à une campagne électorale [4]. « Elle était venue à la pêche aux suffrages, souligne-t-il. Et au fond, elle a réussi. » Fine psychologue et rusée comme un renard, Elizabeth savait manipuler les gens. Coincée avec Richard dans la minuscule chambre d'amis de sa sœur Hilda, l'actrice fit preuve d'un charme réaliste. Quand les circonstances l'exigeaient, elle pouvait être la plus naturelle des femmes. Richard, ses frères et ses sœurs tombèrent rapidement sous le charme. Belle et amusante, elle avait besoin que l'on s'occupe d'elle et arrivait le plus souvent à ses fins.

En comparaison de *Cléopâtre*, *Hôtel international* rencontra assez peu de problèmes de production. Il fallut quand même plus de six semaines de tournage, car Taylor devait se remettre d'une déchirure au genou, tandis que Burton mettait une semaine à récupérer après une échauffourée dans un bar qui lui avait laissé un œil au beurre noir et quelques estafilades au visage. A eux deux, Dick et Liz touchaient un cachet de 3,2 millions de dollars pour leur participation au film (dont une grande partie en intéressement aux bénéfices).

« Je n'ai pas volé ma part, déclara plus tard Elizabeth à Meade Roberts. Premièrement, ce film était fait par la filiale britannique de la MGM. Je n'arrive jamais à me débarrasser de ce studio. Deuxièmement, la presse a fait courir une rumeur selon laquelle Louis Jourdan [l'amant de Liz dans le film] et moi avions une liaison. La vérité, c'est que Louis Jourdan ne me plaisait même pas. En fait, je détestais tourner des scènes d'amour avec lui. Ce type est atteint d'une halitose terrible – il a mauvaise haleine. »

Dick et Liz restèrent à Londres tout l'été et jusqu'au début de l'automne 1963. Burton avait Peter O'Toole pour partenaire dans *Becket* (tourné dans les studios de Shepperton, dans le Middlesex), tandis qu'Elizabeth Taylor participait à une émission spéciale de la chaîne CBS, « Le Londres d'Elizabeth Taylor », dont elle était la narratrice pour la modique somme de 500 000 dollars. S.J. Perelman, scénariste de ce récit de voyage qui fut couvert de louanges, écrivit à un ami pour contester la participation d'Elizabeth Taylor au projet : « Elizabeth... a donné à cette émission l'ardeur cabotine d'un manche à balai et s'est arrangée pour faire cafouiller les ondes, au sens propre du terme [5]. »

Pour son trente-huitième anniversaire, Liz offrit à Burton toute la collection des classiques de la bibliothèque Everyman – soit cinq cents volumes –, qu'elle avait fait relier pleine peau. Pour fêter les trente et un ans d'Elizabeth, Burton lui fit présent d'un collier de diamants d'une valeur de 200 000 dollars. Son père lui offrit un « petit » Utrillo. Francis Taylor représenta sa fille lors d'une vente aux enchères chez Sotheby, où il fit l'acquisition de *L'Asile de fous à Saint-Rémi* de Van Gogh pour 250 000 dollars. Trente ans plus tard, Elizabeth tenta de revendre ce tableau 20 millions de dollars, sans y parvenir.

L'un des biographes de Richard Burton employa le terme de « splendeur pécheresse » pour qualifier le nouveau mode de vie du comédien. Le pacte faustien qu'il avait passé en choisissant Elizabeth lui apporta la célébrité et la fortune, mais à un prix incroyablement élevé. A l'exception d'une conversation téléphonique abrégée cinq ans après leur divorce, Sybil Burton n'eut plus aucun rapport avec son ancien mari. Des pédopsychiatres et d'autres spécialistes diagnostiquèrent une catatonie chez Jessica Burton, alors âgée de trois ans. Le seul mot qu'elle était capable de prononcer – à l'époque et par la suite – était " Rich ", le diminutif de son père. Quand Burton lui rendit visite dans l'établissement des environs de Philadelphie où sa mère l'avait placée [6] (et où Jessie, comme l'appelle sa famille, réside encore aujourd'hui), elle l'accueillit par un flot de criaillements inintelligibles, suivi d'un " Rich! Rich! Rich! » plus familier. L'écho de son nom résonna dans les couloirs sombres de l'institution et poursuivit l'acteur le restant de sa vie.

Avant de quitter Londres, Dick et Liz organisèrent une collecte pour le ballet Bolchoï. Pour soutenir cette cause, le couple accepta que l'on projette la version intégrale de *Cléopâtre*. C'était la première fois qu'Elizabeth voyait le film terminé. Au bout de vingt minutes, elle bondit de son siège et se précipita aux toilettes, où elle vomit dans un lavabo.

Quand elle relata l'incident à Meade Roberts, elle lui dit qu'elle avait vraiment perdu son temps. « J'ai passé plus de deux ans à tourner cette horreur, et c'est exécrable. »

Une scène à peu près semblable se reproduisit quelques jours plus tard. Michael Mindlin, directeur d'une société de relations publiques, avait demandé à Richard Burton et à Peter O'Toole de faire la promotion de *Becket* dans le « Ed Sullivan Show ». Sullivan avait donc pris un avion pour Londres afin d'enregistrer le duo, mais Burton émettait des réserves quant à cet entretien. Elizabeth Taylor, Mindlin et lui se retrouvèrent dans le bar du Dorchester pour en parler.

« Tandis que nous bavardions, Dick descendait verre sur verre, rapporte Mindlin. Elizabeth buvait du champagne, si ma mémoire est bonne. Tout à coup, sans prévenir, Dick s'est mis à vomir. La situation était humiliante pour lui. Elizabeth s'est levée d'un bond, s'est avancée vers lui et lui a touché le front. " Oh, moi je crois que tu es très malade ", dit-elle. Ainsi le protégeait-elle.

« Je suis allé en quatrième vitesse chercher un serveur et une serviette humide. Nous l'avons nettoyé du mieux que nous avons pu. A ce moment-là, le réalisateur Otto Preminger est entré dans le hall. Quand il nous a vus assis au bar, il s'est approché de nous pour nous saluer quand Richard a levé le nez et lancé : " Foutez-moi le camp, s'il vous plaît ! "

« Richard accepta de participer à l'émission de Sullivan et, le lendemain, nous avons retrouvé l'animateur à Shepperton. " Si j'ai bien compris, c'est la première fois que vous travaillez ensemble tous les deux ? " Tels furent les premiers mots de Sullivan. Et Burton de rétorquer : " Ouais, et c'est probablement la dernière. " Peter O'Toole comprit que son partenaire était complètement bourré et ne dit rien. Tout l'entretien fut du même tonneau, et Sullivan reprit l'avion bredouille. »

En octobre 1963, Elizabeth et sa fille Liza accompagnèrent Richard Burton à Puerto Vallarta, au Mexique, où il devait jouer dans *La Nuit de l'iguane* de John Huston, d'après Tennessee Williams, un film contant les tribulations d'un ecclésiastique malchanceux, le pasteur T. Lawrence Shannon, défroqué pour avoir batifolé avec une paroissienne mineure. Burton avait signé pour le rôle du pasteur.

Meade Roberts, qui était rentré à New York pour mettre la dernière main à un scénario, reçut un coup de fil de Richard Burton :

« – Tu ne veux pas descendre ici pour tenir compagnie à Elizabeth ? lui proposa-t-il. Elle s'ennuie à mourir.

« – Pas de problème, répondit Roberts. Est-ce que tu as besoin de quoi que ce soit ?

« – Elizabeth voudrait que tu lui rapportes des tablettes de chocolat Hershey, celles avec des amandes. On ne trouve pas ce genre de choses à Puerto Vallarta. »

Quand il eut raccroché, Roberts fonça à Broadway, vida tous les drugstores et toutes les confiseries du coin. « J'achetai assez de chocolat pour remplir une grande valise, rapporte-t-il. Ce que j'ignorais, c'était qu'à cette époque-là, on ne pouvait pas prendre un vol pour Puerto Vallarta sans passer d'abord la douane à Mexico. Les autorités douanières de Mexico m'ont demandé d'ouvrir mes bagages. Et quand j'ai ouvert la valise qui contenait les tablettes de chocolat, je me suis aperçu tout de suite qu'elles avaient fondu et ne formaient plus qu'une masse molle. L'agent y jeta un coup d'œil et m'ordonna de sortir de la file. Pendant trois heures, une équipe d'inspecteurs de la brigade des stupéfiants m'a interrogé dans une pièce fermée à clé de la largeur d'un placard à balais. " Comment peut-on venir au Mexique avec un millier de tablettes de chocolat fondu ? " me demanda l'un d'entre eux. Quand ils ont fini par me relâcher, ils ont exigé de garder la valise. Je ne l'ai jamais revue, cela va sans dire. »

A Mexico, Roberts embarqua dans un petit appareil et s'envola pour Guadalajara, où il dut prendre un avion encore plus petit qui assurait la liaison avec Puerto Vallarta. Il descendit de l'avion en maillot de bain et en sandales. « Il devait faire 40 degrés à l'ombre, se souvient-il. Puerto Vallarta était un village de pêcheurs tranquille sur la côte ouest du Mexique, à 450 kilomètres au nord d'Acapulco. La ville était fière de son unique rue bordée de chaque côté de cafés délabrés et de tavernes, d'un hôtel, d'une poste, d'un dépôt de bus et de deux ou trois restaurants abandonnés. Grâce à la présence de Liz et de Dick, Puerto Vallarta devint une station florissante, avec une profusion d'hôtels, d'établissements de cure thermale, de boîtes de nuit, de cinémas et une marina où mouillaient des dizaines de yachts.

« C'était John Huston, réalisateur et coproducteur du film [avec Ray Stark], qui avait eu l'idée de tourner dans la région. Huston, qui possédait une hacienda à 15 kilomètres du village, imaginait déjà les bénéfices qu'il tirerait d'un investissement immobilier dans le coin. Et c'est exactement ce qu'il a fait.

« Quant à Liz, elle tenait à rester là pour avoir Burton à l'œil. Ce dernier avait Sue Lyon *(Lolita)*, Deborah Kerr et Ava Gardner pour partenaires, et Elizabeth n'avait nullement l'intention de connaître le sort de Sybil Burton. Nettement plus possessive et d'une émotivité plus extériorisée que celle qui l'avait devancée, Elizabeth Taylor s'efforçait de tenir la bride haute à Richard, sans toujours y parvenir *. »

Une fois à Puerto Vallarta, Meade Roberts trouva Dick et Liz bien installés à la Casa Kimberley, une spacieuse villa de stuc blanc avec sept chambres et sept salles de bains, qu'ils avaient louée moyennant 2 000 dollars par mois. Burton fit faire à Meade le « tour du propriétaire » et l'informa qu'Elizabeth et lui avaient l'intention d'acheter cette demeure. « De plus, raconte Roberts, ils voulaient faire bâtir une autre maison de l'autre côté d'une allée de pavés ronds et relier les deux par un ouvrage s'inspirant du pont des Soupirs de Venise. Burton me conduisit près d'une fenêtre et me montra le terrain qui, à mon étonnement, contenait un enclos grillagé occupé par une famille de porcs. Ils se roulaient dans la boue en grognant. "Mais c'est une porcherie!" me suis-je exclamé. "Elémentaire, mon cher Watson, a répliqué Dick. Mais ce sera bientôt une belle maison." Franchement, j'imaginais cela assez mal. En fait je n'ai jamais très bien compris ce qui les attirait tous les deux à Puerto Vallarta. C'était sans doute un endroit où ils pouvaient être eux-mêmes sans se faire agresser par une foule d'étrangers.

« Un soir, nous devions aller dîner tous les trois dans le restaurant délabré de l'Oceana Hotel de Puerto Vallarta. Richard et moi, nous nous détendions, un apéritif à la main, à la Casa Kimberley. Nous attendions qu'Elizabeth ait fini de se maquiller. Elle était célèbre pour ses retards, à juste titre. Burton perdit peu à peu patience. "Merde, Elizabeth, descends s'il te plaît", a-t-il beuglé soudain en direction du premier étage. Et le plus drôle, c'est qu'elle a descendu l'escalier en trottinant, avec du rouge à lèvres sur la lèvre supérieure, mais pas sur la lèvre inférieure. Je le lui ai fait remarquer. "Quelle importance? m'a-t-elle répondu en haussant les épaules. Nous sommes à Puerto Vallarta." »

« Elizabeth, et je suis sûr que nombreux sont ceux qui peuvent en témoigner, avait un côté très terre à terre. Je me souviens d'un jour où nous marchions le long de la plage et où elle m'a informé qu'elle avait un besoin urgent de se soulager. Nous sommes passés alors devant les toilettes miteuses qui dégageaient une forte odeur d'excréments.

« – Je reviens dans une seconde, dit Elizabeth.

« – Tu ne vas pas aller là? lui ai-je demandé.

* Peu avant le début du tournage de *La Nuit de l'iguane*, John Huston réunit les principaux comédiens (y compris Elizabeth Taylor qui ne faisait pas partie de la distribution) pour présenter solennellement à chacun d'eux un pistolet Derringer plaqué or, avec des balles plaquées or où était inscrit leur nom. « Si les rivalités deviennent trop féroces, leur dit-il, vous pourrez toujours vous servir de votre arme. »

« – Quand faut y aller, faut y aller, m'a-t-elle répondu.

« Et quand elle est revenue, elle a ajouté : " Quand on n'a pas le luxe de Los Angeles ou de Hollywood, on fait avec ce qu'on a. S'il le fallait, je serais sans doute capable de planter ma tente dans le désert et d'y vivre, du moins quelque temps. Il faut savoir s'adapter. "

« Le mode de vie naturel et décontracté de la région lui convenait manifestement. Un après-midi, elle m'a invité à déjeuner à la Casa Kimberley. C'était le jour de congé du cuisinier. " Je vais faire du poulet frit ", annonça-t-elle. Je lui ai demandé où elle avait appris à faire la cuisine. Elizabeth m'a répondu : " Je n'ai pas appris. Mais en quoi est-ce difficile de faire frire un poulet ? Il suffit de prendre une poêle, d'y verser de l'huile et d'allumer le gaz. Je ne comprends pas pourquoi on en fait toute une histoire. " »

Le tournage de *La Nuit de l'iguane* avait lieu non à Puerto Vallarta, mais principalement à Mismaloya, une petite péninsule proche de la maison de John Huston. Pour rejoindre le plateau de Puerto Vallarta, il fallait monter dans un canoë sans le retourner et pagayer jusqu'à la vedette qui attendait et vous déposait au pied de ce que l'on peut décrire comme une échelle de corde. Après avoir grimpé celle-ci, on parvenait à un étroit escalier de bois (Richard Burton avait exigé qu'il y ait un bar au bas des marches et un autre en haut). Cet escalier menait à un sentier recouvert d'herbe, qui serpentait à travers les buissons.

Un jour, Tennessee Williams leur fit une visite surprise et, sur le plateau, tout le monde était saoul. Ava Gardner et John Huston s'exerçaient à la lutte indienne. Complètement cuite, Ava se mit à se plaindre de l'inconfort du trajet en bateau qu'elle devait faire tous les matins. Et Elizabeth Taylor, qui se trouvait là, lui fit remarquer :

« Ava, toi qui adores faire du ski nautique, tu devrais faire Puerto Vallarta-Mismaloya, aller et retour. Cela t'amuserait peut-être.

– Pourquoi ne le fais-tu pas toi-même ? » lui rétorqua Ava.

A ces mots, Liz souleva son chemisier et se retourna, dévoilant une cicatrice qui lui remontait jusqu'à la moitié du dos.

– Je ne peux pas faire de ski nautique, dit-elle. Si je le pouvais, je le ferais.

Ava était honteuse et confuse.

– Je suis navrée, Elizabeth, répondit-elle.

Et elle s'est vraiment mise à faire les allers et retours à ski, s'accrochant d'une main au fil et tenant de l'autre un grand verre à moitié rempli de whisky et de glaçons.

Si Elizabeth se protégeait du monde extérieur en s'abandonnant à ses problèmes de santé, Burton, lui, cherchait la consolation dans la bouteille. Pendant dix ans, il a bu quasiment sans arrêt. « Burton était tellement imbibé le soir, observe Sue Lyon, que le lendemain matin l'alcool lui sortait par tous les pores de la peau. Il dégageait une odeur épouvantable. Il était parfois très désagréable de lui donner la réplique.

« La relation entre Dick et Liz ne m'impressionnait pas. Richard était très dominateur. Elizabeth avait presque l'air humble à côté de lui. Elle lui obéissait au doigt et à l'œil. Mais ce qui me déplaisait le plus, c'était qu'il se montrait souvent grossier avec elle quand il avait bu. Il la harcelait parfois jusqu'à ce qu'elle éclate en sanglots. »

Meade Roberts assista à un dîner dans un restaurant de Puerto Vallarta, auquel Dick et Liz avaient invité quelques amis et des comédiens. « Burton était bourré, rapporte Roberts. Elizabeth et moi parlions d'une rumeur qui courait à Hollywood selon laquelle Frank Sinatra pourrait reprendre la Warner Brothers. " Pourquoi Sinatra ou n'importe quel artiste voudrait-il se farcir les tracas d'un directeur de grand studio ? " lui demandai-je. Quelques minutes plus tard, alors que nous poursuivions notre conversation, Burton a explosé et s'est mis à crier : " Vous êtes tout simplement jaloux de Sinatra, tous les deux. Si seulement vous aviez son pouvoir ! Vous êtes des hypocrites et des opportunistes.

« – Richard, intervint Elizabeth, j'en connais un autre que l'on a accusé d'opportunisme. "

« L'allusion était on ne peut plus claire. Dick s'était mis avec Elizabeth parce qu'elle était une star et qu'elle avait beaucoup d'argent. En réponse à cette accusation, il déversa un torrent d'insultes avilissantes, comme je n'en avais jamais entendu. Il ne s'agissait pas de gros mots. C'était plutôt shakespearien, vieillot et, par instants, incroyablement blessant. " Tu n'es qu'une créature vile et haineuse ", lui a-t-il lancé. Elizabeth s'est mise à sangloter. Sans y prêter attention, Burton a continué sa tirade. Quand il s'est enfin arrêté, il avait manifestement mal au cœur, ayant ingurgité des quantités astronomiques d'alcool. Il s'est levé et s'est dirigé vers les toilettes. Je lui ai proposé de l'accompagner, mais il ne voulait pas de mon aide. " Il est trop fier pour cela ", dit Elizabeth. Quand il réapparut, quelques minutes plus tard, il lui présenta des excuses. Le reste de la soirée, ils se comportèrent comme deux tourtereaux. En un sens, il avait recraché toute la bile qu'avait fait monter la pique lancée par Elizabeth. »

Habituée par nature aux dépendances de toutes sortes, Elizabeth se mit très vite à boire jusqu'à la déraison. Ramon Castro, ancien barman de l'Oceana Hotel, corrobora bon nombre d'anecdotes qui circulaient à Puerto Vallarta quant à l'alcoolisme d'Elizabeth.

« Elle arrivait presque tous les jours à 10 heures du matin et commandait une vodka-citron ou une vodka-martini. Ensuite elle passait à la téquila. Elle tenait l'alcool comme personne. Elle passait des heures à boire au bar sans que l'on puisse constater le moindre trouble. Burton entrait d'un pas hésitant au milieu de l'après-midi et descendait whisky après whisky. De temps en temps, il traînait un *amigo* avec lui et les deux hommes faisaient un concours. Le premier à rouler sous la table était déclaré perdant et payait l'addition.

« Chaque fois que Liz et Dick donnaient une fête à la Casa Kimberley, ils me demandaient de tenir le bar. Ces réceptions privées se déroulaient autour de la piscine de la propriété. Le soir où le couple donna une fête en l'honneur de Tennessee Williams, tous burent comme des trous, y compris Williams. Pour être honnête, il n'y avait pas grand-chose d'autre à faire à Puerto Vallarta. »

Dick et Liz aimaient aussi aller au Casablanca, un bar-restaurant tout simple, baptisé ainsi en souvenir du film avec Humphrey Bogart, qui était très populaire. Pico Pardo, le directeur de l'établissement, remarqua que le couple y venait généralement à l'heure de l'apéritif. Cinq minutes avant que les tarifs ne changent, Liz donnait un grand coup sur la table et commandait une dernière tournée.

« Elizabeth buvait trop, peut-être pour ne pas être en reste. Elle avait parfois un sens aigu de la compétition, surtout avec les hommes de sa vie. Comme Richard avait une diction très travaillée, elle se remit à parler l'anglais très pur qu'elle avait connu dans son enfance à Londres.

« Au fond, Elizabeth était une dure à cuire. C'était une bagarreuse. Son alcoolisme aurait pu altérer sa personnalité, mais sous bien des aspects elle demeura la plus forte des deux. Or l'une de ses plus grandes forces était de faire croire à Richard que c'était lui qui détenait le pouvoir. Il serait plus juste de dire qu'ils étaient tous deux extrêmement forts, mais différemment. Elizabeth maîtrisait mieux ses émotions. Richard pouvait se montrer sombre, morose et renfermé. En revanche, il semblait moins dépendant d'Elizabeth qu'elle de lui. Il allait boire avec Ava Gardner, avec les journalistes de passage, avec les scénaristes ou d'autres comédiens, avec tous ceux qu'il poussait à lever le coude en sa compagnie. »

Phillip et Jane Ober, un couple d'Américains qui vivait la majeure partie de l'année au Mexique, étaient les voisins les plus proches de Dick et de Liz à Puerto Vallarta. « Non seulement nous étions voisins, mais nous nous rendions visite, rapporte Jane Ober. Nous formions comme un quatuor. Mon mari était acteur et j'avais fait de la publicité pour la chaîne NBC, ce qui fait que nous pouvions donc parler boutique.

« Il existait un passage souterrain entre notre maison et la leur. Quand ils voulaient sortir sans avoir à affronter les touristes qui s'agglutinaient parfois devant la Casa Kimberley, ils l'empruntaient et sortaient par chez nous.

« Au début, Elizabeth prenait l'éthylisme de Richard à la légère. Elle laissait sa réserve d'alcool personnelle chez nous parce qu'elle ne voulait pas qu'il liquide tout. Elle venait quand elle avait trop envie d'un verre. Ils aimaient tous deux vivre sur le fil du rasoir et braver les interdits. »

Le scénariste Stephen Birmingham, ami intime d'Ava Gardner, passa quelques mois à Puerto Vallarta durant le tournage de *La Nuit de l'iguane*. D'après lui, « Elizabeth allait même jusqu'à inciter Richard à boire, et personne ne comprenait pourquoi.

« – Je ne prendrai rien ce soir, déclarait-il, perché sur un tabouret de bar, parce que demain matin, je suis censé faire des gros plans.

« – Oh Richard, prends donc un petit bourbon ou un petit verre de vin, le tentait-elle.

« Elle l'implorait de boire quelque chose.

« – D'accord, cédait-il après un moment de réflexion, et, vingt-sept verres plus tard, on le ramenait chez lui et on le mettait au lit.

« Je ne comprenais pas comment fonctionnait Elizabeth Taylor. Un jour, elle m'a dit : " Hier, Richard et moi, nous avons passé une soirée merveilleuse. " Je m'attendais à ce qu'elle me fasse le récit de leurs prouesses sexuelles. " Nous avons veillé toute la nuit en lisant du Shakespeare. "

« Il y a une autre anedocte sur l'une de ces réceptions que j'organisais pour tous les acteurs. Richard Burton, ivre comme d'habitude, récitait des tirades et des poèmes somptueux de Shakespeare, Dylan Thomas, Robert Burns, T.S. Eliot, tout le répertoire. Mais attention, il se livrait à ces déclamations soir après soir, de sorte que cela finissait par être d'un ennui mortel. On ne pouvait pas converser avec lui. Il fallait se contenter de l'écouter. Naturellement il avait une voix merveilleuse, et les mots coulaient avec fluidité, mais il ne mit pas longtemps à se répéter. Il y avait notamment un poème de Dylan Thomas que nous avions entendu si souvent que nous aurions pu le réciter nous-mêmes.

« Bref, ce soir-là, il s'est tourné vers Elizabeth et lui a dit :

« – Tu dois bien connaître un poème par cœur.

« – Richard, je ne connais aucun poème par cœur, lui répondit-elle.

« – Tu dois bien en avoir un dans ton cœur ou plus bas, la harcela-t-il.

« – Je connais bien un poème, dit-elle enfin d'une toute petite voix. C'est une comptine bêbête que mon père m'a apprise quand j'étais enfant.

« – Formidable! Formidable! rétorqua Burton. Dis-nous ça. Allez, vas-y!

« – C'est un poème idiot, répéta-t-elle. Voilà : *Que prendrez-vous? demanda le garçon en se curant le nez. Des œufs durs, répondit-elle. Vous ne pourrez pas y mettre les doigts.*

« A mon avis, elle a fait ça pour lui clouer le bec, poursuit Birmingham d'un air rêveur. Visiblement, elle était aussi lasse que nous de ses déclamations. »

Sincèrement impressionné par les qualités maternelles d'Elizabeth Taylor, Meade Roberts remarqua naturellement les liens très étroits qu'elle entretenait avec Liza Todd. Stephen Birmingham et lui considéraient Liza comme une enfant bizarre, presque mélancolique. A six ans elle parlait couramment français, mais ne connaissait même pas l'alphabet dans sa langue maternelle, car elle n'était jamais allée à l'école.

Meade Roberts rapporte un incident qui se produisit à la Casa Kimberley : « Richard, qui avait une gueule de bois de tous les diables, avait poursuivi Liza de ses sarcasmes toute la matinée. Elizabeth s'est brusquement retournée et s'est plantée devant lui. " Ne parle plus jamais à ma fille sur ce ton ou je m'en vais ", le prévint-elle. Richard baissa immédiatement d'un ton et emmena un peu plus tard Liza se promener. Il s'arrêta en chemin pour lui acheter autant de cadeaux qu'ils pouvaient en rapporter à la maison. »

L'écrivain et le scénariste Budd Schulberg, qui vivait alors à Mexico, se rendit à Puerto Vallarta et fut témoin d'une autre scène où l'on vit Elizabeth dans ses œuvres. « Liz et moi, nous nous baladions sur la plage avec sa fille, raconte-t-il. Nous parlions des enfants-stars comme Jackie Coogan et nous disions combien leur existence avait été difficile et contre nature. " Quoi que je fasse pour Liza, déclara Elizabeth, jamais je ne l'exposerai au type d'expériences que mes parents m'ont forcée à endurer. "

« A ce moment-là, un hors-bord s'est approché du rivage. J'y ai à peine jeté un coup d'œil, mais Elizabeth avait les antennes dressées. Elle repéra le photographe qui pointait son objectif sur Liza. Cette femme digne qui, quelques instants auparavant, me parlait d'une voix calme, s'est transformée en harpie. " Allez-vous-en! Allez-vous-en! Espèce de saligaud! Fichez le camp! Arrêtez de nous suivre! Sinon je vous brise votre sale appareil ! " Elle s'avança dans l'eau en direction du bateau en lançant du sable et des galets et en engueulant le photographe. Et elle a continué à avancer jusqu'à ce que l'équipage fasse demi-tour et dégage à toute vitesse. »

Quand Budd Schulberg raconta l'incident à Richard Burton, la candeur de l'acteur le surprit. « Pourquoi les journalistes et les photographes ne s'en prendraient-ils pas à nous ? Nous gagnons des sommes considérables en faisant un métier absurde. »

Elizabeth avait sa propre notion du bien et du mal. Il y avait à Puerto Vallarta un petit garçon, âgé de dix ans et sans le sou, qui cirait les chaussures. Il était atteint d'une cataracte avancée. Elizabeth Taylor paya un chirurgien de Guadalajara pour soigner l'enfant. Elle achetait sans cesse de la nourriture et des vêtements pour les familles indigentes de la ville.

Quand l'immeuble que l'on avait construit pour loger les quelque deux cent cinquante techniciens travaillant sur *La Nuit de l'iguane* s'effondra, l'un d'eux eut le dos brisé et le crâne fracturé. Alors que les autres détournaient le regard, Elizabeth adopta de nouveau l'attitude maternelle qu'elle avait eue lors de l'accident de voiture qui avait failli coûter la vie à Montgomery Clift [7]. Elle lui berça la tête dans ses bras jusqu'à l'arrivée de l'hélicoptère qui le transporta à l'hôpital de la grande ville la plus proche.

L'effondrement du bâtiment engendra une brouille sérieuse entre Ray Stark et Guillermo Wulff, l'entrepreneur-architecte de Puerto Vallarta responsable de sa construction.

« J'ai tout construit à Mismaloya, déclara Wulff. J'ai réalisé les plateaux de tournage, les voies d'accès, le système hydraulique, le système d'évacuation des eaux et les bâtiments réservés à l'équipe technique. En fin de compte, l'effondrement de ces logements m'a fait perdre une fortune sur ce projet. Richard m'a demandé de construire une maison adjacente à la Casa Kimberley. Je lui ai soumis un devis de 45 000 dollars qu'il a transformés en 55 000. " Pourquoi avez-vous fait cela ? " lui ai-je demandé. " Parce que vous avez des problèmes financiers et que vous êtes un ami ", m'a-t-il répondu. »

Nelly Barquet, la première femme de Wulff, confectionnait des vêtements pour Richard et Elizabeth. « Je m'occupais des chemises et des vestes de Richard, raconte Nelly. Il m'en a acheté vingt-cinq de chaque et les a portées quand il jouait *Hamlet* " en tenue de ville " à Broadway.

« J'ai confectionné beaucoup de robes aux couleurs gaies pour Elizabeth, amples avec des manches larges et un décolleté rond et profond. On appelait cela une robe *gazela* et c'était toujours en coton ou en voile de laine. Elizabeth n'avait pas bon goût pour s'habiller, mais du moins suivait-elle l'avis de ceux qui étaient plus compétents. Je ne dirais pas que j'enviais son mode de vie. Les exigences de leur carrière d'acteur les obligeaient, Richard et elle, à courir sans cesse. Ils aimaient Puerto Vallarta avec ses bananiers, ses citronniers et ses papayers luxuriants, mais ils restaient rarement plus de quelques semaines d'affilée. »

# 19

En décembre 1963, tandis que s'achevait *La Nuit de l'iguane*, Sybil Burton mit fin à ses quinze ans de mariage avec Richard Burton devant un tribunal mexicain en arguant que l'on avait vu à plusieurs reprises le solide acteur gallois en compagnie d'une « autre femme ». Burton et John Huston fêtèrent ce divorce à l'Oceana Hotel en buvant de la *raicilla*, un mélange d'alcool de cactus plus fort que la téquila.

Sybil et sa fille Kate avaient emménagé à l'El Dorado, dans la même résidence que Roddy McDowall et John Valva. Quelques mois plus tard, une amie loua à Sybil sa maison de Staten Island. Peu après, Sybil s'y installa et y invita John Valva. « Au début, je passais le week-end chez elle. Je suis peu à peu tombé amoureux d'elle, du moins je le pensais, et j'ai fini par m'installer chez elle, rapporte Valva. j'ai donc quitté Roddy McDowall pour Sybil.

« Un soir, dans la maison de Staten Island, Sybil et moi prenions un verre sur le canapé devant la cheminée en écoutant des disques de Nina Simone. Nous avons mis une chanson qui s'appelait « My Baby Just Cares for Me ». On avait quelque peu modifié le texte pour y glisser la phrase suivante : " Liz Taylor n'est pas son type. " Quand Sybil a entendu Nina Simone chanter cela, elle a tendu le bras et lâché son verre, tellement elle était sidérée d'entendre le nom de sa Némésis au beau milieu d'une mélodie de Nina Simone. »

Au bout d'un mois en compagnie de Sybil, John Valva commença à se languir de Roddy McDowall. « J'ai peut-être commis une erreur », dit-il à Sybil qui, à sa grande surprise, lui répondit : « Peut-être. » Il quitta donc Sybil, mais Roddy ne le reprit pas dans son appartement de Manhattan. « Je me suis habitué à vivre sans toi, lui dit-il. Il vaut sans doute mieux que nous nous séparions et que nous oubliions tout ça. » Valva tenta de se suicider et se retrouva au Mt Sinai Hospital, où on lui fit un lavage d'estomac. A sa sortie, il commença une thérapie avec un psychiatre new-yorkais.

Si le divorce entre Sybil et Richard Burton s'était fait en douceur, Elizabeth Taylor, quant à elle, rencontrait quelques problèmes avec un Eddie Fisher très amer. Earl Wilson interrogea Eddie Fisher à la mi-décembre 1963. « Eddie avait demandé à l'éminent Louis Nizer de s'occuper de ses intérêts lors du divorce, raconte Wilson. Fisher surnommait Burton " Richard Cœur-de-lion ". Quand je lui ai demandé ce que désirait Elizabeth, il m'a répondu : " Je ne crois pas qu'elle le sache, ni qu'elle l'ait jamais su. Quand Burton ou elle veulent quelque chose, tout le monde doit céder à leur caprice dans la minute qui suit. Ils trépignent et, s'ils ne l'obtiennent pas, le monde doit s'arrêter. Elizabeth mérite la palme du culot. " »

Mickey Rudin, l'avocat qu'avait choisi Elizabeth pour s'occuper de son divorce, se rendit à Puerto Vallarta pour s'entretenir avec sa cliente. Richard Burton l'accueillit en lui déclarant : « Plus tôt vous aurez réglé ce satané conflit, mieux cela vaudra. » De Las Vegas, où il mettait au point son dernier numéro dans une boîte de nuit, Fisher tira encore une salve sur Liz et sur Dick : « Ils se comportent comme deux gamins dans un parc... Ils peuvent bien attendre encore quelques jours. » Après s'être une nouvelle fois copieusement injuriés, Elizabeth Taylor et Eddie Fisher remplirent enfin leurs demandes de divorce respectives à Puerto Vallarta, permettant ainsi la dissolution prochaine de leur mariage.

Début janvier 1964, Richard Burton et Elizabeth Taylor, accompagnés de Bob LaSalle, le nouveau garde du corps de Richard, prirent l'avion pour Los Angeles où ils devaient rendre visite aux parents d'Elizabeth. Tom Snyder, le futur animateur de débats et présentateur du journal télévisé, qui était alors jeune reporter pour le KTLA de Channel 5, avait été désigné pour couvrir leur arrivée.

« Leur retour aux Etats-Unis constituait un fait majeur, dit Snyder. Leur avion atterrit à 11 heures du soir, et tous les journalistes de Los Angeles étaient réunis. Le couple avait résolu de n'accorder aucune interview, mais nous avions l'autorisation de former une haie et de les photographier à leur descente d'avion. A force de manœuvrer pour être bien placés, nous nous rapprochions sans cesse de l'appareil. Quand ils débarquèrent, nous étions presque sur eux. Mon équipe avait mis la caméra vidéo et le micro en marche. Quand ils approchèrent, on les entendit se disputer. Ils n'y allaient pas avec le dos de la cuillère. " Va te faire foutre ! " cria Burton. Et Elizabeth de lui rétorquer : " Va te faire foutre toi-même ! " Je ne pourrais pas vous dire pourquoi ils se chamaillaient, mais ils s'envoyaient de telles insanités que nous avons dû couper le son. »

L'ombre du couple Todd-Taylor resurgissait, même si Dick et Liz cessèrent de se quereller une fois dans leur limousine. Jack Smith, critique de cinéma au *Los Angeles Times*, et d'autres journalistes les suivirent à la sortie de l'aéroport, formant une longue caravane de véhicules. « Nous avons suivi Burton et Taylor jusqu'à Inglewood, déclara Smith. Ils étaient en route pour Beverly Hills. Mais ils s'arrêtèrent, descendirent de la limousine et entrèrent d'un pas nonchalant dans un bar au bord de la route. Ils s'assirent dans un coin, nous nous sommes agglutinés autour d'eux et nous avons bavardé. Burton était entouré de sa cour. Il était charmant et, plus il buvait, plus il l'était.

« Il a descendu huit ou neuf verres. " Je voudrais un verre de vin blanc sec et frais ", demanda un journaliste au garçon. Burton le regarda. " Un verre de vin blanc sec et frais, ce n'est pas une boisson ", lui dit-il. »

L'esprit mordant de Burton trouva encore à s'exercer quand il quitta Los Angeles pour Toronto avec sa promise. Il devait y répéter le rôle-titre dans un *Hamlet* en costumes modernes, mis en scène par John Gielgud. « Elizabeth veut que je joue *Hamlet*, confia Richard aux autres comédiens, et moi, je veux gagner deux millions de dollars par film. » Au cours d'un déjeuner avec Liz dans un pub de Toronto, Burton déclara d'un ton enjoué à un journaliste : « J'ai initié Elizabeth à la bière. Et elle m'a initié au bijoutier Bulgari. »

Le 6 mars 1964, son avocat notifia à Elizabeth que le jugement du divorce avec Eddie Fisher avait enfin été prononcé. Comme Toronto (province de l'Ontario, Canada) ne reconnaissait pas la validité d'un divorce mexicain, la cérémonie de mariage eut lieu le 15 mars dans une suite du Ritz-Carlton à Montréal (province du Québec). Des onze invités réunis pour l'office unitarien, plus de la moitié étaient des employés du marié ou de la mariée. Irene Sharaff créa une réplique de la robe jaune que portait Elizabeth dans la première scène de *Cléopâtre* qu'ils avaient tournée ensemble. Des jacinthes blanches lui ornaient les cheveux, et elle arborait une paire de boucles d'oreilles en forme de larmes de diamant et d'émeraude, que Burton lui avait offertes pour ses trente-deux ans. Son cadeau de mariage comprenait une broche et un collier assortis.

Quelque temps avant de jouer la pièce à Boston, les producteurs apprirent que Michael Feigham, représentant démocrate de l'Ohio et président de la sous-commission de la Chambre sur l'immigration et la naturalisation, avait demandé au Département d'État de vérifier la validité du visa de Richard Burton. Si l'on en croit Feigham, celui-ci avait déclenché cette enquête pour épargner « tous ces débats sur les mœurs » au public américain.

Au bout de quelques semaines d'enquête, le Département d'État en arriva à la conclusion qu'il n'y avait aucune raison de dénoncer le visa de Richard Burton. Les jeunes mariés se joignirent à la troupe shakespearienne du Ritz-Carlton de Boston. En prévision de leur arrivée, une foule d'un millier de personnes avait envahi le hall de l'hôtel. En se faufilant dans cette cohue compacte avec l'aide de la police, de ses gardes et des employés de l'hôtel, Elizabeth se foula l'épaule. Un badaud fanatique alla même jusqu'à lui arracher une poignée de cheveux. Le lendemain matin, Richard Burton se rendit chez un armurier de Roxbury, un quartier délabré de Boston, pour acheter un pistolet de calibre 22 et une réserve de munitions.

Mais les foules bostoniennes étaient bien inoffensives en comparaison de celles qui attendaient les Burton à New York. La programmation de la pièce au théâtre Lunt-Fontanne de la 46ᵉ Rue Ouest provoqua de gros embouteillages. Il fallut bloquer les rues et les avenues et déployer des dizaines de policiers anti-émeutiers, dont un grand nombre à cheval, pour maîtriser la marée humaine venue saluer le couple de stars chaque soir à la sortie du théâtre. Pour parcourir les huit cents mètres qui séparaient le Lunt-Fontanne du Regency Hotel, où ils étaient descendus, il leur fallait souvent près d'une heure. Burton se délectait d'une telle popularité. Quant à Elizabeth, elle prétendait qu'elle aurait pu s'en passer.

« Liz feignait de ne pas s'intéresser à son public, rapporte Earl Wilson. En réalité, toute cette attention la ravissait. Elle avait fait venir Alexandre de Paris pour la coiffer. Elle s'habillait à la dernière mode américaine et européenne. Elle restait dans les coulisses à siroter du champagne presque à chaque représentation de *Hamlet*. Sammy Davis Jr. vint à une matinée avec son tailleur, Cy Devore, qui avait Frank Sinatra, Dean Martin et Peter Lawford pour clients. Sammy persuada Liz que la garde-robe de Richard avait besoin d'un coup de neuf. Elle n'était pas assez " moderne ". Dick et Liz demandèrent donc à Devore d'inventer un nouveau look pour Burton. »

Meade Roberts, qui fit une apparition en coulisses après une représentation, trouva Burton en train d'essayer un costume de Cy Devore. « Il avait trois ou quatre chaînes en or avec des médaillons pendant autour du cou et, à mes yeux, il était ridicule, dit Roberts. Sammy Davis Jr. et Elizabeth rampaient sur le sol pour lui ajuster ses revers. Burton, qui s'examinait dans un miroir en pied, se trouvait manifestement bien, une opinion que partageait Elizabeth Taylor qui lui assura qu'avec cette nouvelle tenue il serait bientôt le " Frank Sinatra de Shakespeare ". »

Richard Burton n'était pas toujours aussi content de lui. Le critique théâtral Harold Clurman, qui était assez fin, sortit de *Hamlet* en disant de Burton : « Voilà un acteur qui ne s'intéresse plus à son métier. »

Cette remarque lui étant revenue aux oreilles, Burton éprouva le besoin de boire comme un trou. Un soir, la présence d'un perturbateur dans le public produisit le même effet. Elizabeth avait la grippe et ne pouvait pas assister au spectacle. Richard revint dans sa suite complètement ivre en se plaignant d'avoir été *hué*.

– Oh, chéri, lui dit Elizabeth, qui regardait un film avec Peter Sellers en vedette, c'est sûrement un idiot. N'y fais pas attention.

– Éteins cette putain de télévision, lui ordonna Burton.

– Mais je suis en train de regarder le plus merveilleux des films, protesta Elizabeth Taylor.

Burton se précipita, pieds nus, vers la télévision, et donna un grand coup de pied. Le poste frôla le mur, l'un des boutons tomba. En reculant pour lui donner un second coup, Burton le fit tomber par terre et se coupa le pied. Il fallut près d'une heure à Elizabeth pour arrêter le flot de sang.

Philip Burton, le premier mentor de Richard, avait d'abord soutenu Sybil contre Elizabeth Taylor avant de se laisser peu à peu conquérir par cette dernière. Membre permanent du corps enseignant de l'American Music & Dramatic Academy de New York, Philip avait accepté la proposition de Richard qui voulait organiser une soirée littéraire au théâtre Lunt-Fontanne pour collecter des fonds pour l'Académie.

Ce programme, dont le titre était « De par le monde et le temps », n'eut droit heureusement qu'à une seule représentation. Dick et Liz lisaient alternativement des morceaux choisis de Shakespeare, D.H. Lawrence, Edwin Markham et John Lennon.

Si Burton improvisa plus ou moins, Elizabeth, quant à elle, avait répété pendant plus de deux semaines, en vain. « Elizabeth Taylor massacre son texte pour ses débuts sur scène », lit-on dans le *New York Herald Tribune*, qui décrit Liz s'efforçant de masquer par ses ricanements ses ratages en série.

« Je vais recommencer, annonça-t-elle gaiement alors qu'elle récitait une sombre élégie sur les ravages de la peste au XVII$^e$ siècle. Je me suis plantée, ajouta-t-elle en buvant une gorgée d'eau. – Ça devient presque plus drôle que *Hamlet* », fit sèchement Burton, tandis que les spectateurs se tortillaient nerveusement sur leurs sièges.

Autre caractéristique déroutante de la star pour son public avide (et pour les services fiscaux) : ses perpétuels changements de nationalité. Elizabeth, qui faisait tout pour ne pas payer la majeure partie de son impôt sur le revenu en Angleterre, avait naguère renoncé à sa nationalité britannique pour devenir citoyenne américaine. Or voilà qu'elle redevenait anglaise et fournissait à la presse une excuse qui, pour être charmante, n'en était pas moins bâtarde : « Il n'est pas vrai que j'aime moins l'Amérique, mais j'aime davantage mon mari. » Conseillée par toute une équipe d'avocats, d'agents et de financiers, les Burton montèrent également des sociétés indépendantes. Pour Richard, ce fut Atlantic Programmes ; pour Elizabeth, Interplanet Productions.

Alors qu'elle résidait encore au Regency, Elizabeth reçut un coup de téléphone de Truman Capote. Montgomery Clift, leur ami commun, était pratiquement retenu prisonnier dans son appartement par un amant qui s'était installé chez lui et qui refusait de s'en aller.

« Fais les valises de Monty et envoie-le ici », lui dit Elizabeth Taylor.

Monty arriva au Regency le lendemain. Il avait un air négligé et maladif, et ne resta que trois nuits avec les Burton avant de regagner son domicile. Puis ce fut au tour d'Eddie Fisher de leur rendre visite. Il avait rencontré Richard Burton dans un restaurant, et Richard l'avait invité à prendre un verre.

« Je suis arrivé au beau milieu d'une dispute, raconte Fisher, qui se souvient que le maquillage d'Elizabeth avait coulé et qu'elle parlait fort, d'une voix suraiguë. Elle était furieuse et je me suis dit alors que j'avais été marié à cette femme, à cette créature démente. Burton essayait de l'apaiser. En le regardant faire les cent pas dans leur suite, présenter des excuses, remettre de l'ordre, ramasser les objets qu'elle avait fait tomber, je me suis vu [1]... »

Le chaos régnait. Les altercations entre les Burton étaient monnaie courante. Richard tenait le compte de leurs disputes et de leurs explosions de violence dans divers carnets reliés de cuir, sorte de journal quotidien, dont certaines parties ont étayé la biographie de Melvyn Bragg. « D'un instant à l'autre il se laissait gagner par la mauvaise humeur, la méchanceté et le sarcasme, qui s'exerçaient à l'égard de tous, notamment à l'égard d'Elizabeth, note Bragg. Il la fustigeait. [...] Elle avait beau être assez solide pour absorber les chocs du " bélier " de son ego, elle ne lui volait pas moins dans les plumes, allant même jusqu'à le " frapper " physiquement. Il avait alors le plus grand mal à ne pas lui rendre coup pour coup. " Il l'a fait une fois, raconte-t-elle, et pendant un mois, j'ai eu des problèmes d'audition. " »

Dick et Liz publièrent tous deux un livre en 1964. Burton écrivit une fable moderne dont le titre était *A Christmas Story* (une histoire de Noël), ainsi qu'une version à peine édulcorée de sa liaison passionnée avec Liz Taylor, qu'il publia comme un roman sous le titre de *Meeting Mrs. Jenkins*. Elizabeth, qui avait envisagé d'écrire ses mémoires sous l'égide de Max Lerner, travailla en fait avec Richard Meryman, journaliste au magazine *Life*, pour rédiger un *Elizabeth Taylor*. L'éditeur Harper & Row lui versa 250 000 dollars pour ce projet, une biographie superficielle de cent soixante-dix-sept pages, qui contenait cinquante-six clichés de l'actrice, pris par Roddy McDowall.

« Je ne crois pas qu'elle en était très contente, reconnaît Richard Meryman. Elle n'en a pas fait la promotion. Elle n'y a pas mis non plus beaucoup d'elle-même. Le livre passa pratiquement inaperçu et ne se vendit pas bien. Il disparut sans faire la moindre vague. »

A la fin 1964, les Burton tournèrent ensemble *Le Chevalier des sables*, film dans lequel Elizabeth Taylor jouait une mère célibataire très libre d'esprit, qui habitait une maison en bord de plage à Big Sur, au sein d'une communauté très unie d'artistes bohèmes. Burton tenait le rôle d'un pasteur épiscopalien (le troisième ecclésiastique qu'il interprétait depuis qu'il était avec Elizabeth Taylor). Ce pasteur et sa femme (Eva Marie Saint) dirigeaient une école de garçons privée. Les personnages interprétés par Burton et Taylor vivent une liaison tumultueuse. Et quand la femme dévouée découvre le forfait, le révérend se sépare d'elle et s'embarque pour un avenir incertain.

Martin Ransohoff, le producteur du *Chevalier des sables*, espérait tourner le film plus tôt. « Elizabeth n'était pas d'accord, dit Ransohoff, parce qu'elle tenait à rester au Mexique pendant que Burton faisait *La Nuit de l'iguane*. Je lui ai dit que nous engagerions Marlon Brando à la place de Burton et que nous la conduirions tous les week-ends à Puerto Vallarta en jet privé. " Non, non, non, " m'a-t-elle répondu. Nous avons donc retardé le film pour lui faire plaisir. J'avais d'abord choisi William Wyler comme réalisateur, mais le changement de calendrier lui posait un problème. Ce fut Elizabeth qui choisit son remplaçant, Vincente Minnelli, avec lequel elle avait déjà travaillé.

« Je me suis bien entendu avec Minnelli. Mais Elizabeth a voulu que Sammy Davis Jr. joue le rôle de son ami bohème de Big Sur. C'était une idée d'un dangereux extrémisme. Elle s'était liée d'amitié avec Sammy à New York et exigeait qu'il fasse partie de la distribution. Je suis un libéral. J'avais engagé Dalton Trumbo, l'un des premiers " dix de Hollywood * ", comme co-scénariste du *Chevalier des sables*, mais faire de Sammy Davis Jr. l'amant d'Elizabeth Taylor dans un film de 1964, c'était courir au-devant de toutes sortes d'ennuis. Nous avons fini par donner le rôle à Charles Bronson.

« Il nous a fallu trois semaines pour tourner les extérieurs à Big Sur, mais, pour des raisons fiscales émanant de Richard Burton, nous avons terminé le tournage à Paris. »

Détail intéressant, un véritable artiste de Big Sur, Edmund Kara, à qui la société de production avait commandé une sculpture d'Elizabeth Taylor nue, grandeur nature, a participé au film. « Le scénario voulait que l'artiste du film (Charles Bronson) sculpte Elizabeth *au naturel*, dit Kara. J'ai fait le travail artistique. J'ai sculpté dans un morceau de séquoia, et cela m'a pris trois mois. Ils n'ont pas réussi à obtenir qu'Elizabeth pose nue pour moi. Comme elle avait refusé, j'ai eu recours à un mannequin qui avait les mêmes proportions. J'ai aussi fait un masque du visage d'Elizabeth qui m'a aidé à percevoir sa physionomie et son caractère. Quand la statue a été terminée, Elizabeth Taylor et Richard Burton sont venus y jeter un coup d'œil. " Bravo, vous avez fait ça avec maestria, a déclaré Burton. Vous avez même reproduit les fossettes qu'elle a sur le cul. "

« Ensuite l'équipe a enveloppé la sculpture dans un drap, l'a transportée à New York en camion et l'a déposée dans une cabine de luxe de l'*Ile-de-France*. C'était apparemment le moyen le plus économique de la faire parvenir au Studio parisien. On l'a utilisée dans le film, on a même fait une inauguration bidon pour la publicité, puis on l'a renvoyée aux États-Unis. Elle est restée dans une réserve de la MGM, qui détenait les droits du film, donc de la sculpture. Je crois qu'ils l'ont prêtée une ou deux fois pour des expositions. Ils ont même caressé l'idée d'en faire des copies miniatures en bronze pour décorer les bureaux.

« Un jour, j'ai téléphoné au producteur, Martin Ransohoff, et je lui ai demandé si cela n'ennuierait pas la MGM de me restituer la sculpture. Il pensait que cela pouvait s'arranger. Et cela s'arrangea. Les avocats du Studio m'ont envoyé un contrat stipulant qu'au cas où je vendrais la pièce, la MGM toucherait la

---

* Scénaristes et comédiens condamnés par la commission des activités antiaméricaines. *(N.d.T.)*

moitié du montant de la vente. J'ai signé, bien que je n'aie eu nullement l'intention de la vendre. J'aimais la tête d'Elizabeth. Je voulais la retravailler un peu et la garder. Quant au reste du bois, je comptais l'utiliser pour un nouveau travail.

« Dès qu'on me l'eut livrée, j'ai appelé un ami pour lui demander de venir avec une tronçonneuse. Quand il fut là, je lui ai dit de décapiter la sculpture. Il a ôté la tête juste au-dessus des épaules, puis il lui a coupé les bras, ne laissant que le torse. Il tenait sa tronçonneuse devant sa braguette de manière assez suggestive. La lame ressortait comme un phallus géant. " Vas-y, fais-lui sa fête ", lui ai-je dit alors. Il lui a plongé la lame dans le vagin et a fendu le bois en deux moitiés qui sont tombées sur le sol. Quand il eut terminé le découpage, des milliers de fourmis-soldats de Big Sur en sont sorties. Elles avaient vécu des mois à l'intérieur de l'utérus de bois de la déesse. D'une manière étrange, cette histoire avait quelque chose de légendaire, de mystique. »

Pendant qu'ils terminaient *Le Chevalier des sables* à Paris, les Burton, qui résidaient dans un hôtel à la mode, le Lancaster, assistèrent à plusieurs dîners chez le baron Guy de Rothschild. Ils embauchèrent un chauffeur, Gaston Sanz, et furent bientôt rejoints par les quatre enfants d'Elizabeth. Maria, la petite fille adoptée, avait à présent sa propre gouvernante. Les fils d'Elizabeth avaient un professeur particulier de vingt-deux ans, Paul Neshamkin, dont la tâche principale consistait à faire de la discipline plutôt que de l'enseignement. Pour plaisanter, Richard Burton lui donna une badine de bois et lui ordonna de « s'en servir si nécessaire ».

*Le Chevalier des sables* achevé, Dick et Liz prirent des vacances à l'hôtel Santa Caterina d'Amalfi. D'après le *New York Post*[2], le couple s'engagea alors dans l'un de ses combats épiques. Des flopées d'invités étaient assis à la terrasse de l'hôtel (perché sur une falaise à quelques centaines de mètres de la Riviera italienne) quand toute la garde-robe de Richard, encore sur des cintres, passa par la fenêtre de la suite des Burton et fut précipitée dans la mer.

En février 1965, Elizabeth accompagna son cinquième mari à Dublin, où il jouait un vieil agent secret fatigué dans *L'espion qui venait du froid* d'après John le Carré. Dans ce film d'espionnage, la partenaire de Richard était Claire Bloom, son ancienne petite amie, qui se plaignit que Burton la battait froid pendant tout le tournage. Il n'avait manifestement pas le choix : Elizabeth le surveillait en permanence.

A Dublin, Richard but encore plus que d'habitude. Il envoyait souvent Bob Lee, son assistant personnel, qu'il surnomma un jour « mon Dick Hanley à moi », acheter des bouteilles de scotch et de whiskey irlandais. Burton prétendit plus tard qu'il avait de bonnes raisons de boire pendant cette période. Elizabeth et lui connaissaient alors toutes sortes de malheurs. Tout d'abord, le père d'Elizabeth fit une crise cardiaque, dont il mit des mois à se remettre. Puis un cambrioleur parvint à s'introduire dans leur suite à Dublin et partit avec pour 50 000 dollars de bijoux appartenant à Elizabeth, dont l'alliance de Mike Todd que l'on avait retrouvée après sa mort dans l'accident d'avion. Gaston Sanz, leur chauffeur français, eut un accident de la route au volant de la Rolls-Royce de Burton. Le piéton fou qui s'était jeté tête la première contre le flanc de l'automobile mourut quelques jours plus tard.

Rock Brynner, le fils de Yul Brynner, raconte un autre incident tragique concernant Gaston Sanz. « J'avais quitté l'université de Yale pour m'inscrire au Trinity College de Dublin, se souvient Rock. Étant donné les liens d'amitié qui unissaient ma famille et Elizabeth Taylor, j'ai passé beaucoup de temps avec les Burton pendant leur séjour en Irlande. Je me rappelle un malheureux événement dont on entendit parler peu après leur arrivée : le fils de Gaston Sanz, un jeune homme de dix-neuf ans, était mort lors d'un accident de tir dans le stand d'une galerie d'attractions à Saint-Jean-de-Luz. Il courait une rumeur selon laquelle il s'était suicidé, mais ce n'était pas vrai.

« Elizabeth, qui avait de graves et douloureux troubles intestinaux, accompagna néanmoins Gaston aux funérailles. Ils prirent l'avion pour Paris, puis pour Saint-Jean-de-Luz. Gaston ne pouvait pas supporter l'idée de voir le corps de son fils. La balle lui avait emporté la moitié du crâne. Elizabeth se rendit à la morgue pour identifier le corps et voir si la tête était assez intacte pour que l'on puisse laisser le cercueil ouvert lors de la cérémonie. Je crois qu'elle leur a conseillé de le fermer. Elle s'assura aussi que le rapport de police indiquait bien qu'il s'agissait d'une mort accidentelle et non d'un suicide. C'est elle qui organisa l'enterrement et en paya les frais. »

En avril 1965, les Burton passèrent deux semaines dans le chalet de Gstaad. Là, ils inscrivirent pour l'année les deux fils de Michael Wilding dans un internat suisse. Comme à son habitude, Elizabeth eut un accident, quoique mineur; elle heurta un meuble de cuisine et se fit deux yeux au beurre noir. « Tu ne provoques pas de catastrophes, lui dit Richard Burton, mais des incidents à la pelle. »

Le reste des vacances, ils s'enfermèrent dans une villa douillette du Cap-d'Antibes, où ils reçurent le scénario d'Ernest Lehman, scénariste et producteur, pour l'adaptation d'une pièce d'Edward Albee, *Qui a peur de Virginia Woolf?* Alors qu'ils en pesaient les avantages et les inconvénients, le couple apprit que Sybil Burton s'était remariée.

A peine intégrée dans les milieux influents de New York, Sybil s'y était fait une place au soleil, comme directrice du casting de l'Establishment Theater Company, une troupe britannique qui avait notamment produit *The Ginger Man* et *The Knack*. Quand la troupe se dispersa, Sybil et une partie des commanditaires reprirent le studio de l'Establishment Theater de la 54ᵉ Rue Est, qu'ils transformèrent en un restaurant-discothèque baptisé Arthur (d'après une coupe de cheveux du genre de celle des Beatles). « Arthur, rapporte le critique cinématographique Hollis Alpert, devint vite le lieu le plus célèbre, le plus " in ", le plus difficile d'accès de tous les rendez-vous des noctambules de la ville. »

Bien qu'elle eût proclamé haut et fort qu'elle ne se remarierait jamais, Sybil, alors âgée de trente-six ans, fut très attirée par Jordan Christopher, vingt-quatre ans, mince, brun et chef des Wild Ones, un orchestre de rock de cinq musiciens, qu'elle avait débauché du Peppermint Lounge et qui venait jouer tous les soirs chez Arthur. « Je n'y croyais pas, déclara-t-elle à un journaliste en évoquant ses sentiments, je ne me serais même pas permis d'y songer. » Mais elle ne pensait plus qu'à cela et, en juin 1965, elle épousa Jordan Christopher. Richard Burton leur envoya un télégramme de félicitations. Il ne reçut pas de réponse.

Le mariage entre Sybil et Jordan eut son lot de détracteurs, parmi lesquels son premier mari. Graham Jenkins, dans des mémoires portant le titre de *Rich Burton : My Brother*, rapporte que Richard « avait parfois des mots durs pour le jeune homme qui l'avait remplacé. Richard venait d'avoir quarante ans et s'en ressentait. Il n'aimait pas qu'on lui parle des rivaux qui le suivaient de près. » Quand Sybil épousa Jordan Christopher, écrit l'actrice Rachel Roberts dans une partie de son journal qu'elle ne publia pas [3], elle fumait comme un sapeur et souffrait d'un ulcère à l'estomac. Bien que Christopher ait quitté son orchestre et trouvé des petits rôles au cinéma, Rachel en parle toujours comme de « l'impossible mari » de Sybil ou de « Jordan le chômeur ». « Sybil aime ses enfants, note-t-elle dans une autre page de son journal, et même peut-être Jordan, qui ne fait littéralement rien de la journée et ne fera probablement jamais rien. »

Au début, Kate Burton, qui avait huit ans, était quelque peu réservée. Elle fit même une fugue, rapporta un article, pour tenter de rejoindre son père et Elizabeth Taylor à Hollywood. Au bout de quelque temps, elle en vint à accepter son « second père » et à en dire du bien, puisqu'il fallait bien reconnaître que, chez elle, l'atmosphère était relativement tranquille en comparaison des turbulences qui agitaient toujours l'univers de Dick et de Liz, quand elle leur rendait visite. Plus tard, Kate estimera que les difficultés conjugales de son vrai père provenaient beaucoup plus de ses problèmes à lui que de ceux que créait Elizabeth. « Papa, déclare Kate Burton au *Daily Mail*, ne se supportait pas lui-même. »

Si l'art peut naître du tumulte et des bouleversements, ce qui est souvent vrai, alors Richard Burton et Elizabeth Taylor étaient faits pour tenir les rôles principaux de *Qui a peur de Virginia Woolf?* de Mike Nichols. Dans le rôle d'une Martha provocante et négligée, Liz tonne, jure, roucoule, raille, hurle, gronde et braille si fort que l'on a l'impression qu'elle va exploser. Traînant avec lui ses lunettes épaisses et son gilet déformé, Richard Burton campe le personnage un peu docte de George, qui n'est faible qu'en apparence. Leurs jeunes hôtes, Sandy Dennis et George Segal, sont complètement perdus dès qu'ils commencent à s'enivrer et à s'entredéchirer. « Grosse à quarante ans! » clamèrent (injustement) les gros titres commentant la prestation de Liz dans ce drame sur la révolte de l'âge mûr et l'abnégation.

Au début, le dramaturge Albee avait mis en cause la présence d'Elizabeth Taylor dans le film. Bien qu'enchanté de sa prestation, il la trouvait néanmoins trop jeune pour le rôle.

Haskell Wexler, le directeur de la photographie, fit observer que, pour endosser la personnalité de Martha, Elizabeth Taylor avait considérablement grossi. « Cela lui était égal d'avoir l'air bouffie et défaite, mais elle ne voulait pas non plus ressembler à un monstre de foire. Extrêmement soucieuse de son aspect à l'écran, elle ne cessait de me rappeler qu'elle n'était pas censée être belle. " Enfin, je ne suis pas non plus censée être affreuse ", murmurait-elle ensuite. »

Pendant le tournage, le couple but considérablement entre deux prises, surtout Richard. « Après le déjeuner, se souvient Wexler, qui obtint un Oscar pour ce film, il était difficile de demander à Burton de se concentrer. En revanche, j'ai trouvé qu'Elizabeth y mettait du sien. En termes de carrière, elle sentait toute l'importance de *Qui a peur de Virginia Woolf?* C'était le premier film dans lequel tout reposait plus sur ses capacités que sur son physique. Elle avait tendance à traiter à la légère son talent d'actrice mais, à mon sens, elle a fait du bon boulot. Elle a pris son métier au sérieux. Des années plus tard, elle citait souvent *Virginia Woolf* comme l'un de ses deux films préférés, l'autre étant *Le Grand National*.

« Pour nous détendre entre les prises, Elizabeth, Sandy Dennis et moi, nous faisions des concours de rots. Sandy gagnait à tous les coups. Elle était capable de roter à la demande et plus fort que tout le monde. Bien qu'elle ait déjà joué dans un certain nombre de productions de Broadway, *Virginia Woolf* marqua les débuts cinématographiques de Sandy. »

Autrefois, Richard Burton traitait sa femme de « fainéante », signifiant par là qu'elle avait pris ses projets antérieurs à la légère [4]. Cependant, Mike Nichols s'était arrangé pour inverser le syndrome. Il avait obtenu d'Elizabeth qu'elle rende sa voix plus grave pour le rôle, qu'elle se tienne différemment, prenne plus de dix kilos, qui alourdirent considérablement sa silhouette. Sidney Guilaroff lui fit plusieurs perruques qui la vieillissaient, alors qu'elle n'avait que trente-deux ans. Au cours d'une séquence, Elizabeth Taylor se cassa une dent, ce qui retarda le tournage d'une semaine. Lors d'un autre incident, elle se blessa à l'œil et prit plusieurs jours de congé. Mais le journal de bord de la Warner indique qu'elle était généralement ponctuelle et responsable.

Richard Burton, de son côté, avait son propre lot de problèmes. Irene Sharaff, la créatrice des costumes, pense qu'il serait trop simpliste de croire que, dans leur vie privée, les Burton se conduisaient comme le George et la Martha de *Qui a peur de Virginia Woolf?* Il y avait néanmoins quelques similitudes entre le couple réel et celui qui apparaissait à l'écran. Tout comme Martha, Elizabeth pouvait se montrer terriblement difficile, aussi irritante qu'épuisante pour son entourage. On pouvait en dire autant de Richard Burton qui, comme beaucoup d'hommes brillants, était un être imprévisible et extrêmement complexe.

Richard Burton avait atteint des sommets dans l'absorption d'alcool et de comprimés divers. Dans un documentaire télévisé de 1985 (*Richard Burton : In from the Cold*), sa fille Kate Burton dit qu'elle avait le sentiment que son père et Elizabeth étaient dépendants tous les deux. « Bien entendu, Elizabeth était alcoolique... et prenait trop de pilules. Papa n'avait jamais absorbé de cachets à ce point. Je sais néanmoins qu'il avait l'habitude de prendre des calmants en permanence quand son dos le faisait trop souffrir. »

Dans le même documentaire, Mike Nichols présente un point de vue tout à fait cohérent : « Les choses ont commencé à déraper pour (Burton) [...] Il se vantait énormément, avec cet orgueil très gallois qui était le sien, d'être capable de jouer [...] complètement bourré. Dès qu'il eut acquis avec Elizabeth l'immortalité que vous confèrent les revues de cinéma, je crois qu'il y a laissé jusqu'à son âme...

« Burton s'est lassé des feux de la rampe. Elizabeth Taylor ne s'en est jamais lassée. Elle n'en avait jamais assez. »

# 20

Les extérieurs de *Qui a peur de Virginia Woolf?* furent tournés sur le campus du Smith College, à Northampton, dans le Massachusetts; les intérieurs, en Californie, aux studios de la Warner. Grâce à ce film, Elizabeth Taylor remporta pour la deuxième fois l'Oscar de la meilleure actrice. En outre, Mike Nichols la remercia de sa prestation en lui offrant un chiot Lhasa apso baptisé George, prénom du personnage interprété par Richard Burton dans le film.

Les Burton rendirent ensuite visite au frère de Liz à San Diego et à sa femme, Mara, et leurs cinq enfants. Howard Taylor travaillait comme dessinateur à l'institut océanographique de San Diego; il possédait un voilier de 15 mètres, sur lequel il emmena Dick et Liz faire une croisière d'une nuit. Richard Burton nota plus tard dans un de ses carnets qu'il trouvait que sa femme aidait financièrement son frère de manière exagérée, d'autant plus que Mara gagnait bien sa vie en s'occupant de la gestion de plusieurs établissements florissants. Burton critiquait l'attitude d'Elizabeth par rapport à la famille de son frère, mais lui-même en faisait autant en envoyant à ses frères et sœurs des sommes exorbitantes ou des cadeaux coûteux.

Le critique cinématographique David Lewin confirma que Burton n'aimait guère son métier: « Il faisait cela pour l'argent, surtout après son mariage avec Taylor. Burton choisissait des rôles difficiles, mais extrêmement lucratifs. Comme Elizabeth, il se montrait toujours très généreux avec les membres de sa famille et donnait beaucoup d'argent à ses frères et sœurs ainsi qu'à leurs enfants. »

La différence essentielle entre leurs générosités respectives tenait plutôt à leurs sympathies politiques. Ce n'était un secret pour personne qu'Elizabeth finançait la cause sioniste; en revanche, on ne savait pratiquement rien des sommes versées par Burton à des groupes politiques radicaux tels que les Black Panthers. Les sommes versées à ces derniers finirent par attirer l'attention du FBI, lequel plaça le nom de Burton sur une liste de « suspects subversifs » où se trouvaient déjà ceux de Leonard Bernstein et de Lillian Hellman *.

Vers le milieu des années soixante, Burton s'efforça de se bâtir une respectabilité intellectuelle en jouant dans le *Doctor Faustus* de Christopher Marlowe, monté par la compagnie théâtrale de l'université d'Oxford. L'idée de ce projet revenait à Nevill Coghill [1], un des anciens professeurs de Burton à l'université. Coghill rêvait non seulement d'une mise en scène, mais également d'une adaptation cinématographique ; le film serait tourné à Rome dans les studios de Dino De Laurentiis et les rôles seraient tenus par des étudiants d'Oxford (comme sur scène). Pour donner un certain éclat au projet, Elizabeth Taylor, très enthousiaste, accepta de jouer le rôle muet d'Hélène de Troie dans les deux versions. Les deux stars acceptèrent de consacrer leur temps, ainsi que les éventuelles recettes du film, à la construction d'un nouveau complexe théâtral dans le cadre de l'université, mais aussi à la fondation d'une chaire Richard-Burton d'études théâtrales. Burton l'occuperait pendant un an ou deux. Il espérait que ceci lui vaudrait le titre de chevalier, distinction qu'il plaçait bien au-dessus de l'Oscar du cinéma. A sa grande déception, Burton n'eut rien de tout cela, ni la chaire à Oxford, ni le titre de chevalier, ni l'Oscar.

Les Burton se trouvaient à Rome pour achever *Doctor Faustus* et tenir les rôles principaux de la version cinématographique de *La Mégère apprivoisée* de William Shakespeare quand, au matin du 23 juillet 1966, leur parvint la nouvelle de la mort de Montgomery Clift. Le médecin légiste de New York, le docteur Michael Baden, déclara que la mort de Clift était due à une crise cardiaque survenue après des années marquées par les abus d'alcool et de médicaments. « Les derniers temps, dira Truman Capote, personne, pas même Elizabeth Taylor, n'aurait pu l'aider. » Elizabeth fut très abattue pendant plusieurs semaines, mais elle ne fit aucune déclaration publique sur la mort de Clift.

Plusieurs personnes rendirent visite à Liz et à Dick à Rome, dont Gisella Orkin et son mari, l'agent artistique Harvey Orkin : « Elizabeth et Richard vivaient dans un immense palais, dit Gisella. Alexandre était venu de Paris pour la coiffer. Elle arborait plusieurs manteaux en vison que Richard lui avait récemment offerts. L'un d'eux, particulièrement magni-

---

* Après avoir enquêté sur les liens politiques de Burton, le FBI conclut qu'il « avait agi en toute indépendance et semblait ne pas avoir de contacts précis avec des membres individuels du mouvement des Black Panthers ».

fique, était pourvu d'une capuche. Elle me demanda si j'aimerais en avoir un comme ça. Elle m'offrit aussi les services d'Alexandre. J'aurais dû accepter l'un et l'autre, mais j'étais trop petite-bourgeoise à l'époque.

« Je me souviens d'avoir déjeuné avec les Burton sur la terrasse de leur palais. C'était un cadre enchanteur entouré d'arbres fruitiers odorants. Elizabeth portait un caftan violet – elle adorait les caftans –, mais aucun maquillage : elle était absolument splendide. Ses deux fils étaient là, les enfants de Wilding, et il y avait aussi mon petit Anthony, alors âgé de deux ans.

« Les enfants jouaient pendant que nous déjeunions. Il y avait un nombre incroyable de domestiques : serveurs, femmes de chambre, cuisiniers. Le maître d'hôtel apporta un magnifique plat en argent très ancien dont il souleva très cérémonieusement la cloche : dessous, il y avait des saucisses de porc. C'était apparemment le plat préféré de Richard. C'étaient des petites saucisses anglaises très communes, et c'est ce que nous eûmes pour déjeuner. »

Avant de jouer dans *La Mégère apprivoisée*, Elizabeth était entrée dans une clinique romaine pour une légère opération du dos. Le réalisateur du film, Franco Zeffirelli, craignait que le plan de travail n'en souffrît, mais il n'en fut rien. Elizabeth – dans le rôle de la mégère – fut toujours extrêmement ponctuelle.

Les années 1965-1967 furent des plus productives pour les Burton. *Doctor Faustus* et *La Mégère apprivoisée* sortirent sur les écrans, mais ce fut aussi le cas pour *Reflets dans un œil d'or*, produit par Ray Stark et réalisé par John Huston, et *Les Comédiens*, adaptés du roman de Graham Greene sur la dictature de « Papa Doc » Duvalier à Haïti. Dans ces quatre films, Elizabeth ne se comporta pas en actrice d'origine britannique, mais en véritable star de Hollywood.

Le célèbre cinéphile Robert Gardiner écrivit ceci : « Elizabeth Taylor est peut-être née en Angleterre, mais elle a grandi à Hollywood. Dans *La Mégère apprivoisée*, Burton lance ses répliques dans un anglais tout ce qu'il y a de plus classique, tandis qu'Elizabeth parle comme une poissonnière de Brooklyn. Curieusement, ce mélange d'accents fonctionna parfaitement. » Les critiques accueillirent fort bien le film ainsi que la performance d'Elizabeth Taylor, laquelle avait perdu tous les kilos nécessaires au rôle de Martha dans *Qui a peur de Virginia Woolf ?* Elle connut dans *La Mégère* plus de chutes que dans toute sa carrière. Dans *Virginia Woolf*, Burton et elle se disputaient âprement, mais leurs affrontements étaient encore plus violents dans *La Mégère*. Il leur arriva même, alors qu'ils se trouvaient sur un toit de tuile, que celui-ci cède et qu'ils se retrouvent six mètres plus bas sur un tas de bois.

Le film suivant d'Elizabeth Taylor, *Reflets dans un œil d'or*, était l'adaptation d'un roman sulfureux de Carson McCullers. Les débuts en furent assez difficiles. Elizabeth avait trouvé intéressant ce scénario dont l'action se situait dans un fort du Sud, au cours des années quarante ; c'était pour elle le moyen de jouer à nouveau avec Montgomery Clift. La mort de l'acteur posa beaucoup de problèmes. Il convenait admirablement à ce rôle de major homosexuel refoulé et époux d'une femme méprisante et adultère (Leonora, jouée par Taylor). Richard Burton refusa de le remplacer ; Lee Marvin fit de même. Elizabeth se tourna alors vers Marlon Brando à une époque où celui-ci était à la fois libre et intéressé par le projet. Brando accepta la proposition et se rendit à Rome, où une grande partie du film devait être tournée ; il signa le contrat. Pendant ce temps, John Huston tourna des scènes d'extérieurs à la base aérienne Mitchell de Long Island.

Tout au long du tournage, Richard Burton surveilla de près sa femme, inversant ainsi les rôles : bien que d'un naturel solitaire, Marlon Brando avait la solide réputation de séduire ses partenaires féminines.

Burton n'aurait pas dû s'inquiéter. Comme Brando le raconte dans son autobiographie parue en 1994, le réalisateur John Huston et lui-même étaient perpétuellement « défoncés » : « John a fumé beaucoup d'herbe sur ce tournage ; un jour, on allait tourner l'une de mes scènes quand il me proposa un peu de marijuana. Quelques instants plus tard, je ne savais plus qui j'étais, où j'étais ni ce qu'on attendait de moi. Je ne savais qu'une chose : tout baignait, le monde entier était une grande partie de rigolade et John partageait mon point de vue. Je tenais à peine debout. Quand on me posait une question, je répondais " Quoi ? " à peu près cinq minutes plus tard. »

Julie Harris jouait le rôle de l'épouse névrosée de l'officier avec qui le personnage de Taylor avait une liaison. Elle trouva Elizabeth « affriolante et énergique. Brando et elle étaient les superstars du film. Je ne faisais pas partie de leur monde. J'étais un peu comme Cendrillon. Parfois on m'appelait pour tourner une scène, j'arrivais le matin et, en fin d'après-midi, je disais à John Huston : " C'est à moi ensuite ? – Oh, je ne savais pas que vous étiez là ", me répondait-il. C'est arrivé très souvent, c'était vraiment très bizarre. »

Le tournage de *Reflets dans un œil d'or* connut d'autres moments difficiles. John Huston souffrait d'emphysème, une maladie qui le harcelait depuis des années ; il avait de longues et douloureuses quintes de toux qui se terminaient toujours par des nausées et des vomissements. A plusieurs reprises, il fallut même l'aider à quitter le plateau.

La scène la plus osée de ce film semi-érotique montre la pulpeuse Leonora (une doublure d'Elizabeth Taylor, en fait) se dévêtant devant Brando avant de gravir les escaliers tandis que la caméra s'attarde sur le balancement rythmique de son corps généreux.

De tous les films auxquels Taylor et Burton participèrent au cours de ces années, c'est certainement *Les Comédiens* qui offrent le cadre le plus réaliste. Tourner à Haïti étant impensable pour des raisons politiques, le réalisateur britannique Peter Grenville choisit de travailler au Dahomey (actuel Bénin) ; certains extérieurs furent filmés dans le sud de la France, et les scènes d'intérieurs, à Paris.

Le décorateur Robert Christedes se souvient de l'arrivée au Dahomey de Dick et de Liz : ils croulaient sous les bagages. « Il fallut trois camionnettes pour charger leurs quatre-vingts valises. Nous apprîmes bientôt qu'elles étaient bourrées d'aliments. Les produits locaux étaient porteurs de maladies et il était nécessaire d'importer notre nourriture. »

Elizabeth pesait près de 15 kilos de trop quand elle arriva en Afrique, mais elle les perdit presque tous en huit ou neuf jours avant d'entamer le tournage. « Ce n'était pas très difficile de maigrir au Dahomey, note Christedes. Le climat était effroyablement chaud et humide. Rien qu'en suant, on pouvait perdre plus de 2 kilos par jour. »

La monteuse Françoise Javet confirma la dureté de ces conditions tropicales et déclara que la chaleur poussait tout le monde à boire beaucoup. « Elizabeth et Richard burent énormément, mais l'alcool n'affecta pas leur jeu. Ils étaient toujours ponctuels. Ils connaissaient leur texte. Il fallait rarement une deuxième prise. »

C'est au Dahomey qu'Elizabeth songea à adopter un autre enfant. Elle avait souvent les larmes aux yeux quand elle pensait aux enfants du tiers monde qui vivaient dans la misère. Elle visita plusieurs orphelinats, mais Burton s'opposa farouchement à son projet sous prétexte qu'ils voyageaient beaucoup trop. Entre les déplacements pour les films et les vacances passées à Gstaad, Hollywood ou Puerto Vallarta, il ne restait pas beaucoup de temps à consacrer à un bébé. Elizabeth renonça à son projet, mais non sans s'être disputée avec Burton.

Le couple avait entre-temps entamé des discussions avec le réalisateur Joseph Losey, qui leur proposait les principaux rôles d'un film intitulé *Boom*. L'histoire mêlait deux œuvres de Tennessee Williams, *Le train de l'aube ne s'arrête plus ici (The Milk Train Doesn't Stop Here Anymore)*, pièce de théâtre qui avait été jouée à Broadway avec Tallulah Bankhead), et la nouvelle *Un homme monte avec ça (Man Bring This Up the Road)*.

Conçu à l'origine par le producteur Lester Persky, le projet subit bon nombre de modifications. Tony Richardson fut le premier pressenti pour la réalisation de ce film. Les acteurs en auraient alors été James Fox et Simone Signoret. Quand Fox déclina l'offre parce qu'il avait déjà d'autres engagements, Persky fit appel à Sean Connery. Quand l'option de Persky vint à terme, John Heyman et Norman Priggen reprirent le flambeau. Norma, l'épouse de Heyman, avait été l'amie d'Elizabeth : elle suggéra que l'on donne les rôles principaux à Burton et Taylor.

Elizabeth tient le rôle de Flora (« Sissy ») Goforth, millionnaire excentrique, souvent mariée et désormais veuve, qui passe son dernier été sur l'île de Méditerranée où elle vient régulièrement depuis des années. Burton joue le rôle d'un poète jeune et beau que les habitants de l'île savent être un gigolo.

Tourné en Sardaigne, *Boom* fut mal reçu par la critique. Pour tout le monde, Elizabeth Taylor était trop jeune pour le rôle et Burton trop vieux pour le sien.

Juste avant d'entamer le tournage de *Boom*, les Burton louèrent puis achetèrent un splendide yacht jaugeant 279 tonneaux et décoré de bois précieux. Ils acquirent cet ancien vapeur pour quelque 200 000 dollars, le rebaptisèrent *Kalizma* et l'agrémentèrent de livres et de peintures précieuses. Ils engagèrent un capitaine britannique, un équipage impeccable et plusieurs gardes. Dès qu'ils prirent possession de leur bateau, Burton parla d'acheter ou de louer un avion à réaction, un Lear. Liz et lui parlaient de yachts et de jets comme de simples jouets. Elizabeth aurait toutefois préféré une parure d'émeraudes. Quand Burton lui déclara que cet appareil pourrait les conduire en quelques heures dans n'importe quel pays, Taylor répliqua : « Peut-être, mais on ne peut pas porter un Lear. »

En février 1968, la *Kalizma* arriva à Londres et fut mise à quai sur la Tamise. Une demi-douzaine de chiens se trouvait à bord. Le scandale éclata immédiatement dans la presse quand on révéla que Dick et Liz avaient transformé leur yacht en « chenil flottant ». L'Angleterre avait imposé six mois de quarantaine pour éviter l'entrée de la rage sur son territoire. Les Burton réglèrent le problème en laissant leurs toutous à bord de la *Kalizma* sous la surveillance d'un gardien; eux-mêmes descendirent au Dorchester, mais ils revinrent chaque jour sur le bateau pour voir comment allaient leurs chiens.

Les Burton étaient venus en Angleterre pour tourner chacun de son côté, Elizabeth dans *Cérémonie secrète* et Richard dans *Quand les aigles attaquent*. Elizabeth allait travailler une fois de plus avec les producteurs Heyman et Priggen et le réalisateur Joseph Losey. Les producteurs voulaient donner plus de poids au film en engageant Mia Farrow et Robert Mitchum.

L'histoire de *Cérémonie secrète* est celle d'une prostituée d'âge mûr que prend en amitié une jeune femme ressemblant étrangement à sa défunte fille. La prostituée, jouée par Elizabeth Taylor, se rend chez la jeune fille et entre dans son jeu en jouant la mère de celle-ci. Les scènes finales sont marquées par l'inceste, la dépravation et la violence.

En novembre, lors d'un dîner, Mia Farrow, Frank Sinatra (son mari à l'époque), Dick et Liz s'étaient persuadés que ce film lancerait radicalement Farrow. Entre-temps, le couple Sinatra-Farrow avait battu de l'aile. Sinatra avait trente ans de plus que Mia; un soir, en présence de cette dernière, il avait déclaré dans un club : « J'ai enfin trouvé une nana que je peux tromper. »

*Cérémonie secrète* fut extrêmement pénible pour Mia Farrow. Elle se tourna vers Elizabeth Taylor, qui lui offrit son aide et son soutien moral. « J'ai eu la chance de me trouver auprès d'elle lors de l'une des périodes les plus difficiles de mon existence », dira Farrow.

Elizabeth avait aussi des problèmes, avec Joseph Losey principalement. *Boom* avait été un fiasco commercial – ce fut même l'un des rares films avec Burton et Taylor qui se révéla déficitaire –, mais les relations entre Losey et Elizabeth n'en avaient pas été ternies pour autant. Avec *Cérémonie secrète*, leurs rapports devinrent plus difficiles.

Voici ce que Losey confiera à Michel Ciment :

J'ai eu beaucoup de problèmes avec elle [3] avant même de commencer parce qu'elle a très peu de goût question vêtements. [Elizabeth] a des yeux exquis, une peau exquise; à de nombreux égards, c'est, et c'était surtout, une femme splendide. Mais elle a une silhouette déplorable, elle ne s'en préoccupe pas du tout, elle a des mains boudinées, elle est petite et son accent est épouvantable. Je savais que le premier problème, ce serait ses costumes parce qu'elle porte toujours des vêtements qui accentuent le fait qu'elle est petite et grosse, au lieu de faire le contraire. J'ai fait appel à Marc Bohan de chez Dior, il s'est montré merveilleux et a

très bien compris le problème. J'ai fait appel à Alexandre...
qui s'est occupé des perruques, même si j'avais fait tout mon
possible pour la convaincre de ne pas en mettre, ça lui faisait une sorte de masque qui la déformait. Pour éviter
qu'elle soit encore plus mal fagotée qu'à l'ordinaire, j'ai
décidé avec Bohan qu'elle ne porterait jamais plus d'une
couleur à la fois : ce serait le blanc, comme une mariée, parfois le noir, comme la mort, et une seule fois le violet.

Losey et Elizabeth réussirent tout de même à faire la paix.
L'humeur d'Elizabeth s'améliora quand Burton et elle inves-
tirent dans plusieurs entreprises commerciales (dont le réseau
de télévision Harlech à Bristol). Le 18 mai 1968, lors de la
cérémonie d'ouverture de cette société de télévision, Burton
offrit à sa femme un diamant d'une valeur de 305 000 dollars,
le Krupp. Il l'avait acquis de justesse quelques jours plus tôt à
la Parke-Bernet Galleries de New York. Le diamant portait le
nom de sa précédente propriétaire, Vera Krupp, veuve du
magnat de l'acier allemand : avec ses 33,19 carats, ce diamant
passait (et passe encore) pour l'un des plus parfaits qui soient
au monde.

Elizabeth Taylor continue de porter le Krupp presque tous
les jours. La taille et l'éclat du diamant firent l'objet d'un
échange de répliques aujourd'hui historique. Lors d'un
mariage, la princesse Margaret avait demandé à Taylor si elle
pouvait l'essayer. Une fois à son doigt, la princesse s'écria :
« Comme c'est vulgaire ! »

Et Taylor de répliquer : « Ouais, c'est super, non ? »

# 21

S'il fallait situer précisément dans le temps le début du déclin du mariage Burton-Taylor, ce serait certainement l'été 1968. En juillet, un certain nombre d'événements concoururent à détériorer leurs relations. Au début du mois, Burton commença à travailler sur un nouveau film britannique, *La Chambre obscure*, et eut immédiatement maille à partir avec le réalisateur, Tony Richardson. Richardson le renvoya et Burton s'adonna plus que jamais à la boisson.

De son côté, Elizabeth Taylor avait fait une hémorragie et avait été obligée de subir une hystérectomie partielle dans un hôpital londonien. Pendant sa convalescence, Burton lui rendit de fréquentes visites ; il fit même des va-et-vient incessants entre sa femme et leur progéniture. Entre deux verres, Burton s'occupait parfaitement des enfants d'Elizabeth et de « l'entourage », comme le disait la presse française à propos de tous ceux qui les accompagnaient.

Dick connut des myriades de problèmes en tentant de discipliner un peu les fils de Liz, Michael et Christopher Wilding, lesquels habitaient une suite au Dorchester après avoir suivi leur scolarité dans des pensionnats suisses ou anglais. Melvyn Bragg écrit dans la biographie qu'il a consacrée à Burton que celui-ci « mit en garde » les garçons dont le comportement était plus que douteux : « musique bruyante à deux heures et demie du matin, trous de cigarette dans les draps et les rideaux, bouteilles d'alcool dans toutes les pièces ». L'alcool, on le sut plus tard, appartenait à Burton.

Richard Burton nageait dans les difficultés avec Christopher et Michael quand il reçut un coup de fil de Roger et Janine Fillistorf, propriétaires du Café de la Gare, bistrot voisin du chalet que Burton possédait en Suisse, à Céligny. André Besançon, jardinier de Burton depuis de longues années, s'était pendu. La nouvelle arriva le jour où la fille de Burton, Kate, venait lui rendre visite. Burton décida de se rendre en Angleterre pour assister aux funérailles et il emmena avec lui Kate et Liza, son frère Ifor et un ami, Brook Williams.

Alors que le petit groupe attendait au Café de la Gare, Ifor partit en pleine nuit pour ouvrir la maison de son frère. Comme, au bout d'une heure, Ifor ne revenait toujours pas, le groupe partit à sa recherche. Selon Bragg : « Ifor s'était pris le pied dans une grille qui venait d'être installée (il ne savait pas qu'elle se trouvait là), il avait trébuché et fait une mauvaise chute avant de se rompre le cou sur le rebord de la fenêtre. Il était entièrement paralysé. »

Burton fut « inconsolable », comme l'écrit Bragg. Il se tenait pour responsable de cet accident. Pas même l'alcool ne pouvait dissiper son sentiment de culpabilité. Ifor était désormais « confiné à une chaise roulante... dans l'attente de la mort ».

En août, les Burton, toujours très amoureux mais se querellant en permanence, revinrent, épuisés, à Los Angeles afin de s'y reposer. En septembre, ils repartirent pour Paris où les attendaient deux productions de la Twentieth Century-Fox.

Elizabeth se partageait la vedette avec Warren Beatty dans *Las Vegas, un couple*. C'était une adaptation de la pièce de Frank D. Gilroy, qui racontait la liaison d'un pianiste et d'une chorus-girl sur fond de casino. Gilroy écrivit le scénario ; George Stevens réalisa le film, mais il ne parvint pas à obtenir d'Elizabeth la qualité de jeu dont elle avait fait preuve dans *Une place au soleil* et *Géant*. En outre, Stevens et le producteur Fred Kohlmar durent reconstituer Las Vegas dans des studios parisiens tandis que la deuxième équipe tournait des extérieurs en Amérique. Le résultat fut décevant et l'accueil mitigé du public montra qu'Elizabeth Taylor n'était plus la reine du box-office.

Pendant que Liz jouait avec Warren Beatty dans *Las Vegas, un couple*, Richard Burton donnait la réplique à Rex Harrison pour *L'Escalier*, de Stanley Donen, l'ancien béguin de Liz. Cette histoire de deux coiffeurs homosexuels rapporta à Burton 1,25 million de dollars d'avance plus un certain pourcentage. Interrogé sur ses propres expériences homosexuelles, Burton déclara : « J'ai essayé une fois [1] », mais ne donna aucun détail. Au cours d'un entretien, Meade Roberts a déclaré à l'auteur de ce livre que Sir Laurence Olivier aurait pu être son partenaire.

A Paris, les Burton furent reçus par les Rothschild, le duc et la duchesse de Windsor, le baron Alexis de Rédé et d'autres membres de l'aristocratie française. Ils dînèrent également avec la cantatrice Maria Callas, récemment abandonnée par Aristote Onassis, lequel cherchait depuis longtemps à conquérir l'ancienne Première Dame des États-Unis, Jacqueline Kennedy. Burton arrivait un peu trop souvent ivre à ce genre de soirée et en repartait dans un état indescriptible. Elizabeth et lui se disputaient invariablement, mais se réconciliaient toujours avant d'aller se coucher. A cet égard, leur mariage ressemblait à des millions d'autres.

Le 22 novembre 1968, le père d'Elizabeth, Francis Taylor, mourut à l'âge de soixante-dix ans des suites de son attaque cardiaque. Les Burton revinrent à Beverly Hills pour assister à l'enterrement. La mort de son père entraîna chez l'actrice une profonde dépression, encore exacerbée par les complications de sa récente hystérectomie. Moins de trois mois plus tard, le 5 février 1969, Liz apprenait le décès de son premier mari, Nicky Hilton.

Pour distraire sa femme, Burton se lança dans des dépenses inconsidérées et offrit à Liz des bijoux précieux dont La Peregrina[2], perle historique qui lui coûta la bagatelle de 37 000 dollars ; un collier de diamants et de rubis d'une valeur de 100 000 dollars ; une broche en saphir et diamant, 65 000 dollars ; un diamant en forme de cœur, 105 000 dollars ; et plusieurs rubis, diamants et émeraudes, le tout pour 60 000 dollars. Burton et Taylor s'offrirent également des manteaux en vison.

Le couple regagna l'Europe en avril 1969 et parcourut la Méditerranée à bord de la *Kalizma*. Kevin McCarthy, qui n'avait pas revu Elizabeth Taylor depuis le dramatique accident de voiture de Montgomery Clift, se trouvait alors en vacances dans le sud de la France. « J'étais à Saint-Jean-Cap-Ferrat où je tournais *Le Boulevard des passions* pour ABC-TV avec Lana Turner et George Hamilton, se souvient McCarthy. Nous étions tous descendus dans le plus bel établissement, le Val d'Or ; un matin, des curieux se réunirent sur la plage de l'hôtel pour voir Richard et Elizabeth arriver sur leur yacht.

« Le lendemain matin, le bateau n'était plus là. Le couple avait jeté l'ancre au large pour être plus tranquille. Tous les matins, j'allais nager longuement et un jour, je décidai de pousser jusqu'au bateau. Comme j'approchais du yacht, plusieurs membres de l'équipage me remarquèrent. Richard Burton sortit sur le pont et cria : " Qui va là ? " Je lui répondis. " Bon Dieu, mais qu'est-ce que tu fais là ? " s'exclama Burton.

« On me jeta une échelle de corde et on me fit monter à bord. Ils buvaient du gin avec du jus de pamplemousse. Burton écrivait son journal. Elizabeth Taylor et moi parlâmes de Monty Clift. Je revins à la nage jusqu'au rivage. Ils m'invitèrent à passer le dimanche après-midi à bord de la *Kalizma*. J'y revins donc. Il y avait là un dirigeant d'ABC-TV, Grant Tinker, ainsi qu'Eli Wallach et George Hamilton. C'était incroyable, ce yacht avec Richard Burton et Elizabeth Taylor, cette toile impression-niste dans la salle à manger, ces décorations exquises.

« Quelques semaines plus tard, nous étions – une petite amie suédoise et moi – au George-V, à Paris, quand nous rencontrâmes Richard Burton dans le hall de l'hôtel. Il nous invita à prendre un verre au bar en sa compagnie. Après plusieurs verres, il nous proposa de monter dans sa suite pour dire bonjour à Liz. C'était un peu tendu, Burton avait apparemment pas mal bu et il se montrait grossier à l'égard d'Elizabeth. Elle fit comme si de rien n'était, mais ils ne tardèrent pas à se disputer. C'était gênant de les voir se comporter comme ça. »

Les altercations entre Burton et Taylor pouvaient être terribles. Hedi Donizetti-Mullener, propriétaire de l'hôtel Olden, à Gstaad, raconte que, « malheureusement, ils en venaient souvent à se battre. Cela tenait bien souvent à ce que Richard avait trop bu. Il était épouvantable quand ça lui arrivait.

« Un jour, ils dînaient au Olden avec les enfants. Elizabeth était assise à un bout de la table et Richard à l'autre bout. Il était arrivé en retard et Elizabeth avait, bien entendu, fait une remarque. Cela le rendit furieux. En s'installant, il repoussa violemment la table et la lui rentra dans le ventre. Elle poussa un cri. »

C'était parfois plus inoffensif, heureusement.

Richard et Elizabeth déjeunaient au White Elephant Club, à Londres. A une table voisine se trouvaient la romancière irlandaise Edna O'Brien et son mari. Tout le monde observait les Burton. Elizabeth dévora une portion monstrueuse de pâtes au beurre. Comme elle avalait sa dernière bouchée de spaghettis, elle attrapa la corbeille à pain et prit un énorme morceau pour saucer son assiette. Richard Burton se pencha vers elle et lui donna une tape sur la main en braillant : « Tu n'es pas déjà assez grosse ? » Rouge comme une pivoine, Taylor refusa de parler jusqu'à la fin du repas.

Les disputes se poursuivirent pendant le bref séjour qu'ils firent à Puerto Vallarta et durèrent jusqu'en mai. Ce mois-là, les Burton arrivèrent à Londres à bord de la *Kalizma*. Richard devait jouer le rôle du roi Henri VIII dans *Anne des mille jours*. Elizabeth aurait voulu faire Ann Boleyn, mais on lui fit comprendre qu'elle était trop vieille. Le rôle échut à l'actrice canadienne Geneviève Bujold, qui avait dix ans de moins que Taylor. Elizabeth décrocha tout de même un rôle très secondaire [3]. Elle put ainsi surveiller Bujold, à qui Burton semblait manifester plus que de la sympathie. Selon Kitty Kelley [4], le fait qu'il lui eût donné un surnom – Gin – montrait bien qu'ils étaient plus qu'amis. Bujold elle-même n'a jamais confirmé ou nié ces bruits. Quant à Taylor, elle soupçonnait le pire et passait des heures sur le plateau.

Charles Jarrott, réalisateur d'*Anne des mille jours*, reconnaît que Geneviève et Richard « s'entendaient très bien. Elizabeth était extrêmement tendue. Il ne s'est rien passé d'extraordinaire à ce que je sache, mais ils avaient des rapports particuliers.

« Taylor débarquait sur le plateau et on ne pouvait rien contre ça, le contrat de Richard stipulait qu'elle pouvait venir quand elle le désirait. Il y avait même un fauteuil avec les initiales ETB, Elizabeth Taylor Burton. Un jour, nous allions tourner l'une des scènes les plus importantes de Geneviève quand Elizabeth s'installa sur son fauteuil, face au plateau. Bujold me prit à part. " Est-ce qu'elle va rester là ? " Je lui répondis que oui. " On n'y peut rien, cela fait partie du contrat. Il ne faut pas s'en occuper. Tournons la scène, c'est tout. " Et Bujold répliqua : " Très bien, je vais lui montrer ce que c'est que de jouer, à cette poufiasse. " Bujold avait du cran. Elle était aussi bagarreuse que Taylor. Et, ce jour-là, elle joua de manière magnifique. »

Ron Galella, le célèbre paparazzi new-yorkais rendu célèbre par sa traque impitoyable de Jacqueline Kennedy Onassis, avait décidé de jeter son dévolu sur Dick et Liz. « Ils cachaient toujours leurs chiens sur la *Kalizma*, dira Galella. Le couple vivait pendant la semaine au Dorchester et rendait visite à ses chiens le week-end. Cela se passait pendant le tournage d'*Anne des mille jours*. Je ne sais pas s'il y avait quelque chose entre Burton et Bujold, mais ce que je sais, c'est que la demande de photos de Dick et de Liz fut plus grande que jamais.

« En tant que photographe, je trouvais Burton et Taylor presque mieux quand ils étaient en couple que séparément. C'était certainement le couple de célébrités le plus important que j'eusse jamais photographié. En fait, c'était le couple du siècle, celui que tout le monde, aux États-Unis mais aussi dans le reste du monde, voulait voir et approcher. Ils étaient plus vrais que nature. Leur histoire d'amour, racontée dans tous les journaux de l'Australie à Zanzibar, leur valut une célébrité aussi immédiate qu'universelle. C'étaient des vedettes internationales, au même titre que Jackie et Aristote Onassis, la reine Elizabeth et le prince Philip, le prince Rainier et Grace Kelly. Ils étaient même plus grands. Leur relation présentait toutes les facettes de l'amour. Ils étaient amoureux, volages, intenses, terriblement attirés l'un par l'autre, se repoussant sans cesse : la passion romantique idéale. »

Pour photographier les Burton à bord de leur yacht, Ron Galella passa un week-end entier dans un entrepôt du bord de la Tamise, où l'on remisait des grains de café. « J'ai acheté un sac de couchage dans un surplus de l'armée et j'ai soudoyé le gardien pour qu'il me laisse m'installer. Ce fut la plus longue planque de toute ma carrière et peut-être la plus inconfortable. Le sol était humide et les rats pullulaient. J'aimais l'arôme des grains de café, il m'apaisait. J'ai commencé par masquer soigneusement les fenêtres avec de la gaze pour que l'on ne voie pas mon matériel. La *Kalizma* était juste en face, j'entendais et je voyais tout ce qui se passait à bord. L'entrepôt n'était pas loin du QG de la patrouille fluviale et je devais faire attention à ce qu'on ne me surprenne pas.

« Le samedi, en début d'après-midi, plusieurs personnes montèrent à bord. Il y avait Dick et Liz, quelques-uns de leurs enfants, Aaron Frosch (le nouvel avocat new-yorkais du couple), le frère de Richard, Ifor (dans sa chaise roulante) et l'assistant de Richard, Bob Wilson (dont on fêtait le mariage). Le bateau arborait deux drapeaux, l'américain et le britannique, et une foule de petites embarcations s'approchait de très près. Les gens prenaient des photos. Elizabeth se cachait ou descendait au pont inférieur. Le lendemain, Dick emmena les enfants sur un hors-bord amarré au yacht. A son retour, Elizabeth et lui eurent une de leurs fréquentes altercations. Je les entendais hurler et s'insulter.

« Elizabeth faisait preuve d'une énergie qui m'étonna vu qu'elle était encore en convalescence [après son hystérectomie et ses saignements répétés]. Quand on y pense, elle était toujours en train de se remettre de quelque chose. Elle aura passé sa vie à récupérer. »

Après le week-end dans l'entrepôt, Galella continua de traquer les Burton au Dorchester. « Un jour, Elizabeth sortit de l'hôtel avec son fils, Michael Wilding Jr. Ils se rendirent à pied au Trader Vic, qui se trouve à l'intérieur du London Hilton. Quelques minutes plus tard, une Oldsmobile Toronado de couleur blanche s'arrêta devant l'hôtel pour laisser descendre Richard Burton. Il venait déjeuner avec Elizabeth et Michael, profitant d'une interruption du tournage d'*Anne des mille jours*.

« J'attendis devant le Hilton. Après le déjeuner, Dick et Liz empruntèrent une porte dérobée, mais réapparurent bientôt devant l'hôtel. Burton titubait et il était évident qu'il avait trop bu. Je savais qu'il avait la réputation d'être violent quand il était ivre. Il frappait Elizabeth dans ces cas-là. Se saouler faisait partie intégrante de sa nature. Il se prenait pour la réincarnation du poète Dylan Thomas, lequel était toujours ivre. Quand Dick et Liz ressortirent du restaurant, elle le soutenait. Sa voiture n'était pas en vue et ils résolurent de marcher jusqu'aux studios. Richard portait la barbe pour son rôle d'Henri VIII. Dès que je les vis, je les mitraillai. Burton est devenu fou furieux et il m'a insulté. Il s'est ensuite élancé vers moi, il était tout rouge et il serrait les poings. Il continuait de hurler, et puis il est tombé la tête la première. C'était vraiment gênant. Je me suis demandé comment il allait pouvoir travailler après ça.

« Le chauffeur est arrivé et m'a chassé. Burton continuait de hurler des insultes. C'était à la fois drôle et un peu triste. »

Elizabeth Taylor ne connut jamais la nature exacte des relations entre Richard et Geneviève Bujold. De même, elle ne sut pas que son mari avait couché avec une autre jeune femme : Rachel Roberts, alors épouse de Rex Harrison. La liaison avec Rachel était plus ancienne puisqu'elle avait débuté en 1968 lors d'une croisière en Méditerranée sur la *Kalizma*.

« Cela mijotait depuis longtemps, dira John Valva. Alors que nous tournions *Cléopâtre* à Rome, il était évident que Rachel, qui a fini par se suicider, était complètement folle. Je me souviens d'une soirée où Rachel ouvrait les braguettes de tous les hommes présents. »

Meade Roberts recueillit les confidences de Burton à propos de ce qui s'était passé sur la *Kalizma*. « Richard m'a raconté qu'elle prenait des bains de soleil toute nue. Parfois, elle se baladait sans petite culotte et ne cessait de remonter sa jupe. Elle avait un corps de danseuse – des jambes longues et des muscles bien fermes. Dick n'a pas pu résister à la tentation et il a couché avec elle. »

Elizabeth ne connaissait peut-être pas la vérité, mais elle imaginait le pire. Elle avait un sens aigu des motivations masculines, surtout en ce qui concernait Richard Burton. Certains de ses amis et connaissances lui attribuaient une sensibilité extrêmement développée. Elle-même décrivit un jour le rêve qu'elle avait fait en 1961 et où elle voyait la mort de Gary Cooper. L'acteur était mort le lendemain à l'heure indiquée par Elizabeth. Taylor croyait à la perception extrasensorielle ; à plusieurs reprises, par le truchement d'une amie [5], elle consulta Rose Stoler, la célèbre voyante parisienne qui comptait Sophia Loren et le général de Gaulle au nombre de ses clients. Plus tard, Liz Taylor fit établir son horoscope par J. Z. Knight, qui avait plusieurs fois reçu Nancy Reagan.

Par sentiment de culpabilité ou par altruisme, Richard Burton décida à l'automne 1969 d'offrir à Liz le plus gros et le plus cher diamant du monde. Possession de Mrs. Paul A. Ames (sœur du milliardaire Walter Annenberg, alors ambassadeur des États-Unis à la Cour St James), ce diamant piriforme de 69,42 carats devait être mis aux enchères par la Parke-Bernet Galleries de New York. Aristote Onassis était venu admirer cette pierre et tout le monde crut qu'il voulait l'offrir à Jacqueline Kennedy Onassis. Quand Dick et Liz apprirent qu'Onassis s'intéressait à ce diamant, ils demandèrent à ce qu'on leur envoie la pierre à Gstaad pour mieux l'examiner.

Burton donna à son avocat, Aaron Frosch, un prix plafond d'un million de dollars. Cartier l'emporta en le payant 1 050 000 dollars, la plus grosse somme jamais versée pour un diamant. Les Burton furent très déçus. Dick téléphona alors à Frosch et lui demanda d'acheter la pierre à Cartier. Le prix importait peu. L'affaire fut conclue à un million cent mille dollars. Le 25 octobre 1969, date de la transaction, le *New York Times* citait Richard Burton : « Ce n'est qu'un cadeau pour Liz. »

Le Taylor-Burton (nom désormais donné au diamant) fut exposé chez Cartier à New York et à Chicago : six mille personnes par jour vinrent l'admirer. Elizabeth Taylor le porta d'abord en bague, puis elle demanda à Cartier de le monter en collier. Quand le travail fut terminé, Cartier envoya trois hommes, tous porteurs d'une mallette identique, à bord de la *Kalizma*, qui avait jeté l'ancre à Monaco. Un seul des trois hommes avait le véritable diamant. Les mesures de sécurité furent très efficaces. Même Elizabeth poussa un cri de surprise quand le collier lui fut présenté avant de lui être passé au cou. Elle le porta lors de la soirée donnée à l'hôtel Hermitage de Monte-Carlo par la princesse Grace à l'occasion de son quarantième anniversaire. Liz était escortée par son mari ainsi que par deux gardes armés de mitraillettes, comme le stipulait le contrat d'assurance de la Lloyd's.

Début 1970, Richard Burton essaya de diminuer sa consommation d'alcool. Pendant ce temps, Elizabeth se montra exceptionnellement active. Elle posa pour le photographe Lord Snowden, époux de la princesse Margaret, pour la couverture de *Vogue*. A Rome, elle dîna avec Aristote Onassis (sans Richard ni Jackie!) à l'Osteria Dell'Orso; aussitôt, la rumeur courut qu'ils avaient une aventure. De retour à New York, elle assista aux funérailles de Carson McCullers à l'église épiscopale St James. Elle rendit visite à son fils Michael, qui séjournait alors à Hawaï chez oncle Howard; à sa grande surprise, Michael passait le plus clair de son temps dans la cabane que Howard Taylor lui avait fait construire dans les frondaisons d'un palmier. Burton et elle passèrent trois jours à Rancho Mirage (Californie) et allèrent voir Frank Sinatra. Selon le journal de Burton, « Elizabeth lui fit sans arrêt les yeux doux. Je ne l'ai jamais vue se comporter ainsi. En plus du fait que cela me rendait jaloux – une émotion que je méprise –, j'étais furieux de voir qu'il ne réagissait pas! »

Quand Bob LaSalle, le garde du corps personnel de Burton, décida de démissionner, il fut remplacé par un nouvel employé, Bobby Hall, qui devait entre autres choses procurer des femmes à Burton et des médicaments à Liz. L'acteur Ted H. Jordan, qui avait joué un garçon d'écurie dans *Le Grand National*, connaissait bien Hall ainsi que les histoires qu'il racontait sur ses employeurs. « Hall les a toujours appelés Burton et Taylor, dira-t-il. Il lui fallait tout le temps aller chercher des médicaments pour Taylor. »

Elizabeth était tellement dépendante des antidépresseurs que, lorsqu'il lui fallut entrer en mai 1970 au Cedars Sinai de Los Angeles pour une opération des hémorroïdes, ses médecins firent de leur mieux pour la désintoxiquer. Selon Burton, ils lui donnèrent des tranquillisants qu'ils firent passer pour des analgésiques. Bien entendu, il y eut des complications. Comme elle récupérait dans une maison qu'elle avait louée, elle eut de nombreux saignements et dut retourner à l'hôpital où l'on constata que l'un des points de suture s'était défait. Pour Burton, lui donner des narcotiques, c'était « déclencher une autre période de retrait ».

En dépit des problèmes médicaux de Liz, Burton et elle acceptèrent de passer dans « The Lucy Show », présenté à la télévision par Lucille Ball. En juillet 1970, alors qu'il était retombé dans l'alcool, Burton tourna *Le 5ᵉ Commando* au Mexique. Puis, en septembre, *Salaud*, en Angleterre. Elizabeth l'accompagna à chaque fois.

Ils restèrent en Angleterre pour que Taylor puisse donner la réplique à Michael Caine dans *Une belle tigresse*. Dans ce film, pâle copie de *Qui a peur de Virginia Woolf ?*, Elizabeth était une fois de plus engagée dans un mariage explosif, ponctué d'insultes, de violence physique, d'adultère, d'homosexualité féminine et de scènes de nu (là encore, Taylor fit appel à une doublure). Interrogée par la presse anglaise au moment du tournage, Elizabeth déclara : « J'adore jouer, mais je suis vraiment trop paresseuse. Je crois que je devrais prendre ma retraite. Oui, je devrais aller élever des chats. »

Produit aux studios Shepperton, dans la banlieue de Londres, *Une belle tigresse* réunissait également Margaret Leighton [6] et Susannah York (dans le rôle de « l'autre femme » de Michael Caine *et* d'Elizabeth Taylor). Malgré la célébrité des autres acteurs, le nom magique de Taylor éclipsa le film même. Michael Caine rencontrait Taylor pour la première fois. Voici comment il raconte la scène dans son autobiographie :

C'était le premier jour de tournage et nous travaillions depuis quatre-vingt-dix minutes. La tension montait, des messagers apportaient la nouvelle de l'arrivée imminente de ma partenaire. « Elle a quitté l'hôtel », dit-on d'abord. Puis ce fut : « Elle est arrivée aux studios... elle est au maquillage... elle a quitté le maquillage et elle est chez le coiffeur... elle est sortie de chez le coiffeur, elle s'habille. Elle est habillée. Elle arrive. »

Je me souvenais d'une première où nous attendions tous en rang d'oignon d'être présentés à la reine. Tout comme la reine, Elizabeth était précédée d'un tas de sbires – un entourage incroyable. Nous disions toujours que le film serait un succès commercial même si l'entourage était le seul à venir le voir. Elizabeth arriva enfin suivie – on m'avait prévenu – de Richard [qui ne jouait pas dans le film mais l'accompagnait tout de même]. Je ne l'avais jamais vue en vrai, elle était bien plus petite que je ne le croyais. Je fus également étonné de voir qu'elle tenait une énorme carafe de bloody-mary. Un nouveau sbire apporta deux verres et nous les tendit. Elizabeth les remplit, m'embrassa sur la joue, trinqua et me dit : « Salut, Michael. Bonne chance ! » et nous fîmes tous deux cul sec.

Pour ce qui est de Richard Burton, Caine écrit que l'acteur passait ses nuits à boire et ses journées à cuver sur le canapé de la loge d'Elizabeth.

Brian Hutton, réalisateur du film, a déclaré à l'auteur de ce livre : « Pour moi, Elizabeth n'était rien de plus qu'une femme de ménage. » D'une certaine façon, il la traitait comme telle, mais elle semblait bien s'en moquer. Pour que sa taille s'approchât plus de celle de Caine, Hutton insistait pour la faire monter sur une caisse pendant leurs scènes à deux. En présence de Taylor, le réalisateur ne se gêna pas pour dire qu'elle était « vraiment pénible ». Une autre fois, Elizabeth fit interrompre une scène parce qu'elle avait besoin d'aller aux toilettes. Hutton fit remarquer : « Quoi ? Vous voulez dire qu'Elizabeth Taylor doit aller aux toilettes comme tout un chacun ? Je croyais que, dans votre cas, des fées venaient discrètement faire le ménage ! »

Certains critiques trouvèrent intéressante la prestation de Taylor dans *Une belle tigresse*, mais les principaux commentateurs, dont Vincent Canby du *New York Times*, se montrèrent sévères. « Miss Taylor n'est pas une actrice très intéressante, mais elle n'est pas d'habitude aussi mauvaise qu'ici, écrivit Canby. Mr. Hutton la laisse jouer son personnage comme si elle était le fantôme des prostituées passées, présentes et futures, elle agite ses bijoux et ses sentiments comme si elle travaillait dans une maison hantée de fête foraine. »

En mars 1970, les Burton passèrent dans l'émission « 60 Minutes » sur CBS-TV. Charles Collingwood interrogea Elizabeth à propos de ses enfants. Elle parla beaucoup de Michael Jr. : « Mon fils aîné a dix-sept ans, il a des cheveux [qui dégoûtent] les adultes, des vêtements qui épouvantent les gens bien. Il a tout du hippy. Il n'est pas... En fait, je ne sais pas ce que signifie le mot hippy, je ne comprends vraiment pas ce mot. Il a les cheveux longs... [Les gens] l'insultent, ils lui disent : " Hé, la gonzesse ", tirent sur son écharpe, tout ça. »

Le 6 octobre 1970, avec ses cheveux longs et son costume de couleur marron, le jeune Wilding épousa Beth Clutter, dix-neuf ans, fille d'un océanographe de Portland (Oregon). La cérémonie se déroula à Caxton Hall, à Londres – c'est là qu'Elizabeth avait épousé le père de Michael en 1952. Des centaines de curieux vinrent voir la mère du jeune marié (pantalon de laine blanc et diamant monstrueux) et Richard Burton (en costume strict). Cardiaque, Michael Wilding Sr. était absent.

Les Burton se montrèrent très généreux. Elizabeth offrit la suite nuptiale du Dorchester au couple peu fortuné, puis ce furent une Jaguar et un gros chèque. Quand elle apprit, plusieurs mois plus tard, que Beth était enceinte, Liz couvrit sa belle-fille de bijoux et de vêtements haute couture. Richard leur acheta à Londres une maison d'une valeur de 70 000 dollars.

Après la cérémonie, Dick et Liza reprirent très vite leurs activités. Elizabeth termina *Une belle tigresse* avant de se rendre au pays de Galles pour jouer dans l'adaptation cinématographique de la pièce de Dylan Thomas *Under Milk Wood* aux côtés de Richard Burton et de Peter O'Toole. Le rôle très secondaire de Rosie Probert la prostituée n'enthousiasma ni les critiques (qui doutaient de plus en plus de son talent d'actrice) ni le public. *Newsweek* se montra particulièrement méchant : « Heureusement, Elizabeth Taylor, aussi galloise que Cléopâtre, n'a qu'un rôle très secondaire... »

Richard et Liz quittèrent le pays de Galles et firent une brève escale en Californie avant de se rendre à Cuernavaca, au Mexique, pour tourner dans *Liberté provisoire*, adaptation comique mais brouillonne du mythe de Faust. Les Burton avaient signé un contrat commun stipulant que quinze pour cent des recettes brutes du film leur revenaient automatiquement. Le projet fut financé par le constructeur de *mobile-homes* californien J. Cornelius Crean ; ce devait être sa première et dernière incursion dans le monde du cinéma.

« Vu les impôts qu'on payait à l'époque, dira Crean, ce film constituait une aventure financière plus qu'intéressante. Cela promettait également d'être très amusant. Richard Burton jouait le rôle de Hammersmith, gangster fanatique et équivalent moderne de Méphistophélès, tandis qu'Elizabeth incarnait Jimmie Jean Jackson, serveuse blonde et bien galbée. Peter Ustinov réalisa le film et en profita pour jouer le rôle du médecin allemand dont l'asile de fous sert de refuge à Hammersmith.

« Malgré tous ces éléments, la production n'eut rien de drôle.

Le contrat était tel que les Burton étaient les seules personnes assurées de gagner de l'argent. Je finis par leur vendre les droits de *Liberté provisoire*, qu'ils revendirent bientôt à Cinerama. Il y avait aussi le producteur Alex Lucas, nous n'étions d'accord sur rien et nous disputions en permanence. Peter Ustinov posa aussi des problèmes. Nous organisâmes des avant-premières dans plusieurs endroits. J'étais toujours assis à côté de Peter. Chaque fois que son personnage apparaissait sur l'écran, il se mettait à rire bêtement. Malheureusement, le reste du public demeurait impassible. Enfin, la bande sonore du film comportait toutes sortes de bruits parasites et il fallut la refaire complètement, ce qui prit beaucoup de temps et d'argent. »

Les relations entre Crean et Elizabeth Taylor n'étaient pas formidables. Michael Caine raconta à l'attaché de presse Jerry Pam comment, lors d'une réunion de travail au Beverly Hills Hotel, le constructeur s'était mis à déprécier le métier de comédien. « Elizabeth était sur le point de lui jeter un verre à la figure, c'est Richard qui l'en a empêchée. » Plus tard, Crean donna son avis sur la prestation de Liz : « Elle s'est plutôt bien débrouillée et je n'avais pas à m'en plaindre. Mais il fallait toujours qu'elle s'arrange pour se mettre dans des états ahurissants. »

Un autre incident vint compliquer la réalisation du film. Un journal australien, le *Sidney Morning Herald*, avait demandé à Ron Galella d'obtenir des photos exclusives des Burton pendant le tournage de *Liberté provisoire*. « Je suis arrivé à Cuernavaca où je suis descendu dans un petit hôtel, raconte Galella. J'avais alors une assistante, Jean. C'était une fille très voluptueuse et elle m'avait accompagné au Mexique. Nous découvrîmes bientôt que l'on tournait *Liberté provisoire* autour de la piscine d'un autre établissement de la ville. Jean réussit à venir sur le plateau et à sympathiser avec un certain Ron Berkeley [7] : c'était le maquilleur d'Elizabeth Taylor, mais aussi un membre de l'entourage du couple. C'est par Berkeley, avec qui elle avait une aventure, que Jean sut tout du plan de tournage. »

Pendant ce temps, Galella fit la connaissance du propriétaire de l'hôtel où se déroulait la production de *Liberté provisoire*. « Il appelait Liz et Richard les *Monstruos Sagrados*, les Monstres sacrés, poursuit Galella. Il adorait la publicité et appréciait beaucoup que je prenne des photos. Je me suis déguisé en jardinier mexicain, j'avais un sombrero, une fausse moustache et une brouette où je transportais mes outils. Je me suis ensuite caché dans un couloir proche de la piscine.

« J'ai continué comme ça près d'une semaine sans me faire démasquer. Un jour, deux ou trois hommes de Neandertal qui travaillaient sur le film m'ont sauté dessus et tabassé. J'ai eu une dent cassée, le nez en sang, les yeux au beurre noir et des ecchymoses un peu partout. La police mexicaine m'a ensuite jeté en prison. Sur l'ordre de Richard Burton, un membre de l'équipe est allé fouiller ma chambre et a confisqué quinze rouleaux de pellicule. J'avais là des centaines de clichés de Richard et de Liz. J'ai bien attaqué les Burton en justice, mais je n'ai rien obtenu. On m'aurait tué, personne n'aurait bougé le petit doigt. Burton et Taylor étaient tout-puissants. »

Le 25 août 1971, Beth Clutter Wilding donna le jour à une petite fille, Leyla, alors que les Burton séjournaient à Monte-Carlo. Ils partirent immédiatement pour Londres. Elizabeth arriva à l'aéroport, avec « un short de dentelle blanc, un petit gilet blanc ajouré et des bottes blanches lacées jusqu'aux genoux [8] ».

Quand un journaliste lui demanda ce que cela lui faisait d'être grand-mère à trente-neuf ans, Liz répondit : « Vous savez, tout le monde croit que ça va me bouleverser. C'est idiot. En fait, j'ai plus redouté d'atteindre la trentaine que d'être appelée mamie. » Taylor ajouta cependant : « J'y pense tout le temps, c'est le bébé que Richard et moi n'avons jamais eu. »

Richard Burton joua dans deux autres films cette année-là. En septembre, toujours accompagné d'Elizabeth, il se rendit en Yougoslavie et tint le rôle du maréchal Tito dans *The Battle of Sutjeska*. Le couple eut l'occasion de rencontrer le président Tito à plusieurs reprises. Burton nota dans son journal qu'il trouvait le leader communiste « plutôt assommant ».

Un mois plus tard, ils arrivèrent à Paris, où Burton tenait le rôle-titre dans *L'Assassinat de Trotsky*, aux côtés d'Alain Delon et de Romy Schneider. Le film fut réalisé par Joseph Losey, lequel déclara que Richard ne pouvait rester sobre « pendant plus d'une heure ». Losey avait aussi des problèmes d'alcoolisme et il ne pouvait pas grand-chose pour son acteur. Quant à Elizabeth Taylor, elle avait depuis longtemps perdu toute emprise sur son mari.

# 22

La cote cinématographique de Richard Burton et d'Elizabeth Taylor continuait de dégringoler, mais leur image publique ne cessait de monter, tant en Amérique que dans le reste du monde. Le 2 décembre 1971, les Burton furent, avec un groupe trié sur le volet d'aristocrates et de célébrités du monde entier, invités au « Bal du siècle » que donnaient les Rothschild dans leur demeure de Ferrières, près de Paris. L'événement était d'une telle importance que tous ceux qui n'étaient pas conviés en mouraient de honte.

Un des hôtes de la soirée, Andy Warhol, occupait la même table que Richard Burton. « Burton paraissait sobre ce soir-là, déclara Warhol, et il était par conséquent bien moins amusant qu'on le prétendait. Elizabeth s'était fait coiffer par Alexandre pour l'occasion; elle se trouvait à une autre table, à côté de la princesse Grace et en face de la duchesse de Windsor, laquelle avait la tête surmontée d'une grande plume d'autruche. Guy de Rothschild se trouvait à côté de la duchesse et devait éviter la plume chaque fois que la duchesse remuait la tête. »

Warhol avait plusieurs années auparavant consacré l'une des plus célèbres séries lithographiées à la « superstar » Elizabeth Taylor, mais il avait une opinion plus modérée de la femme réelle. Il comprenait, ainsi qu'il le disait lui-même, que « bien des gens pussent la détester. Elle est trop consciente d'être la crème de la crème, la star des stars. Il y a en elle de l'impératrice, mais il y a aussi quelque chose d'un peu clinquant et bon marché. Elle sait jouer, mais ce n'est pas une actrice de premier plan. Elle a de l'énergie, et son atout financier, c'est le gros plan, le face-à-face avec la caméra. Ses yeux violets, ses cheveux bruns, sa peau impeccable : elle leur doit tout. C'est ce que les gens veulent voir quand ils paient leurs places de cinéma. C'est aussi la dernière des grandes stars de Hollywood – pas nécessairement du point de vue professionnel, mais de par son mode de vie.

« En vérité, on ne sait jamais ce que l'on doit attendre d'elle. Elle a une nature imprévisible. On ne peut prévoir comment des personnes extérieures vont réagir. Un de mes amis a dit : " Elle représente tout ce qu'il y a de pas bien en Amérique. " Et un autre : " Elle est grande, immense, plus vraie que nature. " »

« Une des meilleures histoires que j'aie entendues à propos de Richard et Elizabeth se situe à Puerto Vallarta. Ils étaient allés au cirque avec quelques amis. Ils admiraient le lanceur de couteaux quand l'artiste demanda à Elizabeth si elle voulait poser devant la cible. Elle accepta et tout le monde retint son souffle. Puis il se tourna vers Richard. " A votre tour, *señor*. " Richard ne voulait pas y aller, mais il n'avait pas le choix parce qu'Elizabeth était passée avant lui. Il avait l'air terrorisé quand il se mit en place. Elizabeth n'avait peur de rien, elle était bien plus forte que Richard ».

Au début du mois de février 1972, Dick et Liz descendirent au Duma-Intercontinental Hotel de Budapest, où Richard devait tenir le rôle du baron Kurt von Sepper dans la version cinéma de *Barbe-Bleue*. Les actrices engagées pour l'occasion comptaient parmi les plus belles : Raquel Welch, Nathalie Delon, Virna Lisi et Joey Heatherton.

Peu après leur arrivée à Budapest et le début du tournage, Dick et Liz acceptèrent de donner une interview pour la télévision avec David Frost. Elizabeth regretta bientôt d'avoir pris cette décision. Edward Dmytryk, le réalisateur de *Barbe-Bleue*, se souvient : « Avant même de commencer à enregistrer, Liz s'était octroyé plusieurs verres de Jack Daniels. Pendant l'interview, qui dura près de deux heures, elle continua de boire l'alcool que l'un de ses sbires lui versait à intervalles réguliers. Elle ne tarda pas à être ivre et cela se voyait. »

Le 27 février, Richard Burton offrit à sa femme une soirée de gala à l'occasion de son quarantième anniversaire. Question luxe, la soirée n'eut rien à envier à la récente réception donnée par les Rothschild. Les Burton avaient loué tout l'hôtel pour y accueillir plus de deux cents invités ; ils louèrent également un avion Trident de la British Airways pour faire venir leurs amis et relations à Budapest. Il y avait entre autres Michael Caine, David Niven, Ringo Starr, Alexandre, Gianni Bulgari, les Cartier, la princesse Grace, Susannah York, Michael Wilding Sr. (dont les problèmes cardiaques semblaient s'améliorer), une douzaine d'hommes d'État de stature internationale, plusieurs membres de la famille Burton, la mère et le frère d'Elizabeth, Christopher Wilding et Liza Todd (qui fréquentait à l'époque le pensionnat britannique de Heathfield). Les « filles » de *Barbe-Bleue* étaient également conviées, jusqu'au moment où Taylor a décidé de ne plus les inviter.

Pour l'occasion, Taylor exhiba, en plus du Krupp, le cadeau que lui avait fait Burton : un diamant jaune d'une valeur de 900 000 dollars, le Shah Jahan, joyau du xviie siècle ayant appartenu à l'empereur moghol responsable de la construction du Taj Mahal.

Tout le monde n'apprécia pas cette soirée. Alan Williams, sœur d'Emlyn et frère de Brook, s'offusqua. Romancier et spécialiste de la révolution hongroise, Alan critiqua sévèrement Dick et Liz pour leur choix de cette ville. On lui montra la porte. Plus tard, il décrivit en termes peu élogieux « l'enfant de quarante ans » et qualifia Taylor de « superbe beignet recouvert de diamants et de crème ».

La critique ne laissa pas indifférent : dès le lendemain, Burton déclara qu'il donnerait à une œuvre de charité la somme équivalant au coût de la réception. Sa promesse ne fut tenue qu'à moitié. Les festivités s'élevaient à plus d'un million de dollars, et il offrit à l'UNICEF un chèque de 45 000 dollars.

Mars et avril 1972 furent les mois les plus difficiles que le couple Burton-Taylor eût jamais connus. Richard apprit la mort de son frère Ifor, en qui il avait toujours vu une image paternelle. « Ifor était paraplégique depuis qu'il s'était rompu le cou dans l'accident survenu chez Richard, à Céligny, raconte Edward Dmytryk. Sa mort est survenue alors que nous tournions toujours *Barbe-Bleue*. Richard en fut profondément affecté. Il prit quelques jours pour assister à l'enterrement au pays de Galles. Quand il revint à Budapest, c'était un homme différent.

« Pendant un certain temps, il se surveilla. Puis, un soir, l'ambassadeur britannique invita quelques personnes à dîner. Quand j'arrivai, Richard et Elizabeth étaient déjà là et Richard récitait du Dylan Thomas. Visiblement, il avait bu ; quand on servit le dîner, il continua de boire et refusa toute nourriture.

« Il y avait parmi les hôtes l'ambassadeur de Suisse et sa femme, ainsi qu'un jeune attaché américain accompagné de son épouse. Vers le milieu du repas, Richard cessa de déclamer pour se tourner vers l'ambassadeur.

« " Vous me faites vraiment penser à un vautour affamé ", lui lança-t-il.

« Comme l'ambassadeur de Suisse ne réagissait pas, Richard lui lança une autre insulte : " Vous autres, les Suisses, vous êtes vraiment des pourris. – Richard ! "

« C'était la voix d'Elizabeth. Richard se tourna vers elle,

capta son regard furieux et pria tout le monde de l'excuser. Il rentra chez lui et le reste de la soirée se passa dans le calme. »

Le lendemain, quelque peu éméché, Richard Burton quitta le plateau bras dessus bras dessous avec Nathalie Delon. Il la poussa dans sa Rolls-Royce et passa une bonne partie de la nuit avec elle.

« Ce fut le début d'une époque difficile pour tout le monde, poursuit Dmytryk. Burton était souvent ivre lorsqu'il arrivait aux studios le matin, mais toujours lorsqu'il en repartait le soir. On avait de la chance quand on pouvait travailler trois ou quatre heures avec lui. Son jeu n'avait pas la même qualité et lui-même le reconnut. Un jour, il m'avoua : " Je croyais pouvoir jouer aussi bien quand j'étais saoul que quand j'étais sobre, je me suis aperçu que non. " »

En plus de l'alcool et des cigarettes (jusqu'à trois paquets par jour), l'acteur gallois s'était mis à sniffer de la cocaïne. Désespérée, Elizabeth quitta la Hongrie et se rendit à Rome, où elle demanda conseil à plusieurs amis dont Aristote Onassis.

Dmytryk confirma qu'après le départ de Liz, en mai, « les " nanas " de *Barbe-Bleue* (à l'exception de Virna Lisi) dévorèrent littéralement Richard. Elles se jetaient sur lui et il le leur rendait bien. Voilà ce qu'il me raconta un matin alors que nous discutions dans sa loge :

« – Elizabeth m'a téléphoné de Rome à cinq heures du matin. Elle ne m'a dit qu'une chose : " Je veux que tu vires cette fille de mon lit ! " Je me demande comment elle avait deviné.

« – Richard, lui répondis-je. Tu ne te rends pas compte que son entourage est toujours là ? Ils lui racontent tout ! ».

En juin 1972, les Burton avaient aplani certaines difficultés et se retrouvaient une fois de plus à Londres. Elizabeth Taylor avait signé pour un nouveau film, *Terreur dans la nuit*, adaptation d'un thriller de Lucille Fletcher qu'Alfred Hitchcock avait dû refuser pour raisons de santé. Taylor étant occupée toute la journée, Richard Burton avait accepté de donner plusieurs conférences devant les étudiants d'Oxford [1].

Un nouveau problème se posait malgré la réconciliation du couple. Après avoir pas mal saccagé la maison de Hampstead que Burton lui avait offerte à l'occasion de son mariage, Michael Wilding Jr. et sa femme, Beth Clutter, allèrent vivre dans une communauté du pays de Galles, pas très loin du lieu de naissance de Richard. Ils emmenèrent avec eux leur fille Leyla. Après quelques semaines passées dans cet environnement rustique, Beth repartit avec Leyla et débarqua dans la suite d'Elizabeth au Dorchester. Elizabeth était de l'avis de sa belle-fille : on n'élève pas un enfant dans une communauté. Elle les accueillit donc toutes les deux. Mais Elizabeth alla encore plus loin : elle proposa de s'occuper de Leyla comme de sa propre fille. Une dispute s'ensuivit. Beth quitta le Dorchester pour repartir dans l'Oregon avec sa fille.

Liz était assez déprimée quand elle commença à répéter *Terreur dans la nuit*, mais elle remonta très vite la pente. Financé par George Barrie, directeur de Fabergé, et Joseph E. Levine, le film comptait également à l'affiche Laurence Harvey, lequel était resté en bons termes avec Liz depuis le tournage de *La Vénus au vison*. Le réalisateur du film n'était autre que Brian Hutton, dont Elizabeth avait pu apprécier l'humour ravageur lors du tournage d'*Une belle tigresse*.

Après ses conférences à Oxford, Richard Burton s'envola pour la Yougoslavie afin de tourner à nouveau certaines scènes de *The Battle of Sutjeska*. Pendant son absence, Elizabeth tomba d'une plate-forme et se fractura l'index gauche. Deux jours plus tard, Brian Hutton attrapa une bronchite et le travail fut suspendu pendant une semaine. Un mois après, Laurence Harvey était opéré d'urgence de l'abdomen : on découvrit alors qu'il avait un cancer en phase terminale. Taylor passa une bonne partie du mois en Yougoslavie aux côtés de Burton. C'est là qu'elle glissa sur les marches de la piscine de l'hôtel et se coupa une artère de l'avant-bras gauche. Elle partit se faire soigner en Suisse avant de regagner Londres et de retrouver le plateau de *Terreur dans la nuit*.

George Barrie et le producteur Marton Poll louèrent Elizabeth Taylor pour son attitude très professionnelle (« Elle n'est jamais arrivée en retard sur le plateau », dira Barrie), mais d'autres eurent certaines raisons de se plaindre. Stanley Eichelbaum, chroniqueur au *San Francisco Examiner*, était finalement parvenu à organiser une interview croisée d'Elizabeth Taylor et de Laurence Harvey. « Nous devions nous retrouver au restaurant Mr. Charles, dit Eichelbaum. Harvey est arrivé, de même que Cary Grant, qui travaillait alors pour Brut, une filiale de Fabergé, mais Elizabeth ne s'est jamais montrée.

« J'ai fini par l'interviewer, mais plusieurs années plus tard, au Beverly Hills Hotel. Je l'ai trouvée amicale et brillante, mais elle me semblait assez grosse, elle avait un double menton et portait des vêtements tape-à-l'œil. Son allure m'a beaucoup déçu. »

Bien que Laurence Harvey fît l'éloge du jeu d'Elizabeth Taylor dans *Terreur dans la nuit* (« C'est l'actrice de cinéma la plus talentueuse que l'on connaisse aujourd'hui », dira-t-il à Tom

Toper du *New York Post*), les critiques la trouvèrent une fois de plus assez insignifiante. Mais il y avait pire que sa performance : c'était la qualité du film à proprement parler. Alexander Stuart, de la revue *Films and Filming*, résuma l'avis général quand il écrivit : « Ce qui surprend vraiment dans ce film, c'est qu'il soit si *mauvais*. En fait, il défie presque toute description. »

Au printemps 1972, alors que leur mariage battait de l'aile, les Burton acceptèrent de jouer dans un drame intitulé *Divorce His – Divorce Hers*, avec John Heyman comme producteur exécutif et le jeune Waris Hussein [2] comme réalisateur. Le film devait se tourner à Rome vers la fin de l'année : les deux épisodes, de quatre-vingt-dix minutes chacun, passeraient en février sur la chaîne américaine ABC-TV. Dans ce film en deux parties, on assisterait à la désintégration d'un mariage d'abord du point de vue du mari, puis de celui de la femme. Miné par les séparations, les querelles et l'adultère, ce couple de télévision ressemblait beaucoup au duo Burton-Taylor.

Des problèmes techniques mais également humains se posèrent dès le début. Les Burton n'arrêtaient pas de se disputer. Waris Hussein commença à tourner les extérieurs à Rome en novembre avec Richard. « Richard ne donnait plus dans la bouteille depuis quelque temps et tout marchait comme prévu, dira Hussein. Soudain, au beau milieu d'une scène, ce fut l'émeute : sirènes, gyrophares, voitures de police. Elizabeth venait d'arriver à Rome, escortée par la police et les paparazzi. Elle descendit d'une limousine noire, vêtue d'un manteau de vison noir. " Waris, je me mets dans un coin pour regarder ", dit-elle doucement. Burton en avait profité pour s'éclipser. Quand il revint au bout d'une demi-heure, il ne pouvait plus marcher droit. Quand Liz le surveillait, il ne pouvait pas s'empêcher de boire. »

Un des plus graves problèmes auxquels le producteur et la chaîne furent confrontés tenait à ce que les Burton n'avaient pas l'habitude des budgets modestes et du calendrier serré qu'exigeait une production télévisée ; de plus, ils refusaient de s'y adapter. Personne ne savait à quoi s'attendre : ils étaient pratiquement incontrôlables. Lors de son unique passage devant la caméra à Rome, Elizabeth arriva sur le plateau avec deux heures de retard. « Tout va bien, dit-elle à Hussein, j'ai lu le scénario. »

Le même jour, quand le réalisateur demanda à Taylor de se moucher pour permettre le passage à un flash-back, elle refusa tout net.

« *Me moucher?* Je ne l'ai jamais fait à l'écran et ce n'est pas maintenant que je vais commencer! »

320

Leurs repas étaient interminables et toujours servis par des domestiques en gants blancs. « J'ai assisté à l'un d'eux, se souvient Hussein, et j'ai commis l'erreur de demander à Burton de me parler de ses débuts à l'Old Vic, où je l'avais vu jouer Hamlet. Il se mit à raconter comment, un soir, complètement saoul, il avait pissé dans son armure. Visiblement, Elizabeth avait entendu des centaines de fois cette anecdote et elle lui lança un regard indigné. Il la regarda fixement. " Allez, Richard, termine ton histoire, lui dit-elle. – Mais non, chérie, je n'en ferai rien. – Oh non, Richard, j'ai toujours voulu savoir quel acteur merveilleux tu étais. " Pendant une heure, ils se déchirèrent comme des sauvages. »

Ce que Waris Hussein vit pendant le tournage de *Divorce*, ce fut « la tension de deux personnes en train de vivre le pourrissement d'une relation très passionnée. Je découvris rapidement que Dick et Liz avaient leurs propres partisans. Ils ne cherchaient pas à les rapprocher et cela ne faisait qu'accroître la tension. En outre, Elizabeth n'appréciait pas la relation amicale que j'avais pu établir avec Richard avant son arrivée à Rome. J'étais trop jeune et trop inexpérimenté pour réagir convenablement à cette situation.

« Elizabeth a deux facettes. Elle peut être extrêmement chaleureuse et généreuse, mais aussi incroyablement cruelle et indifférente. Elle est très complexe, mais elle ne sait pas gérer cela parce que, soyons francs, elle manque d'éducation. Quand on a neuf ans et qu'on travaille avec un professeur de la MGM, on n'apprend pas ce qu'est vraiment le monde. On monte dans une Rolls-Royce qui vous emmène au Studio et là, vous leur appartenez. On l'a embrigadée dès l'enfance. Elle ne sait pas sortir acheter un fruit à un étal. Elle est passée à côté de la vie, d'une certaine façon.

« Bien sûr, ce n'est pas entièrement de sa faute. Un incident survenu à Munich pendant le tournage m'a fait comprendre que ce n'est pas facile d'être Elizabeth Taylor. Un week-end, j'allai visiter les châteaux de Louis II de Bavière, lesquels sont décorés de manière extravagante. Le lundi, je dis à Elizabeth que j'avais pensé à elle pendant cette excursion parce qu'elle partageait avec le prince l'amour des belles choses. Je lui suggérai de venir voir les châteaux. " Vous savez bien que j'adorerais ça, me dit-elle, mais c'est impossible. Il faudrait les fermer au public pour que je puisse entrer. " »

*Divorce* fut le dernier film où l'on pourrait voir Burton *et* Taylor, mais cela ne signifiait pas que l'un ou l'autre souhaitait mettre un terme à sa carrière. Le travail était à présent le seul moyen dont disposait ce couple belliqueux pour surmonter sa tristesse et sa culpabilité. Une réplique prononcée par Elizabeth dans le film résumait parfaitement ses sentiments à l'égard de Burton : « Tu peux me couvrir de bleus tant que tu veux, mais ne me quitte pas. »

Ils étaient encore ensemble en février 1973 quand Elizabeth fut engagée, seule, sans Burton, dans un film intitulé *Les Noces de cendre*. Le tournage devait s'effectuer aux environs de Rome. La Paramount avait choisi le réalisateur Larry Peerce, fils du chanteur d'opéra Jan Peerce. Dominick Dunne, alors producteur, avait accompagné Peerce à Rome pour sa première rencontre avec Taylor.

« Je n'avais jamais rencontré Taylor ou Burton, expliqua Larry Peerce. Dominick Dunne et moi étions allés au Grand Hôtel de Rome, où ils avaient dix ou onze chambres communicantes pleines de bagages, de personnel, de chiens. Quand nous arrivâmes, je frappai à la porte et Richard Burton nous cria d'entrer de sa grosse voix de Gallois. Nous entrâmes pour le trouver à quatre pattes en train d'enlever une crotte de chien du tapis. Il nous regarda et dit : " Je suppose que vous allez raconter à tout le monde que c'est comme ça que nous nous sommes rencontrés. "

« Il nous offrit un verre de champagne et prit un scotch *on the rocks* qu'il but comme un soda. En quelques minutes, il descendit trois autres verres.

« Elizabeth arriva peu après, elle avait l'air très royal avec tous ses bijoux. Elle se joignit à nous et me dit qu'elle buvait surtout pour accompagner Richard. Il devint bientôt évident qu'elle supportait bien mieux l'alcool que lui. Elle pouvait boire un magnum de champagne, mais elle avait la constitution d'un cheval. C'était également valable pour les médicaments. Quand nous tournâmes *Les Noces de cendre*, elle prenait toutes sortes de médicaments. Ce qui la distinguait des autres gros consommateurs, c'est qu'elle mangeait beaucoup. Elle changeait de poids d'une semaine à l'autre, mais elle était rarement ivre. Elle continua à absorber de grandes quantités d'alcool pendant tout le tournage – du champagne et de la vodka principalement. Je l'encourageais à diminuer, mais elle ne le fit jamais.

« Le soir de notre arrivée à Rome, nous allâmes à La Toula, un des restaurants les plus chic. Quand nous quittâmes l'hôtel, on me fit monter dans la limousine de Burton. Je n'avais jamais vu de Rolls-Royce aussi grosse, il n'y avait même pas besoin de se courber pour monter dedans. Les Burton dirent à Dominick Dunne de prendre un taxi et de nous retrouver au restaurant. Je ne sais pas pourquoi ils le snobaient. Il ne s'entendait pas très bien avec les comédiens et les techniciens du film, encore moins avec le scénariste Jean-Claude Tramont, le mari de Sue Mengers, le super-agent de Hollywood. »

Dans *Les Noces de cendre*, Taylor joue le rôle d'une matrone américaine grosse et ridée qui va en Europe consulter un chirurgien esthétique : elle espère ainsi raviver les sentiments de son mari qui, pour l'heure, s'intéresse à une femme plus jeune et plus belle qu'elle. L'opération réussit et elle attire l'attention d'un gigolo, mais ne parvient pas à retrouver l'affection de son mari, joué par Henry Fonda. Sur les conseils de Burton, la Paramount engagea le docteur Rodolphe Troques, chirurgien plastique français très renommé qui, l'année précédente, avait fait un lifting facial partiel à l'acteur. Troques fut nommé conseiller technique du film et fit un véritable lifting à une doublure d'Elizabeth Taylor. La scène fut filmée et un extrait utilisé.

« Elizabeth s'est merveilleusement comportée tout au long du film, dit Troques. Son maquilleur, Alberto De Rossi, mettait deux heures chaque matin pour faire ressembler son visage à celui d'une vieille femme *. L'après-midi, il fallait autant de temps pour la démaquiller. " Ça ne me gêne pas de ressembler à une vieille sorcière ", disait-elle souvent.

« J'en suis venu à connaître assez bien les Burton. Richard avait une présence incroyable. Les femmes étaient attirées par lui, elles succombaient à son charme. Elizabeth n'aimait pas beaucoup les femmes. Elle avait quelques amies, mais elle était en général assez réservée en compagnie d'autres femmes. Elle semblait bien plus à l'aise avec les hommes et eux-mêmes avaient envie de l'approcher. Elle était encore plus belle en vrai qu'à l'écran.

« Pour ce qui est de la dynamique entre Dick et Liz, c'est lui qui détenait le pouvoir. Il prenait toutes les décisions concernant Elizabeth. Il lui disait ce qu'elle devait et ce qu'elle ne devait pas faire. Du moins m'en donnait-il l'impression. »

Maurice Teynac, un acteur présent dans le film, raconte que le tournage débuta dans la station de ski de Cortina d'Ampezzo et se poursuivit à Trévise, à une cinquantaine de kilomètres au nord de Venise. « Certains jours, Elizabeth paraissait très tendue sur le plateau, dit Teynac. A l'époque, elle avait beaucoup de problèmes avec Richard Burton. Ils avaient vécu une belle histoire d'amour, mais chacun d'eux était si fort et si indépendant qu'ils commençaient à avoir des problèmes. »

L'actrice Monique Van Vooren jouait également dans le film. Elle connaissait Elizabeth Taylor depuis l'époque de Mike

---

* Le visage d'Elizabeth fut assuré pour un million de dollars pendant *Les Noces de cendre*, au cas où l'excès du maquillage aurait des conséquences néfastes.

Todd. « Je vivais à Rome quand Richard et elle séjournaient au Grand Hôtel juste avant *Les Noces de cendre*. Comme je participais au film – et que j'étais une vieille relation de Liz –, nous nous voyions beaucoup. Elle avait des problèmes avec Richard et elle se confiait à moi. Elle souffrait. Elle m'appelait en pleine nuit et je la rejoignais à son hôtel. Elle était très généreuse. Elle me donnait des lots de vêtements qu'elle n'avait jamais portés. Ils ne m'allaient pas parce qu'on ne faisait pas la même taille, mais c'était vraiment gentil. Je l'aimais beaucoup. Je l'aime toujours beaucoup. En fait, quand nous étions à Rome, nous sortions ensemble : Richard, Elizabeth, moi et un de mes amis. Nous allions au restaurant ou dans les clubs. Les paparazzi nous mitraillaient. Ils gommaient Elizabeth et mon ami pour faire croire que Richard et moi avions une aventure ensemble. »

Il y eut un autre observateur de choix pendant cette période troublée : Raymond Vignale, majordome d'Elizabeth entre 1968 et 1975 (il eut plusieurs petits rôles dans des films de Taylor, dont *Les Noces de cendre*). « J'étais autant attaché à Richard qu'à Elizabeth, précise Vignale. J'aurais tout fait pour qu'ils restent ensemble. J'étais là, j'avais conscience du dilemme. Richard buvait trop et ce de façon permanente. Il ne pouvait plus se contrôler. Je passais mon temps à nettoyer derrière lui. Comme je voulais qu'ils aient un intérêt sexuel l'un pour l'autre, je leur achetais des magazines pornographiques. Ils ne me le demandaient pas, je faisais uniquement cela pour les aider.

« Je faisais pratiquement tout pour Elizabeth. J'allais faire les courses. Je rangeais ses vêtements en fin de journée. J'éprouvais le besoin de la protéger. Je lui lisais le journal et taisais les remarques peu flatteuses que pouvaient faire certains journalistes. Je faisais de mon mieux pour que Liz soit à l'heure à ses rendez-vous. Elle me disait : " J'ai fait attendre vingt minutes la reine d'Angleterre, trente minutes la princesse Margaret et une heure le président Tito. Ils peuvent bien m'attendre quelques minutes à un dîner sans intérêt. " »

« Je devais aussi tenir à l'écart la mère d'Elizabeth. Elle appelait tous les jours. " Est-ce que je peux parler à mon petit ange ? " me disait-elle. Elizabeth aimait sa mère, mais elle n'appréciait pas du tout sa façon de la traiter comme une petite fille de six ans. Je devais chaque fois trouver une excuse. »

Le ressentiment d'Elizabeth à l'égard de Richard connut son apogée lors du tournage des *Noces de cendre*. Leurs disputes, leur consommation d'alcool et de médicaments et l'intérêt de Dick pour les femmes mettaient leurs relations en péril. « Raybaby », ainsi qu'Elizabeth appelait Vignale, passait des heures à bercer Liz pour qu'elle s'endorme tandis qu'elle pleurait et buvait en général du bourbon.

Toujours selon Vignale, le « manque de goût » d'Elizabeth constituait l'un des points de friction majeurs. Richard l'accusait de très mal s'habiller en certaines occasions. Il suppliait Vignale de s'assurer qu'Elizabeth ne sorte pas attifée « comme une mama juive ».

« A une autre époque, confie Vignale, le couple se livrait à un petit jeu. Au cours d'une soirée, Richard faisait semblant de flirter avec une autre femme et Elizabeth feignait la jalousie. » Maintenant, apparemment, il flirtait pour de vrai et elle ne feignait plus la jalousie.

Monique Van Vooren peut témoigner de l'insatiable appétit de Burton pour les femmes. « Quand nous sommes arrivés à Trévise pour *Les Noces de cendre*, Richard et Elizabeth ont acheté une profusion de petits objets en verre typiques de l'artisanat vénitien. Richard insistait pour que je vienne dans sa suite admirer sa collection. On aurait cru qu'il me conviait à voir ses estampes japonaises. Par respect pour Elizabeth, je n'ai jamais accepté. »

Le comportement d'Elizabeth était de plus en plus déconcertant. Le réalisateur Larry Peerce eut une altercation avec elle le jour où elle fit attendre le grand Henry Fonda sur le plateau. « Elle était presque toujours en retard, dira Peerce. Mais quand elle a fait poireauter Fonda pendant deux heures et demie, je me suis mis en colère. Je l'ai prise à part, mais elle m'a répondu de façon ironique. Elle ne s'est jamais excusée auprès d'Henry Fonda ou de moi-même. Nous ne nous sommes pas parlé pendant une semaine. »

Il y eut même des jours où, selon le réalisateur, Taylor dédaigna totalement le plateau. « J'attribuais en partie cela au fait que Burton et elle allaient se séparer, dit Peerce. Nous étions en retard sur le plan de travail et le budget était dépassé depuis plusieurs semaines. C'était à nouveau le cauchemar de *Cléopâtre*. J'étais persuadé que je ne retravaillerais plus jamais. A la Paramount, on me criait : " Dites à cette poufiasse de ramener son cul sur le plateau et de bosser ! " Et moi, je leur répondais : " Allez le lui dire vous-mêmes, je fais ce que je peux. " Tout le monde était énervé.

« Elizabeth avait une solide réputation d'hypocondriaque. Le moindre éternuement la tenait éloignée du plateau. J'avais du mal à croire qu'elle était vraiment malade. Mais un matin, Richard Burton m'a appelé : " Il semblerait que ma bien-aimée soit souffrante. " Comme j'étais sceptique, il insista. " Venez voir par vous-même. " Je suis passé prendre Dominick Dunne et nous sommes allés à leur hôtel. Richard nous a accueillis avec ces mots : " Je crois qu'elle a la rubéole. " J'ai éclaté de rire. " Qu'est-ce que cela a de si drôle? " a hurlé Liz. La rubéole, c'est une maladie que tous les gosses américains ont eue à l'âge de dix ans, mais voilà qu'Elizabeth Taylor, quarante ans, attrapait la rubéole! Le tournage a dû être interrompu pendant une semaine.

« Il y eut tout de même quelques rares instants plus agréables. J'avais dit à Elizabeth qu'elle n'avait pas besoin de maquillage pour certaines scènes du film. Elle avait une peau parfaite et un très beau teint. Mais elle insistait pour se maquiller. Un jour, comme j'entrais dans sa loge, je la trouvai la bouche ouverte. Elle se mettait de la poudre sur le palais. " Que faites-vous? " lui demandai-je. " On verra l'intérieur de ma bouche quand je dirai mon texte, je dois être parfaite. "

« Je me souviens aussi d'une remarque assez humoristique de la part de Richard Burton. Nous prenions un verre et nous parlions des femmes. Soudain, Richard dit : " Quand je suis vraiment sollicité, je parviens des fois à fournir une trentaine de centimètres. " Il parlait de son pénis, bien entendu. " Non, je plaisante ", ajouta-t-il. »

La première de *Noces de cendre* eut lieu le 21 novembre 1973 à New York. C'est peut-être au producteur Dominick Dunne que l'on doit le commentaire le plus bref et le plus triste : « C'est un film mineur. Ce n'est pas comme *Une place au soleil*. C'est un film [de rien du tout], la fin de la carrière [d'Elizabeth Taylor à l'écran]. Il n'y a rien d'intéressant dans *Les Noces de cendre*. »

Ce film ne fut cependant pas le dernier que tourna Taylor. En juin 1973, Dick et Liz retournèrent à Rome pour jouer chacun de son côté. Burton était engagé dans *Représailles*, produit par Carlo Ponti, et Elizabeth dans *Identikit*, d'après un roman de Muriel Spark.

Quand les problèmes de préproduction furent réglés, le couple regagna les États-Unis et arriva fin juin à New York. Richard choisit de séjourner à Long Island au domicile de l'avocat Aaron Frosch; Elizabeth partit pour Los Angeles et alla vivre chez Edith Head, dans sa maison de Coldwater Canyon. On annonça à la presse que Taylor allait en Californie afin de rendre visite à sa mère malade, mais des rumeurs circulèrent bientôt selon lesquelles elle menait la grande vie à Hollywood entourée de nouveaux amis. Il y eut plusieurs coups de téléphone furieux entre elle et Richard, et ils se mirent d'accord pour se retrouver à New York le 4 juillet, jour de la Fête nationale.

Burton alla chercher sa femme à l'aéroport Kennedy. Dans

la voiture qui les menait chez Aaron Frosch, il ne cessa de lui faire la morale. Une fois arrivée, elle demanda au chauffeur de la ramener à New York. Le lendemain, elle adressa une note manuscrite à la presse :

Je suis convaincue qu'il serait judicieux et constructif que Richard et moi nous séparions un moment. Peut-être nous sommes-nous trop aimés. Je n'aurais jamais cru une telle chose possible, mais nous sommes constamment l'un sur l'autre, nous ne pouvons jamais réfléchir seuls sur des choses capitales [...]. Je crois de tout mon cœur que cette séparation remettra les choses en place et que nous nous retrouverons [...]. Souhaitez-nous plein de bonnes choses pendant ces instants difficiles. Priez pour nous.

Surpris que sa femme ait pu rendre publique une lettre aussi intime, Richard Burton voulut malgré tout avoir le dernier mot. Voici la réponse qu'il publia : « Je lui ai dit de partir – et elle est partie [3]. »

# 23

Accompagnée de Maria, sa fille adoptive, Elizabeth Taylor arriva à Los Angeles dans l'avion de George Barrie. Elle devait séjourner chez son amie Edith Head et se garda bien de faire d'autres commentaires à la presse; les confidences sur Richard Burton, elle les gardait pour ses amis. La principale raison de son départ était, reconnut-elle, l'alcoolisme de Dick. Entre autres choses, l'alcool avait rendu Burton provisoirement impuissant.

Pour sa part, Taylor ne s'adonnait pas seulement à l'alcool, mais aussi aux drogues douces. Selon James Spada, le biographe de Peter Lawford, Elizabeth vit souvent Peter pendant son séjour à Los Angeles. Il la fournissait en marijuana, comme le confirmera également Patricia Seaton, la veuve de l'acteur.

Dans la biographie qu'il a consacrée à Lawford, Spada relate un épisode dont il a eu connaissance grâce à Dominick Dunne. De retour à Hollywood après le tournage de *Noces de cendre*, Dunne accompagna Taylor – et quelques autres personnes – pour un après-midi de détente à Disneyland. Le petit groupe était ainsi composé : Dominique, la fille de Dunne; Liza et Maria, les filles d'Elizabeth; Peter Lawford et son fils, Christopher; George Cukor; et Roddy McDowall.

« Un énorme hélicoptère [1] nous prit à l'angle de Coldwater Canyon et Mulholland Drive pour nous conduire à Disneyland, se souvient Dunne. C'était le premier hélicoptère autorisé à se poser à l'intérieur de Disneyland. » Une foule énorme se réunit pour voir Taylor. Pour lui échapper, la star et sa coterie se réfugièrent dans l'attraction dite des Pirates des Caraïbes.

Dunne raconte ce qui se passa dès que Taylor et Lawford eurent disparu dans le noir : « Elizabeth avait une bouteille de Jack Daniels, Peter avait aussi quelque chose et les bouteilles ont circulé. Il y avait également de la coke et tout le monde s'est mis à sniffer. Tout le monde [...] hurlait de rire. J'ai rarement vécu quelque chose d'aussi dingue. »

Au grand désespoir de Peter Lawford, Elizabeth manifestait un certain intérêt pour son fils, Christopher, alors âgé de dix-huit ans (c'était un neveu du président John F. Kennedy). Grand et efflanqué, le jeune homme vivait avec son père et cherchait à entrer dans le milieu cinématographique. Chaque fois que Liz et Christopher apparaissaient ensemble en public, l'actrice d'âge mûr avait l'air de flirter avec lui. Elle emmena Christopher quand Roddy McDowall lui arrangea une entrevue avec Mae West. McDowall ouvrit la porte et les fit entrer dans le salon, où Mae West les attendait en fourreau argenté, flanquée de deux imposants gardes du corps. Après avoir échangé des banalités pendant quelques minutes, Taylor se pencha vers Christopher. « Tirons-nous d'ici », lui murmura-t-elle. Et ils s'en allèrent. Le lendemain, il l'accompagna à un barbecue chez Edith Goetz, la fille de Louis B. Mayer. On les vit également au Candy Store, discothèque à la mode de Hollywood.

Peter Lawford nia véhémentement la chose quand des journalistes lui demandèrent si Elizabeth Taylor et son fils avaient une aventure. « Cette éventualité lui posait quand même des problèmes, dira Patricia Seaton. Peter avait assez d'ennuis personnels comme ça, entre ses dettes et sa dépendance à la drogue. Il n'avait pas l'intention de favoriser une idylle entre Christopher et Elizabeth. »

Désireux de remédier à cette situation, Lawford entreprit de trouver un compagnon plus âgé, donc plus approprié, à Elizabeth. Le premier nom qui lui vint à l'esprit fut celui de son ami Henry Wynberg, riche marchand d'automobiles que l'on avait toujours vu en compagnie de jolies femmes. Lawford pouvait très bien les faire se rencontrer : c'était en effet Wynberg qui avait présenté Peter à Patricia Seaton.

Seaton, une des anciennes petites amies de Wynberg, pouvait attester de ses prouesses sexuelles : « Henry, de deux ans plus jeune qu'Elizabeth, respirait la sensualité, déclara-t-elle. Brun, mince, légèrement plus grand que Richard Burton [lequel portait des talons de 5 centimètres], Henry parlait avec un charmant accent hollandais dont il n'avait jamais réussi à se débarrasser. Sa principale caractéristique était toutefois un organe aux proportions quasi équines – long, dur et épais. Il faisait preuve de cette maîtrise anatomique et de cet appétit sexuel que l'on attribuait à des play-boys mûrs tels que Porfirio Rubirosa et l'Aga Khan. Henry avait couché avec des centaines, pour ne pas dire des milliers de femmes, dont plusieurs célébrités telles que Tina Turner ou Dewi Sukarno, la veuve du président indonésien. Henry était un amant hors pair. »

Malheureusement, Henry Wynberg avait aussi son côté négatif. Accusé d'avoir trafiqué le compteur des voitures qu'il avait vendues entre juillet 1972 et mai 1973, Wynberg fut finalement condamné à ne payer que 250 dollars d'amende. Plus de vingt ans après cette affaire, il vivait toujours très mal cette condamnation, ainsi qu'il le déclara à l'auteur de ce livre : « Il n'y a pas en Amérique un seul vendeur de véhicules d'occasion qui ne trafique pas le compteur de ses voitures. Je suis le seul à m'être fait prendre. »

Cet incident n'empêcha pas Peter Lawford de mettre son plan à exécution. Voici comment les choses se passèrent selon Wynberg : « Peter m'a appelé un soir du Candy Store. " Henry, m'a-t-il dit, je suis là avec mon fils Christopher et Elizabeth Taylor. Tu ne veux pas venir? " Je suis donc allé au Candy Store. Peter et Elizabeth étaient assis dans un coin, engagés dans une conversation sérieuse. Tout le monde regardait Taylor, mais personne n'osait l'approcher ou la déranger. Elle ne s'intéressait qu'à Peter. J'ai passé une demi-heure environ à discuter avec Chris Lawford avant de lui dire : " Ton père m'a téléphoné pour que je rencontre Elizabeth Taylor, je suis là depuis une demi-heure et je ne lui ai même pas dit bonjour. Je rentre chez moi. " Plus tard, Peter m'a rappelé : " Henry, je suis désolé pour ce qui s'est passé au Candy Store. Que dirais-tu si j'amenais Christopher et Elizabeth prendre un verre chez toi? " Cela ne me posait aucun problème et ils débarquèrent dans ma maison de Beverly Estates Drive. Elizabeth et moi fûmes présentés l'un à l'autre.

« A cette époque, j'avais une importante collection de poissons tropicaux originaires d'Hawaï. J'avais plusieurs aquariums, dont un énorme installé en face du canapé. Elizabeth s'installa et nous bavardâmes tout en buvant un verre. Le nom de Richard Burton n'arriva jamais dans la conversation. Nous parlâmes surtout de poissons. Je crois qu'elle les trouvait plus intéressants que moi. Dans les aquariums, il y avait des anémones de mer et d'autres créatures aux couleurs chatoyantes.

« A deux heures du matin, Peter Lawford décida de s'en aller. Il demanda à Elizabeth si elle voulait qu'il la dépose. Elle discuta quelques minutes à l'extérieur avec lui avant de rentrer à nouveau. " Ça vous dérange si je reste un peu? " me demanda-t-elle. " Pas du tout ", lui dis-je. Peter et Christopher rentrèrent chez eux. Elizabeth et moi poursuivîmes notre conversation. Elle prit un ton un peu plus personnel. Je lui dis que j'étais divorcé et que j'avais un jeune enfant. Elle me parla un peu de son passé. Je la trouvais très intéressante, inutile de le préciser. A 6 heures du matin, je la ramenai chez Edith Head.

« Plusieurs jours après, elle m'appela pour m'inviter à un dîner intime organisé chez Ginger Rogers. La mère d'Elizabeth était également conviée. La soirée fut très cordiale. Nous nous revîmes plusieurs fois. Elle revint chez moi admirer mes poissons. Au bout de deux semaines, elle me dit qu'elle devait tourner un film en Italie. Je dois ajouter qu'il n'y eut rien de sexuel entre nous. C'est seulement en lisant la presse que je compris que Richard Burton et elle allaient tenter de rafistoler leur mariage. »

Pour honorer ses engagements professionnels (le tournage de *Représailles*), Richard Burton partit pour l'Italie dix jours avant Elizabeth. Avant de monter dans l'avion, il avait accordé une brève interview aux journalistes. En parlant d' « Océan » (le premier surnom qu'il avait donné à Taylor), il déclara : « Comment puis-je m'occuper de ses innombrables problèmes et exigences tout en poursuivant ma propre existence ? »

Burton séjourna chez Carlo Ponti et Sophia Loren dans leur somptueuse villa du XVIᵉ siècle du mont Albain, dans la banlieue romaine. Tout de suite, Ponti lui offrit le principal rôle masculin dans le film *Le Voyage*, d'après une nouvelle de Luigi Pirandello. Ponti produirait le film, Vittorio De Sica le réaliserait, et Sophia Loren aurait le premier rôle féminin. Richard accepta d'emblée. Il accepta également de jouer avec Sophia Loren dans une version télévisée du *Brève rencontre* d'Alan Bridges.

Les projets de Burton montrent bien qu'il voulait tout faire pour s'éloigner de Liz. En outre, il se sentait très attiré par Sophia, qui par de nombreux côtés lui rappelait sa femme. Comme cette dernière, l'actrice italienne était indépendante et fière, mais aussi intéressée par les hommes fragiles. Ses cheveux bruns et ses courbes accentuaient encore la ressemblance avec Liz.

Quand il ne buvait pas, qu'il ne travaillait pas ou ne conversait pas au téléphone avec sa femme (ce qu'il faisait quotidiennement), Burton était en général en compagnie de Sophia. Ils faisaient de longues promenades à pied ou en voiture dans la campagne, jouaient au Scrabble ou allaient nager. Il passa un week-end seul avec Sophia sur le yacht de Ponti. Burton déclara à un magazine qu'il adorait Sophia Loren, mais que c'était de manière platonique. En privé, il laissait entendre que leurs relations étaient peut-être moins chastes. Elizabeth devait avoir des soupçons : dès son arrivée à Rome, il y eut un froid notable entre les deux actrices.

Elizabeth débarqua à Rome le 20 juillet, se fraya un chemin (avec l'aide de la police) parmi les fans et les photographes, monta dans la limousine de Burton, l'embrassa et revint avec lui chez Carlo Ponti, où ils vécurent sans cesser de se lancer des piques et des insultes. Burton faisait des plaisanteries sur le nom de Wynberg et Elizabeth se montrait assez désagréable à l'encontre de Sophia Loren. Dick et Liz se séparèrent de nouveau fin juillet. Elizabeth s'installa au Grand Hôtel de Rome et commença le tournage d'*Identikit*, film morbide et déprimant où l'on voit une épouse allemande partir pour Rome et se mettre en quête de l'amant parfait; elle ne trouvera que l'assassin parfait. Richard demeura dans la propriété de Carlo Ponti avec Sophia Loren et en profita pour compléter sa liste intime de « groupies ».

C'est du Grand Hôtel qu'Elizabeth appela Henry Wynberg et l'invita à la rejoindre à Rome. Elle lui réserva une chambre adjacente à sa propre suite de sept pièces (40 000 dollars par mois). Très vite, Henry trouva le chemin de la chambre à coucher d'Elizabeth. « Nous devînmes intimes au Grand Hôtel, déclarera Wynberg. Était-elle une amante accomplie? Disons seulement qu'elle mettait du cœur à l'ouvrage. »

Franco Rossellini, le producteur d'*Identikit*, avait demandé à son ami Andy Warhol de faire une apparition dans le film. Il n'avait que quelques lignes de texte, mais il se trompait systématiquement. « Il avait l'air absolument pétrifié, observa Wynberg qui passa plusieurs jours sur le plateau. Il ne parvenait pas à se souvenir de son texte. Au bout d'une dizaine de prises, je suis allé trouver Giuseppe Patroni Griffi, le réalisateur, et je lui ai dit : " Je ne connais rien au cinéma et je ne veux pas me mêler de ce qui ne me regarde pas, mais vous pourriez peut-être écrire son texte sur des cartons? " " Excellente idée, me répondit-il, comment n'y ai-je pas pensé plus tôt? " »

La fâcheuse habitude qu'avait Elizabeth d'arriver en retard sur le plateau rendait Franco Rossellini fou furieux. « Cette femme va me faire mourir [2] », ne cessait-il de répéter. Pour une fois, son comportement était assez excusable. Burton se trouvait dans la même ville qu'elle, mais il refusait de prendre ses appels téléphoniques. Elle était à la fois furieuse et angoissée : elle désirait qu'il lui revienne, mais elle ne voulait pas céder ni faire de compromis. Les soucis et les remords accrurent chez elle le goût pour la boisson.

Bob Colacello, l'assistant d'Andy Warhol, avait accompagné celui-ci à Rome. Dans la biographie qu'il consacra à Warhol, Colacello raconte un autre éclat de Rossellini, provoqué une fois encore par Elizabeth. La comparant à Maria Callas, il s'écria : « Les gens croient que Callas était une prima donna difficile et exigeante, mais ce n'était rien, absolument rien à côté d'Elizabeth Taylor. » Ce à quoi il ajouta : « Quoi que vous fassiez, ne l'appelez pas Liz. Elle a horreur d'être appelée Liz. C'est toujours Elizabeth et seulement Elizabeth. Comme la reine. »

Comme la reine, Elizabeth était entourée de son éternelle suite, parmi laquelle il fallait compter une secrétaire, un coiffeur et une habilleuse. Mais, contrairement à la reine, elle engloutissait fréquemment ce qu'elle appelait un « Debauched Mary » [par allusion au « Bloody Mary »], boisson composée, selon ses propres dires, de « cinq doses de vodka et d'une dose de sang ». Elle se lança dans une longue diatribe à propos d'une amie de Warhol, membre de l'aristocratie italienne, qu'elle traita de « sale goudou ». Elle montra ses cicatrices à Warhol, qui lui montra les siennes. Invitée à déjeuner par l'artiste, elle arriva avec deux heures de retard, refusa de manger, but Jack Daniels sur Jack Daniels, déclara que son ambition secrète était de devenir réalisatrice, ridiculisa Sophia Loren, accusa un autre invité – un producteur associé qui avait travaillé avec Richard Burton sur *La Nuit de l'iguane* – de chercher à la séduire, tout cela avant de s'enfermer dans la salle de bains et de refuser de sortir, si bien qu'on dut faire venir un médecin.

Andy Warhol ne put s'empêcher de se poser l'inévitable question : « Elle a tout : la magie, l'argent, la beauté, l'intelligence. Pourquoi ne peut-elle être heureuse ? »

Début novembre 1973, juste après la fin du tournage d'*Identikit*, Elizabeth Taylor et Henry Wynberg partirent pour Londres où ils séjournèrent chez John Heyman. Agé de quarante-cinq ans, Laurence Harvey était en train de mourir du cancer et Elizabeth voulait le voir une dernière fois.

« Nous allâmes chez lui, raconte Henry Wynberg. Larry était dans sa chambre, au premier. Nous avons bu un verre avec sa femme, Pauline, puis nous sommes montés le voir. Il était au lit, deux médecins et une infirmière s'occupaient de lui. Ils nous ont laissés seuls avec lui. Ce pauvre type avait l'air de beaucoup souffrir. Nous étions assis à son chevet. Elizabeth s'est penchée vers lui et l'a pris par les épaules en lui disant quelque chose de gentil. Il n'a même pas réussi à soulever la tête. Nous ne sommes pas restés avec lui plus de trois minutes.

« Après sa mort, j'ai lu dans des journaux qu'Elizabeth était montée dans le lit avec lui. Cela indique bien le genre de rumeurs qui couraient à son propos. Je sais ce qui s'est passé parce que, Larry mis à part, j'étais la seule personne présente. Ce fut un geste très émouvant de sa part et je suis persuadé que Larry a apprécié. »

Après la mort de Laurence Harvey, Taylor organisa une messe du souvenir à l'église épiscopale St Alban de Westwood, Californie. La cérémonie surprit la plupart des amis de Harvey : l'acteur décédé était un juif lituanien.

Un contrôle médical montra qu'Elizabeth souffrait peut-être du même mal que Laurence Harvey. Les médecins soupçonnaient la présence d'une tumeur maligne. Le 27 novembre, Liz entra au UCLA Medical Center pour subir un examen chirurgical. Henry Wynberg occupa une suite d'hôpital contiguë à la sienne.

Richard Burton se trouvait à Palerme où il tournait toujours *Le Voyage*. Il daigna répondre à sa femme quand elle l'appela au téléphone. « Est-ce que je peux rentrer ? » lui aurait-elle demandé. Burton s'envola aussitôt pour Los Angeles. L'excroissance, un kyste ovarien, était bénigne. « Salut, l'éventrée », dit Burton en entrant dans la chambre d'Elizabeth. « Salut, le vérolé », lui répondit-elle. Wynberg fut assez sage pour se tenir à l'écart. « J'ai toujours su qu'il reviendrait, dira-t-il, et qu'elle lui reviendrait. A mon avis, c'était l'homme le plus important de sa vie, mais je ne croyais pas que ça marcherait, et je le lui ai dit. » Burton ramena Elizabeth en Italie, puis il alla passer Noël avec elle à Puerto Vallarta. « Je crois au père Noël [3] », déclara Taylor. Aux informations de NBC-TV, le présentateur John Chancellor put ainsi déclarer : « Elizabeth Taylor et Richard Burton sont réconciliés de manière définitive... dans le sens de non provisoire. »

En mars 1974, les Burton se trouvaient à Oroville, Californie, où Richard jouait aux côtés de Lee Marvin dans *L'Homme du clan*, adaptation d'un roman de William Bradford Huie qui avait remporté le prix Pulitzer et qui traitait de la violence raciale dans le Sud. Burton dira plus tard : « C'est un film dont je me souviens à peine. » Rien d'étonnant à cela. Le jour, il buvait de la vodka *on the rocks* dans une tasse et, la nuit, des doubles martinis, s'il faut en croire le journaliste Jim Bacon. Burton était retombé dans ses mauvaises habitudes.

Son amour immodéré des femmes se manifesta dès le premier jour du tournage. Burton aperçut un jeune mannequin noir, à qui il se présenta. Jean Bell avait été la première Noire américaine à poser dans les pages centrales de *Playboy* (octobre 1969) et elle rêvait de faire du cinéma. Burton se débrouilla pour qu'elle ait un petit rôle dans *L'Homme du clan* et lui promit des rôles plus lucratifs. Plus tard, il eut une liaison avec elle.

D'autres occasions du même ordre se présentèrent à l'acteur alcoolique. Comme son mariage battait de l'aile, Richard jeta son dévolu sur Kim Dinucci, beauté blonde de dix-neuf ans qui laissa tomber son petit ami pour aller avec Richard. Il l'invita à dîner et lui offrit un diamant d'une valeur de 450 dollars. Ses yeux cupides se posèrent ensuite sur Anne DeAngelo, réceptionniste de motel de trente-trois ans, dont le mari, le tenancier de bar Tony DeAngelo, dira plus tard à la presse : « Burton avait promis à Anne de l'emmener en Suisse une fois le film terminé. C'était une promesse en l'air, mais Anne y avait cru, elle ne pensait plus qu'à ça. Elle croyait que Burton l'aimait vraiment. Quand il est parti sans elle, je l'ai vue s'effondrer.

« Anne n'a pu supporter cette humiliation. Nous avons divorcé et elle a quitté Oroville pour aller vivre à Monterey. »

Elizabeth Taylor quitta elle aussi Oroville [4], mais ce fut pour Los Angeles, où elle appela Henry Wynberg afin de le revoir. « Tu avais raison pour Richard, dit-elle. Ça n'a pas marché. Il ne peut laisser tomber ni l'alcool ni les femmes. » Raymond Vignale, le majordome d'Elizabeth, tenta de la dissuader de revenir auprès de Wynberg. « Je ne l'aimais pas, dira Vignale. Pour moi, il se servait d'elle. J'ai dit à Taylor que Dick Hanley serait du même avis que moi s'il était encore là – malheureusement, il était mort plusieurs années plus tôt. Elizabeth était têtue, elle faisait ce dont elle avait envie. »

Richard Burton passa six semaines en désintoxication dans un hôpital de Santa Monica; pendant ce temps, Liz tenta de reconstruire sa vie. Elle assista à la remise des Oscars, fut l'un des onze narrateurs du film de Jack Haley Jr., *Il était une fois à Hollywood (That's Entertainment! *)*, montage de deux heures consacré aux meilleurs moments des comédies musicales hollywoodiennes, assista avec le prince Rainier et la princesse Grace à la première d'*Identikit*, organisée au bénéfice de la Croix-Rouge monégasque, et prit des vacances à Portofino, en Italie, en compagnie d'Henry Wynberg.

Le 26 juin 1974, le divorce de Richard Burton et d'Elizabeth Taylor fut prononcé par un juge de village à Saarinen, en Suisse. En tailleur de soie beige et lunettes noires, Liz assista au jugement, qui dura une demi-heure, mais pas Dick. Le juge ne posa à Taylor qu'une question fondamentale : « Est-il vrai que vivre avec votre mari était intolérable? – Oui, répondit-elle, la vie avec Richard était devenue intolérable. »

Dans sa biographie consacrée à Elizabeth Taylor, Alexander Walker écrivit que, « ensemble [en tant que couple], ils avaient eu dix années de mariage, tourné onze films et gagné 30 millions de dollars [5] ».

* Quand *Hollywood... Hollywood! (That's Entertainment! Part II)* sortit en 1976, Elizabeth Taylor refusa de participer à la promotion du film parce que les producteurs n'avaient utilisé que de très courts extraits de ses prestations.

Après le divorce, Taylor et Wynberg firent une brève croisière à bord de la *Kalizma*. On les vit ensuite à Munich pour la finale de la Coupe du monde de football opposant les Pays-Bas à l'Allemagne. En septembre, Elizabeth loua à Bel-Air, Californie, une demeure de style italien. Un des premiers visiteurs fut le romancier Gwen Davis [6], auteur de *Motherland*, dont Elizabeth souhaitait acquérir les droits.

« Elizabeth et Henry vivaient dans une demeure remplie de statues grecques, dit Davis. Il y avait partout d'énormes aquariums pleins de poissons tropicaux. Il y avait aussi des fontaines, une piscine, des patios couverts de fleurs, une chambre à coucher dont le papier peint représentait des papillons d'argent. » Notons que ce papier peint assez criard se trouvait déjà là quand Taylor loua la maison.

Fin 1974, Taylor apprit que Richard Burton s'était fiancé à la princesse Elizabeth de Yougoslavie, dont les liens familiaux s'étendaient à la famille royale britannique et dont le présent mariage avec le banquier Neil Balfour allait être rompu. Belle femme de trente-huit ans, la princesse Elizabeth avait eu une idylle avec le président John F. Kennedy. C'était depuis longtemps une amie de Burton et de Taylor, et l'actrice eut encore plus de mal à accepter l'annonce de ces fiançailles.

Quelques jours plus tard, Elizabeth eut terriblement mal au dos. On installa un lit d'hôpital dans la chambre aux papillons et elle fut placée en position de traction dorsale.

Gwen Davis continuait à venir la voir. « Elizabeth n'a jamais acheté les droits de mon livre, dira-t-il, mais je l'ai beaucoup vue à cette époque. » Max Lerner vint aussi, renouant une fois de plus avec leur vieille amitié, mais Elizabeth se mit en colère quand il émit l'idée qu'il y avait peut-être un rapport entre ce mal de dos et la nouvelle conquête de Burton. « J'ai les vertèbres qui se désintègrent! hurla-t-elle. Tu veux voir mes radiographies? »

Même si elle persistait à dire que sa maladie n'était ni psychosomatique ni précipitée par la dernière aventure en date de Burton, Liz ne pouvait s'empêcher de parler de lui. « J'aime Richard de toute mon âme, déclara-t-elle à Gwen Davis, mais nous ne pouvons vivre ensemble. Nous nous détruisons mutuellement. »

Fidèle à sa réputation, Burton se désintéressa rapidement de sa princesse. Après avoir terminé un téléfilm où il jouait le rôle de Winston Churchill (*Walk With Destiny*), il partit sur la Côte d'Azur afin d'y tourner *Jackpot*, film qui, pour des raisons financières, ne fut jamais achevé. Jean Bell jouait également dans ce film. Selon Melvyn Bragg, Burton et Bell furent photographiés par la presse en train de se promener « bras dessus bras dessous sur la promenade des Anglais ». Cette photo fut largement diffusée et Burton dut revenir en hâte à Londres pour apaiser sa fiancée. Une deuxième photo fut publiée quelques semaines plus tard et la princesse donna rendez-vous à Richard au Dorchester. Elle arriva avec deux heures de retard. Il l'avait attendue au bar et il était complètement ivre quand elle fit enfin son apparition. Elle brisa son engagement et eut cette phrase lapidaire : « Je ne savais pas qu'une femme ne suffisait pas à rendre sobre un homme. »

« Elizabeth Taylor aurait pu le lui dire », ajouta Max Lerner. Liz avait ressuscité quelques jours plus tôt. Elle accompagna Henry Wynberg et un ami à lui, journaliste de son état, jusqu'à San Clemente, Californie, où le journaliste interviewa Julie Nixon Eisenhower (fille du président Richard Nixon). Puis Liz assista à une fête donnée par le fondateur de *Playboy*, Hugh Hefner, dans sa propriété de Beverly Hills. Après s'être fait passer pour la comédienne Martha Raye, et en l'absence de réaction notable, elle se tourna vers Hefner : « Vous savez que ce sont des mufles ? »

Au début du mois de janvier 1975, Elizabeth donna sa propre réception pour fêter sa « guérison complète » et son prochain voyage en Russie : elle devait jouer dans la première grande coproduction américano-soviétique, *L'Oiseau bleu*, adaptation du célèbre conte de Maurice Maeterlinck. « Elizabeth arriva à sa propre soirée avec près d'une heure de retard, écrit Gwen Davis. Elle portait une robe légère de couleur verte et ses cheveux semblaient parsemés de perles de lumière. » Le décor était extrêmement raffiné[7] : orchidées violet foncé dans la salle à manger et violet clair pour le milieu de table, orchidées lavande de 1,50 m de haut autour de la piscine, orchidées lilas dans la salle de séjour. Les nappes étaient couleur lavande, les allumettes violet foncé, les serviettes violet clair. Des bougies blanches brûlaient un peu partout. Les mets étaient japonais, de même que les serveurs. Des vigiles avaient été engagés pour veiller à la sécurité des invités.

Fin janvier, Elizabeth et Henry passèrent de brèves vacances à Gstaad. Leurs déplacements étaient marqués du sceau de Taylor : vingt-deux bagages ; un personnel nombreux, dont une secrétaire, une femme de chambre et un coiffeur ; deux chiens, des shih tzu ; un chat siamois ; et d'innombrables manteaux de fourrure (Truman Capote n'a jamais pu comprendre comment quelqu'un qui aimait autant les animaux pouvait posséder tant de fourrures). Pendant son séjour à Gstaad, Taylor peignit toute une série de toiles humoristiques. « Elle peignait aussi entre deux prises, dira le photographe Phil Stern, qui l'avait suivie sur plusieurs films. Je me souviens d'un tableau intitulé

*Le bonheur est un Bloody Mary* : on y voyait un verre de vin au milieu d'un cœur. »

Phil Stern se trouvait également à Leningrad pour le tournage de *L'Oiseau bleu*, que dirigeait George Cukor, alors âgé de soixante-seize ans. « Cukor, raconte Stern, avait été le premier à arriver à Leningrad. Il tomba immédiatement amoureux d'un jeune Hongrois, et cela le perturba jusqu'à la fin de la production.

« Je n'oublierai jamais le premier jour de tournage, poursuit Stern. Toutes les vedettes étaient là, parmi lesquelles Jane Fonda, Ava Gardner, Cicely Tyson et James Coco, lequel avait amené avec lui son petit ami, pédale vieillissante dont les grotesques efforts pour dissimuler sa féminité étaient pour le moins bizarres. Les Russes attendaient avec impatience de voir cette célébrité mondiale qu'était Elizabeth Taylor. Le tournage devait débuter à 9 heures du matin, ce qui signifiait qu'elle ne devait pas arriver chez le maquilleur après sept heures. Mais à neuf heures, elle n'était toujours pas au studio. Elle se pointa finalement sur le coup de 10 heures du matin, sans maquillage ni garde-robe. Mais son arrivée fut quelque chose de vraiment mémorable : Elizabeth Taylor était boulotte, ventrue, pourvue d'une grosse tête et de petites jambes. Un des Russes se tourna vers moi et dit : " C'est ça votre Grande Catherine ? " C'était affreux. J'ai vu de vieilles vendeuses de chez Woolworth's qui étaient plus séduisantes. Tous ses costumes avaient été dessinés pour masquer son problème de poids. Ses cheveux étaient enroulés autour de son cou pour qu'on ne voie pas son double menton. Elizabeth Taylor est le produit hollywoodien typique. »

Elizabeth Taylor tenait un quadruple rôle : la Mère, la Lumière, l'Amour maternel et la Sorcière. Elle avait accepté de jouer dans *L'Oiseau bleu* en échange d'un bon pourcentage sur les recettes. Elle n'avait cependant pas pensé aux impondérables suscités par les sept mois de production. Elle dut mettre 8 000 dollars de sa poche pour faire modifier certains de ses costumes. Elle avait une petite loge et devait utiliser la salle de bains d'Ava Gardner. Liz s'enrhuma et attrapa la grippe, elle fit aussi une dysenterie amibienne assez grave. Ses appartements (qu'elle partageait avec Henry Wynberg, engagé comme photographe de plateau) étaient plus que médiocres. La nourriture russe était immangeable. Elizabeth était habituée au luxe et elle demanda à la compagnie de fret Fortnum & Mason de lui envoyer des victuailles par avion. Cela marcha jusqu'au jour où les douaniers russes découvrirent plusieurs livres en anglais dissimulés parmi les vivres et mirent un terme aux importations.

338

James Coco finit par faire la cuisine pour tout le monde. « C'était un merveilleux cuisinier, dira Ava Gardner, et qui mit son talent au service de George Cukor ainsi que de tous les acteurs britanniques et américains. Quand il en avait assez d'être aux fourneaux, nous le remplacions à tour de rôle. La direction de l'hôtel avait installé des plaques chauffantes dans nos chambres. Quand ce fut le tour d'Elizabeth de préparer le repas, nous arrivâmes à l'heure dite pour la voir plantée devant une boîte de conserve. La boîte surchauffée était sur le point d'exploser et nous dûmes prendre d'autres dispositions.

« Un autre souvenir me vient à l'esprit. Le magazine *People* avait demandé à un photographe de prendre des clichés d'Elizabeth dans l'un de ses fabuleux costumes. On décida de la faire asseoir sur le trône de la Grande Catherine, au musée de l'Ermitage. Sans demander la moindre autorisation, l'équipe se rendit au musée, se dirigea vers le trône, écarta les cordons de protection et commença à prendre des photos. Les gardiens de l'Ermitage se fâchèrent et jetèrent tout le monde dehors. Une tempête de neige faisait rage. Elizabeth dut marcher un certain temps dans la neige. Sa coiffure se défaisait, son maquillage avait coulé et ses vêtements étaient trempés. Elle était folle furieuse. »

Jonas Gritzus, le directeur russe de la photo, eut des problèmes avec Taylor. « D'abord, dit-il, mon anglais n'était pas très bon, ce qui rendait la communication difficile. Elizabeth et moi n'étions pas d'accord sur certaines choses. Une fois, elle arriva sur le plateau avec trop de maquillage. Je demandai à George Cukor si cela lui plaisait. " Moi, ça me plaît ! " trancha Elizabeth. Dès cet instant, nos relations de travail se dégradèrent.

« Elizabeth se montra assez insipide dans son jeu d'actrice. Je trouvais que Jane Fonda était bien plus impressionnante qu'Elizabeth. Taylor était toujours entourée d'un tas de personnes qui lui étaient entièrement dévouées. On me dit que c'était en partie pour cela que Richard Burton avait préféré rompre. »

Paul Maslansky, le producteur américain du film, fut témoin d'autres incidents. « Ava Gardner, dit-il, refusait de boire l'eau du robinet de Leningrad, mais elle tomba tout de même malade et dut être rapatriée à Londres pour un certain temps. James Coco tomba également malade et ne revint pas. » La présence de Coco avait apporté une touche d'humour plus que nécessaire. L'acteur était convaincu que le KGB enquêtait sur tous les Américains présents dans le film et que leurs chambres d'hôtel étaient sur écoute. Un jour, la serveuse d'un petit restaurant de Leningrad lui demanda s'il y avait autant de crimes aux États-Unis qu'on le racontait dans la presse soviétique. Coco se pencha vers les autres convives : « Elle doit être du KGB, elle essaye de nous démoraliser. »

Les souvenirs d'Henry Wynberg sont moins légers puisqu'ils ont trait à la santé d'Elizabeth pendant son séjour en Union soviétique. Liz attendait de lui, comme elle l'avait fait de tous ses hommes, qu'il soit en permanence aux petits soins. Wynberg joua le jeu.

A l'époque où Elizabeth se trouvait en traction dorsale, Wynberg lui injectait tous les jours un puissant analgésique entraînant une forte dépendance. A son arrivée à Leningrad, elle se plaignit à nouveau de fortes douleurs au niveau du dos. Un des médecins de Los Angeles avait donné à Henry Wynberg des ampoules au cas où les crises reviendraient. Peu désireux d'augmenter sa dépendance aux médicaments, Wynberg avait décidé (sur l'avis des médecins) de faire à Taylor des piqûres d'eau distillée.

« Elle criait qu'elle avait encore mal, raconte Wynberg, mais je refusais de lui donner l'analgésique. Elle ne savait pas que c'était un placebo.

« Sa dysenterie amibienne fut cependant plus sérieuse. Un jour, elle se réveilla vers deux ou trois heures du matin et me dit : "Henry, je ne sais pas ce qui se passe, mais je me sens vraiment mal." Je demandai un thermomètre à la réception. Elle avait plus de 40. J'ai appelé les urgences médicales, un médecin et une infirmière sont arrivés quelques minutes plus tard. Ils lui ont fait une piqûre avec une aiguille visiblement destinée à un cheval. Ils voulaient l'emmener dans un hôpital de Leningrad. Sachant ce que je savais de la Russie, je n'avais pas l'intention de la laisser partir. "On va s'en occuper ici", dis-je. "Il faut faire tomber la température", répliqua le médecin russe. J'allai chercher de la glace. On remplit la baignoire d'eau froide, on y ajouta la glace et on y plongea Elizabeth.

« Le lendemain, quelqu'un du consulat américain me donna des pilules. Cela lui fit du bien. Au bout de trois jours [passés aux toilettes], elle se sentit mieux. Elle avait perdu plus de huit kilos. Elle avait meilleure allure, mais quel régime draconien ! »

Quand L'Oiseau bleu fut terminé, Elizabeth Taylor donna une petite fête au cours de laquelle elle offrit à chacun un cadre avec sa photo dédicacée. Les Russes apprécièrent le geste, mais plusieurs Américains prirent assez mal la chose.

En juillet 1975, Elizabeth Taylor et Henry Wynberg quittèrent Leningrad pour Helsinki. « A l'aéroport, raconte Wynberg, on nous dit que deux vols de la Finnair à destination d'Helsinki étaient prévus dans l'après-midi. Ils proposèrent de regrouper tous les passagers dans un appareil et de nous laisser l'autre. C'est ainsi que nous nous retrouvâmes rien que nous deux dans un Jumbo Jet! »

Début août, Liz et Henry séjournèrent à Genève. Richard Burton et Jean Bell occupaient le chalet de Céligny. Jean avait vu Burton traverser quelques-unes de ses pires crises éthyliques. Il avait passé six semaines en désintoxication au St John's Hospital de Santa Monica. Ses mains tremblaient en permanence, son dos et ses jambes étaient perclus d'arthrite. Encouragé par Jean Bell, il avait arrêté l'alcool et se sentait, disait-il, bien mieux que depuis des années. Elizabeth et lui se téléphonaient régulièrement.

« Elizabeth a toujours été très honnête sur ce point, reconnaît Henry Wynberg. Elle n'a jamais essayé de dissimuler ses coups de fil à Burton. Elle me disait : " Henry, il faut que je lui donne un coup de main parce que j'aime vraiment cet homme. " Je ne pouvais pas faire grand-chose pour empêcher l'inévitable.

« Ils avaient décidé d'un rendez-vous pour voir s'ils pouvaient, d'une manière ou d'une autre, régler leurs différends. Nous étions toujours à Genève. Je suis allé acheter à Elizabeth une robe noire et un petit chapeau avec voilette, ainsi qu'un gros tournesol. En revenant à l'hôtel, je lui ai dit : " Voilà ce que tu es : tu es mon rayon de soleil et tu prends une mauvaise décision, tu vas à un enterrement. Voici donc des habits de deuil. Tu vas à un enterrement, mais aussi à notre perte à tous les deux. " Elle a pris son petit déjeuner, ensuite elle a jeté la robe à la poubelle, mais elle a conservé le chapeau, je ne sais pas pourquoi.

« J'ai accepté la situation, poursuit Wynberg, mais j'avais abandonné mon commerce d'automobiles pour suivre Elizabeth et j'avais besoin de retrouver une activité. Pendant des mois, Elizabeth et moi avions envisagé pour elle une éventuelle incursion dans le domaine des cosmétiques. Elle possédait une fabuleuse collection de bijoux et connaissait bien le marché et nous avons aussi parlé du commerce des pierres précieuses. Je plaçais toutefois les parfums en première position. Je lui disais : " Chérie, ta carrière au cinéma se terminera un jour ou l'autre – ni toi ni moi ne savons quand – et il faut imaginer quelque chose qui puisse rapporter suffisamment. Tu es une actrice de renommée internationale, tu pourrais créer un superbe parfum. Puis tu t'occuperais de tous les produits dérivés et cela te ferait une rente confortable pendant des années. " »

Elizabeth voulut réfléchir à cette proposition. Elle partit

pour Londres, descendit au Dorchester et commanda chez un joaillier une superbe montre en or pour Henry. Elle passa quelques jours dans un établissement hospitalier pour y subir des tests. Vers la mi-août, elle alla à Lausanne et s'installa à l'hôtel Beau-Rivage, où Richard Burton vint la rejoindre.

Le 18 août, Elizabeth Taylor, Richard Burton et Henry Wynberg se retrouvèrent à Gstaad. Elizabeth avait décidé de se lancer dans le parfum avec Henry, mais aussi de rompre leurs relations et de revenir avec Richard. Elle offrit la montre à Henry et lui lut les termes de leur contrat.

Rédigé par Aaron Frosch et adressé à « Mr. Henry Wynberg, Los Angeles », ce contrat d'une page stipulait :

Pour la somme de 100 dollars [8], dont je vous accuse réception, je vous accorde le droit exclusif, irrévocable et perpétuel d'utiliser mon nom et mon image en rapport avec la création, la fabrication, la distribution, la commercialisation et la vente de toutes sortes de cosmétiques, parfums, eaux de toilette et produits assimilés, y compris les droits de publicité desdits produits et les licences accordées à autrui...

Les bénéfices de cet accord vous reviendront, ainsi qu'à vos héritiers et exécuteurs testamentaires et toute personne désignée par vous. Il est bien entendu que toute ligne de cosmétiques utilisant mon nom ou mon image sera de toute première qualité. J'aurai le droit d'approbation sur ces produits, ainsi qu'un droit de regard sur les photographies de ma personne...

Une société sera incessamment créée, dans laquelle Henry Wynberg détiendra soixante pour cent des parts et Elizabeth Taylor quarante pour cent. Avant tout partage, Henry Wynberg recevra trente pour cent des bénéfices nets. Les autres bénéfices seront ainsi répartis : soixante pour cent pour Henry Wynberg et quarante pour cent pour Elizabeth Taylor.

Ce document était très avantageux pour Henry Wynberg, mais il lui faudrait certainement effectuer la plus grande part du travail. Le texte se terminait par « Elizabeth Taylor, Chalet Ariel, 3780 Gstaad, Suisse », suivi de sa signature. Richard Burton signa également en tant que témoin.

Wynberg partit alors pour Londres, muni d'un chèque de 50 000 dollars qu'Elizabeth lui avait remis pour couvrir les premiers frais. Une semaine plus tard, Richard Burton et Elizabeth Taylor prirent un avion à destination d'Israël : au cours d'une soirée de bienfaisance, l'actrice devait lire l'histoire de Ruth et l'acteur le Psaume 23.

En dehors de leur suite (Raymond Vignale avait finalement

quitté le service d'Elizabeth), Dick et Liz ne côtoyèrent qu'un autre passager de première classe. Tony Brenna, journaliste britannique travaillant pour le *National Enquirer*, avait eu vent avant tout le monde de cette soirée de gala et acheté tous les billets de première classe. Les autres membres de la presse internationale étaient regroupés en classe économique.

« J'étais assis non loin de Taylor et de Burton, de l'autre côté de l'allée centrale, raconte Brenna. A l'époque, Burton était au régime sec et je savais que la meilleure façon d'attirer son attention était de boire beaucoup. Je suis donc là à boire des cocktails au champagne, et Burton tire la langue en me voyant. Au bout d'une heure, je me lève et leur dis : " Bonjour, Mr. Burton, Miss Taylor. Je m'appelle Tony Brenna et je travaille pour le *National Enquirer*. Ça peut, comme ça peut ne pas se passer bien. Je voudrais juste vous poser quelques questions. Permettez-moi de vous féliciter d'être à nouveau ensemble. " Liz se met en colère et me dit d'aller me faire foutre. Comme je refuse de m'asseoir, elle envoie un de ses laquais trouver le pilote.

« Je m'assieds et je me tourne vers Burton pour lui dire : " Vous êtes un beau salaud. Vous êtes anglais comme moi. Je fais mon boulot, rien de plus. Je vais être dans la merde si vous ne me dites pas quelques mots. " Au bout d'un moment, Liz s'endort et il se joint à moi, je lui offre des cocktails au champagne. Il est censé être au régime sec. Liz se réveille et voit Richard en train de boire avec moi, elle pousse des hurlements et le ramène à sa place. Un peu plus tard, il revient me voir et elle reste là à ruminer en silence. Quand l'avion se pose à Tel Aviv, elle est si furieuse qu'elle annule une conférence de presse. Grâce à Richard Burton, j'ai l'exclusivité. »

Burton et Taylor passèrent une semaine à l'hôtel King David, à Jérusalem. Leur visite au Mur des Lamentations créa une véritable émeute et l'on entendit un touriste américain s'écrier : « Le Messie est de retour ! »

Septembre les revoit à Gstaad, puis à Johannesburg pour un autre gala de bienfaisance. Folle amoureuse de Burton, Elizabeth voulait à nouveau l'épouser. Elle le couvait de manière incroyable et lui écrivait des lettres dont le grand public avait parfois connaissance. « Je sais que nous serons toujours ensemble [9] au sens biblique du terme, écrivit-elle un jour, alors pourquoi avons-nous peur de ce morceau de papier que les missionnaires ont rendu si nécessaire ? » Ils se rendirent au Botswana, accompagnés, entre autres personnes, par Marguerite Glatz, qui s'occupait de la maison de Céligny depuis près de vingt ans. Selon Glatz, le couple ne cessait de se disputer et de se faire la cour. « Ce n'était pas toujours très harmonieux entre eux, avouera-t-elle. C'était assez difficile pour Mr. Burton parce que Liz aimait le whisky et avait toujours une bouteille avec elle quand lui n'avait pas le droit de boire. Cela créait des tensions.

« Liz était très belle et très versatile. Elle pouvait être très sympathique, mais la minute suivante... on ne savait pas ce qui lui était arrivé. C'était une star et peut-être pensait-elle que tout le monde devait se plier à ses caprices. »

Dans son exubérance, Elizabeth glissa un petit mot sous l'oreiller de Burton : « Je t'enlèverai peut-être sur un destrier blanc, mais je préférerais que ce soit toi qui le fasses [10]... »

Sa cour assidue aboutit. Burton lui demanda sa main (à genoux, dit-on) et elle accepta sur-le-champ. Ils se marieraient dans la brousse, « parmi nos semblables ». Un jour après s'être déclaré, Richard Burton attrapa la malaria. Le médecin belge, seul praticien occidental de la région, était absent ; son cabinet suggéra d'appeler Chen Sam, pharmacologiste de Johannesburg. Cette belle femme de trente-sept ans aux cheveux qui lui tombaient jusqu'en bas des reins arriva le lendemain en hélicoptère pour soigner Burton.

Le second mariage d'Elizabeth Taylor et de Richard Burton fut célébré le 10 octobre 1975, au Botswana. La scène se déroula au bord d'un fleuve, en plein milieu de la réserve du Chobe, sur le territoire de la tribu Tswana. Elizabeth portait une longue robe verte décorée d'oiseaux exotiques, Richard un costume blanc et une chemise rouge à grand col. Les hippopotames, les singes et les rhinocéros regardèrent le couple sabler le champagne. Burton offrit à Elizabeth un diamant extravagant qui vint compléter sa fabuleuse collection d'une valeur de 15 millions de dollars. Elle annonça qu'ils seraient ensemble « à tout jamais ». Il semblait que rien n'avait changé. Mais, en réalité, tout avait changé.

# 24

Avant de quitter le Botswana, Burton et Taylor visitèrent plusieurs dispensaires aux équipements périmés. Consciente du besoin en matériel plus moderne, Elizabeth promit de vendre le magnifique diamant que Richard venait de lui offrir et de consacrer la somme au système hospitalier du Botswana. D'après Alex Yalaia, ambassadeur du Botswana aux États-Unis, cette offre « se volatilisa dans l'éther ». Apparemment, une unique donation de 25 000 dollars fut versée par le clan Taylor, mais pas plus Yalaia que quiconque ne put confirmer la réception d'autres fonds envoyés par l'actrice.

Elizabeth fit preuve d'une générosité beaucoup plus grande quand, à la mi-novembre 1975, elle organisa au Dorchester Hotel de Londres une fête pour le cinquantième anniversaire de Richard Burton. Des caisses de champagne furent livrées pour désaltérer plus de deux cent cinquante invités. L'air renfrogné sauf quand il se trouvait entouré des membres de sa famille, Burton sirota de l'eau minérale durant toute la soirée.

Quand Elizabeth, quelques semaines plus tard, entra à l'hôpital pour des douleurs au dos et à la nuque, Burton refusa de rester avec elle. Elle l'agonit d'injures mais Burton trouva le réconfort auprès de ses amis. Liz exigeait qu'il lui consacrât son temps et le peu d'indépendance qu'il avait encore, et cela sans limite. A la mi-décembre, c'est lui qui poussa son fauteuil roulant jusqu'à l'avion qui devait les emmener à Gstaad. Tous ceux qui les rencontrèrent alors prédirent une fin rapide à leur seconde union.

Hedi Donizetti-Mullener narre ainsi une visite des Burton au Olden, peu après le Nouvel An 1976 : « Elizabeth est entrée dans l'hôtel vêtue d'un somptueux manteau de cuir rouge et d'un chapeau assorti. Le manteau était bordé de fourrure de mouton. " Pourquoi ne dis-tu rien sur mon nouveau manteau ? " a demandé Liz à Richard, et il a répondu : " Bien sûr, ma chère, je l'ai remarqué. Dans cette tenue tu ressembles au Père Noël. " Cette réflexion rendit Elizabeth furieuse. Elle montrait parfois un caractère exécrable. Leur relation oscillait continuellement entre le bonheur total et une rupture imminente. C'est cette dernière option qui paraissait la plus probable en janvier 1976. » J.-S. Bach, le gardien du chalet d'Elizabeth, confirma les dires d'Hedi en informant un journaliste que les Burton faisaient chambre à part. Sur ordre de Liz, Bach fit installer un système d'interphones entre la chambre de la star, celle de son secrétaire et la cuisine. Aucun téléphone intérieur, en revanche, ne la reliait à celle de Burton, située à l'autre bout de la maison.

« Il y avait des signes inquiétants partout, note Peter Lawford qui, de passage à Gstaad, fit la tournée des bars avec Richard durant tout un après-midi. Richard ingurgita une quantité phénoménale d'alcool dans un temps relativement restreint. Il ne pouvait pas s'arrêter de boire. Il me laissa entendre que son second mariage avec Liz avait été une pure folie. " Rien n'a changé, me dit-il. Elle serait mieux avec un assistant à plein temps qu'avec un mari à moitié déglingué. " » D'après Lawford, Burton compara ensuite Elizabeth à Norma Desmond, le personnage principal du film *Boulevard du crépuscule*, une actrice ratée dont les rêves de gloire sont entretenus par l'obséquiosité d'une bande d'admirateurs et sa domesticité.

Un autre visiteur du Chalet Ariel fut Brook Williams. Un matin, Burton et Williams se trouvaient dans le téléphérique quand, se souvient Burton, « je me retournai pour découvrir une magnifique créature qui devait bien faire 3 mètres. Elle aurait stoppé net un mouvement de foule. Je me demandai quand je la reverrais, mais la chance était avec moi car Brook la connaissait un peu. Elle se mit à venir au Chalet deux, trois, puis quatre fois par semaine [1] ».

Ancien mannequin âgée de vingt-sept ans, Susan (« Suzy ») Hunt était la femme séparée du pilote de course automobile britannique James Hunt. C'était une blonde élancée qui possédait le charme pétillant d'une beauté de la campagne anglaise, et elle devint immédiatement la cible de la fureur d'Elizabeth Taylor. Quand Richard proposa à Suzy de l'accompagner à New York où il devait assurer le rôle principal de la pièce *Equus* à Broadway, Elizabeth cracha à sa jeune rivale : « Tu ne tiendras pas plus de six mois avec Richard. – Peut-être, répliqua Hunt, mais ces six mois valent d'être vécus. » Burton affirma que sa nouvelle compagne lui avait quasiment sauvé la vie, en l'éloignant (pour un temps) de la boisson et en lui insufflant une nouvelle jeunesse grâce à son enthousiasme communicatif.

Peu après le départ de Richard, Elizabeth trouva un réconfort temporaire dans les bras d'un autre homme. Alors qu'elle s'ennuyait à l'anniversaire de sa fille Maria, au bar de l'Olden, elle repéra un publiciste très séduisant venu de Malte, Peter Darmanin, trente-sept ans. « J'ai senti un regard dévastateur posé sur moi et je me suis retourné, raconta Darmanin au magazine *People*. C'était Elizabeth Taylor. Elle m'a dit qu'elle était heureuse... de me voir. Je me suis incliné, lui ai fait un baisemain et lui ai affirmé à mon tour que j'étais très heureux de la rencontrer. » Vingt minutes plus tard ils dansaient ensemble, et le soir même Peter vint s'installer dans le chalet d'Elizabeth. Il y resta cinq jours, retourna brièvement à Malte pour emprunter de l'argent à un ami et revint passer quatre semaines de plus à Gstaad, auprès de Liz. Ils allèrent jusqu'à se faire mutuellement des cadeaux : il lui offrit une broche en forme de croix de Malte finement gravée, et elle lui donna une médaille en or sur laquelle étaient inscrits en italien les mots « J'ai besoin de toi ».

Et apparemment, c'était le cas. On peut même dire qu'elle se servit de lui, leur liaison – du moins de la part de Liz – étant une vengeance à l'égard de l'aventure que vivaient Richard Burton et Suzy Hunt. « Elle m'appelait par l'interphone et m'ordonnait de la rejoindre dans sa chambre, confia Darmanin à Alexander Walker. Nous étions ensemble tout le temps. Elle a besoin de ce genre d'attention. » Pour être certaine qu'ils soient vus, Elizabeth l'emmena partout, y compris au très select Eagle Ski Club auquel elle appartenait bien qu'elle ne skiât pas à cause de ses douleurs dorsales.

Mais une dispute éclata lors d'une soirée chez elle, et Liz le gifla, son célèbre diamant de 33,19 carats lui laissant une méchante coupure à l'arcade sourcilière gauche. Se sentant rejeté par elle, Peter retourna à Malte pour y soigner ses plaies (il souffrait également de la main droite, résultat, affirma-t-il, d'une morsure administrée par un des chiens de Liz). Par la suite, Taylor et Darmanin se revirent brièvement à Londres, en avril 1982.

La dernière séparation entre Burton et Taylor fut rendue officielle en janvier 1976. En février, Liz abandonna Darmanin et prit l'avion pour New York à la demande de Richard. Elle crut d'abord que, peut-être, il était malade et le rejoignit pour le secourir. Il séjournait au Lombardy Hotel où elle descendit également. Le soir même, Burton lui annonça qu'il désirait divorcer au plus tôt, lui et Suzy ayant décidé de se marier. « Tu veux dire que tu m'as fait venir jusqu'ici pour me dire ça ? »

s'emporta Liz. Une dispute s'ensuivit, et le lendemain Elizabeth demanda au producteur d'*Equus*, Alexander Cohen, d'annuler la soirée qu'il avait prévue pour fêter les quarante-quatre ans de la star. Puis elle contacta Aaron Frosch et lui enjoignit de préparer deux jeux de formulaire de divorce, un pour elle et l'autre pour Richard. Leur second divorce fut prononcé le 1er août 1976, en Haïti.

Le 27 février 1976, alors que Richard Burton et Suzy Hunt fêtaient les critiques élogieuses reçues par l'acteur pour *Equus*, Elizabeth reparut à Los Angeles avec Henry Wynberg. Il avait loué une maison comportant quatre chambres à coucher au 400, Truesdale Place. « C'était une maison superbe, dit-il. Une des plus belles où j'ai résidé. Elizabeth m'a appelé et m'a dit : " Mettons-nous ensemble. " Et elle a emménagé. »

Henry organisa une petite fête pour son anniversaire. Sara Taylor, la mère d'Elizabeth, vint de Palm Springs où Liz lui avait acheté un condominium. Il y eut des pigeonneaux et du riz complet au menu. Sur le gâteau décoré d'une seule bougie était inscrit : « *HAPPY BIRTHDAY FROM ALL OF US WHO LOVE YOU* *. » Ce soir-là ses quatre enfants – Michael et Christopher Wilding, vingt-trois et vingt et un ans ; Liza Todd, dix-huit ans, et Maria Burton, quinze ans – téléphonèrent des différents endroits du globe où ils se trouvaient pour souhaiter un heureux anniversaire à leur mère.

Wynberg était heureux de voir Elizabeth revenir dans sa vie, bien qu'il n'ait pas été en reste d'aventures galantes pendant son absence. Patricia Seaton affirma qu'il faisait de nombreuses conquêtes chaque mois. Wynberg qualifia cette révélation « d'exagération » mais reconnut que sa liaison avec Liz Taylor avait « définitivement changé son existence, car d'un coup une multitude de femmes s'intéressaient à moi, sans que ce soit vraiment réciproque. Une d'entre elles vint un jour me voir chez moi, m'embrassa à pleine bouche et me demanda si elle le faisait aussi bien que Liz. Je n'ai jamais entendu question aussi déplacée ».

Un jour, alors que Liz s'était installée au 400, Truesdale Place, Henry Wynberg lui dit, voyant qu'elle souffrait toujours de sa séparation avec Burton : « Pourquoi ne pas aller passer une ou deux semaines au Mexique ? Pas à Puerto Vallarta, ailleurs. Je pense à un endroit que j'adore, et je suis certain qu'il te plaira aussi. »

Elle accepta et ils se rendirent au Palmilla, un petit hôtel balnéaire près de Cabo San Lucas, à la pointe de la Baja. Ils se promenèrent sur la plage, nagèrent, bronzèrent et contem-

* Joyeux anniversaire de la part de nous tous qui t'aimons. (*N.d.T.*)

plèrent les couchers de soleil, mangèrent dans les restaurants et firent l'amour. Ils burent du Jack Daniels et fumèrent les joints de marijuana qu'ils roulaient dans leur chambre. Un après-midi, ils partirent pêcher en haute mer, et Elizabeth captura un marlin de 75 kilos. Un autre jour, Wynberg prit des photos intimes de Liz batifolant dans une robe de plage très légère au milieu des vagues.

Pour résumer ce qui devait être sa dernière aventure avec la star, Henry déclara plus tard à un journal à scandales : « L'amour physique était une révélation pour Elizabeth, et elle s'y adonnait sans relâche. »

A leur retour du Mexique, Taylor abasourdit Wynberg en lui disant : « Je veux être ton amie et vivre avec toi ; mais je ne crois pas que nous soyons faits l'un et l'autre pour être mari et femme. Pourtant j'aimerais rester ici, tu ferais ce que tu veux et moi aussi, de mon côté. – Ça ne m'emballe pas franchement, répondit Wynberg. Laisse-moi le temps d'y réfléchir. »

Après mûre réflexion, il décida de mettre fin à leur liaison mais de conserver leur association professionnelle. « Je n'ai pas beaucoup apprécié qu'elle fasse venir son dernier chevalier servant, Harvey Herman, un scénariste et réalisateur de spots télévisés. Ils sortaient ensemble de temps en temps, et j'ai fini par découvrir qu'ils passaient souvent la nuit au bungalow n° 8 du Beverly Hills Hotel.

« Finalement, je me suis dit que c'en était assez. J'ai appelé un taxi de la Beverly Hills Cab Company et lui ai demandé de venir au 400, Truesdale Place. En l'attendant j'ai attaché les deux chiens de Liz à une des valises que j'avais emplies de ses affaires, et quand il est arrivé j'ai dit au chauffeur de taxi : " Rendez-moi service, remettez tout ça à Elizabeth Taylor, au Beverly Hills Hotel. " Et ce fut la fin de notre liaison. »

C'est à Gstaad, pendant l'hiver 1976 et sans doute durant la courte absence de Peter Darmanin à Malte, qu'Elizabeth fit la connaissance de Harvey Herman, un homme corpulent de quarante-sept ans. Lui-même raconte ainsi les circonstances de leur rencontre :

« Avec un ami, John Allen, j'avais écrit mon premier scénario, *The 42nd Year*. Nous avons tenté notre chance en l'envoyant à Elizabeth Taylor à Gstaad. Le sujet était une femme de quarante-deux ans déchirée entre son mari, un homme d'affaires envers qui elle a toujours été loyale, et un nouvel homme qui fait irruption dans sa vie, un amant merveilleux qui la veut pour lui seul. Nous nous étions dit que le rôle conviendrait très bien à Elizabeth.

« De fait, elle s'est enthousiasmée pour le scénario et a déclaré vouloir le faire. Elle m'a invité à Gstaad, et j'ai passé la nuit à Genève avant d'aller la voir le lendemain. Une coïncidence assez curieuse s'est produite lors de notre rencontre. J'étais vêtu tout en noir, pull, pantalon et chaussures, avec juste le col de ma chemise blanche dépassant. Quand je suis arrivé à son chalet et qu'elle a descendu l'escalier pour m'accueillir, elle portait exactement la même tenue que moi. Elle s'est approchée, m'a regardé droit dans les yeux et a dit : " Qui de nous deux va se changer ? "

« Nous nous sommes revus en Californie. Dans un premier temps, nous avons parlé uniquement affaires. J'étais marié et j'avais une famille à New York, et une aventure n'était pas dans mes priorités. De plus elle paraissait traverser une période difficile ; elle aimait Richard Burton et celui-ci venait de la mettre à la porte. Elle ne m'a pas donné l'impression d'être très heureuse.

« Le courant est très bien passé dès notre première rencontre, et nous sommes devenus proches très vite. J'ai bien tenté d'éviter toute liaison avec elle, mais c'était impossible. Au début il n'était question que d'affaires, mais très rapidement il y a eu plus que les affaires. Je crois que nous avons compris tout de suite que nous serions amants. C'est une femme dont la présence est électrisante, une créature dynamique, fascinante. Pendant quelque temps nous avons été amoureux. Nous avons même évoqué le mariage, mais ça n'est pas allé plus loin.

« Je pense qu'il était difficile de vivre avec Elizabeth Taylor. Elle ne pouvait pas marcher dans une rue sans être immédiatement reconnue où qu'elle soit. Sans doute était-elle flattée de cette reconnaissance instantanée, mais c'est assez étrange de ne pouvoir entrer dans un magasin sans être assaillie par une foule d'admirateurs.

« Un jour, j'ai proposé d'aller au cinéma. " Impossible, a-t-elle répondu, je serais assiégée. " J'ai insisté et elle m'a accompagné pour voir *Vol au-dessus d'un nid de coucou*. Nous avons fait la queue et, bien entendu, le directeur du cinéma est sorti pour nous offrir des places gratuites et nous faire entrer sur-le-champ. Mais nous avons refusé et nous avons payé nos places et même deux boîtes géantes de pop-corn au beurre. Elle m'a avoué n'être allée auparavant qu'une ou deux fois au cinéma " comme une personne normale ".

« Très vite, j'ai découvert le caractère enfantin de Liz. Pour elle, vous êtes ami ou ennemi, sans demi-mesure. J'avais pas mal de projets en cours sur la Côte, mais je me suis surpris à les négliger pour rester auprès de Liz. Je n'avais pourtant aucun désir de devenir son factotum ou un autre Mr. Elizabeth Taylor.

350

« Notre liaison a duré environ six mois. Nous nous voyions essentiellement à Los Angeles et New York. Dans cette dernière ville, nous avons dîné à plusieurs reprises avec Richard Burton et Suzy Hunt. Quand ils se retrouvaient ensemble, leurs rapports évoquaient une pièce de Noël Coward. Ils ne s'épargnaient aucune rosserie, comme une réminiscence de *Qui a peur de Virginia Woolf?* Ils s'aimaient, mais d'un amour explosif. Et Richard y ajoutait le détonateur de la boisson.

« Elizabeth avait à l'époque quelques problèmes financiers. On ne lui proposait pas autant de rôles qu'auparavant. J'ai appuyé l'idée d'Henry Wynberg : qu'elle utilise son image de sensualité pour se lancer dans la création de parfums.

« Notre liaison s'est terminée le jour de l'anniversaire de ma femme. Nous avions organisé une soirée chez nous et j'avais prié Liz de ne pas me téléphoner. Mais elle l'a fait, et je lui ai dit que ce n'était plus la peine qu'elle me téléphone. Ça a marqué la fin de notre relation. »

Au mois d'avril 1976, sur l'invitation de Henry Kissinger qu'elle avait rencontré en Israël, Elizabeth se rendit à Washington afin de participer à diverses cérémonies du bicentenaire. C'est ainsi qu'elle prit part à une collecte de fonds organisée au bénéfice de l'American Ballet Theatre, au John F. Kennedy Center for the Performing Arts. Le spectacle proposé comprenait des étoiles telles Mikhaïl Barychnikov et Natalia Makarova.

Pour préparer son arrivée dans la capitale, Liz contacta le couturier Halston à New York. Il comptait parmi sa clientèle des célébrités comme Jacqueline Onassis, Doris Duke, Liza Minnelli ou Anne Ford.

« La première fois qu'elle me téléphona, se souvient Halston, c'était au sujet de la robe dont elle avait besoin pour la cérémonie des Academy Awards. Sa première question fut : " C'est vraiment Halston? ", et je répondis : " C'est vraiment Liz Taylor? " Je créai sa robe, qui remporta un joli succès. Cette fois, elle voulait que je la rejoigne à L.A. pour divers essayages en rapport avec les cérémonies prévues à Washington. " Je déteste voyager ", lui dis-je, mais elle réussit à me charmer au téléphone et j'acceptai. »

Pour son expédition à Washington, Liz passa commande à Halston d'une robe jaune pour aller avec ses « diamants jaunes ». Elle possédait déjà une robe bleue pour ses saphirs, une rouge pour les rubis et une verte pour les émeraudes. Halston lui fit la même offre qu'à ses autres clients célèbres : quarante pour cent de rabais si elle lui consentait l'exclusivité de sa garde-robe. « C'est une femme qui commande une centaine d'ensembles par an, dit-il. Elle refuse de porter plus d'une fois la même tenue en public. Nous avions tous les deux à y gagner. »

Sa beauté rehaussée de ses plus beaux bijoux et d'une toilette créée par Halston, Elizabeth assista au gala du Kennedy Center que suivit une somptueuse réception organisée par l'ambassadeur Ardeshir Zahedi à l'ambassade d'Iran. Les soirées de l'ambassadeur, sous la bénédiction du richissime Shah d'Iran (dont Zahedi avait naguère épousé la fille), étaient réputées pour combler les invités les plus difficiles. Ces derniers y trouvaient de tout : champagne, caviar, distractions sexuelles et drogues douces.

Doris Lilly, une habituée de ces réceptions, avait souvent vu l'ambassadeur en action. Elle décrivit Zahedi comme étant « un homme dans la force de l'âge, doté d'un charme extraordinaire, intelligent, très courtois et raffiné, riche, influent et puissant. Il possède des yeux d'un noir saisissant, aussi sombre que sa chevelure, et il séduit sans retenue toute personne influente dans les cercles politiques de Washington ».

Ce soir-là, Zahedi utilisa le charme de ses prunelles de jais sur une invitée étrangère à Washington, Elizabeth Taylor, et avant la fin de la réception ils formaient déjà des projets d'avenir. Elle insista pour qu'il l'accompagne à Washington à la première de *L'Oiseau bleu* qui devait avoir lieu le 4 mai. Zahedi accepta et offrit même que le jet privé de l'ambassade l'attende à New York pour qu'elle puisse arriver à Washington avec classe.

Ils assistèrent à la première, puis dansèrent et flirtèrent au Pisces Club. Le lendemain, Zahedi organisa un déjeuner au caviar en l'honneur de Liz et l'emmena le soir même au gala du Bicentenaire. Ils se retrouvèrent dans un box privé, à se faire goûter mutuellement les douceurs servies, Liz étant la plupart du temps assise sur les genoux de l'ambassadeur. La journaliste Barbara Howar qualifia Zahedi et Taylor de « couple le plus chaud » de la ville. Non seulement Taylor s'était installée dans la suite royale de l'ambassade d'Iran (ordinairement réservée à l'impératrice Farah Diba lors de ses visites aux États-Unis), mais la presse se fit l'écho d'une possible union entre l'ambassadeur et l'actrice, d'autant qu'Elizabeth devait être bientôt libérée de son second mariage avec Richard Burton. En compagnie d'autres célébrités (dont Cloris Leachman, Connie Stevens, Page Lee Hufty et Francesca Hilton), Elizabeth fut invitée par le Shah en Iran. L'escorte personnelle de Liz était constituée du photographe Firhooz Zahedi, un neveu de l'ambassadeur, et du docteur Louis Scarrone, un médecin new-yorkais qui cherchait à créer une organisation mondiale en matière de nutrition. Le Shah dissuada Ardeshir Zahedi de faire le voyage avec Elizabeth Taylor, à cause de leurs divergences religieuses, lui étant musulman et elle convertie au judaïsme. Mais l'ambassadeur promit à Liz de faire son possible pour la rejoindre à Téhéran. Il ne tint jamais cette promesse.

Pour préparer ce voyage, Firhooz Zahedi se rendit chez Saks-Jandel, une boutique très chic de Chevy Chase, dans le Maryland, et choisit une douzaine d'ensembles pour Elizabeth. Ronnie Stewart, vendeur de la boutique, nota qu'ils « voulaient l'accord de Liz avant de prendre les ensembles. Nous joignîmes l'ambassade d'Iran et pûmes conclure la transaction car une des femmes de Saks-Jandel connaissait la fille de l'ambassadeur Zahedi. Ils réglèrent les achats et firent envoyer le tout à l'ambassade d'Iran où, certainement, Miss Taylor résidait alors ».

Un autre membre du groupe invité en Iran était la journaliste bostonienne Marian Christy. Elle décrit ainsi le départ du 15 mai à l'aéroport John Fitzgerald Kennedy : « La reine du cinéma Elizabeth Taylor se tenait là dans une robe rayée très laide et très décolletée, à lancer des regards enamourés à son chevalier servant du moment. L'ambassadeur Zahedi était venu à l'aéroport et il donna une petite réception où le champagne coula à flots pour saluer son départ. »

A l'aéroport Mehrabad de Téhéran, un groupe de gardes du corps et de membres de la police secrète escorta Liz dans une Mercedes-Benz climatisée tandis, se rappelle Christy, « que nous nous entassions dans des bus surchauffés. Après avoir déposé nos bagages à notre hôtel, nous fûmes conduits au Nalvaran Palace, la résidence d'été royale, pour une réception privée dans les jardins du palais, en présence de l'impératrice. Il y avait là des pavillons, des étangs et des forêts paysagées. Couverte d'or et de diamants, Liz ne pouvait détacher son regard de l'impératrice Farah Diba, une star du monde réel. Mince et très élégante, Farah dominait la silhouette courtaude de Liz Taylor ».

Croyant qu'elle serait saluée la première, Taylor s'était placée en tête de la file des invités. Mais l'impératrice snoba ostensiblement l'actrice en commençant ses salutations de bienvenue par la fin de la queue, si bien que Taylor fut la dernière accueillie. Une autre journaliste américaine, Frances Leighton, déclara qu'elle et les autres femmes du groupe étaient « horrifiées et écœurées » par la robe voyante et les bijoux clinquants de Liz Taylor. « Pourtant nous étions désolées pour Elizabeth, ajoute Leighton. Elle était venue en Iran pour rencontrer le couple royal dans l'espoir d'une possible demande en mariage de Zahedi. Au lieu de cela, elle se trouvait très mal reçue. »

Quand le magazine le plus important d'Iran, *Zan E Rus*, décrivit dans ses pages Elizabeth comme « une petite femme replète, à grosse poitrine et méchant maquillage, sans aucune classe », Firhooz Zahedi conseilla à l'actrice de retourner à son hôtel et de changer de tenue. « Redevenez Elizabeth Taylor », lui recommanda-t-il.

L'actrice se remit très vite du fiasco iranien et de son incapacité à décider l'ambassadeur Zahedi au mariage. En juin 1976, lorsque des terroristes arabes détournèrent un avion de ligne d'El Al pour tenter un échange entre des Israéliens et des Palestiniens, Elizabeth entra en lice et proposa de se substituer aux otages en majorité juifs retenus par Idi Amin à l'aéroport ougandais d'Entebbe. Le 4 juillet, des commandos israéliens attaquèrent l'aéroport et sauvèrent les otages. Plus tard Taylor participa à un téléfilm tourné pour la chaîne ABC et diffusé le 13 janvier 1977, *Victoire à Entebbe*. La distribution était éblouissante et comprenait également Kirk Douglas, Burt Lancaster, Anthony Hopkins, Helen Hayes et Linda Blair.

L'artiste Claudia del Monte, qui eut une aventure avec Firhooz Zahedi, se souvient des quelques jours qu'elle passa au début de l'été 1976 dans la résidence d'été d'Andy Warhol, à Montauk, sur Long Island : « Andy a appelé et a dit : " Elizabeth Taylor va venir ce week-end. Tout le monde change de chambre. " Elizabeth voulait avoir la chambre avec baignoire et douche. Nous avons tous changé de chambre pour satisfaire à son désir. Je m'attendais à rencontrer une sorte de diva capricieuse, mais je l'ai trouvée très agréable, au contraire. Nous avons joué au base-ball et avons pique-niqué. Nous nous sommes revues quelques semaines plus tard, durant ces commémorations du Bicentenaire qui ont paru durer des mois entiers. Elle séjournait au Sherry Netherland Hotel et plusieurs amis lui avaient envoyé des centaines de roses. En plein après-midi elle a commencé à jeter une à une les roses par la fenêtre. Comme c'est curieux, me suis-je dit. Si seulement les gens dans la rue savaient que c'est Elizabeth Taylor qui les bombarde de roses. »

Avec sa visite à la résidence d'été d'Andy Warhol, Elizabeth entama ce que Halston appela son « entreprise de séduction » avec la jet-set new-yorkaise. Elle fit du Studio 54 sa base opérationnelle et sympathisa avec les propriétaires Steve Rubell et Ian Schrager ainsi qu'avec les habitués tels Andy Warhol, Truman Capote, Bianca Jagger, Liza Minnelli, Paloma Picasso et, bien sûr, Halston. Elle avait été blessée par la façon négligente dont Ardeshir Zahedi s'était conduit avec elle. Lors d'une soirée aux Waldorf Towers de Manhattan, Elizabeth sanglota sur l'épaule d'Andy Warhol à cause de Zahedi. En secret, Warhol enregistra ses révélations, non seulement sur l'ambassadeur mais aussi sur la plupart de ses autres amants. « Elizabeth parlait souvent en détails de ses anciens maris et partenaires », confirma Harvey Herman.

Michael Bennett, chorégraphe de renom de Broadway et habitué du Studio 54, invita Elizabeth à venir passer le week-end avec lui dans la villa balnéaire que possédait le styliste Calvin Klein sur Fire Island. Homosexuel déclaré, Bennett avait fait la connaissance d'Elizabeth par l'intermédiaire de Warhol et de Halston. D'après Edward Caracchi, un ami de Klein, « Elizabeth a littéralement saccagé la maison. Chaque serviette était couverte de marques de rouge à lèvres ou de maquillage. Quand Calvin est revenu à la fin de la semaine, il a été horrifié, tout comme les employés. » Quelques semaines plus tard, Michael Bennett revint à la villa balnéaire de Calvin, cette fois en compagnie de Cher. « Je ne veux plus aucune star de Hollywood chez moi », lui dit Klein, congédiant ainsi Cher.

Quelques jours plus tard Taylor participa à une soirée dans la demeure de Halston, à Manhattan. On put la voir allongée sur une longue ottomane, posant pour des photos avec Kevin Farley, un marchand d'art de Manhattan, grand et très séduisant. Des joints de marijuana circulèrent dans la pièce. Liz s'éclipsa un long moment avec Farley dans les toilettes pour dames. Leurs rires et leurs gloussements s'entendaient depuis le salon. Plus tard, dans une discothèque, Elizabeth but et dansa sans retenue.

Le 8 juillet 1976, Elizabeth assista à un bal organisé pour le Bicentenaire en l'honneur de la reine d'Angleterre, à l'ambassade britannique de Washington. Elle était escortée par l'ancien ministre de la Marine John Warner, devenu récemment président du Comité du Bicentenaire. Lady Frances Ramsbotham, l'épouse de l'ambassadeur de Grande-Bretagne, avait arrangé la rencontre. « Pour moi, John était un peu comme un croisement entre Mike Todd et Richard Burton, bien qu'il fût de plus grande taille qu'eux. Il était athlétique, avec un visage expressif. Je me suis seulement dit qu'Elizabeth risquait de le trouver un peu trop conservateur. »

Le soir même, Warner était venu chercher Liz au Madison Hotel. En queue de pie et cravate blanche, il dégageait une prestance rude. Liz avait envoyé Chen Sam dans le hall de l'hôtel pour voir quel genre d'homme il était et le lui rapporter. « Plutôt sexy », estima Chen. « D'abord, raconta Liz, je n'ai vu que sa merveilleuse chevelure argentée. Puis il s'est retourné et a dit : "Ah, Miss Taylor." Et moi j'ai pensé : "Woah!" »

A l'ambassade de Grande-Bretagne, les regards conver-
gèrent sur eux quand Elizabeth Taylor, star éblouissante du
cinéma, fit son apparition au bras de John Warner, bel homme
de cinquante ans promis à un avenir politique national. Après
avoir interviewé Elizabeth, le chroniqueur Teddy Vaughn écrivit : « Elle voit en Warner un homme extraordinairement
séduisant, riche et puissant » dont la fortune s'était encore
accrue quand il avait épousé Catherine Mellon, la fille de Paul
Mellon, l'entrepreneur et philanthrope multimilliardaire. John
et Catherine étaient en désaccord sur à peu près tous les sujets
politiques. Paul Mellon, républicain intransigeant, soutenait
Warner plutôt que sa fille qu'il jugeait « radical-chic ». En
conséquence, Warner obtint un arrangement plus qu'avantageux après leur divorce.

Très ambitieux, Warner, dont le père était un gynécologue
de renom, fit ses classes à l'université de Washington et à la
Lee University de Virginie, où il courtisa sans vergogne toutes
les jeunes filles en vue dans la haute société. Pour ce faire, il se
servait du Bottin Mondain et de son équivalent de Washington,
le *Green Book*. Il en gardait tout le temps un exemplaire sur
son bureau. Puis il s'inscrivit à l'University of Virginia Law
School qu'il quitta au bout d'un an pour servir durant la
guerre de Corée en qualité d'officier. Il termina ses études de
droit en 1953 et rejoignit le cabinet réputé Hogan et Hartson, à
Washington. Après avoir divorcé de Catherine Mellon au début
des années soixante-dix, il continua de sortir avec quelques-
unes des femmes les plus en vue, allant même jusqu'à proposer le mariage à Barbara Walters, de l'émission « 20/20 » de la
chaîne ABC. « Une femme comme vous pourrait sans doute
me faire élire sénateur », lui dit-il. Elle déclina son offre.

Chez Elizabeth Taylor, il découvrit un intérêt aussi grand,
sinon supérieur. Après la réception à l'ambassade de Grande-
Bretagne, il alla danser tout le restant de la nuit avec Liz au
Pisces Club de Washington. Il la reconduisit à son hôtel pour
qu'elle prenne quelques heures de repos, puis revint la chercher plus tard pour lui faire visiter son ranch de Middleburg,
baptisé Atoka, qui s'étendait sur 27 hectares à côté des terres
appartenant aux Mellon. Il lui fit également les honneurs de
l'élégant hôtel particulier (avec piscine à ciel ouvert) qu'il possédait à Georgetown, un autre souvenir de Mellon.

Paul Mellon, un des plus grands donateurs du Parti Républicain, s'arrangea pour que son gendre bénéficie au mieux de sa
position. En 1969, le président Richard Nixon remercia Warner d'avoir soutenu sa candidature en le nommant sous-
secrétaire à la Marine. Plus tard, Warner devint ministre. Dans
son livre *Witness to Power*, John Ehrlichman accusa Nixon

d'avoir récompensé Warner en lui offrant un poste important uniquement à la suite des dons de Mellon qui se chiffraient en millions de dollars. « Jeune homme, Warner faisait montre d'une morgue extraordinaire », observa Ehrlichman. En épousant Catherine Mellon, il avait épousé l'influence et la richesse familiales. Sans doute aucun, son comportement avait été influencé par cette position sociale, mais il ne réussissait guère à séduire les hommes politiques qu'il rencontrait. Dans un de ses moments les moins sérieux, Richard Nixon déclara que le poste de ministre de la Marine était « un boulot si facile » que même John Warner était capable de l'assumer.

Les observateurs avertis du monde de Washington considéraient que Warner n'était qu'un poids-léger en politique. Le réalisateur de télévision et journaliste Gregg Risch déclara : « J'ai " couvert " John Warner [...]. C'est un des politiciens les moins informés qu'il m'ait été donné d'interviewer. Je veux dire par là qu'il ne sait vraiment rien en matière de politique. » Le journaliste de Washington Rudy Maxa, quant à lui, ajouta : « Warner est tout ce qu'on dit qu'il est. Ennuyeux, fade, sans génie. J'ai déjeuné une fois avec lui, et ce fut un repas interminable. » Le reporter Chuck Conconi, du *Washington Post*, dit : « John Warner est un des pires sénateurs qu'ait connus ce pays. » L'ancien secrétaire d'État Alexander Haig se souvient de la première fois où il avait proposé à Warner de devenir administrateur en chef du Bicentenaire. « Al, je ne sais même pas épeler ce mot », lui répondit Warner.

Elizabeth Taylor prit la remarque de Warner pour une plaisanterie et une preuve de son style politique. Il n'était peut-être pas d'une intelligence remarquable, mais il savait captiver Liz par ses propos sur un monde très éloigné de Hollywood, très peu familier à l'actrice. Par-dessus tout, pour Elizabeth, John Warner représentait la possibilité d'un bonheur futur.

# 25

Elizabeth tomba très vite amoureuse de John Warner et de son existence pastorale en Virginie. Bien que se qualifiant lui-même de « vieux fermier ordinaire », Warner était contredit par l'opulence d'Atoka, son immense propriété. De fait, lorsqu'il jouait ce jeu auprès des habitants du coin, ils lui répondaient : « Vous êtes le seul fermier à posséder une piscine dans sa grange. » Liz fut très impressionnée par la visite guidée du ranch, ce premier jour, y compris par la maison en pierre de vingt pièces érigée en 1816 et comprenant une cave à vins, une cuisine sur mesure dessinée par Warner lui-même et un bureau rappelant le Bureau Ovale de la Maison-Blanche, décoré du drapeau des États-Unis, de celui de la Marine et d'autres souvenirs du Bicentenaire. Elle visita également les nombreuses étables abritant les quelque six cents têtes de bétail de race Hereford et les chevaux, une piscine en plein air, plusieurs pièces d'eau, des potagers et des jardins d'agrément, le pavillon d'été, les courts de tennis, et une réserve sauvage d'environ cinq hectares. « Elizabeth adorait la campagne virginienne, affirma Warner, et elle prétendait que cela lui rappelait la région d'Angleterre où elle avait grandi. » Ils firent de longues promenades avec les chiens, car Elizabeth partageait le même amour des bêtes que John. Ce dernier assura plus tard qu'il n'était pas tombé immédiatement amoureux de Liz, pourtant ce qui ne devait être qu'un week-end à Atoka déborda sur une bonne partie de la semaine suivante. Pour la première fois dans sa carrière, John Warner n'alla pas travailler deux jours d'affilée, sous prétexte d'une légère indisposition.

Le week-end suivant, ils retournèrent à Atoka et s'y confièrent mutuellement leur désir d'union. « Nous avons tous les deux pris la décision en même temps, confia Liz à la presse. Nous avions emporté de quoi pique-niquer dans la jeep et étions allés nous installer sur une colline, pour admirer le coucher de soleil. Il y a eu un orage et nous sommes restés allongés sur l'herbe, dans les bras l'un de l'autre, trempés mais amoureux. Ce fut un moment magique. » « Au lieu de paniquer et de demander à se mettre à l'abri, Elizabeth voulut rester assise et contempler les éclairs, dit de son côté Warner. Après cela, je me suis dit que oui, c'était quelqu'un de très spécial. » Dans une interview accordée un an plus tard au journaliste Aaron Latham pour le magazine *Esquire*, le couple ergota sur les détails de cette journée. Liz affirma qu'ils avaient mangé du caviar et but du champagne sur la colline, alors que Warner niait un tel luxe. « D'accord, répondit-elle alors. Nous avons emporté un kilo de viande de marmotte et un peu d'alcool de contrebande. Oh, c'est vrai, c'est illégal... Alors disons que nous avons emporté une bouteille de muscat de Virginie, du jambon de Virginie. Délicieux. »

A partir de ce jour, Taylor et Warner formèrent un couple uni. Liz, à la fois légende hollywoodienne et « mère nourricière », décida d'aider la carrière politique de John tout en vivant comme une « épouse de fermier ». « Ici, dit-elle à la presse, je me sens chez moi, et cela faisait bien longtemps que je n'avais pas éprouvé cela. J'ai retrouvé mes racines, et elles sont solidement ancrées. Nous avons même choisi l'endroit où nous voulons être enterrés. Quand j'aime quelqu'un, c'est à cent pour cent. J'aime me sentir à l'aise, comme j'aime l'idée d'une famille unie dont les membres grandissent ensemble, vieillissent ensemble et meurent ensemble. » Elle s'efforça même de se conformer aux vues de Warner et assura que « l'époque des gros bijoux est [...] terminée ».

Mais Elizabeth n'avait pas changé. Stephen Bauer, ex-assistant militaire à la Maison-Blanche pour les questions sociales et auteur (avec Frances Spatz Leighton) d'un livre de souvenirs intitulé *At Ease In The White House*, vit John et Liz lors d'un bal pour le Bicentenaire, cet été-là. C'était un événement assez extravagant auquel assistèrent le Président et Mrs. Gerald Ford, une légion de diplomates en poste à Washington et quatre cents invités triés sur le volet. Ils furent divertis dans la Roseraie par Ella Fitzgerald, Tammy Wynette et Roger Miller. « Le comportement d'Elizabeth Taylor manqua totalement de bon goût, vu les circonstances, précise Bauer. Elle s'était brûlé la jambe droite en faisant de la moto à Atoka le jour même, et elle se plaignit si fort qu'on pouvait entendre ses jérémiades à cinq mètres à la ronde. »

Dès le début de leur relation très publique, la question de savoir si Elizabeth Taylor serait un plus ou un handicap pour la carrière politique de Warner fut un sujet de discussion très prisé à Washington. Chacun savait que Warner espérait être le candidat au Sénat pour les Républicains en 1978, quand le poste de Virginie serait libéré. Des Républicains influents estimèrent qu'il réduirait de moitié ses chances de succès s'il épousait la star de l'écran « juive » spécialiste du divorce, dont les exploits faisaient régulièrement la une des journaux à scandales. Mais Warner ne se laissa pas décourager. Garry Clifford, directeur du bureau de Washington du magazine *People*, estima que, si Catherine Mellon avait été le mentor le plus efficace de Warner – la puissance et la fortune familiales lui ayant ouvert les portes des cercles les plus restreints de Washington – c'était maintenant à Liz Taylor de l'aider. « Il y avait une expression en vogue dans les bureaux de *Time & Life*, se souvient Clifford. On parlait de " s'élever par la baise ". Et Elizabeth était responsable de son engagement pour le poste de sénateur. »

Diana McClellan, chargée de la rubrique Société dans le *Washington Post*, écrivit : « John monte encore le mauvais cheval », par allusion à la rumeur en vogue au Warrenton Hunt Club, selon laquelle John avait la réputation de choisir des chevaux qui auraient mérité un meilleur cavalier. A peu près à la même époque, un dessin d'Oliphant fut publié dans le *Post*. Il montrait Liz vêtue comme dans le film *Grand National* et conduite à la victoire par John Warner.

Le conseiller politique Newton Steers Jr., partisan de Warner et qui avait représenté le 10$^e$ District de Virginie au Congrès pendant vingt-deux ans, décela quelques signes de friction entre Taylor et Warner, mais il jugeait que Liz était un atout indubitable pour John (Steers était marié à Nina Auchincloss, demi-sœur de Jacqueline Kennedy Onassis, et avait été témoin au mariage de Warner et Catherine Mellon). Lors d'une réunion autour d'une piscine, destinée à la collecte de fonds pour le Parti Républicain, il vit Warner ravi qu'Elizabeth se laisse photographier, avant de lui dire : « Chérie, ils t'ont photographiée sous toutes les coutures, mais je ne crois pas t'avoir déjà vue sur un plongeoir ». A quoi Liz répondit d'une voix très claire : « Ne me dis pas ce que je dois faire, mon pote. » Lors de circonstances comparables, le couple arriva très tard et Liz se rendit aussitôt dans les toilettes pour dames. « Au bout de vingt minutes elle n'en était pas ressortie, aussi ma femme alla-t-elle voir, et elle la découvrit buvant au goulot d'une bouteille », dit Steers.

Malgré le dévouement de Liz pour Warner, elle ne devint jamais une Républicaine convaincue et elle apporta même son soutien à des campagnes de Démocrates lorsqu'elle en eut envie. Le 30 juillet 1976, au très surfait restaurant Privee de

Elizabeth dans le rôle de Maggie la Chatte, avec Paul Newman, dans
*La Chatte sur un toit brûlant. (Range/Bettmann/UPI)*

Premier triangle : Liz, Eddie Fisher et Debbie Reynolds
(photographiés en compagnie de Mike Todd). *(The Kobal Collection)*

Deuxième triangle : Richard Burton, Eddie Fisher et Liz.
*(Range/Bettmann/UPI)*

Dans *Cléopâtre*, sans doute
son rôle le plus célèbre,
avec Burton.
*(The Ronald Grant Archive)*

Christopher, le fils
d'Elizabeth, et Loris Loddi,
l'enfant acteur, observent
l'actrice tandis qu'elle
se remaquille
entre deux prises
sur le plateau de *Cléopâtre*.
*(Hulton Deutsch)*

Liz remporta son deuxième Oscar pour le rôle de Martha aux côtés de Richard Burton dans *Qui a peur de Virginia Woolf ?* Nombreux furent ceux qui crurent que le film reflétait les relations tumultueuses du couple. *(Range/Bettmann/UPI)*

Une grande famille hippie : Liz avec un Michael Wilding Jr. aux cheveux longs, en 1975. *(Hulton Deutsch)*

Richard et Liz avec ses filles Maria et Liza. *(The Kobal Collection)*

Liz et Richard. *(Range/Bettmann/UPI)*

Liz et Richard Burton
à leur arrivée à l'aéroport
d'Heathrow. L'actrice
avait de graves
ennuis de santé.
*(Hulton Deutsch)*

Ayant provisoirement
renoncé aux paillettes
d'Hollywood,
Elizabeth Taylor
en compagnie
de son septième mari,
le sénateur républicain
John Warner, en 1976.
*(Hulton Deutsch)*

A l'époque de son mariage avec Warner, le poids de Liz monta jusqu'à quatre-vingt-dix kilos, et elle devint la cible de nombreuses blagues. *(AP/Wide World Photos)*

Après son divorce d'avec Warner en 1982, Liz se choisit un compagnon inattendu, l'avocat mexicain Victor Luna. *(Rex Features)*

*En haut, à gauche :* Encore des fiançailles rompues : Liz et l'homme d'affaires new-yorkais Dennis Stein, en 1985. *(Ron Galella)*

*En haut, à droite :* Liz en train de danser avec le trafiquant d'armes Adnan Khashoggi. *(Outline)*

Les enfants de Liz au grand complet. *(Rex Features)*

Liza Minnelli, Rock Hudson et Liz à la remise des Golden Globe Awards,
début 1985. La mort d'Hudson, malade du sida, devait renforcer,
quelques mois plus tard, l'engagement de Taylor dans la lutte contre la maladie.
*(Range/Bettmann/UPI)*

En 1986, en tant que présidente nationale d'une récente fondation
pour la recherche sur le sida, Elizabeth Taylor annonce une campagne
en Arizona pour rassembler deux millions de dollars afin de combattre la maladie.
*(Range/Bettmann/UPI)*

Le président Ronald Reagan et Taylor, en 1987, lors d'un dîner de l'AmFAR pour rassembler des fonds. Après le souhait formulé par Reagan d'un dépistage obligatoire, Liz n'hésita pas à émettre un avis contraire. *(Range/Bettmann/UPI)*

Liz en compagnie de Bob Hope et John Wayne. *(Rex Features)*

Liz et la famille de Richard Burton à l'enterrement de ce dernier. *(Rex Features)*

Liz photographiée avec sa mère en 1982. *(McKenzie/Hulton Deutsch)*

Liz à propos
de Michael Jackson :
« C'est l'homme le moins
étrange que j'aie jamais
connu. » *(Rex Features)*

Elizabeth et Malcolm Forbes.
*(Rex Features)*

Taylor et son mari actuel, l'ancien ouvrier du bâtiment Larry Fortensky.
*(Rex Features)*

Liz présente son parfum,
*Passion*. Elle se retrouva
devant le tribunal
avec son ex-petit ami
Henry Wynberg au sujet
d'un désaccord commercial.
*(Range/Bettmann/UPI)*

Une brève apparition
devant les caméras
dans le rôle de la belle-mère
de Fred Flintstone
dans le film
*La Famille Pierre-à-feu.*
*(The Ronald Grant Archive)*

Liz. *(Rex Features)*

Manhattan, elle patronna, en compagnie de Shirley MacLaine, un gala doublé d'une soirée de soutien pour le cinquante-sixième anniversaire de Bella Abzug, candidat démocrate au Sénat. D'après Harriett Wasserman, supporter d'Abzug, Liz rameuta des milliers de donateurs et fit elle-même un don considérable. « Bien que Bella n'ait pas gagné, se souvient Wasserman, elle avait Liz Taylor de son côté. » En fait Taylor participa à nombre d'événements aux côtés d'Abzug. De même elle prit part à une campagne de collecte de fonds pour le candidat à la présidence Jimmy Carter, et posa pour les photographes à son bras, avec autour du cou un collier de cacahuètes en or.

En juillet elle apparut même pour les débuts du Ballet Autrichien au Lincoln Center en compagnie du responsable de relations publiques James Mitchell et de Trumbell « Tug » Barton, ami depuis le mariage de Liz avec Burton. « C'était juste avant qu'Elizabeth ne décide de se rendre à Vienne pour tourner *Petite musique de nuit*, dit Mitchell. Elle venait d'apprendre la chanson " Send in the Clowns " pour le film et nous l'a chantée après le ballet pendant le repas et la soirée chez Jim McMullen. Elle n'a pas une très belle voix, mais elle chante juste. » (Quand l'écrivain et réalisateur Mike Nichols entendit parler du nouveau film de Liz, il lui suggéra des cours de chant mais elle refusa en répondant qu'elle n'avait encore jamais pris de leçons et n'avait pas l'intention de commencer.) Durant l'entracte, ce soir-là, Liz, Mitchell et Barton rencontrèrent Jacqueline Kennedy Onassis avec son cavalier, le critique d'art Henry Geldzahler, dans le salon de réception réservé aux personnalités. « Les deux femmes se sont dévisagées un moment, se souvient Mitchell, alors j'ai fait les présentations. Taylor paraissait curieuse, mais ni l'une ni l'autre n'a dit quoi que ce soit. C'est souvent ainsi avec les superstars. »

John Warner avait encouragé Elizabeth à jouer dans *Petite musique de nuit*, adaptation de la comédie musicale montée avec succès en 1973 à Broadway par Harold Prince et Stephen Sondheim, elle-même tirée du film d'Ingmar Bergman datant de 1955, *Sourires d'une nuit d'été*. Le film *Petite musique de nuit* devait être produit par Sascha Wien et Elliott Kastner, avec Heinz Lazek comme producteur exécutif et Harold Prince comme réalisateur. Liz devait jouer le rôle de Desiree Armfeldt, rôle tenu sur les planches par Glynis Johns, dont l'interprétation de « Send in the Clowns » avait fait le succès musical de la pièce. Malgré les objections de Sondheim, Kastner insista pour donner à Liz le rôle de l'actrice passionnée, pour la simple raison qu'elle était la seule vedette négociable pour les banques. Heinz Lazek appuya également la participation d'Elizabeth. « Avant que nous ne lui signions le contrat, dit-il, tout le monde disait : " Ne la prenez pas, elle est folle et elle ne vous apportera que des ennuis. " Mais nous n'avons pas eu beaucoup de problèmes avec elle. Elle a été un modèle de coopération. Les acteurs autrichiens eux-mêmes ont été impressionnés par son professionnalisme. »

Elizabeth séduisit tous ceux qui travaillèrent avec elle sur le tournage malgré un premier contact difficile quand ils découvrirent les avantages dont elle bénéficiait : une suite à l'Imperial Hotel et une Cadillac blanche huit places, la plus grande voiture disponible en Autriche, afin qu'elle puisse se promener avec ses amis de passage. En comparaison, le logement des autres membres du tournage au Hilton de Vienne était presque spartiate. Pourtant Liz parvint à les fasciner. Elle restait avec eux à la cafétéria du studio où ils récitaient des textes et plaisantaient ensemble. « Je l'aime bien, déclara Hermione Gingold. Elle a parfois un peu de retard, mais elle connaît son texte. » Harold Prince fut lui aussi élogieux à son endroit, disant après le début du tournage : « Elle semble dépourvue de toute vanité. »

La distribution comprenait également Diana Rigg, Len Cariou et Lesley-Anne Down, dont Liz fit sa « protégée ». Le premier rôle masculin avait d'abord été proposé à Peter Finch, qui avait refusé, expliquant au scénariste Hugh Wheeler, avec lequel il avait travaillé en compagnie de Liz sur le film *La Piste des éléphants*, qu' « une fois, ça suffit ». Puis l'acteur britannique Robert Stevens fut pressenti, mais la rumeur courut qu'il s'était « mal conduit » avec Taylor. Elle se contenta d'une simple déclaration à ce sujet : « La chimie n'a pas pris entre nous », à quoi Stevens répliqua : « La chimie ? Nous sommes des acteurs, pas des chimistes ! » Finalement le principal rôle masculin fut attribué à Len Cariou.

Bette Davis fut un temps envisagée pour interpréter le rôle finalement dévolu à Hermione Gingold, et l'idée l'enchanta. Mais quand tout ne se déroula pas comme elle l'avait escompté, Bette Davis déclara : « On m'a demandé de partager la tête d'affiche avec Elizabeth Taylor, mais elle a refusé de le faire avec moi. Quelle idiote. Je me suis dit : Après toutes ces années dans le métier, on pourrait croire qu'elle aurait envie de travailler avec une professionnelle, pas avec un parasite. » Plusieurs sources affirment que Taylor avait exigé Davis mais que Stephen Sondheim lui avait préféré Gingold.

La tension existant entre Davis et Taylor remontait à l'époque de *Qui a Peur de Virginia Woolf ?* Davis avait imploré Edward Albee, l'auteur dramatique, de lui donner le rôle de Martha. « Je ne fus pas ravie de voir le rôle m'échapper, dit-elle par la suite, mais je fus très surprise de le voir attribué à Elizabeth Taylor. Je veux dire, j'ai cru qu'ils allaient faire un autre film avec le même titre. Je n'ai jamais été très impressionnée par sa façon de jouer, au contraire de bien des gens. Trop de susceptibilité et d'orgueil [...]. Le vrai problème, avec Liz, c'est qu'elle a cru à cette image de petite princesse perdue inventée pour elle par la MGM. »

Elizabeth arriva en Autriche encore handicapée, suite à son accident de moto avec John Warner, en Virginie. A ce premier désagrément s'ajouta un autre accident. Durant la deuxième semaine de tournage, elle se brisa un os du pied en courant sur une latte mal fixée d'un plancher, ce qui occasionna un retard dans le plan de tournage. Par la suite elle contracta une bronchite après le tournage d'une scène extérieure de danse de nuit, par temps humide. Vêtue d'une somptueuse robe de bal en velours rouge, la poitrine en bonne partie exposée aux éléments, Liz avait persévéré malgré la température glaciale. Elle en fut récompensée par une semaine d'hôpital.

Pendant les sept semaines du tournage, Elizabeth, toujours amoureuse, travailla dans la joie. Elle résidait au luxueux Imperial Hotel, entourée de Chen Sam, son nouveau coiffeur attitré Zak Taylor, ses maquilleuses, ses costumières et les amis ou les membres de sa famille qui passaient lui rendre visite. Intime de longue date de l'actrice, Zak Taylor déclara : « Elle m'a dit que la chose la plus difficile qu'il lui ait été donné de faire a été de chanter " Send in the Clowns ". Je sais qu'elle a travaillé dur à la production. Elle a même écrit à des producteurs indépendants allemands et autrichiens pour trouver le financement du film. »

Le 1er septembre, Elizabeth Taylor, toujours en pleine production de *Petite musique de nuit*, rencontra par hasard Ina Ginsburg, une amie de Washington, lors de la soirée d'ouverture de la saison à l'Opéra de Vienne. Ginsburg l'invita à venir déjeuner avec elle le lendemain, au Sacher Hotel. « Nous nous sommes retrouvées sur la terrasse, et tous les regards étaient fixés sur Elizabeth. A un moment, elle m'a dit : " Ina, que penses-tu de John Warner ? " J'ai répondu que je le connaissais depuis longtemps et que je le trouvais agréable et très séduisant. Je n'ai fait que des commentaires positifs, et elle a souri en me disant : " Eh bien, il arrive ici demain. " Jusque-là, je ne m'étais pas rendu compte du sérieux de leur relation. »

Florence Klotz, engagée pour dessiner les costumes de *Petite musique de nuit*, rencontra John Warner lors de son premier jour de présence sur le lieu de tournage, un vieux *schloss* bavarois situé à une cinquantaine de kilomètres au nord-est de Vienne. « Je l'ai trouvé plutôt sympathique, bien que vieux jeu et très strict d'apparence. Mais Elizabeth était folle de lui. Elle le surnommait " Collet Monté ".

« Warner apprécia son séjour, en tout cas. Un soir, lors d'un repas à l'Imperial Hotel, lui, Elizabeth et ses enfants – parmi lesquels Michael Wilding Jr. accompagné de son épouse de droit coutumier Jo et leur petite fille Mary – rencontrèrent Harry Lewis, le propriétaire américain de la chaîne de restaurants Hamburger Hamlet. Warner convainquit Harry d'utiliser les cuisines de l'Imperial pour " préparer au débotté un plat d'ailes de poulet ", ce qu'il fit. Plus tard Lewis envoya à Elizabeth et John un crédit en ailes de poulet valable dans n'importe lequel de ses fast-food américains. »

Le 10 octobre 1976, dans la suite de son hôtel de Vienne, Elizabeth Taylor et John Warner scellèrent leurs fiançailles par une bague. Elle comportait des pierres précieuses rouges, blanches et bleues – un rubis, des diamants et un saphir – en symbole de leur rencontre lors de l'année du Bicentenaire. « Ma bague de fiançailles ne fait pas 210 carats, précisa Liz à la presse. John l'a dessinée lui-même, et pour moi elle signifie beaucoup plus que n'importe quel autre bijou [...]. Elle est vraiment très simple, très discrète. Très jolie. »

Les fiançailles de Taylor et Warner furent officialisées six semaines après le divorce haïtien entre Taylor et Burton, et trois semaines avant le mariage de Burton et Suzy Hunt. Burton comme Warner étaient alors âgés de cinquante ans, tandis que leurs compagnes respectives avaient quarante-quatre et vingt-huit ans. La cérémonie Burton-Hunt ne prit guère plus de cinq minutes. « Harponné une nouvelle fois », commenta l'acteur juste après. En lisant cette déclaration, Liz eut cette réflexion : « Je suppose qu'en atteignant un certain âge les hommes ont peur de grandir. On dirait que plus ils avancent en âge et plus ils veulent avoir des femmes jeunes. Peut-être donc que j'étais devenue trop vieille pour lui. Bien sûr, j'aime toujours beaucoup Richard. On ne peut pas avoir aimé quelqu'un autant d'années et le rayer d'un trait de son existence. Mais on peut surmonter les chagrins d'amour. Richard est un jeune marié avec son épouse. Moi, j'ai John, et tout un univers devant moi. »

A la grande déception de Liz, *Petite musique de nuit* reçut des critiques peu flatteuses à sa sortie. L'une d'elles parla des « proportions généreuses » de l'actrice ; une autre la qualifia de « fade et enrobée ». Stephen Sondheim ne fut pas surpris le moins du monde. Dans une lettre qu'il adressa à l'auteur, il dit d'ailleurs : « Le fait est que je n'ai jamais été d'accord pour tourner ce film, dans quelque ville que ce soit et à n'importe quelle époque. Je pensais tout simplement que le sujet ne passerait pas à l'écran. Malheureusement, je ne m'étais pas trompé... »

Après son retour à Washington, Elizabeth fut reprise dans le tourbillon politique. Discrètement mais avec générosité, elle soutint le candidat démocrate à la présidence, Jimmy Carter, par des témoignages occasionnels et des contributions financières. Dans son style inimitable, elle fit de même pour le candidat républicain Gerald Ford, se rendant en avion privé à Martinsville, en Virginie, pour la course automobile de Cardinal 500, où elle sourit et signa des autographes, violant ainsi son long tabou concernant les séances de signature. Elle fréquenta également les « gars du cru » et but de la bière en chantant : « J'appartiens à la Virginie comme le poulet rôti ! »

Taylor s'intégra très vite à l'équipe tactique qui travaillait à l'élection de Warner au poste de sénateur de Virginie, pour le Parti républicain. Jusqu'alors, elle n'avait montré qu'un intérêt relatif en matière de politique, mais elle supporta la candidature de John avec enthousiasme et aborda la campagne comme un projet que la simple volonté pouvait concrétiser. Warner voyait en Taylor un atout de poids, une personnalité adorée du public, même en Virginie, et qui pouvait l'aider à négocier son parcours dans le labyrinthe politique. Était-il vraiment important qu'elle n'ait pas de réelles attaches politiques et qu'elle se considérât démocrate un jour et républicaine le lendemain ? Cette inconstance ne paraissait pas inquiéter l'ambitieux candidat John Warner, et si tel était le cas il n'en fit jamais mention.

Le 4 décembre 1976, accompagné de son fils et de plusieurs amis, John Warner gravit la Colline des Fiancés, comme lui et Elizabeth avaient baptisé l'élévation sur laquelle il l'avait demandée en mariage – à moins que ce ne fût elle qui ait pris l'initiative. D'après Philip Smith, le porte-parole de Warner auprès des médias, Elizabeth arriva en retard, bien après que le troupeau de vaches Hereford de Warner était venu puis reparti, laissant comme témoignage de son passage des bouses un peu partout. Quand Liz Taylor atteignit le sommet de la colline, au coucher du soleil, tout le site était constellé d'excréments et sentait la ferme laitière. Elizabeth portait une robe gris lavande, des bottes grises et un manteau assorti en fourrure de renard argenté. Elle portait également un turban lavande et un bouquet de bruyère. La cérémonie épiscopale fut conduite par le révérend S. Nagle Morgan, de Middleburg, Virginie. « A cause des vaches, dit-il, les invités devaient surveiller où ils marchaient pour éviter les bouses. » Le couple passa sa lune de miel en Israël puis en Angleterre.

A la mi-mars 1977, Taylor et Warner accordèrent un entretien à Barbara Walters, pour une émission spéciale de la chaîne de télévision ABC. A la demande de Walters, ils s'assirent dans la cuisine de la maison d'Atoka. Quand, après lui avoir demandé quelle était la plus grande qualité de Liz, on demanda à Warner quel était le défaut prédominant de son épouse, il répondit : « Il lui arrive de manger beaucoup, par périodes. J'aimerais qu'elle prenne un peu plus soin d'elle. » Il avoua la surnommer en privé « Ma Petite Génisse » et « Gras de Volaille ». Liz mit son excédent de poids sur le compte des injections de cortisone qu'elle subissait par suite d'une chute de cheval. « Je sais, ajouta Warner, mais tu devrais manger un peu plus de légumes et boire du jus d'orange au petit déjeuner. » Liz avoua qu'elle mangeait des pommes de terre avec son café du matin. Quand Walters lui demanda si ces kilos en trop l'ennuyaient, elle rétorqua : « Je suis grosse, Seigneur, c'est vrai. J'ai du mal à entrer dans mes robes, mais j'adore manger. Je crois que manger est un des plus grands plaisirs qu'offre la vie. » Interrogée sur son opinion sur l'amendement concernant l'égalité des droits, elle exprima son entier soutien à cette proposition mais Warner l'interrompit : « Nous ne sommes pas ici pour parler politique. » « Vous arrive-t-il de vouloir qu'elle se taise ? » demanda Walters, et il hocha la tête en signe d'acquiescement.

Jackie Park, naguère compagnon de route de l'empereur du cinéma Jack Warner, fit cette remarque : « Lors de l'émission de Barbara Walters, il s'est conduit comme une poule mouillée qu'elle savait très bien contrôler. Elle lui a dit : " Vas-tu enfin me laisser m'exprimer ? " Tout cela l'ennuyait déjà. Je pense qu'elle lui mène la vie dure. Mais elle est assez âgée pour concevoir qu'elle ne trouvera peut-être pas mieux. »

Pour briser l'ennui du rôle « d'épouse de fermier », Elizabeth se distrayait avec ses amis. Après son apparition lors du gala donné pour le dixième anniversaire de l'American Film Institute, elle partit faire une virée très bruyante avec son ami Halston. Vêtue d'un manteau de vison avec seulement un déshabillé en dessous, Liz prit le volant, le modéliste assis à côté d'elle en smoking, jusqu'au pied du Lincoln Memorial où l'actrice se lança dans une interprétation émouvante de l'Adresse à Gettysburg * devant un public fasciné de sans-abri. Ensuite, toujours avec Halston et dans la même tenue, ils allèrent jusqu'à un stand vendant des hamburgers à White Castle et dirent à la serveuse qui s'était trompée dans leur commande qu'ils voulaient du ketchup. « Pardonnez-moi, dit l'employée à l'actrice, mais vous ne seriez pas Liz Taylor ? –

* Discours prononcé le 19 novembre 1863 par le président Lincoln au cimetière de Gettysburg. (N.d.T.)

Oui! s'exclama Elizabeth. Et maintenant, on peut l'avoir ce foutu ketchup? »

L'actrice comique Joan Rivers, lors de l'émission « Tonight » sur la chaîne NBC, se mit à plaisanter sur les kilos en trop d'Elizabeth Taylor, ce qui devint très vite une constante de son numéro. Parmi ses blagues les plus appréciées figurent celles-ci : « Je l'ai emmenée au Sea World, et c'était très gênant. Shamu la Baleine a bondi hors de l'eau, et Liz a demandé si elle se mangeait avec des légumes... » ; « Je ne dirai pas qu'elle est grosse, non, mais elle a subi un lifting, et la peau en trop aurait suffi à faire une autre personne... » ; « Elle aime tellement manger que lorsqu'elle attend devant le micro-ondes elle ne peut pas s'empêcher de lui crier : "Dépêche-toi!" » Plus tard Rivers affirma qu'elle se sentait coupable d'avoir ainsi traité Liz, en particulier quand Taylor lui envoya un magnifique bouquet de fleurs après le suicide de son mari, Edgar Rosenberg. Mais elle ne pouvait arrêter ses plaisanteries devenues routinières car son public lui lançait : « Et Liz dans tout ça? »

Les journaux à scandales publièrent également de nombreux articles avec photos à l'appui sur les problèmes de poids de Liz. L'un d'eux, très populaire, édita même des clichés datés pour montrer la progression de Liz, de sa sveltesse de jeune fille à sa corpulence du moment. Plus tard, dans son livre *Elizabeth dit tout*, l'actrice attribua son gain de poids à l'indolence de sa vie à Washington. « J'approchais de la cinquantaine et pour la première fois de mon existence j'ai perdu mon amour-propre. Je l'ai perdu à cause de mon mari, John Warner, parce qu'il avait été élu au Sénat et que je me sentais inutile, comme tant d'épouses à Washington et tant d'autres femmes à différentes périodes de leur vie. Je n'avais plus rien à faire [...]. »

En juin 1977, Taylor aida à l'organisation d'une collecte de fonds pour le Wolf Trap Farm Park, un centre artistique en plein air situé sur un vaste terrain dans la campagne virginienne, près du périphérique de Washington. L'événement réunit nombre de ses célèbres amis : Liza Minnelli, Beverly Sills, Sammy Davis Jr., les danseurs Patricia McBride et Jean-Pierre Bonnefous, ainsi que Halston qui dessina le motif à roses ornant les gigantesques toiles de tente et les nappes. Il créa également deux toilettes pour Elizabeth.

Le rédacteur du magazine *People* se rendit au Wolf Trap pour couvrir l'événement. « Halston voulait poser avec les deux stars, Liz et Liza, se souvient-il. Liz est arrivée la première, et Liza n'était pas là, ce qui créait un dilemme pour une célébrité comme Liz. Elle n'avait aucunement l'intention de rester assise là à attendre Liza. Halston était de plus en plus anxieux parce que les deux femmes avaient annoncé qu'elles ne nous accorderaient pas plus de cinq minutes chacune. A un moment, j'ai suivi Liz dans sa loge [...] et quand nous sommes ressortis, Liza tempêtait parce qu'elle devait attendre Elizabeth. Mais la photographie a finalement été prise, et chacune est repartie dans une direction différente. »

Plus tard en juin, l'émission de la chaîne ABC « Good Morning America » envoya l'ancien maire de New York John Lindsay interviewer Liz dans le Wisconsin, où elle et Warner se trouvaient pour inaugurer une unité hospitalière à la mémoire de son oncle Howard Young, lequel avait légué 20 millions de dollars à cet effet à sa mort, en 1972. « Elle et John venaient juste d'arriver à Minocqua par avion privé. Ils étaient partis de Chicago où ils étaient allés se recueillir sur la tombe de Mike Todd », dit Joyce Laabs, du comité hospitalier. Elizabeth et John passèrent aussi quelques heures à pêcher sous la pluie avec Ed Behrend qui enseigna les rudiments de la pêche à l'actrice. « Pendant son séjour, ajoute Laabs, Liz entendit parler d'une fillette qui venait d'être amputée d'une jambe, et elle lui apporta des fleurs à l'hôpital. » À la fin de son interview, Lindsay demanda au couple quel était le secret de leur bonheur. « Le secret, dit Warner, est un don total de soi. Cette femme est connue dans le monde entier pour sa beauté, mais bien peu savent qu'elle est beaucoup plus belle à l'intérieur qu'à l'extérieur. »

Septembre arriva et Liz et Warner baignaient dans le monde de la politique. Ils participaient fréquemment à des collectes de fonds pour le Parti républicain, dont certaines organisées à Atoka. En plusieurs occasions Elizabeth se révéla une alliée parfaite dans la campagne de son mari. A la fin de l'été elle dut séjourner à l'hôpital pour des problèmes d'hygroma, mais elle tint à apparaître en fauteuil roulant. Le soir précédant le jour où l'allié de John Warner, John Dalton, devait être élu gouverneur de Virginie, Liz quitta l'hôpital et prit l'avion pour Richmond. « Je me suis brisé la main, la hanche et je me suis décarcassée pour Dalton, déclara-t-elle. Que je sois damnée si je rate la victoire de son parti. » Parfois, néanmoins, elle montra des signes d'irritation, raillant ouvertement son mari, piquant une colère en public ou buvant plus que de raison.

Malgré leurs obligations à Washington, John et Liz firent un saut à Los Angeles pour discuter du film *Winter Kills* dans lequel elle devait tourner, une comédie dramatique inspirée de la présidence de John F. Kennedy. Le réalisateur William Richert espérait que Liz accepterait de jouer une épouse de président, le rôle de l'homme d'État – sans texte – étant proposé à Warner. « J'ai dit à Elizabeth que son personnage ne parlait pas à l'écran, mais que sa seule présence suffirait à le rendre crédible. Et elle a répondu : " Ça pourrait être amusant de le faire, oui. " Warner a accepté. " Si tu veux que nous le fassions, nous le ferons. " Ils avaient l'air de trouver l'idée distrayante. » La distribution comprenait également John Huston, Jeff Bridges, Anthony Perkins, Sterling Hayden, Eli Wallach et Richard Boone. Richert finit par accepter de laisser à Liz le manteau de lynx qu'elle portait pour son rôle. « Au début, je lui ai dit qu'elle ne pouvait pas le garder, explique Richert. Parce qu'il était loué. Alors elle a un peu haussé le ton et a dit : " Comment ça, je ne peux pas le garder ? John, ce type ne veut pas me donner le manteau ! " Un peu plus tard, elle a tourné une scène en gros plan durant laquelle elle devait rédiger un mot. Elle a si bien tenu son rôle que toute l'équipe l'a applaudie. A la fin de la prise, elle est venue vers moi et m'a tendu le papier où elle avait effectivement écrit quelque chose : " Si Bill Richert ne me donne pas ce manteau, je n'accepte plus aucun gros plan. " Et, bien sûr, je lui ai donné le manteau. Nous nous sommes bien amusés, avec elle. »

Le 6 janvier 1978, John Warner annonça sa candidature au poste de sénateur de Virginie sous l'étiquette Républicain et lança une collecte de fonds. Elizabeth proposa de revendre certains de ses bijoux pour aider sa campagne, mais ce ne fut pas nécessaire. Au total Warner dépensa 561 000 dollars pour sa campagne, dont 471 475 de sa propre poche. Il froissa ses voisins de Middleburg quand il étudia la possibilité de vendre trois mille sept cents acres de ses terres en lots de vingt-cinq acres. D'après Joel Broyhill, le président du comité de soutien pour la campagne sénatoriale de Warner, « ses voisins venaient néanmoins à chaque collecte de fonds à laquelle participait Elizabeth. Et elle participa à la plupart. »

En février, pour le quarante-sixième anniversaire d'Elizabeth, Warner organisa une soirée au légendaire Studio 54 de New York, avec Andy Warhol et d'autres amis. On apporta un gâteau au chocolat de 250 kilos représentant le corps d'Elizabeth Taylor. Liz souffla les bougies, trancha le sein droit en chocolat et le donna à Halston qui l'avala tout en « la gavant comme une oie avec son propre gâteau d'anniversaire », selon l'expression du photographe Felice Quinto. Warner s'éclipsa et on ne le revit pas de la soirée, mais Elizabeth ne l'imita pas. Dans son livre intitulé *Simply Halston*, Steven Gaines écrit sur cette période : « Les soirées au Studio 54 commencèrent à se noyer sous un déluge de cocaïne, de scotch et de barbituriques. Chaque nuit comportait un événement excitant, une Elizabeth Taylor boudinée portant un chapeau à fleurs ridicule, un Mick Jagger qui s'endormait sur l'épaule de Barychnikov... » Steve Rubell, copropriétaire du Studio 54, affirma que les histoires à sensation que publiaient les journaux étaient édulcorées. « Ce qui se passait ici était bien pire. Vous ne l'auriez pas cru. »

D'après Sara Lithgow, mère de l'acteur John Lithgow, qui débutait dans une pièce intitulée *Anna Christie* au John F. Kennedy Center de Washington ce printemps-là, Elizabeth arriva en plein milieu du deuxième acte, avec Halston et d'autres, dérangeant le public en gagnant sans discrétion aucune leurs places. Une autre fois, Taylor et Warner arrivèrent ivres en plein festival dramatique au Kennedy Center.

Malgré sa participation à la campagne de son mari, le 3 juin 1978 Elizabeth assista impuissante à la victoire de son opposant, Dick Obenshain. Warner était encore sous le choc de sa défaite quand, dix jours plus tard, le petit avion d'Obenshain s'écrasa près de sa propriété de Chesterfield, en Virginie. Sous la promesse d'assumer les dettes de campagne d'Obenshain, Warner fut nommé candidat sénatorial de son parti.

Avant la fin de l'été, Elizabeth revint en Californie pour enregistrer « Return Engagement », sa première apparition à la télévision dans *Hallmart Hall Of Fame*, dans le rôle tout d'abord écrit par le scénariste James Prideaux pour Jean Stapleton. Ravis de l'avoir dans ce film, Prideaux et le réalisateur Joseph Hardy traitèrent Elizabeth comme une véritable star, ornant sa chambre d'hôtel de fleurs, sans oublier une provision de champagne. « J'ai trouvé une grande serviette de bain pour elle, sur laquelle était imprimé VOLÉ AU DEPARTEMENT ACCESSOIRES DE LA MGM, raconta Prideaux, et je l'ai fait envoyer à Miss Taylor au Beverly Hills Hotel. Quand je l'ai rencontrée, elle m'a dit : " Oh, j'ai adoré la serviette. Elle est vraiment super. " »

John Warner rendit plusieurs fois visite à sa femme pendant le tournage, et Prideaux jugea qu'il n'avait « rien de remarquable ». « On m'a dit qu'elle prenait des médicaments pour se lever le matin, rapporta-t-il. J'arrivais à sept heures et, en voyant sa limousine, je me disais : " Dieu merci, elle est là. " Je la trouvais dans son vestiaire, à se maquiller le sourcil droit devant le miroir [...]. Je revenais une heure plus tard, et elle en était à l'autre sourcil. Il lui fallait à peu près trois heures avant de se rendre sur le plateau, et les premiers jours on a bien failli devenir dingues. Mais une fois sur le tournage, elle se comportait en vraie professionnelle. »

John Warner revint mener campagne en Virginie avec une coupe de cheveux « new wave » créée par Oray. Oray, qui pendant une période coiffa Elizabeth Taylor, garde de Warner le souvenir d'un « homme qui voulait devenir une star de la politique, un second John F. Kennedy. A mon avis, il croyait que l'aide d'Elizabeth lui permettrait de le devenir. Mais il lui manquait l'intelligence, la finesse, le charisme. De son côté, Elizabeth espérait contre toute évidence devenir une autre Jackie Kennedy ».

Durant son séjour à Los Angeles, Warner s'efforça d'obtenir une faveur pour Elizabeth. Il rencontra Henry Wynberg et tenta de le convaincre d'annuler le contrat signé par Elizabeth et lui pour la ligne de produits cosmétiques et les parfums. A l'évidence, Warner comprenait aussi bien que Henry le potentiel commercial de ces affaires. Afin de rendre l'annulation plus alléchante, Warner proposa de passer l'éponge sur plusieurs années de reconnaissances de dette contractées en faveur d'Elizabeth. Mais Henry Wynberg, qui n'était pas novice en matière commerciale, ne put retenir un rire et lui promit « d'étudier » son offre.

Justement, Wynberg s'était déjà lancé dans une série de recherches complexes pour créer un parfum et un emballage spécifiques et, après avoir consulté maints chimistes et experts en communication commerciale, il avait obtenu des résultats équivalents au produit final d'Elizabeth, *Elizabeth Taylor's Passion*. (Un autre parfum baptisé *Passion* se trouvant déjà sur le marché, le nom de Taylor avait dû être accolé à celui de son parfum.)

Après le retour de Warner à Washington, Elizabeth assista à un dîner en compagnie du réalisateur George Cukor – le traiteur assurant les quelque quatre-vingts couverts s'appelait Ma Maison. George Cukor était l'invité d'honneur et, à sa table, figuraient Lillian Hellman, Fred DeCordova et son épouse, Mr. et Mrs. Sam Jaffe et leur fille Ann Carroll. Elizabeth arriva bien sûr avec quarante-cinq minutes de retard. Richard Stanley, un ami de Cukor, se souvient : « Le premier plat était un avocat avec garniture de caviar jaune et rose. Liz Taylor portait une magnifique robe de soirée. Elle a goûté le caviar et tout à coup s'est écriée : " C'est atrooooce ! " puis elle s'est mise à ôter le peu de caviar de sa bouche avec ses doigts et en crachant. Inutile de préciser que tout le monde a été très choqué. »

Après avoir rejoint Warner, Elizabeth avala un os de poulet lors d'une étape à Stone Gap, en Virginie, et elle fut emportée d'urgence à l'hôpital le plus proche où un chirurgien parvint à extraire l'os. Cet incident fut à l'origine du sketch parodique de John Belushi dans le *Saturday Night Live*, depuis devenu célèbre. Dans son sketch, l'acteur est vêtu comme une Liz Taylor obèse et il s'étouffe avec une cuisse de poulet à demi dévorée. L'image grotesque d'une ancienne beauté de l'écran devenue deux fois plus grosse qu'à ses débuts s'est ainsi imprimée dans l'inconscient de l'Amérique. Des invités à un dîner rapportèrent avoir vu l'actrice engouffrer des quantités phénoménales de purée au jus de viande, suivie de cinq desserts, le tout arrosé de plusieurs bouteilles de champagne.

Elizabeth elle-même mettait sa prise de poids (elle arriva à dépasser les 90 kilos) sur le compte de sa participation « obligée à tous ces déjeuners, tous ces dîners et tous ces barbecues durant la campagne de John ». A cela s'ajoutait un stress supplémentaire : il devint impossible à Taylor de se rendre dans les toilettes publiques sans être suivie par des inconnues. Les femmes s'agglutinaient autour du miroir pour la regarder se rafraîchir, ou bien elles montaient la garde devant sa cabine privée pour écouter et faire des commentaires, allant parfois même jusqu'à risquer un œil ou un appareil photo sous la porte. Les innombrables plaisanteries sur son poids et les regards désapprobateurs n'arrangeaient pas le penchant de Liz pour la nourriture. Elle finit par coller une photographie horrible d'elle sur la porte du réfrigérateur pour ne pas oublier les kilos qu'elle devait perdre.

Le comportement de Taylor en public trahissait également une inquiétude grandissante quant à son apparence. Le producteur Lester Persky se souvient d'une collecte de fonds à laquelle il participa à New York durant cette période : « J'étais assis à côté de l'actrice Maureen Stapleton au repas, et Liz se trouvait à une autre table distante de cinq ou six mètres. Maureen et moi étions en pleine conversation quand un garde de la sécurité est venu nous voir et a déclaré à Maureen : " Miss Taylor apprécierait beaucoup que vous cessiez de l'observer pendant qu'elle dîne. " La phrase était d'autant plus absurde qu'aucun de nous n'avait jeté un seul regard en direction d'Elizabeth.

« Elizabeth avait une façon bien à elle de faire les choses. Quand on annonça que je produirais la version cinématographique de la pièce *Equus*, elle me coinça dans un restaurant et m'expliqua que Richard Burton serait l'acteur idéal pour le film puisqu'il avait déjà joué dans la version théâtrale à Broadway. Je n'avais pas vraiment besoin de ses conseils car j'étais déjà très au fait du talent dramatique de Burton. Quelques mois plus tard je rencontrai de nouveau Liz. Entre-temps Burton avait épousé Suzy Hunt, et Taylor était de fort méchante humeur. Elle tenta de me dissuader de choisir Burton pour le rôle dans le film *Equus*. " Il est très mauvais, me dit-elle d'un ton condescendant, il ne faut pas lui donner le rôle, Lester. " Je donnai le rôle à Richard, et elle ne me parla plus. »

De la même façon qu'elle avait rendu célèbre l'alchimie opérant entre elle et Richard Burton, Elizabeth ne fit aucun secret de l'attrait sexuel qu'exerçait sur elle John Warner, dont les prouesses dans ce domaine étaient déjà un sujet de conversation fort répandu dans les milieux féminins de Washington et de New York. Jim Boyd, le créateur d'un service de rendez-vous pour femmes, put vérifier la préférence de Liz pour les hommes aux attributs avantageux. « John Warner était bien pourvu, dit-il, mais tout comme Eddie Fisher et Henry Wynberg. Nous avons appris cela par les coiffeuses de Liz. Elle leur faisait tout le temps des confidences de ce genre. Elle se plaignait également que Warner, après leur première année de mariage, ne lui fasse pas assez l'amour. Une fois, alors qu'elle faisait des courses à Beverly Hills au tout début de leur liaison, Liz demanda à un boutiquier de Rodeo Drive de l'aider à choisir des slips avec une poche frontale grand format, pour son mari si bien bâti. »

Elizabeth rallia John Warner alors en pleine campagne en donnant un séminaire d'art dramatique au Henry College de Marion, en Virginie. Présentée à la classe par son mari, Elizabeth parla de ses aventures hollywoodiennes puis déclara, comme la femme d'un vétéran : « Mon travail est maintenant d'être auprès de mon mari. » Elle confia à un journaliste de *People* : « J'adore la vie en Virginie. Je me sens bien chez moi. De plus John est le seul homme que j'aie jamais autorisé à m'appeler Liz. Ce qui nous unit est magnifique. Je ne le vois pas comme mon mari numéro sept. Il est numéro un sur toute la ligne. Il possède une honnêteté et une intégrité que je n'ai vues chez aucun des hommes que j'ai connus. » Et, après un moment, elle ajouta : « Et c'est le meilleur amant que j'ai connu. »

De retour à Richmond, Virginie, Elizabeth accompagna Warner à un déjeuner de campagne du Richmond Bar Association, et elle séduisit les avocats les plus conservateurs et les plus collet monté. Après que John eut fait le discours qu'on attendait de lui, elle se mêla à la foule, but des bloody-mary et déposa un baiser sur la joue d'un des juges à la retraite en lui remettant un prix, si bien que l'assistance, composée de Républicains très sérieux, se mit à siffler et applaudir comme une bande d'étudiants éméchés dans une boîte de strip-tease.

Quelques jours plus tard, au Charlottesville Dogwood Festival, elle et John participèrent au défilé en se montrant assis à l'arrière d'une Cadillac blanche décapotable. Les gens massés sur le trajet du cortège brandissaient des pancartes clamant LIZ, NOUS T'AIMONS ! Mais à l'université de Virginie de Charlottesville, où elle avait accepté de donner un autre séminaire d'art dramatique, le professeur Arthur Green, président du département d'art dramatique, critiqua ouvertement son mari, l'accusant de se servir d'Elizabeth. « Je pense qu'il utilise cette femme de façon lamentable », a confié Green à l'auteur. Mais il négligeait ce disant la capacité de Liz à n'être « utilisée » par les hommes que si cela lui convenait. Comme le dit Pia Lindstrom : « Elizabeth sait cacher sa colère. Elle devient effacée, discrète, paraît douter d'elle-même. La petite fille perdue classique. C'est du moins le rôle qu'elle adopte. Mais elle est extrêmement versatile. Chaque fois que je l'ai rencontrée c'était une femme différente : grosse, mince, sobre, ivre, chaste ou amoureuse. Sa façon de se comporter en public est spontanée, voyante, arrogante. Je ne connais pas grand monde – hommes ou femmes – qui ait pu la manœuvrer. Elle a eu une éducation plutôt moyenne, mais elle sait très bien manipuler autrui. »

A cette époque, Chen Sam avait loué un appartement dans un gratte-ciel de Washington pour se rapprocher de son employeur. Harriet Meth, qui par la suite devint dénicheuse de talents à « Entertainment Tonight », insinua que dans le circuit des relations publiques Chen Sam était surnommée « Gengis Khan ». « C'est un véritable barracuda. Et Elizabeth lui fait une entière confiance », précisa-t-elle.

A Washington, Elizabeth et Chen déjeunaient et dînaient fréquemment ensemble à l'extérieur, sortaient ou passaient des soirées tranquilles chez l'une ou l'autre. Les conseillers professionnels de Liz savaient que Chen était l'unique personne au courant des plus grands secrets de la star.

Joel Broyhill, le directeur de campagne de John Warner, travailla avec Chen en 1976 et 1977 et, en fait, il arriva à Warner et Taylor de sortir avec Broyhill et Sam. « Chen et Elizabeth étaient très proches, dit-il, et elles le sont toujours. Elizabeth a besoin de quelqu'un de proche. Elle ne fait confiance qu'à très peu de personnes, mais entièrement à Chen. Chen a fini par démissionner de son poste de secrétaire personnelle pour devenir plutôt une assistante spéciale de Liz. Elle s'est introduite dans l'arène des relations publiques. Elizabeth, John, Chen et moi avons voyagé ensemble. Nous sommes allés en Floride, et je crois qu'alors Elizabeth s'est sentie plus à l'aise et heureuse, à simplement se détendre avec nous trois, sans avoir à être sous les feux des projecteurs tout le temps. Elle pouvait dire ce qu'elle voulait et jurer si l'envie l'en prenait. Mais en certains endroits, comme au Captain's Table de Deerfield Beach, près de Boca Raton en Floride, il y avait des touristes – comme au Duke Ziebert et au Prime Rib à Washington – et les gens venaient nous déranger dans nos conversations. Un jour, un type a voulu s'asseoir à notre table. " Mrs. Warner est ici pour une soirée *privée* ", lui a dit Chen, et il a fini par nous laisser. »

Warner et Taylor continuaient de sillonner la Virginie pour la campagne sénatoriale. Au VMI (Virginia Military Institute), où Warner fit un discours, il dit notamment : « Je pense que ce serait une erreur pour quiconque de profiter d'une invitation ici sur ces terres bénies et vénérables dans un but d'auto-promotion politique. » Pourtant, au milieu de son discours Elizabeth le rejoignit à la tribune d'orateur. « Ma femme est ici pour saluer le corps des cadets », annonça-t-il. L'assistance lui fit une ovation, et les chapeaux volèrent dans l'air. Liz paraissait tout aussi ravie que Warner.

La chroniqueuse Cindy Adams aperçut Elizabeth non pas à Washington mais à New York, alors que la star descendait l'allée centrale d'un théâtre. « C'était une occasion inespérée, se rappelle-t-elle. Je marchai juste derrière elle, puis me portai à son niveau et nous parlâmes un peu. Sachant qui j'étais, elle me donna des réponses brèves, ni sèches, ni polies, ni vraiment intéressantes, ni évasives [...]. Mais je sus, en l'accompagnant dans l'allée, que quelque chose n'allait pas du tout. Elle paraissait ailleurs. Plus tard, lorsque nous lûmes qu'elle était souvent effrontée ou ivre, sinon pire, son attitude me parut compréhensible.

« Je dois dire qu'Elizabeth Taylor vit une existence hors norme, en bonne partie à cause de certaines dépendances dont elle souffre. Sa prise de poids, son alcoolisme comme son goût pour les médicaments semblent incontrôlables. Sa carrière est incontrôlable. Ses émotions sont incontrôlables. Je pense qu'après s'être mariée avec John Warner elle a compris qu'elle devait maîtriser ses excès. Beaucoup de gens ont comparé Elizabeth Taylor à Jackie Onassis. Mais je pense que Jackie était un être froid et raisonné dans ses relations amoureuses. Elizabeth est moins habile, plus émotionnelle. Elle a des réactions immédiates là où Jackie Onassis savait garder du recul et une froideur de glacier.

« A peu près à la même période, je vis Elizabeth lors d'une vente de charité. Mon mari, Joey Adams, dirigeait l'événement pour lequel Elizabeth devait prendre la parole. Il la présenta en disant : " Et voici Elizabeth Taylor Hilton Wilding Todd Fisher Burton Burton Warner. " Elle n'apprécia pas du tout, se leva et déclara au public : " Je suis Mrs. John Warner " et le public l'applaudit. »

Le 7 novembre 1978, John Warner obtint son siège de sénateur avec moins d'un pour cent d'avance (sur trois mille cinq cents votes) sur son adversaire le Démocrate Andrew Miller.

Elizabeth, qui était toujours citoyenne britannique, ne put voter pour son mari. Le 16 janvier 1979, elle assista à la cérémonie d'investiture de Warner au poste de sénateur. « Elle croyait que tout allait devenir plus amusant, et tout devint plus dur pour elle, dit Phil Smith. Le sénateur Warner se mit à travailler d'arrache-pied et n'eut plus guère de temps à consacrer à Elizabeth. Elle proposa qu'ils s'installent dans son hôtel particulier à Georgetown pour ne se rendre à Atoka que durant les week-ends, mais cela ne régla rien. Elle devait presque le supplier pour qu'il accepte de dîner à l'extérieur. Il préférait travailler dur jusqu'à la nuit, preuve de son attachement au poste de sénateur. Il n'était pas trop intellectuel, mais il compensait par une grande puissance de travail. »

Pour son quarante-septième anniversaire, Elizabeth se retrouva seule car John la prévint par téléphone qu'il avait trop de travail au Sénat et qu'il ne pourrait pas l'emmener dîner dans son restaurant préféré le Dominique. Décidée à fêter son anniversaire quand même, Elizabeth appela le propriétaire du restaurant, Dominique D'Ermo, qu'elle connaissait depuis les années soixante, et lui passa la commande suivante : crabe, thon, gâteau au chocolat, le tout accompagné des vins adéquats et même de Dom Pérignon. Après avoir préparé la commande, le restaurateur l'apporta lui-même au domicile de l'actrice et lui tint compagnie tandis qu'elle festoyait.

Dans une tentative pour maîtriser son poids, Elizabeth passa une semaine à la station thermale Palm-Aire de Pompano Beach, en Floride. A l'évidence, ces vacances loin de Washington lui furent bénéfiques, car elle revint plusieurs fois à Pompano Beach. Le 16 juillet 1979, elle s'envolait pour Londres en compagnie de ses fils pour assister aux funérailles de son deuxième mari, Michael Wilding. La couronne qu'elle déposa portait la mention : « Très Cher Michael, Dieu Te Bénisse. Je T'aime. Elizabeth. »

De retour à Washington, elle retomba dans ses excès alimentaires. « Elle n'avait rien d'autre à faire que manger », observa Phil Smith. Un coiffeur de Washington, ami du fils de John Warner, décrivit Elizabeth assise au bord de la piscine à Georgetown : « Elle se faisait bronzer en avalant des calories. » Elle s'ennuyait si ferme qu'elle finit par aller s'amuser avec des groupes de jeunes hommes, utilisant la limousine et son bar incorporé comme domicile. « Warner et Taylor ne prenaient jamais la limousine ensemble, mais le sénateur eut vent de ses exploits avec son fils, par exemple quand elle ordonnait au chauffeur noir de faire la tournée des boîtes de nuit et des clubs gays de Washington, et en particulier la très célèbre Fraternity House, à l'angle de la 22e et P. Street. Elle alla même jusqu'à prêter la limousine de Warner à son fils, et nous nous y retrouvions à une dizaine. »

Elizabeth Taylor commençait à ne plus apprécier du tout sa vie à Washington. Hank Lampey, un membre du cercle restreint connu sous l'appellation « Les Amis de John Warner », fut choisi pour expliquer à Elizabeth que ses tenues ne correspondaient pas à son rôle d'épouse de sénateur. « C'est trop hollywoodien, lui dit-il, vous devriez vous habiller plus simplement. » Pour Elizabeth, s'habiller simplement revenait à adopter la tenue d'une fermière. Ronnie Stewart, du magasin Saks-Jandel, se souvient du jour où « Elizabeth entra dans la boutique avec Chen Sam, et toutes deux portaient des jeans et des bottes de cow-boy. Chen est assez grande et mince, avec une poitrine marquée, et cette tenue la mettait en valeur. En revanche Elizabeth n'avait pas du tout la silhouette pour ce genre de mise ».

En mai 1980, Elizabeth se rendit en Angleterre pour une brève apparition dans *Le miroir se brisa*, un film tiré d'un roman d'Agatha Christie que réalisait Guy Hamilton. Liz séjournait au Savoy, et elle arriva en retard les trois premiers jours de tournage, mais Hamilton ne lui fit aucune remarque. « Elle avait déjà tout entendu, explique-t-il. Depuis des années elle se faisait réprimander pour ses retards. Moi, je n'ai rien dit, et elle a fini par arriver à l'heure. »

En juillet, elle apparut avec John Warner à la Convention nationale républicaine pour l'élection à la Présidence de Ronald Reagan, en compagnie du candidat et de son épouse. Elle et Mrs. Reagan, qui avait fait carrière à Hollywood sous le nom de Nancy Davis, échangèrent des souvenirs sur la MGM. Puis Elizabeth et Warner se retrouvèrent assis seuls dans une loge réservée aux personnalités, et le soir venu la foule se massa autour d'eux comme si les Warner étaient le couple vedette, et non les Reagan.

Elizabeth enchaîna par une visite à New York où, d'après le *Journal* d'Andy Warhol, elle vit Andy au Studio 54 et prit de la cocaïne avec Halston dans l'hôtel particulier du modéliste. Elle révéla à Halston que John Warner ne dormait plus avec elle, et bien qu'elle niât tout problème dans son mariage, la presse se mit à insinuer le contraire.

## 26

En 1980, Elizabeth Taylor était si malheureuse dans son rôle d'épouse de sénateur que John Warner, qui avait atteint son but politique, accepta qu'elle reprenne à plein temps sa carrière d'actrice. Jusque-là, elle avait tourné dans cinquante-quatre films, mais elle approchait maintenant de la cinquantaine et était affligée d'un embonpoint certain, deux caractéristiques assez peu prisées à Hollywood. De plus, les rôles féminins intéressants étaient rares dans les années quatre-vingt. La plupart d'entre eux étaient écrits pour de jeunes actrices, et celles de l'âge d'Elizabeth étaient en conséquence très désavantagées. Par ailleurs, elle ne voulait pas se limiter à jouer les divas vieillissantes rêvant d'un retour sur scène, comme elle l'avait fait dans *Le miroir se brisa*.

Pour couronner le tout, Elizabeth avait coutume de toucher des cachets énormes, et elle avait bien l'intention de continuer. Lors de soirées à Washington et Los Angeles, Burt Reynolds lui avait parlé du restaurant-théâtre qu'il avait acheté à Jupiter, en Floride. Comme Elizabeth, il ne pouvait plus espérer de rôles à sa mesure, et il lui proposa d'apparaître sur scène dans *Qui a peur de Virginia Woolf?* avec lui. Elizabeth écouta attentivement Reynolds; elle avait cette idée en tête depuis février 1966, lors de son apparition sur les planches à Oxford comme partenaire de Richard Burton qui jouait le rôle-titre du classique de Christopher Marlowe, *Doctor Faustus*. Pendant la semaine de représentations, elle avait fait une brève et silencieuse apparition sur scène pour incarner la vision qu'a Faust de la plus belle femme du monde, Hélène de Troie.

Burton, dans son Journal [1], affirme que dès 1970 Elizabeth caressait le désir de monter plus souvent sur les planches. L'acteur ne l'y avait jamais encouragée; il pensait qu'elle n'avait pas la voix adéquate, ni la bonne façon de se mouvoir, ou la formation. De son côté, Elizabeth doutait déjà que sa célèbre voix haut perchée puisse atteindre le fond d'une salle de théâtre. Dans son autobiographie publiée en 1965, *Elizabeth Taylor : An Informal Memoir*, elle avoua : « J'aimerais jouer une pièce sur scène, un jour. Mais je ne crois pas avoir la voix qui convient. Elle n'est pas assez puissante, mais peut-être pourrais-je la travailler. »

En dehors de la possibilité de raviver sa célébrité, Elizabeth avait une autre raison de s'intéresser au théâtre. Son mariage avec Warner arrivait à sa conclusion, et elle considérait aussi la scène comme un moyen de revenir auprès de celui qu'elle aimait toujours et avec qui elle était restée en contact. Le théâtre était le domaine de Richard Burton, et ce n'est probablement pas une coïncidence si elle se lança dans cette nouvelle carrière au moment où Richard Burton envisageait de se produire de nouveau sur Broadway dans une nouvelle mise en scène de *Camelot*. De plus, son mariage avec Suzy Hunt battait sérieusement de l'aile. En décembre 1980, on vit Elizabeth à La Nouvelle-Orléans lors d'une représentation de *Camelot*. La séparation entre les époux Warner fut annoncée officiellement à l'automne 1981.

En mai 1980, Elizabeth montra sa volonté de reprendre sa carrière en perdant 20 kilos dans son établissement de cure préféré, à Pompano Beach. En octobre 1980 elle apparut à la première de la nouvelle version de *Brigadoon*, à Washington. Elizabeth arriva avec un retard d'une quinzaine de minutes et força son voisin à lui faire de la place. On avait dit à Zev Bufman, le metteur en scène de *Brigadoon*, que sa voisine serait « la femme d'un sénateur travaillant tard ». Il entendit [2] soudain les pas de quelqu'un qui courait dans l'allée, puis « on me frappa rudement l'épaule de la main, comme pour me dire : " Allez, pousse-toi ! " » Né en Palestine et âgé de cinquante-cinq ans, Bufman avait commencé sa carrière comme acteur et possédait maintenant huit théâtres disséminés dans tout le pays, à New York, Los Angeles, La Nouvelle-Orléans et Miami. En 1967 il avait monté pour Broadway une version du très commenté *Marat-Sade* de Peter Weiss, rendu célèbre par Peter Brook.

Bufman invita Elizabeth à la soirée qui suivit la première. Là, selon les dires du metteur en scène Austin Pendleton, Elizabeth déclara à Bufman : « Seigneur, comme j'aimerais jouer dans une pièce ! »

« Et Zev la prit au mot », ajouta Pendleton.

« Si vous devez monter sur les planches, pourquoi ne pas le faire à New York ? » aurait dit en substance Bufman.

Plus tard en octobre, Elizabeth annonça qu'elle comptait se produire sur une scène de Broadway, dans une pièce qu'elle coproduirait avec Zev Bufman. Dans le plus grand secret, Bufman forma une troupe qui comprenait des acteurs aussi célèbres que Derek Jacobi afin de lire avec Elizabeth diverses pièces dans une salle de répétition de New York. Ils essayèrent *Qui a peur de Virginia Woolf?* d'Edward Albee, *Doux Oiseau de jeunesse* de Tennessee Williams, *Un lion en hiver* de James Goldman, *Hay Fever* de Noël Coward. Elizabeth désirait jouer dans un drame, mais elle n'avait pas envie de répéter sur scène le rôle qu'elle avait tenu dans *Qui a peur de Virginia Woolf?* : « Martha est le rôle le plus épuisant jamais écrit. Je voulais faire quelque chose qui avait de la profondeur, mais je ne voulais pas me tuer. »

Elizabeth arrêta son choix sur ce qu'elle pensait lui convenir le mieux : *Les Petits Renards*, un mélodrame de Lillian Hellman sur une famille du Sud cupide et sans pitié au début du siècle. Regina Giddens, le personnage le plus infâme de cette famille, avait déjà été immortalisée deux fois par deux stars : Tallulah Bankhead en 1939 au théâtre, et Bette Davis en 1941 pour la version filmée *(La Vipère)*. Après le succès de Bankhead, la pièce n'avait jamais été remontée à Broadway.

Mais Elizabeth décida que le personnage de Regina, habituellement décrit comme celui d'une véritable vipère humaine, possédait une dimension féministe que les autres actrices n'avaient pas explorée. Avec la bénédiction de Hellman, elle travailla le rôle de Regina en le rapprochant de sa propre héroïne préférée de fiction, Scarlett O'Hara : une femme désespérée, enserrée dans le carcan des contraintes sociales, qui se sert des seules armes à sa disposition pour « ne plus jamais avoir faim ». Ses tenues de scène, dues au talent de Florence Klotz, la même styliste qui avait dessiné sa robe gris lavande pour son mariage avec Warner et ses costumes pour *Petite musique de nuit*, reflétaient sa vision très personnelle de Regina. Dans le premier acte, Elizabeth apparaissait vêtue d'une robe qui semblait entièrement brodée de perles pourpres. Pour le deuxième acte, sa robe avait pâli jusqu'à cette teinte lavande qui avait la préférence d'Elizabeth. Et pour le troisième acte, quand Regina laisse délibérément mourir son mari en refusant de lui donner son médicament contre les problèmes cardiaques et fait pression sur ses frères pour échapper à sa petite ville du Sud et aller à Chicago, la robe d'Elizabeth était d'un blanc immaculé. Tous ces costumes étaient coupés de façon à avantager Elizabeth qui alors avait encore du poids à perdre. « Elle a porté les robes que j'avais créées sans la moindre retouche, dit avec enthousiasme Klotz.

C'est le genre de femme qui charme même les portiers d'hôtel. Peu lui importait la robe qu'elle portait tant qu'elle avait des nuances lavande. »

Comme metteur en scène, Elizabeth avait pensé soit à Mike Nichols, qui l'avait déjà dirigée lors du tournage de *Qui a peur de Virginia Woolf?* et en 1967 pour une représentation des *Petits Renards* au Lincoln Center, soit à son ami Joseph Hardy, avec qui elle avait travaillé sur *Petite Musique de nuit*. Mais tous deux étaient déjà pris, et c'est Austin Pendleton qui assura la mise en scène. Il connaissait fort bien la pièce, ayant lui-même joué un personnage dans la version de Nichols, mais il était assez intimidé car c'était sa première mise en scène d'une telle importance, et sa première rencontre avec Liz Taylor. Et il ne savait pas comment elle assumerait le rôle de Regina. C'est d'abord Lillian Hellman qu'il rencontra, et qui renforça sa décision. « Quand j'ai écrit cette pièce [3], dit Hellman, j'étais amusée par le personnage de Regina. Jamais je ne l'ai vu comme un personnage négatif. Je voulais camper une femme sexy, qui croque la vie. » Rassuré, Pendleton rencontra alors Elizabeth et fut conquis. « Plus que n'importe quelle femme en Amérique, Elizabeth Taylor symbolise non pas l'avidité mais un appétit très sain, écrivit Pendleton par la suite. Que se passerait-il si *Les Petits Renards* traitaient de l'appétit qui peu à peu se transforme en cupidité devant nos yeux? Et si Regina était présentée comme une femme saine, hédoniste, assez proche en fait de l'image que nous avons tous d'Elizabeth Taylor? [...] Ses meilleurs rôles au cinéma sont ceux qui à l'origine avaient été conçus pour le théâtre. »

Avec beaucoup d'habileté, Bufman choya sa star perpétuellement en retard et si souvent malade. « Vous voulez faire plaisir à ces gens, expliqua-t-il à un journaliste, alors les limousines, les assistants, les loges redécorées, les fleurs (chaque soir), le champagne sont indispensables. Mais tout cela paie. » Avec Taylor, Bufman se surpassa, lui passant d'innombrables appels téléphoniques pour la rassurer, acceptant même de commencer les représentations des *Petits Renards* en février 1981 à Fort Lauderdale, afin qu'Elizabeth puisse passer ses week-ends au Palm-Aire pour perdre du poids. Il fit faire une copie en or du premier ticket vendu et l'offrit en pendentif à Taylor. Il contracta également une assurance d'un montant de 125 000 dollars, via la Lloyd's, pour se garantir au cas où elle annulerait des représentations.

Les répétitions commencèrent en Floride. Elizabeth déclara qu'elle voulait une distribution de premier ordre pour *Les Petits Renards*. Mais quand elle apprit [4] que Maureen Stapleton, récemment récompensée par un Oscar et son entrée au

Theater Hall of Fame pour le personnage d'Emma Goldman dans *Reds*, avait accepté de jouer Birdie, la belle-sœur de Regina, Elizabeth s'exclama : « J'ai dit que je voulais de bons partenaires, mais pas aussi bons que ça ! » Pendant une séance de répétition, les autres comédiens restèrent ébahis quand Elizabeth, qui essayait de se conformer aux indications de Pendleton, lui demanda : « Côté cour ? C'est de quel côté ? » Elle écourta une séance afin de pouvoir se rendre à Washington en compagnie d'Irene Dunne, de Frank Sinatra et de James Stewart, pour assister à la soirée d'anniversaire organisée pour le soixante-dixième anniversaire du président Reagan à la Maison-Blanche.

Hugh L. Hurd, un des rares Noirs de la troupe, garde du metteur en scène Pendleton le souvenir de « la personne la moins intimidante du monde ». Pendant une répétition « Austin se mit à expliquer ce qui devait se passer, et il lui dit : " Maintenant, Elizabeth, dans ces trois lignes de texte voilà ce qui doit passer... " et il se mit à expliquer et mimer en détail ce qu'il désirait. Elizabeth se mit à glousser et il lui demanda ce qu'elle trouvait si amusant. " Tout ça en trois lignes ? " répondit-elle. »

Mike Nichols venait souvent assister aux répétitions. Il avait voulu qu'Elizabeth prenne des cours de diction avant de commencer le tournage de *Qui a peur de Virginia Woolf ?*, même s'il savait qu'il serait possible d'étoffer son timbre grâce à la table de mixage. « Chérie [5], tu n'as jamais suivi aucun entraînement vocal. Tu n'arriveras pas à faire porter suffisamment ta voix. » Une fois de plus, Elizabeth assura qu'elle se débrouillerait très bien sans prendre de cours, tout comme pour *Qui a peur de Virginia Woolf ?*.

Lors de la première à Fort Lauderdale, le public laissa échapper un murmure quand Elizabeth apparut sur scène. Peut-être à dessein, afin de rehausser le jeu d'Elizabeth, deux ou trois des comédiens les plus expérimentés ratèrent une réplique, de sorte, dit Pendleton, qu'Elizabeth puisse « venir à leur secours ». A la fin du spectacle, le sénateur Warner monta sur scène et offrit à sa femme un bouquet de roses teintes pour avoir la couleur lavande. A la soirée qui suivit la première, au yacht-club de Miami, Warner dit aux journalistes : « Je suis le gars de la campagne qui a épousé la fille qui est sur scène. » Agnes Ash, éditorialiste au *Palm Beach Life*, ne fut pas impressionnée par la célébrité de passage. Quand Elizabeth arriva à la soirée, Ash se souvient qu'il y eut « toute une fanfare, et on voyait bien qu'elle exigeait beaucoup d'attention et l'exprimait clairement par son attitude. Elle ne se montra pas très ouverte, ce soir-là. Elle semblait très réservée et gênée par ses kilos superflus. Elle paraissait toujours en avoir beaucoup à perdre.

Ses robes étaient très belles, mais très sobres. Elle avait fière allure jusqu'à ce que vous la voyiez de profil. Alors vous vous rendiez compte de son poids ».

Les dimanches et les lundis étaient jours de relâche et Elizabeth louait souvent le *Monkey Business*, ce même yacht sur lequel les aspirations présidentielles du sénateur Gary Hart avaient été ruinées cinq ans plus tôt lorsqu'il avait été surpris en compagnie de sa maîtresse Donna Rice (depuis, le propriétaire du yacht, Don Soffer, l'a rebaptisé le *Miss Aventura*). Elle invitait Hugh L. Hurd et d'autres membres de la troupe à bord. « Chaque week-end, nous partions dans les îles avec le yacht, se souvient Hurd avec un plaisir certain, et nous mangions de gros crabes en buvant du champagne. Elle me permettait de la prendre en photo quand je le désirais. » Un dimanche, lors d'une petite fête organisée par Elizabeth et Warner, les invités eurent la surprise de voir qu'elle portait le diamant Krupp au doigt. Il était assez gros pour masquer la première phalange de son annulaire, et elle l'appelait « le glaçon ». Elle joua avec et laissa ses invités l'essayer.

En mars 1981 la pièce se déplaça à Washington pour quarante-sept représentations. Les journalistes étaient tellement avides de voir la nouvelle Elizabeth Taylor amaigrie que Bufman dut convoquer une conférence de presse. Lors de la première au Kennedy Center, le président Reagan, sa femme et le sénateur Warner occupèrent la même loge et allèrent féliciter Elizabeth après le spectacle. Le 30 mars [6], jour où Ronald Reagan fut blessé par John Hinckley, Nancy Reagan nota qu' « Elizabeth Taylor se trouvait en ville pour jouer *Les Petits Renards*, et elle annula la représentation ».

En avril 1981, quand *Les Petits Renards* furent joués à New York, Elizabeth loua un wagon-restaurant dans le train Amtrak Metroliner qui l'emmenait de Washington et donna une petite fête pour la troupe et les techniciens. Il y eut des bouquets de fleurs fraîches, un accordéoniste français et un repas préparé par Dominique, le restaurateur préféré d'Elizabeth à Washington. Il fournit le champagne, les steaks au poivre, les épinards et la glace. L'amalgame peut apparaître assez peu appétissant, mais c'était un des menus préférés de l'actrice.

Pendant les six semaines suivantes, Chen Sam installa Elizabeth au 1022 Lexington Avenue, dans une auberge de style campagnard anglais qui a depuis disparu. Le propriétaire, Ed Safdie, décrivait les appartements disponibles comme un endroit fait pour « les gens qui ne veulent pas être importunés par les journalistes et les photographes » : les clients se recommandaient mutuellement l'établissement – Halston,

Gregory et Veronique Peck avaient déjà séjourné ici et en avaient peut-être parlé à Elizabeth. D'après Safdie, l'auberge comprenait son propre restaurant-bar, le Jack, au rez-de-chaussée, et seulement quatre suites à l'étage, chacune comprenant trois pièces – une chambre, un salon et une cuisine – décorées dans le style campagnard anglais. Avant l'arrivée d'un client, Safdie faisait porter dans l'appartement des fleurs et de la nourriture fine. Les suites au charme pittoresque étaient confortables, et dotées d'un système de sécurité très étudié : « Il y avait un écran vidéo qui permettait de voir qui se trouvait en bas, quand on sonnait. » Elizabeth était « très discrète », se souvient Safdie. Elle fréquentait le Jack mais se faisait aussi monter les repas dans sa suite, ou bien elle commandait certains plats au Greek Village, un restaurant situé un peu plus bas dans la même rue, fermé lui aussi depuis, au mur duquel les propriétaires avaient accroché sa photo. Elizabeth aimait plus que tout la possibilité qui lui était donnée de séjourner au 1022 Lexington avec ses animaux de compagnie.

Quand la troupe et les techniciens arrivèrent au Martin Beck Theatre de New York, sur la 45e Rue Ouest, près de Broadway, Bufman aurait dépensé plus de 20 000 dollars pour redécorer la loge d'Elizabeth au premier étage dans les tons lavande, avec des miroirs allant du sol au plafond, un très joli bar et – parce qu'elle voulait un animal familier dans sa loge – un aquarium de 400 dollars peuplé de poissons tropicaux de couleur lavande. A cette époque[7], Elizabeth rétorquait à quiconque faisait allusion à sa perte de poids : « Est-ce que le poids de Maureen Stapleton est important ? Non, alors quelle importance a mon poids ? »

Hugh L. Hurd se souvient que les plaisanteries de Joan Rivers à propos du poids d'Elizabeth « la faisaient fondre en larmes, mais elle ne lui a jamais rien dit », même lors d'une séance de dédicace où Hurd vit Rivers « à moins de trois mètres » de Taylor. Ce n'est que quelque six ans plus tard, lors d'une vente de charité organisée au bénéfice des enfants battus, au restaurant Spago de Los Angeles, que Rivers et Taylor enterrèrent plus ou moins la hache de guerre. L'écrivain A. Scott Berg était assis à la table des deux stars. Toutes deux avaient accepté de partager la même table pour signifier l'arrêt des hostilités, d'autant que Taylor avait alors nettement maigri. Mais ni l'une ni l'autre ne voulait arriver en même temps, chacune désirant s'arroger la vedette en arrivant plus tard. Joan, qui avait loué des bijoux dans l'espoir d'éclipser ceux d'Elizabeth, se rendit à la résidence d'Elizabeth à Bel-Air et fit arrêter sa limousine dans le virage pour attendre que la voiture de l'actrice sorte de sa propriété. Elles jouèrent à cache-cache durant tout le trajet jusqu'au restaurant, chacune se dissimulant à tour de rôle pour laisser passer l'autre. Dans le parking du Spago, les deux limousines tournèrent plusieurs fois, sous prétexte de chercher une place libre. Finalement les deux stars sortirent de leur véhicule en même temps. Elles entrèrent au Spago ensemble et s'assirent à la même table. Mais l'armistice était quelque peu limité : elles ne se revirent pas par la suite.

Dans un article paru dans *Film Comment*, Pendleton se souvient que pendant les répétitions à New York et les avant-premières, le reste de la troupe se sentit un peu à l'écart de Taylor. « Tout fut un peu bizarre, pendant un temps. Au cours des avant-premières, le public se montra tellement hystérique dans son enthousiasme qu'il magnifia le rôle d'Elizabeth, ou au moins les aspects comiques de son rôle, de façon un peu démesurée. Nous ne pouvions pas contrebalancer cette tendance en répétant pendant la journée car Elizabeth était malade et les médecins craignaient que cela ne se transforme en cette sorte de pneumonie qui avait failli l'emporter vingt ans auparavant. »

Elizabeth souffrit de fièvres et de bronchite pendant tout le temps que durèrent les avant-premières. A la mi-mai, elle s'évanouit dans sa loge avant une représentation et dut être hospitalisée neuf jours pour complications respiratoires. A la même époque, après la soirée des Tony au Sardi, elle eut une troisième attaque de grippe. En juillet, elle se blessa à la hanche en tombant dans sa chambre d'hôtel. Pendant les dix semaines que durèrent les représentations des *Petits Renards*, elle manqua au moins onze fois, coûtant 330 000 dollars de dédit à l'assurance. Quand elle jouait, Pendleton l'estimait « irrégulière » et parfois « un peu bizarre ».

Les choses pouvaient prendre un tour bizarre en dehors du théâtre aussi. Un jour, Elizabeth se rendit chez Bloomingdale pour acheter du rouge à lèvres. L'annonce de sa présence se répandit comme une traînée de poudre, et elle fut bientôt entourée par la foule des curieux. La police dut être appelée pour lui permettre de sortir sans encombre du magasin. En août, des pompiers en tournée d'inspection de routine dans un restaurant de la 45e Rue Ouest se portèrent au secours d'Elizabeth, du sénateur Warner et de leur garde du corps pour leur éviter d'être écrasés par une centaine de chasseurs d'autographes qui les attendaient à la sortie du Martin Beck Theatre. « On aurait dit une scène d'émeute », déclara le lieutenant des pompiers. « Je crois que mon chien a frôlé la crise cardiaque », commenta Elizabeth.

Dans le rôle de Regina, Lillian Hellman préférait Tallulah Bankhead. Bien qu'âgée de soixante-treize ans et très désireuse que sa pièce soit réactualisée pour regarnir son compte en banque et redorer sa réputation, Hellman avait une opinion mitigée sur Taylor. Elle insistait pour l'appeler « Lizzie », même après qu'Elizabeth lui eut demandé de ne pas le faire, et elle fit une scène en public au Jim McMullen, un restaurant de New York, parce qu'elle croyait qu'Elizabeth voulait lui interdire d'assister aux répétitions.

*Les Petits Renards* commencèrent à New York le 7 mai 1981. Le soir de la première, Bufman offrit à Elizabeth un diamant de 0,75 carat qu'il baptisa « le plus petit diamant parfait du monde », et une étoile en or de quinze centimètres pour accrocher à la porte de sa loge. Liz lui offrit une montre Cartier en or 18 carats, avec l'inscription gravée : « A Zev, avec affection et gratitude, de Ta Renarde, 7 mai 1981. » A chaque membre de la compagnie elle donna une épingle en or à tête de renard, avec des émeraudes figurant les yeux. Le présent de Bufman pour la dernière fut une cape en renard blanc de Norvège, avec deux oiseaux s'embrassant sur le dos, composés de perles bleues et rouges. Elizabeth offrit à Austin Pendleton et sa femme un grand lit Craftmatic dont le sommier pouvait être levé ou baissé par commande électrique.

Après la première, les amis et la famille se retrouvèrent au Xenon, la discothèque alors à la mode et maintenant disparue. Parmi l'assistance figuraient le sénateur Warner, la mère d'Elizabeth, Maria Burton, Liza Todd, Michael Wilding, Liza Minnelli, Shirley MacLaine, Ann Miller, Joan Fontaine, Halston et Bill Blass. Sara Taylor rappela aux journalistes qu'elle avait fait la première d'une pièce appelée *The Fool* à Broadway, soixante ans plus tôt. Pendleton se souvient que Martha Graham et Joanne Woodward envoyèrent un mot de félicitations à Elizabeth. De la soirée au Xenon, Halston se remémore des moments « enthousiasmants, une reconnaissance du succès d'Elizabeth, et aussi une sorte de beuverie assez bruyante ».

Après la représentation, la foule qui espérait apercevoir Taylor se massa à l'extérieur du Sardi, le point de ralliement où se retrouvaient les comédiens lors des premières, pour attendre les premières critiques. John Simon, journaliste réputé acerbe du magazine *New York*, écrivit : « A quarante-neuf ans, Miss Taylor n'est pas encore prête pour le théâtre sérieux. » Pour le public, néanmoins, Simon et les autres critiques rataient le principal, qui était de voir Elizabeth Taylor jouer devant eux en chair et en os. Ces critiques laissèrent également de marbre l'actrice. Lors des rappels, main dans la main avec une Lillian Hellman rassérénée, elle déclara avoir été « submergée par ces vagues d'amour qui m'ont nourrie bien après le baisser du rideau ».

Elizabeth était également « nourrie » par sa nomination comme Meilleure interprète féminine et un succès commercial indéniable. Elle avait engendré plus d'un million et demi de dollars en neuf mois seulement. Tandis que *Les Petits Renards* partaient en tournée dans les théâtres de Bufman, à La Nouvelle-Orléans et à Los Angeles, elle forma en association avec Bufman l'Elizabeth Taylor Repertory Company. Ils projetèrent d'aller jouer *Les Petits Renards* à Londres, et même en Union soviétique. Entre-temps Bufman devait engager d'autres vedettes importantes qui se joindraient à Elizabeth pour un nombre limité de représentations à New York, Los Angeles et Washington, représentations qui seraient filmées et diffusées plus tard sur le câble et en vidéos. Une place coûterait 99 dollars, ce qui alimenterait les trois premières productions prévues de la nouvelle compagnie, au nombre desquelles figuraient *Les Petits Renards*.

Bufman se dépensait sans compter pour satisfaire le besoin constant d'Elizabeth d'incitations à monter sur scène. Pendant leur passage à New York il lui offrit un magnifique chien-loup, et elle donna à l'assistant de Bufman un shih-tzu avec pedigree qui arriva avec une rosette autour du cou et une laisse couleur lavande. Le sénateur Warner ne pouvant rejoindre son épouse que pendant les week-ends au Carlyle Hotel, Bufman servit souvent d'escorte à l'actrice après les représentations. Des rumeurs sur une liaison entre Taylor et Bufman germèrent dans les journaux à scandale et furent qualifiées d' « inepties » par Chen Sam comme par le porte-parole de Warner et Bufman lui-même. Il était devenu son escorte, dit-il, parce qu'il l'avait persuadée de jouer la pièce et à cause de « l'effort que le rôle lui imposait et la nécessité qu'elle puisse se reposer et se détendre ». Richard Burton était persuadé qu'Elizabeth couchait avec Bufman, et il était désolé pour ce dernier.

Felice Quinto, photographe de plateau pour *Les Petits Renards*, surprit Taylor en train d'embrasser le prince Rainier de Monaco. D'après Quinto, Rainier était venu en coulisses avec la princesse Grace et s'était éloigné d'elle pour discuter avec Taylor. Brusquement Rainier, que Quinto affirmait être « pire que John F. Kennedy », attira Elizabeth dans un coin sombre et ils échangèrent un baiser – « plus qu'un simple baiser amical » – pendant deux ou trois minutes. « Ils étaient littéralement collés l'un à l'autre et ils avaient vraiment l'air très amis », ajouta Quinto.

Une autre célébrité à venir en coulisses fut Natalie Wood qui passa peu avant son décès. Quinto vit aussi Lauren Bacall, qui resta bouche bée devant l'énorme diamant d'Elizabeth. « Vous devez plaisanter », entendit-il Bacall murmurer. Avant d'entrer en scène, Elizabeth ôtait sa bague et la donnait à son habilleuse qui la portait en attendant de la lui rendre au baisser du rideau.

A New York, après les représentations, Elizabeth sortait souvent avec Maureen Stapleton. Le sénateur Warner se souvient d'avoir souvent dîné avec Liz et Maureen : « Tard dans la nuit, elles faisaient la fête pendant que je restais assis à les regarder. [...] Mon horloge interne donne le signal du repos vers minuit, heure à laquelle je suis prêt à mettre le cap sur mon lit. Bien sûr, on me trouvait " ennuyeux ". Mais n'importe qui serait ennuyeux après une journée entière de travail. Ma place n'était pas là. » Richard Broadhurst était à l'époque serveur au Charlie (devenu depuis le Sam, sur la 45ᵉ Rue Ouest), un des établissements de prédilection d'Elizabeth et Maureen. Lors de la dernière nuit de travail de Broadhurst, Elizabeth accepta en riant quand il lui demanda de prendre des ciseaux et de couper la cravate noire que la direction imposait aux serveurs. Broadhurst garde de Stapleton le souvenir d'une femme « très bruyante. Vous pouviez l'entendre à l'autre bout du restaurant. Et c'était une cliente négligée. Je détestais la servir. Les seules fois où vous remarquiez la présence d'Elizabeth, c'est quand elle était en compagnie de Maureen Stapleton ». Broadhurst jugeait Elizabeth « une cliente très polie. [...] Très calme et sans prétention ».

Maureen Stapleton narra à l'écrivain Charlotte Chandler [8] une de ces soirées passées avec Elizabeth à New York. Pendant les représentations des *Petits Renards*, Elizabeth avait donné à Maureen un collier orné de diamants; en retour, Maureen lui avait offert une épingle rehaussée de grenats qui avait appartenu à sa mère. Mais Maureen continuait de chercher un cadeau plus approprié. Comme elle le dit à Chandler : « Que peut-on offrir à quelqu'un qui a déjà tout? » Maureen entendit alors parler d'une femme qui confectionnait des poupées à ressemblance humaine. Par téléphone elle en commanda une d'Elizabeth pour l'offrir à l'actrice. « Je pensais que cela lui ferait plaisir. »

Quand la poupée fut livrée, Maureen ne put en croire ses yeux. « Je n'avais jamais rien vu d'aussi horrible. C'était gros, informe et... beurk! » Maureen décida de ne pas la montrer à Elizabeth, mais des amis la persuadèrent que cela ferait rire l'actrice. Maureen apporta donc la poupée au Helmsley Palace, où Elizabeth résidait, au cinquante-troisième étage. Comme elle était sujette au vertige, Maureen but une bouteille entière de champagne « pour se donner du courage ». Quand elle arriva, Elizabeth avait une bouteille de Dom Pérignon prête pour l'accueillir.

« En buvant le champagne, j'eus assez de courage pour lui montrer la poupée... Et Elizabeth me demanda : " Qui est-ce ? " " C'est toi ", lui répondis-je. La poupée était vraiment très laide, j'avais presque oublié combien elle était laide... Elizabeth ne se mit pas du tout à rire. " Nous allons la brûler ", déclara-t-elle. Mais elle s'arrêta soudain et contempla ma robe. " Qu'est-ce que c'est que ce truc que tu portes ? Tu ne peux pas garder ça. " Et elle m'apporta un grand caftan brodé et m'obligea à ôter ma robe pour l'enfiler. Je ne comprenais pas pourquoi ma robe ne convenait pas pour brûler une poupée.

« Elle me dit qu'elle attendait des invités, et à ce moment précis le téléphone sonna pour les annoncer. Quand ils arrivèrent à la porte, je fus un peu surprise : c'était Joel McCrea et sa femme Frances Dee.

« Nous bûmes encore un peu de champagne, puis Elizabeth essaya de brûler la poupée, mais sans succès. Elle appela la réception de l'hôtel et demanda qu'on lui envoie quelqu'un pour nous aider à brûler la poupée. Ils envoyèrent plusieurs membres de la sécurité, un pompier et un homme muni d'un extincteur. Nous montâmes tous sur le toit et là Elizabeth put enfin brûler sa poupée. Ce fut quelque chose.

« Quand nous redescendîmes, Joel McCrea et sa femme nous annoncèrent qu'ils devaient partir. Je les comprends. Ils m'ont prise pour une folle, j'en suis sûre. »

En septembre 1981, *Les Petits Renards* furent montés au Saenger, le théâtre de La Nouvelle-Orléans appartenant à Bufman, pour une durée de deux semaines. Hugh L. Hurd nota qu'Elizabeth était frappée par « l'ambiance familiale qui existe au théâtre, tout à fait différente de ce qui se passe sur le tournage d'un film » où des amis peuvent travailler sur le même plateau sans jamais se croiser. Elizabeth embrassait tout le monde dans la compagnie. « Elle veut être aimée, dit Hurd. C'est vraiment une femme seule. » Quand la compagnie partait en tournée, elle montait en première classe mais n'y restait jamais. « Durant la majeure partie du trajet, elle restait assise derrière moi. Une fois, le pilote vint lui demander ce qui lui déplaisait en première classe, et elle lui répondit que sa " famille " ne s'y trouvait pas. Elle était ainsi. C'est pourquoi nous sommes tous tombés sous le charme. »

Lors d'un repas habillé dans un grand restaurant de La Nouvelle-Orléans, Hurd et les trois autres comédiens noirs se retrouvèrent casés dans les cuisines « avec les électriciens ». Ulcéré, Hurd voulut quitter l'établissement, mais Chen Sam le rattrapa et lui demanda où il allait. « Je pars, répondit Hurd, tout le monde dans la compagnie sait que je suis là, et il est hors de question que je passe la soirée avec eux. » Chen Sam lui dit de ne pas bouger et alla expliquer ce qui se passait à Elizabeth. Celle-ci fit quitter la table aux journalistes et asseoir les quatre comédiens noirs. « Je ne veux pas d'eux ici, dit-elle à Hurd. Je ne veux même pas les voir. Mais je veux avoir la certitude que tu ne vas nulle part. Reste assis ici. »

Une connaissance d'Elizabeth, Gwin Tate, vint la chercher à l'entrée des artistes du Saenger pour aller boire un verre en ville. Le gouverneur de Louisiane Dave Treen et sa femme Dodie avaient assisté à la représentation. Conscient de l'importance de l'occasion, Tate arriva en smoking, dans une limousine. Elizabeth sortit du théâtre en jean, T-shirt, coiffée d'un casque de chantier (« elle trouvait ça très seyant ») et avec aux pieds « les bottes de cow-boy les plus excentriques que j'aie jamais vues. Très originales ». Un ami de Tate qui tenait un magasin de chaussures lui avait dit que, quelques jours auparavant, Elizabeth était arrivée cinq minutes avant l'heure de fermeture. Il avait verrouillé les portes dès qu'elle était entrée, et elle avait dépensé quelques milliers de dollars pour acheter une vingtaine de paires, en majorité des Halston avec des talons de huit centimètres.

Tate et Taylor rejoignirent d'autres membres de la troupe au Monteleone, un vieil hôtel très cher sis dans le Quartier français. Tout en sirotant un daïquiri, Taylor demanda à Tate :

« – Croyez-vous qu'ils m'ont entendue au dernier rang ?

« – Tout le monde vous a parfaitement bien entendue, mais je crois qu'ils auraient aimé voir un peu plus votre décolleté !

« – Eh bien, j'y ai pensé, répondit Elizabeth, mais j'ai fait ce que je pouvais. »

« A cette époque elle n'était pas grosse, dit Tate, ni mince. Elle était juste un peu potelée. »

Rivet Hedderel, un coiffeur ami de Tate, s'occupait des perruques de Taylor pendant les représentations des *Petits Renards*. Hedderel confirma l'observation de Patricia Seaton selon laquelle « Elizabeth n'a pas beaucoup de cheveux. Avec les années, les teintures et les différentes coiffures, ils ont beaucoup diminué. Elle est forcée de porter une perruque ».

Vers la mi-septembre, *Les Petits Renards* arrivèrent à Los Angeles pour dix semaines de représentations. Elizabeth se sentait chez elle dans cette ville. Lors de la soirée qui suivit la première, et qui eut lieu au Chasen, Bufman déclara : « Ce fut une soirée complètement dingue. Les gens ont tendance à perdre un peu la boule auprès de Liz. » Il dit avoir choisi le Chasen « parce qu'elle voulait passer une soirée tranquille avec ses amis proches », parmi lesquels Roddy McDowall, le couple Sammy Davis, le gouverneur Jerry Brown et les Armand Hammer. Sara Taylor, venue spécialement de sa résidence de Palm Springs, parla d'Elizabeth qui lui rendait visite avec ses enfants et jouait aux charades « jusqu'à 4 heures du matin ». Maureen ajouta à cette atmosphère familiale en déclarant : « J'ai pris ma décision : je veux me marier avec Elizabeth Taylor! » Rock Hudson, ami fidèle d'Elizabeth depuis leur participation conjointe au film *Géant* en 1956, voulait organiser une grande fête pour Taylor et Stapleton, mais quand elles se trouvèrent enfin en ville toutes deux lui gisait en salle d'opération à l'hôpital pour un triple pontage coronarien.

Pendant les représentations à L.A., la Filmex Society de Los Angeles demanda à l'ancienne rivale d'Elizabeth, Bette Davis, de lui remettre une récompense, le Filmex Award. Sur scène devant le pupitre, Davis resta un moment silencieuse avant de déclarer : « La petite renarde que je suis peut-elle remettre à une autre petite renarde le Filmex Award? » Vêtue d'une robe violette et parée de ses diamants, Elizabeth déclara à l'assistance : « J'écoutais dans les coulisses, et j'ai cru que j'étais morte. Jamais je n'ai été aussi flattée de ma vie... »

Tandis que *Les Petits Renards* se jouaient toujours à Los Angeles, l'agent immobilier Elaine Young, qui avait été la seconde femme de Gig Young, fut appelée par Bufman. « J'ai une cliente pour vous. Elizabeth Taylor veut louer une maison pour trois mois. » Tous deux dénichèrent une maison à Stone Canyon, dans le quartier de Bel-Air. Mais Young reçut un autre appel téléphonique l'informant qu'à présent Elizabeth voulait acheter une maison. Taylor ne disposait que d'une semaine pour choisir un toit, car elle se séparait du sénateur Warner.

Young alla chercher Elizabeth et son compagnon, l'acteur de trente-quatre ans Tony Geary, qui jouait régulièrement dans la série télévisée préférée de Taylor, *General Hospital* (elle y fit même une apparition dans cinq épisodes en 1981). Elizabeth était « collée » à Geary, se souvient Young, et « il était très attentionné avec elle, mais je ne sais pas comment il faisait. Ce jour-là elle se montra très fragile, presque triste ».

Young avait trois maisons à faire visiter à l'actrice, mais elle fut très surprise qu'Elizabeth choisisse la première, située 700 Nimes Road, dans Bel-Air. « C'est celle-là », dit-elle. En trente-deux ans de carrière, Young n'avait connu qu'un autre client, Sylvester Stallone, qui se soit décidé aussi vite. « Elizabeth redoutait un tueur comme Charles Manson *, se souvient Young. Elle voulait être certaine d'être en parfaite sécurité.

* Fanatique ayant commandité l'assassinat de l'actrice Sharon Tate. (N.d.T.)

Cette maison était un véritable rêve, très romantique. » De style californien, c'était une demeure spacieuse de briques et de bardeaux bâtie à flanc de colline, avec beaucoup de grandes fenêtres. Naguère propriété de Nancy Sinatra Sr., elle devint celle d'Elizabeth pour 2 millions de dollars. Young la jugeait « en avance sur son temps, blanche, lumineuse, jeune, avec la chambre et la salle de bains les plus romantiques que j'aie vues, qui occupent tout l'étage, et des plafonds dignes d'une cathédrale ». Young ajouta que la maison était « très simple, pas du tout le style que vous vous attendriez à voir choisir par une star du cinéma comme Liz Taylor ».

Elizabeth se fit photographier pour *Life* dans l'élégante baignoire lambrissée de son nouveau foyer, entourée de plantes vertes et de ses deux chiens, Reggie et Elsa. Par les fenêtres de la chambre[9], Elizabeth nota qu'elle pouvait « regarder ce magnifique jardin, où un arbre en particulier m'inspire quand je n'ai pas le moral. Il a quelque chose de magique, comme ces arbres qui prennent vie dans *Le Magicien d'Oz* ».

Zak Taylor, coiffeur d'origine londonienne qui fut proche d'Elizabeth pendant environ trois ans à partir de 1983, compara l'intérieur de la maison à « un magasin Saks » à cause des immenses penderies et des murs couverts de chaussures. Elizabeth avait pour habitude de demander à garder les vêtements à la fin d'un tournage, et elle ne jetait rien. D'après Zak Taylor, « elle avait amassé toutes ces affaires au long des années, et certaines portaient encore l'étiquette avec le prix ». Son salon était « tapissé de Degas et de Monet. [...] Mais juste au milieu, il y avait cette petite étagère avec l'Oscar ».

Le 21 décembre 1981, Elizabeth et John Warner annoncèrent officiellement qu'ils étaient séparés. Lors du réveillon de Noël à Los Angeles, Liz fut hospitalisée pendant la nuit pour des douleurs dans la poitrine. Elle passa beaucoup de temps au téléphone avec Burton. « Je ne peux pas vivre sans elle », avoua-t-il. Lui-même dut renoncer au tournage de *Camelot* pour subir une éprouvante opération du dos. Il souffrait continuellement et sa santé se détériorait rapidement après ses années d'alcoolisme. Elizabeth aurait voulu jouer le rôle de Lady Macbeth dans la pièce de Shakespeare, mais Burton et des amis le lui déconseillèrent. En janvier 1982, elle laissa courir des rumeurs de réconciliation avec Warner en participant au gala donné à Washington pour la première de *Genocide*, un documentaire sur l'Holocauste qu'elle commentait avec Orson Welles. Son cavalier n'était autre que Simon Wiesenthal en personne. Pour sa contribution au film, Elizabeth se vit décerner le premier Wiesenthal Humanitarian Award par le

Simon Wiesenthal Center for Holocaust Studies de Los Angeles (dont elle était un des membres du Conseil d'administration).

En février 1982, Elizabeth se rendit à Londres pour apparaître dans *Les Petits Renards*. « Jamais je ne me remarierai, déclara-t-elle à la presse, et veuillez ne pas me demander pourquoi. Je suis une femme libre. Je ne sortirai pas avec Richard Burton. » Ce dernier, à présent séparé lui aussi, se trouvait également à Londres pour être le narrateur dans *Under Milk Wood* de son compatriote Dylan Thomas. Elizabeth l'avait invité à une fête que Bufman donnait à l'occasion de son cinquantième anniversaire.

Le coût des *Petits Renards* s'envolait, et les recettes baissaient. On dit que Bufman avait dû verser à Lillian Hellman un million de dollars pour acquérir les droits d'exploitation de la pièce à Londres. Et les exigences d'Elizabeth contribuaient aux problèmes de trésorerie, comme le confia Bufman à la journaliste Sharon Churcher : « Ce qu'elle veut est clairement défini dans le contrat quand vous signez une grosse affaire avec elle, et elle s'attend à de gros cadeaux. » A Londres, Bufman dut louer un hôtel particulier qu'il fit redécorer dans les tons lavande au 22 Cheyne Walk, dans Chelsea, pour héberger Elizabeth, son coiffeur, son habilleuse, son garde du corps et Chen Sam. Parce qu'elle gagnerait nettement moins qu'aux États-Unis, il lui offrit une Rolls-Royce d'une valeur de 135 000 dollars. Il fit venir des crabes géants par avion d'un restaurant de Miami. Cette fois, la double loge et le fronton du Victoria Palace – le théâtre du West End qui ressemblait à une église byzantine – avaient été repeints couleur lavande en son honneur.

« Elle dit toujours que Richard n'a jamais réussi dans le West End, expliqua Bufman. Elle veut désespérément faire un triomphe ici. Elle estime que c'est son premier foyer. »

Vers 4 heures de l'après-midi un jour de représentation, la très en vue Susan Licht, qui était mariée à un banquier et habitait depuis 1981 dans l'ancienne maison des parents d'Elizabeth, dans Hampstead Heath, entendit sonner à sa porte. Elle alla ouvrir et se retrouva face à Elizabeth et à l'acteur Nicholas Costa, son partenaire dans *Les Petits Renards*, accompagnés de deux gardes du corps. Licht savait Elizabeth à Londres, et elle n'ignorait pas que les parents de l'actrice avaient jadis possédé cette maison, mais elle fut « abasourdie qu'Elizabeth vienne ici, et encore plus abasourdie qu'elle vienne sans prévenir. C'est tout simplement quelque chose qui ne se fait pas en Angleterre, même quand on s'appelle Elizabeth Taylor ».

« Nous nous promenions dans Memory Lane [Costa était né

à Hampstead], fit Elizabeth, et j'ai voulu revoir la maison de mes parents. » Licht lui fit visiter la demeure, et en dépit de nombreux aménagements l'actrice affirma reconnaître sa chambre d'enfant, celle de ses parents, la terrasse, un escalier à l'arrière de la maison et « une grande penderie au pied de l'escalier, dans laquelle la bonne enfermait son frère Howard quand il n'était pas sage ».

De façon assez ironique, Licht et son mari avaient eu « quelque publicité négative » peu après avoir emménagé dans la maison. Le Hampstead Plaque Fund avait voulu placer une plaque sur la façade pour spécifier que cette demeure avait été celle d'une personnalité par le passé. Mais les Licht avaient refusé, sans doute pour préserver leur tranquillité. A l'évidence ils n'avaient pas lu l'interview donnée au *Playbill* par Taylor à propos des *Petits Renards* : « J'adore retourner dans les lieux que j'ai connus », y affirmait Elizabeth.

« Je crois qu'Elizabeth ressent un besoin très fort de reconquérir son passé, dit Susan Licht, et elle a même parlé un temps de racheter cette maison pour y vivre. » Elizabeth envoya des places pour *Les Petits Renards* aux Licht, mais, selon Susan Licht, elle annula la représentation prévue. Elizabeth revint voir la maison de son enfance une autre fois, en 1984, avec son cavalier du moment, Victor Luna, mais les Licht étaient absents et les visiteurs trouvèrent porte close.

Le 27 février 1982, tous les enfants d'Elizabeth, Rudolf Noureïev, Tony Bennett, Ringo Starr et d'autres invités fêtèrent l'anniversaire de l'actrice au Legends, un restaurant londonien réputé. Baz Bamigboye, responsable des pages Spectacle au *Daily Mail*, se souvient que tout le monde était très éméché et pariait sur la venue probable de Burton. On convainquit Bamigboye de se déguiser en chasseur pour apporter un « télégramme chanté ». Elizabeth le reconnut et il chanta « I Get a Kick Out of You ». Bamigboye se souvient que Burton arriva très tard. Il était « physiquement très fatigué. Il avait l'air plutôt amaigri », et il était « fin saoul ». Pendant près de quatre heures, Burton parla de son « grand amour pour Taylor. Il dit qu'ils étaient liés comme l'est une femme à son enfant. " Elizabeth Taylor? dit-il. Oui, je l'ai portée. " Ses yeux étaient emplis de larmes, et je crois qu'il se rendait compte à quel point elle lui manquait ».

Après avoir dansé joue contre joue sur le dernier air de musique de la soirée, il la raccompagna à Cheyne Walk dans sa Daimler et passa plusieurs heures seul avec elle, à bavarder et envisager de travailler de nouveau ensemble, et, sous-entendit Burton, à faire l'amour. Plus tard, il décrivit ainsi leur intimité à un journaliste : « Puis Elizabeth m'a bien regardé, et elle a dit : " Hey, mon gars, tu as maigri. Tu ne veux pas m'embrasser? " Alors je l'ai prise dans mes bras et nous avons échangé un baiser. Après ça, elle a dit : " Je ne me fais pas à l'idée que tout ça nous soit arrivé. " Et je l'ai allongée sur le lit, comme ça, en souvenir de l'ancien temps. » Un autre article de presse affirme qu'à un moment Liz lui donna un coup de pied et le traita de « poseur de Gallois ». A 7 heures du matin, Burton regagna son hôtel parce qu'il devait « répéter tôt », et des journalistes l'interceptèrent. Dans une série d'interviews, il avoua toujours aimer Elizabeth et parla d'elle comme d' « une sorte de poème. [...] Nous sommes parfaitement assortis parce que nous ne savons pas de quoi l'autre parle. Mais, oh oui, j'aime Elizabeth. Je l'ai nourrie en moi ». Mais Burton admit également vouloir se réconcilier avec son ex-femme Suzy Hunt. « Je les aime toutes les deux, bon sang! » et il ajouta : « Je ne peux toujours pas croire qu'Elizabeth soit capable de jouer une pièce. »

Peu après, Elizabeth tenta un autre stratagème pour le reconquérir. Alors qu'il faisait une lecture sur la scène du Duke of York Theatre, elle fit une apparition-surprise derrière lui, en jean et pull. Elle salua la foule d'une révérence et d'un baiser, puis se tourna vers Burton et lui dit à mi-voix : « Je t'aime. »

« Dis-le plus fort, ma fleur! Plus fort! » s'exclama Burton.

Et elle obéit. Le public s'enflamma aussitôt. Burton voulut l'embrasser comme elle passait à côté de lui, mais il avait perdu l'usage de son œil droit et il la manqua; il perdit aussi l'endroit du texte qu'il lisait.

Il dut annoncer aux spectateurs : « Je suis à la mauvaise page. Pardonnez-moi, je suis un peu distrait. »

Après que Burton eut terminé sa lecture, on le vit sortir en compagnie de Taylor, main dans la main. Ils partirent dans la Rolls chocolat de l'actrice. Il lui aurait ensuite offert un portrait de Dylan Thomas dédicacé : « Je t'aime. Richard. »

Pourtant il déclara à la presse : « La meilleure façon pour Elizabeth et moi de rester entiers est d'être séparés. » Il affirma même qu'elle l'avait supplié d'accepter un troisième mariage. « Pour moi, Elizabeth est une ex-femme, une mère, et une légende, tenta-t-il d'expliquer. Une légende érotique. Une naine brune avec un gros bide et une poitrine épanouie. » Quelques semaines plus tard, néanmoins, il parlait sérieusement de mariage, mais avec une nouvelle conquête, Sally Hay, une assistante de production de trente-quatre ans qu'il avait rencontrée lors du tournage d'un téléfilm sur la vie du compositeur Richard Wagner. Hay s'occupait de lui avec beaucoup de dévouement, comme l'avait fait sa première femme, Sybil

Burton Christopher. Certains observateurs remarquèrent même une certaine ressemblance physique entre les deux femmes. Le scénariste Jonathan Gems, qui travailla sur le dernier film de Burton, une adaptation du *1984* de George Orwell, se souvient de Sally comme d'une femme agréable mais effacée qui prenait les rendez-vous pour Burton. « Des ventes d'occasion, voilà le genre de choses qui l'intéressait. »

La première londonienne des *Petits Renards* parut assez fade suite au nouvel épisode Taylor-Burton. Elizabeth reprenait du poids, mais clamait à la presse qu'elle ne s'en souciait pas car Warner (dont elle était séparée) l'aimait comme elle était. Sarah Taylor assista à la première, rappelant à quiconque voulait l'entendre qu'elle était montée sur la scène londonienne soixante-cinq ans auparavant. Les critiques ne furent pas tendres : l'un dit qu'Elizabeth avait fait « une entrée digne de Miss Piggy attifée en mauve ». Un autre critique compara sa voix « à une aiguille crissant sur un vieux 78 tours ». Un troisième jugea Regina aussi redoutable qu'un « blanc-manger peint en rose ». Et un autre nota que dans le passé le Victoria Palace avait abrité des vaudevilles, ce qui était parfaitement approprié.

Mais, comme à New York, Elizabeth était la coqueluche du public. Lorsqu'elle arriva au London Palladium pour donner une conférence de presse, des centaines d'admirateurs l'applaudirent, et l'un d'entre eux lui offrit une orchidée. Elle rencontra la princesse de Kent lors d'un souper privé et dîna avec la princesse Margaret à Kensington.

A cause de l'hospitalisation d'Elizabeth lors du réveillon de Noël, la Lloyd's de Londres établit un contrat d'assurance d'un million de dollars au cas où elle n'accomplirait pas ses seize semaines de représentations. Elizabeth se fit une entorse à la cheville et joua quelques représentations dans un fauteuil roulant. Parmi les personnalités qui vinrent la voir en coulisses figura la princesse Diana, alors près d'accoucher de son premier enfant. Même Richard Burton et Sally Hay vinrent voir *Les Petits Renards* en juillet, dernier mois de représentation. Plus tard, dans les coulisses, Hay attendit en surveillant du regard Burton et Taylor. Elizabeth déclara à Burton : « Que dirais-tu de nous amuser un peu et de gagner une petite fortune à Broadway ? » En septembre, elle annonça que Bufman l'emmènerait avec Burton à Broadway, puis à Washington et à Los Angeles pour jouer *Vies privées*, une comédie de Noël Coward ayant pour sujet un homme et une femme divorcés depuis longtemps mais toujours attirés l'un par l'autre.

Les répétitions de *Vies privées* devaient commencer en mars 1983. A l'automne 1982, Elizabeth se rendit à Toronto pour tourner *Between Friends*, un téléfilm avec Carol Burnett ayant pour personnages principaux deux femmes d'une cinquantaine d'années et divorcées. Exemple criant de distribution aberrante, Burnett joua la croqueuse d'hommes tandis que Taylor endossait le rôle de la femme prude. Les deux actrices sympathisèrent au point de s'appeler mutuellement « CB » et « ET » et de regarder ensemble des feuilletons télévisés.

L'actrice Sharon Nobel avait un petit rôle – quatre jours de tournage – dans *Between Friends*. Elle se rendit compte que seules, parmi les petits rôles, une autre actrice et elle n'avaient pas « passé le cap de la soixantaine ». Lors du tournage d'une soirée, tous les petits rôles reçurent pour consigne de porter du noir et « un rouge à lèvres neutre, couleur chair ». Un maquilleur appliqua du rouge éclatant à la rousse Nobel, mais on lui ordonna aussitôt de l'ôter : « Personne d'autre qu'Elizabeth ne porte de véritable rouge. » Comme à son habitude, Elizabeth se maquilla elle-même.

Sur le plateau, Nobel comprit pourquoi tout le monde était vêtu en noir. « Elizabeth avait une robe écarlate, rouge sang. Je pense que c'était une création de Halston, très belle, et Elizabeth était resplendissante malgré son excès de poids. J'ai toujours apprécié Elizabeth parce qu'elle fait son boulot, qu'elle boit comme un marin et qu'elle jure de même. Mais dès qu'ils criaient " Coupez! ", Elizabeth tournait les talons, et il n'y avait aucune communication possible. »

En octobre 1982, Taylor annonça qu'elle attaquait la chaîne ABC en justice, car cette dernière préparait une mini-série sur la vie d'Elizabeth Taylor. La biographie télévisée devait avoir l'aspect des plus récents « docudrames » sur Jacqueline Kennedy Onassis, la princesse Grace de Monaco, Gloria Vanderbilt, le prince Charles, la princesse Diana et d'autres célébrités. Christina Ferrare (ancienne épouse du constructeur automobile John DeLorean) devait incarner Elizabeth Taylor dans cette série.

Le projet d'ABC chagrinait Taylor parce qu'elle croyait que, bien qu'étant une célébrité, elle détenait des droits sur son image privée ou publique. Si un scénariste de la chaîne ABC devait composer les dialogues, par exemple entre Taylor et Burton, elle pensait qu'un tel dialogue ne serait pas seulement diffamatoire mais aussi constituerait une violation caractérisée de sa vie privée. L'autre raison non formulée pour laquelle Taylor voulait empêcher le tournage de la mini-série était de pouvoir gagner une somme considérable en en contrôlant les droits. Dans l'état actuel, elle ne toucherait rien.

Sous la menace de poursuites judiciaires, ABC renonça au projet. Taylor donna une conférence de presse pour annoncer sa victoire [10].

En novembre 1982, Elizabeth avait divorcé de John Warner et s'affichait avec un cavalier auquel on ne s'attendait guère : un riche avocat mexicain de cinquante-cinq ans, récemment divorcé et père de deux jeunes enfants. Bien introduit dans le monde politique, d'un caractère paisible et courtois, il était issu d'une famille conservatrice de Guadalajara qui n'avait aucune utilité pour Elizabeth. Son nom complet était Licenciado Victor Gonzalez Luna. La presse s'amusa fort du fait qu'on avait coutume de l'appeler simplement Victor Luna, preuve que pour s'amouracher d'Elizabeth Taylor il fallait être « luna-tique ». Ils s'étaient rencontrés lors d'une cérémonie à la mémoire d'un ami mutuel, à Puerto Vallarta – Luna veillait alors sur la gestion de la propriété des Burton et les affaires de la famille. Le coiffeur Zak Taylor et d'autres proches d'Elizabeth étaient convaincus que Luna n'était avec Taylor que pour sa propre publicité, de façon très similaire à John Warner.

En décembre 1982, Elizabeth déclara qu'elle voulait « aider à la paix entre Israël et la Jordanie ». Elle partit en Israël pour une mission de paix de dix jours, accompagnée de Victor Luna. L'organisateur de sa visite, Phil Blazer, éditeur du journal *Israel Today* paraissant à Los Angeles, avait déjà organisé des voyages comparables pour le révérend Jesse Jackson, pour Jane Fonda et Sammy Davis Jr. Le voyage était prévu pour septembre, afin qu'Elizabeth puisse assister à l'investiture du président libanais Béchir Gemayel. Mais le 14 septembre, Gemayel fut assassiné, et la princesse Grace de Monaco se tua dans un accident automobile. « Elizabeth fut au bord de l'hystérie toute la journée, rapporte Blazer, et nous dûmes repousser le voyage. » Taylor devait rencontrer le Premier ministre Menahem Begin et peut-être un officiel libanais de haut rang.

En Israël, Elizabeth rencontra effectivement Begin ainsi que le ministre de la Défense israélien Ariel Sharon et le chef de la Milice chrétienne du Sud-Liban. Puis elle se rendit du côté du Mur des Lamentations réservé aux femmes.

On la photographia lors de sa visite d'un orphelinat. Elle était bandée par suite d'un accident de voiture où elle avait eu les ligaments de la jambe gauche déchirés. Blazer raconta qu'elle portait une minerve quand elle s'était entretenue avec Begin.

En mai 1983, Elizabeth donna une version personnelle et volubile de l'accident :

Nous traversions un ravin profond sous une pluie battante quand une voiture est arrivée derrière nous et a percuté l'arrière de la limousine dans laquelle nous roulions. J'ai été propulsée en avant, sans rien pour m'arrêter, et j'ai heurté de tout mon poids le tableau de bord. J'ai vu mon mollet se déchirer et enfler horriblement, et un hématome énorme est apparu dans mon dos. Il y avait du sang partout. Regardez ma jambe, elle est encore meurtrie, et elle me fait toujours souffrir. Et je ne pouvais penser à rien. Il y avait le bruit du froissement de tôles, et des cris terribles. La première chose que j'ai remarquée en me retrouvant sur le plancher de la limousine, ça a été tous ces cris et ces gémissements. Un morceau de métal a raté d'un cheveu l'œil d'un de mes amis, et nous étions dans 1,50 m d'eau, au fond du ravin. Nous nous rendions à la ferme d'Ariel Sharon [dans le Néguev], et à présent nous étions bloqués. Par chance, un chauffeur arabe est passé et nous a transportés. Il ne savait pas qui nous étions ni ce que nous venions faire là. Quelle ironie quand nous nous sommes traînés chez Sharon. Nous ressemblions vraiment à ces pauvres réfugiés. Et Sharon était très inquiet, il a mis des poches de glace sur nos blessures, il a distribué des couvertures et appelé des médecins. Mais le plus étrange est qu'aucun de nous ne se souciait de lui-même. Chacun n'arrêtait pas de demander aux autres : « Ça va, rien de cassé? » Un homme qui avait eu les côtes brisées a voulu me masser le dos, et il a fallu que je lui dise : « Arrêtez, vous allez vous faire mal. » [11].

D'après Phil Blazer qui dit avoir encadré la paire de chaussettes sèches que Sharon lui donna après l'accident, les blessures d'Elizabeth l'obligèrent à annuler sa rencontre prévue avec le président libanais Amine Gemayel. Alors qu'elle avait assuré la presse de Los Angeles qu'une visite en Israël était sans risque, Elizabeth dut se résoudre à écourter son voyage au Moyen-Orient à cause du « danger terroriste » et de « menaces de mort ».

En mai, *Vies privées* donna quelques ultimes représentations à Boston, où Burton et Taylor furent photographiés avec Joan Kennedy. Puis ils se rendirent au Lunt-Fontanne Theatre de New York, où Burton avait joué *Hamlet* en 1964. Cette fois, Elizabeth séjourna dans l'appartement de son ami Rock Hudson, sis sur Central Park Ouest. Hudson était de très grande taille (2,08 m) et une bonne partie du mobilier était apparemment hors d'atteinte pour Elizabeth. Dans la salle de bains [12], sur un tabouret blanc, elle inscrivit avec un rouge à lèvres d'un rose vif : « ELIZABETH TAYLOR EST MONTÉE SUR CE TABOURET... POUR ATTEINDRE LE LAVABO ! »

Bufman offrit à Taylor trois bracelets en or sertis de diamants et un aquarium de 450 litres pour sa loge couleur lavande. Les poissons, qui étaient changés quotidiennement pour assurer la variété du spectacle, coûtaient chacun une centaine de dollars. La ménagerie aquatique comprenait également deux crabes. Le décorateur de Bufman n'avait disposé que de huit jours pour arranger les loges de Taylor et de Burton, mais le résultat était tellement réussi qu'il en fut rendu compte dans *Architectural Digest*. Dans la loge de Burton, un des murs tendus de feutre rouge était orné du drapeau gallois. Dans celle de Taylor étaient disposés des panneaux couverts de chintz plissé; les serviettes étaient couleur lavande, et des fleurs en soie blanche et lavande rehaussaient l'ensemble. Un admirateur avait envoyé à l'actrice une boîte couverte de tissu lavande en forme de maison.

Pendant les avant-premières, la foule envahissait la 46e Rue Ouest pour applaudir Taylor et Burton. Taylor arrivait souvent avec Alvin, un perroquet qu'elle avait acquis en 1980 à Los Angeles, perché sur son épaule. Une chaîne de télévision locale organisa un sondage : Burton et Taylor devaient-ils se marier une troisième fois? Soixante-treize pour cent des téléspectateurs interrogés répondirent par l'affirmative.

Mais les critiques furent assassines. Burton (cinquante-sept ans) et Taylor (cinquante et un ans) étaient tous deux trop âgés pour leur rôle, et la comédie n'avait jamais été le point fort de Burton. Aucune alchimie n'était décelable entre les deux stars. Mais le jeu et l'apparence de Taylor – une robe bleue à dos nu dans le premier acte – furent les cibles principales des critiques. James Brady compara le jeu de Taylor au « *Journal* d'Hitler : vous n'y croyez pas, mais vous voulez le voir de vos yeux ». Dans le *New York Times*, Frank Rich remarqua que Taylor comme Burton paraissaient « déprimés et défaits ». Même durant le deuxième acte, écrivit Rich, quand Burton chahutait un peu Taylor et lui pinçait le sein, « elle réagit comme si elle était sous anesthésie ».

D'après Ronald Munchnick, assistant du metteur en scène Milton Katselas qui quitta le théâtre de Boston après une brouille avec Taylor : « Aussi bonne costumière qu'elle soit, Theoni Aldridge ne pouvait dissimuler l'embonpoint de Taylor, or celle-ci a refusé de perdre quelques kilos pour interpréter son personnage. » Taylor pesait alors 84 kilos. Un des spectateurs affirma que, dans une scène, Taylor s'assit jambes écartées. « Elle a du sex-appeal, pas de doute. »

Après s'être bien amusée dans *Les Petits Renards*, « Taylor n'était pas préparée à prendre de tels risques, dit Ronald Munchnick. Jouer la comédie est très difficile, et il lui était encore plus difficile de jouer la comédie huit fois par semaine ». Baz Bamigboye vit *Vies privées* à Boston, et raconta que, dans une scène du deuxième acte, Taylor frappa Burton avec un oreiller : « Bon sang ! J'ai vu des plumes sortir de l'oreiller tellement elle l'avait frappé fort ! » Le public applaudissait joyeusement les dialogues entre Taylor et Burton qui avaient pris un double sens, comme cette réplique d'Amanda : « Le mariage me fait vraiment peur. »

Bufman s'était assuré pour une somme de 3 250 000 dollars auprès de la Lloyd's de Londres en cas de défections de Taylor ou de Burton. Il déclara à la journaliste Sharon Churcher que grâce aux soins attentifs de Sally Hay[13] – qui se trouvait toujours en coulisses – Burton tint sa promesse de ne pas boire pendant *Vies privées*. Mais Burton indique dans son Journal [14] que Taylor arrivait souvent ivre au théâtre. Le réfrigérateur de sa loge contenait toujours une bouteille de Jack Daniels. Taylor annula vingt représentations pour divers ennuis de santé, laryngite, bronchite, étourdissements, fatigue et conjonctivite. Un assureur exaspéré de la Lloyd's de Londres déclara qu'elle était probablement devenue impossible à assurer. Bufman confia à Churcher : « Ce n'était que beuverie. Ça et les calmants. »

Le public de Taylor commençait à perdre patience. « Je pense qu'elle tombe malade un peu trop souvent, volontairement », dit un amateur de théâtre. « Imaginez si elle avait agi ainsi avant un de ses mariages ! » se plaignit un autre spectateur. Les demandes de remboursement ou d'échange pour un autre spectacle se firent si nombreuses que Bufman décida de réduire le nombre des représentations new-yorkaises.

Pendant cette période, Taylor fut sollicitée pour une publicité de Blackglama dans la série portant le slogan : « Qu'est-ce qui fait une légende ? » Apparemment elle insista pour être vêtue d'un manteau long. D'après Daphne Davis, auteur et ancienne rédactrice de la section Spectacle de *Cue*, la séance de photos dura huit heures « parce qu'elle restait assise dans sa loge, sans rien faire sinon prendre des cachets et boire du champagne ».

Au tout début juillet, lors d'une des absences de Taylor, Burton et Sally Hay s'envolèrent pour Las Vegas et s'y marièrent. Les journalistes guettèrent la réaction d'Elizabeth. « Je suis enchantée autant pour Richard que pour Sally, déclara-t-elle. Je savais depuis le début qu'ils se marieraient et seraient heureux ensemble. » Peu après elle annonça ses propres fiançailles avec Victor Luna. Mais quand elle s'effondra quelques jours plus tard, victime d'une nouvelle infection respiratoire, on se demanda si elle n'était pas plutôt dépressive suite au nouveau mariage de Burton.

Elle confia plus tard à Patti Taylor qu'elle avait été très déprimée et que jouer avec Burton lui avait été très pénible. Patti Taylor estima que c'était Elizabeth « qui poursuit Richard Burton plutôt que le contraire, et elle est la force destructrice de son existence ».

Burton était lui-même déprimé [15] car il ne pouvait annuler ses engagements pris envers Elizabeth et la pièce *Vies privées* pour tourner avec le réalisateur John Huston. Pendant le deuxième mois des représentations à New York, Huston avait proposé à Burton le rôle principal d'un film tiré du roman de Malcolm Lowry *Au-dessous du volcan*. Le rôle échut finalement à Albert Finney. Burton rata également ce qui se révéla sa dernière chance de jouer encore Shakespeare, dans *La Tempête*, sous la direction de son vieil ami Anthony Quayle. Ce dernier était persuadé que *Vies privées* acheva Burton, lui arrachant le peu de confiance en lui qu'il gardait encore.

Elizabeth monta sur scène avec son perroquet Alvin lors des dernières représentations new-yorkaises, probablement pour se moquer de Burton. *Vies privées* continua de se jouer, cette fois à Philadelphie, et Elizabeth organisa une soirée pour fêter ses fiançailles avec Luna, au cours de laquelle elle exhiba une impressionnante bague Cartier ornée d'un diamant et d'un saphir. Mais la soirée se termina sans qu'elle arrête une date pour son mariage. A Chicago, le perroquet Alvin attrapa froid et dut être retiré de la scène.

A Los Angeles, *Vies privées* fut monté au Wilshire Theatre qui venait d'être redécoré en rouge bourgogne et lavande, y compris les loges. Elizabeth pensa que les couleurs choisies l'avaient été en son honneur, alors que ce n'était que pure coïncidence. « Elle avait toujours un ego enflé quand elle se trouvait avec Burton », se souvient Patricia Seaton.

Pendant les représentations à Los Angeles, la comédienne Nancy Casey vit souvent Elizabeth entrer et sortir du théâtre. Très vite, dit Casey, Elizabeth se mit à arriver en retard, en s'écriant : « Cette satanée limousine est tombée en panne ! » Elle portait « un survêtement rose et des sandales à talons hauts. Elle portait toujours des survêtements. Et très souvent, elle avait l'air ivre ».

A L'Hermitage, un hôtel de Los Angeles, l'agent de voyages Didi Drew rencontra Taylor, Burton et le chanteur Neil Diamond dans un ascenseur. « Elle marcha sur le chien par inadvertance, se souvient Drew. La pauvre bête n'était pas plus grosse qu'un sac à main. Burton se mit à l'engueuler, dans l'ascenseur, sans se soucier de qui était présent. " Tu ne peux pas regarder ce que tu fais, La Grosse ? " »

Après chaque représentation, Taylor et Burton partaient

chacun de son côté, avec leurs amis. Le public perdit peu à peu tout intérêt pour la pièce, et la dernière représentation eut lieu en 1983, au début du mois de novembre.

Zak Taylor s'était occupé des perruques d'Elizabeth pendant les représentations de *Vies privées* à Los Angeles. Il dînait souvent chez elle avec Rock Hudson et Carol Burnett. Tous quatre jouaient au Scrabble ou à d'autres jeux semblables et s'amusaient tant que plusieurs fois Zak dut quitter la table « en pleurant de rire ». Lui et ses amis s'amusaient également à visiter la penderie contenant les fourrures de Taylor. « Elle mesurait bien 4 mètres de large, et était emplie de fourrures. Les gars les mettaient et paradaient. Moi j'aimais bien porter son diamant.

« Elle ne supportait pas de fumer de l'herbe. En revanche, elle confectionnait d'excellents *brownies* à la marijuana. Les meilleurs. »

Mais le repas n'était que rarement servi avant 11 heures du soir, à cause du penchant pour la boisson d'Elizabeth. Zak rapporte qu'une fois elle décida de limiter sa consommation d'alcool « en ne prenant pas un verre avant 6 heures du soir. Elle s'écroulait après le repas et se réveillait à 3 heures du matin, complètement saoule. Pas étonnant qu'elle ait grossi ». Zak la mettait au lit et restait chez elle pour la coiffer le matin et l'habiller « à peu près correctement ».

« Je lui ai toujours dit que son plus gros problème était le fait qu'on ne lui refusait jamais rien. Parce que c'était Elizabeth Taylor. C'est sans doute pour cette raison qu'elle s'est enfoncée dans ses problèmes de médicaments et d'alcool. Si vous êtes assis près d'Elizabeth Taylor et qu'elle vous dit : " Tu sais quoi ? Passe-moi mes pilules contre les aigreurs d'estomac. Tu veux bien me servir un Jack Daniels ? Avec neuf glaçons... " et, cinq minutes plus tard : " J'ai mal à la tête, tu sais. J'ai besoin d'un cachet ", qui oserait dire non à Elizabeth Taylor ?

« Elle vivait dans un monde sans jour ni nuit. Que fait une femme telle qu'elle, surtout si elle ne travaille pas ? A quelle fréquence tourne-t-elle des films ? Et dans les intervalles, comment s'occupe-t-elle ?

« Il y eut des nuits assez effrayantes chez elle, où on a cru qu'elle allait mourir, où elle glissait dans un état second à cause de tous ces cachets qui lui coupaient le souffle, et il fallait appeler un médecin. »

Au moins un des médecins de longue date d'Elizabeth, le docteur Rex Kennamer – également le médecin de Rock Hudson –, refusa apparemment de continuer à la traiter. Kennamer a affirmé à l'auteur qu'il n'avait jamais hésité à la mettre en garde contre les médicaments provoquant l'accoutumance.

« Personne ne nie qu'elle a de graves problèmes de dos. Joignez à cela le fait qu'elle a une personnalité sujette à l'accoutumance. [...] Je crois qu'il y a des moments où les médecins ne peuvent dire qu'une chose : " Je dois partir. " »

En décembre 1983, Elizabeth Taylor finit par craquer, aussi bien émotionnellement que physiquement. Après que sa famille et ses amis lui eurent rendu visite à l'hôpital et l'eurent suppliée, elle accepta de se rendre à la clinique Betty-Ford de Rancho Mirage, en Californie, pour se désintoxiquer de l'alcool et des drogues.

Pour l'aider, Victor Luna s'installa dans un hôtel de Marriott proche de la clinique. Les photographes Russell Turiak et Philip Ramey réussirent à photographier Elizabeth au centre Betty-Ford, y compris pendant une séance de thérapie. « C'était étonnant de voir comment les autres patients lui léchaient les bottes, observa Turiak. Quelqu'un se précipitait toujours pour lui apporter une chaise ou un coussin sur lequel s'asseoir. »

Stewart Granger, qui ne fut jamais un admirateur d'Elizabeth, la rencontra lors d'une réception organisée pour la princesse Anne d'Angleterre, en janvier 1984, peu après sa sortie du centre Betty-Ford. Stewart ne l'avait pas vue depuis des années.

« J'ai dit : " Liz ! Comment va ? " Elle avait l'air lobotomisée. Elle semblait en pleine forme, mais ce n'était plus l'Elizabeth Taylor que j'avais connue. Ce n'était plus cet être pétillant, mais quelqu'un sous contrôle.

« Donc, je lui ai dit : " Comment va ? Je ne t'ai pas contactée, je n'avais pas ton numéro. "

« Alors elle m'a fixée du regard et m'a répondu : " Jimmy [surnom de Granger], tu as toujours eu mon numéro. "

« Et elle avait raison. Elle ne voulait pas me voir, parce que j'avais réellement son numéro. »

Granger se souvenait de quelle manière elle avait traité tant d'hommes, en particulier son ami Michael Wilding. Et de conclure : « Elle savait que je savais qu'elle n'était qu'une salope. »

# 27

Plus que ses problèmes de drogue et d'alcool, qu'Elizabeth Taylor n'admit publiquement que plus tard, sa dégringolade pendant *Vies privées* était avant tout due à sa compagnie théâtrale et à son association avec Zev Bufman. La compagnie avait déjà des ennuis : Elizabeth avait promis à Tennessee Williams que sa prochaine production avec Bufman serait *Doux Oiseau de jeunesse* où elle jouerait le rôle principal, celui d'une star de Hollywood sur le déclin. Williams, qui n'avait pas seulement besoin d'argent mais exigeait aussi une grande loyauté, fut ulcéré de la voir jouer *Vies privées*, uniquement parce que Burton était libre.

Pendant ce temps-là, Cisely Tyson se retira de *Corn Is Green*, de Bufman, et lui intenta un procès pour la piètre qualité de la pièce; Taylor ne parvint pas à persuader Kirk Douglas de signer pour *Inherit the Wind*, qui était déjà programmée. Bufman et Taylor se disputèrent à cause de *Peg*, une comédie musicale avec Peggy Lee, fondée sur l'enfance de la chanteuse dans le Dakota du Nord. Un soir d'octobre 1983, Bufman et Taylor allèrent chez Peggy Lee qui donnait une répétition pour ses amis dans sa propriété de Bel-Air. Bufman raconta à la journaliste Sharon Churcher [1] que « Lee était affalée dans son fauteuil, enveloppée dans de la soie rose ». Alors que Lee cherchait son rythme, un serveur apporta un verre à Elizabeth. La musique s'arrêta. « Ça vous ennuierait de ne pas servir à boire pendant que je chante? » claqua Lee.

Quand la musique reprit, Elizabeth alluma une cigarette. Après une chanson, Lee s'arrêta, secouée par une quinte de toux.

« Elizabeth, mon chou, dit-elle d'un ton glacial. Je suis allergique à la fumée. »

Comme de bien entendu, Bufman avait promis à Lee de lui

faire livrer un piano blanc à son appartement de New York pour la durée du spectacle. Lee refusa la loge qu'avait utilisée Elizabeth pendant *Vies privées* : elle était trop petite, et d'ailleurs, elle préférait le rose pêche. Elle voulait aussi qu'on lui installe une baignoire. Comme elle ne pouvait pas monter les escaliers, on fit construire un ascenseur pour l'emmener à la loge du troisième étage. En définitive, *Peg* quitta l'affiche après cinq représentations : mauvaises critiques, et surtout pas de spectateurs.

En novembre 1983, Bufman et Taylor annoncèrent leur séparation. Au printemps suivant, quand Elizabeth, au sortir d'un séjour au centre Betty-Ford et une cure thermale au Palm-Aire, partit en Extrême-Orient avec Victor Luna, le pendentif en or, copiant le billet des *Petits Renards*, que Bufman lui avait donné, était le seul souvenir de sa carrière théâtrale.

Les photographes Russell Turiak et Philip Ramey, qui avaient pris des clichés de Taylor au centre Betty-Ford, étaient bien décidés à suivre Taylor et Luna pendant tout le voyage. Les deux hommes, qui étaient de joyeux boute-en-train, s'autoproclamaient « les Frères Lumière », et comme le rappelle Turiak : « Taylor finit par rire de toutes nos plaisanteries. » Finalement, elle fut tellement conquise qu'elle les invita à la suivre pendant sa tournée au Japon, en Thaïlande, en Chine et en Inde. Tous les matins, elle exigeait qu'ils l'embrassent sur la joue. Turiak la définit comme « une dingue de la pellicule » qui prenait souvent des photos des deux « Frères », aimait les blagues salées et savait marchander. Au Taj Mahal, Turiak s'aperçut qu'elle connaissait la musique. « Elle aimait traîner dans les bazars, elle aimait marchander, et elle ne se faisait jamais avoir. Elle marchandait pour chaque dollar. » Turiak fut très impressionné par sa technique. « Elle achetait une bricole, et aussitôt, les vendeurs apportaient un autre objet et lui demandaient : " Et ça ? ça vous plaît ? " Elle battait des cils et disait : " Oui, vous devriez m'en faire cadeau. " Et vlan, ils lui donnaient ! Ça marchait à tous les coups. C'était incroyable... Elle les prenait à leur propre jeu. » Turiak raconte qu'Elizabeth disait à Luna, un monstre de patience, des choses comme : « " Oh, Victor, je veux cet éléphant ! " et il répondait invariablement d'un ton pitoyable : " Non, Elizabeth, tu ne peux pas emporter ça. " Mais on voyait bien qu'il voulait qu'elle le prenne. »

Turiak ajoute : « Ramey et moi nous n'étions pas censés photographier Taylor quand elle mangeait ni même quand elle tombait en admiration devant la vitrine d'une pâtisserie, ce qui arrivait quotidiennement. Dès qu'elle voyait une pâtisserie, elle se pourléchait les babines et nous demandait de nous éloigner, le temps d'acheter des chocolats, par exemple. » Patricia Seaton se souvient que lorsqu'Elizabeth était au centre Betty-Ford l'hiver précédent, elle envoyait sa bonne lui acheter des glaces à la vanille de chez Breyers avec des boules de melon par-dessus – melon espagnol, cantaloup, melon d'eau. Elle était passée des Häagen-Dazs aux Breyers parce qu'elles étaient moins riches en calories. Au centre Betty-Ford, elle s'était aussi débrouillée pour échapper à l'aérobic en piscine, même si elle le recommandait comme programme amincissant dans son *Elizabeth dit tout*, dans lequel elle racontait sa cure de désintoxication et d'amaigrissement, et sa nouvelle philosophie de tempérance.

Elizabeth et le patient Luna terminèrent leur grande tournée dans un pub de Londres où ils avaient rendez-vous avec Richard Burton et sa nouvelle épouse, Sally. Cet été-là, Elizabeth partagea son temps entre Bel-Air et sa maison de Gstaad, en Suisse, non loin de chez Burton et Hay qui s'étaient installés à Céligny afin de fuir le fisc britannique. En juillet, Elizabeth rompit ses fiançailles avec Luna. Russell Turiak pense que Luna n'avait pas les moyens de voyager constamment avec Elizabeth et de subvenir à ses besoins. En outre, il avait été obligé de reprendre les affaires familiales à Guadalajara. « Comme on ne peut pas vivre ensemble, on ne peut pas se marier », déclara Luna à la presse, ajoutant qu'il était très déçu.

Burton travaillait sur son dernier film, *1984*, dans lequel il jouait O'Brien, l'inquisiteur. D'après le scénariste Jonathan Gems, Burton se souvenait d'Elizabeth davantage comme « un adolescent malade d'amour que comme un adulte ». Gems affirme que Sally Hay Burton lui aurait dit : « Il est toujours comme ça. » Un autre témoin, la baronne de Rothschild, déclara dans une interview à la télévision : « J'ai rencontré Richard dans le Midi ; il était marié avec Sally. Quand il m'a vue, il m'a invitée à m'asseoir avec lui, et il m'a parlé d'elle, Elizabeth Taylor, pendant une demi-heure d'affilée... il ne l'a jamais oubliée. » D'après le frère de Burton[2], le journaliste sportif Graham Jenkins, qui aimait bien Taylor, il paraît que, dans les mois qui ont précédé sa mort, Burton appelait toujours Sally « Elizabeth ». Jenkins affirme que Burton lui avait avoué qu'il téléphonait à Elizabeth tous les jours.

Pendant qu'il jouait avec Elizabeth dans *Vies privées* en 1983, Burton avait prédit dans une interview qu'il ne lui restait plus que cinq ans à vivre. C'était faire preuve d'optimisme : le 4 août 1984, il eut une hémorragie cérébrale à Céligny et mourut le lendemain à l'hôpital, âgé seulement de cinquante-huit ans. Elizabeth, qui était à Bel-Air, s'évanouit en apprenant la nouvelle.

Sally Hay Burton, qui n'était mariée avec Richard que depuis treize mois, demanda à Taylor de ne pas venir à l'enterrement ; elle prétendait qu'elle ne supporterait pas la foule des journalistes qui se manqueraient pas d'accompagner la star. Néanmoins, les paparazzi décidèrent de faire le pied de grue vingt-quatre heures sur vingt-quatre pour surprendre Taylor. Le 14 août, avant l'aube, Elizabeth, qui ne se levait jamais avant midi, s'agenouilla devant la tombe de Burton qu'on avait creusée dans un des deux cimetières de Céligny. (Elle était arrivée la veille, mais s'était trompée de cimetière.) Les flashes des paparazzi crépitèrent aussitôt. Les quatre gardes du corps de Taylor firent un barrage avec leurs parapluies multicolores. Elizabeth se recueillit en silence pendant une dizaine de minutes, protégée par l'écran des parapluies, puis en s'appuyant sur le bras de sa fille, Liza Todd, elle retourna vers la Mercedes qui l'attendait.

Le 19 août, elle se rendit au pays de Galles, à Pontrhydyfen, chez les Burton. Pour seul bijou, elle portait le diamant des Krupp, un cadeau de Richard. (Le coiffeur Zak Taylor assure qu'elle lui disait souvent : « Une juive avec le diamant des Krupp, tu te rends compte ! ») Elizabeth avait raté la cérémonie familiale donnée dans la chapelle locale, où on avait chanté des hymnes gallois. Graham Jenkins [3] affirme que Sally, qui avait pourtant déclaré que toutes les anciennes épouses de Richard étaient les bienvenues à la cérémonie de Pontrhydyfen, avait invité Elizabeth trop tard pour qu'elle arrive de Los Angeles en temps voulu. Les parents de Burton accueillirent chaleureusement Elizabeth ; ils lui offrirent pour la nuit la chambre à deux lits de la maison d'Hilda, la sœur de Richard, et de son mari, Dai. (Quand Richard et Elizabeth étaient mariés, ils avaient séjourné chez Hilda et Dai.) Devant la maison, la foule chanta une chanson galloise : « Vous serez toujours les bienvenus dans nos collines. » Elizabeth dit à Graham Jenkins : « Si nous, Sally et moi, avions été ensemble à Céligny, j'aurais été ravie de me promener avec elle. »

Le 30 août, vêtue d'une robe et d'un turban de soie noire, Elizabeth Taylor prit place aux côtés de la famille de Burton dans l'église de St Martin des Champs, à Trafalgar Square, pour assister à la cérémonie funèbre en l'honneur de Richard. Suzy Hunt, la troisième épouse de Burton, était également présente, ainsi que Sally Hay. D'après Baz Bamigboye, du *Daily Mail*, Taylor arriva la dernière « afin de faire une entrée remarquée... Oh, elle était superbe ! » Graham Jenkins assura que Sally avait refusé qu'Elizabeth s'assoie avec la famille, et qu'elle prit très mal l'hommage de l'acteur gallois Emlyn William qui cita plusieurs fois le nom d'Elizabeth Taylor, mais jamais le sien. Plus tard, Sally confia à un journaliste : « Elizabeth ne peut pas supporter l'idée que lorsqu'on a perdu quelqu'un deux fois, on l'a perdu pour toujours... Or, elle avait perdu Richard. »

L'automne précédent, Peter Lawford, le vieil ami d'Elizabeth [4], dont la santé se dégradait, l'avait rejointe au centre Betty-Ford. Mais il continua de prendre de la drogue pendant son séjour. A sa sortie, il recommença à boire, et il passait sans cesse l'aspirateur entre deux lignes de coke. Patricia Seaton Lawford appela la clinique pour se plaindre qu'elle leur avait adressé Peter Lawford et qu'on lui avait renvoyé une « boniche défoncée en permanence ». Elizabeth trouvait la fascination de Peter pour le ménage absolument hilarante. Quant à Peter, il critiquait sa découverte tardive de la sobriété. « Avant, tu avais de la personnalité, la taquinait-il. Tu étais quelqu'un d'intéressant. »

Elizabeth resta fidèle à son ami en difficulté. Bien que les téléfilms soient considérés comme un déclin pour une star de la stature d'Elizabeth Taylor, elle continua d'en tourner. En novembre 1984, elle joua le rôle de la commère Louella Parsons dans *Malice au Pays des Merveilles*. Pour aider Peter Lawford à retomber sur ses pieds, elle lui procura un petit rôle dans le film. Il devait jouer un imprésario de Hollywood. Jane Alexander incarnait Hedda Hopper, la rivale de Parsons. Lorsqu'on lui demandait si le fait de jouer Louella Parsons avait changé son opinion de la presse, Elizabeth répondit : « Non, ce sont toutes des garces. » Quand le film fut diffusé, Esme Chandlee, ancien publicitaire de la MGM, déclara : « Tout le monde ici s'est marré. Vraiment, un tel foutoir, c'était trop drôle ! » Le jour où Peter Lawford parut sur le plateau, il avait la jaunisse. « Ses yeux étaient jaune vif, raconte Patricia Seaton. Elizabeth était inquiète. Elle commença à le surveiller. Je lui ai dit qu'il n'y arriverait pas. Il ne pouvait pas jouer dans son état, c'était impossible. » En fait, il quitta le plateau au milieu de sa première scène. Dans la version définitive, son rôle avait été coupé.

Roger Wall, le secrétaire d'Elizabeth, reçut sur le plateau sa mère qui venait exprès de Caroline du Nord. Elizabeth demanda à Frances Wall, qui adorait faire la cuisine, de lui préparer un dîner. Mrs. Wall céda à toutes les requêtes d'Elizabeth – cuisine du Sud riche en calories : poulet frit, pommes de terre à la crème, maïs, haricots verts, gâteau à la noix de coco.

A cette époque, Elizabeth sortait avec le journaliste Carl Bernstein, qui, avec Bob Woodward, avait dévoilé l'affaire du Watergate quand ils travaillaient tous deux pour le *Washington*

*Post.* Divorcé de l'écrivain Nora Ephron, Bernstein vivait à New York. Elizabeth le voyait chaque fois qu'elle y allait. D'habitude, ils se retrouvaient dans la suite de Taylor au Plaza Athenee, sur la 64e Rue, un hôtel tranquille et très privé alors fréquenté par Cybill Shepherd, Richard Pryor, les familles royales de Belgique et du Maroc, et Audrey Hepburn. Elizabeth discutait beaucoup avec Kirk Kerber, le garçon d'étage qui, comme elle, était inscrit aux Alcooliques Anonymes. Il ne la vit jamais boire une goutte d'alcool. « Le soir, elle ne prenait que du thé à la menthe. » D'après Kerber, Taylor occupait une suite en duplex avec deux chambres à coucher, une rouge et une jaune. « Elle dormait dans les deux, mais préférait la rouge, qui est plus majestueuse. Elizabeth est quelqu'un de majestueux. » L'entrée tapissée de glaces donnait dans un dressing, une chambre à coucher séparée et des toilettes pour le personnel. La salle à manger – qui pouvait recevoir douze convives et possédait un office et « l'un des plus beaux lustres de l'hôtel » – avait une vue remarquable, la meilleure de l'hôtel. Elle donnait dans un vestibule en marbre avec un escalier en colimaçon. Il y avait une cheminée dans le salon – jamais utilisée à cause des précautions contre l'incendie de l'hôtel –, une bibliothèque, une chaîne stéréo, une télévision, et des tables de backgammon et d'échecs. Toujours d'après Kerber, à l'étage se trouvait une immense salle de bains, recouverte de marbre rose d'Italie, et équipée d'une douche, d'une baignoire, d'un bidet et de trois lavabos. Il y avait aussi un solarium sur le toit, et un patio privé encombré de meubles et de fleurs qui courait sur toute la longueur de l'hôtel.

Durant l'un des séjours d'Elizabeth à New York, Bernstein et elle louèrent une cabane sans chauffage dans Sag Harbor, à Long Island. Au milieu de la nuit, Elizabeth envoya Bernstein acheter deux couvertures chauffantes. Pour son séjour suivant, ils retournèrent au Plaza Athenee où Elizabeth commença à se plaindre d'un mal de dos chronique. Bernstein lui conseilla de téléphoner à ses médecins de Los Angeles. Celui qu'elle réussit à joindre lui recommanda une consœur de Manhattan. Celle-ci téléphona à Elizabeth au Plaza Athenee et lui rédigea une ordonnance. Avec une voix de petite fille, Elizabeth, craignant qu'on la reconnaisse à la pharmacie, supplia le médecin d'acheter les médicaments pour elle. Le médecin accepta.

– Pour quelle Elizabeth Taylor ? demanda le pharmacien en voyant l'ordonnance.

– L'actrice, répondit le médecin.

– Tu parles, ricana le pharmacien.

Taylor sortait aussi avec le chef d'entreprise new-yorkais Dennis Stein, un joyeux luron à l'humour caustique, l'opposé

410

du digne et trop sérieux Victor Luna. Toutefois, Stein n'était pas non plus un homme pour Elizabeth. « Il avait l'air d'un débardeur », raconte Patricia Seaton. Taylor prétendait qu'elle aimait Stein parce qu'il la faisait rire, qu'il était séduisant et sans attache. Ami de Frank Sinatra qui leur prêtait parfois sa suite au Waldorf-Astoria, Stein travaillait pour le magnat Ronald Perelman dont la maison mère, MacAndrews & Forbes, possédait Technicolor et acquit par la suite Revlon.

Peter Lawford et sa femme Patricia passèrent Thanksgiving chez Elizabeth Taylor à Bel-Air avec son nouvel amant, sa mère, son coiffeur José Eber, Roddy McDowall – un des amis d'Elizabeth qui l'avaient persuadée de faire une cure au centre Betty-Ford – et le comédien Jackie Gayle, qui s'entendait à merveille avec Stein et discutait des heures avec lui du New York qu'ils avaient connu. Elizabeth portait un blue-jean, un polo bordeaux et des santiags. Pendant tout le dîner, McDowall la taquina sans merci, critiquant son mauvais goût, se moquant de son rire de « marchande de poisson ». Elizabeth faisait mine de s'indigner.

A un moment, pour jouer, Stein lui donna une tape sur les fesses. Aussitôt, McDowall dauba :

« – Il n'y a qu'Elizabeth Taylor pour accepter qu'on lui pince le cul.

« – Fais donc gaffe au tien », rétorqua Elizabeth.

Dans la salle de bains, Patricia Seaton Lawford trouva un superbe service de brosses à cheveux en argent et deux serviettes de toilette, l'une frappée des initiales E.T.B., l'autre d'E.T.W. Dans la chambre à coucher, à sa grande surprise, la seule chose qu'Elizabeth lui montra était un patchwork sans originalité représentant deux chats siamois. Elizabeth lui dit avec fierté qu'elle l'avait fait elle-même avec une machine qu'elle venait d'acheter. « Tu ne trouves pas qu'il est merveilleux ? » s'exclama-t-elle. Des animaux en peluche encombraient le manteau de la cheminée, cadeaux de Roddy McDowall, Carole Bayer Sager, et d'autres amis.

Un autre jour, Patricia Seaton avait rendez-vous avec Elizabeth chez elle. L'assistant d'Elizabeth la fit entrer et, comme elle tardait à descendre, Seaton monta dans sa chambre. Elizabeth et Stein étaient en train de faire l'amour. Stein, un gros costaud, était juché sur Elizabeth qui n'était pas alors dans une période de minceur. Perché sur la poignée de la fenêtre, Alvin, le perroquet qu'on avait vu avec Elizabeth dans *Vies privées*, s'égosillait : « A l'aide ! A l'aide ! »

D'après Patricia Seaton, c'était Elizabeth qui avait appris la réplique à son perroquet. Un jour, alors qu'elle était descendue à l'hôtel avec Alvin, le vigile avait entendu quelqu'un dans

sa chambre crier : « A l'aide ! A l'aide ! » Croyant qu'on attaquait Elizabeth, il avait fait irruption dans la pièce.

Pour Elizabeth, abstinente de fraîche date, Dennis Stein était
sans doute rassurant car il ne buvait pas, ne fumait pas et ne
prenait pas de drogue. Grand et fort, Stein, comme Elizabeth,
avait des problèmes de poids. Son patron, Ronald Perelman,
était alors fiancé à la commère de la télévision new-yorkaise
Claudia Cohen, qui, en décembre, fut la première à annoncer la
fugitive liaison entre Elizabeth et Stein. Taylor portait la bague
de fiançailles de Stein, un saphir et diamant de 20 carats (contre
16 carats pour le saphir de Victor Luna). « Chaque fois que je
suis amoureuse, je me marie, déclara Elizabeth à la presse. Mon
éducation m'empêche d'avoir des aventures. J'ai été élevée
dans une famille très puritaine. » Stein offrit aussi à Taylor une
paire d'améthystes, un saphir jaune, des boucles d'oreilles en
diamant, un manteau de vison, et un chiot pékinois blanc.

En janvier 1985, Elizabeth et celui qui devait devenir son
huitième mari se rendirent avec Frank et Barbara Sinatra à la
cérémonie d'intronisation du président Ronald Reagan. Ils
furent acclamés par des fans en délire rassemblés devant le
Madison Hotel de Washington. Mais au début de février, Elizabeth changea d'avis et rompit ses deuxièmes fiançailles en six
mois. Sans doute trouvait-elle que Stein aimait trop la publicité. Elle lui remit son cadeau habituel de séparation, une
montre en or sur laquelle était gravée « Ne m'oublie pas ». Un
an après sa rupture avec Stein, elle déclara au journaliste
Dominick Dunne : « Disons que j'ai failli commettre une
erreur. » Puis elle ajouta : « Je me remarierai encore une fois...
mais ce sera la dernière. »

Il y eut un étrange épilogue à la brève liaison entre Taylor et
Stein. Pendant l'été, Elizabeth continua de fréquenter Carl
Bernstein, et à la fin du mois d'octobre, on le vit dans le hall
du Plaza Athenee. Une semaine plus tard, Stein accosta Bernstein dans Mike Todd Room au Palladium, une discothèque de
New York. « Tu as des comptes à me rendre au sujet d'Elizabeth », déclara Stein, et il entraîna Bernstein dans un couloir
où les deux hommes s'affrontèrent tels deux béliers. Prise par
le photographe Felice Quinto, une photo des deux rivaux fut
publiée le lendemain dans le *New York Post*. Aucun coup ne
fut distribué. Quinto raconte que Bernstein gardait les mains
dans les poches. « Si j'avais commencé la bagarre, crâna Stein,
il ne serait plus là pour en parler... Si je l'avais frappé, tout le
monde l'aurait su. »

En décembre 1984, Peter Lawford était entré dans la phase
terminale de sa maladie. N'ayant pu assister Richard Burton à

l'agonie, Elizabeth accompagna le mourant dans ses derniers instants avec beaucoup de sérieux. Elle resta au chevet de Lawford. « Je ne supporte pas la cuisine de cet hosto, lui dit-il. Je tuerais père et mère pour un homard. » Le lendemain, trois domestiques de Taylor entrèrent dans la chambre de Lawford avec des plateaux, un service de table, et des mets délicats. Pour la première fois depuis des semaines, Peter et Patricia partagèrent un vrai repas à table. C'était tellement copieux que le personnel de l'hôpital se joignit à eux. A la fin du repas, un domestique présenta une boîte rose à Peter. Elle renfermait un éclair au chocolat, son dessert préféré.

A Noël, quand Elizabeth retourna à Gstaad, Lawford était déjà mort. Le matin de l'enterrement, Elizabeth téléphona à Patricia Seaton pour lui demander si elle savait où trouver une taie d'oreiller bleu marine. Elizabeth ne quittait jamais son coussin pour son dos, et elle voulait être sûre d'avoir une taie d'oreiller assortie à sa toilette. Patricia Seaton était trop occupée pour la conseiller, mais Taylor arriva tout de même à l'enterrement avec un coussin bleu marine et un large chapeau bleu marine.

En 1985, Taylor prenait à nouveau des analgésiques, et elle passa au total environ cinq mois et demi au lit, prétendument à cause de douleurs lombaires. En mars, elle commença à travailler pour une série télévisée qui ne laissera pas un souvenir impérissable : *Nord et Sud*, un sujet sur la guerre de Sécession dans lequel elle jouait le rôle d'une mère maquerelle. Le cameraman Don Fauntleroy raconte : « Je n'ai jamais vu de producteurs aussi paranos. Je me souviendrais toujours du jour où Elizabeth est arrivée sur le plateau. Ils étaient figés de trouille. Si elle avait crié " Hou! ", ils auraient bondi jusqu'au plafond. » Vers cette même époque, on assure qu'Elizabeth persuada Liza Minnelli, une autre ancienne du centre Betty-Ford qui s'était remise à boire, de retourner en cure. On prétend qu'elle aborda Minnelli dans un night-club de Los Angeles : « Je ne peux pas te regarder te détruire sans rien faire. Pour toi, pour la mémoire de ta mère, je suis obligée d'intervenir. » Plus tard, la rumeur courut qu'Elizabeth elle-même recommençait à picoler, du moins de temps en temps.

Au cours de cette même année, Bob Guccione, l'éditeur de *Penthouse*, séduit par la nouvelle image de sobriété qu'affichait Elizabeth Taylor (« Elle a 5 kilos de trop, mais ce n'est rien pour elle »), demanda à Chen Sam si elle accepterait de poser nue. Il était prêt à lui accorder « n'importe quel photographe », y compris lui-même, le choix des tirages, et un million de dollars pour les droits. Guccione raconte qu'il rencontra trois fois Chen Sam et qu'il fut convaincu qu'Elizabeth était intéressée et qu'elle désirait le rencontrer. Il l'invita à passer chez lui la prochaine fois qu'elle se rendrait à New York. Taylor lui proposa de la retrouver dans un « petit appartement de trois pièces, au-dessus d'un restaurant... un endroit très ordinaire, presque miteux », sans doute situé au-dessus de l'auberge du 1022 Lexington Avenue.

« Au début, elle était très affable, raconte Guccione. Je lui ai dit :

« – J'ai très envie de faire ces photos. Avez-vous réfléchi à la manière dont vous aimeriez qu'on vous prenne ? Vous savez, celles où vous seriez habillée, celles...

« – Celles où je serais habillée ? Toutes !

« – Vous savez très bien ce que je veux dire. Vous ferez des photos habillées, d'autres moins habillées, et aussi des nus.

« J'ai entamé une discussion philosophique sur l'importance des nus. Je lui ai fait remarquer :

« – Beaucoup de gens s'imaginent que vous êtes sur le déclin... Ceux qui se moquent de vous tomberont raides en voyant les photos. »

Guccione était sûr que Taylor serait bien plus belle que Joan Collins. Mais d'après lui, Elizabeth parut tomber des nues :

« – Je ne fais jamais de nus... peut-être un décolleté, mais il est hors de question que je me déshabille ! »

« – Votre agent a pourtant dû vous expliquer. Nous nous étions mis d'accord pour des photos de nus. On m'avait assuré que vous étiez d'accord.

« – Non, jamais de la vie. »

Après une heure de discussion, Guccione fit une autre proposition :

« – D'accord, oublions les nus. Pourquoi ne pas faire simplement une interview ?

« – Je préfère ça, répondit Elizabeth. Je n'ai pas besoin de me déshabiller pour une interview. Bien sûr, les tarifs restent les mêmes, n'est-ce pas ? »

Guccione n'en crut pas ses oreilles.

« – Quoi ? Vous voulez un million de dollars pour une interview dans *Penthouse* ?

« – Oui, bien sûr.

« – Je ne paie jamais pour une interview. Nous avons interviewé des présidents des États-Unis, Fidel Castro, les personnalités les plus en vue du monde entier... personne ne demande d'argent pour ça.

« – Dans ce cas, laissons tomber.

« Je l'ai regardée un long moment, et je lui ai dit :

« – Je suis navré, on m'a lourdement trompé sur votre compte.

414

Je lui ai fait mes adieux et je suis parti. Dehors, j'ai dit à mon garde du corps :

« – Non, mais tu te rends compte ? »

L'été 1985, un autre ami cher d'Elizabeth fut hospitalisé pour une maladie grave : en août, un an après la mort de Richard Burton, Rock Hudson apprit qu'il souffrait du sida. *Le miroir se brisa*, en 1980, était le dernier film qu'Elizabeth avait tourné avec lui. Elle fut l'une des premières à lui rendre visite à l'hôpital. Alors que les médecins discutaient encore des possibilités de contagion du virus par simple contact, Elizabeth serra dans ses bras Hudson, d'une maigreur cadavérique, et l'embrassa. Pendant ce temps-là, Aileen Getty, la belle-fille d'Elizabeth, avait subi le test HIV. Elle était séropositive. Ayant quitté Christopher Wilding, Getty habitait chez Elizabeth. Elle pleurait toutes les nuits et Elizabeth restait à ses côtés pour la consoler.

Galvanisée par la maladie d'Hudson, Elizabeth fit son retour sur le devant de la scène, cette fois dans un rôle authentiquement héroïque. En septembre 1985, un mois avant la mort de Hudson qui survint le 2 octobre, elle annonça la création d'une organisation dont le but était de défendre les malades atteints du sida. L'organisation, qui finit par s'appeler American Foundation for AIDS Research (AmFAR) (Fondation américaine pour la recherche sur le sida), collecte des fonds pour aider la recherche et prodiguer des soins aux malades. La célébrité de Taylor allait enfin servir une cause utile. Elizabeth utilisa son franc-parler légendaire pour défendre ceux que la société considérait comme des parias.

A une soirée au bénéfice des malades du sida [5] qu'Elizabeth avait organisée deux mois avant la mort de Rock Hudson, Burt Lancaster lut un texte de soutien soi-disant écrit par Rock Hudson lui-même. Mais celui-ci était désormais trop malade pour l'avoir rédigé. A l'époque, on pensait encore que le sida était une maladie d'homosexuels. La défunte Doris Lilly, un écrivain qui possédait une rubrique de potins dans le *New York Post*, croyait qu'Elizabeth avait des liaisons avec ses nombreux amis homosexuels parce que « Elizabeth Taylor n'a pas d'amies de cœur, vous aviez remarqué ? Une femme aussi en vue qui n'a pas de liaison féminine, avouez que c'est rare ».

Certains pensaient que si Elizabeth luttait contre le sida pour se faire de la publicité, c'était tout de même utile. « C'est un symbole merveilleux de dévouement, déclara l'animatrice de télévision Virginia Graham. Je la remercie pour tout ce qu'elle fait. » L'écrivain Steven Gaines renchérit : « Elizabeth

Taylor a vu ses amis mourir, et je crois que c'est sa manière à elle d'exercer sa conscience sociale pour une cause qui la touche réellement. » La journaliste Beverly Ecker, qui faisait du bénévolat auprès de malades atteints du sida, affirme que Taylor payait les soins et les infirmières qui se relayaient jour et nuit au chevet d'un de ses malades sans ressources. Gloria Rodriguez, responsable des relations publiques à l'hôpital général de San Francisco, vit deux fois Taylor visiter le service du sida et remonter le moral des malades. « Elle les touchait, elle leur prenait la main comme si c'était la chose la plus naturelle, et je ne pouvais m'empêcher de penser : " Qui d'autre fait ça ? " Une fois, elle portait un ensemble en cuir chocolat, et les gars la taquinaient en lui disant qu'elle avait mis ses plus beaux cuirs pour venir les voir. »

Le service funèbre de Rock Hudson [6] eut lieu chez lui, sous une immense tente blanche où on avait installé des rangées de chaises. Elizabeth, en bleu marine avec toutes ses perles, arriva un quart d'heure en retard. (Une fois, elle avait expliqué ses retards chroniques avec sa légèreté coutumière : « Ce n'est pas de la grossièreté délibérée. Je n'ai aucune notion du temps. Je suis distraite. Je m'arrête en chemin pour sentir une rose, par exemple. ») Tous les gens présents racontèrent une anecdote sur Hudson. Taylor parla de *Géant* [7] qu'ils avaient tourné ensemble et de la nuit où ils avaient inventé un nouveau cocktail – le martini chocolat [8], ou le margarita chocolat [9]. Le printemps suivant [10], certains biens de Hudson furent vendus aux enchères dans une galerie de New York. On y trouvait le tabouret blanc avec l'inscription de Taylor qui datait de son séjour dans l'appartement new-yorkais de Hudson pendant les représentations de *Vies privées* : « E.T. est montée sur ce tabouret... »

En mars 1986, on vit fréquemment Elizabeth à Hollywood au bras de son vieil ami George Hamilton. Ils se connaissaient depuis des années, mais n'étaient jamais vraiment sortis ensemble. Ils allèrent de temps en temps au champ de courses de Del Mar. Elizabeth acheta un cheval, *Basic Image*, et habilla son jockey d'une tunique cerise avec des damiers chartreuse – les couleurs qu'elle portait dans *Le Grand National*. Elizabeth et George firent aussi du bateau sur le yacht de Hamilton, qui mouillait à la Marina del Rey. Maniaque de la santé, Hamilton vidait son yacht des alcools et des cigarettes chaque fois qu'Elizabeth montait à bord. Il l'incita à suivre des régimes stricts. Il lui parla des cures thermales et des centres de diététique, dont elle visita un certain nombre. Elle se lança dans la méditation transcendantale et passa plusieurs week-ends à l'ashram du maharashi Ayur-Veda à Lancaster, en Pennsylvanie. Elle se renseigna sur les laboratoires de cryogénie en Californie, où on congelait les corps juste avant la mort afin de les conserver pour une résurrection future, des dizaines ou même des centaines d'années plus tard.

Apparemment, elle subit également des opérations de chirurgie esthétique. Un jour, Zsa Zsa Gabor patientait dans la salle d'attente du docteur Frank Kamer, un célèbre chirurgien d'Hollywood. « Il se faisait tard, raconte Zsa Zsa. Les infirmières m'ont dit que le médecin était occupé avec Liz mais qu'il avait bientôt fini. » Elizabeth nia toujours farouchement s'être fait refaire autre chose que le menton. En 1988, elle affirma à un journaliste : « Je n'ai jamais eu de succion, ni d'opération chirurgicale. La prochaine fois qu'on me pose la question, je me déshabillerai. On verra bien que je n'ai pas été remodelée. »

Judith Van der Molen, une masseuse d'origine hollandaise qui avait soigné pendant quatre ans Ann Hamilton, la mère de George, s'occupa par la suite de George et d'Elizabeth. « J'ai travaillé deux fois sur Elizabeth, la première au Plaza Athenee, la seconde chez Ann Hamilton dans Park Avenue. » Van der Molen prétend que Taylor avait « une énorme cicatrice » dans le dos. « J'ai eu l'impression qu'elle avait subi une liposuccion. Elle était plutôt enjouée pendant les massages qui ont duré chaque fois deux heures. »

En tout cas, Elizabeth était plus active que jamais. Le 9 mai 1986, elle témoigna devant une commission du Congrès pour l'urgence d'un programme de soins aux malades atteints du sida. Le même mois, un peu plus tard, elle tourna un autre téléfilm avec son vieil ami Robert Wagner : *There Must Be a Pony* tiré du roman de James Kirkwood et coproduit par la propre compagnie de Wagner. Comme dans *Le miroir se brisa*, elle jouait une vedette sur le déclin qui s'efforce de faire un come-back avec le soutien d'un nouvel amant, dont le rôle était tenu par Wagner. D'après le scénariste Mart Crowley, « il y avait un chien dans le scénario, et toutes ces années après *Lassie*, Taylor devait de nouveau tourner avec un chien. Ce n'était pas un colley cette fois, mais le chien refusait de faire ce qu'on lui demandait. Elizabeth a fini par exploser : " C'est bien la dernière fois que je tourne avec un foutu clébard ! " »

Elizabeth passa les fêtes de fin d'année à Gstaad avec Hamilton. Ils nièrent avoir l'intention de se marier, mais admirent qu'ils projetaient de travailler ensemble : ils devaient apparaître tous les deux dans *Poker Alice*, un téléfilm qui devait se tourner à Tucson, dans l'Arizona. Interviewée sur le rôle de joueuse professionnelle qu'elle devait tenir dans ce western, Taylor déclara : « J'ai toujours été joueuse. Cela n'a rien de surprenant car je suis plutôt impulsive. En fait, j'aurais très bien pu être une vraie joueuse. » Elle déclara aussi : « Trop manger, c'est comme trop boire... je m'autorise des excès une fois par semaine, mais le lendemain je me mets aussitôt au régime. »

Arthur Seidelman, le metteur en scène de *Poker Alice*, trouvait qu'il faisait anormalement froid pour la saison. « Dans une des scènes, raconte-t-il, Elizabeth devait porter une courte combinaison décolletée. Il faisait si froid, j'avais peur qu'elle n'attrape la chair de poule. Mais c'était un vrai soldat. En fait, nous en avons plaisanté. L'idée d'avoir la chair de poule sur la poitrine la faisait rire. Elle adorait s'amuser et riait de tout, même d'elle-même.

« L'idée de lui offrir un cadeau chaque matin venait, je crois, de notre directeur de production. La presse en a fait des gorges chaudes en voulant y voir un caprice d'Elizabeth, ce qui était faux. D'ailleurs, les cadeaux étaient souvent très modestes, c'étaient même parfois des blagues. Il y eut pourtant un bâton de rouge à lèvres de chez Cartier et un réveille-matin d'Arpels. Par exemple, un jour on a demandé à un cow-boy de lui remettre son cadeau à cheval. L'un des Oak Ridge Boys, un groupe country, est arrivé, a chanté une chanson, puis lui a remis son cadeau. C'était très amusant. Quand Elizabeth reçoit un cadeau, elle est comme une enfant. »

L'actrice Liz Torres, qui jouait aussi dans *Poker Alice*, se souvient d'un autre cadeau que toute la distribution se cotisa pour offrir à E.T. « Nous sommes allés chez Frederick à Hollywood, la boutique de lingerie, et nous lui avons acheté un string en *sol*. Quand on embrassait le string, il jouait " Let Me Call You Sweetheart ". »

Au début de 1987, Taylor devint présidente d'AmFAR. L'un des co-fondateurs était le docteur Mathilde Krim, une pionnière de la recherche qui avait épousé le producteur milliardaire Arthur Krim. Le docteur Krim avait été parmi les premières à travailler sur le HIV, le virus responsable du sida. Or, Krim trouvait qu'on exagérait le rôle d'Elizabeth Taylor dans AmFAR. Ses collègues durent faire preuve de diplomatie à son égard. Beth Kummerfeld, membre du Conseil d'administration, déclara : « Elizabeth est une star internationale ; sa présence est indispensable pour recueillir des fonds... Mathilde est offensée parce que le public n'a d'yeux que pour Elizabeth. Il associe Elizabeth Taylor à l'organisation. »

Taylor arrivait souvent en retard aux réunions du Conseil d'administration, mais elle y assistait régulièrement. (Le règlement de l'organisation exigeait que les membres du conseil assistent aux quatre réunions annuelles, deux à New York, deux à Los Angeles.) Abby Van Buren, un autre membre du conseil, avait interdit qu'on fume pendant les réunions, bien que la plupart des membres fussent des fumeurs. Pour sa première réunion, qui eut lieu au Beverly Wilshire Hotel, Elizabeth arriva deux heures en retard, accompagnée de son coiffeur et munie de son coussin pour le dos. Wayne Anderson, ami d'un membre du conseil, raconte la scène : « Elizabeth s'installe, et cinq minutes plus tard, hop, elle allume une cigarette. Aussitôt, Mathilde Krim sort son fume-cigarette et un autre membre fait circuler un paquet de cigarettes. J'imagine que ça n'a pas plu à Abby, mais qui aurait pu dire non à Elizabeth ?

« Vous vous souvenez du dîner de charité de Washington où Reagan a prononcé pour la première fois le mot " sida "? J'y étais. [...] La Fondation était contre le test obligatoire, et les membres n'étaient pas sûrs de la position de Reagan sur le sujet. [...] Il a dit quelque chose qui n'est pas très bien passé. [...] il a été hué, ce qui était plutôt grossier étant donné qu'il avait été invité à prendre la parole. [...] A peine avait-il quitté l'estrade qu'Elizabeth s'est levée : " Bien sûr, ce n'est pas la position d'AmFAR, a-t-elle commencé. C'est celle du président Reagan, et j'aimerais le remercier d'être venu parler devant nous. " Cela avait failli tourner au scandale, mais elle est intervenue à temps. C'était une grande professionnelle. »

L'une des apparitions publiques les plus réussies d'Elizabeth Taylor en faveur de la lutte contre le sida eut lieu en 1987 à Miami. L'événement fut baptisé « Une soirée avec Elizabeth Taylor et ses amis ». Les donateurs payèrent pour dîner avec des vedettes dans une série de soirées privées de quatorze à cinquante convives données chez des particuliers ou sur des yachts. Elizabeth dîna au Palm Beach avec une personne qui fit un don de un million de dollars. Le dîner le plus important se déroula chez Julio Iglesias. Le clou de la soirée était un dessert au champagne au Fontainebleau Hilton de Miami « avec Elizabeth Taylor et une pléiade de vedettes ». D'après Virginia Graham, chargée du Turnberry Island, près de Miami, « la soirée recueillit 8 ou 9 millions de dollars ». Graham elle-même en recueillit plus de 1,5. « Sans Elizabeth », déclara Al Evans, le président de Community Alliance Against AIDS, qui aida à organiser la soirée en collaboration avec AmFAR, « nous n'aurions jamais obtenu autant de dons ». Graham « admirait le fait qu'Elizabeth ait survécu à la destruction totale. Elle est un peu comme ces immeubles qu'on veut détruire à la dynamite et qui refusent de s'écrouler ». Néanmoins, à Miami, « Elizabeth était bizarre... J'avais l'impression qu'elle prenait trop de calmants ».

Eve Abbott Johnson participa à la réception de Celia Lipton Farris sous une tente du Palm Beach, dont le prix d'entrée s'élevait à 500 dollars par personne. Farris, une ancienne actrice qui avait épousé l'inventeur des emballages en carton pour le lait, affirma que sa réception avait recueilli 250 000 dollars. Johnson avait connu Taylor à Hollywood dans les années cinquante à l'occasion de ses mariages avec Keenan Wynn et Van Johnson. « J'ai essayé de parler à Elizabeth, mais elle était mieux protégée qu'Hitler et Mussolini réunis. J'ai crié : " Elizabeth, c'est moi, Evie ! " Elle s'est retournée et m'a souri, mais ses gardes du corps l'ont vivement entraînée, et elle a disparu. Je n'ai pas pu lui parler parce qu'on la baladait partout à toute vitesse. » Al Evans affirme qu'« Elizabeth Taylor s'entoure d'une escorte invraisemblable. Ses gardes du corps sont légion. Quand elle entre dans une pièce, seize personnes s'assurent d'abord que tout est en ordre. J'ignore si elle fait ça exprès ou si elle y est obligée... ça fait partie de son aura de star ».

En Floride, le chevalier servant d'Elizabeth était James Stewart – pas l'acteur, mais un industriel, ancien P-DG des ciments Lone Star. Malgré ses problèmes lombaires, Elizabeth resta toute la soirée après le dîner de charité avec des amis au Fontainebleau. D'après Ronnie Britt, une personnalité en vue, les douleurs lombaires d'Elizabeth ne l'empêchèrent pas non plus de faire la cour au petit ami de Jackie Stallone, la mère de Sylvester. Britt raconte qu'Elizabeth lança à Jackie : « Oh, je vois que vous vous habillez chez Gorgio. Vous achetez ses robes dégriffées. » Jackie, qui n'avait pas sa langue dans sa poche, rétorqua : « Cette robe est de Ronnie Britt, et ce n'est pas un article dégriffé. A propos, la prochaine fois que Sylvester aura besoin d'un rhinocéros dans ses films, je lui conseillerai de faire appel à vous. »

Le lendemain, Elizabeth rendit visite à James Stewart dans sa propriété d'Indian Island. Ils firent deux ou trois croisières sur son yacht le long des canaux de Floride. D'après un ami de Stewart, l'avocat Dan Paul, « James se plaignait qu'Elizabeth abuse des calmants. En outre, comme elle n'avait jamais d'argent sur elle, elle utilisait les cartes de crédit de James. Il faisait tout pour se débarrasser d'elle ».

Linda Ashmead, autre personnalité en vue, confirma que « Taylor courait après Stewart parce qu'il était très riche à l'époque. Elle était dingue de lui, absolument dingue. Elle s'invita sur son yacht et débarqua avec tous ses bijoux. Je vous demande un peu... qui s'encombrerait de 10 millions de dollars de bijoux pour une simple croisière ? Stewart était mort de rire ». Stewart plaqua Elizabeth et finit par épouser Ava O'Neill, une amie proche d'Ivana Trump.

En mai 1987, après le bouclage de *Poker Alice*, Taylor reçut la Légion d'honneur pour son action humanitaire. Elle avait participé à des manifestations de charité aussi bien à Paris qu'à New York. Par exemple, une semaine avant de recevoir sa décoration, elle avait acheté pour près de 750 000 dollars de bijoux qui avaient appartenu à la duchesse de Windsor, parmi lesquels la couronne en or et diamants du prince de Galles – à la mémoire de Richard Burton. L'argent récolté par la vente aux enchères alla à l'Institut Pasteur, un laboratoire à la pointe de la recherche sur le sida. Le 23 septembre, Elizabeth parut de nouveau devant le Congrès. Cette fois, elle déclara aux membres du comité : « Je suis célibataire. Si je devais m'embarquer dans une nouvelle liaison, je passerais le test du sida. Et si la liaison devait durer, je demanderais à mon partenaire de passer le test, lui aussi. »

Au début de juin 1987, on vit Taylor et Hamilton à Acapulco. Le photographe Alec Byrne, qui avait pris des photos d'Elizabeth pendant des années, poursuivit le couple partout. « Ils résidaient dans une villa qui faisait partie d'un lotissement hyperchic du nom de Las Brisas, raconte Byrne. Je m'étais lié avec la bonne. Elle m'affirma qu'Elizabeth et George étaient fous l'un de l'autre. J'avais toujours cru que Hamilton n'était qu'un chevalier servant, un beau gosse avec qui on aime se montrer. Eh bien, non, ils couchaient ensemble. J'en fus surpris, car je pensais vraiment qu'il n'était qu'une couverture pratique.

« La bonne m'a aussi avoué que George Hamilton était un véritable tyran. Il ne voulait pas qu'Elizabeth fume ; il exigeait qu'elle ne boive que du Perrier. Une fois, je me suis retrouvé dans l'avion à côté d'Elizabeth quand elle fréquentait Victor Luna. Elle n'a cessé de boire pendant les trois heures de vol. Luna s'en est à peine aperçu. »

A l'automne 1987, le béguin d'Elizabeth pour Hamilton commença à décliner.

A partir de juin 1987, les actions d'Elizabeth relatives au sida coïncidèrent avec sa collaboration avec Chesebrough-Pond pour le lancement d'une ligne de parfum appelée *Passion*. Cette année-là, à l'initiative d'AmFAR, Sotheby organisa une vente de charité qui réunit mille personnes à New York. Vêtue d'une robe de soie incrustée de perles et de diamants, Taylor arriva à la réception pour recevoir un chèque de 400 000 dollars des mains du propriétaire de la galerie Leo Castelli. L'historien d'art Robert Rosenblum raconte qu'Elizabeth servait d'appât pour la vente de charité : les invités faisaient la queue pour se faire photographier avec elle. « Elle était étincelante ! J'avais l'impression que Vénus était descendue de l'Olympe. Je me faisais l'effet d'un Grec côtoyant une déesse. J'étais terrifié, abasourdi, tremblant comme un adolescent en quête d'un autographe. J'essayais de trouver quelque chose d'intelligent à dire, un mot d'esprit, que sais-je?

« " Miss Taylor, *Cléopâtre* est à mon avis l'un des dix meilleurs films que j'aie jamais vus. J'aurais aimé qu'il dure encore plus longtemps. " J'ai réussi à dire tout ça sans bégayer.

« Elle m'a répondu : "Vous êtes bien le premier à trouver que le film n'était pas assez long. "

« On m'a pris en photo avec elle, et ma femme l'a fait encadrer. Voilà, je suis figé à côté d'Elizabeth Taylor pour l'éternité. Elle était à l'aise, gracieuse, olympienne; je suis aussitôt tombé amoureux d'elle. C'était une superstar, j'étais fier de faire la queue avec vingt ou trente personne pour avoir le droit de l'approcher. C'est le genre d'événement qui marque la vie d'un adulte. »

Pour une fois à l'heure, Elizabeth arriva en compagnie de Robert Wooley, le vice-président de Sotheby. Ce fut même à son tour d'attendre, car Ed Koch, le maire de New York, était en retard. Elle ne cessait de s'éponger le visage avec des Kleenex. A court de conversation, Wooley se pencha sur sa coiffure extrêmement sophistiquée et lui susurra à l'oreille : « Votre parfum est délicieux! » Ravie, elle lui apprit qu'il s'agissait de *Passion* et se lança dans une longue tirade sur son nouveau parfum. Trois mois plus tard, accueillant la « Soirée Passion », Sotheby para ses locaux de mauve pour la réception. Mais Taylor ne témoigna aucune reconnaissance à la maison : en 1990, quand elle décida de vendre le Van Gogh qu'elle avait acheté avec Richard Burton *(L'Asile de fous à Saint-Rémy)*, elle choisit Christie, le rival de Sotheby.

Certains utilisèrent Elizabeth pour leur propre publicité. Beth Kummerfeld prétend que l'éditeur millionnaire Malcolm Forbes était de ceux-là. En 1985, Forbes avait divorcé de sa femme, Roberta, qui lui avait donné cinq enfants. Le mariage buta sur son amour immodéré de la publicité, que sa femme méprisait. On prétendait aussi qu'il était gay, et en fait, Elizabeth et lui nièrent qu'ils avaient une liaison, contrairement aux apparences. Beth Kummerfeld, alors un membre très actif d'AmFAR (« J'ai sans doute donné et recueilli davantage d'argent que n'importe qui »), possédait sa propre compagnie qui récoltait des finances pour les films et se livrait parfois à la production. Kummerfeld, qui avait de nombreux contacts au Japon, emmena deux fois Elizabeth avec elle en Extrême-Orient pour des fêtes de charité. Elizabeth prit les frais de voyages, personnel compris, à sa charge. Lors de leur premier séjour, Kummerfeld déclara que la presse « était réellement trop nombreuse. Les journalistes vous bousculent sans vergogne. J'avais des bleus partout. C'est pour ça qu'Elizabeth a besoin de gardes du corps, sinon ils lui démoliraient son pauvre dos ». Pour leur second voyage, Kummerfeld enrôla pour Elizabeth « les anciens gardes du corps de l'empereur ».

En avril 1988, Malcolm Forbes invita Taylor sur son yacht, le *Highlander*, où on accueillait souvent les invités au son des cornemuses. Elizabeth fréquentait régulièrement Forbes depuis septembre 1987, et Kirk Kerber, son ami serveur du Plaza Athenee, lui avait dessiné des pulls mauves peints à la main pour qu'elle les porte sur la moto de Forbes. D'après Beth Kummerfeld, quand Elizabeth arriva sur le yacht, « une équipe de Robin Leach tournait. Or Forbes ne l'avait pas prévenue ». Kummerfeld affirme qu'Elizabeth lui aurait dit : « Si j'avais su qu'ils seraient là, je n'aurais jamais accepté. » Elle croyait que c'était une croisière normale. Elle accepta de coopérer avec Leach s'il lui donnait un tableau d'Erté. Kummerfeld soupçonne que Forbes avait réussi à la faire venir « parce qu'il lui avait promis de faire une donation pour le sida ». En mai, une secrétaire de Kummerfeld reçut l'appel de Forbes qui voulait inviter Beth à la réception qu'il donnait pour son anniversaire. La secrétaire l'informa qu'Elizabeth était au Japon afin de « recueillir des fonds pour le sida ». D'après Kummerfeld, Forbes aurait affirmé : « Bien sûr, nous ferons aussi une donation. » La secrétaire lui dit : « Oh, vous savez, Elizabeth Taylor ne se déplace pas pour moins d'un million de dollars. » Il dut donc allonger son million. Comme le premier séjour d'Elizabeth au Japon avait aussi permis de recueillir un million de dollars, Kummerfeld raconte « qu'on parla de fonder un " club des millionnaires " réservé à ceux qui avaient donné un million pour l'AmFAR ».

La ligne *Passion*, un parfum aux reflets violets, réalise un chiffre d'affaires annuel de 70 millions de dollars ; c'est l'un des plus vendus aux États-Unis. Il permit à Elizabeth Taylor de récupérer une bonne partie des sommes qu'elle avait perdues depuis qu'elle était une actrice célèbre. Pas étonnant qu'elle ait un jour remarqué : « Le succès est un fantastique déodorant. » D'après la journaliste Sharon Churcher, Chen Sam s'attribuait le mérite d'avoir incité Taylor à entrer dans cette nouvelle activité. Tout en continuant à s'occuper des relations publiques de la star, elle géra aussi ses affaires dans les parfums.

Avant le lancement de la ligne, Taylor rencontra Henry Wynberg pour annuler leur contrat antérieur. Voici comment celui-ci raconte la réunion : « Elizabeth organisa un dîner dans sa maison de Bel-Air. Le repas, qui était excellent, avait été préparé par un ami à elle, Nicholas Grillo, qui ne participa pas aux négociations. Il fit la cuisine, servit les apéritifs, puis se retira. J'étais accompagné par les Lindsay, des amis à moi. Après le dîner, j'ai montré à Elizabeth le flacon et le parfum qu'on fit passer autour de la table. Elizabeth le trouva bon. Elle proposa un partage cinquante-cinquante, au lieu du soixante-quarante en ma faveur, comme convenu. J'acceptai plus ou moins.

« Elizabeth avait acheté un grand aquarium pour décorer sa chambre. On le voyait des quatre coins de la pièce. Après le départ des Lindsay, elle m'a demandé de rester pour l'aider à nettoyer l'aquarium. Il y avait environ cinq poissons morts. Je les ai enlevés. Ensuite, nous avons passé la nuit ensemble, mais sans faire l'amour. Je suis parti au petit matin. »

Malgré l'accord verbal, Taylor et Wynberg allèrent en justice ; Wynberg prétendit que son ancienne maîtresse avait gagné une grosse somme grâce à ses activités commerciales, mais qu'elle ne lui avait remis qu'une avance de 50 000 dollars pour les frais. En décembre 1990, l'affaire atterrit devant la Haute Cour de l'État de Californie. Wynberg prétend qu'après avoir vu le jury, il comprit qu'il ne « gagnerait jamais ». Les deux camps conclurent un arrangement. Elizabeth prétendit qu'elle avait été disculpée et Wynberg qu'il avait gagné.

En 1987, le lancement de *Passion* fut soutenu par une campagne publicitaire au cours de laquelle Taylor parut dans des boutiques ou grands magasins. Elle fit des déclarations comme : « La passion est l'ingrédient qui a fait de moi ce que je suis. Ma passion de la vie... ma passion pour la passion, m'a permis de ne jamais baisser les bras. » Elle susurra aussi : « Le parfum n'est pas un simple accessoire pour une femme. Il fait partie de son aura. Je me parfume même quand je suis toute seule. »

Le photographe David McGough prit des clichés luxueux d'Elizabeth Taylor sortant d'une piscine violette sous un coucher de soleil rouge et mauve, les cheveux mouillés plaqués en arrière. En fait, elle dut s'asseoir sur « une chaise électronique spéciale parce que son dos lui interdisait d'entrer normalement dans l'eau ».

Ogilvy & Mather, l'agence de publicité qui se chargea de la campagne de lancement, avait loué les services d'Evitel, une compagnie spécialisée dans la retouche graphique pour améliorer le spot qui devait passer à la télévision. Le travail incomba à Lisa Rubenstein, une jeune graphiste, qui n'avait jamais passé autant de temps à retoucher un film. « Il est rare de retoucher un film télé, expliqua Lisa Rubenstein. C'est beaucoup trop cher. Je l'ai fait parce que Taylor était vraiment trop affreuse dans la version originale. Apparemment, elle avait bu la veille car son visage était tout boursouflé et sa peau était grasse. Les retouches ont coûté dans les 40 000 dollars.

« C'était pas marrant de travailler avec elle. Tout le monde devait signer des accords de confidentialité. Elle n'entrait jamais dans un ascenseur avant qu'un garde du corps n'y pénètre pour s'assurer que tout allait bien. C'était vraiment une épreuve. »

En octobre, Taylor se rendit à Rome pour travailler avec Franco Zeffirelli qui faisait un film sur Toscanini, le grand chef d'orchestre. Malcolm Forbes l'accompagna... c'était la première fois qu'ils restaient ensemble si longtemps. En janvier 1988, Taylor, qui était redescendue à 55 kilos, commença à promouvoir son livre, *Elizabeth dit tout*. L'éditeur, G. P. Putnam's Sons, organisa une tournée pour Taylor, mais elle exigea qu'il n'y ait pas de question sur Aileen Getty, sa belle-fille séropositive. En fait, le sida de Getty ne s'était pas encore déclaré.

Alors que la promotion de son livre battait son plein, que son spot publicitaire envahissait les télévisions, Elizabeth Taylor dévalait la pente.

# 28

En 1987, Franco Zeffirelli, l'extravagant metteur en scène italien, connu pour ses productions luxueuses et ses versions filmées de grands opéras comme *Carmen, La Traviata* et *Othello*, préparait un nouveau film dans la tradition des épopées hollywoodiennes des années cinquante : *Toscanini*. Fondée sur un épisode de la jeunesse du grand chef d'orchestre, l'histoire se déroule à Rio de Janeiro en 1886. Arturo Toscanini, alors âgé de dix-huit ans, est déchiré entre une soprano sur le déclin qui tente un come-back et une maîtresse de son âge. Pour le rôle de Nadina Bulichova, la capricieuse diva russe, les producteurs songeaient à Faye Dunaway, Barbra Streisand ou Shirley MacLaine. Ils pensaient qu'après ses apparitions dans les téléfilms, Elizabeth Taylor était coulée. Mais Zeffirelli l'imposa, car il la considérait comme l'une des rares stars encore en vie. Vingt ans plus tôt, il l'avait dirigée dans *La Mégère apprivoisée*. « Un film avec Elizabeth Taylor coûte un million de dollars de plus, déclarat-il, mais je suis convaincu que c'est un excellent investissement. »

Parce que Taylor, cinquante-six ans et six fois grand-mère, n'avait pas tourné de film important depuis sept ans, Zeffirelli voyait un parallèle entre sa situation dans la vie et le rôle qu'il lui offrait dans cette superproduction franco-italienne de 18 millions de dollars. Nadina avait interrompu sa carrière pour l'empereur du Brésil, joué à l'écran par Philippe Noiret qui déclara avec galanterie qu'il avait accepté le rôle « pour les beaux yeux d'Elizabeth ». Quand Toscanini commença à préparer l'idole de son enfance pour son retour dans *Aïda*, Nadina venait de tomber dans une profonde dépression. Le chef d'orchestre contribua largement à sa transformation : Nadina fit un triomphe, elle revint au sommet de son art. Zeffirelli espérait que son film agirait de même pour Elizabeth Taylor et qu'elle retrouverait les faveurs de Hollywood.

Le propre intérêt d'Elizabeth pour Toscanini remontait sans doute à Mike Todd, qui avait envisagé de faire un film sur le chef d'orchestre et avait même choisi le titre, *Maestro*. Elizabeth avait rencontré Toscanini avant sa mort, en 1957 (« C'était un homme d'un dynamisme incroyable, un grand séducteur, et il avait quatre-vingt-dix ans! »), mais elle n'avait jamais été à l'Opéra et ne s'intéressait pas à la musique classique. Zeffirelli engagea la soprano Aprile Millo pour doubler Elizabeth. De passage à New York où elle faisait de la montgolfière, du bateau et de la moto avec Malcolm Forbes, Taylor en profita pour étudier la technique du chant, de la respiration, et apprendre les principales arias d'*Aïda*. Un soir, elle alla même au Metropolitan Opera écouter un acte de *Turandot*. L'ancienne soprano Birgit Nilsson, dont Turandot avait été l'un des plus grands rôles, était là. Mais ce fut Elizabeth Taylor que les spectateurs applaudirent quand elle quitta la salle pendant l'entracte. Millo affirme qu'elle avait eu un entretien de huit heures avec Taylor qui ne cessa de lui poser des questions sur *Aïda*. « Elle m'a écoutée chanter et elle s'est mise à pleurer... elle était réellement folle d'*Aïda*. »

Zeffirelli, qui avait engagé le scénariste Bill Stadiem pour récrire le script de *Toscanini*, le persuada de prendre contact avec Elizabeth. En 1987, par un jour d'été ensoleillé et chaud, Stadiem, accompagné du producteur Tarak Ben Ammar, se rendit à Bel-Air. Arrivés devant l'énorme portail digne du château de Versailles, les deux hommes s'annoncèrent par l'interphone. En haut de l'allée se dressait un ranch californien banal, flanqué d'une piscine. Une Aston Martin était garée devant la maison. Elizabeth l'avait payée cash 153 000 dollars sur un coup de cœur alors qu'elle s'était rendue dans un garage pour acheter une Rolls. Une jeune femme leur ouvrit la porte et se présenta : « Bonjour, je suis Liz. » C'était Elizabeth Thorburn, un cordon-bleu écossais qui avait travaillé pour la princesse Margaret à Kensington Palace. Comme Taylor fit attendre Stadiem et Ben Ammar une bonne demi-heure, ils eurent le loisir de visiter les lieux. Le salon ouvrait sur une salle de jeu, ou tripot, qui donnait dans la salle à manger. Le rez-de-chaussée était peint en blanc, mais Stadiem lui trouva une certaine ressemblance avec « l'aile des impressionnistes du Metropolitan Museum of Art de New York ». Taylor collectionnait les tableaux, surtout des huiles, parmi lesquels un Modigliani, un Pissarro, un Monet, un Rouault, un Renoir, un Degas, des Utrillo et des Vlaminck. Sur la cheminée, il y avait un Frans Hals que Mike Todd lui avait offert. Stadiem surnommait le tripot d'Elizabeth le « Stage Delicatessen Room », d'après le restaurant près de Carnegie Hall dont les murs étaient tapissés de photos de clients célèbres. La salle de jeu d'Elizabeth renfermait des photos d'elle-même avec tous ceux qui avaient compté dans la vie politique ou dans le spectacle : les présidents Eisenhower, Kennedy, Ford et Reagan ; le maréchal Tito ; Richard Burton et Noël Coward en haut-de-forme à Ascot ; David Niven ; le prince Rainier de Monaco et la princesse Grace. Les deux Oscars qu'Elizabeth avait gagnés pour *La Vénus au vison* et *Qui a peur de Virginia Woolf ?* ornaient une étagère à côté de prix de moindre importance. A l'étage, sa chambre à coucher ovale ressemblait au repaire d'un aigle, avec un patio qui surplombait les arbres. Outre Alvin le perroquet, Elizabeth possédait un pékinois, affublé d'un nœud lavande, et un chat de Birmanie.

La diva descendit enfin ; elle portait un maillot de bain une pièce, des talons hauts et un turban. Elle paraissait mince, imposante, plus grande que sa taille. Elle conduisit Stadiem et Ben Ammar au bord de la piscine où paressait un jeune couple qu'elle ne leur présenta pas. La femme, sans doute un mannequin, ne portait pas de soutien-gorge, et l'homme, un George Hamilton en plus jeune et en plus beau, n'esquissèrent pas un geste pendant toute la durée de l'entrevue. Le jeune homme était peut-être l'un des fils d'Elizabeth.

Taylor défit les bretelles de son maillot. « Normalement, dit-elle à ses visiteurs, je me mettrais à poil, mais je ne vous connais pas assez. » Les deux hommes échangèrent un regard. Elizabeth semblait jouer les blasées cyniques et terre à terre, et les deux hommes eurent l'impression qu'elle répétait déjà son rôle. Par la suite elle expliqua qu'elle ne prenait jamais de bains de soleil nue parce qu'il y avait une autre maison en surplomb appartenant au producteur Keith Barish, et qu'elle ne voulait pas qu'on la voie ainsi. Pendant les deux heures que dura l'entrevue, elle resta dans sa chaise longue, un réflecteur sous son visage. Elle expliqua qu'elle devait maintenir un certain bronzage pour mettre ses bijoux en valeur : elle venait juste d'acheter ceux qui avaient appartenu à la duchesse de Windsor et s'apprêtait à partir en tournée pour le lancement de *Passion*.

A l'époque, le rôle de Toscanini devait être tenu par Matthews Broderick. Taylor voulait pimenter leurs scènes d'amour : « Matthews Broderick est absolument chou ! » Stadiem et le producteur lui firent valoir que les scènes d'amour de Zeffirelli étaient généralement discrètes. « Oh, je parlerai à Franco, ne vous inquiétez pas, rétorqua Elizabeth. Il faut y aller à fond. » (En définitive le rôle de Toscanini échoua à un acteur de second plan, et Zeffirelli coupa toutes les scènes érotiques.)

Elizabeth prit l'avion pour Rome afin de commencer le tournage. Elle arriva dans un tailleur violet vif, avec un large chapeau assorti ; elle était accompagnée par quatre personnes, deux gardes du corps, et une montagne de valises Louis Vuitton. Zeffirelli lui avait demandé de grossir de cinq kilos afin de jouer une diva bien enveloppée. « Elle m'a affirmé que j'étais le seul homme pour qui elle acceptait une chose pareille, se vanta Zeffirelli. Maintenant, elle déborde de tous ses costumes. » Avant de s'envoler pour Rome, Taylor s'était goinfrée de ses plats favoris tels que poulet frit, purée de pommes de terre, maïs grillé tartiné de beurre. Sur le tournage à Rome et à Bari, elle dévorait des gâteaux au petit déjeuner, et avalait pour son dîner des *fettucini* aux champignons, du homard au risotto, des spaghettis marinara, et des artichauts au parmesan.

Mais en l'absence d'un amant, elle se sentait seule et déprimée, et prit davantage de poids que le scénario ne le requérait. Dans la version définitive du film, qui n'avait pas été tourné en continu, Stadiem affirme qu'elle passe par tous les stades sans aucune logique, mince, grosse, de nouveau mince, etc. Pendant le tournage, elle aimait taquiner son partenaire, C. Thomas Howell. Après qu'il eut raté deux fois de suite une scène dans laquelle Nadina giflait Toscanini, Elizabeth ironisa : « Ma parole, tu aimes les coups ! » Zeffirelli couvrit l'objectif de la caméra avec un morceau de Nylon noir pour masquer les pattes-d'oie d'Elizabeth.

Au cours d'une scène, Elizabeth glissa sur le marbre de la salle de bains et s'abîma le dos. Elle resta à l'hôtel avec Malcolm Forbes qui était de passage à Rome, entre son palais marocain et son château en France. Elizabeth n'avait pas perdu son amour des cadeaux – il lui offrit un collier d'améthystes et de diamants et un bracelet-montre assorti.

En septembre 1988, le film fut projeté au festival de Venise où il fut hué par la critique. L'un des problèmes provenait du fait que Zeffirelli avait condamné, sans le voir, le film controversé de Martin Scorsese, *La Dernière Tentation du Christ.* Cependant, *Toscanini* était d'un grotesque hilarant. Elizabeth, qui avait impressionné Stadiem et Ben Ammar par son caractère enjoué et piquant, était un glaçon à l'écran, une momie embaumée. Toscanini était déchiré entre Elizabeth, le visage grimé en noir, qui jouait le rôle d'Aïda, l'esclave égyptienne, et une sœur missionnaire de dix-huit ans, sorte de Mère Teresa entourée d'esclaves brésiliens. Le clou du film était le moment où Elizabeth, d'après une anecdote de la vie de Nadina, s'avançait sur la scène au milieu d'un acte d'*Aïda*, tenant par la main deux figurants noirs, et plaidait pour l'abolition de l'esclavage. *Variety* écrivit que « le film, par un retournement de situation, gagna des partisans grâce à son côté absolument kitsch ». Il n'y en eut toutefois pas suffisamment pour persuader les Américains de distribuer le film aux États-Unis où il n'a toujours pas été montré. A Paris, les spectateurs se moquèrent des dialogues ampoulés et des décors surchargés.

D'après Stadiem, Zeffirelli, qui avait grandement besoin de soutien à Venise, fut très blessé qu'Elizabeth Taylor, prétextant des douleurs lombaires, ne vienne pas à la première. Pour la remplacer, elle envoya une jeune « ambassadrice » que personne ne connaissait. Sans doute estimait-elle qu'elle avait pris trop de poids pour paraître en public, à moins qu'elle n'ait prévu la déroute du film... qui fut loin de servir de marchepied pour son retour, comme Zeffirelli l'avait espéré.

En octobre, un mois après l'humiliation de Zeffirelli à Venise, vaincue par les abus incessants d'alcool et de drogues, Elizabeth retourna au centre Betty-Ford. Comme elle préparait la promotion de son livre *Elizabeth dit tout*, elle avait maigri avant d'entrer au centre. Alec Byrne prit des photos d'elle avant et après la cure afin de prouver que ses 10 kilos superflus avaient été gagnés pendant son séjour au centre. A cause de ses problèmes de dos, Elizabeth ne participait pas aux exercices physiques de la clinique et se déplaçait souvent en chaise roulante. Sa mère, Sara Taylor, alors âgée de quatre-vingt-douze ans, était hospitalisée pour un ulcère perforé au Eisenhower Medical Center, adjacent au centre Betty-Ford. Elizabeth, maquillée et coiffée par son coiffeur personnel, rendait souvent visite à sa mère avec son frère Howard. Le personnel de l'hôpital remarqua qu'Elizabeth arrivait toujours à l'heure des repas – sans doute afin de profiter des frites et de la mousse au chocolat qu'on ne trouvait pas au centre Betty-Ford, connu pour la rigueur de son régime diététique. Elizabeth demandait souvent du rab et agrémentait en cachette son régime de chocolats italiens.

Alec Byrne prit aussi en photo un patient qui poussait souvent la chaise roulante d'Elizabeth. Grand gaillard de trente-six ans, Larry Fortensky était un ancien chauffeur du Bâtiment qui avait été arrêté plusieurs fois pour conduite en état d'ébriété. L'assurance de son syndicat, les Teamsters, prenait en charge ses frais au centre Betty-Ford. Comme la plupart des programmes de désintoxication pour alcooliques ou toxicomanes, le centre Betty-Ford interdisait à ses patients d'entretenir des relations amoureuses aussitôt après avoir décroché de l'alcool ou de la drogue. Fortensky et Elizabeth restèrent amis et se soutinrent mutuellement plus d'un an après leur sortie de cure. Comme la première fois, Elizabeth continua de tenir chez elle des réunions d'Alcooliques Anonymes où se retrouvaient surtout des patients qu'elle avait connus au centre Betty-Ford, parmi lesquels Fortensky. Comme George Hamilton avant lui, Fortensky surveilla étroitement Elizabeth et il réussit à l'empêcher de sombrer dans l'alcool et l'abus de médicaments.

Fortensky avait grandi à Stanton [1], une ville ouvrière de trente mille habitants dans le comté d'Orange, en Californie, à une heure de route au sud de Los Angeles. A Stanton, le taux de criminalité était élevé, les bagarres entre Blancs et Latinos fréquentes ; c'était une ville où les jeunes tombaient facilement dans l'alcool, la drogue, la violence. Aîné de sept enfants – trois garçons et quatre filles – Fortensky avait vu ses parents divorcer quand il avait cinq ans. Son beau-père était chef électricien. Fortensky lui-même s'était marié deux fois, toujours avec des filles du coin qu'il avait connues au collège. Il avait dix-neuf ans quand il épousa sa première femme. D'après sa seconde épouse, Karin Fleming, son premier mariage dura dix-huit mois et lui laissa une fille, Julie, aujourd'hui âgée de vingt-cinq ans, qui vit encore à Stanton. En 1972, il épousa Karin, une jolie femme qui ressemble à Elizabeth Taylor jeune. Il avait vingt-deux ans ; Karin dix-sept.

La mère de Karin s'était opposée à leur mariage parce que Fortensky avait grandi dans une famille de grands buveurs. En août 1991, le photographe Alec Byrne suivit Elizabeth et Fortensky aux funérailles de la mère de ce dernier, morte d'un cancer (elle était plus jeune qu'Elizabeth). Byrne affirme que Taylor et Fortensky ne burent pas pendant la veillée funèbre, mais que les parents de la défunte éclusèrent des quantités impressionnantes de bière. Pendant la veillée, un camion livra d'autres caisses de bière. Byrne raconte que la famille sortit devant la maison et acclama le chauffeur en brandissant des boîtes de bière.

« Croyez-le si vous le voulez, déclare Karin, Larry Fortensky était le type le plus sympa du comté d'Orange... cela fait 100 000 Heineken de ça. » C'est pendant son mariage avec Karin que Fortensky commença à boire, surtout de la bière. Il buvait dès qu'il rentrait de ses chantiers, et il n'arrêtait que pour se mettre au lit. Quand Karin le supplia de ne plus boire et menaça de le quitter s'il s'obstinait, il devint agressif et verbalement violent. Néanmoins, elle le considérait comme un « type bien » : honnête, drôle, et pas spécialement porté sur l'argent. A cause de son alcoolisme et parce qu'il la négligeait quand il avait bu, elle divorça en 1979. Deux ans après leur divorce, Fortensky demanda une réconciliation, mais Karin avait déjà un autre fiancé. Elle se remaria et déménagea à Irvine où Fortensky continua de lui téléphoner une fois par mois.

Malgré leur passé différent, Taylor et Fortensky avaient un point commun, outre leur penchant pour l'alcool : c'étaient tous deux de gros mangeurs. Pendant l'année où ils étaient amis, Fortensky et Taylor se rendaient souvent dans des restaurants qu'il connaissait à Stanton et dans les environs – Elizabeth en jean et santiags. Ils commandaient des milk-shakes et des hamburgers agrémentés de toutes sortes de sauces.

Au cours du printemps et de l'été 1989, Elizabeth poursuivit ses activités liées au sida, sa promotion de la ligne de parfums, et sa liaison avec Malcolm Forbes avec qui elle fit de fréquents voyages à New York. Elle lança un nouveau parfum, *White Diamonds*, et une eau de Cologne pour homme, *Passion for Men*. Baz Bamigboye, le rédacteur en chef du *Daily Mail* de Londres, se rendit à Paris pour le lancement de *Passion for Men* qui eut lieu à l'Automobile-Club, place de la Concorde. Taylor portait un châle bleu marine avec un liseré rouge en souvenir de la sa Légion d'honneur. D'après Bamigboye, l'événement fut « plutôt triste. J'ai trouvé que Taylor n'était pas une grande actrice, juste une forte personnalité du spectacle ».

Bamigboye demanda à Taylor : « Qu'est-ce qui vous a inspirée pour créer cette eau de Cologne pour homme ?

Comme il fallait s'y attendre, elle répondit : « Mes aventures avec les hommes. »

« Oh, ça doit faire un paquet ! » s'exclama Bamigboye, dédaigneux.

Ignorant que son interviewer était Bamigboye, qu'elle appréciait beaucoup, Taylor persifla : « Ah, la presse de caniveau est au rendez-vous ! » Par la suite, elle s'excusa, mais Bamigboye est toujours « très attristé. Elle pourrait faire tellement mieux ».

Taylor retourna aux États-Unis pour promouvoir son eau de Cologne pour homme dans les magasins et dans certaines soirées, organisées notamment dans un club de polo appelé Burbank Equestrian Center, et au Stock Exchange de New York, où elle était accompagnée du trafiquant d'armes saoudien Adnan Khashoggi. Auparavant, Elizabeth avait rendu visite à Khashoggi à Cannes, et en 1981 elle avait été invitée dans sa propriété de Marbella [2], sur la Costa del Sol. Khashoggi y possédait 2 500 hectares non loin de l'endroit où mouillait son yacht. Il entretenait une réserve de 70 000 faisans pour la chasse ainsi qu'une écurie de pur-sang arabes que les palefreniers devaient shampouiner quotidiennement. La maison elle-même était de style maure, murs et plafonds laqués, canapés dorés habillés de coussins lavande – ce qui devait ravir Elizabeth – et dix salles de bains, chacune dans un marbre différent. Pendant la promotion de *Passion for Men*, Beth Kummerfeld vit Elizabeth à une réception au palais de Khashoggi [3], un appartement de 25 millions de dollars qui occupait deux étages entier de l'Olympic Tower à l'angle de la 5e Avenue et de la 51e Rue à Manhattan, une tour de luxe pour des locataires qui désiraient vivre à l'abri des regards. L'appartement de Khashoggi – parmi les douze résidences qu'il possédait à l'époque – était équipé d'une piscine de dimensions olympiques, d'un sauna, d'un jacuzzi, d'un fauteuil de barbier, d'un lit de 6 mètres de large et de 4 de long. Il était en outre égayé par une collection d'art d'une valeur de 30 millions de dollars. Poussé par Elizabeth, Khashoggi avait rejoint le « club des millionnaires » de l'AmFAR.

Quand Elizabeth participa à la soirée de Khashoggi à New York, il était placé sous résidence surveillée. Il venait de passer huit jours en prison et n'était sorti qu'après avoir payé une caution de 10 millions de dollars. Il attendait de passer en jugement pour avoir aidé l'ancien président Ferdinand Marcos et sa femme Imelda à piller les Philippines. Beth Kummerfeld justifie la présence de Taylor auprès de Khashoggi en déclarant qu' « elle est très fidèle à ses amis, surtout quand ils sont au plus bas. Prenez Rock Hudson et Peter Lawford, par exemple. Elle aidera toujours les gens dans leurs moments difficiles. C'est sans doute parce qu'elle souffre beaucoup elle-même. Il ne se passe pas un jour sans qu'elle ne souffre ». Néanmoins, l'équipe de Taylor demanda au photographe David McGough, qui couvrait la campagne d'Elizabeth pour *Passion for Men*, de ne pas la photographier chez Khashoggi.

En juillet 1989, Elizabeth, alors âgée de cinquante-sept ans, apparut pour la dernière fois dans un téléfilm. Elle tint enfin la promesse faite à Tennessee Williams de tourner une version de sa pièce de 1962, *Doux Oiseau de jeunesse*. Le metteur en scène était Nicolas Roeg, plus connu pour ses films caractéristiques comme *Ne vous retournez pas* et *L'Homme qui venait d'ailleurs*. Luccille Ball avait refusé le rôle de Taylor, une star vieillissante du cinéma, alcoolique, droguée, qui s'imagine que le film qui aurait dû signer son retour est un four. Williams avait affirmé à Elizabeth qu'il avait écrit le rôle en pensant à elle. Voici ce qu'elle déclara : « J'ai joué tellement d'actrices... je joue une " has-been " au moins une fois par an... J'ai beaucoup de succès dans les " has-been ". » Son fils aîné, l'acteur Michael Wilding Jr., occupait un poste mineur dans la production.

Contrairement à Zeffirelli, le producteur de *Doux Oiseau de jeunesse* demanda à Elizabeth de perdre du poids. Sur le tournage à Los Angeles, l'une de ses assistantes la vit s'aventurer trop près de la table des pâtisseries. « Prenez plutôt un fruit », lui conseilla-t-elle.

Un membre de l'équipe s'interposa : « C'est une grande fille, elle fait ce qu'elle veut. »

Elizabeth le gratifia d'un large sourire. « Oui, je suis une grande fille... et grosse, aussi. D'ailleurs, je grossis à vue d'œil. » Elle jeta alors son dévolu sur une tranche de melon. Dans la soirée, elle donna un dîner chez elle, où elle servit des côtelettes dégoulinantes de sauce, des hot-dogs, des hamburgers, du maïs en épi, et des salades.

Parce qu'Elizabeth n'arrivait pas à maigrir, ses scènes furent tournées dans la pénombre. Néanmoins, elle semblait bouffie dans ses amples négligés et ses caftans. Elle insista pour garder le manteau de vison taillé exprès pour son rôle – c'était sans doute une consolation pour la mauvaise critique que reçut le film, et pour son fiasco commercial.

Lorsque *Doux Oiseau de jeunesse* fut diffusé à la télévision, Larry Fortensky avait déjà emménagé chez Elizabeth à Bel-Air. Il continuait de subvenir à ses propres besoins, partait au chantier chaque matin en emportant son casse-croûte et son casque, et rentrait le soir couvert de poussière. Il semblerait qu'Elizabeth ait reproduit le thème de *Pygmalion* à l'envers : elle jouait une Henry Higgins femme tandis que Fortensky était une Eliza Doolittle masculine. Elle lui apprit la bonne cuisine, lui acheta des vêtements à la mode, lui fit couper les cheveux par José Eber, son coiffeur attitré, et lui paya même des leçons de diction. De son côté, elle lui enseigna les bonnes manières. Ses amis qui le croisèrent dans les soirées le décrivent comme un homme effacé, davantage un garde du corps qu'un chevalier servant, un amant encore plus dépareillé que Dennis Stein, qui était au moins familiarisé avec le milieu du show-biz dans lequel baignait Elizabeth. Comme elle s'était vantée des attributs de John Warner, certains en déduisirent qu'Elizabeth appréciait chez Fortensky ses qualités d'étalon, et qu'il était particulièrement bien monté. Mais Karin Fleming affirme qu'il était physiquement normal. Chez elle, Elizabeth avait fait construire un terrain de basket pour Fortensky et lui avait aménagé un studio de célibataire avec une ligne de téléphone personnelle afin qu'il jouisse d'une certaine intimité.

Quand Fortensky apprit à Karin Fleming qu'il fréquentait Elizabeth Taylor, elle lui répondit en plaisantant :

434

« – Tu bois trop, Larry. C'est pas possible, tu as des hallucinations !

« – Je suis peut-être un poivrot, mais je sais reconnaître Elizabeth Taylor quand je la vois. Je t'ai dit la vérité, je t'assure. »

Craignant qu'Elizabeth ne se lasse trop vite de lui, Karin lui demanda :

« – Tu sais où tu mets les pieds, au moins ?

« – Attendons, on verra bien », lui répondit Fortensky.

Lorsqu'elle vécut avec Larry, Elizabeth ne modifia pas sa façon de vivre. Michael Patrick, le petit-fils de l'ancien vice-président Hubert Humphrey, fut son assistant personnel pendant trois mois en 1989. Lorsqu'il arriva chez Elizabeth pour prendre ses fonctions, sa voiture cala au bas du raidillon qui menait à la villa. Elizabeth vint lui ouvrir en T-shirt, fuseau élastique, un bandana dans les cheveux.

« Vous êtes venu à pied de Glendale ? » s'étonna-t-elle. Patrick lui expliqua sa mésaventure. Elle sortit un sifflet de sa poche, un vrai petit bijou, et sonna l'alarme. « Hé, venez tous voir ! »

Le personnel arriva à la rescousse. Elizabeth se glissa derrière le volant en expliquant qu'ayant trop mal au dos, elle conduirait ; son personnel aida Patrick à pousser la voiture.

Un jour, Elizabeth demanda à Patrick de l'emmener faire des courses à Gelsen, un supermarché de luxe situé dans la vallée de San Fernando. Elle voulait vivre « normalement », expliqua-t-elle. En outre, elle mourait d'envie de déguster de la crème Chantilly. A minuit, ils se rendirent donc au supermarché où Elizabeth s'étonna qu'on ne l'accoste pas davantage.

Patrick accompagna aussi Elizabeth à Scottsdale dans le Boeing personnel de Malcolm Forbes, le *Capitalist Tool*. Elizabeth voulait connaître tous les détails : qui les attendrait à l'aéroport, où elle habiterait, et même le nom du chauffeur de la limousine. Quand Patrick et Elizabeth montèrent dans la voiture, à l'aéroport de Scottsdale, elle dit au chauffeur : « Jack, il faut que je vous dise... En 1969, vous nous avez pris à l'aéroport, Richard Burton et moi. Votre femme attendait un enfant à l'époque. Elle s'appelait Evelyn. Pour ma gouverne, j'aimerais savoir si elle vous a donné un garçon ou une fille. » D'après Patrick, le chauffeur fut littéralement soufflé par cette manifestation de « noblesse oblige ».

Au mois d'août, Elizabeth résida plusieurs jours dans le palais du xixᵉ siècle de Malcolm Forbes, à Tanger, à l'occasion de son soixante-dixième anniversaire. Parce que Forbes tentait de persuader Elizabeth de l'épouser au lieu de traîner avec un ouvrier du Bâtiment sans le sou qui gagnait environ 20 dollars de l'heure, Fortensky ne figurait pas sur la liste des invités. Il attendait Elizabeth à Gstaad. C'était son premier voyage en Europe.

Forbes prétendit qu'il trouvait Fortensky « plutôt sympa, mais pas le genre de type qu'on s'attendrait à voir avec Elizabeth. Il faut dire qu'il pouvait lui consacrer tout son temps. Autant que je sache, il n'a pas hésité à laisser tomber son boulot pour elle ».

Forbes ajoute que Fortensky était « bizarre sur bien des plans. Je me souviens de l'avoir vu avec Elizabeth dans sa suite du Plaza Athenee. George Hamilton, l'ex d'Elizabeth, était là, lui aussi, et ils flirtaient sans vergogne. Larry s'en moquait éperdument, ou du moins c'était l'impression qu'il donnait. A Gstaad, quand Elizabeth a fait la même chose avec Richard Burton en présence de John Warner, le sénateur a failli démolir Burton. »

Pendant que Fortensky attendait Elizabeth à Gstaad, les six cents invités de Forbes, tous des gens riches ou célèbres parmi lesquels Henry Kissinger, Barbara Walters, Walter Conkrite, et trois cents P-DG des cinq cents plus grosses entreprises, arrivèrent à Tanger dans un Concorde, un Boeing 747, et un DC-8 spécialement affrétés, des avions privés ou des yachts. Trois chameaux, des centaines de danseuses, des acrobates, des jongleurs, des percussionnistes et des cavaliers marocains en costumes folkloriques accueillirent les invités devant le Palais Mendoub de Forbes. A l'intérieur du palais, des tentes gigantesques éclairées par des lustres avaient été dressées dans les jardins qui surplombaient la Méditerranée. On servit des méchouis d'agneau, des pâtés de pigeon, des tajines, des fruits exotiques, et un énorme gâteau au chocolat qu'on avait fait venir de Beverly Hill par avion. Beverly Sills chanta « Happy Birthday », et on tira un magnifique feu d'artifice.

Forbes avait fait d'Elizabeth son invitée d'honneur, mais elle ne parut pas enchantée outre mesure d'avoir à serrer la main de six cents convives. Consciente de son poids, elle portait un caftan vert et or. Comme d'habitude, Forbes était en kilt et Robert Maxwell, le magnat britannique de la presse, était habillé en calife, turban volumineux, profusion de chaînes en or. Elizabeth fit cadeau à Forbes d'une sculpture qui le représentait chevauchant une Harley-Davidson. Réjoui, il l'emmena à Tanger et lui acheta des boucles d'oreilles en diamant.

« L'anniversaire du siècle » – on reprocha par la suite à Forbes le gaspillage d'eau le plus excessif de la décennie – connut certains revers. Au mois d'août, la température à Tanger dépasse souvent les 37 degrés à l'ombre. « Il faisait si chaud, déclara la journaliste Cindy Adams, que les invités tournaient de l'œil dans les piscines. »

436

La presse releva un certain nombre d'extravagances pendant les festivités. Les drogues – principalement le haschisch et la marijuana – circulaient si librement dans le palais de Forbes qu'on dut installer des douzaines de purificateurs d'air pour dissiper la fumée. Toutefois, pour certains invités, l'aspect le plus pénible de la fête restait la prédilection de Forbes pour les jeunes garçons – un goût qu'il pouvait aisément satisfaire au Maroc –, et pour les cuirs, conséquence de son fétichisme sadomasochiste. D'après la défunte Doris Lilly : « Tout le monde était au courant, mais personne n'en parlait. Je trouve dommage qu'il n'ait pas eu le courage d'afficher ses goûts. La duperie qu'il s'efforçait de monter avec la bénédiction d'Elizabeth m'écœurait. Ils n'ont jamais été amants. Ils se servaient l'un de l'autre pour embellir leur image auprès du public. »

Néanmoins, un spécialiste des relations publiques, James Mitchell, se souvient d'un « incident amusant qui eut lieu à Tanger. Le dernier jour de la fête, en me promenant dans la Casbah, je remarquai un taxi arrêté à côté d'un charmeur de serpent. Je reconnus Elizabeth Taylor à l'intérieur. Elle était vêtue avec simplicité et elle prenait des photos par la vitre ouverte avec un appareil qui ressemblait à un Kodak banal. C'était si mignon, on aurait dit une touriste comme une autre. Quand elle me vit, elle m'adressa un grand geste accompagné d'un sourire chaleureux. »

Le 24 février 1990, Malcolm Forbes mourut pendant son sommeil d'une crise cardiaque. Trois jours plus tard, ses funérailles eurent lieu à l'église St Bartholomew de Manhattan, sur Park Avenue, près de la 51ᵉ Rue. Devant la grande église, un joueur de cornemuse jouait à côté d'une des soixante-douze motos de Forbes, une Harley-Davidson ornée de drapeaux écossais et américain, avec une plaque minéralogique de VIP à ses initiales. Elizabeth rafla la vedette aux funérailles. Elle arriva après les quatorze cents personnes qui composaient l'assistance. Couverte de diamants, en manteau de vison, elle prit la place d'honneur au premier rang, à côté de l'ancien président Nixon qui se leva pour l'accueillir. (Roberta Forbes, l'ex-femme de Malcolm, était noyée au milieu de la rangée.) Dehors, on entendit une pétarade quand des motards vinrent payer un tribut à l'un des leurs, « un motard du feu de Dieu ».

Le 26 mars, Elizabeth perdit un autre ami qu'elle connaissait depuis près de vingt ans : le styliste Halston mourut à San Francisco du sida. Au début du mois d'avril, atteinte de pneumonie virale, Elizabeth fut hospitalisée pour neuf semaines. Ses enfants et Fortensky se relayèrent à son chevet pendant la maladie qui faillit l'emporter. Parce que l'homosexualité de Forbes était désormais connue, et à cause de son amitié notoire pour Halston et Rock Hudson, la rumeur circula qu'Elizabeth Taylor avait le sida. Elizabeth la réfuta par l'intermédiaire de Chen Sam : « Il est très important que les gens ne craignent pas le test du sida. Je passe tous les ans un examen médical complet, et j'ai subi le test. Je suis séronégative. »

Comme son hospitalisation coïncida avec l'enquête du District Attorney de Los Angeles sur les prescriptions abusives de ses médecins, on murmura aussi que l'alcool et les drogues étaient à l'origine de sa grave maladie. Fin juin, Taylor sortit de l'hôpital, amaigrie mais guérie. Larry Fortensky lui offrit un bébé chèvre naine qui vit toujours avec le couple à Bel-Air. John Warner vint en jet privé au dîner qu'elle donna en l'honneur de son retour : poulet frit, purée de pommes de terre avec une sauce à la viande, préparés par le cuisinier qu'ils avaient quand ils étaient mariés *. Elizabeth fit une brève apparition publique au nom d'AmFAR à la conférence internationale sur le sida qui se tint à San Francisco. A la fin de 1990, grâce à l'appui d'Elizabeth, AmFAR avait recueilli près de 30 millions de dollars.

D'après Patricia Seaton, tous ceux qui vinrent voir Elizabeth à l'hôpital, qui lui écrivirent un mot ou lui envoyèrent un cadeau, reçurent des remerciements imprimés sur du papier bleu de chez Cartier. Le texte disait qu'elle était touchée par leur geste, qui « me fait chaud au cœur et m'aide déjà à guérir. Tendresses, Elizabeth ». Même son nom était imprimé, seule sa signature était manuscrite.

Parmi ceux qui lui rendirent visite à l'hôpital se trouvait son ami Michael Jackson. En juin, il fut admis dans le même service pour des ennuis pulmonaires. Il apporta son singe avec lui. Au début des années quatre-vingt, Michael avait ajouté Elizabeth à sa liste d'amies stars, parmi lesquelles Diana Ross, Sophia Loren et Liza Minnelli. Dans *Moonwalk*, son autobiographie [4], Jackson écrit : « J'adore Elizabeth Taylor. Son courage m'inspire. Elle a traversé tant d'épreuves... je m'iden-

---

* Ce n'était pas la première fois que Warner était en contact avec Elizabeth depuis qu'ils avaient divorcé. D'après son attaché de presse Phil Smith, le sénateur John Warner avait reçu une lettre de son ex-femme Elizabeth Taylor, lui demandant d'introduire un projet de loi (S. 1919) pour accorder la nationalité américaine à Michael Wilding, le fils d'Elizabeth. Ayant été condamné en Grande-Bretagne pour possession de drogue (et étant sujet britannique), il risquait une extradition.
Se déclarant musicien (même s'il avait joué, tout comme sa mère, dans la série télévisée *General Hospital*), Michael vivait à l'époque avec Johanna Lykke-Dahn, et il était le père d'une petite Naomi.
Condamné à effectuer un travail d'utilité collective, Michael fit environ la moitié de sa peine au Scott Newman Drug and Rehabilitation Center, à Los Angeles, un centre de réinsertion pour toxicomanes.

tifie fortement à elle parce que nous avons eu la même enfance de vedette. La première fois que nous nous sommes parlés au téléphone, elle m'a avoué qu'elle avait l'impression de me connaître depuis des années. Je ressentais la même chose. »

En 1984, quand Jackson travaillait sur *Captain Eo* [5], il jouait comme un enfant avec Elizabeth. Ils causèrent pour 3 000 dollars par semaine de dégâts dans la caravane de Jackson à la suite de bagarres pour rire dignes d'un réfectoire de pensionnat. Dans son ranch Neverland, près de la bourgade Los Olivos, dans la vallée de Santa Ynez, Jackson fit installer une ligne téléphonique directe avec la villa d'Elizabeth à Bel-Air afin qu'ils puissent se joindre à toute heure. Outre leur passé commun d'enfants prodiges, l'isolement et le manque de vie privée qui en découlaient, les deux amis parlaient de leurs animaux respectifs, de parfums, de maquillage, de coiffeurs. Lui-même un drogué des glaces, Jackson songeait à créer ses propres produits dont l'ingrédient clef serait de la bave de rhinocéros. Il bâtit aussi un temple en l'honneur d'Elizabeth à Neverland : une pièce remplie de posters, de natures mortes, de livres et autres souvenirs d'Elizabeth, ainsi que des balles pour ses chiens et des étagères où ses chats pourraient s'étendre pendant ses séjours au ranch. Sur un écran vidéo géant, les films d'Elizabeth passaient vingt-quatre heures sur vingt-quatre. Le papier peint, que Michael avait dessiné lui-même, était couvert de son visage. Janet Jackson, la sœur de Michael, déclara à *France-Soir* que son frère aurait aimé peindre les murs aux couleurs des yeux d'Elizabeth. « Ils ont tout essayé, mais ils n'ont pas réussi à trouver le ton exact. » Michael Jackson montre brièvement le temple d'Elizabeth dans un de ses vidéoclips.

Elizabeth et Michael se rendaient souvent visite. Michael l'escorta aussi lors de ses diverses activités à Los Angeles et donna des fonds pour lutter contre le sida. La rumeur courut que Michael avait demandé Elizabeth en mariage. Pour le grand public, Elizabeth délivra cette analyse piquante de Jackson : « C'est l'homme le moins bizarre que j'aie jamais rencontré. »

A l'automne 1990, pendant sa convalescence, Taylor loua une maison à Santa Monica afin d'être près de la plage ; on prétend qu'elle faillit même y emménager. En janvier 1991, alors qu'elle partait pour Gstaad avec Fortensky, elle perdit un autre ami cher : son secrétaire, Roger Wall, se suicida à l'âge de quarante-deux ans parce qu'il était atteint du sida.

Mais en juillet de la même année, Elizabeth ouvrit un nouveau chapitre. Elle annonça à l'automne qu'elle allait épouser Fortensky. « C'est super! » exulta-t-elle. L'annonce du mariage fit du bruit à Stanton [6], où l'une des tantes de Larry avait la ferme intention d'arroser les mariés de coton au sortir de la cérémonie. Elle voulait aussi donner à Elizabeth « un long T-shirt, un peu comme une chemise de nuit, avec, imprimé sur le devant, une photo de Larry quand il était jeune, campé devant sa belle décapotable rouge ». Elizabeth avait invité la grand-mère de Larry et sa tante préférée à faire des courses à Bel-Air. Elle leur avait acheté des robes de grand couturier pour le mariage et des chaussures à 400 dollars.

Le mariage eut lieu le 5 octobre sous un kiosque du Neverland de Michael Jackson devant cent soixante invités. Fixé au 6, il avait été avancé pour que Nancy Reagan puisse y assister. La brève cérémonie fut dirigée par Marianne Williamson, la grande prêtresse du New Age, qui s'autoproclamait « psychothérapeute spirituelle ». Elizabeth donna à Larry une bague en or massif; la sienne était sertie de diamants. Elle portait une robe en camaïeu jaune. Pour l'occasion, Michael Jackson avait enfilé *deux* gants noirs. José Eber, le coiffeur d'Elizabeth, servait de garçon d'honneur et on comptait parmi les invités Eva Gabor, Merv Griffin, le président Ronald Reagan et son épouse Nancy, le président Gerry Ford et sa femme Betty, la mère d'Elizabeth, Carole Bayer Sager, Gregory et Veronique Peck, Barry Diller, et Diane de Furstenberg. Les enfants et petits-enfants d'Elizabeth étaient également présents ainsi que des parents de Fortensky... mais son père, qu'il n'avait pas revu depuis vingt ans, n'avait pas été invité. Les gens de Stanton s'amusèrent beaucoup dans le parc d'attractions de Michael Jackson [7].

Le chanteur paya la facture de la cérémonie qui s'élevait à 1,5 million de dollars. Pour le remercier, Elizabeth et Larry lui offrirent un oiseau rare, un albinos de l'Amazone qui coûta 20 000 dollars. Ils réglèrent aussi les frais de l'oiselier qui vint de New York en personne apporter l'oiseau chez Michael.

Le produit de la vente des photos du mariage devait aller à des œuvres de bienfaisance au bénéfice de la lutte contre le sida. Apparemment déçue par l'organisation de l'AmFAR et par le gaspillage des fonds, Elizabeth créa sa propre fondation qui distribua le produit de la vente des photos.

En février 1992, Taylor célébra son soixantième anniversaire à Disneyland avec Fortensky devant un millier d'invités qui reçurent chacun un T-shirt avec un portrait d'Elizabeth par Andy Warhol. Dans l'avion qui la ramenait à New York, Chen Sam se vit offrir 500 dollars par un passager pour son T-shirt. Peu après, Elizabeth apparut dans une émission de télévision où Oprah Winfrey montra des séquences de Taylor et de Fortensky : leur arrivée à Disneyland en diligence, perchés sur des chevaux de bois pour un tour de manège, etc.

« – Quand tout le monde fut parti, expliqua Elizabeth aux téléspectateurs, j'ai demandé aux responsables (de Disneyland) de laisser le parc ouvert pour Larry et moi. Ils ont eu la gentillesse d'accepter. Pendant une heure, on a fait toutes les attractions. On s'est amusé comme des fous.

« – Vous avez dit aux informations que vous faisiez cela pour l'enfant qui est en vous, s'aventura Oprah.

« – Eh bien, j'ai travaillé toute mon enfance, répondit Elizabeth. Sauf quand je montais à cheval, ou quand j'arrivais à m'échapper. Je vivais sur les plateaux parmi les adultes. Mes pairs étaient tous des adultes. Je n'ai pas eu d'enfance. Je travaillais... et j'étais payée pour ça. On me voyait sur l'écran, mais ce n'était pas vraiment moi. »

Elizabeth se leva alors, brandit le poing et s'exclama : « Ouais! Je me sens super bien. Je suis heureuse. J'ai une vie merveilleuse. Dépasser la soixantaine, ce n'est rien, je ne vois pas pourquoi on en fait tant d'histoires... je ne pense jamais à l'âge. J'ai déjà du mal à imaginer que j'ai grandi. »

Elle parla ensuite de Larry Fortensky : « Larry m'aide beaucoup. Nous sommes restés amis pendant un an avant de " nous mettre ensemble ". Sous son apparence de macho, j'ai deviné une grande tendresse. Et une compréhension très aiguë des gens. Larry est un type formidable. »

Le couple vit toujours dans la villa d'Elizabeth à Bel-Air. Ils ont un perroquet gris d'Afrique du nom de Max (en remplacement d'Alvin, mort en 1990) et quatre chiens, dont Sugar, un bichon maltais qui intimide même le berger allemand de Fortensky. A l'étage, la salle de bains d'Elizabeth possède une baignoire circulaire ; son dressing est moquetté de blanc, meublé de marbre gris croulant sous les pots de maquillage, crèmes et produits de beauté de toutes sortes. Du balcon de sa chambre à coucher, on peut plonger directement dans la piscine. Mais Elizabeth ne plonge et ne nage jamais... elle n'utilise pas davantage sa bicyclette d'exercice ni son tapis de jogging.

Elle a gagné des millions avec ses parfums, et en 1993 elle commença à dessiner une ligne de bijoux pour Avon. Durant l'été 1994, elle fit une brève apparition sur le grand écran pour *La Famille Pierrafeu*, l'une des plus grosses superproductions de l'année. Elle y jouait la belle-mère acariâtre de Fred Flintstone. Dans le rôle de Fred, l'acteur John Goodman eut quelques difficultés à traiter Taylor de « vieux fossile desséché » en la regardant droit dans les yeux. L'actrice Rosie O'Donnell gagna la sympathie d'Elizabeth en la félicitant pour son parfum. Elizabeth avait exigé par contrat que les bénéfices de la première soient versés à l'Elizabeth Taylor AIDS Foundation.

Dorénavant, Fortensky accompagne Elizabeth dans tous ses voyages. Il paraît qu'ils ont signé un arrangement prénuptial qui accorde 3 millions de dollars à Fortensky en cas de divorce. D'après Karin Fleming, Larry est intrigué par sa nouvelle célébrité, mais il n'aime pas qu'on pense qu'il vit sous la coupe d'Elizabeth. Dernièrement, arrivant à la villa à midi, un journaliste de *Vogue* trouva Fortensky dans son studio de célibataire. Il traînassait, regardait des séries télévisées en grignotant des chips. Apparemment, Elizabeth l'avait aidé à obtenir des contrats dans le voisinage, notamment la réparation de la réserve de Nancy Reagan. Elle lui avait aussi acheté une voiture de sport et une Harley-Davidson, assortie à celle que Malcolm Forbes lui avait offerte.

Fortensky était resté proche de la sœur cadette de Karin Fleming, Ingrid, qui avait épousé un certain Johnson. Ingrid lui rendait parfois visite à Bel-Air. Karin confirma qu'avant d'épouser Elizabeth, Larry avait une autre femme dans sa vie, June, une amie d'une de ses deux sœurs. Pendant la longue hospitalisation d'Elizabeth en 1990, quand elle avait failli mourir de pneumonie virale, on prétendit que Larry organisait des parties à la bière dans la villa de Bel-Air avec d'anciens camarades de Stanton. On murmura qu'Elizabeth, de nouveau hospitalisée pour une prothèse de la hanche, s'inquiéta des effets de son absence sur Larry et sur leur mariage. Bien que Fortensky corresponde indéniablement à l'attirance d'Elizabeth pour les hommes ancrés dans le réel, et malgré sa propension à se moquer des conventions, les différences d'éducation entre Larry et elle incitent à penser que le divorce est inévitable. Ayant été mariée à un sénateur et à l'un des meilleurs acteurs modernes, Elizabeth risque de se lasser de Larry comme elle s'était lassée d'Eddie Fisher... parce que ce sont tous deux des hommes qui ne lui arrivent pas à la cheville.

Depuis son mariage, Elizabeth reste une amie indéfectible de Michael Jackson. Dernièrement, quand il a été accusé d'attentat à la pudeur sur un mineur, elle a volé à son secours. Elle s'est précipitée à Londres avec Fortensky dans un jet privé pour lui remonter le moral. Jackson venait d'être hospitalisé dans une clinique privée pour se désintoxiquer de la drogue qui, prétendait-il, était la cause de son comportement bizarre. Elizabeth et Larry se rendirent ensuite à Gstaad où Jackson les rejoignit après sa cure. En 1990, quand Jackson annonça son mariage avec Lisa Marie Presley, Elizabeth resta une amie fidèle ; elle offrit à Lisa Marie des tuyaux maternels sur les avantages et les inconvénients du mariage, et lui conseilla, paraît-il, de donner un enfant à Michael.

En septembre 1994, Sara, la mère d'Elizabeth, mourut à l'âge de quatre-vingt-dix-neuf ans. Elizabeth l'avait installée dans un pavillon de luxe, dans les lotissements de Rando Mirage. Il y avait des rosiers devant le pavillon, et une vue sur le golf et sur les étangs, brillamment éclairés la nuit. Au petit matin, Sara avait l'habitude de faire le tour du lotissement sur son énorme tricycle – un exercice commun à tous les Californiens d'un certain âge. Elle faisait partie d'un club de bridge auquel appartenait aussi Jolie Gabor, la mère des sœurs Gabor. Elle sortait souvent accompagnée d'homosexuels, principalement d'anciens acteurs de la MGM qu'elle avait connus au lotissement. Elizabeth avait engagé une famille chinoise – un couple avec une fillette – pour s'occuper de Sara, et elle leur avait loué le pavillon voisin. La demeure de Sara était un peu comme le temple de Michael Jackson en l'honneur d'Elizabeth. Sara affirma jusqu'à sa mort qu'elle avait la chance d'avoir une fille parfaite dont la vie entière s'était déroulée comme dans un rêve – un vrai film hollywoodien. Sara fut enterrée à côté de Francis, le père d'Elizabeth. Ils occupent la crypte 16 et 17A dans la section Century of Peace au Westwood Memorial Park, à Los Angeles, l'un des cimetières les plus recherchés de Hollywood.

Howard Taylor, le frère d'Elizabeth, poursuivit diverses carrières, parmi lesquelles on parle d'océanographie et de peintures marines. Installé à Kauai, l'une des îles Hawaï, il emménagea en 1980 avec sa fille à Taos, dans le Nouveau-Mexique, où il ouvrit une succursale de la Taylor Art Gallery, l'affaire de son père Francis. Toutefois, c'était une activité trop limitée pour Howard. Il revendit la galerie et acheta quatorze hectares de forêt dans la montagne, près de la station de ski de Taos, où il bâtit sa maison. Sa femme Maria travailla comme gérante dans un hôtel de Taos. Déjà barbu, Howard se perça une oreille. Elizabeth et son frère arborèrent alors des boucles d'oreilles assorties. Outre sa famille, la fierté et la joie de Howard se portaient sur sa collection de cuisinières miniatures pour laquelle il construisit une salle d'exposition dans sa nouvelle maison.

Il est tout à l'honneur d'Elizabeth en tant que mère que ses quatre enfants aient tous prospéré et lui aient donné huit petits-enfants à ce jour. En 1982, Michael Wilding Jr., acteur et mannequin, alors âgé de vingt-neuf ans, épousa Brooke Palance, la fille de Jack Palance. Le couple habite près de Los Angeles. Michael avait déjà deux filles : Leyla, de son précédent mariage avec Beth Clutter, et Naomi, née d'une liaison avec Johanna Dahn, alors étudiante aux Beaux-Arts. Quand Leyla étudiait à l'université de l'Oregon, elle discutait fréquemment avec Elizabeth de leurs amours mutuels.

Christopher Wilding vit à Taos, non loin de son oncle Howard. Il a divorcé d'Aileen Getty dont il a eu deux fils, Caleb et Andrew. Son expérience cinématographique s'est limitée à des contrats de cameraman ou de photographe. Comme son frère, et comme beaucoup de fils de vedette, il dut lutter dur pour se faire un prénom. De son côté, Aileen lutte contre un sida déclaré depuis 1993. Elle reste proche d'Elizabeth et travaille dans diverses associations en rapport avec le sida; elle donne des conférences, ouvre des foyers pour les femmes atteintes du sida grâce à une association qu'elle a elle-même fondée. Michael, son ancien mari, et ses deux fils sont tous trois séronégatifs.

Les filles d'Elizabeth ont eu davantage de chance. En 1984, âgée de vingt-cinq ans, Liza Todd épousa un ami de longue date, l'artiste Hap Tivvey. Aujourd'hui, le couple vit dans une ferme à Rhinebeck, dans le comté de Duchess, New York. En 1989, ils ont eu un fils, Quinn C, le huitième petit-fils d'Elizabeth. Elizabeth est très fière du succès de sa fille. Liza vend la plupart de ses œuvres, des sculptures équestres, à une galerie de Saratoga, dans l'État de New York, la ville du champ de courses et un haut lieu de l'équitation. *Northern Dancer*, une sculpture de Liza, trône dans le salon d'Elizabeth.

De tous les enfants d'Elizabeth, Liza est celle qui a le mieux réussi. Mais Maria Burton, la fille adoptive d'Elizabeth et de Richard, a travaillé comme mannequin et comme styliste. En 1982, âgée de vingt et un ans, elle épousa l'imprésario Steve Carson. En novembre 1982, le jour où Elizabeth et John Warner annoncèrent leur divorce, Maria mit au monde une fille, Elizabeth Diane Carson, qui porte les prénoms de ses deux grand-mères. Aujourd'hui Maria s'occupe de sa fille à plein temps; elle vit avec son mari à Manhattan, dans un immeuble réservé à des locataires qui travaillent dans la carrière artistique. Comme aucun de ses enfants n'a hérité de sa passion pour les bijoux ou les tableaux de maître, les biens d'Elizabeth termineront sans doute dans une vente aux enchères.

Elizabeth Taylor a connu une vie riche en drames, dont le dernier chapitre n'est pas encore écrit. Elle a caressé plusieurs projets de séries télévisées et de romans dont les noms s'inspirent de ses parfums, et elle envisage d'adopter un autre enfant. En 1983, au cours de son voyage en Israël avec Victor Luna, Elizabeth avait voulu adopter un enfant, et c'est un sujet qui fait l'objet de longues discussions avec Fortensky.

Elizabeth Taylor a fait l'admiration d'une autre star de sa génération, June Allyson, avec qui elle avait tourné dans *Les Quatre Filles du docteur March* en 1949. Néanmoins, Allyson pense qu'il n'est pas bon de vivre à Hollywood trop longtemps, et qu'Elizabeth aurait dû disparaître pour mener la vie tranquille et anonyme qu'elle prétend rechercher depuis 1957. Mais même si sa carrière tourne au ralenti, pour ne pas dire moins, Taylor travaille d'arrache-pied depuis 1980 à accroître sa célébrité et sa richesse. Comme on lui demandait si elle comptait prendre sa retraite, elle répliqua avec alacrité : « Oh, oui, je rêve toujours d'un gentil petit cottage à la campagne... [ma carrière] ne durera pas éternellement. Je travaille depuis l'âge de douze ans. »

Cela signifie, bien sûr, qu'Elizabeth ne peut pas se passer de travailler; c'est la seule chose qu'elle connaisse et comprenne. Elle est aussi la première à admettre que sa principale qualité est l'entêtement... une qualité qui l'a beaucoup servie, qui lui a permis de surmonter ses chutes de popularité, ses drames amoureux, et les maladies qui auraient dû la tuer. Durant sa longue carrière, Elizabeth a souvent eu des choix à faire, et elle n'a laissé à personne le soin de les assumer. Le prix à payer fut parfois une grave dépression, une perte dévastatrice, mais elle a toujours fait preuve d'une résistance peu commune... ce qui a accru sa popularité. Ses hauts et ses bas lui ont gagné la sympathie du plus grand nombre. Rares sont ceux qui, ayant mené une vie aussi variée et controversée sous les feux des projecteurs, ont réussi à garder l'admiration du public. Pour le soixantième anniversaire d'Elizabeth, quelqu'un lui a fait cette observation : « Il n'y a qu'une Elizabeth Taylor. »

Ce à quoi elle a spontanément rétorqué : « Dieu merci! »

# ANNEXES

# Notes

## Chapitre 1

1. Les fondations Laurance Rockefeller et Walter Annenberg faisaient également partie des fondateurs et financiers du centre Betty-Ford, au même titre que Chevron, C.U.S.A., et Dart & Kraft, Inc.

2. Dominick Dunne, « The Red Queen », dans *Vanity Fair*, décembre 1985.

3. « Elizabeth Taylor : Journal of a Recovery » (Elizabeth Taylor : Journal d'une guérison) par John Duka. *New York Times*, 4 février 1985.

4. Vern Leeper, inspecteur au Medical Board de Californie, me précisa au cours d'une interview : « C'est un miracle qu'Elizabeth Taylor n'ait pas fait d'overdose avec tous ces médicaments. Cela peut paraître incroyable mais il y a des gens, comme ça, qui résistent à des quantités phénoménales de produits médicamenteux... C'est sûrement parce qu'ils en prennent depuis des années et que leur corps s'y est habitué qu'ils survivent ainsi. Vous ou moi, nous serions déjà morts. »

5. Les enquêtes (D-4348 ; D-4350) menées à l'encontre des trois médecins avaient été ordonnées par John K. Van De Kemp, procureur général de l'État de Californie, et William L. Marcus, son bras droit. Les résultats furent transmis à la Division of Medical Quality, du Medical Board de Californie (notre Ordre des Médecins). Mais lorsqu'en 1990 l'affaire arriva sur le bureau du procureur général du district de Los Angeles, celui-ci refusa d'inculper aucun des trois praticiens et se contenta de retourner le dossier au Medical Board. Toutes les informations médicales contenues dans ce chapitre proviennent de ces rapports d'enquête.

Ont été interviewés pour ce chapitre : Amy Porter, Barnaby Conrad, George Carpozi Jr., Tony Brenna, Patricia Seaton, Peter Lawford et Amy Tandem.

## Chapitre 2

1. *Elizabeth Taylor : An Informal Memoir*, par Elizabeth Taylor. Un survol assez succinct de la vie d'Elizabeth Taylor émaillé de quelques souvenirs percutants de la petite enfance, seul réel intérêt de cette autobiographie.

2. Sara Taylor eut l'occasion d'écrire trois articles autobiographiques pour ce magazine en avril, mai et juin 1954. Ces articles tournaient principalement autour d'Elizabeth. Sara exprimera plus tard son désir de compléter ce travail pour en faire une véritable biographie d'Elizabeth. Elle noircit en effet un bon millier de pages qu'elle fit circuler auprès de tous les éditeurs et agents littéraires qui jugèrent le manuscrit parfaitement impubliable. Sara attribua ces multiples refus au fait qu'elle n'étalait pas suffisamment la vie sexuelle de sa fille.

3. Lettre de Nona Smith à Hedda Hopper, datée du 27 janvier 1964. Collection Hedda Hopper, Bibliothèque Margaret Herrick, Académie des Arts et des Techniques Cinématographiques, Beverly Hills.

4. Pour plus ample information sur Victor Cazalet, se référer à Robert Rhodes James, son biographe : *Victor Cazalet : A Portrait*.

5. Dans son autobiographie, Elizabeth Taylor rapporta elle-même une anecdote à propos de ce ballet donné avec les autres élèves du cours de danse Vacani. Alors que le rideau était retombé sur leur prestation, Elizabeth avait continué à faire des entrechats sur la scène, ses petites camarades étant déjà en train de remballer leurs affaires dans les coulisses. En fait personne ne se souvient de ce détail et l'on peut penser qu'il fait partie de ces embellissements qu'affectionne la star concernant les événements de sa vie.

Ont été interviewés pour ce chapitre : Thelma Cazalet-Keir, Kurt Stempler, Susan Licht, Ernest Lowy, Lady Diana Cooper, Betty Vacani, Olivia Raye-Williams, Jane Lynch, Charles R. Stephens, Allen T. Klots, Jerome Zerbe, Deborah Zygot, John Taylor et Roger Wall.

## Chapitre 3

1. Au dire de l'attachée de presse de la MGM, Ann Straus : « Il existait une sorte de consensus général à l'encontre d'Elizabeth Taylor au sein de la MGM. Mon oncle, Jack Cunnings, un des grands producteurs de la maison, refusa de lui faire passer des essais parce que, disait-il, il avait déjà vu des flopées de ce type de jolie fille et aucune ne savait jouer la comédie. »

2. Rapport de Dan Kelly : studios Universal.

3. Rapport d'une entrevue entre Muhl et Selznick le 5 février 1932, Archives du studio Universal.

4. Le fameux contrat de sept ans que proposaient les grands studios de Hollywood; cf. Alexander Walker, *Liz la passion*, p. 39.

5. Barbara Leaming, *Orson Welles*, pp. 259 et 260.

Ont été interviewés pour ce chapitre : Oscar De Mejo, Helen Ames Grobel, Helen Rose, Jane Hodges Grant, Charles Whalens, Judy Craven, Barbara Jackson, Samuel Marx, Clarence Brown, Lucille Rymann Carroll, colonel Cloyce Tippett, Egon Merz, Ann Straus et Anne Revere.

## Chapitre 4

1. Lettre de Zinnemann à ma documentaliste, Susan Freedman.
2. Pandro Berman, interview conservée à l'American Film Institute de Los Angeles et datée du 26 janvier 1972.

Ont été interviewés pour ce chapitre : Clarence Brown, Lucille Ryman Carroll, Egon Merz, Ann Straus, Anne Revere, Angela Lansbury, Chris Anderson, Mickey Rooney et Bob Salvatore.

## Chapitre 5

1. Dans *Charmed Lives*, Mémoires de Michael Korda sur sa famille, celui-ci évoque les « soirées bêtifiantes » et « les interminables monologues » de L.B. Mayer pour démontrer qu'il n'avait jamais eu tort, et que tous les autres – Thalberg, Schenck, Goldwyn, ses gendres Goetz et Selswick – s'étaient toujours trompés, avaient été déloyaux et veules.
2. Jean Porter : Histoire orale, Archives de la SMU.
3. Interview de William Ludwig, Histoire orale, Archives de la SMU.
4. Alexander Walker, *Liz la passion*, pp. 51-55.
5. *Ibid.*, p. 65.
6. Archives de la MGM, note de L.B. Mayer à Howard Strickling.
Ont été interviewés pour ce chapitre : John Taylor, Terry Moore, Laura Barringer, Mary MacDonald, Ava Gardner, Jane Powell, Kathryn Grayson, Lillian Burns Sudney, Anne Francis, Marshall Thompson, June Petersen, George Murphy, Jane Lydon et James Lydon.

## Chapitre 6

1. Jules Goldstone, à l'époque agent d'Elizabeth Taylor, ne se lassait pas de vanter sa beauté : « La plus belle enfant depuis la Vénus de Milo. »
2. Alexander Walker, *Liz la passion*, pp. 61-62.
3. Déclaration faite par Carole Baker (interview de Doris Lilly).
4. Malgré sa maladie, Elizabeth parlait sans cesse de son amour pour Peter Lawford, assurant qu'elle avait l'intention de lui demander de sortir avec elle dès qu'elle serait rétablie.
5. Elizabeth à Sheron Hornby. « Il est beau et gentil, ajouta-t-elle. C'est le genre d'homme qu'on n'hésite pas une seconde à présenter à sa mère. »
6. Une des nombreuses légendes inventées par Elizabeth Taylor elle-même concerne les cours d'art dramatique. « Je n'ai jamais appris à jouer, écrit-elle dans *Elizabeth Taylor : An Informal Memoir*. Je ne sais pas jouer la comédie en tant que tel. Je suis simplement

devenue actrice. » En réalité, Lillian Burns Sidney passa des heures à lui enseigner l'art qu'elle s'était choisi.

Francis Taylor, le père d'Elizabeth, était lui aussi enclin à l'exagé-ration et à la fabulation. Dans un article intitulé « Ma fille, Eliza-beth », qu'il écrivit pour *Parents magazine* (octobre 1944), il déclare : « Comme dans beaucoup de familles, nous avons des intérêts variés et nous ne parlons pas " boulot ". » Selon John Taylor, frère de Fran-cis, « Elizabeth et sa mère ne font que parler boulot. Je ne les ai jamais entendues parler d'autre chose que de cinéma ».

7. Glenn Davis joua demi-arrière dans l'équipe de West Point, où on le surnommait « Mr. Extérieur ». Parmi les autres vedettes de l'armée cette année-là figurait l'arrière Felix « Doc » Blanchard, sur-nommé « Mr. Intérieur ».

8. Les commentaires de Mrs. Torchia proviennent en partie des archives de l'Histoire orale de la SMU.

Ont été interviewés pour ce chapitre : Ann Straus, Ann Cole, Jane Powell, Lillian Burns Sidney, John Taylor, Jane Ellen Wayne, Jim Schwartzberg, Glenn Davis, Leslie Rusch, Robert Kreis, Janet Leigh, June Allyson, Mary Astor, Larry Peerce, Patsy Kline, Hubie Kerns, Ralph Kiner, Joe Naar, Rerry Moore, Earl Wilson, Johnny Meyers, Doris Lily, Renee Helmer, Emily Torchia et Jackie Park.

## Chapitre 7

1. Elizabeth Taylor, *Elizabeth dit tout*, p. 58.
2. Philippe Halsman, *Halsman, Sight and Insight*.
3. Bien que terminé avant, le film sortit après *Le Père de la mariée* (1950) et *Allons donc, papa!* (1951).
4. Robert La Guardia, *Monty*, p. 89.
5. Barron Hilton : Eric, le cadet, s'occupait du personnel et des affaires internes.
6. La lettre d'Elizabeth Taylor à Olive Wakeman provient des archives Conrad N. Hilton, Ecole hôtelière Conrad N. Hilton, Univer-sité de Houston, Houston, Texas.

Ont été interviewés pour ce chapitre : Yvonne Halsman, Eve Abbot Johnson, Ned Wynn, Mira Rostova, Luigi Luraschi, Patricia Bos-worth, Billy LeMassena, Ashton Greathouse, Carole Doheny, Curt Strand, Zsa Zsa Gabor, Joan Bennett, Tom Irish, Doris Lilly, Ann Cole, Betty Sullivan Precht et Cathleen Huck.

## Chapitre 8

1. *Quo Vadis?* A la fin des années 1949, la MGM avait proposé à John Huston de mettre le film en scène, et Huston avait envisagé de confier les rôles principaux à Elizabeth Taylor et Gregory Peck. Dans une lettre à l'auteur du 26 février 1991, le comédien écrit : « Je ne pense pas avoir vu le scénario définitif. J'ai eu en revanche deux ou trois conversations avec Huston qui, disait-il, voulait s'écarter

complètement de la version antérieure de Cecil B. DeMille. Il avait de *Quo Vadis?* une vision primitive, grossièrement équarrie.

« Je me suis rendu aux Costumes et j'ai enfilé une tenue de Romain. Manifestement, j'avais les mollets trop maigres et il m'aurait fallu des bottes spéciales – comme celles que je portai plus tard dans *David et Bethsabée*, pour la même raison. »

2. Selon l'autobiographie de Liz *(Elizabeth Taylor) : An Informal Memoir* et d'autres biographies qui suivirent, l'incident de l'hôtel Plaza se déroula un peu plus tard, après le début de l'idylle de Liz et Michael. Pourtant, d'après les archives de l'hôtel, il est daté de fin janvier 1951.

3. Après leur divorce, Elizabeth et Nicky se rencontrèrent plusieurs fois pour discuter de la possibilité d'une annulation, d'abord à New York puis à Westport, Connecticut, chez Howard Young, qui tenta vainement de trouver une solution au problème.

Ont été interviewés pour ce chapitre : Geoff Miller, Jake Holmes, Garnet I. Sherman, Martha Reed, Larry Peerce, marquise Emmita de Falaise, baron Alexis de Rede, Line Renaud, Claire Davis, Zsa Zsa Gabor, Joan Bennett, Stanley Donen, Betsy von Furstenberg, Patricia Hilton, Patricia Schmidlapp, Robert Quain et Penny Arun.

## Chapitre 9

1. Archives de la MGM, Los Angeles, Californie.

2. Stern Stewart : lettre à l'auteur du 31 mars 1990. Elizabeth récitait aussi aux réceptions ce *limerick* moins osé :
    – Qu'est-ce que je vous sers ?
    Demandait le garçon en se curant le blair.
    – Des œufs durs, sale dégoûtant !
    Au moins, tu fourreras pas tes doigts dedans !

3. Alexander Walker, *Liz la passion*, p. 137.

4. Fichiers du FBI, Washington, D.C.

5. *Ibid.*

6. Pour une autre version de cette anecdote, voir Steven Bach, *Marlene Dietrich : Life and Legend*, pp. 351-352. Voir aussi Maria Rivas, *Marlene Dietrich par sa fille*, pp. 62 et 658. Après avoir divorcé d'Elizabeth Taylor, Michael Wilding renoua une relation intermittente avec Marlene.

Ont été interviewés pour ce chapitre : Penny Arum, Marge Stengel, Leo Guild, Janet Leigh, Richard Thorpe, Stewart Stern, Stewart Granger, Zsa Zsa Gabor, Irene Mayer Selznick, Ava Gardner et Doris Lilly.

## Chapitre 10

1. Alexander Walker, *Liz la passion*.

2. Ce fut H. N. Swanson, le légendaire agent de Hollywood, qui porta le premier ce roman de Robert Standish à l'attention d'Eliza-

beth Taylor. Elle avait songé dans un premier temps à en acquérir les droits, mais avait renoncé par la suite à cette idée.

3. Finch, Andrews et Taylor déjeunèrent ensemble chaque jour au Lucy's El Adobe, un restaurant situé en face des studios Paramount. Ils revenaient en général tard sur le plateau et formaient ce que Finch qualifia de « Club J'm'en fous ».

4. Alexander Walker, *op. cit.*, p. 163.

5. Cf. également Stewart Granger, *Sparks Fly Upward*, p. 299, pour une version similaire de cette anecdote.

6. Archives de la Warner Brothers.

7. Phyllis Gates et Bob Thomas, *My Husband, Rock Hudson*, p. 66.

8. Voir aussi Joseph C. Hamilton, « Liz et moi », *Texas Monthly*, décembre 1989.

9. Alexander Walker, *op. cit.*, p. 165.

10. Sur les problèmes de santé d'Elizabeth Taylor, cf. Warner Brothers Interoffice Communications, USC.

11. Alexander Walker, *op. cit.*, p. 165.

12. *Ibid.*, p. 164.

13. Sur les rapports Taylor-Sinatra, on se reportera à Kitty Kelley, *Frank Sinatra*, p. 215.

Ont été interviewés pour ce chapitre : David Lewin, Armand Deutsch, H.N. Swanson, Stewart Granger, Dorismae Kerns, Oswald Morris, Richard Brooks, Ava Gabor, Kathryn Grayson, Joan Bennett, Dennis Hopper, Joseph C. Hamilton, Jeffrey Tanby, Terry Moore, James P. Knox, Lester Persky, Patricia Bosworth, Bily LeMasena, Joanna Casson, Jilly Rizzo, Gary Doctor, David McClintick et Miguel Ferreras.

## Chapitre 11

1. Phyllis Gates et Bob Thomas, *My Husband, Rock Hudson*, p. 118.

2. Alexander Walker, *Liz la passion*, p. 170.

3. *Ibid.*

4. Michael Todd Jr. et susan McCarthy Todd, *A Valuable Property*, p. 313.

5. *Ibid.*

6. *Ibid.*, pp. 313-314.

Ont été interviewés pour ce chapitre : Mike Todd Jr., Kevin McCarthy, docteur Rex Kennamer, Betsy Wolfe (Betsy Wolfe est un pseudonyme, un des rares utilisés dans ce livre), Evelyn Keyes, Kurt Frings et Stewart Granger.

## Chapitre 12

1. Chaym Goldbogen, le père de Mike Todd, avait toujours été considéré par son fils comme étant rabbin. Ni la Société rabbinique d'Amérique ni le Séminaire théologique juif ne font mention d'un rabbin Chaym Goldbogen dans leurs volumineux dossiers, d'où l'on

peut en conclure que Todd lui inventa ce titre afin de rehausser ses modestes origines.

2. Cf. Anne Chisholm et Michael Davie, *Lord Beaverbrooke : A Life*, p. 498.

3. Alexander Walker, *Liz la passion*, p. 175.

4. *Ibid.*

5. *Ibid.*

6. Les journaux du jour expliquaient que Todd et Taylor s'étaient envolés pour Acapulco, au Mexique, pour se marier immédiatement. Des témoins, toutefois, ont précisé que le couple avait d'abord pris un avion pour Los Angeles (via Reno) afin de rendre visite aux fils de Liz avant son mariage.

7. Cette anecdote a été fournie par Doris Lilly, qui la tenait apparemment directement de Mike Todd.

8. Mike Todd Jr. et Susan McCarthy Todd, *A Valuable Property*, p. 310.

9. Cette phrase se trouve dans Alexander Walker, *op. cit.*, p. 179.

10. *Ibid.*, p. 183.

11. Elizabeth Taylor ressortit la réplique de Todd quelques jours plus tard lors de leur apparition au show d'Ed Morrow, « Person to Person ».

Ont été interviewés pour ce chapitre : Earl Wilson, Evelyn Keyes, Ed Dmytryk, Eva Marie Saint, Gwin Tate, Betsy Wolfe, Orson Bean, Phillip Dunne, Pia Lindstrom, David Anderson, Eddie Fisher, Patsy Kline, Doris Lilly, Joe Hyams, Ernesto Baer, Henry Woodbridge, Jean Murray Vanderbilt, José Maria Bayona, Di Bronn, Alexandre, Rosa Estoria, Marc Bohan, Simone Noir, Hebe Dorsey, Diana Vreeland, James Galanos et Art Buchwald.

## Chapitre 13

1. La maison appartenait à l'agent immobilier qui avait été engagé par les Todd pour leur trouver une résidence dans la région. Après leur avoir fait visiter une douzaine d'endroits, l'agent invita Elizabeth et Mike à prendre un verre chez lui. Quand Elizabeth vit sa maison, elle dit à Todd : « C'est celle-là que je veux. » Todd paya donc à l'agent la somme de 50 000 dollars pour un an de loyer, et l'agent et sa famille passèrent les douze mois qui suivirent en Europe.

2. Avant qu'Elizabeth Taylor ne se manifeste, Grace Kelly avait été sérieusement pressentie pour le rôle de Maggie la Chatte. Mais Kelly épousa peu après le prince Rainier de Monaco, laissant le champ libre à Liz.

3. Joanne Woodward, l'épouse de Paul Newman, dit à Edward Z. Epstein, coauteur d'une biographie de Paul Newman, que les jeux de Taylor et Newman étaient complètement différents : « Dire que leur approche personnelle divergeait serait l'euphémisme du siècle. »

4. S. J. Perelman, qui avait signé le scénario du *Tour du monde en 80 jours*, avait déjà achevé une version acceptable du *Don Quichotte*. Mais la mort de Todd empêcha le projet d'aboutir.

5. La plupart des biographes d'Elizabeth Taylor ont évoqué cet avion sous le nom de *Lucky Liz*. Toutefois, des photos de l'appareil montrent bien qu'il s'appelait le *Liz*. Quoi qu'il en soit, le terme de « lucky » (chanceux) ne profita guère à Todd.

6. Elizabeth exigea 5 millions de dollars de la Compagnie de location d'avion Ayer, de Lyndon, dans le New Jersey, pour négligence criminelle. Le 20 février 1962, un tribunal fédéral de New York lui accorda 40 000 dollars, somme qui, après déductions légales, alla à un fonds en fidéicommis pour leur fille Liza Todd. Ce dérisoire dédommagement prouvait que le tribunal tenait Todd pour largement responsable de sa propre mort.

Ont été interviewés pour ce chapitre : Miguel Ferreras, Connie Wolf, Earl Wilson, Jack Smith, Jules Styne, Wayne C. Brockman, Marina Tal, Eddie Fisher, Truman Capote, Daphne Pereles, Kim Stanley, Burl Ives, Dame Judith Anderson, Meade Roberts, Richard Brooks, Kurt Frings, Bob Willoughby et Eva Guest.

## Chapitre 14

1. Le 3 mars 1959, Elizabeth Taylor reviendra au Jewish Waldheim Cemetery pour assister à la cérémonie de consécration de la pierre tombale de Mike Todd. On y avait fait graver simplement : « Avrom Hirsch Goldbogen – Michael Todd – 22 juin 1908, 22 mars 1958. » En juin 1977, des pilleurs de tombes saccagèrent le cercueil de Todd et volèrent ses restes. Ils croyaient, semble-t-il, qu'un anneau en diamants d'une valeur de 100 000 dollars avait été inhumé avec le cadavre. Quelques jours plus tard, on retrouva à l'extérieur du cimetière un sac contenant les restes de Todd.

2. Alexander Walker, *Liz la passion*, p. 360.

3. Au moment où elle achevait *La Chatte sur un toit brûlant*, Elizabeth apprit que le fisc avait demandé l'ouverture d'une enquête sur les dernières déclarations d'impôts de Mike Todd. Cela suggérait qu'on soupçonnait une fraude. Au bout d'un an, l'enquête fut close sur un non-lieu.

4. Hedda Hopper et James Brough, *The Whole Truth and nothing But*, pp. 20-21.

Ont été interviewés pour ce chapitre : Eva Guest, docteur Rex Kennamer, Irene Sharaff, Daniel Stewart, Eddie Fisher, Richard Brooks, Eva Marie Saint, Burl Ives, Stewart Granger, Ken McKnight, Jane Ellen Wayne, Angela R. Sweeney, Rick Ingersoll, Mark Grossinger Etiss, Milton Lerner, Tania Grossinger, Al Melnick, Earl Wilson et Elaine Etess.

## Chapitre 15

1. Debbie Reynolds et David patrick Columbia, *Debbie : My Life*, pp. 189-190.

2. Alexander Walker, *Liz la passion*, p. 208.

3. Kitty Kelley, *Elizabeth Taylor, la dernière star*, p. 162. Kitty Kelley donne aussi un récit détaillé de la noce.

4. Alexander Walker, *op. cit.*, p. 211 ; voir aussi les divers comptes rendus de cette journée parus dans la presse.

5. Gore Vidal, lettre à l'auteur, 2 avril 1990.

6. Deux autres versions de *Cléopâtre* furent réalisées. Celle de Cecil B. DeMille (1934), avec Claudette Colbert dans le rôle-titre. Puis la somptueuse version de 1945, avec Vivien Leigh, qui sera le film le plus coûteux de l'histoire du cinéma britannique.

7. Alexander Walker, *op. cit.*, p. 219.

8. Mike Stein, *Hollywood Speaks : An Oral History*, p. 175.

9. Alexander Walker, *op. cit.*, pp. 219-220. Harvey et Elizabeth se lieront d'amitié au cours du tournage, mais ils ne seront jamais aussi proches qu'Elizabeth a voulu le faire croire.

Ont été interviewés pour ce chapitre : Lillian Burns Sydney, Eddie Fisher, Ken McKnight, Earl Wilson, Al Melnick, Rick Ingersoll, Fran Holland, Robert Serebrenik, Saul Lieberman, Bill Davidson, Ruth Nussbaum, Ann Straus, Dorismae Kerns, Gloria Luchenbill, Bob Willoughby, Truman Capote, Zsa Zsa Gabor, Jack Hildyard, Joseph L. Mankiewicz, Evelyn Keyes, Christopher Mankiewicz, Jean Murray Vanderbilt, Mary Jane Picard, David Brown, Daniel Mann et John Jiras.

## Chapitre 16

1. L'association avait été constituée par l'avocat Martin Gang de Los Angeles. Fisher possédait 147 actions ordinaires, Elizabeth 148. Domiciliée en Suisse, l'association devait permettre à Elizabeth Taylor de payer un peu moins d'impôts sur ses gigantesques revenus.

2. Shelley Winters, *Shelley II : The Middle* of *My Century*, pp. 342-347.

3. Durant le voyage d'Eddie Fisher à Hollywood, Elizabeth reçut deux fois des menaces de kidnappeurs dirigées contre ses enfants, qui vivaient avec elle au Dorchester. L'enquête, confiée à Scotland Yard, n'a pas entraîné d'arrestations.

4. Alexander Walker, *Liz la passion*, p. 228, pour un récit détaillé de cet incident.

5. En 1961, quand Elizabeth prononça ce discours, l'hôpital s'appelait encore le Cedars of Lebanon-Mt. Sinai Hospital Medical Center. Le dîner de bienfaisance, auquel assistaient un millier d'invités, rapporta plus de 7 millions de dollars, dont une partie fut consacrée à la recherche médicale.

6. Kitty Kelley, *Elizabeth Taylor, la dernière star*, pp. 182-187.

Ont été interviewés pour ce chapitre : Ronald Peters, John Valva, Rock Brynner, Ken McKnight, Lyle Stuart, Eddie Fisher, Tania Grossinger, Floyd Patterson, Lester Lanin, Art Buchwald, Charles Poletti, Dale Wasserman, Jackie Park, Jack Hildyard, Joanna Casson, Shelley Vanger et Max Lerner.

## Chapitre 17

1. Burton décrit lui-même sa première rencontre avec Elizabeth dans un petit ouvrage qu'il publia plus tard sous le titre *Meeting Mrs. Jenkins*.
2. Brad Geagley interviewa Tom Mankiewicz, le frère cadet de Chris, qui prit la place de Chris lors de la seconde moitié de *Cléopâtre*.
3. Le 27 février 1962, Eddie Fisher donna une fête pour les trente ans d'Elizabeth chez Alfredo, l'un des restaurants les plus célèbres de Rome. Entre autres, il y invita ses parents, sachant qu'en leur présence elle aurait à cœur de se bien comporter. Il espérait que cela pourrait mettre fin à sa liaison avec Burton. Ce ne fut pas le cas.

Ont été interviewés pour ce chapitre : Samuel Leve, Truman Capote, Eve Abbot Johnson, Eli Wallach, Douglas Kirkland, Marc Bohan, Donald Sanderson, docteur Rex Kennamer, Patricia Seaton, George Carpozi Jr., Audrey Hepburn, Horst Haechler, Irene Sharaff, Richard Burton, Joseph L. Mankiewicz, docteur Stanley Mirsky, Franz Fah, Hedi Donizetti-Mullener, Stewart Granger, Newton Steers Jr., Eddie Fisher, John Valva, Christopher Mankiewicz, David Lewin, Zsa Zsa Gabor, Brad Geagley, David Jenkins, Dale Wasserman, Philip Dunne, Stephanie Wanger, Ken McKnight et Bert Stern.

## Chapitre 18

1. Alexander Walker, *Liz la passion*, p. 253.
2. Melvyn Bragg, *Richard Burton, sa vie, ses carnets intimes*, p. 167.
3. *Ibid.*
4. Alexander Walker, *op. cit.*, p. 261. Walker, qui a également interrogé Graham Jenkins, l'entendit aussi comparer la visite d'Elizabeth au pays de Galles à une campagne électorale destinée à aller à la pêche aux suffrages.
5. S. J. Perelman, *Don't Tread on Me : The Selected Letters of S. J. Perelman*, p. 222.
6. Il s'agissait de la fondation Deveroux, Devon, Pennsylvanie. Plus tard, Richard Burton commanda un film pour présenter cet établissement et collecter des fonds.
7. Gerald Clarke, *Truman Capote*, p. 237.

Ont été interviewés pour ce chapitre : John Valva, Michael Mindlin, Meade Roberts, Jerry Pam, Sue Lyons, John Huston, Ramon Castro, Sonia Rosenberg, Pico Pardo, Jane Ober, Stephen Birmingham, Budd Schulberg, Nelly Barquet, Guillermo Wulff, Lupe Wulff, Brad Geagley, Joseph L. Mankiewicz, Chris Mankiewicz, Elmo Williams, Franz Fah, David Jenkins, Graham Jenkins et Ava Gardner.

## Chapitre 19

1. Eddie Fisher, *Eddie : My life, My loves* , p. 217.
2. *New York Post* du 6 juillet 1994, p. 14.

3. Les passages concernant Jordan Christopher proviennent d'extraits non publiés du journal de l'actrice Rachel Roberts. Ce journal nous a été fourni par l'intermédiaire de Harper Collins, Inc.
4. Notes de production, Warner Brothers.

Ont été interviewés pour ce chapitre : John Valva, Earl Wilson, Tom Snyder, Jack Smith, Meade Roberts, Gerald Clarke, Truman Capote, Richard Meryman, Eva Marie Saint, Martin Ransohoff, Edmund Kara, Rock Brynner, Hollis Alpert, Radie Harris, Rachel Roberts et David Lewin.

## Chapitre 20

1. Neville Coghill Papers : Université d'Oxford.
2. Marlon Brando, *Les Chansons que m'apprenait ma mère*, pp. 254-256.
3. Michel Ciment, *Le Livre de Losey*, Ramsay, 1986.

Ont été interviewés pour ce chapitre : Robert Littman, Gerald Ayers, Truman Capote, Gisella Orchin, Robert Gardiner, Julie Harris, Robert Christedes, François de Lamothe, Françoise Javet, Jerry Vermilye, baron Alexis de Rédé, Tony Morgan, Sylvie Romain et Mia Farrow.

## Chapitre 21

1. Melvyn Bragg, *Richard Burton, sa vie, ses carnets intimes*, p. 258.
2. *Ibid.*, p. 253.
3. Elle se fit ainsi une ennemie de plus, Charlotte Selwyn, actrice britannique de vingt-quatre ans qui devait faire ses débuts au cinéma. Le nom d'Elizabeth n'apparaît pas au générique ; les producteurs trouvèrent l'aventure « amusante ».
4. Kitty Kelley, *Elizabeth Taylor, la dernière star*, p. 257.
5. L'amie en question apporta à Rose Stoler la photo d'Elizabeth Taylor. Rose lut alors l'avenir de Liz dans le tarot. L'amie revint à deux autres reprises avec la photo de Liz pour que Rose Stoler lui lise à nouveau l'avenir.
6. A l'époque où elle jouait dans *Une belle tigresse!*, elle était la femme de Michael Wilding, le deuxième mari d'Elizabeth Taylor.
7. Berkeley avait été marié à Vicky Tiel, que les Burton avaient aidée à monter sa maison de couture dans le quartier de Saint-Germain-des-Prés.
8. Kitty Kelley, *Elizabeth Taylor, la dernière star*, op. cit., p. 279.

Ont été interviewés pour ce chapitre : Jerry Vermilye, Meade Roberts, Roger Fillistorf, Hedi Donizetti-Mullener, Kevin McCarthy, Meryl Earl, Charles Jarrott, Ron Galella, John Valva, Rose Stoler, Nicole Valier, Ted H. Jordan, Billy Williams, Brian Hutton, Jerry Pam, Ed Dmytryk, J. Cornelius Crean, Leon Askin et Joseph Losey.

## Chapitre 22

1. A l'époque où Richard Burton donnait des cours à Oxford, Liz et lui séjournaient chez leur amie Sheran Cazalet, l'épouse de Simon Horby, dans leur propriété de Pusey, dans l'Oxfordshire.
2. Voir également Paul Ferris, *Richard Burton*, pour une version légèrement différente de l'interview donnée par Hussein à l'auteur de ce livre.
3. Alexander Walker, *Liz la passion*, p. 319.

Ont été interviewés pour ce chapitre : Linda Ashland, Andy Warhol, Jan Ober, Edward Dmytryk, George Barrie, Martin Poll, Stanley Echelbaum, Billy Williams, Waris Hussein, Larry Peerce, Dominick Dunne, Maurice Teynac, Monique Van Vooren, Raymond Vignale et Maureen Taylor.

## Chapitre 23

1. Voir l'interview de Dominick Dunne dans James Spada, *Peter Lawford : The Man Who Kept the Secrets*, pp. 421-422.
2. Bob Colacello, *Holy Terror : Andy Warhol Close Up*, p. 152. Les autres références à Warhol présentes dans ce chapitre s'inspirent du même ouvrage.
3. Melvyn Bragg, *Richard Burton, sa vie, ses carnets intimes*, p. 419.
4. Avant de partir d'Oroville, Taylor devint amie avec l'un des acteurs secondaires de *L'Homme du clan*, O. J. Simpson, qui en 1974 fut le premier à passer du terrain de football au grand écran.
5. Alexander Walker, *Liz la passion*, p. 323, et plus spécialement son récit du jugement de divorce.
6. « Elizabeth Taylor : ma vie est un peu compliquée », *McCall's*, juin 1976.
7. Kitty Kelley, *Elizabeth Taylor, la dernière star*, p. 313.
8. Archives de la Cour supérieure de Los Angeles, division civile, *Wynberg contre Taylor*, Procès du parfum « Poison », décembre 1990.
9. Alexander Walker, *op. cit.*, p. 327.
10. *Ibid.*

Ont été interviewés pour ce chapitre : Patricia Seaton, Henry Wynberg, Peter Lawford, Andy Warhol, Victor Bockris, Bob Colacello, Raymond Vignale, Gwen Davis, Phil Stern, Truman Capote, Max Lerner, Richard Stanley, Ava Gardner, Jonas Gritzus, Paul Maslansky, Cindy Adams, Tony Brenna, Maya Plisetskaya, Marguerite Glatz et Chen Sam.

## Chapitre 24

1. Melvyn Bragg, *Richard Burton, sa vie, ses carnets intimes*, p. 434.

Ont été interviewés pour ce chapitre : Hedi Donizetti-Mullener, Henry Wynberg, Peter Lawford, Harvey Herman, Patricia Seaton,

Halston, Doris Lilly, Ardeshir Zehedi, Firooz Zehedi, docteur Louis Scarrone, Ronnie Stewart, Marian Christy, Frances Spatz Leighton, Claudia del Monte, Andy Warhol, Edward Carrachi, Sharon Churcher, Brigid Berlin, Bob Colacello, Allan Wilson, Lady Frances Ramsbotham, Teddy Vaughn, Gregg Risch, Rudy Maxa, amiral Thomas Moorer et Chuck Conconi.

## Chapitre 25

Ont été interviewés pour ce chapitre : sénateur John Warner, Stephen Bauer, George Coleman, Garry Clifford, Newton Steers Jr., Harriet Wasserman, James Mitchell, Stephen Sondheim, Heinz Lazek, Bette Davis, Zak Taylor, Gwin Tate, John Springer, Ina Ginsburg, Florence Klotz, Halston, Philip P. Smith, révérend S. Nagle Morgan, Jackie Park, Joa Rivers, Lee Woolfert, Joyce Laabs, Felice Quinto, Steve Rubell, Steven Gaines, Sara Lithgow, Joel Broyhill, James Prideaux, Oray, Henry Wynberg, Hannon Bell, Richard Stanley, Lester Persky, Sam Frank, Arthur Green, Cindy Adams, Michael Mullins, Harriet Meth, David McGough, Joey Adams, Dominique D'Ermo, Jerry Hieb, Wyatt Dickerson, Hank Lampey, Ronnie Stewart et Guy Hamilton.

## Chapitre 26

1. Journal de R. Burton : date du 16 mai 1970.
2. Article de Marie Brenner dans le magazine *New York* du 9 mai 1983.
3. Peter Feibleman, *Lilly : Reminiscences of Lillian Hellman*, p. 261.
4. Kitty Kelley, *Elizabeth Taylor, la dernière star*, p. 399.
5. Elizabeth Taylor, *Elizabeth dit tout*, p. 93.
6. Nancy Reagan & William Novak, *A mon tour*.
7. Kitty Kelley, *op. cit.*, p. 40.
8. Charlotte Chandler, *The Ultimate Seduction*, pp. 27-28.
9. Elizabeth Taylor, *op. cit.*, p. 103.
10. Procès de Taylor contre ABC, 1982 : En 1994-1995, Taylor eut une réaction similaire lorsque le producteur Lester Persky acquit les droits télévisuels de cette biographie, droits qu'il revendit à NBC. Représentée par son avocat Neil Papiano, Taylor tenta de poursuivre séparément NBC, l'auteur de la biographie (C. David Heymann), l'éditeur du livre (Carol Publishing Group), le scénariste (Gerald Ayres) et Lester Persky Productions. Ne parvenant pas à obtenir une injonction interdisant la publication du livre, la production et la distribution de la série télévisée, l'actrice jura de demander des dommages et intérêts une fois le programme de NBC diffusé.
11. Interview d'Elizabeth Taylor par Marie Brenner, *New York Magazine*, 9 mai 1983.
12. Terry Oppenheimer, *Idol : Rock Hudson*, p. 247.
13. Sharon Churcher, *New York Confidential*, p. 132.
14. Melvyn Bragg, *Richard Burton, sa vie, ses carnets intimes* (journal des 13-16, 20, 22 et 23 mars 1983).

15. Graham Jenkins, *Richard Burton, mon frère*, pp. 237-239.

Ont été interviewés pour ce chapitre : Austin Pendleton, Florence Klotz, Joseph Hardy, Hugh L. Hurd, Agnes Ash, Ed Safdie, A. Scott Berg, Felice Quinto, Richard Broadhurst, Maureen Stapleton, Gwin Tate, Patricia Seaton, Elaine Young, Zak Taylor, Sharon Churcher, Susan Licht, Baz Bamigboye, Jonathan Gems, Sharon Nobel, Stanley Levy, Phil Blazer, Ronald Munchnick, Arnold Levy, Daphne Davis, Patti Taylor, Sarah Booth Convoy, Wendy Sahagen, Nancy Casey, Didi Drew, docteur Rex Kennamer, Russell Turiak et Stewart Granger.

## Chapitre 27

1. Sharon Churcher, *New York Confidential*, p. 134.
2. Graham Jenkins, *Richard Burton, mon frère*, p. 242.
3. *Ibid.*, p. 245.
4. Patricia Seaton Lawford et Ted Schwarz, *The Peter Lawford Story : life with the Kennedys, Monroe and the Rat Pack*, p. 227.
5. Terry Oppenheimer, *Idol : Rock Hudson*, pp. 220-222.
6. Rock Hudson (avec Sara Davidson), *Mon histoire*, p. 303.
7. Terry Oppenheimer, *op. cit.*, p. 241.
8. Rock Hudson (avec Sara Davidson), *op. cit.*, p. 303.
9. Terry Oppenheimer, *op. cit.*, p. 241.
10. *Ibid.*, p. 247.

Ont été interviewés pour ce chapitre : Peggy Lee, Russell Turiak, Jonathan Gems, Baz Bamigboye, Esme Chandler, Patricia Seaton, Frances Wall, Kirk Kerber, Zak Taylor, Elaine Young, Dennis Stein, Don Fauntleroy, Bob Guccione, Doris Lilly, Virginia Graham, Steven Gaines, Beverly Ecker, Gloria Rodriguez, Ben Smothers, Zsa Zsa Gabor, Judith Van der Molen, Mart Crowley, Arthur Seidelman, Merrya Small, Liz Torres, Beth Kummerfeld, Wayne Anderson, Al Evans, Eve Abbott Johnson, Celia Lipton Farris, Ronnie Britt, Alec Byrne, Robert Rosenblum, Robert Wooley, Sharon Churcher, Henry Wynberg, David McGough, Lisa Rubenstein et Patti Taylor.

## Chapitre 28

1. Judy Kessler, *Inside People : The Stories Behind the Stories*, p. 240.
2. Ronald Kessler, *The Richest Man in the World : The Story of Adman Khashoggi*, p. 170.
3. *Ibid.*, pp. 168, 169, 171.
4. Michael Jackson, *Moonwalk*, p. 281.
5. Randy Taraborrelli, *Michael Jackson : The Magic and the Madness*, p. 390.
6. Judy Kessler, *op. cit.*, pp. 241-242.
7. *Ibid.*, p. 246.

Ont été interviewés pour ce chapitre : William H. Stadiem, Karin Fleming, Alec Byrne, Baz Bamigboye, Beth Kummerfeld, David McGough, Gerald Ayres, Malcolm Forbes, Cindy Adams, Doris Lilly, James Mitchell, Patricia Seaton, Christian Moulin, Hollis Alpert, Kathryn Livingston.

# Bibliographie *

Adams, Edie, & Robert Windeler : *Sing a Pretty Song... The « Off-beat » Life of Edie Adams*. New York : William Morrow, 1990.

Adams, Joey, *Here's to the Friar : The Heart of Show Business*. New York : Crown Publishers, 1976.

– *Roast of the Town*. New York : Prentice-Hall, 1986.

Adams, Leith, & Keith Burns : *James Dean : Behind the Scene*. New York : Carol, 1990.

Adler, Bill : *Elizabeth Taylor, Triumphs and Tragedies*. New York : Ace Books, 1982.

Agee, James : *Agee on Film*. New York : McDowell-Obolensky, 1958.

*All-Star Tribute to Elizabeth Taylor*. CBS-TV, December 1, 1977.

Allan, John B. : *Elizabeth Taylor*. Derby, Conn. : Monarch Books, 1961.

Allyson, June, & Frances Spitz Leighton : *June Allyson*. New York : G. P. Putnam's Sons, 1982.

Alpert, Hollis : *Burton* New York : G. P. Putnam's Sons, 1986.

*America's All-Star Tribute to Elizabeth Taylor*, ABC-TV, March 9, 1989.

Andersen, Christopher : *Citizen Jane, la vie turbulente de Jane Fonda*. Robert Laffont, 1991.

Angeli, Daniel, & Jean-Paul Dousset : *Private Pictures*. New York : Viking Press, 1980.

Anger, Kenneth : *Hollywood Babylon*. Paris : J.-J. Pauvert, 1959.

– *Hollywood Babylon II*. New York : E. P. Dutton, 1984.

Astor, Mary : *My Story*. New York : Doubleday, 1959.

Atwan, Robert, & Bruce Forer, eds : *Bedside Hollywood : Great Scenes From Movie Memoirs*. New York : Nimbus Books, 1985.

Avedon, Richard : *Photographs : 1947-1977*. New York : Farrar, Straus & Giroux, 1978.

Bacall, Lauren : *Par moi-même*. Paris : Stock, 1979.

* Les ouvrages dont la référence est donnée en anglais n'ont pas été publiés en France. Pour les autres, nous signalons l'édition française.

Bach, Steven : *Marlene Dietrich : Life and Legend*. New York : William Morrow, 1992.

Bacon, James : *Hollywood Is a Four-Letter Town*. Chicago : Henry Regnery, 1976.

Baker, Carroll : *Baby Doll : An Autobiography*. New York : Arbor House, 1983.

Barrett, Rona : *Miss Rona : An Autobiography*. Los Angeles : Nash, 1974.

Barrow, Andrew : *GOSSIP : A History of High Society From 1920-1970*. New York : Coward McCann & Geoghegan, 1979.

Bauer, Stephen M., & Frances Spatz Leighton : *At Ease in the White House : The Uninhibited Memoirs of a Presidential Social Aide*. New York : Birch Lane Press, 1991.

Behlmer, Ruby, & Tony Thomas : *The Movies About the Movies : Hollywood's Hollywood*. Secausus, N. Jers. : Citadel Press, 1975.

Bell, Simon, Richard Curtis & Helen Fielding : *Who's Had Who*. New York : Warner, 1990.

Bentley, Eric : *Are You Now or Have You Ever Been : The Investigation of Show Business by the Un-American Activities Committee, 1947-1958*. New York : Harper Colophon, 1972.

Bergen, Candice : *Knock Wood*. New York : Lindon Press, 1984.

Berger, Marilyn : *The Beautiful People*. New York : Coward-McCann, 1967.

Birmingham, Stephen : *Duchess : The Story of Wallis Warfield Windsor*. Boston : Little, Brown, 1981.
– *Jacqueline Bouvier Kennedy Onassis*. New York : Grosset & Dunlap, 1978.

Black, Shirley Temple : *Enfant Star, autobiographie*. Paris : Édition°1, 1991.

Bloom, Claire : *Limelight and After : The Education of an Actress*. New York : Harper & Row, 1982.

Bockris, Victor : *Andy Warhol*. Paris : Plon, 1990.

Boller, Paul F., Jr., & Ronald L. Davis : *Hollywood Anecdotes*. New York : Ballantine Books, 1987.

Bolton, Whitney : *The Silver Spade : The Conrad Hilton Story*. New York : Farrar, Straus & Young, 1954.

Bookbinder, Robert : *The Films of the Seventies*. Secaucus, N. Jers. : Citadel Press, 1982.

Bosworth, Patricia : *Montgomery Clift, portrait d'un rebelle*. Paris : Mercure de France, 1982.

Bradshaw, Jon : *Dreams That Money Can Buy : The Tragic Life of Libby Holman*. New York : William Morrow, 1985.

Brady, Frank : *Citizen Welles : A Biography of Orson Welles*. New York : Charles Scribner's Sons, 1989.
– *Onassis : An Extravagant Life*. Englewood Cliffs, N. Jers. : Prentice-Hall, 1977.

Bragg, Melvyn : *Richard Burton, sa vie, ses carnets intimes*. Paris : Presses de la Renaissance, 1989.

Brando, Marlon (avec Robert Lindsey) : *Les Chansons que m'apprenait ma mère*. Paris : Belfond, 1994.

466

Brochu, Jim : *Lucy in the Afternoon : An Intimate Memoir of Lucille Ball*. New York : William, Morrow, 1990.

Brode, Douglas : *The Films of the Sixties : From La Dolce Vita to Easy Rider*. Secaucus, N. Jers. : Citadel Press, 1980.

– *Lost Films of the Fifties*. Secaucus, N. Jers. : Citadel Press, 1988.

Brodsky, Jack, & Nathan Weiss : *The Cleopatra Papers : A Private Correspondence*. New York : Simon & Schuster, 1963.

Brough, James : *The Fabulous Fondas*. New York : David McKay, 1973.

Brouwer, Alexandra, & Thomas Lee Wright : *Working in Hollywood*. New York : Crown Publishers, 1990.

Brown, David : *Let Me Entertain You*. New York : William Morrow, 1990.

Brown, Eric : *Deborah Kerr*. New York : St. Martin's Press, 1978.

Brown, Peter Harry : *Kim Novak : Reluctant Goddess*. New York : St. Martin's Press, 1986.

– *Such Devoted Sisters : Those Fabulous Gabors*. New York : St. Martin's Press, 1985.

– & Patte B. Barham : *Marilyn, histoire d'un assassinat*. Paris : Pocket, 1993.

Brownlow, Kevin : *Hollywood : The Pioneers*. New York : Knopf, 1979.

– & Pamela Ann Brown : *The MGM Girls : Behind the Velvet Curtain*. Edited by Toni Lopopolo. New York : St. Martin's Press, 1983.

Brynner, Rock : *Yul : The Man Who Would Be King : A Memoir of Father and Son*. New York : Simon & Schuster, 1989.

Buchwald, Art : *How Much Is That in Dollars?* Cleveland and New York : World, 1961.

– *Son of the Great Society*. London : Weidenfield & Nicolson, 1967.

Buckle, Richard, ed. : *Self Portrait With Friends : The Collected Diaries of Cecil Beaton, 1926-1974*. New York : Times Books, 1979.

Burck, Margaret Tante : *Are the Stars Out Tonight? The Story of the Famous Ambassador and Cocanut Grove « Hollywood's Hotel »*. Los Angeles : Round Table West, 1980.

Burton, Philip : *Early Doors : My Life and the Theatre*. New York : Dial Press, 1969.

Burton, Richard : *A Christmas Story*. London : Heinemann, 1965.

– *Meeting Mrs. Jenkins*. New York : William Morrow, 1966.

Cafarakis, Christian : *The Fabulous Onassis : His Life and Loves*. New York : Pocket Books, 1973.

Caine, Michael : *What's It All About? An Autobiography*. New York : Turtle Bay Books, 1992.

Capote, Truman : *A Capote Reader*. New York : Random House, 1987.

Carey, Gary : *Katharine Hepburn : A Hollywood Yankee*. New York : St. Martin's Press, 1983.

– *Marlon Brando : The Only Contender*. New York : St. Martin's Press, 1985.

Carpozi, George, Jr. : *Poison Pen : The Unauthorized Biography of*

*Kitty Kelley.* New York: Barricade Books, 1991.

– *The Real Story: Liz Taylor.* New York: Manor Books, 1990.

Carter, Ernestine: *Magic Names of Fashion.* Englewood Cliffs, N. Jers.: Prentice-Hall, 1980.

Cary, Dianna Serra: *Hollywood's Children: An Inside Account of the Child Star Era.* Boston: Houghton-Mifflin, 1979.

Cassini, Igor, & Jeanne Molli: *I'd Do It All Over Again.* New York: G. P. Putnam's Sons, 1977.

Cazalet-Keir, Thelma: *From the Wings.* London: Bodley Head, 1967.

Cerasini, Marc: *O. J. Simpson: American Hero, American Tragedy.* New York: Pinnacle Books, 1994.

Chandler, Charlotte: *The Ultimate Seduction.* Garden City, N. Y.: Doubleday, 1984.

Chapin, Lauren, & Andrew Collins: *Father Does Know Best: The Lauren Chapin Story.* Nashville: Thomas Nelson, 1989.

Charisse, Cyd, & Tony Martin: *The Two of Us.* New York: Mason-Charter, 1976.

Chisholm, Anne, & Michael Davie: *Lord Beaverbrook: A Life.* New York: Knopf, 1993.

Churcher, Sharon: *New York Confidential.* New York: Crown Publishers, 1986.

Clark, Tom, & Dick Kleiner: *Rock Hudson: Friend of Mine.* New York: Pharos Books, 1989.

Clarke, Gerald: *Truman Capote.* Paris: Gallimard, 1990.

Cohn, Art: *The Nine Lives of Michael Todd.* New York: Random House, 1958.

Colacello, Bob: *Holy Terror: Andy Warhol Close Up.* New York: Harper Collins, 1990.

Cole, Gerald, & Wes Farrell: *The Fondas.* London: W. H. Allen, 1984.

Collier, Peter, & David Horowitz: *Les Kennedy, une dynastie américaine.* Paris: Payot, 1985.

Collins, Joan: *Passé imparfait.* Paris: Carrere-Lafon, 1986.

Collins, Nancy: *Hard to Get.* New York: Random House, 1990.

Conrad, Barnaby: *Time Is All We Have: Four Weeks at the Betty Ford Center.* New York: Arbor House, 1986.

Considine, Shaun: *Bette and Joan: The Divine Feud.* New York: E. P. Dutton, 1989.

Cook, Bruce: *Dalton Trumbo.* New York: Charles Scribner's Sons, 1977.

Cottrell, John, & Fergus Cashin: *Richard Burton: Very Close Up.* Englewood Cliffs, N. Jers.: Prentice-Hall, 1971.

Coursodon, Jean-Pierre, & Pierre Sauvage: *American Directors: Vol. I & II.* New York: McGraw-Hill, 1983.

Crist, Judith: *The Private Eye, the Cowboy and the Very Naked Girl: Movies From Cleo to Clyde.* New York: Holt, Rinehart & Winston, 1968.

Cronkite, Kathy: *On the Edge of the Spotlight.* New York: Warner Books, 1981.

Cronyn, Hume: *A Terrible Liar: A Memoir.* New York: William Morrow, 1991.

Crowther, Bosley : *Hollywood Rajah : The Life and Times of Louis B. Mayer.* New York : Henry Holt, 1960.

Culme, John, & Nicholas Rayner : *The Jewels of the Duchess of Windsor.* New York : Vencome Press, in association with Sotheby's, 1987.

Curti, Carlo : *Skouras : King of Fox Studios.* Los Angeles : Holloway House, 1967.

Curtis, Charlotte : *The Rich and Other Atrocities.* New York : Harper & Row, 1976.

Dabney, Thomas Ewing : *The Man Who Bought the Waldorf : The Life of Conrad N. Hilton.* New York : Duell, Sloan & Pierce, 1950.

Dalton, David : *James Dean, le rebelle.* Paris : Le Sagittaire, 1975.

Daniell, John : *Ava Gardner.* New York : St. Martin's Press, 1982.

D'Arcy, Susan : *The Films of Elizabeth Taylor.* Bembridge : BCW Publishing, 1977.

David, Lester, & Jhan Robbins : *Richard and Elizabeth.* New York : Funk & Wagnalls, 1977.

Davidson, Bill : *The Real and the Unreal.* New York : Harper Brothers, 1960.

– *Spencer Tracy, Tragic Idol.* New York : E. P. Dutton, 1987.

Davis, Daphne : *Stars.* New York : Stewart, Tabori & Chang, 1983.

Davis, Ronald L. : *Hollywood Beauty : Linda Darnell and the American Dream.* Norman, Okl., and London : University of Oklahoma Press, 1991.

Deschner, Donald : *The Complete Films of Spencer Tracy.* Secaucus., N. Jers., Citadel Press, 1968.

Deutsch, Armand : *Me and Bogie, and Other Friends and Acquaintances From a Life in Hollywood and Beyond.* New York : G. P. Putnam's Sons, 1991.

Dickens, Homer : *The Films of Barbara Stanwyck.* Secaucus, N. Jers. : Citadel Press, 1984.

– *The Films of Katharine Hepburn.* Secausus, N. Jers. : Citadel Press, 1971.

Dietz, Howard : *Dancing in the Dark.* New York : Quadrangle Books, 1974.

Dmytryk, Edward : *Its a Hell of a Life But Not a Bad Living.* New York : New York Times Books, 1978.

Doria, Luciano : *Burton-Taylor : Les Magnifiques.* Montréal : La Presse, 1973.

Douglas, Kirk : *Le Fils du chiffonnier.* Paris : Albin Michel, 1994.

Douglas, Peter : *Clint Eastwood Movin' On.* Chicago : Henry Regnery, 1974.

Dundy, Elaine : *Finch, Bloody Finch : A Life of Peter Finch.* New York : Holt, Rinehart & Winston, 1980.

Dunne, Philip : *Take Two : A Life in Movies and Politics.* New York : McGraw-Hill, 1980.

Eames, John Douglas : *La Fabuleuse Histoire de la Metro Goldwyn Mayer en 1714 films.* Paris : Le Livre de Paris, Odège, 1977.

Earley, Steven C. : *An Introduction to American Movies.* New York : American Library, 1978.

Eastman, John : *Retakes : Behind the Scenes of 500 Classic Movies.* New York : Ballantine Books, 1989.

Eddy, Mary Baker : *Science and Health With Key to the Scriptures.* Boston : First Church of Christ, Scientist, 1903.

Edelson, Edward : *Great Movie Spectaculars.* Garden City, N. Y. : Doubleday, 1976.

Edwards, Anne : *Katharine Hepburn, le charme et le courage.* Paris : Perrin, 1987.

– *Vivien Leigh.* New York : Pocket Books, 1977.

Eells, George : *Hedda and Louella.* New York : G. P. Putnam's Sons. 1972.

– *Malice in Wonderland.* New York : Lorevan, 1985.

– *Robert Mitchum : A Biography.* New York : Franklin Watts, 1984.

Ehrlichman, John : *Witness to Power.* New York : Simon & Schuster, 1982.

Eisenhower, Julie Nixon : *Pat Nixon : The Untold Story.* New York : Simon & Schuster, 1986.

Ellison, Katherine : *Imelda : Steel Butterfly of the Philippines.* New York : McGraw-Hill, 1988.

Emal, Janet : *Light and Healthy Microwave Cooking.* Tucson, Ariz. : HP Books, 1986.

Englund, Steven : *Grace of Monaco.* New York : Kensington, 1984.

Ephron, Delia : *Funny Sauce.* New York : Penguin, 1986.

Epstein, Edward Jay : *The Rise and Fall of Diamonds : The Shattering of a Brilliant Illusion.* New York : Simon & Schuster, 1982.

Evans, Peter : *Ari, la vie et le monde d'Aristote Onassis.* Paris : Presses de la Renaissance, 1987.

Fairchild, John : *Chic Savages.* New York : Simon & Schuster, 1989.

Farber, Stephen, & Marc Green : *Hollywood Dynasties.* New York : Delilah, 1984.

Faulkner, Trader : *Peter Finch : A Biography.* New York : Taplinger, 1979.

Feibleman, Peter : *Lilly : Reminiscences of Lillian Hellman.* New York : William Morrow, 1989.

Fein, Irving A. : *Jack Benny : An Intimate Biography.* New York : G. P. Putnam's Sons, 1976.

Ferris, Paul : *Richard Burton.* New York : Coward-McCann, 1981.

Finch, Christopher : *Rainbow.* New York : Grosset & Dunlap, 1976.

Fisher, Carrie : *Bons Baisers d'Hollywood.* Paris : J'ai Lu, 1991.

Fisher, Eddie : *Eddie : My Life, My Loves.* New York : Harper & Row, 1981.

Flamini, Roland : *Ava : A Biography.* New York : Coward-McCann, 1983.

Fontaine, Joan : *No Bed of Roses.* New York : William Morrow, 1978.

Fonteyn, Margot : *Margot Fonteyn : Autobiography.* New York : Warner Books, 1975.

Forbes, Malcolm, & Tony Clark, ed. : *More Than I Dreamed : A Lifetime of Collecting.* New York : Simon & Schuster, 1989.

Ford, Betty, & Chris Chase : *Betty : A Glad Awakening.* Garden City, N. Y. : Doubleday, 1987.

Fordin, Hugh: *The World of Entertainment*. Garden City, N. Y.: Doubleday, 1975.

Francis, Anne: *Voices From Home: An Inner Journey*. Millebrae, Calif.: Celestial Age Arts, 1982.

Frank, Gerold: *Judy*. New York: Harper & Row, 1975.

– *Zsa Zsa Gabor: My Story*. Cleveland and New York: World, 1960.

Fraser, Nicholas, Philip Jacobson, Mark Ottaway & Lewis Chester: *Onassis le grand*. Paris: Robert Laffont, 1978.

Freedland, Michael: *Jane Fonda: A Biography*. New York: St. Martin's Press, 1988.

– *Katherine Hepburn*. London: W. H. Allen, 1984.

Frischauer, Willi: *Onassis*. New York: Meredith Press, 1968.

Gabler, Neal: *An Empire of Their Own: How the Jews Invented Hollywood*. Garden City, N. Y.: Doubleday, 1988.

Gaines, Steven: *Simply Halston: The Untold Story*. New York: G. P. Putnam's Sons, 1991.

Galella, Ron: *Off-Guard: Beautiful People Unveiled Before the Camera Lens*. New York: Greenwich House, 1983.

Gallagher, Elaine: *Candidly Caine*. London: Robson Books, 1990.

Gardner, Ava: *Mémoires*. Paris: Presses de la Renaissance, 1990.

Gates, Phyllis, & Bob Thomas: *My Husband, Rock Hudson*. Garden City, N. Y.: Doubleday, 1987.

Geist, Kenneth L.: *Pictures Will Talk: The Life and Films of Joseph L. Mankiewicz*. New York: Da Capo, 1978.

Geldorf, Bob: *Is That It? The Autobiography*. New York: Ballantine Books, 1986.

Getty, J. Paul: *As I See It: My Life as I Liked It*. New York: Berkley, 1986.

Gillman, Peter, & Leni Gillman: *Alias David Bowie*. Paris: Albin Michel, 1987.

Gish, Lillian, & Ann Pinchot: *Le Cinéma, Mr. Griffith et moi*. Paris: Robert Laffont, 1987.

Givens, Bill: *Film Flubs: Memorable Movie Mistakes*. Secaucus, N. Jers.: Citadel Press, 1991.

Godfrey, Lionel: *Cary Grant: The Light Touch*. New York: St. Martin's Press, 1981.

Goodman, Ezra: *The Decline and Fall of Hollywood*. New York: Simon & Schuster, 1961.

Goodman, Walter: *The Committee: The Extraordinary Career of the House Committee on Un-American Activities*. New York: Farrar, Straus & Giroux, 1968.

Grady, Billy: *The Irish Peacock: The Confessions of a Legendary Talent Agent*. New Rochelle, N. Y.: Arlington House, 1972.

Graham, Sheilah: *Hollywood Revisited: A Fiftieth Anniversary Celebration*. New York: St. Martin's Press, 1985.

Granger, Stewart: *Sparks Fly Upward*. New York: G. P. Putnam's Sons, 1981.

Green, Bert, & Philip Stephen Schulz: *Pity the Poor Rich*. Chicago: Contemporary Books, 1978.

Gregory, Adela, & Milo Speriglio: *Crypt 33: The Saga of Marilyn – The Final Word*. New York: Birch Lane Press, 1993.

Griffin, Merv, & Peter Barsocchini: *From Where I Sit: Merv Griffin's Book of People*. New York: Pinnacle Books, 1982.
– *Merv: An Autobiography*. New York: Simon & Schuster, 1980.

Grobel, Lawrence: *Conversations avec Truman Capote*. Paris: Gallimard, 1987.
– *The Hustons*. New York: Charles Scribner's Sons, 1989.

Grossinger, Tania: *Growing Up at Grossinger's*. New York: David McKay, 1975.

Guiles, Fred Lawrence: *Legend: The Life and Death of Marilyn Monroe*. New York: Stein and Day, 1985.

Guinness, Alec: *Blessings in Disguise*. New York: Knopf, 1986.

Gussow, Mel: *Don't Say Yes Until I Finish Talking: A Biography of Darryl. F. Zanuck*. Garden City, N. Y.: Doubleday, 1971.

Haber, Mel: *Bedtime Stories of the Ingleside Inn*. Northridge, Calif.: Lord John Press, 1988.

Hadleigh, Boze: *Conversations With My Elders*. New York: St. Martin's Press, 1986.

Hall, William: *Raising Caine: The Authorized Biography*. Englewood Cliffs, N. Jers.: Prentice-Hall, 1981.

Halliweil, Leslie: *Halliwell's Filmgoer'S Companion*. New York: Charles Scribner's Sons, 1988.

Halsman, Philippe: *Halsman, Sight and Insight*. Garden City, N. Y.: Doubleday, 1972.

Hamblett, Charles: *The Hollywood Cafe*. New York: Hart, 1969.

Harmetz, Arjean: *The Making of the Wizard of Oz*. New York: Knopf, 1977.

Harris, Marlys J.: *The Zanucks of Hollywood*. New York: Crown Publishers, 1989.

Harris, Radie: *Radie's World*. New York: G. P. Putnam's Sons, 1975.

Harris, Warren G.: *Cary Grant: A Touch of Elegance*. New York: Doubleday, 1987.
– *Natalie and R. J.: Hollywood's Star-Crossed Lovers*. New York: Dolphin Books, 1988.

Harrison, Rex: *A Damned Serious Business: My Life in Comedy*. New York: Bantam, 1991.
– *Rex: An Autobiography*. New York: William Morrow, 1974.

Harvey, Stephen: *Directed by: Vincente Minnelli*. New York: Harper & Row, 1989.

Haskins, James: *Bricktop*. New York: Atheneum, 1983.

Hay, Peter: *Broadway Anecdotes*. New York: Oxford University Press, 1989.

Hayes, Helen, & Katherine Hatch: *My Life in Three Acts*. New York: Harcourt Brace Jovanovich, 1990.

Head, Edith, & Jane Kesner Ardmore: *The Dress Doctor*. Boston: Little, Brown, 1959.

Head, Edith, & Paddy Calistro: *Edith Head's Hollywood* New Y·ν·¹ E. P. Dutton, 1983.

Hepburn, Katharine: *Moi*. Paris: Presses de la Renaissance, 1991.

Herndon, Venable: *James Dean: A Short Life*. Garden City, N. Y.: Doubleday, 1974.

Herrmann, Dorothy: *S. J. Perelman: A Life*. New York: G. P. Putnam's, 1986.

Hersh, Burton: *The Mellon Family: A Fortune in History*. New York: William Morrow, 1978.

Hershey, Lenore: *Between the Covers: The Lady's Own Journal*. New York: Coward-McCann, 1983.

Heymann, C. David: *Jackie, un mythe américain*. Paris: Robert Laffont, 1994.

– *Poor Little Rich Girl: The Life and Legend of Barbara Hutton*. New York: Pocket Books, 1986.

Hickey, Des, & Gus Smith: *The Prince: Being the Public and Private Life of Larushka Mischa Skikne, a Jewish Lithuanian Vagabond Player, Otherwise Known as Lawrence Harvey*. London: Leshe Frewin, 1975.

Higham, Charles: *Ava: A Life Story*. New York: Delacorte, 1974.

– *Marlon Brando*. Paris: Carrere, 1986.

– *Hollywood at Sunset*. New York: Saturday Review Press, 1972.

– *La Vie secrète d'Howard Hughes*. Paris: Édition°1, 1993.

– *Kate: The Life of Katharine Hepburn*. New York: New American Library, 1975.

– *Sisters: The Story of Olivia de Havilland and Joan Fontaine*. New York: Dell, 1984.

– & Joel Greenberg: *The Celluloid Muse*. New York: Signet, 1969.

– & Roy Moseley: *Cary Grant, le cœur solitaire*. Paris: Sylvie Messinger, 1989.

Hilton, Conrad N.: *Be My Guest*. New York: Prentice-Hall, 1957.

Hirsch, Foster: *Elizabeth Taylor*. New York: Pyramid Publications, 1973.

– *Joseph Losey*. Boston: Twayne Publishers, 1980.

Holden, Anthony: *Laurence Olivier*. New York: Atheneum, 1988.

Holmes, Nancy: *The Dream Boats*. Englewood Cliffs, N. Jers.: Prentice-Hall, 1977.

Holroyd, Michael: *Augustus John: A Biography*. New York: Holt, Rinehart & Winston, 1974.

Holt, Georgia, Phyllis Quinn & Sue Russell: *Star Mothers*. New York: St. Martin's, 1989.

Hopper, Hedda: *From Under My Hat*. Garden City, N. Y.: Doubleday, 1952.

– & James Brough: *The Whole Truth and Nothing But*. Garden City, N. Y.: Doubleday, 1963.

Hotchner, A. E.: *Sophia: Living and Loving, Her Own Story*. New York: Bantam, 1979.

Houseman, John: *Front and Center*. New York: Simon & Schuster, 1979.

Howard, Jean, & James Watters: *Jean Howard's Hollywood: A Photo Memoir*. New York: Harry N. Abrams, 1989.

Howell, Georgina: *In Vogue: Sixty Years of Celebrities and Fashion From British Vogue*. New York: Penguin, 1978.

Howitt, Mary (1799-1888) : *Poetical Works of Howitt, Milman, and Keats*. Philadelphia : Thomas, Cowperthwait, 1840.

Hudson, Rock (avec Sara Davidson) : *Mon histoire*. Paris : Mazarine, 1986.

Hughes-Hallett, Lucy : *Cleopatra : Histories, Dreams and Distortions*. New York : Harper & Row, 1990.

Huston, John : *John Huston*. Paris : Pygmalion/G. Watelet, 1982.

Israel, Lee : *Kilgallen*. New York : Delacorte, 1979.

Jackson, Michael : *Moonwalk*. Paris : Michel Lafon, 1988.

James, Robert Rhodes : *Victor Cazalet*. London : Hamish Hamilton, 1976.

Jenkins, Graham : *Richard Burton, mon frère*. Paris : Carrere, 1988.

Joesten, Joachim : *That Fabulous Greek! Onassis*. New York : Tower, 1973.

Johnson, Dorris, & Ellen Leventhal : *The Letters of Nunnally Johnson*. New York : Knopf, 1981.

Johnson, Nora : *Flashback : Nora Johnson on Nunnally Johnson*. Garden City, N. Y. : Doubleday, 1979.

Junor, Penny : *Burton : The Man Behind the Myth*. London : Sidgwick & Jackson, 1985.

Kadish, Ferne, & Kathleen Kirtland : *Los Angeles on $500 a Day*. New York : Collier, 1976.

Kael, Pauline : *When the Lights Go Down*. New York : Holt, Rinehart & Winston, 1980.

Kaminsky, Stuart : *John Huston : Maker of Magic*. Boston : Houghton-Mifflin, 1978.

Kanin, Garson : *Spencer Tracy et Katharine Hepburn*. Paris : Solar, 1974.

Kass, Judith M. : *The Films of Montgomery Clift*. Secaucus, N. Jers. : Citadel Press, 1979.

Katz, Ephraim : *The Film Encyclopedia*. New York : Harper & Row, 1979.

Keenan, Brigid : *The Women We Wanted to Look Like*. New York : St. Martin's Press, 1977.

Kelley, Kitty : *Elizabeth Taylor, la dernière star*. Paris : Sylvie Messinger, 1982.
– *Frank Sinatra*. Paris : Presses de la Cité, 1986.
– *Nancy Reagan : The Unauthorized Biography*. New York : Simon & Schuster, 1990.

Kessler, Judy : *Inside People : The Stories Behind the Stories*. New York : Villard, 1994.

Kessler, Ronald : *The Richest Man in the World : The Story of Adnan Khashoggi*. New York : Warner Books, 1986.

Keyes, Evelyn : *Scarlet O'Hara's Younger Sister : My Life In and Out of Hollywood*. Secaucus, N. Jers. : Lyle Stuart, 1972.

Kiner, Ralph, & Joe Gergen : *Kiner's Korner : At Bat and on the Air – My Forty Years in Baseball*. New York : Arbor House, 1987.

Kirkland, Douglas : *Light Years : Three Decades Photographing Among the Stars*. New York : Thames and Hudson, 1989.

Kleiner, Dick : *Hollywood's Greatest Love Stories*. New York : Pocket Books; Simon & Schuster, 1976.

Kleiner, Dick, & Mervyn Leroy: *Mervyn Leroy: Take One*. New York: Hawthom Books, 1974.

Kleinfield, Sonny: *The Hotel: A Week in the Life of the Plaza*. New York: Simon & Schuster, 1989.

Kobal, John: *People Will Talk*. New York: Avrum Press, 1986.

Konolige, Kit: *The Richest Women in the World*. New York: Macmillan, 1985.

Koodynski, Andrzej: *Elizabeth Taylor*. Warszawa: Wydawn, Artystyczne i Filmowe, 1978.

Koskoff, David E.: *The Mellons: The Chronicle of America's Richest Family*. New York: Thomas Y. Crowell, 1978.

Korda, Michael: *Channed Lives: A Family Romance*. New York: Random House, 1979.

La Guardia, Robert: *Monty*. Paris: France-Empire, 1980.

– & Gene Arceri: *The Tempestuous Life of Susan Hayward*. New York: Macmillan, 1985.

Lasky, Jesse, Jr., & Pat Silver: *Love Scene: The Story of Laurence Olivier and Vivien Leigh*. New York: Thomas Y. Crowell, 1978.

Lawford, Lady, & Buddy Galon: *Bitch: The Autobiography of Lady Lawford*. Brookline, Mass.: Brandon Publishing, 1986.

Lawford, Patricia Seaton, & Ted Schwarz: *The Peter Lawford Story: Life With the Kennedys, Monroe and the Rat Pack*. New York: Carroll & Graf, 1988.

Leamer, Laurence: *Make Believe: The Story of Nancy and Ronald Reagan*. New York: Dell, 1983.

Leaming, Barbara: *Orson Welles*. Paris: Mazarine, 1986.

Leclercq, Florence: *Elizabeth Taylor*. Boston: Twayne Publishers, 1985.

Leff, Leonard J., & Jerold L. Simmons: *The Dame in the Kimono: Hollywood, Censorship and the Production Code From the 1920s to the 1900s*. New York: Grove Weidenfeld, 1990.

Leigh, Janet: *There Really Was a Hollywood*. Garden City, N. Y.: Doubleday, 1984.

Leigh, Wendy: *Speaking Frankly*. London: Frederick Muller, 1977.

Levant, Oscar: *The Importance of Being Oscar*. New York: Pocket Books, 1969.

Levy, Alan: *Forever Sophia*. New York: St. Martin's Press, 1979.

Liddell, Robert: *Elizabeth and Ivy*. London: P. Owen, 1986.

Likeness, George: *The Oscar People*. Mendota, Ill.: Wayside, 1965.

Lilly, Doris: *Those Fabulous Greeks: Onassis, Niarchos, and Livanos*. London: W. H. Allen, 1971.

Logan, Joshua: *Movie Stars, Real People, and Me*. New York: Delacorte, 1978.

Loos, Anita: *Kiss Hollywood Goodbye*. New York: Viking Press, 1974.

Loren, Sophia, & A. E. Hotchner: *Sophia: Living and Loving, Her Own Story*. New York: William Morrow, 1979.

Maass, Joachim: *The Gouffe Case*. New York: Harper Brothers, 1960.

McCambridge, Mercedes: *The Quality of Mercy*. New York: New York Times Books, 1981.

McCarty, John : *The Films of John Huston.* Secaucus, N. Jers. : Citadel Press, 1987.

McClelland, Doug : *Blackface to Blacklist : Al Jolson, Larry Parks, and « The Jolson Story ».* Metuchen, N. Jers., and London : Scarecrow, 1967.

– *Susan Hayward. The Divine Bitch.* New York : Pinnacle Books 1973.

McDowall, Roddy : *Double Exposures.* New York : Delacorte, 1966.

– *Double Exposure : Take Two.* New York : William Morrow, 1989.

McGilligan, Patrick : *George Cukor : A Double Life.* New York : St. Martin's Press, 1991.

McLellan, Diana : *Ear on Washington.* New York : Arbor House, 1982.

MacPherson, Myra : *The Power Lovers : An Intimate Look at Politicians and Their Marriages.* New York : G. P. Putnam's Sons, 1975.

Maddox, Brenda : *Who's Afraid of Elizabeth Taylor?* New York : M. Evans, 1977.

Madsen, Axel : *Chanel : A Woman of Her Own.* New York : Henry Holt, 1990.

Mailer, Norman : *Marilyn, une biographie.* Paris : Albin Michel, 1974.

– *Mémoires imaginaires de Marilyn Monroe.* Paris : Robert Laffont, 1982.

Mansfield, Stephanie : *The Richest Girl in the World : The Extravagant Life and Fast Time of Doris Duke.* New York : G. P. Putnam's Sons, 1983.

Manso, Peter : *Mailer : His Life and Times.* New York : Simon & Schuster, 1985.

Manvell, Roger : *Love Goddesses of the Movies.* New York : Crescent, 1975.

Marion, Frances : *Off With Their Heads : A Serio-Comic Tale of Hollywood.* New York : Macmillian, 1972.

Marion, John L., & Christopher Anderson : *The Best of Everything : The Insider's Guide to Collecting – for Every Taste and Every Budget.* New York : Simon & Schuster, 1989.

Marx, Arthur : *The Nine Lives of Mickey Rooney.* New York : Stein and Day, 1986.

Marx, Samuel : *A Gandy Spree : Literary Hollywood When the West Was Fun.* New York : Franklin Watts, 1987.

– *Mayer and Thalberg, the Make-Believe Saints.* New York : Random House, 1975.

Massy, Baron Christian de, & Charles Higham : *Palace : My Life in the Royal Family of Monaco.* New York : Atheneum, 1986.

Maxwell, Elsa : *The Celebrity Circus.* New York : Appleton-Century, 1963.

Maychick, Diana : *Audrey Hepburn.* Paris : Édition° 1, 1993.

– & L. Avon Borgo : *Heart to Heart With Robert Wagner.* New York : St. Martin's Press, 1986.

Medved, Harry : *The Hollywood Hall of Shame.* New York : G. P. Putnam's Sons, 1984.

476

Merman, Ethel, & George Eels : *Merman*. New York : Simon & Schuster, 1978.

Miller, Ann, & Norma Lee Browning : *Miller's High Life*. Garden City, N. Y. : Doubleday, 1972.

Milton, Frank : *Name Dropping*. New York : E. P. Dutton, 1985.

Minnelli, Vincente, & Hector Arce : *Tous en scène*. Paris : Ramsay, 1985.

Morella, Joe, & Edward Z. Epstein : *Paul et Joanne : une biographie de Paul Newman et Joanne Woodward*. Paris : Denoël, 1990.

– *Judy Garland*. Paris : Henri Veyrier, 1977.

– *Forever Lucy : The Life of Lucille Ball*. Secaucus, N. Jers. : Lyle Stuart, 1986.

– *Rebels : The Rebel Hero in Films*. Secaucus, N. Jers. : Citadel Press, 1971.

Morley, Sheridan : *Elizabeth Taylor*. London : Pavilion, 1989.

– *James Mason : Odd Man Out*. New York : Harper & Row, 1989.

– *The Other Side of the Moon : The Life of David Niven*. London : Weidenfeld & Nicolson, 1985.

Moseley, Roy, Philip & Martin Masheter : *Rex Harrison : A Biography*. New York : St. Martin's Press, 1987.

Mosley, Leonard : *Zanuck, le dernier grand nabab*. Paris : Ramsay, 1992.

Munn, Michael : *Hollywood Rogues*. New York : St. Martin's Press, 1991.

– *Kirk Douglas*. New York : St. Martin's Press, 1985.

Nadelhoffer, Hans : *Cartier Jewelers Extraordinary*. London : Thames & Hudson, 1984.

Neagle, Anna : *Anna Neagle Says : « There's Always Tomorrow »*. London : W.H. Allen, 1974.

Neal, Patricia, & Plichard Deneut : *As I Am : An Autobiography*. New York : Simon & Schuster, 1988.

Nickens, Christopher : *Elizabeth Taylor : A Biography in Photographs*. Garden City, N. Y. : Doubleday, 1984.

– *Natalie Wood : A Biography in Photographs*. Garden City, N. Y. : Doubleday, 1986.

Niven, David : *Décrocher la lune*. Paris : Robert Laffont, 1973.

Nizer, Louis : *Reflections Without Mirrors : An Autobiography of the Mind*. New York : Berkley, 1979.

Nolan, William F. : *John Huston : King Rebel*. Los Angeles : Sherborne, 1965.

Nonnan, Philip : *Tilt the Hourglass and Begin Again*. London : Elm Tree Books, 1985.

Oppenheimer, Jerry, & Jack Vitek : *Rock Hudson, The True Story of an American Film Hero*. New York : Villard, 1986.

O'Pray, Michael, ed. : *Andy Warhol : Film Factory*. London : BFI, 1989.

Otis Skinner, Cornelia : *Life With Lindsay and Crouse*. Boston : Houghron-Mufflin, 1976.

Parish, James Robert : *The Hollywood Beauties*. New Rochelle, N. Y. : Arlington House, 1978.

– *The MGM Stock Company.* New Rochelle, N. Y. : Arlington House, 1973.

Parker, John : *Five for Hollywood.* New York : Birch Lane Press, 1991.

Parsons, Louella : *Tell It to Louella.* New York : G. P. Putnam's Sons, 1961.

Payn, Graham, & Sheridan Morley, eds. : *The Noel Coward Diaries.* Boston : Little, Brown, 1982.

Pepitone, Lena, & William Stadiem : *Marilyn Monroe secrète.* Paris : Pygmalion/G. Watelet, 1979.

Perelman, S. J. : *Chicken Inspector No, 23.* New York : Simon & Schuster, 1966.

– *Don't Tread on Me : The Selected Letters of S. J. Perelman.* Edited by Prudence Crowther. New York : Viking Press, 1987.

Perry, Danny, ed. : *Close-Ups : The Movie Star Book.* New York : Simon & Schuster, 1978.

Philips, Julia : *You'll Never Eat Lunch in This Town Again.* New York : Random House, 1991.

Pomerantz, Joel : *Jennie and the Story of Grossinger's.* New York : Grosset & Dunlap, 1970.

Porter, Arthur : *Directory of Art and Antique Restoration.* San Francisco : s.n., 1975.

Powell, Jane : *The Girl Next Door and How She Grew.* New York : William Morrow, 1988.

Pye, Michael : *Moguls : Inside the Business of Show Business.* London : Temple Smith, 1980.

Quine, Judith Balaban : *The Bridesmaids.* New York : Weidenfeld & Nicolson, 1989.

Quirk, Lawrence J. : *Fasten Your Seatbelts.* New York : William Morrow, 1990.

– *The Films of Paul Newman.* Secaucus, N. Jers. : Citadel Press, 1971.

– *The Films of Robert Taylor.* Secaucus, N. Jers. : Citadel Press, 1979.

– *The Great Romantic Films.* Secaucus, N. Jers. : Citadel Press, 1974.

Reagan, Nancy, & William Novak : *A mon tour, les Mémoires de Nancy Reagan.* Paris : Pocket, 1991.

Redfield, William : *Letters From an Actor.* New York : Viking Press, 1967.

Reed, Rex : *Big Screen, Little Screen.* New York : Macmillian, 1971.

– *Valentines and Vitriol.* New York : Delacorte, 1972.

Reynolds, Debbie, & David Patrick Columbia : *Debbie : My Life.* New York : William Morrow, 1988.

Riese, Randall : *The Unabridged James Dean : His Life and Legacy From A to Z.* Chicago : Contemporary Books, 1991.

– & Neal Hitchens : *The Unabridged Marilyn : Her Life From A to Z.* New York : Congdon & Weed, 1967.

Right, Illiam : *All the Pain That Money Can Buy : The Life of Christina Onassis.* New York : Simon & Schuster, 1991.

478

Ritchie, Donald : *George Stevens : An American Romantic*. New York : Museum of Modern Art, 1970.

Riva, Maria : *Marlene Dietrich par sa fille*. Paris : J'ai Lu, 1995.

Rivers, Joan, & Richard Meryman : *Still Talking*. New York : Turtle Bay Books, 1991.

Roberts, Rachel, & Alexander Walker, ed. : *No Bells On Sunday : The Rachel Roberts Journals*. New York : Harper & Row, 1984.

Robin-Tani, Marianne : *Elizabeth Taylor, plus que jamais et pour toujours*. Paris : Michel Lafon, 1988.

Rollyson, Carl : *Lillian Hellman : Her Legend and Her Legacy*. New York : William Morrow, 1988.

Romero, Gerry : *Sinatra's Women*. New York : Manor Books, 1976.

Rooney, Mickey : *I.E. An Autobiography*. New York : Bantam Books, 1966.

– *Life Is Too Short*. New York : Villard, 1991.

Roosevelt, Seiwa (« Lucky ») : *Keeper of the Gate*. New York : Simon & Schuster, 1990.

Rosen, Marjorie : *Popcom Venus : Women, Movies and the American Dream*. New York : Coward-McCann, 1973.

Rosenberg, Bernard, & Harry Silveerstein : *The Real Tinsel*. London : Macmillan, 1970.

Ross, Lilian : *Picture*. London : Victor Gollancz, 1953.

Rothschild, Guy de : *Contre bonne fortune*. Paris : Belfond, 1993.

Ruskin, Cindy : *The Quilt*. New York : Pocket Books, 1988.

Sackett, Susan : *The Hollywood Report Book of Box Office Hits*. New York : Watson-Guptill, 1990.

Sakol, Jeannie, & Caroline Latham : *About Grace : An Intimate Notebook*. Chicago : Contemporary Books, 1993.

Sarrlot, Raymond, & Fred E. Basten : *Life at the Marmont*. Santa Monica, Calif. : Roundtable, 1987.

Scavullo, Francesco, & Sean Byrnes : *Scavullo Women*. New York : Harper & Row, 1982.

Schary, Dore : *Heyday, An Autobiography*. Boston : Little, Brown, 1979.

Schatz, Thomas : *Thee Genius of the System*. New York : Pantheon, 1988.

Schnickel, Richard, & Sid Avery : *Hollywood at Home : A Family Album, 1950-1965*. New York : Crown Publishers, 1990.

Schulberg, Budd : *Moving Pictures : Memories of a Hollywood Prince*. New York : Stein and Day, 1981.

Segaloff, Nat : *Hurricane Billy : The Stormy Life and Films of William Friedkin*. New York : William Morrow, 1990.

Sellers, Michael, Sarah & Victoria Sellers : *PS. I Love You : An Intimate Portrait of Peter Sellers*. New York : E. P. Dutton, 1982.

Selznick, Irene Mayer : *A Private View*. New York : Knopf, 1983.

Seward, Ingrid : *Diana : An Intimate Portrait*. Chicago : Contemporary Books, 1988.

Shank, Theodore J., ed. : *A Digest of 500 Plays*. New York : Collier, 1963.

Shapiro, Doris, & Alan Jay Lerner : *We Danced All Night : My Life Behind the Scenes*. New York : William Morrow, 1990.

Sharaff, Irene: *Broadway and Hollywood: Costumes Designed by Irene Sharaff.* New York: Van Nostrand Reinhold, 1976.

Shaw, Arnold: *Sinatra: Twentieth-Century Romantic.* New York: Holt, Rinehart & Winston, 1968.

Sheppard, Dick: *Elizabeth: The Life and Career of Elizabeth Taylor.* Garden City, N. Y.: Doubleday, 1974.

Sherman, Len: *The Good, the Bad and the Famous.* New York: Lyle Stuart, 1990.

Shevey, Sandra: *Le Scandale Marilyn.* Paris: J'ai Lu, 1991.

Shilts, Randy: *And the Band Played On.* New York: Viking Press, 1987.

Silverman, Debora: *Selling Culture.* New York: Pantheon Books, 1986.

Silverman, Stephen M.: *The Fox That Got Away: The Last Days of the Zanuck Dynasty at 20th Century-Fox.* Secaucus, N. Jers.: Lyle Stuart, 1988.

Sinclair, Andrew: *Speigel: The Man Behind the Pictures.* Boston: Little, Brown, 1987.

Skinner, Cornelia Otis: *Life With Lindsay and Crouse.* Boston: Houghton & Mifflin, 1976.

Skolsky, Sidney: *Don't Get Me Wrong – I Love Hollywood.* New York: G. P. Putnam's Sons, 1975.

Smith, Ronald L.: *Sweethearts of '60s TV.* New York: St. Martin's Press, 1989.

Smolla, Rodney, A.: *Suing the Press: Libel, the Media, and Power.* New York: Oxford University Press, 1986.

Sobol, Louis: *The Longest Street.* New York: Crown Publishers, 1968.

Spada, James: *Grace, les vies secrètes d'une princesse.* Paris: Le Livre de Poche, 1989.

– *Peter Lawford: The Man Who Kept the Secrets.* New York: Bantam, 1991.

– *Shirley and Warren.* New York: Macmillan, 1985.

Spoto, Donald: *The Kindness of Strangers: The Life of Tennessee Williams.* Boston: Little, Brown, 1985.

Springer, John, & Jack Hamilton: *They Had Faces Then – Annabella to Zorina: The Superstars, Stars and Starlets of the 1930s.* Secaucus, N. Jers. Citadel Press, 1978.

Stack, Robert, & Mark Evans: *Straight Shooting.* New York: Macmillan, 1980.

Stassinopoulos, Arianna: *Maria Callas: The Woman Behind the Legend.* New York: Ballantine Books, 1981.

Stein, Mike: *Hollywood Speaks: An Oral History.* New York: G. P. Putnam's Sons, 1974.

Steinberg, Cobbett: *Reel Facts: The Movie Book of Records.* New York: Vintage Books, 1981.

Stern, Mike: *A Look at Tennessee Williams.* New York: Hawthorn, 1969.

Stine, Whitney: « *I'd Love in Kiss You...* » *Conversations With Bette Davis.* New York: Pocket Books, 1990.

480

- *Stars and Star Handlers : The Business of Show*. Santa Monica, Calif. : Roundtable, 1995.

Stone, Paulene, & Peter Evans : *One Tear Is Enough : My Life With Laurence Harvey*. London : Michael Joseph, 1975.

Strasberg, Susan : *Doux-Amer*. Paris : Presses de la Renaissance, 1980.

Stuart, Sandra Lee : *The Pink Palace : Behind Closed Doors at the Beverly Hills Hotel*. Secaucus, N. Jers. : Lyle Stuart, 1978.

Sudjic, Deyan : *Cult Heroes : How to Be Famous for More Than Fifteen Minutes*. New York : W. W. Norton, 1990.

Summers, Anthony : *Les Vies secrètes de Marilyn*. Paris : Presses de la Renaissance, 1986.

Swanson, H. N. : *Sprinkled With Ruby Dust*. New York : Warner, 1989.

Swindell, Larry : *Spencer Tracy – A Biography*. New York : New American Library, 1969.

Taraborrelli, J. Randy : *Call Her Miss Ross : The Unauthorized Biography of Diana Ross*. New York : Birch Lane Press, 1989.
- *Laughing Till It Hurts : The Complete Life and Career of Carol Burnett*. New York : William Morrow, 1988.
- *Michael Jackson : The Magic and the Madness*. New York : Birch Lane Press, 1991.

Taylor, Elizabeth : *Elizabeth dit tout*. Paris : Robert Laffont, 1988.
- *Elizabeth Taylor : An Informal Memoir by Elizabeth Taylor*. New York : Harper & Row, 1965.
- *Nibbles and Me*. New York : Duell, Sloan & Pearce, 1946.

Taylor, S. J. : *Shock Horror : Tabloids in Action*. New York : Bantam Books, 1991.

Theodoracopulos, Taki : *Princes, Playboys and High-Class Tarts*. New York : Karz-Cohl Publishing, 1984.

Thomas, Tony : *Marlon Brando*. Paris : Henri Veyrier, 1974.
- *The Films of the Forties*. Secaucus, N. Jers. : Citadel Press, 1975.
- *Howard Hughes in Hollywood*. Secaucus, N. Jers. : Citadel Press, 1985.
- & Aubrey Solomon : *The Films of 20th Century-Fox*. Secaucus, N. Jers. : Citadel Press, 1985.

Thorndike, Joseph J., Jr. : *The Very Rich : A History of Wealth*. New York : American Heritage, 1976.

Tierney, Gene : *Mademoiselle, vous devriez faire du cinéma*. Paris : Hachette, 1985.

Todd, Michael, Jr., & Susan McCarthy Todd : *A Valuable Property*. New York : Arbor House, 1983.

Tomkies, Mike : *The Robert Mitchum Story*. Chicago : Henry Regnery, 1972.

Tornabene, Lyn : *Long Live the King : A Biography of Clark Gable*. New York : G. P. Putnam's Sons, 1976.

Turner, Lana : *Lana : The Lady, the Legend, the Truth*. New York : E. P. Dutton, 1992.

Tyler, Parker : *A Pictorial History of Sex in Films*. Secaucus, N. Jers. : Citadel Press, 1974.

Tynan, Kathleen : *The Life of Kenneth Tynan.* New York : William Morrow, 1987.

Ustinov, Peter : *Cher Moi.* Paris : Stock, 1978.

Valentine, Tom, & Patrick Mahn : *Daddys Duchess : An Unauthorized Biography of Dons Duke.* Secaucus, N. Jers. : Lyle Stuart, 1987.

Van Doren, Mamie, & Art Aveilhe : *Hollywood Flashback.* Paris : Aqui, 1989.

Vermilye, Jerry, & Mark Ricci : *The Films of Elizabeth Taylor.* Secaucus, N. Jers. : Citadel Press, 1976.

Vickers, Hugo : *Cecil Beaton : A Biography.* Boston : Little, Brown, 1985.

– *Vivien Leigh.* Boston : Little, Brown, 1988.

Walker, Alexander : *The Celluloïd Sacrifice : Aspect of Sex in the Movies.* New York : Hawthorn, 1966.

– *Liz la passion.* Paris : J.-C. Lattès, 1990.

– *Peter Sellers.* New York : Macmillan, 1981.

– *Vivien Leigh.* Paris : Presses de la Renaissance, 1988.

Wallis, Hal, & Charles Highar : *Starmaker : The Autobiography of Hal Wallis.* New York : Macmillan, 1980.

Wander Bonanno, Margaret : *Angela Lansbury : A Biography.* New York : St. Martin's Press, 1987.

Wanger, Walter : *My Life With Cleopatra.* New York : Bantam Books, 1963.

Warhol, Andy : *The Philosophy of Andy Warhol.* New York : Harcourt Brace Jovanovich, 1975.

– *Journal.* Paris : Grasset, 1990.

– *Popism : The Warhol 60s.* New York : Harcourt Brace Jovanovich, 1980.

Watcham, Maurice : *Watcham's Office Practice.* London : McGraw-Hill, 1979.

Waynee, Jane Ellen : *Ava's Men : The Private Life of Ava Gardner.* New York : St. Martin's Press, 1990.

– *Crawford's Men.* Engelwood Cliffs, N. Jers. : Prentice-Hall, 1988.

– *Grace Kelly's Men.* New York : St. Martin's Press, 1991.

– *Robert Taylor.* New York : St. Martin's Press, 1973.

Webb, Michael, ed. : *Hollywood : Legend and Reality,* Boston : Little, Brown, 1986.

Wilcox, Herbert : *Twenty-five Thousand Sunsets.* London : Bodley Head, 1961.

Wilding, Michael, & Pamel Wilcox : *Apple Sauce : The Story of My Life.* London : Allen & Unwin, 1982.

Wiley, Mason, & Damien Bona : *Inside Oscar : The Unofficial History of the Academy Awards.* New York : Ballantine Books, 1987.

Wilkerson, Tichi, & Marcia Borie : *The Hollywood Reporter : The Golden Years.* New York : Coward-McCann, 1984.

Williams, Tennessee : *A cinq heures, mon ange. Lettres de Tennessee Williams à Maria St. Just.* Paris : Robert Laffont, 1991.

– *Where I Live : Selected Essays.* New York : New Directions, 1978.

– *Mémoires d'un vieux crocodile.* Paris : Seuil, 1993.
Wilson, Earl : *Hot Times : True Tales of Hollywood and Broadway.* Chicago : Contemporary Books, 1984.
– *Sinatra : An Unauthorized Biography.* New York : Signet, 1976.
Winans, Christopher : *Malcolm Forbes : The Man Who Had Everything.* New York : St. Martin's Press, 1990.
Winters, Shelley : *Shelley : Also Known as Shirley.* New York : William Morrow, 1980.
– *Shelley II : The Middle of My Century.* New York : Simon & Schuster, 1989.
Woodward, Ian : *Audrey Hepburn.* New York : St. Martin's Press, 1984.
– *Glenda Jackson : A Study in Fire and Ice.* London : Weidenfeld & Nicholson, 1985.
Wright, William : *Lillian Hellman : The Image, the Woman.* New York : Simon & Schuster, 1986.
Wynn, Ned : *We Will Always Live in Beverly Hills : Growing Up Crazy in Hollywood.* New York : William Morrow, 1990.
Zadan, Craig : *Sondheim & Co.* New York : Harper & Row, 1989.
Zee, Donald : *Lee Marvin, au-delà de la gloire.* Paris : Michel Lafon, 1987.
Zeffirelli, Franco : *Zeffirelli : The Autobiography of Franco Zeffirelli.* New York : Weidenfeld & Nicolson, 1986.
Zimmer, Jill Schary : *With a Cast of Thousands : A Hollywood Childhood.* New York : Stein and Day, 1963.
Zumwalt, Elmo, Jr. : *On Watch : A Memoir.* New York : Quadrangle Books, 1976.

# Filmographie

Les dates citées correspondent à l'année de sortie du film aux États-Unis.

**Abréviations :**
Réal : Réalisateur
Sc : Scénariste
Pr : Producteur
Pr Ex : Producteur exécutif

CINÉMA

## 1942
*There's One Born Every Minute*
Réal : Harold Young – Sc : Robert B. Hunt, Brenda Weisberg – Pr : Ken Goldsmith/Universal.
Avec : Elizabeth Taylor dans le rôle de Gloria Twine, Hugh Herbert, Tom Brown, Peggy Moran, Guy Kibbee, Catherine Doucet, Edgar Kennedy, Carl « Alfalfa » Switzer.

## 1943
*Fidèle Lassie (Lassie Come Home)*
Réal : Fred M. Wilcox – Sc : Hugh Butler – Pr : Samuel Marx/MGM.
Avec : Elizabeth Taylor dans le rôle de Priscilla, Roddy McDowall, Donald Crisp, Edmund Gwenn, Dame May Whitty, Nigel Bruce, Elsa Lanchester.

## 1944
*Jane Eyre*
Réal : Robert Stevenson – Sc : Aldous Huxley, Robert Stevenson, John Houseman – Pr : William Goetz/Twentieth Century-Fox.
Avec : Elizabeth Taylor dans le rôle de Helen, Orson Welles, Joan Fontaine, Margaret O'Brien, Peggy Ann Garner, Agnes Moorehead.

*Les Blanches Falaises de Douvres (The White Cliffs of Dover)*
Réal : Clarence Brown – Sc : Claudine West, Jan Lustig, George Froeschel – Pr : Sidney Franklin/MGM.
Avec : Elizabeth Taylor dans le rôle de la petite Betsy, Irene Dunne, Alan Marshal, Frank Morgan, Roddy McDowall, Dame May Whitty, Peter Lawford, Van Johnson, June Lockhart.

*Le Grand National (National Velvet)*
Réal : Clarence Brown – Sc : Theodore Reeves, Helen Deutsch – Pr : Pandro S. Berman/MGM.
Avec : Elizabeth Taylor dans le rôle de Velvet Brown, Mickey Rooney, Donald Crisp, Anne Revere, Angela Lansbury.

### 1946
*Le Courage de Lassie (Courage of Lassie)*
Réal : Fred M. Wilcox – Sc : Lionel Hauser – Pr : Robert Sisk/MGM.
Avec : Elizabeth Taylor dans le rôle de Kathie Merrick, Frank Morgan, Tom Drake, Selena Royle.

### 1947
*Cynthia*
Réal : Robert Z. Leonard – Sc : Harold Buchanan, Charles Kaufman – Pr : Edwin H. Knopf/MGM.
Avec : Elizabeth Taylor dans le rôle de Cynthia Bishop, George Murphy, S. Z. Sakall, Mary Astor, Gene Lockhart.

*Mon père et nous (Life With Father)*
Réal : Michael Curtiz – Sc : Donald Ogden Stewart – Pr : Robert Buckner/Warner Brothers.
Avec : Elizabeth Taylor dans le rôle de Mary Skinner, William Powell, Irene Dunne, Edmund Gwenn, ZaSu Pitts.

### 1948
*Ainsi sont les femmes (A Date With Judy)*
Réal : Richard Thorpe – Sc : Dorothy Cooper, Dorothy Kingsley – Pr : Joe Pasternak/MGM.
Avec : Elizabeth Taylor dans le rôle de Carol Pringle, Wallace Beery, Jane Powell, Carmen Miranda, Xavier Cugat, Robert Stack, Selena Royle.

*La Belle Imprudente (Julia Misbehaves)*
Réal : Jack Conway – Sc : William Ludwig, Harry Ruskin, Arthur Wimperis – Pr : Everett Riskin/MGM.
Avec : Elizabeth Taylor dans le rôle de Susan Packett, Greer Garson, Walter Pidgeon, Peter Lawford, Cesar Romero, Lucile Watson, Nigel Bruce.

### 1949
*Les Quatre Filles du docteur March (Little Women)*
Réal : Mervyn LeRoy – Sc : Andrew Solt, Sarah Y. Mason, Victor Heerman – Pr : Mervyn LeRoy/MGM.
Avec : Elizabeth Taylor dans le rôle d'Amy March, June Allyson, Peter Lawford, Margaret O'Brien, Janet Leigh, Rossano Brazzi, Mary Astor.

**1950**

*Guet-Apens (Conspirator)*
Réal : Victor Saville – Sc : Sally Benson – Pr : Arthur Hornblow Jr./MGM.
Avec : Elizabeth Taylor dans le rôle de Melinda Greyton, Robert Taylor, Robert Flemyng.

*The Big Hangover*
Réal/Sc/Pr : Norman Krasna/MGM.
Avec : Elizabeth Taylor dans le rôle de Mary Belney, Van Johnson, Percy Waram, Leon Ames, Edgar Buchanan, Selena Royle, Gene Lockhart.

*Le Père de la mariée (Father of the Bride)*
Réal : Vincente Minnelli – Sc : Frances Goodrich, Albert Hackett – Pr : Pandro S. Berman/MGM.
Avec : Elizabeth Taylor dans le rôle de Kay Banks, Spencer Tracy, Joan Bennett, Don Taylor, Billie Burke.

**1951**

*Allons donc, Papa (Father's Little Dividend)*
Réal : Vincente Minnelli – Sc : Frances Goodrich, Albert Hackett – Pr : Pandro S. Berman/MGM.
Avec : Elizabeth Taylor dans le rôle de Kay Dunstan, Spencer Tracy, Joan Bennett, Don Taylor, Billie Burke.

*Une place au soleil (A Place in the Sun)*
Réal/Pr : George Stevens/Paramount – Sc : Michael Wilson, Harry Brown.
Avec : Elizabeth Taylor dans le rôle d'Angela Vickers, Montgomery Clift, Shelley Winters, Anne Revere, Raymond Burr.

*Une vedette disparue (Callaway Went Thataway)*
Réal/Sc/Pr : Norman Panama, Melvin Frank/MGM.
Avec : Elizabeth Taylor, Fred MacMurray, Dorothy McGuire, Howard Keel, June Allyson, Clark Gable, Esther Williams, Dick Powell.

**1952**

*Love Is Better Than Ever*
Réal : Stanley Donen – Sc : Ruth Brooks Flippen – Pr : William H. Wright/MGM.
Avec : Elizabeth Taylor dans le rôle d'Anastacia Macaboy, Larry Parks, Josephine Hutchinson, Tom Tully.

*Ivanhoé (Ivanhoe)*
Réal : Richard Thorpe – Sc : Noel Langley – Pr : Pandro S. Berman/MGM.
Avec : Elizabeth Taylor dans le rôle de Rebecca, Robert Taylor, Joan Fontaine, George Sanders, Emlyn Williams.

**1953**

*La Fille qui avait tout (The Girl Who Had Everything)*
Réal : Richard Thorpe – Sc : Art Cohn – Pr : Armand Deutsch/MGM.

Avec : Elizabeth Taylor dans le rôle de Jean Latimer, Fernando Lamas, William Powell, Gig Young, James Whitmore.

**1954**

*Rhapsodie (Rhapsody)*
Réal : Charles Vidor – Sc : Fay et Michael Kanin – Pr : Lawrence Weingarten/MGM.
Avec : Elizabeth Taylor dans le rôle de Louise Durant, Vittorio Gassman, John Ericson, Louis Calhern, Michael Chekhov.

*La Piste des éléphants (Elephant Walk)*
Réal : William Dieterle – Sc : John Lee Mahin – Pr : Irwing Asher/ Paramount.
Avec : Elizabeth Taylor dans le rôle de Ruth Wiley, Dana Andrews, Peter Finch, James Donald, Rosemary Harris.

*Le Beau Brummel (Beau Brummell)*
Réal : Curtis Bernhardt – Sc : Karl Tunberg – Pr : Sam Zimbalist/ MGM.
Avec : Elizabeth Taylor dans le rôle de Lady Patricia, Stewart Granger, Peter Ustinov, Robert Morley.

*La dernière fois que j'ai vu Paris (The Last Time I Saw Paris)*
Réal : Richard Brooks – Sc : Julius J. Epstein, Philip G. Epstein, Richard Brooks – Pr : Jack Cummings/MGM.
Avec : Elizabeth Taylor dans le rôle de Helen Ellswirth, Van Johnson, Walter Pidgeon, Donna Reed, Eva Gabor, Roger Moore.

**1956**

*Géant (Giant)*
Réal : George Stevens – Sc : Fred Guiol, Ivan Moffat – Pr : George Stevens, Henry Ginsberg/Warner Brothers.
Avec : Elizabeth Taylor dans le rôle de Leslie Lynnton Benedict, Rock Hudson, James Dean, Carroll Baker, Jane Withers, Chill Wills, Mercedes McCambridge.

**1957**

*L'Arbre de vie (Raintree Country)*
Réal : Edward Dmytryk – Sc : Millard Kaufan – Pr : David Lewis/ MGM.
Avec : Elizabeth Taylor dans le rôle de Susanna Drake, Montgomery Clift, Eva Marie Saint, Nigel Patrick, Lee Marvin, Rod Taylor, Agnes Moorehead.

**1958**

*La Chatte sur un toit brûlant (Cat on a Hot Tin Roof)*
Réal : Richard Brooks – Sc : Richard Brooks, James Poe – Pr : Lawrence Weingarten/MGM.
Avec : Elizabeth Taylor dans le rôle de Maggie Pollitt, Paul Newman, Burl Ives, Jack Carson, Judith Anderson, Madeleine Sherwood.

**1959**

*Soudain l'été dernier (Suddenly, Last Summer)*
Réal : Joseph L. Mankiewicz – Sc : Gore Vidal, Tennessee Williams – Pr : Sam Spiegel/Columbia Pictures.

Avec : Elizabeth Taylor dans le rôle de Catherine Holly, Katharine Hepburn, Montgomery Clift, Albert Dekker, Mercedes McCambridge.

## 1960
*Scent of Mystery/Holiday In Spain*
Réal : Jack Cardiff – Sc : William Roos – Pr : Michael Todd Jr./A Michael Todd Jr. Release.
Avec : Elizabeth Taylor dans le rôle de la vraie Sally Kennedy, Denholm Elliott, Peter Lorre, Paul Lukas.

*La Vénus au vison (Butterfield 8)*
Réal : Daniel Mann – Sc : Charles Schnee, John Michael Hayes – Pr : Pandro S. Berman/MGM.
Avec : Elizabeth Taylor dans le rôle de Gloria Wandrous, Laurence Harvey, Eddie Fisher, Dina Merrill, Mildred Dunnock.

## 1963
*Cléopâtre (Cleopatra)*
Réal : Joseph L. Mankiewicz – Sc : Joseph L. Mankiewicz, Ranald MacDougall, Sidney Buchman – Pr : Walter Wanger/Twentieth Century-Fox.
Avec : Elizabeth Taylor dans le rôle de Cléopâtre, Richard Burton, Rex Harrison, Hume Cronyn, Roddy McDowall, Martin Landau.

*Hôtel international (The V.I.P.S.)*
Réal : Anthony Asquith – Sc : Terence Rattigan – Pr : Anatole de Grunwald/MGM.
Avec : Elizabeth Taylor dans le rôle de Frances Andros, Richard Burton, Louis Jourdan, Elsa Martinelli, Margaret Rutherford, Maggie Smith, Orson Welles.

## 1965
*Le Chevalier des sables (The Sandpiper)*
Réal : Vincente Minnelli – Sc : Dalton Trumbo, Michael Wilson – Pr : Martin Ransohoff/MGM.
Avec : Elizabeth Taylor dans le rôle de Laura Reynolds, Richard Burton, Eva Marie Saint, Charles Bronson, Robert Webber.

## 1966
*Qui a peur de Virginia Woolf? (Who's Afraid of Virginia Woolf?)*
Réal : Mike Nichols – Sc : Ernest Lehman – Pr : Ernest Lehman/Warner Brothers.
Avec : Elizabeth Taylor dans le rôle de Martha, Richard Burton, George Segal, Sandy Dennis.

## 1967
*La Mégère apprivoisée (The Taming of the Shrew)*
Réal : Franco Zeffirelli – Sc : Paul Dehn, Suso Cecchi D. Amico, Franco Zeffirelli – Pr : Richard Burton, Elizabeth Taylor, Franco Zeffirelli/Columbia Pictures.
Avec : Elizabeth Taylor dans le rôle de Katharina, Richard Burton, Michael York, Cyril Cusack.

*Doctor Faustus*
Réal : Richard Burton, Nevill Coghill – Adaptation cinémato-graphique : Nevill Coghill – Pr : Richard Burton, Richard McWhor-ter/Columbia Pictures.
Avec : Elizabeth Taylor dans le rôle d'Hélène de Troie, Richard Burton, Andreas Teuber, Elizabeth O'Donovan.

*Reflets dans un œil d'or (Reflections in a Golden Eye)*
Réal : John Huston – Sc : Chapman Mortimer, Gladys Hill – Pr : Ray Stark/Warner Brothers-Seven Arts.
Avec : Elizabeth Taylor dans le rôle de Leonora Penderton, Marlon Brando, Brian Keith, Julie Harris.

*Les Comédiens (The Comedians)*
Réal/Pr : Peter Glenville/MGM – Sc : Graham Greene.
Avec : Elizabeth Taylor dans le rôle de Martha Pineda, Richard Burton, Alec Guinness, Peter Ustinov, Lillian Gish.

**1968**
*Boom (Boom!)*
Réal : Joseph Losey – Sc : Tennessee Williams – Pr : John Heyman, Norman Priggen/Universal Pictures.
Avec : Elizabeth Taylor dans le rôle de Flora « Sissy » Goforth, Richard Burton, Noël Coward.

*Cérémonie secrète (Secret Ceremony)*
Réal : Joseph Losey – Sc : George Tabori – Pr : John Heyman, Norman Priggen/Universal Pictures.
Avec : Elizabeth Taylor dans le rôle de Leonora, Mia Farrow, Robert Mitchum.

**1970**
*Las Vegas, un couple (The Only Game in Town)*
Réal : George Stevens – Sc : Frank D. Gilroy – Pr : Fred Kohlmar/Twentieth Century-Fox.
Avec : Elizabeth Taylor dans le rôle de Fran Walker, Warren Beatty, Charles Braswell, Hank Henry.

**1971**
*Under Milk Wood*
Réal/Sc : Andrew Sinclair – Pr : Hugh French, Jules Buck/The Rank Organisation.
Avec : Elizabeth Taylor dans le rôle de Rosie Probert, Richard Burton, Peter O'Toole.

**1972**
*Une belle tigresse (Zee & Col/XY and Zee)*
Réal : Brian G. Hutton – Sc : Edna O'Brien – Pr : Jay Kanter, Alan Ladd, Jr./Columbia Pictures.
Avec : Elizabeth Taylor dans le rôle de Zee Blakeley, Michael Caine, Susannah York, Margaret Leighton.

*Liberté provisoire (Hammersmith Is Out)*
Réal : Peter Ustinov – Sc : Stanford Whitmore – Pr : Alex Lucas/Cinerama Releasing Corporation.

Avec : Elizabeth Taylor dans le rôle de Jimmie Jean Jackson, Richard Burton, Beau Bridges, Peter Ustinov, Leon Ames.

## 1973
*Terreur dans la nuit (Night Watch)*
Réal : Brian G. Hutton – Sc : Tony Williamson – Pr : Martin Poll, George W. George, Barnard S. Straus/Avco Embassy.
Avec : Elizabeth Taylor dans le rôle d'Ellen Wheeler, Laurence Harvey, Billie Whitelaw.

*Noces de cendres (Ash Wednesday)*
Réal : Larry Peerce – Sc : Jean-Claude Tramont – Pr : Dominick Dunne/Paramount Pictures.
Avec : Elizabeth Taylor dans le rôle de Barbara Sawyer, Henry Fonda, Helmut Berger, Keith Baxter, Monique Van Vooren.

## 1974
*Il était une fois Hollywood (That's Entertainment)*
Réal/Pr/Sc : Jack Haley Jr. – Pr Ex : Daniel Melnick/MGM/United Artists.
Récitants : Elizabeth Taylor, Fred Astaire, Bing Crosby, Gene Kelly, Peter Lawford, Liza Minnelli, Donald O'Connor, Debbie Reynolds, Mickey Rooney, Frank Sinatra, James Stewart.

*Identikit (The Driver's Seat)*
Réal : Giuseppe Patroni Griffi – Sc : Raffaele La Capria, Giuseppe Patroni Griffi – Pr : Franco Rossellini/Avco Embassy.
Avec : Elizabeth Taylor dans le rôle de Lise, Ian Bannen, Guido Mannari, Mona Washbourne, Maxence Mailfort.

## 1976
*L'Oiseau bleu (The Blue Bird)*
Réal : George Cukor – Sc : Hugh Whitemore, Alfred Hayes, Alexei Kapler – Pr : Paul Maslansky – Pr Ex : Edward Lewis/Twentieth Century-Fox.
Avec : Elizabeth Taylor (La Mère/L'Amour maternel/La Sorcière/La Lumière), Jane Fonda, Ava Gardner, Cicely Tyson, Robert Morley.

## 1977
*Petite Musique de nuit (A Little Night Music)*
Réal : Harold Prince – Sc : Hugh Wheeler – Pr : Elliott Kastner – Pr Ex : Heinz Lazek/New World Pictures.
Avec : Elizabeth Taylor dans le rôle de Desiree Armfeldt, Diana Rigg, Len Cariou, Lesley-Anne Down, Hermione Gingold.

## 1979
*Winter Kills*
Réal/Sc : William Richert – Pr : Leonard J. Goldberg, Robert Sterling/Embassy Pictures.
Avec : Elizabeth Taylor dans le rôle de Lola Comante, Jeff Bridges, John Huston, Anthony Perkins, Sterling Hayden, Eli Wallach, Dorothy Malone.

**1980**
*Le miroir se brisa (The Mirror Crack'd)*
Réal : Guy Hamilton – Sc : Jonathan Hales, Barry Sandler – Pr : John Brabourne, Richard Goodwin/EMI/Associated Film.
Avec : Elizabeth Taylor dans le rôle de Marina Rudd, Angela Lansbury, Geraldine Chaplin, Tony Curtis, Rock Hudson, Kim Novak.

**1981**
*Genocide (Documentaire)*
Réal/Sc/Pr : Arnold Schwartzman, Martin Gilbert, Rabbin Marvin Hier/A Simon Wiesenthal Center Release.
Récitants : Elizabeth Taylor, Orson Welles.

**1988**
*Toscanini (Il Giovane Toscanini/Young Toscanini)*
Réal : Franco Zeffirelli – Sc : William H. Stadiem – Pr : Fulvio Lucisano, Tarak Ben Ammar/Carthago Films/Canal Plus/Italian International.
Avec : Elizabeth Taylor dans le rôle de Nadina Bulichova, C. Thomas Howell, Sophie Ward, Pat Heywood, John Rhys-Davies, Franco Nero.

**1994**
*La Famille Pierrafeu (The Flintstones)*
Réal : Brian Levant – Sc : Tom S. Parker, Jim Jennewein, Steven E. de Souza – Pr : William Hanna, Joseph Barbera, Kathleen Kennedy, David Kirschner, Gerald R. Molen/Hanna-Barbera/Amblin Entertainment/Universal.
Avec : Elizabeth Taylor, John Goodman, Rick Moranis, Elizabeth Perkins, Rosie O'Donnell, Kyle MacLachlan, Halle Berry.

### TÉLÉFILMS

**1973**
*Divorce (Divorce; His/Divorce, Hers)*
Réal : Waris Hussein – Sc : John Hopkins – Pr : Terence Bakerl Gareth Wigan – Pr Ex : John Heyman/ABC-TV.
Avec : Elizabeth Taylor dans le rôle de Jane Reynolds, Richard Burton, Carrie Nye.

**1976**
*Victoire à Entebbe (Victory at Entebbe)*
Réal : Marvin J. Chomsky – Sc : Ernest Kinoy – Pr : Robert Guenette – Pr Ex : David L. Wolper/ABC-TV.
Avec : Elizabeth Taylor dans le rôle d'Edra Vilnofsky, Helmut Berger, Theodore Bikel, Linda Blair, Richard Dreyfuss, Kirk Douglas, Helen Hayes, Anthony Hopkins, Burt Lancaster.

**1978**
*Return Engagement*
Réal : Joseph Hardy – Sc : James Prideaux – Pr : Franklin R. Levy, Mike Wise/NBC-TV.

Avec : Elizabeth Taylor dans le rôle du docteur Emily Loomis, Joseph Bottoms, Allyn Ann McLerie, Peter Donat.

## 1983
*Between Friends/Nobody Makes Me Cry*
Réal : Lou Antonio – Pr/Sc : Shelley List, Jonathan Estrin – Pr Ex : Robert Cooper, Marian Rees/HBO.
Avec : Elizabeth Taylor dans le rôle de Deborah Shapiro, Carol Burnett, Barbara Bush, Henry Ramer.

## 1985
*Malice au Pays des Merveilles (Malice in Wonderland/The Rumor Mill)*
Réal : Gus Trikonis – Sc : Jacqueline M. Feather, David Seidler – Pr : Jay Benson – Pr Ex : Judith A. Polone/CBS-TV.
Avec : Elizabeth Taylor dans le rôle de Louella Parsons, Jane Alexander, Richard Dysart, Joyce Van Patten.

*Nord et Sud (North and South); Mini-Séries*
Réal : Richard Heffron – Sc : Douglas Heyes, Paul F. Edwards, Kathleen A. Shelley, Patricia Green – Pr : Paul Freeman – Pr Ex : David L. Wolper, Chuck McLain/ABC-TV.
Avec : Elizabeth Taylor, Kirstie Alley, David Carradine, Leslie-Anne Down, Genie Francis, Patrick Swayze.

## 1986
*There Must Be a Pony*
Réal : Joseph Sargent – Sc : Mart Crowley – Pr : Howard Jeffrey – Pr Ex : Robert Wagner/ABC-TV.
Avec : Elizabeth Taylor dans le rôle de Marguerite Sydney, Robert Wagner, James Coco, William Windom.

## 1987
*Poker Alice*
Réal : Arthur Allan Seidelman – Sc : James Lee Barret – Pr : Renée Valente – Pr Ex : Harvey Matofsky/CBS-TV.
Avec : Elizabeth Taylor dans le rôle d'Alice Moffett, George Hamilton, David Wayne, Richard Mulligan.

## 1989
*Doux Oiseau de jeunesse (Sweet Bird of Youth)*
Réal : Nicholas Roeg – Sc : Gavin Lambert – Pr Ex : Donald Kushner, Peter Locke, Linda Yellen/NBC-TV.
Avec : Elizabeth Taylor dans le rôle d'Alexandra Del Lago (la princesse Kosmonopolis), Mark Harmon, Rip Torn, Valerie Perrine.

# Théâtre

## 1981

*Les Petits Renards (The Little Foxes)*
Une pièce de Lillian Hellman – Mise en scène : Austin Pendleton – Décors : Andrew Jackness – Costumes : Florence Klotz – Lumières : Paul Gallo – Présentée par : Zev Bufman, Donald C. Carter, Jon Cutler.
Avec : Elizabeth Taylor (Regina Giddens), Novella Nelson, Joe Seneca, Maureen Stapleton, Joe Ponazecki, Dennis Christopher, Humbert Allen Astredo, Anthony Zerbe, Ann Talman, Tom Aldredge.
*Martin Beck Theatre, New York*

## 1983

*Vies privées (Private Lives)*
Une pièce de de Noël Coward – Mise en scène : Milton Katselas – Décors : David Mitchell – Costumes : Theoni V. Aldredge – Lumières : Tharon Musser – Présentée par : The Elizabeth Theater Group, Zev Bufman et Elizabeth Taylor.
Avec : Elizabeth Taylor (Amanda Prynne), Kathryn Walker, Richard Burton, John Cullum, Helena Carroll
*Lunt-Fontanne Theatre, New York*

# Remerciements

Cet ouvrage n'aurait jamais vu le jour sans l'aide de nombreuses personnes et institutions. Ma gratitude va tout d'abord à Steven Schragis, l'éditeur de ce livre. J'aimerais ensuite remercier mon directeur de collection Bruce Shostak ainsi que Bruce Bender, le président de la compagnie d'édition; mes agents, Georges et Anne Borchardt; Allan Wilson, Marcy Swingle, Ben Petrone, Meryl Earl, Hillel Black, Donald Davidson, Frank Lavena, et les autres membres du Carol Publishing Group qui m'ont aidé et encouragé. Je dois également beaucoup à mon homme de loi, Eugene L. Girden, pour sa lecture méticuleuse du manuscrit et ses conseils légaux ainsi qu'à Mel Wulf, qui a accompli un travail similaire pour le compte de l'éditeur.

Je suis particulièrement reconnaissant à l'excellente équipe qui m'a aidé pour les recherches et les entretiens. Elle se composait de Pat Maniscalco, Esq., Ann Marie Cunningham, Jeanne Lunin Heymann, Roberta Fineberg, June Petersen, Joanne Green-Levine, Devon Jackson, Arlene Kayatt, Esq., Mark Alvey, Carl Schultz, Laura Birely, Warren Chang, Leni Gilman, Suzanne Freedman, Barbara Frank, Jeff Hoyt, Beth Judy, Anthony Mazzaschi, Michelle Rugo, Mary Grace Sinnott, Marisa Steffers, Marlan Warren, Annath White, Garret Weyr, et d'autres que j'aurais pu oublier par mégarde.

De nombreuses recherches ont été effectuées dans diverses archives, bibliothèques, archives de journaux, et agences gouvernementales. Parmi elles, signalons Library for the Performing Arts du Lincoln Center, Margaret Herrick Library, Academy of Motion Picture Arts and Sciences; American Film Institute; M-G-M Studios; Hilton Hotels Corporation; Motion Picture and Television Fund; Boston University Library system; Special Collections, New York Public Library; Special

495

Collections, Columbia University Library system; Museum of Modern Art Film Archives; Star magazine archives; San Francisco Examiner Archives; Parallalax Productions; Celebrity Services, Inc.; Special Collections, University of Virginia Library system; Cleveland Public Library; Directors Guild of America; UCLA Libraries; USC Libraries; Special Collections, Duke University Library system; U.S. Department of Justice, Federal Bureau of Investigation; Carlton Institute; Library of Congress; Los Angeles Superior Court Archives and Records Department; U.S. Department of Navy; Theater Collection, Harvard College Library; University of Houston Library; Lake Superior magazine; Time Inc.; Audio-Visual Center, Indiana University; Special Collections, the University of Tennessee Library system; Minneapolis Public Library and Information Center; Turner Communications; Museum of Broadcasting; U.S. Department of State; U.S. Naval Institute; Lawrence & Lee Theatre Research Institute; Special Collections, Yale University Library system; Oxford University Library; Special Collections, University of Wisconsin (Madison) Library system; Oral History Collection, Southern Methodist University; University of Texas Humanities Research Center; the Riviera Country Club; Palm-Aire Spa Resort; Photofest; Shake Books & Magazine Archive Service; Metropolitan Toronto Reference Library; Harry S. Truman Presidential Library; British Ministry of Agriculture, Fisheries and Food; Willenborg Productions; American Heritage Center Developpement, University of Wyoming; NBC-TV; the Wisconsin Center for Film and Theater Research, the Wesleyan Cinema Archives; State Historial Society of Wisconsin; British Information Service; le British Museum.

Il me faut aussi citer ma mère, Renée K. Vago Heymann, qui m'a toujours soutenu dans la réalisation de ce projet.

Pour finir, je dois également remercier les nombreuses personnes qui ont accepté d'être interrogées pour ce livre ou qui ont répondu par écrit à mes questions. Si certaines ont tenu à rester anonymes, beaucoup n'ont pas émis ce souhait. Parmi ces dernières, citons:

Stephen Abel, Avi Ben Abraham, Cindy Adams, Joey Adams, Leith Adams, Ronald Adamson, Edward Albee, Alexandre (Louis Albert Alexandre Rimon), Arthur Allene, June Allyson, Hollis Alpert, Sarah Altshul, Ellis Ambern, Wendell Amos, Chris Anderson, David Anderson, Dame Judith Anderson, Melinda Anderson, Robert Anderson, Wayne Anderson, Jane Ardmore, Peter Arlington, Marcia Armstrong, Robert (« Tito ») Arias, Penny Arum, Agnes Ash, Eleanor Ashe, Linda Ashland, Larry Ashmead, Leon Askin, Ed Asiano, Mary Astor, Humbert

Allen Astredo, Edith Atkins, Jack Atlas, Richard Avedon, Sid Avery, Gerald Ayers.

Jean Babette, Anna-Marie Baer, Ernesto Baer, Gayle Baizer, Baz Bamigboye, Charles Barile, Nelly Barquet, Rona Barrett, George Barrie, Laura Barringer, David Barrison, Cora Bartlett, Stephen M. Bauer, José Maria Bayona, Orson Bean, Marie-Therese Beaumier, Tanya Bearer, Gretchen Begruygen, Hannon Bell, Melvin Belli, Jane Halsman Bello, Laslo Benedek, Joan Bennett, Terri Bennett, Helen Bentley, A. Scott Berg, Gretchen P. Berg, Brigid Berlin, Carl Bernstein, Gary Bernstein, Mashey Bernstein, Natalie Best, Juanita Bevelaequia, Alain Beverini, Susan Biloxi, Stephen Birmingham, Earl Blackwell, Richard (« Mr. Blackwell ») Blackwell, Amanda Blake, Julian Blaustien, Phil Blazer, John Block, David Blundy, Victor Bookris, Rosemary Bogley, Marc Bohan, Phyllis Borea, Peter C. Borsari, Peter Bosch, Marie-Therese Bosque, Patricia Bosworth, Nathalie Boudin, Rudy Bower, Frank Brady, Susan Braudy, Tony Brenna, Lindsay Brice, Ronnie Britt, Richard Broadhurst, Wayne C. Brockman, Richard Brooks, Clarence Brown, David Brown, Di Bronn, Joel Broyhill, Arthur Bruckel, Patty Brundage, Molly Brush, Rock Brynner, Art Buchwald, Guido Bulanini, Richard Burton, Sally Hay Burton, Jerry Buss, Alex Byrne.

Daniel Cahen, Steve Cahill, Samy Cahn, Jan Calder, Louisa Campbell, Eileen Capeda, Malbert J. Caplan, Truman Capote, Edward Caracchi, George Carpozi Jr., Lucille Rymann Carroll, Nancy Casey, Joanna Casson, Jean Castel, Ramon Castro, Edward Catacchi, Thelma Cazalet-Keir, Marge Champion, Charles Champlin, Charlotte Chandler, Robert Chen, Judy Chisholm, Robert Christedes, Camille T. Christie, George Christie, Marian Christy, Sharon Churcher, Jane Churchman, Gerald Clarke, Garry Clifford, Bill Cling, Sherry Suib Cohen, Roy Cohn, Robert (« Bob ») Colacello, Anne Cole, George Coleman, Charles Collingwood, Josephine Collins, Stephen Collins, David Patrick Columbia, Chuck Conconi, Barnaby Conrad, Peter Conrad, Sarah Booth Conroy, Lady Diana Cooper, Roger Copeland, Christina Cranford, Judy Craven, J. Cornelius Crean, Jane Hodges Crest, Kay Crocker, Hume Cronyn, Mart Crowley, Priscilla Cunningham, Kent Cunow, Charlotte Curtis.

Eric Dahler, Jean Dalrymple, Timothy Daly, Cesare Danova, Phyllis Dantagnan, Bob Davidoff, Claire Davids, Bill Davidson, Bette Davis, Daphne Davis, Glenn Davis, Owen Davis, Ronald L. Davis, Craig Dawson, Hilary Dealey, Philip Dealey, Jane Dean, Emile de Antonio, Harley Decorret, marquise Emmitta de la Falaise, Anne de Gasperi, François de Lamothe, Oscar de

La Renta, Claudia del Monte, Bonnie Ann DeMeio, Dr. Joseph L. DeMeio, Oscar De Mejo, Juanita de Muñoz, Kitty Dennis, Sandy Dennis, baron Alexis de Rede, comtesse Jacqueline de Ribes, Dominique D'Ermo, Julian de Rothschild, Debby Destri, Armand Deutsch, Curtis de Witz, Wyatt Dickerson, Tandy Dickinson, Howard Diller, Kathleen Di Toro, Edward Dmytryk, Gwen Dobson, Gary Doctor, Carole Wells Doheny, Ken Dolan, Brigitte Domani, Stanley Donen, Hedi Donizetti-Mullener (Olden), William V. Donovan, Casper Dooley, Carol Dorian, Anne d'Ornano, Hebe Dorsey, Kirk Douglas, Valerie Douglas, Didi Drew, Diana DuBois, Françoise Ducout, Angela Fox Dunn, Dominick Dunne, Irene Dunne, Philipp Dunne. Meryl Earl, Beverly Ecker, Alice Edwards, Peter Edwards, Stanley Eichelbaum, William P. Elder, R. D. Eno, Delia Ephron, Rosa Estoria, Arnunco Estrada, Elaine Grossinger Etess, Mark Grossinger Etess, Michelle Etienne, Al Evans.

Zev Faber, Franz Fah, John Fahrnsworth, Douglas Fairbanks Jr., Celia Lipton Farris, Mia Farrow, Don Fauntleroy, Peter Feibleman, Georges Fenster, Dennis Ferrara, Miguel Ferreras, Bruce Fesier, Roger Fillistorf, Larry Fina, Richad Fina, Richard Finn, Eddie Fisher, Edward J. Fitzgibbon, Karin Fleming, Lilly Fonda, Joan Fontaine, Bryan Forbes, Malcom S. Forbes, Stanley S. Formosa, Irène Frain, Anne Francis, Sam Frank, Martha Frankl, Joe Franklin, Muriel Freeman, Elizabeth (« Betty) Fretz, Julie Freund, Leonard Friedman, Kurt Frings, Mrs. Aaron Frosch, Betsy von Furstenberg.

Eva Gabor, Zsa Zsa Gabor, Danielle Gain, Steven Gaines, James Galanos, Ron Galella, Robert David Lyon Gardiner, Ava Gardner, Renee Garnett, Louise Gault, Jackie Gayle, Brad Geagley, Jan Geidt, Jeremy Geidt, Jonathan Gems, Sandy Gibbons, Stefan Gierasch, Mary Gimble, Ina Ginsburg, Peter Givens, Garrett Glaser, Marguerite Glatz, Claire Goldman, Karina Golumbie, Teresa Gonzales, Virginia Graham, Stewart Granger, Phyllis Grann, James Grant, Albert Grasselli, Kathryn Grayson, Ashton W. Greathouse, Arthur Green, Joann Green, Gloria Greer, Gene Griessley, Kathy Griffen, Gary M. Griffin, Jonas Gritzus, Tanya Griskind, Nelson Gross, Tania Grossinger, Bob Guccione, Eva Guestg, Leo Guild, Gloria Gunsberg.

Mel Haber, Pat Hackett, Horst Haechler, Irene Halsman, Jane Halsman, Yvonne Halsman, Halston, Anne Hamilton, Guy Hamilton, Jack Hamilton, Joseph C. Hamilton, Darlene Hammond, Tom Harding, Joseph Hardy, Mary Harrington, Julie Harris, Radie Harris, Rex Harrison, Stephen Harvey, Gene Hawkins, Sen. Paula Hawkins, Rod Helm, Renee Helmer, Peter Henrich, Katharine Hepburn, Harvey Herman, Jerry Herman, Lenore Hershey, Jerry Hieb, Jack Hildyard,

Francesca Hilton, Patricia Hilton, Philip Hodson, Richard Hoffman, Jerry Hogan, Fran Holland, Tom Hollatz, Jake Holmes, Steven Holt, Catherine (Mrs. Thomas) Hook, Dennis Hopper, A. E. Hotchner, Jeffrey Hoyt, Cathleen Huck, Ross Hunter, Hugh L. Hurd, George Hurrell, Waris Hussein, John Huston, Brian Hutton, Joe Hyams.

Lenny Ickton, Christopher Idines, Le'Ann Ince, Rick Ingersoll, Tom Irish, Burl Ives, Ruth Jacobson, Barbara Jackson, Charles Jarrott, Françoise Javet, Marion Javitz, Dorothy Jeakins, Patrice Jean, David Jenkins, Graham Jenkins, Eloise Jensen, Rick Jewell, Alexandra Jewett, John Jiras, Jean-Claude Jitrois, Glynis Johns, Eve Abbot Johnson, Melissa C. Johnson, David Jones, Fred Jones, Ted H. Jordan, Dany Jucaud.

Meir Kahane, Nathan Kahn, John Kaperonis, Dick Kaplan, Edmund Kara, Judith M. Kass, Barry Andrew Kearsley, Pepi Kelman, Dr. Rexford (« Rex ») Kennamer, Kirk Kerber, Dorismae Kerns, Hubie Kerns, Evelyn Keyes, Michael Kilian, Ralph Kiner, Ernest Kinoy, David Kirby, Douglas Kirkland, James Kirkwood, Kay Kline, Patsy Kline, Kenny Kling, Allen T. Klots, Florence Klotz, J. Z. Knight, James P. Knox, Cecilia Kover, Robert Kreis, Jean Kriegel, Werner Kuchler, Brigitte Kueppers, Beth Kummerfeld, Asan Tirobi Kwan.

Joyce Laabs, Skip Lackey, Eleanor Lambert, Hank Lampey, Phil Landon, Louise Lane, Lester Lanin, Angela Lansbury, Richard Lasko, Philip Lathrop, Laurent, Peter Lawford, Heiz Lazek, Larry Leamer, Joanna Lee, Nancy Lee, Peggy Lee, Vern Leeper, Kenneth Leffers, Mr. Xavier Le Grand, Janet Leigh, Wendy Leigh, Frances Spatz Leighton, William (« Billy ») LeMassena, Jean Leon, Masha Leon, Margot Lerner, Max Lerner, Milton Lerner, Samuel Leve, Bruce Levitt, Arnold Bruce Levy, Stanley Levy, David Lewin, Werner Lewin, Susan Licht, Bob Lieberman, Sol Lieberman, Doris Lilly, Pia Lindstrom, Gerrol Lipsky, Sarah Lithgow, Robert Littman, Anne Livet, Kathryn Livingston, Tony LoCicero, Bronnyn Long, Richard Long, Mario Lopez, Joseph Losey, Merrill Lowell, Ernest Lowy, Gloria V. Luchenbill, Luigi Luraschi, Renee Luttgen, James Lydon, Jane Lynch, Jeffrey Lyons, Sue Lyons.

Mary MacDonald, Jim Mahoney, Norman Mailer, Hormoz Maleki, Leonard Maltin, Rouben Mamoulian, Chris Mankiewicz, Joseph L. Mankiewicz, Paul Mankin, Daniel Mann, Stephanie Mansfield, John Marion, Rosa Marshall, Vita Marshall, Jack Martin, Liberty (« Female ») Martine, Samuel Marx, Paul Maslansky, Ginger Mason, Morgan Mason, Pamela Mason, Ichiro Masuda, Harvey Matofsky, Rudy Maxa, Felice Ferreras Mayer, Roger Mayer, Floyd Mayfield, Fran McArthur, Dan McCall, Betty McCann, Rebecca McCann, Kevin McCarthy, Sarah McClendon, David McClintick, Constance McCormick, Sandra McElwaine, Ethel McGinnis, David McGough, Dorothy McGuire, F. Kenneth (« Ken ») McKnight, Diana McLellan, Ailene (« Suzy ») Mehle, Al Melnick, Stuart Melville, Bill Merchant, Sam Merrill, Richard Meryman, Egon Merz, Harriet Meth, Johnny Meyers, Hywel Miles, Sylvia Miles, Dick Millais, Ann Miller, Geoff Miller, Adm. Gerald E. Miller, Nolan Miller, Michael Mindlin, Lee Minnelli, Stanley Mirsky, M.D., James H. Mitchell, Morton Mitosky, Minna Mittleman, Terry Moore, Wendy Moore, Thelma Moorehouse, Adm. Thomas Moorer, Rev. S. Nagle Morgan, Tony Morgan, Jane Morgis, Jane Mullen, Sheridan Morley, Oswald Morris, Debby Moss, Doug Motel, Christian (« Mr. Christian ») Moulin, Yves Mourousi, Lesley Mullener, Mollie Mulligan, Michael Mullins, Robert Munchnick, George Murphy, Jimmy Murphy.

Joe Naar, Aubrey Nabor, May Najem, Norma Nathan, Sally Nelson-Harb, Knoi Nguyen, Christopher Nickens, Madeleine Nicklin, Bill Nieves, Sharon Nobel, Simone Noir, Philip Norman, Millard P. North, Ruth Nussbaum.

Jane Ober, Christina Onassis, Jerry Oppenheimer, Oray, Gisella Orkin, Xavier Orozsco, Hilda Owen.

Jerry Pam, Pico Pardo, Jackie Park, Nadine Parker, Michael Patrick, Floyd Patterson, Dan Paul, Amy Peake, Gregory Peck, Larry Peerce, Austin Pendleton, Daphne Pereles, Anna Perez, Dorothy Perkins, Sally Perle, Lester Persky, Ronald Peters, June Petersen, Donna Peterson, Ben Petrone, Michele Petti, Olga Petrov, Albert Pfeiffer, Mary Jane Picard, Ann Pickford, Harriet F. Pilpel, W. Pitts, Maya Plisetskaya, Hal Polaire, Charlesa Poletti, Martin Poll, Joe Ponazecki, Cyril Porter, William Post Jr., Larry Postman, Michael Powazinik, Jane Powell, Betty Sullivan Precht, James Prideaux, Lisa Pritzker.

Robert Quain, Anthony Quayle, Judith Balaban Quine, Ann C. Quinn, Felice Quinton.

Irving Raff, Lady Frances Ramsbotham, ambassadeur Peter E. Rambsbotham, Martin Ransohoff, comte Lanfranco Rasponi, Olivia Raye-Williams, François Reboul, Martha Reed, Karen E. Reist, Line Renaud, Pierre Reval, Anne Revere, Patrick Reynolds, Michael Rich, Bill Richert, Gregg Risch, Martin Ritt, Paul Riva, Joan Rivers, Jilly Rizzo, Dr. Leon Robb, Meade Roberts, Gloria Rodriguez, ambassadeur Joseph Rogers, Peter Rogers, Sylvie Romain, Mrs. Jan Chamberlin Rooney, Mickey Rooney, Franklin D. Roosevelt Jr., Selwa (« Lucky ») Roosevelt, Joel Rose, Kate Rose, Helen Rosen, Sonia Rosenberg, Robert Rosenblum, Richard Rosenthal, Mrs. Richard Rosenthal, Mira Rostova, Billy Royal, Alan Rubenstein, Lisa Rubenstein, Cecilia Rupprechter, Leslie Rusch, George Rush.

500

Ed Safdie, Wendy Sahagen, Eva Marie Saint, Tim Sallow, Bob Salvatore, Jack Salzman, Chen Sam, Mark Samuels, Donald Sanderson, Carlos (« Coco ») Santoscoy, Joseph Sargent, Dr. Louis A. Scarrone, Thomas Schatz, Mary Louise Scheid, Jean Scherrer, Marina Schiano, Patrick Schmidlapp, Ian Schrager, Stephen Schragis, Budd Schulberg, Erna Schulhofer, Steven Schwartz, Jim Schwartzberg, Vernon Scott, Patricia Seaton (Lawford), Arthur Seidleman, David Seidler, Bonnie Selfe, Walter Seltzer, Irene Mayer Selznick, Marcelle Senesi, rabbin Robert Serebrenik, Angie Shafkin, Mark Shap, Irene Sharaff, Wilfred Sheed, Garnet I. Sherman, Jean Shilling, Robert A. Sideman, Lillian Burns Sidney, Michelangelo Signorile, Stephen M. Silverman, Iselin Simon, Kathy Simons, Phil Sinclair, Thomas Skow, Robert Slatzer, Larry Sloan, Merrya Small, David Smith M.D., Jack Smith, Liz Smith, Nona Smith, Philip Smith, Ben Smothers, Tom Snyder, Walter Sobel, Stephen Sondheim, Helena Sorrell, Barbara P. Soy, James Spada, Nancy G. Speer, Paul Spindler, Doris Lee Spring, John Springer, Peter Stackpole, William H. Stadiem, Jack Stallworth, Kim Stanley, Richard Stanley, Barbara Stanwyck, Maureen Stapleton, Ray Stark, Francine Statler, Newton Steers Jr., Pat Steger, Dennis Stein, Kurt Stempler, Marge Stengel, Charles R. Stephens, Bert Stern, Phil Stern, Stewart Stern, Eilene Stevens, Daniel K. Stewart, Jane Stewart, Marian Stewart, Ronald Stewart, Tricia Stiles, John Stockwell, Rose Stoler, Jacob Stone, Roger Stone, Larry Storm, Curt Strand, Ann Straus, Marianne Strong, Carole Stuart, Lyle Stuart, Jule Styne, Brian Sullivan, H. N. Swanson, Angela R. Sweeney.

Michael Tabori, Marina Tal, Jeffrey Tanby, Amy Tandem, J. Randy Taraborrelli, Jeff Tarentino, Gwin Tate, John Taylor, Noreen Taylor, Patti Taylor, Zak Taylor, Patrick Terrail, Maurice Teynac, Bob Thomas, Craig Thomas, Moira Thomas, Marshall Thompson, Richard Thorpe, Col. Cloyce Tippett, James Toback, Michael Todd Jr., Emily Torchia, Francine Torrent, Liz Torres, Roy E. Traband, Stanley Tretick, Marisa Trimble, Dr. Randolph Troques, Trudy von Trotha, Edward M. Tsercover, Russell Turiak.

Tony Unger, Carole Upper.

Betty Vacani, Nicole Valier, John Valva, Jean Murray Vanderbilt, Judith Van der Molen, June Van Dick, Joyce Van Patten, Julio Vargas, Teddy Vaughen, Jerry Vermilye, Carol Vernier, Bill Vickers, David Victor, Gore Vidal, Raymond Vignale, Jean-Pierre Villon, Bernard Voisin, Sandra Ritter Voluck, Monique Van Vooren, Diana Vreeland.

Malvin Wald, Carla Wall, Frances Wall, Roger Wall, Eli Wallach, Paul Wallach, Shelley Wanger, Stephanie Wanger, Mrs.

Willard Ware, Andy Warhol, Sen. John Warner, Dale Wasserman, Harriet Wasserman, Jane Ellen Wayne, John Wayne, Robin Weir, Haskell Wexler, Charles Whalens, John Whaley, Hugh Wheeler, Liz Witney, Tom Wicky, Billy Wilder, Barbara Williams, Bob Willoughby, Allan Wilson, Earl Wilson, Jery Wilson, Lee Wohlfert, Connie Wolf, Renée Wood, Henry Woodbridge, Danny Woodruff, Betsy Wolfe, Robert Woolley, Jane Woolrich, Guillermo Wulff, Lupe Wulff, Henry Wynberg, Ned Wynn.

Alex Yalaia, Tom Yaroschule, Elaine Young, Terence Young.

Ardeshir Zahedi, Firhooz Zahedi, John Zavala, Jerome Zerbe, Melvyn Zerman, Fred Zinnemann, Adm. Elmo. R. Zumwalt Jr., Irving Zussman, Deborah Zygot.

*Cet ouvrage a été réalisé par la*
*SOCIÉTÉ NOUVELLE FIRMIN-DIDOT*
*Mesnil-sur-l'Estrée*
*pour le compte de France Loisirs*
*123, boulevard de Grenelle, Paris*
*en janvier 1996*

*Imprimé en France*
Dépôt légal : février 1996
N° d'édition : 26402 – N° d'impression : 33034